2026
최신 개정 완벽대비

7쇄

▶ 유튜버 전선생 전혜승

맞춤형화장품 조제관리사
필기 이론서 상

화장품법의 이해 | 화장품 제조 및 품질관리 | 화장품법·시행령·시행규칙

화박사 네이버 카페

화박사 유튜브

맞춤형화장품조제관리사의 역할이
중요한 위치를 차지하는 시기입니다

세계 최초로 우리나라에서 시작된 맞춤형화장품 조제관리사 제도는 2020년 3월 14일 첫시험이 시행되면서 본격적으로 화장품산업의 변화에 많은 영향을 끼치고 있습니다. 맞춤형화장품조제관리사는 식품의약품안전처에서 주관하는 공인된 국가 자격증으로 2023년 6월부터 관련학과 전공 및 별도의 경력 없이도 화장품책임판매관리자의 자격을 동시에 부여하고 있습니다.

맞춤형화장품조제관리사는 고객의 취향 및 피부타입에 맞는 화장품을 처방하는 전문 직종으로 립스틱, 쉐도우, 기초화장품, 샴푸, 향수 등 기존 화장품으로 만족하지 못했던 부분을 충족 시켜주는 새로운 시대에 걸맞은 AI 화장품으로 평가되고 있습니다.

많은 관련 업체들이 조제 자동화기기 및 피부측정기, 맞춤형화장품을 AI와 접목 시켜 개발하여 앞다투어 출시하고 있어, 맞춤형화장품은 제2의 K - BEAUTY 바람으로 전 세계에 돌풍을 일으킬 것으로 예상하고 있습니다.

맞춤형화장품조제관리사는 현장에 투입되는 전문인력으로 화장품관련업계에서는 매우 반기는 인재입니다.

여러분들의 미래에 큰 도움이 되는 자격증이 되기를 바라며 합격을 기원합니다.

저자 전혜승

G U I D E

맞 춤 형 화 장 품 조 제 관 리 사 이 론 서

맞춤형화장품조제관리사 응시자 및 합격률

구분	1회	1회특별	2회	3회	4회	5회	6회	7회	8회	9회
응시자(명)	8,837	875	6,720	4,353	3,475	2,448	2,316	2,484	2,360	1,506
합격자(명)	2,928	87	679	314	465	577	577	554	615	210
합격률(%)	33.13%	9.94%	10.1%	7.21%	13.4%	23.5%	25%	22.3%	26.1%	13.9%

시험과목 및 세부내용

교과목	주요 항목	세부 내용
1. 화장품법의 이해	1.1. 화장품법	• 화장품법의 입법취지 • 화장품의 정의 및 유형 • 화장품의 유형별 특성 • 화장품법에 따른 영업의 종류 • 화장품의 품질 요소(안전성, 안정성, 유효성) • 화장품의 사후관리 기준
	1.2.개인정보 보호법	• 고객 관리 프로그램 운용 • 개인정보보호법에 근거한 고객정보 입력 • 개인정보보호법에 근거한 고객정보 관리 • 개인정보보호법에 근거한 고객 상담
2. 화장품 제조 및 품질관리	2.1. 화장품 원료의 종류와 특성	• 화장품 원료의 종류 • 화장품에 사용된 성분의 특성 • 원료 및 제품의 성분 정보
	2.2. 화장품의 기능과 품질	• 화장품의 효과 • 판매 가능한 맞춤형화장품 구성 • 내용물 및 원료의 품질성적서 구비
	2.3. 화장품 사용제한 원료	• 화장품에 사용되는 사용제한 원료의 종류 및 사용한도 • 착향제(향료) 성분 중 알레르기 유발 물질

G U I D E

맞 춤 형 화 장 품 조 제 관 리 사 이 론 서

교과목	주요 항목	세부 내용
2. 화장품 제조 및 품질관리	2.4. 화장품 관리	• 화장품의 취급방법 • 화장품의 보관방법 • 화장품의 사용방법 • 화장품의 사용상 주의사항
	2.5. 위해사례 판단 및 보고	• 위해여부 판단 • 위해사례 보고
3. 유통 화장품 안전관리	3.1. 작업장 위생관리	• 작업장의 위생 기준 • 작업장의 위생 상태 • 작업장의 위생 유지관리 활동 • 작업장 위생 유지를 위한 세제의 종류와 사용법 • 작업장 소독을 위한 소독제의 종류와 사용법
	3.2. 작업자 위생관리	• 작업장 내 직원의 위생 기준 설정 • 작업장 내 직원의 위생 상태 판정 • 혼합·소분 시 위생관리 규정 • 작업자 위생 유지를 위한 세제의 종류와 사용법 • 작업자 소독을 위한 소독제의 종류와 사용법 • 작업자 위생 관리를 위한 복장 청결상태 판단
	3.3. 설비 및 기구 관리	• 설비·기구의 위생 기준 설정 • 설비·기구의 위생 상태 판정 • 오염물질 제거 및 소독 방법 • 설비·기구의 구성 재질 구분 • 설비·기구의 폐기 기준
	3.4. 내용물 및 원료 관리	• 내용물 및 원료의 입고 기준 • 유통화장품의 안전관리 기준 • 입고된 원료 및 내용물 관리기준 • 보관중인 원료 및 내용물 출고기준 • 내용물 및 원료의 폐기 기준 • 내용물 및 원료의 사용기한 확인·판정 • 내용물 및 원료의 개봉 후 사용기한 확인·판정 • 내용물 및 원료의 변질 상태(변색, 변취 등) 확인 • 내용물 및 원료의 폐기 절차

G U I D E
맞 춤 형 화 장 품 조 제 관 리 사 이 론 서

G U I D E

맞 춤 형 화 장 품 조 제 관 리 사 이 론 서

교과목	주요 항목	세부 내용
4. 맞춤형 화장품의 이해	4.6. 혼합 및 소분	• 원료 및 제형의 물리적 특성 • 화장품 배합한도 및 금지원료 • 원료 및 내용물의 유효성 • 원료 및 내용물의 규격(PH, 점도, 색상, 냄새 등) • 혼합·소분에 필요한 도구·기기 리스트 선택 • 혼합·소분에 필요한 기구 사용 • 맞춤형화장품 판매업 준수사항에 맞는 혼합·소분 활동
	4.7. 충진 및 포장	• 제품에 맞는 충진 방법 • 제품에 적합한 포장 방법 • 용기 기재사항
	4.8. 재고관리	• 원료 및 내용물의 재고 파악 • 적정 재고를 유지하기 위한 발주

시험방법 및 문항유형

과목명	문항유형	과목별 총점	시험방법
화장품법의 이해	선다형 7문항 / 단답형 3문항	100점	필기시험
화장품 제조 및 품질관리	선다형 20문항 / 단답형 5문항	250점	
유통화장품의 안전관리	선다형 25문항	250점	
맞춤형화장품의 이해	선다형 28문항 / 단답형 12문항	400점	

시험시간

과목명	입실시간	시험시간
• 화장품법의 이해 • 화장품 제조 및 품질관리 • 유통화장품의 안전관리 • 맞춤형화장품의 이해	09 : 00까지 (변동가능)	09 : 30 ~ 11 : 30 (120분) 변동가능

CONTENTS

맞춤형화장품조제관리사 이론서

Part 1
화장품법의 이해

01 화장품법

화장품법의 입법 취지

화장품법은 화장품의 제조, 수입, 판매, 수출 등에 관한 사항을 규정함으로써 국민보건 향상과 화장품 산업의 발전에 기여하기 위해 1999.09.07.에 화장품법이 약사법에서 분리, 제정되었으며 2000.07.01.부터 화장품법, 화장품법 시행령, 화장품법 시행규칙으로 분류되어 시행되었다.

소관부처는 보건복지부에서 식품의약품안전처로 변경되어 세부규정 고시를 하고 식품의약품 안전처와 식품의약품안전평가원에서 민원인을 위한 가이드라인 및 해설서, 지침서 등을 제시한다.

분류	규정
화장품법	국회
화장품법 시행령	대통령령
화장품법 시행규칙	총리령
세부규정 고시	식품의약품안전처
지침서, 가이드라인, 해설서	식품의약품안전처, 식품의약품안전평가원

1) 화장품법의 목적

이 법은 화장품의 제조·수입·판매 및 수출 등에 관한 사항을 규정함으로써 국민보건 향상과 화장품 산업의 발전에 기여함을 목적으로 한다.

2) 화장품법 시행령의 목적

이 영은 「화장품법」에서 위임된 사항과 그 시행에 필요한 사항을 규정함을 목적으로 한다.

3) 화장품법 시행규칙의 목적

이 규칙은 「화장품법」 및 같은 법 시행령에서 위임된 사항과 그 시행에 필요한 사항을 규정함을 목적으로 한다.

> **Tip**
> 화장품법은 전체적인 법의 구성이고 시행규칙은 화장품법의 세부조항에 해당되며 세부규정, 가이드라인, 해설서 등은 화장품법을 실전에서 실행하기 위한 좀 더 세부적인 조항이 규정되어 있다.

1) 화장품

인체를 청결·미화하여 매력을 더하고 용모를 밝게 변화시키거나 **피부·모발**의 건강을 유지 또는 증진하기 위하여 인체에 바르고 문지르거나 뿌리는 등 이와 유사한 방법으로 사용되는 물품으로서 인체에 대한 작용이 **경미한** 것을 말한다. 다만, 의약품에 해당하는 물품은 제외한다.

2) 기능성화장품

분류	기능성화장품의 범위
화장품법	가. 피부의 **미백**에 도움을 주는 제품 나. 피부의 **주름개선**에 도움을 주는 제품 다. 피부를 곱게 태워주거나 **자외선**으로부터 피부를 보호하는 데에 도움을 주는 제품 라. **모발**의 색상 변화·제거 또는 영양공급에 도움을 주는 제품 마. 피부나 모발의 기능 약화로 인한 **건조함, 갈라짐, 빠짐, 각질화** 등을 방지하거나 개선하는데 도움을 주는 제품
화장품법 시행규칙	1. 피부에 멜라닌색소가 침착하는 것을 방지하여 기미·주근깨 등의 **생성을 억제함**으로써 피부의 미백에 도움을 주는 기능을 가진 화장품 2. 피부에 침착된 멜라닌색소의 **색을 엷게** 하여 피부의 미백에 도움을 주는 기능을 가진 화장품 3. 피부에 탄력을 주어 피부의 **주름을 완화 또는 개선**하는 기능을 가진 화장품 4. 강한 햇볕을 방지하여 **피부를 곱게 태워주는 기능**을 가진 화장품 5. **자외선**을 차단 또는 산란시켜 자외선으로부터 피부를 보호하는 기능을 가진 화장품 6. 모발의 색상을 변화[**탈염(脫染)·탈색(脫色)**을 포함한다.]시키는 기능을 가진 화장품. 다만, 일시적으로 모발의 색상을 변화시키는 제품은 제외한다. 7. **체모를 제거하는 기능을 가진 화장품. 다만, 물리적으로 체모를 제거하는 제품은 제외**한다. 8. 탈모 증상의 완화에 도움을 주는 화장품. 다만, 코팅 등 물리적으로 모발을 굵게 보이**게 하는 제품은 제외**한다. 9. **여드름성** 피부를 완화하는데 도움을 주는 화장품. 다만, **인체세정용 제품류로 한정**한다. 10. **피부장벽**(피부의 가장 바깥 쪽에 존재하는 각질층의 표피)의 기능을 회복하여 가려움 등의 개선에 도움을 주는 화장품 11. **튼살**로 인한 붉은 선을 엷게 하는데 도움을 주는 화장품

> **Tip**
>
> 탈모, 여드름, 피부장벽, 튼살에 해당되는 기능성화장품의 경우 "질병의 예방 및 치료를 위한 의약품이 아님"이라는 문구 표기

3) 맞춤형화장품

① 제조 또는 수입된 화장품의 내용물에 다른 화장품의 내용물이나 식품의약품안전처장이 정하는 원료를 추가하여 혼합한 화장품

② 제조 또는 수입된 화장품의 내용물을 소분(小分)한 화장품. 다만, 고형(固形) 비누(고체형태의 세안용 화장비누) 등 총리령으로 정하는 화장품의 내용물을 단순 소분한 화장품은 제외한다.

4) 안전용기·포장

5세 미만의 어린이가 개봉하기 어렵게 설계·고안된 용기나 포장을 말한다.

안전용기·포장은 성인이 개봉하기는 어렵지 아니하나 5세 미만의 어린이가 개봉하기는 어렵게 된 것이어야 한다. 이 경우 개봉하기 어려운 정도의 구체적인 기준 및 시험방법은 산업통상자원부장관이 정하여 고시하는 바에 따른다.

> **Tip**
>
> **안전용기·포장을 사용해야 하는 품목**
> ① 아세톤을 함유하는 네일 에나멜 리무버 및 네일 폴리시 리무버
> ② 어린이용 오일 등 개별포장 당 탄화수소류를 10% 이상 함유하고 운동점도가 21센티스톡스(섭씨 40도 기준) 이하인 에멀젼 형태가 아닌 액체상태의 제품
> ③ 개별포장당 메틸 살리실레이트를 5% 이상 함유하는 액체상태의 제품
>
> **안전용기·포장 제외품목**
> ① 일회용 제품
> ② 용기 입구 부분이 펌프 또는 방아쇠로 작동되는 분무용기 제품
> ③ 압축 분무용기 제품(에어로졸 제품 등)

5) 사용기한

화장품이 제조된 날부터 적절한 보관 상태에서 제품이 고유의 특성을 간직한 채 소비자가 안정적으로 사용할 수 있는 최소한의 기한을 말한다.

> 개봉 후 사용기간을 표기하는 경우에는 제조연월일, 사용기한을 병기하여 표기한다.

6) 1차 포장

화장품 제조 시 내용물과 직접 접촉하는 포장용기를 말한다.
예 유리용기, 플라스틱용기 등 화장품용기를 의미한다.

7) 2차 포장

1차 포장을 수용하는 1개 또는 그 이상의 포장과 보호재 및 표시의 목적으로 한 포장을 말한다(첨부문서 등을 포함한다).
예 화장품을 개별포장 하는 단박스 및 카톤박스를 의미한다.

8) 표시

화장품의 용기·포장에 기재하는 문자·숫자·도형 또는 그림 등을 말한다.

> **예** 화장품에 표시되어 있는 화장품명, 용량, 주의사항, 전성분, 영업자, 바코드, 재활용표기, 기능성화장품도형, 개봉 후 사용
> 기간, 그림, 제조번호, 사용기한 등을 의미한다.

9) 광고

라디오·텔레비전·신문·잡지·음성·음향·영상·인터넷·인쇄물·간판, 그 밖의 방법에 의하여 화장품에 대한 정보를 나타내거나 알리는 행위를 말한다.

10) 화장품제조업

화장품의 전부 또는 일부를 제조하는 영업을 말하며, 2차포장 또는 표시만의 공정은 제외한다.

11) 화장품책임판매업

취급하는 화장품의 품질 및 안전 등을 관리하면서 이를 유통·판매하거나 수입대행형 거래를 목적으로 알선·수여(授與)하는 영업을 말한다.

12) 맞춤형화장품판매업

맞춤형화장품을 판매하는 영업을 말한다.

13) 맞춤형화장품조제관리사

맞춤형화장품판매장에서 혼합·소분 업무에 종사하는 자로서 맞춤형화장품조제관리사 국가자격시험에 합격한 자를 말한다.

> **Tip**
> 부정한 방법으로 자격시험에 응시한자는 그 자격시험을 정지시키거나 합격을 무효로 하며 그 처분이 있는 날로부터 3년간 자격시험에 응시할 수 없다.

14) 직접구매 해외 화장품

개인이 자가소비를 목적으로 해외의 사이버몰(컴퓨터 등과 정보통신설비를 이용하여 재화 등을 거래할 수 있도록 설정된 가상의 영업장을 말한다)에서 직접 구매하는 화장품을 말한다. (2026.4.2. 시행)

> 제2조의3(화장품의 날)
> ① 화장품산업의 국제 경쟁력 강화를 도모하고 화장품에 대한 국민의 이해와 관심을 높이기 위하여 매년 9월 7일
> 을 화장품의 날로 정한다.
> ② 국가 및 지방자치단체는 화장품 날의 취지에 맞는 행사, 교육 및 홍보를 하거나 관련 법인·단체의 활동을 지원할 수 있다.
> ③ 제2항에 따른 화장품의 날 행사, 교육 및 홍보 등에 관하여 필요한 사항은 대통령령으로 정한다.

1) 3세 이하의 영유아용 제품류

① 영유아용 샴푸, 린스

② 영유아용 로션, 크림

③ 영유아용 오일

④ 영유아 인체 세정용 제품

⑤ 영유아 목욕용 제품

> • 13세 이하 어린이용은 제품 유형이 없음
> • 영유아 인체세정용 제품 주관식 출제됨

2) 목욕용 제품류

① 목욕용 오일 · 정제 · 캡슐

② 목욕용 소금류

③ 버블 배스(bubble baths)

④ 그 밖의 목욕용 제품류

> 인체세정용 제품과 구분되며 바디클렌저는 목욕용 제품류에 해당되지 않는다.

3) 인체 세정용 제품류

① 폼 클렌저(foam cleanser)

② 바디 클렌저(body cleanser)

③ 액체 비누(liquid soaps)

④ 화장비누(고체 형태의 세안용 비누)

⑤ 외음부 세정제

⑥ 물휴지(식품접객업의 영업소에서 손을 닦는 용도 등으로 사용할 수 있도록 포장된 물티슈와 의료기관 등에서 시체(屍體)를 닦는 용도로 사용되는 물휴지는 제외)

⑦ 그 밖의 인체 세정용 제품류

> 1. 폼클렌저는 기초화장용과 구분된다.
> 2. 바디클렌저는 목욕용과 구분된다.
> 3. 인체세정용 제품류는 사용 후 물로 씻는 제품과 씻지 않는 제품류 두 가지 모두 존재하므로 세부조항에서 주의해야 한다.

4) 눈 화장용 제품류

① 아이브로(eyebrow) 제품

② 아이라이너(eye liner)

③ 아이섀도(eye shadow)

④ 마스카라(mascara)

⑤ 아이 메이크업 리무버(eye make-up remover)

⑥ 속눈썹용 퍼머넌트 웨이브(eye-lash permanent wave)

⑦ 그 밖의 눈 화장용 제품류

> 색조화장용과 구분해야 하며 아이 메이컵 리무버와 메이컵 리무버의 제품류를 구분하여야 한다.

5) 방향용 제품류

① 향수

② 콜롱(cologne)

③ 그 밖의 방향용 제품류

> 향수를 제외한 나머지 제품류인 콜롱, 그 외 방향용 제품류는 포장공간비율이 10% 이하이다.

6) 두발 염색용 제품류

① 헤어 틴트(hair tints)

② 헤어 컬러스프레이(hair color sprays)

③ 염모제

④ 탈염 · 탈색용 제품

⑤ 그 밖의 두발 염색용 제품류

7) 색조 화장용 제품류

① 볼연지

② 페이스 파우더(face powder)

③ 리퀴드(liquid) · 크림 · 케이크 파운데이션(foundation)

④ 메이크업 베이스(make-up bases)

⑤ 메이크업 픽서티브(make-up fixatives)

⑥ 립스틱, 립라이너(lip liner)

⑦ 립글로스(lip gloss), 립밤(lip balm)

⑧ 바디페인팅(body painting), 페이스페인팅(face painting), 분장용 제품

⑨ 그 밖의 색조 화장용 제품류

색조화장용 제품류는 눈화장용과 구분하여야 한다.

8) 두발용 제품류

① 헤어 컨디셔너(hair conditioners), 헤어 트리트먼트(hair treatment), 헤어 팩(hair pack), 린스

② 헤어 토닉(hair tonics), 헤어 에센스(hair essence)

③ 포마드(pomade), 헤어 스프레이·무스·왁스·젤, 헤어 그루밍 에이드(hair grooming aids)

④ 헤어 크림·로션

⑤ 헤어 오일

⑥ 샴푸

⑦ 헤어 퍼머넌트 웨이브(hair permanent wave)

⑧ 헤어 스트레이트너(hair straightner)

⑨ 흑채

⑩ 그 밖의 두발용 제품류

> 1. 흑채는 두발용 제품류에 속하며 두발염색용과 혼동되지 않도록 주의해야 한다.
> 2. 샴푸, 린스는 두발용 제품류로 인체세정용과 구분된다.
> 3. 헤어컨디셔너는 사용 후 씻어내는 제품과 씻어내지 않는 제품 2가지 유형이 있다.

9) 손발톱용 제품류

① 베이스코트(basecoats), 언더코트(under coats)

② 네일폴리시(nail polish), 네일에나멜(nail enamel)

③ 탑코트(topcoats)

④ 네일 크림·로션·에센스·오일

⑤ 네일폴리시·네일에나멜 리무버

⑥ 그 밖의 손발톱용 제품류

> 종류별 리무버의 제품유형 주의

10) 면도용 제품류

① 애프터셰이브 로션(aftershave lotions)

② 프리셰이브 로션(preshave lotions)

③ 셰이빙 크림(shaving cream)

④ 셰이빙 폼(shaving foam)

⑤ 그 밖의 면도용 제품류

11) 기초화장용 제품류

① 수렴·유연·영양 화장수(face lotions)

② 마사지 크림

③ 에센스, 오일

④ 파우더

⑤ 바디 제품

⑥ 팩, 마스크

⑦ 눈 주위 제품

⑧ 로션, 크림

⑨ 손·발의 피부연화 제품

⑩ 클렌징 워터, 클렌징 오일, 클렌징 로션, 클렌징 크림 등 메이크업 리무버

⑪ 그 밖의 기초화장용 제품류

> 1. 파우더의 경우 페이스 파우더(색조화장용)와 유형 구분
> 2. 폼클렌저의 제품유형은 인체세정용이다.
> 3. 유연화장수는 피부 각질층에 수분과 보습 성분을 공급하여 피부의 유연성을 증가시켜 부드럽게 한다.
> 4. 수렴화장수는 피부 각질층에 수분과 보습 성분을 공급할 뿐 아니라 피지나 발한을 억제하는 기능을 한다.

12) 체취 방지용 제품류

① 데오도런트

② 그 밖의 체취 방지용 제품류

> 액취방지용 데오도런트는 의약외품에 해당된다.

13) 체모 제거용 제품류

① 제모제

② 제모왁스

③ 그 밖의 체모 제거용 제품류

01

화장품의 정의로 틀린 것은?

① 인체를 청결하게 하고 미화하여 매력을 더한다.

② 용모를 밝게 변화시켜 미화한다.

③ 피부, 모발의 건강을 유지시켜 준다.

④ 인체에 대한 작용은 전혀 없어야 하고 피부를 건강하게 한다.

⑤ 인체에 바르고 문지르는 방법으로 사용한다.

02

기능성화장품의 정의로 틀린 것은?

① 피부의 주름개선에 도움을 주는 제품

② 피부를 곱게 태워주는데 도움을 주는 제품

③ 모발의 색상변화, 제거 또는 영양공급에 도움을 주는 제품

④ 모발의 각질화를 방지하거나 개선하는데 도움을 주는 제품

⑤ 물리적으로 체모를 제거하는 화장품

03

다음 품목 중 화장품의 유형이 다른 것은?

① 클렌징워터

② 클렌징로션

③ 클렌징폼

④ 메이컵리무버

⑤ 클렌징오일

04

안전용기 포장이란 (ㄱ)의 어린이가 개봉하기 어렵게 설계 고안된 용기나 포장을 말하며 일회용 제품, 용기입구 부분이 펌프 또는 방아쇠로 작동되는 분무용기제품, 에어로졸 제품 등은 제외된다. 다만 (ㄴ)을 함유한 네일리무버, 어린이오일 등 개별포장당 탄화수소류를 (ㄷ) 함유하고 운동점도가 (ㄹ) 센티스톡스(40℃ 기준) 이하인 액체상태의 제품, 개별포장당 메틸살리실레이트 (ㅁ) 함유한 액체 상태의 제품은 안전용기 및 포장을 하여야 한다.

05

화장품내용물과 직접 닿는 용기를 (ㄱ)포장이라고 하고 수용하는 1개 또는 그 이상의 포장과 보호재 및 표시의 목적으로 한 포장을 (ㄴ)포장이라고 한다.

06

고객 개인별 피부 특성이나 색·향 등의 기호·요구를 반영하여 (ㄱ) 자격을 가진 자가 조제한 화장품을 (ㄴ)라고 한다.

07

다음 중 기능성화장품에 대한 정의로 옳지 않은 것은?

① 피부에 멜라닌색소가 침착하는 것을 방지하여 기미·주근깨 등의 생성을 억제함으로써 피부의 미백에 도움을 주는 기능을 가진 화장품

② 피부에 침착된 멜라닌색소의 색을 엷게 하여 피부의 미백에 도움을 주는 기능을 가진 화장품

③ 피부를 곱게 태워주거나 자외선으로부터 피부를 보호하는 데에 도움을 주는 제품

④ 피부나 모발의 기능 약화로 인한 건조함, 갈라짐, 빠짐, 각질화 등을 방지하거나 개선하는 데에 도움을 주는 제품

⑤ 여드름성 피부를 완화하는 데 도움을 주는 세럼

화장품법

정답	
01	④
02	⑤
03	③
04	(ㄱ) 5세 미만, (ㄴ) 아세톤, (ㄷ)10% 이상, (ㄹ) 21, (ㅁ) 5% 이상
05	(ㄱ) 1차포장, (ㄴ) 2차포장
06	(ㄱ) 맞춤형화장품조제관리사, (ㄴ) 맞춤형화장품
07	⑤

1) 화장품영업의 종류

분류영업의 종류	영업의 세부 종류와 범위 (시행령 제2조)	영업의 등록 및 신고 (화장품법 제3조)
화장품제조업	가. 화장품을 직접 제조하는 영업 나. 화장품 제조를 위탁받아 제조하는 영업 다. 화장품의 포장(1차 포장만 해당)을 하는 영업	• 시설기준(다만, 화장품의 일부 공정만을 제조하는 경우에는 시설의 일부를 갖추지 않아도 된다.) • 등록허가제(등록필증)
화장품책임판매업	가. 화장품제조업자가 화장품을 직접 제조하여 유통·판매하는 영업 나. 화장품제조업자에게 위탁하여 제조된 화장품을 유통·판매하는 영업 다. 수입된 화장품을 유통·판매하는 영업 라. 수입대행형 거래(전자상거래만 해당)를 목적으로 화장품을 알선·수여(授與)하는 영업	• 책임판매관리자 • 화장품의 품질관리 및 책임판매 후 안전관리에 관한 기준 • 등록허가제(등록필증)
맞춤형화장품판매업	가. 제조 또는 수입된 화장품의 내용물에 다른 화장품의 내용물이나 식품의약품안전처장이 정하여 고시하는 원료를 추가하여 혼합한 화장품을 판매하는 영업 나. 제조 또는 수입된 화장품의 내용물을 소분(小分)한 화장품을 판매하는 영업	• 맞춤형화장품조제관리사 • 신고허가제(신고필증)

> **Tip**
> 1. 제조업에 대한 범위 중 1차 포장에 대한 개념 파악 및 제조범위 주의
> 2. 책임판매업의 범위 모두 숙지
> 3. 맞춤형화장품판매업의 경우 다른 영업과 달리 신고허가제에 해당된다.

2) 화장품 영업자의 의무(법 제5조)

(1) 화장품제조업자의 의무

① 화장품 제조와 관련된 기록·시설·기구 등 관리 방법 준수

② 원료·자재·완제품 등에 대한 시험·검사·검정 실시 방법 및 의무 등에 관하여 총리령으로 정한 준수사항(시행규칙 제11조)을 준수

(2) 화장품책임판매업자의 의무

① 화장품의 품질관리기준, 책임판매 후 안전관리기준, 품질 검사 방법 및 실시 의무, 안전성·유효성 관련 정보사항 등의 보고 및 안전대책 마련 의무 등에 관하여 총리령으로 정하는 준수사항(시행규칙 제12조)을 준수

② 화장품의 생산실적 또는 수입실적, 화장품의 제조과정에 사용된 원료의 목록 등을 식품의약품안전처장에게 보고하여야 한다. 이 경우 원료의 목록에 관한 보고는 화장품의 유통·판매 전에 하여야 한다.

(3) 맞춤형화장품판매업자의 의무

① 소비자에게 유통·판매되는 화장품을 임의로 혼합·소분하여서는 아니 된다.

② 맞춤형화장품판매업자는 맞춤형화장품 판매장 시설·기구의 관리 방법, 혼합·소분 안전관리기준의 준수 의무, 혼합·소분되는 내용물 및 원료에 대한 설명 의무, 안전성 관련 사항 보고 의무 등에 관하여 총리령으로 정하는 사항을 준수하여야 한다.

③ 맞춤형화장품에 사용된 모든 원료의 목록을 매년 1회 식품의약품안전처장에게 보고하여야 한다.

(4) 영업자 교육의 의무

① 책임판매관리자 및 맞춤형화장품조제관리사는 화장품의 안전성 확보 및 품질관리에 관한 교육을 매년 1회 받아야 한다.

> • 맞춤형화장품판매장의 조제관리사로 지방식품의약품안전청에 신고한 맞춤형화장품조제관리사는 매년 4시간 이상, 8시간 이하의 집합교육 또는 온라인 교육을 식약처에서 정한 교육실시기관에서 이수할 것. 다만, 최초 교육을 받으려는 자는 집합교육 과정을 이수하여야 한다.
> • **식품의약품안전처에서 지정한 교육실시기관**
>   (사)대한화장품협회, (사)한국의약품수출입협회, (재)대한화장품산업연구원
> • **교육내용**
>   1. 화장품 관련 법령 및 제도에 관한 사항
>   2. 화장품 안전성 확보에 관한 사항
>   3. 「화장품법 시행규칙」별표 1에 따른 품질관리기준에 관한 사항
>   4. 「화장품법 시행규칙」별표 2에 따른 책임판매 후 안전관리기준에 관한 사항
>   5. 「화장품법」제8조에 따른 화장품 안전기준 등에 관한 사항
> • **교육**
>   1. **최초 교육**:종사한 날부터 6개월 이내. 다만, 자격시험에 합격한 날이 종사한 날 이전 1년 이내이면 최초 교육을 받은 것으로 본다.
>   2. **보수 교육**:제1호에 따라 교육을 받은 날을 기준으로 매년 1회. 다만, 제1호 단서에 해당하는 경우에는 자격시험에 합격한 날부터 1년이 되는 날을 기준으로 매년 1회

② 식품의약품안전처장은 국민 건강상 위해를 방지하기 위하여 필요하다고 인정하면 화장품제조업자, 화장품책임판매업자 및 맞춤형화장품판매업자에게 화장품 관련 법령 및 제도(화장품의 안전성 확보 및 품질관리에 관한 내용 포함)에 관한 교육을 받을 것을 명할 수 있다. 교육이수 명령 이후 6개월 이내에 4시간 이상, 8시간 이하의 집합교육 과정을 이수하여야 한다(시행규칙 제14조).

1. 법 제15조 영업의금지를 위반한 영업자
2. 시정명령의 행정처분을 받은 영업자
3. 제11조제1항의 제조업자의 준수사항을 위반한 화장품제조업자
4. 제12조의 화장품책임판매업자의 준수사항을 위반한 화장품책임판매업자
5. 제12조의2의 맞춤형화장품판매업자의 준수사항을 위반한 맞춤형화장품판매업자

③ 식품의약품안전처장은 제2항에 따른 교육명령 대상자가 천재지변, 질병, 임신, 출산, 사고 및 출장 등의 사유로 교육을 받을 수 없는 경우에는 해당 교육을 유예할 수 있다.

④ 제3항에 따라 교육의 유예를 받으려는 사람은 식품의약품안전처장이 정하는 교육유예신청서에 이를 입증하는 서류를 첨부하여 지방식품의약품안전청장에게 제출하여야 한다.

⑤ 지방식품의약품안전청장은 제4항에 따라 제출된 교육유예신청서를 검토하여 식품의약품안전처장이 정하는 교육유예확인서를 발급하여야 한다.

⑥ 둘 이상의 장소에서 화장품제조업, 화장품책임판매업 또는 맞춤형화장품판매업을 하는 경우에는 종업원 중에서 총리령으로 정하는 자를 책임자로 지정하여 교육을 받게 할 수 있다.

1. 책임판매관리자
2. 맞춤형화장품조제관리사
3. 품질관리기준에 따라 품질관리 업무에 종사하는 종업원

> **Tip**
> 법 제5조제5항에 따른 명령을 위반한 경우(책임판매관리자 및 맞춤형화장품조제관리사는 화장품의 안전성 확보 및 품질관리에 관한 교육을 매년 받지 않은 경우) 과태료 50만원

⑦ 교육 실시기관은 화장품과 관련된 기관·단체 및 법 제17조에 따라 설립된 단체 중에서 식품의약품안전처장이 지정하여 고시한다(제17조 영업자는 자주적인 활동과 공동이익을 보장하고 국민보건 향상에 기여하기 위하여 단체를 설립할 수 있다).

⑧ 교육실시기관은 매년 교육의 대상, 내용 및 시간을 포함한 교육계획을 수립하여 교육을 시행할 해의 전년도 11월 30일까지 식품의약품안전처장에게 제출하여야 한다.

⑨ 교육시간은 4시간 이상, 8시간 이하로 한다.

⑩ 교육 내용은 화장품 관련 법령 및 제도에 관한 사항, 화장품의 안전성 확보 및 품질관리에 관한 사항 등으로 하며, 교육 내용에 관한 세부 사항은 식품의약품안전처장의 승인을 받아야 한다.

⑪ 교육실시기관은 교육을 수료한 사람에게 수료증을 발급하고 매년 1월 31일까지 전년도 교육 실적을 식품의약품안전처장에게 보고하며, 교육 실시기간, 교육대상자 명부, 교육 내용 등 교육에 관한 기록을 작성하여 이를 증명할 수 있는 자료와 함께 2년간 보관하여야 한다.

⑫ 교육실시기관은 교재비·실습비 및 강사 수당 등 교육에 필요한 실비를 교육대상자로부터 징수할 수 있다.

⑬ 제1항부터 제12항까지에서 규정한 사항 외에 교육실시기관 지정의 기준·절차·변경 및 교육 운영 등에 필요한 세부 사항은 식품의약품안전처장이 정하여 고시한다.

3) 화장품 영업의 등록

(1) 영업등록의 결격사유(법 제3조3)

다음 각 호의 어느 하나에 해당하는 자는 화장품제조업 또는 화장품책임판매업의 등록이나 맞춤형화장품판매업의 신고를 할 수 없다. 다만, 제1호 및 2호는 화장품제조업만 해당한다.

① 정신질환자(「정신건강증진 및 정신질환자 복지서비스 지원에 관한 법률」 제3조제1호) 다만, 전문의가 화장품제조업자로서 적합하다고 인정하는 사람은 제외

② 마약류의 중독자(「마약류 관리에 관한 법률」 제2조제1호)

③ 피성년후견인 또는 파산선고를 받고 복권되지 아니한 자

④ 화장품법 또는 「보건범죄 단속에 관한 특별조치법」[1]을 위반하여 금고 이상의 형을 선고받고 그 집행이 끝나지 아니하거나 그 집행을 받지 아니하기로 확정되지 아니한 자

⑤ 법 제24조에 따라 영업등록이 취소되거나 영업소가 폐쇄(제1호부터 제3호까지 제외)된 날부터 1년이 지나지 아니한 자

> **Tip**
> 영업등록의 결격사유 중 1호, 2호는 제조업에만 해당되며, 화장품영업 중 **결격사유**의 어느 하나에 해당되면 **등록취소** 된다.

구분	정신질환자	마약류 중독자	피성년 후견인	파산선고	보건범죄/ 금고형	영업취소 1년 미만
화장품 제조업	✓	✓	✓	✓	✓	✓
화장품책임 판매업	-	-	✓	✓	✓	✓
맞춤형화장품 판매업	-	-	✓	✓	✓	✓
맞춤형화장품조제관리사	✓	✓	✓	-	✓	자격 취소 3년이 지나지 않은 경우

(2) 맞춤형화장품조제관리사의 결격사유(법 제3조의 5)

다음 각 호의 어느 하나에 해당하는 자는 맞춤형화장품조제관리사가 될 수 없다.

① 「정신건강증진 및 정신질환자 복지서비스 지원에 관한 법률」 제3조제1호에 따른 정신질환자. 다만, 전문의가 맞춤형화장품조제관리사로서 적합하다고 인정하는 사람은 제외한다.

② 피성년후견인

③ 「마약류 관리에 관한 법률」 제2조제1호에 따른 마약류의 중독자

---

1 보건범죄 단속에 관한 특별조치법: 부정식품 및 식품첨가물 제조, 부정의약품 및 부정유독물의 제조, 무면허 의료행위 등의 범죄에 대하여 가중처벌 등을 함으로써 국민보건 향상에 이바지함을 목적으로 한다.

④ 이 법 또는 「보건범죄 단속에 관한 특별조치법」을 위반하여 금고 이상의 형을 선고받고 그 집행이 끝나지 아니하거나 그 집행을 받지 아니하기로 확정되지 아니한 자

⑤ 제3조의8에 따라 맞춤형화장품조제관리사의 자격이 취소된 날부터 3년이 지나지 아니한 자

(3) 맞춤형화장품조제관리사 자격의 취소

① 거짓이나 그 밖의 부정한 방법으로 맞춤형화장품조제관리사의 자격을 취득한 경우

② 맞춤형화장품조제관리사 결격사유 중 어느 하나에 해당하는 경우

③ 다른 사람에게 자기의 성명을 사용하여 맞춤형화장품조제관리사 업무를 하게 하거나 맞춤형화장품조제관리사자격증을 양도 또는 대여한 경우

(4) 화장품 제조업 등록 및 준수사항

A. 화장품제조업 등록서류 : 관할 지역 지방식품의약품 안전청장에게 제출

① 등록신청서(대표자의 성명, 주민등록번호, 상호, 소재지, 제조 유형)

② 대표자의 의사진단서

> "「정신보건법」 제3조제1호에 따른 정신질환자 및 마약이나 그 밖의 유독물질의 중독자가 아님을 증명함"이라는 문구가 들어가는 의사진단서

③ 시설의 명세서

ㄱ. 건축물관리대장

ㄴ. 임대차계약서

ㄷ. 화장품제조시설 및 시험시설내역서

ㄹ. 시설의 평면도

④ 제조 또는 시험 위수탁계약서 사본 1부

⑤ 사업자등록증 사본, 법인 등기사항증명서(법인인 경우)

B. 화장품 제조 시설기준

① 제조 작업을 하는 다음 각 목의 시설을 갖춘 작업소

ㄱ. 쥐·해충 및 먼지 등을 막을 수 있는 시설

> ▶ㄱ 위반시 행정처분
> • 1차 위반 : 시정명령
> • 2차 위반 : 제조업무정지 1개월
> • 3차 위반 : 제조업무정지 2개월
> • 4차 위반 : 제조업무정지 4개월

ㄴ. 작업대 등 제조에 필요한 시설 및 기구

ㄷ. 가루가 날리는 작업실은 가루를 제거하는 시설

> ▶ ㄴ, ㄷ 위반시 행정처분
> • 1차 위반 : 개수명령(*시험출제)
> • 2차 위반 : 해당품목 제조업무정지 1개월
> • 3차 위반 : 해당품목 제조업무정지 2개월
> • 4차 위반 : 해당품목 제조업무정지 4개월

② 원료·자재 및 제품을 보관하는 보관소

③ 원료·자재 및 제품의 품질검사를 위하여 필요한 시험실

④ 품질검사에 필요한 시설 및 기구

> **시설 동선** : 탈갱의실 → 보관실 → 칭량실 → 조제실 → 충전실 → 포장실 → 보관실 → 세척실

C. 구분에 따라 시설 및 기구의 일부를 갖추지 않는 경우

① 화장품의 일부 공정만을 제조하는 경우

② 다음 각 목의 어느 하나에 해당하는 기관 등에 원료·자재 및 제품에 대한 품질검사를 위탁하는 경우

ㄱ. 보건환경연구원

ㄴ. 시험실을 갖춘 제조업자

ㄷ. 화장품 시험·검사기관

ㄹ. 한국의약품수출입협회

> 제품 상호간에 오염의 우려가 없는 경우 화장품의 제조시설을 이용하여 화장품 외의 물품을 제조할 수 있다.

D. 화장품제조업자의 준수사항

① 별표 1의 품질관리기준에 따른 화장품책임판매업자의 지도·감독 및 요청에 따를 것

> ①항 미준수시 행정처분
> • **1차 위반** : 시정명령
> • **2차 위반** : 제조 또는 해당품목 제조업무정지 15일
> • **3차 위반** : 제조 또는 해당품목 제조업무정지 1개월
> • **4차 이상위반** : 제조 또는 해당품목 제조업무정지 3개월

② 제조관리기준서·제품표준서·제조관리기록서 및 품질관리기록서(전자문서 형식 포함)를 작성·보관
할 것

> 1. 제조관리기준서, 제품표준서, 제조관리기록서 및 품질관리기록서를 갖추어 두지 않거나 이를 거짓으로 작성한 경우 행정처분
> - **1차 위반** : 제조 또는 해당품목 제조업무정지 1개월
> - **2차 위반** : 제조 또는 해당품목 제조업무정지 3개월
> - **3차 위반** : 제조 또는 해당품목 제조업무정지 6개월
> - **4차 이상위반** : 제조 또는 해당품목 제조업무정지 9개월
> 2. 작성된 제조관리기준서의 내용을 준수하지 않은 경우 행정처분
> - **1차 위반** : 제조 또는 해당품목 제조업무정지 15일
> - **2차 위반** : 제조 또는 해당품목 제조업무정지 1개월
> - **3차 위반** : 제조 또는 해당품목 제조업무정지 3개월
> - **4차 이상위반** : 제조 또는 해당품목 제조업무정지 6개월

③ 보건위생상 위해(危害)가 없도록 제조소, 시설 및 기구를 위생적으로 관리하고 오염되지 아니하도록 할 것

④ 화장품의 제조에 필요한 시설 및 기구에 대하여 정기적으로 점검하여 작업에 지장이 없도록 관리·유지할 것

⑤ 작업소에는 위해가 발생할 염려가 있는 물건을 두어서는 아니 되며, 작업소에서 국민보건 및 환경에 유해한 물질이 유출되거나 방출되지 아니하도록 할 것

> ③항, ④항, ⑤항의 준수 사항을 이행하지 않는 경우 행정처분
> - **1차 위반** : 제조 또는 해당품목 제조업무정지 15일
> - **2차 위반** : 제조 또는 해당품목 제조업무정지 1개월
> - **3차 위반** : 제조 또는 해당품목 제조업무정지 3개월
> - **4차 이상위반** : 제조 또는 해당품목 제조업무정지 6개월

⑥ 제2호의 사항 중 품질관리를 위하여 필요한 사항을 화장품책임판매업자에게 제출할 것. 다만, 다음 각 목의 어느 하나에 해당하는 경우 제출하지 아니할 수 있다.

ㄱ. 화장품제조업자와 화장품책임판매업자가 동일한 경우

ㄴ. 화장품제조업자가 제품을 설계·개발·생산하는 방식으로 제조하는 경우로서 품질·안전관리에 영향이 없는 범위에서 화장품제조업자와 화장품책임판매업자 상호 계약에 따라 영업비밀에 해당하는 경우

⑦ 원료 및 자재의 입고부터 완제품의 출고에 이르기까지 필요한 시험·검사 또는 검정을 할 것

⑧ 제조 또는 품질검사를 위탁하는 경우 제조 또는 품질검사가 적절하게 이루어지고 있는지 수탁자에 대한 관리·감독을 철저히 하고, 제조 및 품질관리에 관한 기록을 받아 유지·관리할 것

⑥항, ⑦항, ⑧항을 이행하지 않은 경우 행정처분
- **1차 위반** : 제조 또는 해당품목 제조업무정지 15일
- **2차 위반** : 제조 또는 해당품목 제조업무정지 1개월
- **3차 위반** : 제조 또는 해당품목 제조업무정지 3개월
- **4차 이상위반** : 제조 또는 해당품목 제조업무정지 6개월

(5) 화장품 책임판매업 등록 및 준수사항

A. 화장품 책임판매업 등록서류 : 지방식품의약품안전청장에게 제출

① 등록신청서(대표자 및 책임판매관리자의 성명과 주민등록번호, 상호, 소재지, 책임판매 유형)

② 화장품의 품질관리 및 책임판매 후 안전관리에 적합한 기준에 관한 규정 책임판매 후 안전관리기준 매뉴얼, 품질관리기준 매뉴얼

책임판매 후 안전관리 기준 매뉴얼	1) 제1장 총칙 2) 제2장 안전관리정보 수집 3) 제3장 안전관리정보의 검토와 안전확보 조치 4) 제4장 안전확보 조치의 실시
품질관리 기준 매뉴얼	1) 제1장 총칙 2) 제2장 제조, 품질관리 확보 3) 제3장 품질정보, 불량 처리 안전확보 조치 4) 제4장 회수처리 5) 제5장 교육훈련 6) 제6장 문서 및 기록의 관리 7) 제7장 시장출하에 관한 기록

③ **책임판매관리자의 자격을 확인할 수 있는 서류** : 졸업증명서 또는 경력증명서 등
- 4년제 대학 졸업증명서(이학사, 공학사)
- 의사, 약사 면허증
- 화장품학과, 한의학과, 한약학과 등 졸업증명서
- 의약계열(의학, 치의학, 한의학, 수의학, 간호학, 보건학 등) : 졸업증명서
- 2년제 화장품관력학과 전문학사 : 졸업증명서, 경력증명서(제조 및 품질관리 경력 1년 이상)
- 학력 상관없이 화장품제조 또는 품질관리경력 2년 이상인자 : 경력증명서
- 상시근로자 10인 이하의 사업장은 대표자가 겸직가능 : 자격서류, 10인 이하 사업자 증빙서류(소상공인확인서, 4대보험사업장가입자명부, 건강보험자격득실확인서 중 택1)
- 맞춤형화장품조제관리사 자격증 사본

④ 품질관리 시험 위수탁 계약서 사본
- **시험장비목록** : 납, 비소, 수은, 안티몬, 카드뮴, 디옥산, 메탄올, 포름알데하이드, 프탈레이트류, 미생물 한도시험, 내용량시험, ph시험 등을 품질검사 하기 위한 장비목록

⑤ 사업자등록증 사본, 법인 등기사항증명서(법인인 경우만 해당)

B. 책임판매관리자의 자격기준

수입대행형 거래(「전자상거래 등에서의 소비자보호에 관한 법률」 제2조제1호에 따른 전자상거래만 해당한다)를 목적으로 화장품을 알선·수여(授與)하는 영업은 제외한다.

① 의사, 약사

② 이공계학과·향장학·화장품과학·한의학·한약학·간호학·간호과학·건강간호학 등을 전공하여 학사 이상의 학위를 취득한 사람

③ 화학·생물학·화학공학·생물공학·미생물학·생화학·생명과학·생명공학·유전공학·향장학·화장품과학·한의학·한약학·간호학·간호과학·건강간호학 등 화장품 관련 분야를 전공하여 전문학사 학위를 취득한 후 화장품 제조 또는 품질관리 업무에 1년 이상 종사한 경력이 있는 사람

④ 식품의약품안전처장이 정하여 고시하는 전문 교육과정을 이수한 사람(화장비누만을 판매하는 책임판매관리자만 해당)

⑤ 맞춤형화장품조제관리사 자격시험에 합격한 사람

⑥ 화장품 제조 또는 품질관리 업무에 2년 이상 종사한 경력이 있는 사람

※ 상시근로자수가 10명 이하인 화장품책임판매업자(법인인 경우 대표자)는 책임판매관리자를 겸임할 수 있다.

※ 책임판매관리자, 맞춤형화장품조제관리사는 해당 업소에 종사하지 않는 경우 비종사신고서와 사유서를 제출할 수 있다.

C. 책임판매관리자의 직무

① 품질관리기준에 따른 품질관리 업무

② 책임판매 후 안전관리기준에 따른 안전확보 업무

③ 원료 및 자재의 입고(入庫)부터 완제품의 출고에 이르기까지 필요한 시험·검사 또는 검정에 대하여 제조업자를 관리·감독하는 업무

> **Tip**
> 제조업자와 책임판매관리자의 직무를 구분하여야 한다.

D. 화장품책임판매업자의 준수사항

① 품질관리기준을 준수할 것(시행규칙 별표 1)

② 책임판매 후 안전관리기준을 준수할 것(시행규칙 별표 2)

③ 제조업자로부터 받은 제품표준서 및 품질관리기록서(전자문서 형식 포함)를 보관할 것

④ 수입한 화장품에 대하여 다음 각 목의 사항을 적거나 또는 첨부한 수입관리기록서를 작성·보관할 것

　ㄱ. 제품명 또는 국내에서 판매하려는 명칭

　ㄴ. 원료성분의 규격 및 함량

　ㄷ. 제조국, 제조회사명 및 제조회사의 소재지

　ㄹ. 기능성화장품심사결과통지서 사본

　ㅁ. 제조 및 판매증명서(다만, 제조 및 판매증명서를 갖춘 화장품책임판매업자가 수입한 화장품과 같다는 것을 확인받고, 화장품책임판매업자가 정한 품질관리기준에 따른 검사를 받아 그 시험성적서를 갖추어 둔 경우에는 이를 생략할 수 있다.)

　ㅂ. 한글로 작성된 제품설명서 견본

　ㅅ. 최초 수입연월일(통관연월일)

　ㅇ. 제조번호별 수입연월일 및 수입량

　ㅈ. 제조번호별 품질검사 연월일 및 결과

　ㅊ. 판매처, 판매연월일 및 판매량

⑤ 제조번호별로 품질검사를 철저히 한 후 유통시킬 것(다만, 화장품제조업자와 화장품책임판매업자가 같은 경우 또는 품질검사를 위탁하여 제조번호별 품질검사결과가 있는 경우에는 품질검사를 하지 아니할 수 있다.)

⑥ 화장품의 제조를 위탁하거나 제조업자에게 품질검사를 위탁하는 경우 제조 또는 품질검사가 적절하게 이루어지고 있는지 수탁자에 대한 관리·감독을 철저히 하여야 하며, 제조 및 품질관리에 관한 기록을 받아 유지·관리하고, 그 최종 제품의 품질관리를 철저히 할 것

⑦ 시행령 제2조제2호다목(수입된 화장품을 유통·판매하는 영업)의 화장품책임판매업을 등록한 자는 제조국 제조회사의 품질관리기준이 국가 간 상호 인증되었거나, 식품의약품안전처장이 고시하는 〈우수화장품 제조관리기준〉과 같은 수준 이상이라고 인정되는 경우에는 국내에서의 품질검사를 하지 아니할 수 있다. 이 경우 제조국 제조회사의 품질검사 시험성적서는 품질관리기록서를 갈음한다(수입화장품의 품질검사 면제에 관한규정 참조).

⑧ 수입된 화장품을 유통·판매하는 영업의 화장품책임판매업을 등록한 자가 수입화장품에 대한 품질검사를 하지 아니하려는 경우에는 식품의약품안전처장이 정하는 바에 따라 식품의약품안전처장에게 수입화장품의 제조업자에 대한 현지실사를 신청하여야 한다. 현지실사에 필요한 신청절차, 제출서류 및 평가방법 등에 대하여는 식품의약품안전처장이 정하여 고시한다.

⑧의2 제7호에 따른 인정을 받은 수입 화장품 제조회사의 품질관리기준이 제12조제2항에 따른 우수화장품 제조관리기준과 같은 수준 이상이라고 인정되지 아니하여 제7호에 따른 인정이 취소된 경우에는 제5호 본문에 따른 품질검사를 하여야 한다. 이 경우 인정 취소와 관련하여 필요한 세부적인 사항은 식품의약품안전처장이 정하여 고시한다.

⑨ 수입된 화장품을 유통 판매하는 영업의 화장품책임판매업을 등록한 자의 경우 「대외무역법」에 따른 수출·수입요령을 준수하여야 하며, 「전자무역 촉진에 관한 법률」에 따른 전자무역문서로 표준통관 예정보고를 할 것

⑩ 제품과 관련하여 국민보건에 직접 영향을 미칠 수 있는 안전성·유효성에 관한 새로운 자료, 정보사항(화장품 사용에 의한 부작용 발생사례를 포함한다) 등을 알게 되었을 때에는 식품의약품안전처장이 정하여 고시하는 바에 따라 보고하고, 필요한 안전대책을 마련할 것

⑪ 다음 각 목의 어느 하나에 해당하는 성분을 **0.5% 이상** 함유하는 제품의 경우에는 해당품목의 **안정성시험 자료**를 최종 제조된 제품의 사용기한이 만료되는 날부터 **1년간** 보존할 것

ㄱ. 레티놀(비타민A) 및 그 유도체

ㄴ. 아스코빅애씨드(비타민C) 및 그 유도체

ㄷ. 토코페롤(비타민E)

ㄹ. 과산화화합물

ㅁ. 효소

▶ ③호~⑪호의 규정에 따른 준수 사항을 이행하지 않을 경우 행정처분
- 1차 위반 : 시정명령
- 2차 위반 : 판매 또는 해당품목 판매업무정지 1개월
- 3차 위반 : 판매 또는 해당품목 판매업무정지 3개월
- 4차 위반 : 판매 또는 해당품목 판매업무정지 6개월

시정명령

행정처분을 받으면 교육명령을 받을 수 있다.

---

4) 화장품 영업자의 변경등록

변경 사유가 발생한 날부터 30일(행정구역 개편에 따른 소재지 변경 90일) 이내에 변경등록 신청서(전자문서 포함), 등록필증 과 다음 각 호의 구분에 따라 해당 서류(전자문서를 포함한다)를 첨부하여 지방식품의약품안전청장에게 제출하여야 한다. 등록 관청을 달리하는 소재지 변경의 경우에는 새로운 소재지를 관할하는 지방식품의약품안전청장에게 제출하여야 한다.

① 화장품제조업자 또는 화장품책임판매업자의 변경(법인의 경우에는 대표자의 변경)시 서류
- 대표자의 의사진단서(제조사 대표만 해당됨) : 다음과 같은 문구가 들어간 의사 진단서 "「정신보건법」 제3조제1호에 따른 정신질환자 및 마약이나 그 밖의 유독물질의 중독자가 아님을 증명함"
- 양도·양수의 경우에는 이를 증명하는 서류

② 제조소의 소재지 변경(행정구역개편에 따른 사항은 제외)의 경우
- 시설의 명세서

③ 책임판매관리자 변경의 경우
- 책임판매관리자의 자격을 확인할 수 있는 서류(수입대행형거래를 목적으로 화장품을 알선 수여하는 영업의 책임판매관리자는 제외)

④ 제조 유형 또는 책임판매 유형 변경의 경우
- ㄱ. 화장품의 1차포장만을 화장품제조 유형으로 등록한 자가 화장품을 직접제조 또는 위탁받아 제조하는 영업의 화장품제조 유형으로 변경하거나 제조 유형을 추가하는 경우 : 시설의 명세서
- ㄴ. 수입대행형거래를 목적으로 화장품을 알선 수여하는 영업의 화장품책임판매 유형으로 등록한 자가 '화장품을 직접제조 하여 유통판매하는 영업, 위탁하여 제조된 화장품을 유통판매하는 영업, 수입된 화장품을 유통판매하는 영업'의 책임판매 유형으로 변경하거나 추가하는 경우 : 화장품의 품질관리기준 매뉴얼, 책임판매 후 안전관리기준 매뉴얼, 책임판매관리자의 자격을 확인할 수 있는 서류

5) 화장품의 보고

구분	원료목록 보고	생산·수입실적보고	안전성 보고
책임판매업자	유통판매전 선보고	년1회 (다음해 2월말까지)	반기별 년2회 (반기마감후 7월, 1월)
맞춤형화장품판매업자	매년 1회 (다음해 2월말까지)		반기별 년2회 (반기마감후 7월, 1월)

A. 전자무역문서로 표준통관예정보고를 하고 수입하는 화장품책임판매업자의 경우 : 수입실적 및 원료의 목록을 보고하지 않는다.

B. 안전성 보고 : 매 반기 종료후 1개월 이내에 식품의약품안전처장에게 보고
안전성에 대하여 보고할 사항이 없는 경우 : "안전성정보 보고 사항 없음"으로 기재 보고(의약품안전나라시스템)
✓ 상시근무자 2인 이하 비누제조업자 제외

C. 화장품의 생산·수입실적 및 원료목록을 제출하여야 할 단체
① 생산실적 및 국내 제조 화장품, 맞춤형화장품 원료목록 보고 : (사)대한화장품협회
② 수입실적 및 수입 화장품 원료목록 보고 : (사)한국의약품수출입협회

> **Tip**
> 1. 기능성화장품의 품목별로 안전성 및 유효성에 관해 제출한 보고서나 심사받은 사항을 변경시 변경심사를 받지 않은 경우 과태료 100만원
> 2. 법 제5조제4항을 위반하여 화장품의 생산실적 또는 수입실적 또는 화장품 원료의 목록 등을 보고하지 않은 경우 과태료 50만원
> 3. 법 제18조에 따른(식품의약품안전처장, 관계공무원)명령을 위반하여 보고를 하지 않은 경우 과태료 100만원

6) 영업등록의 취소 및 행정처분(화장품법제24조)

영업자가 다음 각 호의 어느 하나에 해당하는 경우에는 식품의약품안전처장은 등록을 취소하거나 영업소 폐쇄를 명하거나, 품목의 제조·수입 및 판매(수입대행형 거래를 목적으로 하는 알선·수여를 포함한다)의 금지를 명하거나 1년의 범위에서 기간을 정하여 그 업무의 전부 또는 일부에 대한 정지를 명할 수 있다. 다만, 부정한 방법으로 영업등록 및 변경신고, 영업등록의 결격사유, 업무정지기간 중에 업무를 한 경우에 해당하는 경우에는 등록을 취소하거나 영업소를 폐쇄하여야 한다(광고 업무에 한정하여 정지를 명한 경우는 제외한다).

① 화장품제조업 또는 화장품책임판매업의 변경 사항 등록을 하지 아니한 경우

> ▶ 화장품제조업자·화장품책임판매업자(법인인 경우 대표자)의 변경 또는 그 상호(법인인 경우 법인의 명칭)의 변경 30일내 미신고시 행정처분
> - 1차 위반 : 시정명령
> - 2차 위반 : 제조 또는 판매업무 정지 5일
> - 3차 위반 : 제조 또는 판매업무 정지 15일
> - 4차 이상위반 : 제조 또는 판매업무 정지 1개월
>
> ▶ 제조소/책임판매업소의 소재지 변경 미신청시 행정처분
> - 1차 위반 : 제조업무정지 또는 판매업무정지 1개월
> - 2차 위반 : 제조업무정지 또는 판매업무정지 3개월
> - 3차 위반 : 제조업무정지 또는 판매업무정지 6개월
> - 4차 이상위반 : 등록취소
>   ※ 맞춤형화장품판매업소와 비교할것
>
> ▶ 책임판매관리자 변경을 30일 이내 미신고시 행정처분
> - 1차 위반 : 시정명령
> - 2차 위반 : 판매업무정지 7일
>   ※ 맞춤형화장품조제관리사 미신고시 : 2차위반 판매업무정지 5일
> - 3차 위반 : 판매업무정지 15일
> - 4차 이상위반 : 판매업무정지 1개월 영업의 유형변경 시 행정처분
>
> ▶ 책임판매관리자를 두지 않는경우
> - 1차 위반 : 판매 또는 해당품목 판매업무정지 1개월
> - 2차 위반 : 판매 또는 해당품목 판매업무정지 3개월
> - 3차 위반 : 판매 또는 해당품목 판매업무정지 6개월
> - 4차 이상 : 판매 또는 해당품목 판매업무정지 12개월

① 의2 거짓이나 그 밖의 부정한 방법으로 제3조제1항 또는 제3조의2제1항에 따른 등록 · 변경등록 또는
신고 · 변경신고를 한 경우

유형변경 위반	1차 위반	2차 위반	3차 위반	4차 이상 위반
제조 유형 변경	제조업무정지 1개월	제조업무정지 2개월	제조업무정지 3개월	제조업무정지 6개월
직접제조 및 위탁제조하여 유통판매, 수입된 화장품을 유통판매하는 책임판매 유형 변경	경고	판매업무정지 15일	판매업무정지 1개월	판매업무정지 3개월
수입대행형거래의 책임판매 유형 변경	수입대행업무 정지 1개월	수입대행업무 정지 2개월	수입대행업무 정지 3개월	수입대행업무 정지 6개월

② (제조업의 시설기준)에 따른 시설을 갖추지 아니한 경우

행정처분	1차 위반	2차 위반	3차 위반	4차 위반
제조 또는 품질검사에 필요한 시설 및 기구의 전부가 없는 경우	제조업무정지 3개월	제조업무정지 6개월	등록 취소	
작업소, 보관소, 실험실 중 어느 하나가 없는 경우	개수 명령	제조업무정지 1개월	제조업무정지 2개월	제조업무정지 4개월
해당 품목의 제조 또는 품질검사에 필요한 시설 및 기구 중 일부가 없는 경우	개수 명령	해당품목 제조업무정지 1개월	해당품목 제조업무정지 2개월	해당품목 제조업무정지 4개월
쥐, 해충, 먼지 등을 막을 수 있는 시설 위반	시정명령	제조업무정지 1개월	제조업무 정지 2개월	제조업무정지 4개월
제조에 필요한 시설 및 기구 또는 가루 제거시설 위반	개수명령	해당 품목 제조업무정지 1개월	해당 품목 제조업무정지 2개월	해당 품목 제조업무정지 4개월

② 의2 맞춤형화장품판매업의 변경신고를 하지 아니한 경우

> ▶ 맞춤형화장품판매업자의 변경 또는 판매업소의 상호 변경 미신고시 행정처분
> • 1차 위반 : 시정명령
> • 2차 위반 : 판매업무정지 5일
> • 3차 위반 : 판매업무정지 15일
> • 4차 이상위반 : 판매업무정지 1개월
> ▶ 맞춤형화장품 판매업소 소재지 변경 미신고시 행정처분
> • 1차 위반 : 판매업무정지 1개월
> • 2차 위반 : 판매업무정지 2개월
> • 3차 위반 : 판매업무정지 3개월
> • 4차 이상위반 : 판매업무정지 4개월

▶ 맞춤형화장품조제관리사 변경 미신고시 행정처분
- 1차 위반 : 시정명령
- 2차 위반 : 판매업무정지 5일
- 3차 위반 : 판매업무정지 15일
- 4차 이상위반 : 판매업무정지 1개월

▶ 거짓이나 그밖의 부정적인 방법으로 등록,변경,신고를 한 경우
- 1차위반 : 등록취소 또는 영업소의 폐쇄

② 의3 맞춤형화장품판매업자가 제3조의2제2항에 따른 시설기준을 갖추지 아니하게 된 경우

▶ 맞춤형화장품 판매업의 시설을 갖추지 않은 경우
- 1차 위반 : 시정명령
- 2차위반 : 판매업무정지 1개월
- 3차위반 : 판매업무정지 3개월
- 4차위반 : 영업소 폐쇄
  ※ 맞춤형화장품관련 1차 위반사항은 반드시 숙지

③ (영업등록의 결격사유) 중 어느 하나에 해당하는 경우

▶ 행정처분
- 1차 위반 : 등록취소

④ 국민보건에 위해를 끼쳤거나 끼칠 우려가 있는 화장품을 제조·수입한 경우

▶ 행정처분
- 1차 위반 : 제조 또는 판매업무정지 1개월
- 2차 위반 : 제조 또는 판매업무정지 3개월
- 3차 위반 : 제조 또는 판매업무정지 6개월
- 4차 이상위반 : 등록취소

⑤ (기능성화장품의 안전성 및 유효성 심사 또는 보고서 식약처장에 제출)을 위반하여 심사를 받지 아니하거나 보고서를 제출하지 아니한 기능성화장품을 판매한 경우

▶ 심사를 받지 않거나 거짓으로 보고하고 기능성화장품을 판매한 경우
- 1차 위반 : 판매업무정지 6개월
- 2차 위반 : 판매업무정지 12개월
- 3차 위반 : 등록취소

▶ 보고하지 않은 기능성화장품을 판매한 경우
- 1차 위반 : 판매업무정지 3개월
- 2차 위반 : 판매업무정지 6개월

- 3차 위반 : 판매업무정지 9개월
- 4차 이상위반 : 판매업무정지 12개월

⑤ 의2(영유아 및 어린이용화장품)에 따른 제품별 안전성 자료를 작성 또는 보관하지 아니한 경우

▶ 행정처분
- 1차 위반 : 판매 또는 해당품목판매업무 정지 1개월
- 2차 위반 : 판매 또는 해당품목판매업무 정지 3개월
- 3차 위반 : 판매 또는 해당품목판매업무 정지 6개월
- 4차 이상위반 : 판매 또는 해당품목판매업무 정지 12개월

Tip

제4조의2(영유아 또는 어린이 사용 화장품의 관리)

① 화장품책임판매업자는 영유아 또는 어린이가 사용할 수 있는 화장품임을 표시·광고하려는 경우에는 제품별로 안전과 품질을 입증할 수 있는 다음 각 호의 자료(이하 "제품별 안전성 자료"라 한다)를 작성 및 보관하여야 한다.

1. 제품 및 제조방법에 대한 설명 자료
2. 화장품의 안전성 평가 자료
3. 제품의 효능·효과에 대한 증명 자료

⑥ (영업자의 의무)를 위반하여 영업자의 준수사항을 이행하지 아니한 경우

Tip

시행규칙 별표1 품질관리기준, 별표2 책임판매 후 안전관리기준 미준수에 따른 행정처분은 교재 〈화장품의 사후관리〉에서 참조

⑥ 의2 제5조의2제1항(위해화장품의 회수)-(제9조 안전용기포장 위반, 제15조 영업의 금지, 제16조제1항 판매 등의 금지)을 위반하여 회수 대상 화장품을 회수하지 아니하거나 회수하는 데에 필요한 조치를 하지 아니한 경우

▶ 행정처분
- 1차 위반 : 판매 또는 제조업무정지 1개월
- 2차 위반 : 판매 또는 제조업무정지 3개월
- 3차 위반 : 판매 또는 제조업무정지 6개월
- 4차 이상위반 : 등록취소

▶ 과태료처분
① 법 제15조의2제1항을 위반하여 동물실험을 실시한 화장품 또는 동물실험을 실시한 화장품 원료를 사용하여 제조(위탁제조를 포함한다) 또는 수입한 화장품을 유통·판매한 경우 과태료 100만원
② 법 제10조제1항제7호 및 제11조를 위반하여 화장품의 판매 가격을 표시하지 않은 경우 과태료 50만원

제5조의2(위해화장품의 회수)

① 영업자는 제9조, 제15조 또는 제16조제1항에 위반되어 국민보건에 위해(危害)를 끼치거나 끼칠 우려가 있는 화장품이 유통 중인 사실을 알게 된 경우에는 지체 없이 해당 화장품을 회수하거나 회수하는데에 필요한 조치를 하여야 한다.

제16조(판매 등의 금지)

① 누구든지 다음 각 호의 어느 하나에 해당하는 화장품을 판매하거나 판매할 목적으로 보관 또는 진열하여서는 아니 된다. 다만, 제3호의 경우에는 소비자에게 판매하는 화장품에 한한다.

    1. 제3조제1항에 따른 등록을 하지 아니한 자가 제조한 화장품 또는 제조·수입하여 유통·판매한 화장품

    1의2. 제3조의2제1항에 따른 신고를 하지 아니한 자가 판매한 맞춤형화장품

    1의3. 제3조의2제2항에 따른 맞춤형화장품조제관리사를 두지 아니하고 판매한 맞춤형화장품

    2. 제10조(1차2차포장의 기재사항), 제11조(가격표시), 제12조(한글표시)까지에 위반되는 화장품 또는 의약품으로 잘못 인식할 우려가 있게 기재·표시된 화장품

    3. 판매의 목적이 아닌 제품의 홍보·판매촉진 등을 위하여 미리 소비자가 시험·사용하도록 제조 또는 수입된 화장품

    4. 화장품의 포장 및 기재·표시 사항을 훼손(맞춤형화장품 판매를 위하여 필요한 경우는 제외한다) 또는 위조·변조한 것

② 누구든지 화장품의 용기에 담은 내용물을 나누어 판매하여서는 아니 된다(맞춤형화장품조제관리사를 통하여 판매하는 맞춤형화장품판매업자 및 제2조제3호의2나목 단서에 해당하는 화장품 중 소분 판매를 목적으로 제조된 화장품의 판매자는 제외한다).

Tip

제2조제3호의2 나목 : 제조 또는 수입된 화장품의 내용물을 소분(小分)한 화장품. 다만, 고형(固形) 비누 등 총리령으로 정하는 화장품의 내용물을 단순 소분한 화장품은 제외한다.

▶ **소비자에게 유통판매되는 화장품을 임의로 혼합·소분한 경우**

· **1차 위반** : 판매업무정지 15일

· **2차 위반** : 판매업무정지 1개월

· **3차 위반** : 판매업무정지 3개월

· **4차 이상위반** : 판매업무정지 6개월

---

⑥ 의3 제5조의2제2항을 위반하여 회수계획을 보고하지 아니하거나 거짓으로 보고한 경우

▶ 행정처분

· 1차 위반 : 판매 또는 제조업무정지 1개월

· 2차 위반 : 판매 또는 제조업무정지 3개월

· 3차 위반 : 판매 또는 제조업무정지 6개월

· 4차 위반 : 등록취소

⑦ 제9조에 따른 화장품의 안전용기·포장에 관한 기준을 위반한 경우

> ▶ 행정처분
> • 1차 위반 : 해당품목 판매업무정지 3개월
> • 2차 위반 : 해당품목 판매업무정지 6개월
> • 3차 위반 : 해당품목 판매업무정지 12개월

⑧ (기재사항위반)제10조부터 제12조(기재표시, 가격)까지의 규정을 위반하여 화장품의 용기 또는 포장 및 첨부문서에 기재·표시한 경우

유형변경 위반	1차 위반	2차 위반	3차 위반	4차 이상 위반
법 제10조 제1항 및 제2항의 기재사항(가격은 제외한다)의 전부를 기재하지 않은 경우	해당품목 판매업무정지 3개월	해당품목 판매업무정지 6개월	해당품목 판매업무정지 12개월	제조업무정지 6개월
법 제10조 제1항 및 제2항의 기재사항(가격은 제외한다)을 거짓으로 기재한 경우	해당품목 판매업무정지 1개월	해당품목 판매업무정지 3개월	해당품목 판매업무정지 6개월	해당품목 판매업무정지 12개월
법 제10조 제1항 및 제2항의 기재사항(가격은 제외한다)의 일부를 기재하지 않은 경우	해당품목 판매업무정지 15일	해당품목 판매업무정지 1개월	해당품목 판매업무정지 3개월	해당품목 판매업무정지 6개월

제10조(화장품의 기재사항)

① 1차 포장만으로 구성되는 화장품의 외부 포장과 1차 포장에 2차 포장을 추가한 화장품의 외부 포장에는 총리령으로 정하는 바에 따라 각각 다음 각 호의 사항을 기재·표시하여야 한다. 다만, 내용량이 소량인 화장품의 포장 등 총리령으로 정하는 포장에는 화장품의 명칭, 화장품책임판매업자 및 맞춤형화장품판매업자의 상호, 가격, 제조번호와 사용기한 또는 개봉 후 사용기간(개봉 후 사용기간을 기재할 경우에는 제조연월일을 병행 표기하여야 한다. 이하 이 조에서 같다)만을 기재·표시할 수 있다.

1. 화장품의 명칭
2. 영업자의 상호 및 주소
3. 해당 화장품 제조에 사용된 모든 성분(인체에 무해한 소량 함유 성분 등 총리령으로 정하는 성분은 제외한다.)
4. 내용물의 용량 또는 중량
5. 제조번호
6. 사용기한 또는 개봉 후 사용기간
7. 가격
8. 기능성화장품의 경우 "기능성화장품"이라는 글자 또는 기능성화장품을 나타내는 도안으로서 식품의약품안전처장이 정하는 도안
9. 사용할 때의 주의사항
10. 그 밖에 총리령으로 정하는 사항

② 1차 포장에 2차 포장을 추가한 화장품의 1차 포장에는 다음 각 호의 사항을 기재 · 표시하여야 한다. 다만, 소비자가 화장품의 1차 포장을 제거하고 사용하는 고형비누 등 총리령으로 정하는 화장품의 경우에는 그러하지 아니한다.

    1. 화장품의 명칭   2. 영업자의 상호

    3. 제조번호   4. 사용기한 또는 개봉 후 사용기간

③ 제1항에 따른 기재 사항의 전부 또는 일부를 화장품의 용기 또는 포장에 표시할 때 시각 · 청각 장애인을 위하여 점자 또는 음성 · 수어 영상 변환용 코드 등의 표시를 병행할 수 있다.

④ 식품의약품안전처장은 제3항에 따른 표시에 필요한 경우 화장품제조업자 등에게 행정적 · 재정적 지원을 할 수 있다.

⑤ 제1항 및 제2항에 따른 표시 기준과 표시 방법 등은 총리령으로 정한다.

제11조(화장품의 가격표시)

① 제10조제1항제7호에 따른 가격은 소비자에게 화장품을 직접 판매하는 자(이하 "판매자"라 한다)가 판매하려는 가격을 표시하여야 한다.

② 제1항에 따른 표시방법과 그 밖에 필요한 사항은 총리령으로 정한다.

제12조(기재 · 표시상의 주의)

제10조 및 제11조에 따른 기재 · 표시는 다른 문자 또는 문장보다 쉽게 볼 수 있는 곳에 하여야 하며, 총리령으로 정하는 바에 따라 읽기 쉽고 이해하기 쉬운 한글로 정확히 기재 · 표시하여야 하되, 한자 또는 외국어를 함께 기재할 수 있다.

⑨ 제13조(의약품, 기능성화장품으로 잘못 인식할 우려가 있는 표시 또는 광고)를 위반하여 화장품을 표시 · 광고하거나 제14조제4항(인증 및 유사인증의 표시)에 따른 중지명령을 위반하여 화장품을 표시 · 광고 행위를 한 경우

유형변경 위반	1차 위반	2차 위반	3차 위반	4차 이상위반
별표 5 제2호 가목 · 나목 및 카목에 따른 화장품의 표시 · 광고 시 준수사항을 위반한 경우(의약품, 기능성, 타제품비방 표시 등)	해당품목 판매업무 정지 3개월(표시위반) 또는 해당품목 광고업무정지 3개월(광고위반)	해당품목 판매업무 정지 6개월(표시위반) 또는 해당품목 광고업무정지 6개월(광고위반)	해당품목 판매업무 정지 9개월(표시위반) 또는 해당품목 광고업무정지 9개월(광고위반)	-
별표 5 제2호 다목부터 차목까지의 규정에 따른 화장품의 표시 · 광고 시 준수사항을 위반한 경우	해당품목 판매업무 정지 2개월(표시위반) 또는 해당품목 광고업무정지 2개월(광고위반)	해당품목 판매업무 정지 4개월(표시위반) 또는 해당품목 광고업무정지 4개월(광고위반)	해당품목 판매업무 정지 6개월(표시위반) 또는 해당품목 광고업무정지 6개월(광고위반)	해당품목 판매업무 정지 12개월(표시위반) 또는 해당품목 광고업무정지 12개월(광고위반)
법 제14조 제4항에 따른 중지명령을 위반하여 화장품을 표시 · 광고를 한 경우	해당품목 판매업무 정지 3개월	해당품목 판매업무 정지 6개월	해당품목 판매업무 정지 12개월	-

⑩ 제15조를 위반하여 판매하거나 판매의 목적으로 제조·수입·보관 또는 진열한 경우

유형변경 위반	1차 위반	2차 위반	3차 위반	4차 이상 위반
전부 또는 일부가 변패(變敗)되거나 이물질이 혼입 또는 부착된 화장품	해당품목 제조 또는 판매업무 정지 1개월	해당품목 제조 또는 판매 업무 정지 3개월	해당품목 제조 또는 판매업무 정지 6개월	해당품목 제조 또는 판매업무 정지12개월
병원미생물에 오염된 화장품	해당품목 제조 또는 판매업무 정지 3개월	해당품목제조 또는 판매업무 정지 6개월	해당품목제조 또는 판매업무 정지 9개월	해당품목제조 또는 판매업무 정지 12개월
법 제8조 제1항에 따라 식품의약품안전처장이 고시한 화장품의 제조 등에 사용할 수 없는 원료를 사용한 화장품	제조 또는 판매 업무 정지 3개월	제조 또는 판매 업무 정지 6개월	제조 또는 판매 업무 정지 12개월	등록취소
법 제8조 제2항에 따라 사용상의 제한이 필요한 원료에 대하여 식품의약품안전처장이 고시한 사용기준을 위반한 화장품	해당품목 제조 또는 판매업무 정지 3개월	해당품목 제조 또는 판매업무 정지 6개월	해당품목 제조 또는 판매업무 정지 9개월	해당품목 제조 또는 판매업무 정지 12개월

법 제8조제5항에 따라 식품의약품안전처장이 고시한 유통화장품 안전관리기준에 적합하지 않은 화장품

가) 실제 내용량이 표시된 내용량의 97퍼센트 미만인 화장품

유형변경 위반	1차 위반	2차 위반	3차 위반	4차 이상 위반
실제 내용량이 표시된 내용량의 90퍼센트 이상 97퍼센트 미만인 화장품	시정명령	해당품목 제조 또는 판매업무 정지 15일	해당품목 제조 또는 판매업무 정지 1개월	해당품목 제조 또는 판매업무 정지 2개월
실제 내용량이 표시된 내용량의 80퍼센트 이상 90퍼센트 미만인 화장품	해당품목 제조 또는 판매업무 정지 1개월	해당품목 제조 또는 판매업무 정지 2개월	해당품목 제조 또는 판매업무 정지 3개월	해당품목 제조 또는 판매업무 정지 4개월
실제 내용량이 표시된 내용량의 80퍼센트 미만인 화장품	해당품목 제조 또는 판매업무 정지 2개월	해당품목 제조 또는 판매업무 정지 3개월	해당품목 제조 또는 판매업무 정지 4개월	해당품목 제조 또는 판매업무 정지 6개월

나) 기능성화장품에서 기능성을 나타나게 하는 주원료의 함량이 기준치보다 부족한 경우

유형변경 위반	1차 위반	2차 위반	3차 위반	4차 이상 위반
주원료의 함량이 기준치보다 10퍼센트 미만 부족한 경우	해당품목 제조 또는 판매업무 정지 15일	해당품목 제조 또는 판매업무 정지 1개월	해당품목 제조 또는 판매업무 정지 3개월	해당품목 제조 또는 판매업무 정지 6개월
주원료의 함량이 기준치보다 10퍼센트 이상 부족한 경우	해당품목 제조 또는 판매업무 정지 1개월	해당품목 제조 또는 판매업무 정지 3개월	해당품목 제조 또는 판매업무 정지 6개월	해당품목 제조 또는 판매업무 정지 12개월
다) 그 밖의 기준에 적합하지 않은 화장품	해당품목 제조 또는 판매업무 정지 1개월	해당품목 제조 또는 판매업무 정지 3개월	해당품목 제조 또는 판매업무 정지 6개월	해당품목 제조 또는 판매업무 정지 12개월
사용기한 또는 개봉 후 사용기간(병행 표기된 제조연월일을 포함한다)을 위조·변조한 화장품	해당품목 제조 또는 판매업무 정지 3개월	해당품목 제조 또는 판매업무 정지 6개월	해당품목 제조 또는 판매업무 정지 12개월	
그 밖에 법 제15조 각 호에 해당하는 화장품	해당품목 제조 또는 판매업무 정지 1개월	해당품목 제조 또는 판매업무 정지 3개월	해당품목 제조 또는 판매업무 정지 6개월	해당품목 제조 또는 판매업무 정지 12개월

⑪ 제18조제1항·제2항에 따른 검사·질문·수거 등을 거부하거나 방해한 경우

구분	1차 위반	2차 위반	3차 위반	4차 이상 위반
행정처분	판매 또는 제조업무 정지 1개월	판매 또는 제조업무 정지 3개월	판매 또는 제조업무 정지 6개월	등록취소

⑫ 제19조, 제20조, 제22조, 제23조 제1항·제2항 또는 제23조의2에 따른 시정명령·검사명령·개수명령·회수명령·폐기명령 또는 공표명령 등을 이행하지 아니한 경우

구분	1차 위반	2차 위반	3차 위반	4차 이상 위반
행정처분	판매 또는 제조업무 정지 1개월	판매 또는 제조업무 정지 3개월	판매 또는 제조업무 정지 6개월	등록취소

⑫의2 제23조 제3항에 따른 회수계획을 보고하지 아니하거나 거짓으로 보고한 경우

구분	1차 위반	2차 위반	3차 위반	4차 이상 위반
행정처분	판매 또는 제조업무 정지 1개월	판매 또는 제조업무 정지 3개월	판매 또는 제조업무 정지 6개월	등록취소

⑬ 업무정지기간 중에 업무를 한 경우

구분	1차 위반	2차 위반
업무정지기간 중에 해당 업무를 한 경우 (광고 업무에 한정하여 정지를 명한 경우는 제외)	등록취소	
광고 업무정지기간 중에 광고업무를 한 경우	시정명령	판매업무 정지 3개월

⑭ 행정처분의 기준은 총리령으로 정한다.

행정처분의 기준(시행규칙 제29조 제1항 별표7)

1. 일반기준

가. 위반행위가 둘 이상인 경우로서 그에 해당하는 각각의 처분기준이 다른 경우에는 그 중 무거운 처분기준에 따른다. 다만, 둘 이상의 처분기준이 업무정지인 경우에는 무거운 처분의 업무정지 기간에 가벼운 처분의 업무정지 기간의 2분의 1까지 더하여 처분할 수 있으며, 이 경우 그 최대기간은 12개월로 한다.

나. 위반행위가 둘 이상인 경우로서 처분기준이 업무정지와 품목업무정지에 해당하는 경우에는 그 업무정지 기간이 품목정지 기간보다 길거나 같을 때에는 업무정지처분을 하고, 업무정지 기간이 품목정지 기간보다 짧을 때에는 업무정지처분과 품목업무정지처분을 병과(倂科)한다.

다. 위반행위의 횟수에 따른 행정처분의 기준은 최근 1년간(이 표 제2호의 개별기준 머목에 해당하는 경우에는 2년간) 같은 위반행위로 행정처분을 받은 경우에 적용한다. 이 경우 기준의 적용일은 최근에 실제 처분을 받은 날(업무정지처분을 갈음하여 과징금을 부과하는 경우에는 최근에 과징금처분을 받은 날)과 다시 같은 위반행위를 적발한 날을 기준으로 한다. 다만, 품목업무정지의 경우 품목이 다를 때에는 이 기준을 적용하지 않는다.

라. 다목에 따라 가중된 부과처분을 하는 경우 가중처분의 적용 차수는 그 위반행위 전 부과처분 차수(다목에 따른 기간 내에 과태료 부과처분이 둘 이상 있었던 경우에는 높은 차수를 말한다)의 다음 차수로 한다.

마. 행정처분을 하기 위한 절차가 진행되는 기간 중에 반복하여 같은 위반행위를 한 경우에는 행정처분을 하기 위하여 진행 중인 사항의 행정처분기준의 2분의 1씩을 더하여 처분한다. 이 경우 그 최대기간은 12개월로 한다.

바. 같은 위반행위의 횟수가 3차 이상인 경우에는 과징금 부과대상에서 제외한다.

사. 화장품제조업자가 등록한 소재지에 그 시설이 전혀 없는 경우에는 등록을 취소한다.

아. 영 제2조제2호라목의 책임판매업을 등록한 자에 대하여 제2호의 개별기준을 적용하는 경우 "판매금지"는 "수입대행금지"로, "판매업무정지"는 "수입대행업무정지"로 본다.

자. 다음 각 목의 어느 하나에 해당하는 경우에는 그 처분을 2분의 1까지 감경하거나 면제할 수 있다.

1) 처분을 2분의 1까지 감경하거나 면제할 수 있는 경우

가) 국민보건, 수요·공급, 그 밖에 공익상 필요하다고 인정된 경우

나) 해당 위반사항에 관하여 검사로부터 기소유예의 처분을 받거나 법원으로부터 선고유예의 판결을 받은 경우

다) 광고주의 의사와 관계없이 광고회사 또는 광고매체에서 무단 광고한 경우

2) 처분을 2분의 1까지 감경할 수 있는 경우

가) 기능성화장품으로서 그 효능·효과를 나타내는 원료의 함량 미달의 원인이 유통 중 보관상태 불량 등으로 인한 성분의 변화 때문이라고 인정된 경우

나) 비병원성 일반세균에 오염된 경우로서 인체에 직접적인 위해가 없으며, 유통 중 보관상태 불량에 의한 오염으로 인정된 경우

---

7) 영업자의 지위 승계

① 영업자가 사망하거나 그 영업을 양도한 경우 또는 법인인 영업자가 합병한 경우에는 그 상속인, 영업을 양수한 자 또는 합병 후 존속하는 법인이나 합병에 따라 설립되는 법인이 그 영업자의 의무 및 지위를 승계한다.

② 영업자의 지위를 승계한 경우에 종전의 영업자에 대한 제24조에 따른 행정제재처분의 효과는 그 처분 기간이 끝난 날부터 1년간 해당 영업자의 지위를 승계한 자에게 승계되며, 행정제재처분의 절차가 진행 중일 때에는 해당 영업자의 지위를 승계한 자에 대하여 그 절차를 계속 진행할 수 있다. 다만, 영업자의 지위를 승계한 자가 지위를 승계할 때에 그 처분 또는 위반 사실을 알지 못하였음을 증명하는 경우에는 그러하지 아니하다.

8) 화장품영업의 휴업 및 폐업

① 휴업 기간이 1개월 미만이거나 그 기간 동안 휴업하였다가 그 업을 재개하는 경우에는 신고하지 않는다.

② 식품의약품안전처장은 화장품제조업자 또는 화장품책임판매업자가 「부가가치세법」 제8조에 따라 관할 세무서장에게 폐업신고를 하거나 관할 세무서장이 사업자등록을 말소한 경우에는 등록을 취소할 수 있다.

③ 식품의약품안전처장은 제2항에 따라 등록을 취소하기 위하여 필요하면 관할 세무서장에게 화장품제조업자 또는 화장품책임판매업자의 폐업여부에 대한 정보 제공을 요청할 수 있다. 이 경우 요청을 받은 관할 세무서장은 「전자정부법」 제39조에 따라 화장품제조업자 또는 화장품책임판매업자의 폐업여부에 대한 정보를 제공하여야 한다.

④ 식품의약품안전처장은 폐업신고 또는 휴업신고를 받은 날부터 7일 이내에 신고 수리 여부를 신고인에게 통지하여야 한다.

⑤ 식품의약품안전처장이 제4항에서 정한 기간 내에 신고 수리 여부 또는 민원 처리 관련 법령에 따른 처리기간의 연장을 신고인에게 통지하지 아니하면 그 기간(민원 처리 관련 법령에 따라 처리기간이 연장 또는 재연장된 경우에는 해당 처리기간을 말한다)이 끝난 날의 다음 날에 신고를 수리한 것으로 본다.

> ▶ 폐업, 휴업 또는 휴업을 재개 시 필요서류
> ① 등록필증 또는 신고필증 원본(폐업, 휴업 해당)
> ② 폐업·휴업 및 휴업재개 신고서(전자신고서 포함) : 1개월 미만 휴업일 경우 해당 안 됨
> ③ 「부가가치세법 시행규칙」 별지 제11호서식의 폐업/휴업 신고서

> **Tip**
> 법 제6조를 위반하여 폐업 휴업, 그 업의 재개의 신고를 하지 않은 경우 과태료 50만원

9) 영업, 유통판매의 금지

> **제15조(영업의 금지)**
> 누구든지 다음 각 호의 어느 하나에 해당하는 화장품을 판매하거나 판매할 목적으로 제조·수입·보관 또는 진열하여서는 아니 된다(수입대행형 거래를 목적으로 하는 알선·수여 포함).

1. 제4조에 따른 심사를 받지 아니하거나 보고서를 제출하지 아니한 기능성화장품
2. 전부 또는 일부가 변패(變敗)된 화장품
3. 병원미생물에 오염된 화장품
4. 이물이 혼입되었거나 부착된 것
5. 제8조제1항 또는 제2항에 따른 화장품에 사용할 수 없는 원료를 사용하였거나 같은 조 제8항에 따른 유통화장품 안전관리 기준에 적합하지 아니한 화장품
6. 코뿔소 뿔 또는 호랑이 뼈와 그 추출물을 사용한 화장품
7. 보건위생상 위해가 발생할 우려가 있는 비위생적인 조건에서 제조되었거나 제3조제2항에 따른 시설기준에 적합하지 아니한 시설에서 제조된 것
8. 용기나 포장이 불량하여 해당 화장품이 보건위생상 위해를 발생할 우려가 있는 것
9. 제10조제1항제6호에 따른 사용기한 또는 개봉 후 사용기간을 위조·변조한 화장품
10. 식품의 형태·냄새·색깔·크기·용기 및 포장 등을 모방하여 섭취 등 식품으로 오용될 우려가 있는 화장품

제15조의2(동물실험을 실시한 화장품 등의 유통판매 금지)

① 화장품책임판매업자 및 맞춤형화장품판매업자는 「실험동물에 관한 법률」 제2조제1호에 따른 동물실험을 실시한 화장품 또는 동물실험을 실시한 화장품 원료를 사용하여 제조 또는 수입한 화장품을 유통·판매하여서는 아니 된다. 다만, 다음 각 호의 어느 하나에 해당하는 경우는 그러하지 아니하다.

1. 제8조제2항의 보존제, 색소, 자외선차단제 등 특별히 사용상의 제한이 필요한 원료에 대하여 그 사용기준을 지정하거나 같은 조 제3항에 따라 국민보건상 위해 우려가 제기되는 화장품 원료 등에 대한 위해평가를 하기 위하여 필요한 경우
2. 동물대체시험법(동물을 사용하지 아니하는 실험방법 및 부득이하게 동물을 사용하더라도 그 사용되는 동물의 개체 수를 감소하거나 고통을 경감시킬 수 있는 실험방법으로서 식품의약품안전처장이 인정하는 것을 말한다)이 존재하지 아니하여 동물실험이 필요한 경우
3. 화장품 수출을 위하여 수출 상대국의 법령에 따라 동물실험이 필요한 경우
4. 수입하려는 상대국의 법령에 따라 제품 개발에 동물실험이 필요한 경우
5. 다른 법령에 따라 동물실험을 실시하여 개발된 원료를 화장품의 제조 등에 사용하는 경우
6. 그 밖에 동물실험을 대체할 수 있는 실험을 실시하기 곤란한 경우로서 식품의약품안전처장이 정하는 경우

10) 위반사실의 공표(법 제28조의2)

식품의약품안전처장은 제22조(개수명령), 제23조(회수폐기명령), 제23조의2(위해화장품의 공표), 제24조 (영업등록의 취소 및 행정처분) 또는 제28조(과징금처분)에 따라 행정처분이 확정된 자에 대한 처분 사유, 처분 내용, 처분 대상자의 명칭·주소 및 대표자 성명, 해당 품목의 명칭 등 처분과 관련한 사항으로서 대통령령으로 정하는 사항을 식품의약품안전처의 인터넷 홈페이지에 공표할 수 있다.

▶ **행정처분 공표내용(령 제13조)**

① 처분 사유
② 처분 내용
③ 처분 대상자의 명칭·주소 및 대표자 성명
④ 해당 품목의 명칭 및 제조번호

01

다음 중 화장품 책임판매업자의 의무에 해당하는 것을 모두 고르시오?

① 원료·자재·완제품 등에 대한 시험·검사·검정 실시 방법 및 의무 등 준수

② 화장품의 생산실적 또는 수입실적, 화장품의 제조과정에 사용된 원료의 목록 등을 식품의약품안전처장에게 보고

③ 판매장 시설·기구의 관리 방법, 혼합·소분 안전관리기준의 준수 의무

④ 화장품의 품질관리기준, 책임판매 후 안전관리기준, 품질 검사 방법 및 실시 의무, 안전성·유효성 관련 정보사항 등의 보고 및 안전대책 마련 의무 준수

⑤ 화장품 제조와 관련된 기록·시설·기구 등 관리 방법 준수

02

전자상거래로 수입화장품을 알선·수여하는 영업은 (   )이다.

03

화장비누를 소분 판매할 경우 맞춤형화장품조제관리사가 있어야 한다.   (○,×)

04

화장품 2차포장만을 영업하는 경우에도 화장품제조업을 등록하여야 한다.   (○,×)

05

맞춤형화장품판매업소가 다수인 경우 관할지역 지방식품의약품안전청에 각각 신고하지 않고 본사의 관할지역에 있는 지방식품의약품안전청에 대표로 신고하면 된다.   (○,×)

06

화장품책임판매업 등록을 위한 결격사유가 아닌 것을 모두 고르시오.

① 피성년후견인 또는 파산선고를 받아 복권되지 않은 자

② 마약류의 중독자

③ 「보건범죄 단속에 관한 특별조치법」을 위반하여 금고 이상의 형을 선고받고 그 집행이 끝나지 아니하거나 그 집행을 받지 아니하기로 확정되지 아니한 자

④ 법 제24조에 따라 영업등록이 취소되거나 영업소가 폐쇄된 날부터 1년이 지나지 아니한 자

⑤ 「정신건강증진 및 정신질환자 복지서비스 지원에 관한 법률」 제3조제1호에 따른 정신질환자

07

기능성화장품의 안전성 및 유효성 심사를 받지 않거나 거짓으로 보고한 후 판매한 경우 3차위반시 어떤 행정처분에 처해지는가?

08

화장품의 1차 포장에 반드시 기재 표시해야 하는 사항은?(가격 제외)

(ㄱ), (ㄴ), (ㄷ), (ㄹ)

09

식약처 공무원의 검사, 질문, 수거 등을 거부하거나 방해한 경우 1차위반시 판매 또는 제조업무정지 (ㄱ), 4차 위반시 (ㄴ)의 행정처분에 처해진다.

10

화장품의 실제 내용량이 90% 이상, 97% 미만인 경우, 1차 위반시 처해지는 행정처분은?

정답	
01	②, ④
02	화장품책임판매업
03	×
04	×
05	×
06	②, ⑤
07	등록취소
08	(ㄱ) 화장품의 명칭, (ㄴ) 영업자의 상호, (ㄷ) 제조번호, (ㄹ) 사용기한 또는 개봉 후 사용기간
09	(ㄱ) 1개월, (ㄴ) 등록취소
10	시정명령

구분	해설
안전성(Safety)	피부에 대한 자극 및 알레르기, 독성이 없어야 한다.
안정성(Stability)	보관 시 변질, 변색, 변취, 미생물오염이 없어야 한다.
유효성(Efficacy)	메이크업, 세정, 보습, 노화억제, 미백, 자외선차단 등 기능성 효과를 부여해야 한다.
사용성(Usability)	사용하기 쉽고 흡수가 잘 되어야 한다.

1) 안전성(Safety)

화장품의 안전성은 신체 및 피부에 대한 안전을 보장하고, 소비자가 화장품을 사용하는 기간 동안 피부 자극, 피부 감작성, 이상반응 등을 최소화하기 위함이다.

"화장품안전성 정보관리 규정"은 화장품의 취급·사용 시 인지되는 안전성 관련 정보를 체계적이고 효율적으로 수집·검토·평가하여 적절한 안전대책을 강구함으로써 국민 보건상의 위해를 방지함을 목적으로 한다.

(1) 정의

① "**유해사례**(Adverse Event/Adverse Experience, AE)"

화장품의 사용 중 발생한 바람직하지 않고 의도되지 아니한 징후, 증상 또는 질병을 말하며, 당해 화장품과 반드시 인과관계를 가져야 하는 것은 아니다.

② "**중대한 유해사례**(Serious AE)"

ㄱ. 사망을 초래하거나 생명을 위협하는 경우

ㄴ. 입원 또는 입원기간의 연장이 필요한 경우

ㄷ. 지속적 또는 중대한 불구나 기능 저하를 초래하는 경우

ㄹ. 선천적 기형 또는 이상을 초래하는 경우

ㅁ. 기타 의학적으로 중요한 상황

③ "**실마리 정보**(Signal)"

유해사례와 화장품 간의 인과관계 가능성이 있다고 보고된 정보로서 그 인과관계가 알려지지 아니하거나 입증자료가 불충분한 것을 말한다.

④ "안전성 정보"

화장품과 관련하여 국민보건에 직접 영향을 미칠 수 있는 안전성·유효성에 관한 새로운 자료, 유해사례 정보 등을 말한다.

> **Tip**
>
> 1. **유해성** : 사람의 건강이나 환경에 좋지 않은 영향을 미치는 물질의 고유성질(독성)
> 2. **위해성** : 인체 적용제품에 존재하는 유해요소에 노출되었을 때 피해를 끼칠 수 있는 정도
> 3. **위해화장품** : 안전성에 문제가 보고된 화장품
> 4. **위해요소** : 인체건강을 해칠 우려가 있는 화학적, 생물학적, 물리적 요인
> 5. **위해성평가** : 위해요소에 노출시 인체에 발생할 수 있는 확률과 유해 영향 등을 과학적으로 예측하는 과정으로 위험성확인, 위험성결정, 노출평가, 위해도결정을 평가한다.
> 6. **위해사례** : 위해화장품으로 보고된 사례. 화장품 사용 후 안전성관련 문제가 보고된 사례

(2) 안전성 정보의 보고

① 의사·약사·간호사·판매자·소비자 또는 관련 단체 등의 장은 화장품의 사용 중 발생하였거나 알게 된 유해사례 등 안전성 정보에 대하여 식품의약품안전처장 또는 화장품 책임판매업자에게 보고할 수 있다.

② 화장품 책임판매업자는 다음 각 호의 화장품 안전성 정보를 알게 된 날로부터 15일 이내에 식품의약품안전처장에게 신속보고하여야 한다.

ㄱ. 중대한 유해사례 또는 이와 관련하여 식품의약품안전처장이 보고를 지시한 경우 : 유해사례보고서 제출

ㄴ. 판매중지나 회수에 준하는 외국정부의 조치 또는 이와 관련하여 식품의약품안전처장이 보고를 지시한 경우 : 안전성 정보보고서 제출

③ 화장품 책임판매업자는 신속보고 되지 아니한 화장품의 안전성 정보를 매 반기 종료 후 1월 이내에 식품의약품안전처장에게 정기보고 하여야 한다.

④ 안전성 정보의 보고, 신속보고, 정기보고는 식품의약품안전처 홈페이지를 통해 보고하거나 전자파일과 함께 우편·팩스·정보통신망 등의 방법으로 할 수 있다.

> **tip**
>
> **안전성 정보의 보고 의무자** : 화장품 책임판매업자

(3) 안전성 정보의 관리체계

화장품 안전성 정보의 **보고·수집·평가·전파** 등 관리체계는 아래와 같다.

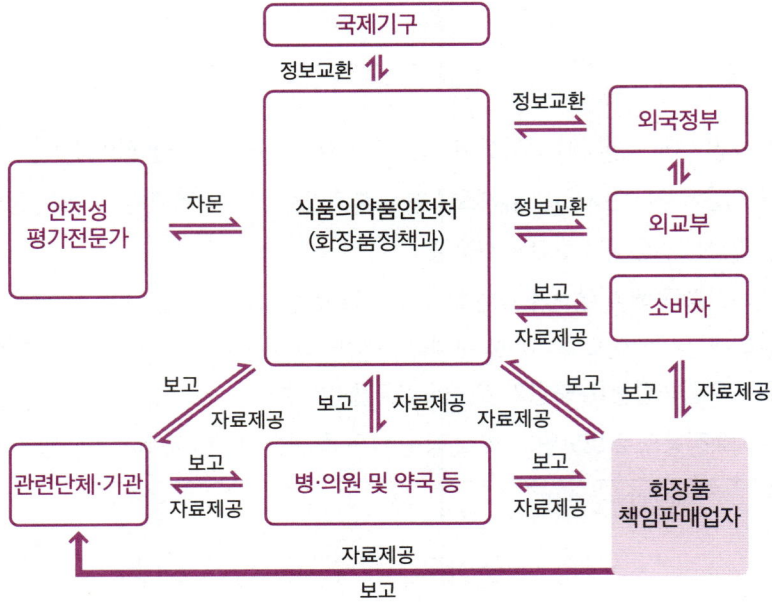

(4) 안전성 정보의 검토 및 평가

식품의약품안전처장은 다음 각 호에 따라 화장품 안전성 정보를 검토 및 평가하며 필요한 경우 정책자문위원회 등 전문가의 자문을 받을 수 있다.

① 정보의 신뢰성 및 인과관계의 평가 등

② 국내·외 사용현황 등 조사·비교(화장품에 사용할 수 없는 원료 사용 여부 등)

③ 외국의 조치 및 근거 확인(필요한 경우에 한함)

④ 관련 유해사례 등 안전성 정보 자료의 수집·조사

⑤ 종합검토

> ▶ **시행규칙 제17조의2(지정·고시된 원료의 사용기준의 안전성 검토)**
> ① 법 제8조제5항에 따른 지정·고시된 원료의 사용기준의 안전성 검토 주기는 5년으로 한다.
> ② 식품의약품안전처장은 법 제8조제5항에 따라 지정·고시된 원료의 사용기준의 안전성을 검토할 때에는 사전에 안전성 검토 대상을 선정하여 실시해야 한다.

(5) 후속조치

식품의약품안전처장 또는 지방식품의약품안전청장은 검토 및 평가 결과에 따라 다음 각 호 중 필요한 조치를 할 수 있다.

① 품목 제조·수입·판매 금지 및 수거·폐기 등의 명령

② 사용상의 주의사항 등 추가

③ 조사연구 등의 지시

④ 실마리 정보로 관리

⑤ 제조·품질관리의 적정성 여부 조사 및 시험·검사 등 기타 필요한 조치

(6) 정보의 전파 등

① 식품의약품안전처장은 안전하고 올바른 화장품의 사용을 위하여 화장품 안전성 정보의 평가 결과를 화장품 책임판매업자 등에게 전파하고 필요한 경우 이를 소비자에게 제공할 수 있다.

② 식품의약품안전처장은 수집된 안전성 정보, 평가결과 또는 후속조치 등에 대하여 필요한 경우 국제기구나 관련국 정부 등에 통보하는 등 국제적 정보교환체계를 활성화하고 상호협력 관계를 긴밀하게 유지함으로써 화장품으로 인한 범국가적 위해의 방지에 적극 노력하여야 한다.

(7) 보고자 등의 보호

화장품 안전성 정보의 수집·분석 및 평가 등의 업무에 종사하는 자와 관련 공무원은 보고자, 환자 등 특정인의 인적사항 등에 관한 정보로서 당사자의 생명·신체를 해할 우려가 있는 경우 또는 당사자의 사생활의 비밀 또는 자유를 침해할 우려가 있다고 인정되는 경우 등 당사자 또는 제3자 등의 권리와 이익을 부당하게 침해할 우려가 있다고 인정되는 사항에 대하여는 이를 공개하여서는 아니 된다.

(8) 영유아 및 어린이용 화장품의 안전성

① 영유아 및 어린이의 정의

> ㉠ 영유아 : 3세 이하
> ㉡ 어린이 : 4세 이상부터 13세 이하까지

② 제품별 안전성 평가자료를 작성 및 보관하여야 하는 대상

> ㉠ 3세 이하의 영유아용 제품류
>   ⓐ 영·유아용 샴푸, 린스
>   ⓑ 영·유아용 로션, 크림
>   ⓒ 영·유아용 오일
>   ⓓ 영·유아 인체 세정용 제품
>   ⓔ 영·유아 목욕용 제품
> ㉡ 4세 이상부터 13세 이하까지의 어린이가 사용할 수 있는 제품임을 특정하여 표시·광고하려는 경우

③ 안전성 평가자료

ㄱ. 안전성 평가자료는 최종 제조·수입된 제품의 사용기한이 만료되는 날부터 1년간 보관하여야 한다(개봉 후 사용기간을 기재하는 경우 제조연월일로부터 3년간 보관하여야 한다).

ㄴ. 안전성 평가자료를 작성·보관한 제품의 경우 영유아 또는 어린이가 특정하여 사용할 수 있거나 이와 유사한 표시·광고를 할 수 있다.

㉠ 제품 및 제조방법에 대한 설명자료 : 제품명, 제조업체 및 책임판매업체 정보, 제조관리기준서·제품 표준서·제조관리기록서 등 제조방법 관련 자료

㉡ 화장품의 안전성 평가 자료 : 제조 시 사용된 원료의 독성정보, 제품의 방부력 테스트 결과, 사용 후 이상사례(부작용 포함) 정보의 수집·평가 및 조치 관련 자료

㉢ 제품의 효능·효과에 대한 증명 자료 : 제품의 표시·광고와 관련된 효능·효과에 대한 실증 자료

④ 안전성 자료의 보관기간

ㄱ. **화장품의 1차 포장에 사용기한을 표시하는 경우** : 영유아 또는 어린이가 사용할 수 있는 화장품임을 표시·광고한 날부터 마지막으로 제조·수입된 제품의 사용기한 만료일 이후 1년까지의 기간. 이 경우 제조는 화장품의 제조번호에 따른 제조일자를 기준으로 하며, 수입은 통관일자를 기준으로 한다.

ㄴ. **화장품의 1차 포장에 개봉 후 사용기간을 표시하는 경우** : 영유아 또는 어린이가 사용할 수 있는 화장품임을 표시·광고한 날부터 마지막으로 제조·수입된 제품의 제조연월일 이후 3년까지의 기간. 이 경우 제조는 화장품의 제조번호에 따른 제조일자를 기준으로 하며, 수입은 통관일자를 기준으로 한다.

▶ **영유아 및 어린이 화장품의 제품별 안전성자료를 작성 또는 보관하지 않은 경우 행정처분**
- 1차 위반 : 판매 또는 해당품목 판매업무정지 1개월
- 2차 위반 : 판매 또는 해당품목 판매업무정지 3개월
- 3차 위반 : 판매 또는 해당품목 판매업무정지 6개월
- 4차 위반 : 판매 또는 해당품목 판매업무정지 12개월

⑤ 영유아 또는 어린이 사용 화장품의 실태조사

ㄱ. 법 제4조의2제2항에 따라 식품의약품안전처장은 다음 각 호의 사항에 대한 실태조사를 실시하고 이를 바탕으로 위해요소의 저감화를 위한 계획을 5년마다 수립하여야 한다.
- 책임판매업자의 제품별 안전성 자료의 작성 및 보관 현황
- 소비자의 사용실태
- 사용 후 이상사례(부작용 포함)에 대한 정보의 수집·검토·평가 및 조치 관련 현황

ㄴ. 식품의약품안전처장은 제1항에 따른 실태조사 및 계획수립을 위하여 화장품 영업자, 그 밖의 관련 협회 및 단체 등에 대하여 필요한 자료의 제출을 요청할 수 있다.

⑥ 위해요소 저감화계획의 수립

ㄱ. 법 제4조의2제2항(영유아 또는 어린이가 사용할 수 있는 화장품임을 표시·광고하려는 경우에는 제품별로 안전과 품질을 입증할 수 있는 자료)에 따른 위해요소 저감화계획에는 다음 각 호의 사항이 포함되어야 한다.

- 위해요소 저감화를 위한 기본 방향과 목표
- 위해요소 저감화를 위한 단기별 및 중장기별 추진 정책
- 위해요소 저감화 추진을 위한 환경 여건 및 관련 정책의 평가
- 위해요소 저감화 추진을 위한 조직 및 재원 등에 관한 사항
- 그 밖에 제1호부터 제4호까지의 사항과 유사한 것으로서 위해요소 저감화를 위해 식품의약품안전 처장이 필요하다고 인정하는 사항

ㄴ. 식품의약품안전처장은 위해요소 저감화계획을 수립하는 경우에는 실태조사에 대한 분석 및 평가 결과를 반영해야 한다.

ㄷ. 식품의약품안전처장은 위해요소 저감화계획의 수립을 위해 필요하다고 인정하는 경우에는 관계 행정기관, 공공기관, 법인·단체 또는 전문가 등에게 필요한 의견 또는 자료의 제출 등을 요청할 수 있다.

ㄹ. 식품의약품안전처장은 위해요소 저감화계획을 수립한 경우에는 그 내용을 식품의약품안전처 인 터넷 홈페이지에 공개해야 한다.

ㅁ. ㄱ~ㄹ까지에서 규정한 사항 외에 위해요소 저감화계획의 수립 대상, 방법 및 절차 등에 필요한 세부 사항은 식품의약품안전처장이 정한다.

⑦ **안전용기** : 포장 대상 품목의 기준

ㄱ. 일회용 제품, 용기 입구 부분이 펌프 또는 방아쇠로 작동되는 분무용기 제품, 압축 분무용기 제품 (에어로졸 제품 등)은 제외

ㄴ. 안전용기·포장은 성인이 개봉하기는 어렵지 아니하나 5세 미만의 어린이가 개봉하기는 어렵게 된 것이어야 한다.

> ▶ 화장품책임판매업자 또는 맞춤형화장품판매업자가 법 제9조에 따른 화장품의 안전용기 포장에 관한 기준을 위반한 경우 행정처분
> - 1차 위반 : 해당품목 판매업무정지 3개월
> - 2차 위반 : 해당품목 판매업무정지 6개월
> - 3차 위반 : 해당품목 판매업무정지 12개월

안전용기·포장을 사용해야 하는 품목

1. 아세톤을 함유하는 네일 에나멜 리무버 및 네일 폴리시 리무버
2. 어린이용 오일 등 개별포장 당 탄화수소류를 10퍼센트 이상 함유하고 운동점도가 21센티스톡스(섭씨 40도 기준) 이하인 에멀전 형태가 아닌 액체상태의 제품
3. 개별포장당 메틸 살리실레이트를 5퍼센트 이상 함유하는 액체상태의 제품

---

(9) 화장품 원료의 안전성

우리나라의 화장품 원료는 제한 또는 금지 원료를 제외한 나머지 원료는 허용되는 포괄주의 형태의 네거티브시스템(Negative system)으로 관리되며, 네거티브 리스트 시스템(Negative list system)이라고도 한다. 식품의약품안전처장이 고시한 사용할 수 없는 원료 및 보존제, 색소, 자외선차단제 등과 같이 특별히 사용상의 제한이 필요한 원료를 제외한 원료는 책임판매업자의 책임하에 맞춤형화장품에 혼합 사용이 가능하다.

> **포지티브시스템(Positive system, 포지티브리스트시스템)**
>
> 허용되는 품목만 표시하는 제한적 열거주의 시스템이다 네거티브시스템과 상반되는 방식으로 중국에서 사용되고 있다. 대부분 선진국은 네거티브시스템 방식을 사용한다.
>
> 우리나라에서는 보존제, 색소, 자외선차단제는 고시된 원료만 사용이 가능한 포지티브리스트에 해당된다.

> **시행규칙 제17조의2(지정·고시된 원료의 사용기준의 안전성 검토)**
>
> ① 법 제8조제5항에 따른 지정·고시된 원료의 사용기준의 안전성 검토 주기는 5년으로 한다.
>
> ② 식품의약품안전처장은 법 제8조제5항에 따라 지정·고시된 원료의 사용기준의 안전성을 검토할 때에는 사전에 안전성 검토 대상을 선정하여 실시해야 한다.
>
> **시행규칙 제17조의3(원료의 사용기준 지정 및 변경 신청 등)**
>
> ① 법 제8조제6항에 따라 화장품제조업자, 화장품책임판매업자 또는 연구기관등은 법 제8조제2항에 따라 지정·고시되지 않은 원료의 사용기준을 지정·고시하거나 지정·고시된 원료의 사용기준을 변경해 줄 것을 신청하려는 경우에는 별지 제13호의2서식의 원료 사용기준 지정(변경지정) 신청서(전자문서 신청서 포함)에 다음 각 호의 서류(전자문서 포함)를 첨부하여 식품의약품안전처장에게 제출해야 한다.
>
> 　1. 제출자료 전체의 요약본
>
> 　2. 원료의 기원, 개발 경위, 국내·외 사용기준 및 사용현황 등에 관한 자료
>
> 　3. 원료의 특성에 관한 자료
>
> 　4. 안전성 및 유효성에 관한 자료(유효성에 관한 자료는 해당하는 경우에만 제출한다)
>
> 　5. 원료의 기준 및 시험방법에 관한 시험성적서
>
> ② 식품의약품안전처장은 제1항에 따라 제출된 자료가 적합하지 않은 경우 그 내용을 구체적으로 명시하여 신청인에게 보완을 요청할 수 있다. 이 경우 신청인은 보완일부터 60일 이내에 추가 자료를 제출하거나 보완 제출기한의 연장을 요청할 수 있다.
>
> ③ 식품의약품안전처장은 신청인이 제1항의 자료를 제출한 날(제2항에 따라 자료가 보완 요청된 경우 신청인이 보완된 자료를 제출한 날)부터 180일 이내에 신청인에게 별지 제13호의3서식의 원료 사용기준 지정(변경지정) 심사 결과통지서를 보내야 한다.
>
> ④ 제1항부터 제3항까지에서 규정한 사항 외에 원료의 사용기준 지정신청 및 변경지정신청에 필요한 세부 절차와 방법 등은 식품의약품안전처장이 정한다.

▶ 영유아 또는 어린이 사용 화장품 안전성 자료의 작성·보관에 관한 규정

[별표] 제품별 안전성 자료의 작성방법(제3조제1항 관련)

1. 제품 및 제조방법에 대한 설명 자료

가. 제품에 대한 설명 자료

　　1) 제품의 제품명, 효능·효과(기능성화장품의 경우), 사용상의 주의사항, 원료명 및 분량, 보관조건, 사용기한 또는 개봉 후 사용기간 등 제품에 대한 상세한 정보를 포함하여 자료를 작성한다.

　　2) 해당 내용이 포함된 경우 제품표준서 사본 또는 수입관리기록서 사본(수입 화장품에 한함)으로 대체할 수 있다.

나. 제조방법에 대한 설명 자료

　　1) 최종 완제품이 만들어지기까지 제품의 제조방법에 대한 정보를 포함하여 작성한다.

　　2) 해당 내용이 포함된 경우 제조관리기준서 사본, 제품표준서 사본 또는 수입관리기록서 사본(수입 화장품에 한함)으로 대체할 수 있다.

2. 화장품의 안전성 평가 자료

가. 제조 시 사용된 원료 및 제품의 안전성 평가 자료

　　1) 원료에 대한 검토자료 : 해당 제품에 대해 사용되는 각각의 원료에 대한 물리화학적 특성, 독성 등 정보를 포함한 자료, 각 원료에 대한 기준규격 정보를 포함하여 자료를 작성한다. 다만, 제조과정 중에 제거되어 최종 제품에는 남아 있지 않은 성분은 제외한다.

　　2) 완제품에 대한 검토자료 : 완제품에 대하여 「화장품 안전기준 등에 관한 규정」 제6조에 따른 유통화장품의 안전관리 기준에 적합함을 검토한 자료를 포함하여 작성한다.

나. 사용 후 이상사례 정보의 수집·검토·평가 및 조치 관련 자료

　　「화장품 안전성 정보관리 규정」에 따른 신속·정기 보고, 안전성 정보의 검토 및 평가, 후속조치한 내용을 포함하여 작성한다.

다. 제품 안전성 평가 결과

　　원료 및 완제품, 이상사례 등에 대한 자료를 바탕으로 해당 제품의 안전성에 대한 평가결과를 작성한다.

3. 제품의 효능·효과에 대한 증명 자료

가. 기능성화장품의 효능·효과에 대한 증명 자료

　　1) 기능성화장품에 해당하는 경우 규칙 제9조에 따른 심사 결과자료를 포함한다.

　　2) 규칙 제10조에 따라 보고서를 제출한 기능성 화장품은 제출한 보고서를 포함한다.

나. 제품의 표시·광고 중 사실에 관한 실증 자료

　　영유아 또는 어린이 사용 화장품의 표시·광고 중에서 사실에 대해 실증이 필요한 사항에 대해 「화장품 표시·광고 실증에 관한 규정」에 따른 실증 자료를 포함한다.

<2026년 개정 예정. 날짜미정>

제4조의2(화장품 안전성 평가)

① 총리령으로 정하는 기준에 해당하는 화장품책임판매업자는 화장품의 유통·판매 전에 제품별로 화장품이 안전함을 입증할 수 있는 자료(이하 **"화장품 안전성평가자료"**라 한다)를 작성 및 보관하여야 한다.

② 화장품 안전성 평가 자료는 화장품 안전성에 대하여 전문지식을 갖춘 자(이하 **"안전성 평가자"**라 한다)에 의하여 검토되어야 한다.

③ 식품의약품안전처장은 국민보건상 위해 우려가 제기되는 등 필요하다고 인정하는 경우 화장품 안전성평가자료의 제출을 요구할 수 있다. 이 경우 화장품책임판매업자는 정당한 사유가 없으면 이에 따라야 한다.

④ 식품의약품안전처장은 화장품책임판매업자가 제1항 및 제2항에 따른 준수사항을 원활하게 이행할 수 있도록 필요한 행정적·재정적 지원을 할 수 있다.

⑤ 화장품 안전성 평가 자료의 작성 범위 및 보관기간 등과 안전성 평가자의 자격기준 등에 필요한 사항은 총리령으로 정한다.

제33조의3(화장품통합정보시스템의 구축·운영)

① 식품의약품안전처장은 원료 위해평가, 화장품 안전성 평가, 제조, 수입, 판매, 사용 등에 있어서의 안전관리에 필요한 업무를 종합적으로 관리하기 위하여 화장품통합정보시스템(이하 "통합정보시스템"이라 한다)을 구축·운영할 수 있다.

2) 안정성(Stability)

화장품 안정성시험은 화장품의 저장방법 및 사용기한을 설정하기 위하여 경시변화에 따른 품질의 안정성을 평가하는 시험이다. 다양한 물리적·화학적 조건에서 화장품성분의 변색 변취, 상태변화 및 지표성분의 함량변화를 통해 평가한다.

제품의 안전성시험 및 경시변화 시험에 필요한 세부사항에 대하여 규정함으로써 신제품 또는 기존제품의 품질유지 및 향상을 위함이다. 품질보증책임자는 안정성시험이 실시되도록 관리 감독하여 안정성시험 계획 및 시험결과에 대한 검토와 이를 승인한다.

안정성 변화	변화된 상태
물리적 변화	분리, 침전, 응집, 겔화, 증발, 고화, 연화, 고상제품의 균열 등
화학적 변화	변색, 변취, 오염, 석출 등

A. 용어의 정의

① **경시변화시험**(Accelerated test) : 규정된 보관 조건 내에서 제품의 경시적 변화를 계획된 시기와 방법에 따라 측정하는 시험

② **항온 안정성시험** : 규정된 보관온도 내에서 벌크(혹은 제품)의 변화를 계획된 시기와 방법에 따라 측정하는 시험

③ **장기보존 시험** : 화장품의 저장 조건하에서 사용기한을 설정하기 위하여 장기간에 걸쳐 화장품의 물리 화학 및 생물학적 이상 유무를 확인하는 시험

④ **사용기한**: 화장품이 제조된 날로부터 적절한 보관상태에서 제품의 고유특성을 간직한 채 소비자가 안정적으로 사용할 수 있는 최소한의 기한

⑤ **지표성분**: 원료에 함유된 화학적으로 규명된 성분 중 품질관리 목적으로 정한 성분

⑥ **산화 안정성**: 산소 및 화학성분과의 산화 반응이 발생되지 않고 화장품 성분이 일정한 상태를 유지하는 성질

⑦ **열 안정성**: 유통 과정상 발생할 수 있는 조건의 다양한 온도 변화 조건에도 화장품 성분이 일정한 상태를 유지하는 성질

⑧ **광 안정성**: 햇빛, 자외선, 형광등 불빛 등 다양한 광 조건에서 화장품 성분이 일정한 상태를 유지하는 성질

⑨ **미생물 안정성**: 미생물이 증식하여 화장품 성분이 변화되지 않고 일정한 상태를 유지하는 성질

⑩ **환경 안전성**: 화장품 성분이 환경오염을 발생시키지 않는 성질

⑪ **공급 안정성**: 안정적인 화장품 원료 공급

B. 품목유형별 시험항목

① **화장수**: 성상(결빙,침전 등), 향취, 색상, pH, 점(경)도, 굴절률, 이물질 등

② **로션, 에센스, 크림, 폼, 팩, 파운데이션류**: 성상(결빙,응고,분리,젤화), 색상, 향취, pH, 점(경)도 등

③ **화장품 원료**: 성상, 향취, pH, 이물질 등

C. 시험 분류별 시험기준

시험항목	시험부서	검체	시험방법 보관조건	시험방법 시험기간	시험주기	시험항목
경시 변화 시험	품질보증팀	신제품(벌크)	실온상태 유지	12개월	6, 12개월	성상, 향취, 색상
항온 안정성 시험	연구소	신제품 (벌크 제품)	각 해당 온도 항온도(4, 37, 45, 50℃)	1개월	제조 후 7일 동안, 15일 후, 30일 후	성상, 향취, 색상
장기 보존 시험	품질보증팀	완제품	실온상태 유지	해당 제품의 유통 기한	생산 후 6, 12, 18, 24, 30, 36개월	전 항목

(1) 안정성 평가 항목

① **일반시험**: 균등성, 향취 및 색상, 사용감 및 성상, 내온성 시험

② **물리, 화학적 시험**

　ㄱ. **물리적 시험**: 비중, 융점, 경도, pH, 유화상태, 점도 등

ㄴ. **화학적 시험** : 시험물 가용성 성분, 에테르불용 및 에탄올 가용성 성분, 에테르 및 에탄올 가용성 불검화물, 에테르 및 에탄올 가용성 검화물, 에테르 가용 및 에탄올 불용성 불검화물, 에테르 가용 및 에탄올 불용성 검화물, 증발잔류물, 에탄올 등

③ **미생물학적 시험** : 제품 사용 시 미생물 증식을 억제하는 능력이 있음을 증명하는 미생물에 대한 안정성을 평가한다.

④ **용기적합성 시험** : 용기와 제품 사이의 상호작용인 용기의 제품 흡수, 부식, 화학적 반응 등에 대한 적합성을 평가한다.

> ▶ **화장품 용기 시험항목**
> 1. 성능평가 : 사용의 편리성, 미려성, 포장작업의 용이성(경제성 관련)
> 2. 안전성평가
> 1) 강도시험(오염방지 등)
> 2) 화학시험
>   ① 재질 중에 포함되어 있는 물질의 종류 함량 측정
>   ② 재질 중에 포함되어 있는 용출 정도의 측정
> 3) 생물시험
>   ① 원료의 독성시험
>   ② 용출물의 독성시험
> 4) 미생물시험
>   ① 오염정도의 측정
> 5) 오염시험
>   ① 잔류물, 소재의 열화도 측정(반복 사용되는 리필용기)

⑤ 시험항목 설정기준

ㄱ. **일반화장품** : 화장품 종류 및 구성성분이 매우 다양하므로 제품유형 및 제형에 따라 적절한 안정성 시험 항목을 설정한다. 시험항목 및 기준은 과학적 근거 및 경험 등을 바탕으로 선정한다.

ㄴ. **기능성화장품** : 기준 및 시험방법에 설정한 전항목을 원칙으로 하며, 전항목을 실시하지 않을 경우에는 이에 대한 과학적 근거를 제시하여야 한다.

(2) 안정성시험 항목

화장품 안정성시험은 화장품의 사용기한 및 취급방법을 설정하기 위한 경시변화에 따른 품질의 안정성을 평가하는 시험으로, 화장품을 제조된 날부터 적절한 보관상태에서 제품의 성상·품질의 변화 없이 최적의 품질로 이를 안정적으로 사용할 수 있는 최소한의 기한과 제품의 취급방법을 설정하기 위한 기준을 정하는 데 있으며 이를 통하여 유통 화장품의 안정성을 확보하여 안전하고 우수한 제품을 공급하는데 그 목적이 있다.

화장품의 안정성이 떨어지는 현상은 그 제품의 종류 등에 따라 차이가 있으며, 온도, 습도, 일광, 미생물, 포장재료 및 유통조건 등 외부 요인에 따라서도 각양각색이다. 그 시험방법도 제품들의 외부적 및 내부적 요인에 따라 다르고, 통일된 시험항목을 선정하기는 어렵다.

화장품의 안정성 시험항목은 적절한 보관, 운반, 사용 조건에서 화장품의 물리·화학적 안정성, 미생물학적 안정성, 용기 적합성을 보증할 수 있도록 설정해야 한다.

이미 평가된 자료 및 경험을 바탕으로 하여 과학적이고 합리적인 항목과 기준을 설정해야 한다.

A. 장기보존시험 및 가속시험

장기보존시험	화장품의 보관조건에서 사용기한을 설정하기 위하여 장기간에 걸쳐 물리·화학적 및 미생물학적 측면에서 안정성 및 용기 적합성을 확인하는 시험
가속시험	장기보존시험의 보관조건을 벗어난 단기간의 가속조건이 물리·화학적 및 미생물학적 측면에서 안정성 및 용기 적합성에 미치는 영향을 평가하기 위한 시험

B. 가혹시험

보존 기간 중 제품의 안정성이나 기능성에 영향을 주는 분해과정 및 분해산물의 생성유무를 확인한다. 화장품의 운반, 보관, 진열 및 사용 과정에서 뜻하지 않게 일어나는 가능성 있는 가혹한 환경 조건에서 품질변화를 검토하기 위해 시험을 수행한다.

① 온도 편차 및 극한 조건의 온도 사이클링(cycling) 또는 "동결-해동(freeze-thaw)" 시험을 통해 문제점을 보다 신속하게 파악할 수 있다.

동결-해동 시험 시 현탁(분해산물의 결정 형성 또는 흐릿해지는 경향) 발생 여부, 유제와 크림제의 안정성 결여, 포장 문제(예 표시·기재 사항 분실이나 구겨짐, 파손 또는 찌그러짐), 알루미늄 튜브 내부 래커의 부식여부 등을 관찰한다. 시험은 저온 시험, 고온 시험, 동결-해동 시험이 있다.

② 기계·물리적 충격시험, 진동시험을 통한 분말제품의 분리도 시험 등, 유통, 보관, 사용조건에서 제품 특성상 운반 과정에서 화장품 또는 포장이 손상될 가능성을 조사하는 데 사용한다.

- 진동 시험(vibration testing) : 분말 또는 과립 제품의 혼합상태가 깨지거나(de-mixing) 또는 분리 발생 여부를 판단하기 위해 수행
- 기계적 충격 시험(mechanical shock testing) : 운반 과정에서 화장품 또는 포장이 손상될 가능성을 조사하기 위해 수행

③ 화장품이 빛에 노출될 수 있는 상태로 포장된 화장품은 광안정성 시험을 실시한다.

C. 개봉 후 안정성시험

① 화장품 사용 시에 일어날 수 있는 오염 등을 고려한 사용기한을 설정하기 위하여 장기간에 걸쳐 물리·화학적, 미생물학적 안정성 및 용기 적합성을 확인하는 시험이다.

② 개봉 전 시험항목과 미생물한도시험, 살균보존제, 유효성성분시험을 수행한다. 다만, 개봉할 수 없는 용기로 되어있는 제품(스프레이 등), 일회용 제품 등은 개봉 후 안정성시험을 수행할 필요가 없다.

종류	조건	시험측정주기	시험검체
장기 보존시험	1. 실온보관 : 온도 25±2℃/ 상대습도 60±5% 또는 온도 30±2℃/ 상대습도 66±5% 2. 냉장보관 : 온도 5±3℃	6개월 이상 처음 1년 - 3개월마다 2년까지 - 6개월마다 2년 이후 - 1년에 1회 시험실시	3롯트 이상 선정, 완제품 사용
가속시험	온도 40±2℃/상대습도 75±5% 온도 25±2℃/상대습도 60±5%	6개월 이상 최소 3회 시행	3롯트 이상 선정, 완제품 사용
가혹시험	15℃/25℃/45℃ 가혹조건 사이클링 자연광노출 및 인공광노출 동결/해동, 물리적시험(진동, 원심분리)	2주~3개월	검체의 특성 및 시험조건에 따라 시험할 롯트는 적절히 정함
개봉 후 안정성시험	계절별 연평균 온도, 습도	6개월 이상 처음 1년 - 3개월 2년까지 - 6개월 2년 이후 - 1년	3롯트 이상 선정, 완제품 사용

> ▶ 개봉후 사용기간을 60일로 가정 시
> 1일 평균 사용량(g/일)×(60일) = g로 계산하여 개봉 후 사용기간을 결정한다.

D. 화장품 용기 적합성 시험법

구분	시험방법	적용범위	비고
1	감압누설	액상 내용물을 담는 용기의 마개, 펌프, 패킹 등의 밀폐성 측정	스킨, 로션, 오일과 같은 액상 제품의 용기에 적용
2	내용물 감량	화장품 용기에 충전된 내용물의 건조감량을 측정	마스카라, 아이라이너 또는 내용물 일부가 쉽게 휘발되는 제품에 적용
3	내용물에 의한 용기 마찰	내용물에 따른 인쇄문자, 핫스탬핑, 증착 또는 코팅막의 용기 표면과의 마찰을 측정	내용물에 의한 인쇄문자 및 코팅막 등의 변형, 박리, 용출을 확인
4	내용물에 의한 용기의 변형	용기와 내용물의 장기간 접촉에 따른 용기의 팽창, 수축, 변질, 탈색, 연화, 발포, 균열, 용해 등을 측정	내용물에 침적된 용기 재료의 물성 저하 또는 변화 상태, 내용물 간의 색상 전이 등을 확인

5	용기의 내열성 및 내한성	내용물이 충전된 용기 또는 용기를 구성하는 각종 소재의 내한성 및 내열성 측정	혹서기, 혹한기 또는 수출 시 유통 환경 변화에 따른 제품 변질 방지를 위함
6	유리병의 내부압력	유리 소재의 화장품 용기의 내압 강도를 측정	화려한 디자인 및 독특한 형상의 유리병은 내부 압력에 취약
7	유리병 표면 알칼리 용출량	유리병 내부에 존재하는 알칼리를 황산과 중화반응 원리를 이용하여 측정	고온다습 환경에서 장기 방치 시 발생하는 표면의 알칼리화 변화량 확인
8	유리병의 열 충격	화장품용 유리병의 급격한 온도 변화에 따른 내구력을 측정	유리병 제조 시 열처리 과정에서 발생하는 불량 방지
9	펌프 누름 강도	펌프 용기의 화장품을 펌핑 시 펌프 버튼의 누름 강도 측정	펌프 제품의 사용 편리성을 확인
10	펌프분사형태	스프레이 펌프의 분사 패턴을 측정하기 위한 참고 시험 방법	종이에 분사된 염료용액으로 분사 형태와 분사각을 확인
11	낙하	플라스틱 용기, 조립 용기, 접착 용기에 대한 낙하에 따른 파손, 분리 및 작용 여부를 측정	다양한 형태의 조립 포장재료가 부착된 화장품 용기에 적용
12	접착력	화장품 용기에 표시된 인쇄문자, 코팅막, 라미네이팅의 밀착성을 측정	용기 표면의 인쇄문자, 코팅막 및 필름을 접착 테이프로 박리 여부 확인
13	라벨 접착력	화장품 포장의 라벨, 스티커 또는 수지 지지체의 접착력 측정	시험편이 붙어있는 접착판을 인장 시험기로 시험
14	크로스컷트	화장품 용기 소재인 유리, 금속, 플라스틱의 유기 또는 무기 코팅막 또는 도금층의 밀착성 측정	규정된 점착테이프를 압착한 후 떼어내어 코팅층의 박리 여부를 확인

※ 출처 : 유리병의 열충격 시험방법, 유리병의 내부압력 시험방법, 유리병 표면 알칼리 용출량 시험방법, 용기의 내열성 및 내한성 시험방법, 내용물에 의한 용기 마찰 시험방법, 감압 누설 시험방법, 낙하 시험방법(대한화장품협회)/ 교수학습가이드라인

■ 자재 상용성시험(Competibility Test)

상용성 시험이란 포장재의 성분과 화장품 내용물의 성분이 서로 화학 반응을 일으키거나, 첨가, 흡착 또는 흡수되는지 등 포장 재질의 표면과 제품과의 상호 작용을 검토하는 시험이다.

1) 시험 방법

① 수지 검체는 판 형태(10mm×4mm×80mm)로 제작하여 ASTM D 1693의 Bent-Strip Test 또는 Three-Point Bending Test 방법으로, 금속 검체는 그대로 화장품 내용물 또는 원료의 희석액에 침적한다.

② 50℃에서 일정 시간(14일)이 지난 다음 외관을 관찰하여 용해, 변색, 부풀음, 부식, 부러짐, 갈라짐 등 변형 여부를 검사한다.

2) 상용성에 영향을 주는 요소

분류	영향 요소
소재	유리, 플라스틱, 금속, 세라믹, 돌, 종이, 목재, 실, 포, 가죽, 털
용기 형태	일반 용기/캡, 튜브, 팩트류, 브러시, 립스틱, 펌프(디스펜서), 파우치, 에어로졸 캔, 화장 용구, 기타 포장재
내용물 유형	스킨, 로션, 크림, 향수, 마스카라, 립스틱, 에센스, 샴푸, 린스, 파우더 팩트, 염모제, 파우더
화장품 원료	물, 오일, 계면 활성제, 자외선 차단제, 고분자, 알코올, 염료, 산, 알칼리, 향료

※ 출처 : NCS 학습모듈/화장품제조/7. 품질관리

E. 포장재 시험법

① 골판지 압축 및 파열 강도 시험법

② 단상자 충격 시험법

③ 라벨 접착력 시험법

④ 포장화물 및 용기의 낙하 시험법

⑤ 포장화물 및 용기의 진동 시험법

(3) 안정성 시험자료 보존

다음 성분을 0.5퍼센트 이상 함유하는 제품의 경우 해당 품목의 안정성시험 자료를 최종 제조된 제품의 사용기한이 만료되는 날부터 1년간 보존할 것(시행규칙 제11조11항)

ⓐ 레티놀(비타민A) 및 그 유도체

ⓑ 아스코빅애시드(비타민C) 및 그 유도체

ⓒ 토코페롤(비타민E)

ⓓ 과산화화합물

ⓔ 효소

3) 유효성

화장품을 피부에 사용함으로써 물리적, 화학적, 생물학적, 미적, 심리적으로 나타나는 효과로 피부에 대한 보습, 노화억제, 미백, 자외선차단, 세정, 색채효과 등을 부여한다.

구분	유효성 종류	특징
1	물리적 유효성	물리적 특성(예 자외선 산란제품 – TiO2, 징크옥사이드 등)
2	화학적 유효성	화학적 특성(예 자외선 흡수제, 염색제, 계면활성제 등)
3	생물학적 유효성	기능성 물질로 인해 도움을 주는 효과(예 알부틴, 아데노신 등)
4	미적 유효성	메이크업으로 인한 효과
5	심리적 유효성	심리적인 특성(예 향수, 향낭 등)

① **일반화장품** : 보습효과, 수렴효과 등에 대한 유효성평가 진행

② **기능성화장품**

   ㄱ. 유효성 또는 기능에 관한 자료

     • 효력시험 자료

     • 인체 적용시험 자료

   ㄴ. 자외선 차단지수, 내수성자외선차단지수(SPF, 내수성 또는 지속내수성) 및 자외선A차단등급 설정의 근거자료(자외선관련 기능성화장품해당)

   ㄷ. 염모효력시험자료

01

화장품의 품질 4요소는?

(ㄱ), (ㄴ), (ㄷ), (ㄹ)

02

(   )는 화장품의 사용 중 발생한 바람직하지 않고 의도되지 아니한 징후, 증상 또는 질병을 말하며, 당해 화장품과 반드시 인과관계를 가져야 하는 것은 아니다.

03

(   )는 유해사례와 화장품 간의 인과관계 가능성이 있다고 보고된 정보로서 그 인과관계가 알려지지 아니하거나 입증자료가 불충분한 것을 말한다.

04

(   )는 화장품과 관련하여 국민보건에 직접 영향을 미칠 수 있는 안전성·유효성에 관한 새로운 자료, 유해사례 정보 등을 말한다.

05

(ㄱ)는 3세 이하, (ㄴ)는 4세 이상부터 만 13세 이하까지의 아동을 말한다.

06

용기적합성 시험은 화장품 품질요소 중 어디에 해당되는가?

정답	
01	(ㄱ) 안전성, (ㄴ) 안정성, (ㄷ) 유효성, (ㄹ) 사용성
02	유해사례
03	실마리정보
04	안전성정보
05	(ㄱ) 영유아, (ㄴ) 어린이
06	안정성

1) 사후관리기준(CGMP 제32조)

① 식품의약품안전처장은 제30조에 따라 우수화장품 제조 및 품질관리기준 적합판정을 받은 업소에 대해 별표 2의 우수화장품 제조 및 품질관리기준 실시상황평가표에 따라 3년에 1회 이상 실태조사를 실시하여야 한다.

② 식품의약품안전처장은 사후관리 결과 부적합 업소에 대하여 일정한 기간을 정하여 시정하도록 지시하거나, 우수화장품 제조 및 품질관리기준 적합업소 판정을 취소할 수 있다.

③ 식품의약품안전처장은 제1항에도 불구하고 제조 및 품질관리에 문제가 있다고 판단되는 업소에 대하여 수시로 우수화장품 제조 및 품질관리기준 운영 실태조사를 할 수 있다.

2) 품질관리기준 - 시행규칙 제7조(별표 1)

(1) 용어의 정의

이 표에서 사용하는 용어의 뜻은 다음과 같다.

① **"품질관리"**란 화장품의 책임판매 시 필요한 제품의 품질을 확보하기 위해서 실시하는 것으로서, 화장품제조업자 및 제조에 관계된 업무(시험·검사 등의 업무를 포함한다.)에 대한 관리·감독 및 화장품의 시장 출하에 관한 관리, 그 밖에 제품의 품질의 관리에 필요한 업무를 말한다.

② **"시장출하"**란 화장품책임판매업자가 그 제조 등(타인에게 위탁 제조 또는 검사하는 경우를 포함하고 타인으로부터 수탁 제조 또는 검사하는 경우는 포함하지 않는다. 이하 같다.)을 하거나 수입한 화장품의 판매를 위해 출하하는 것을 말한다.

(2) 품질관리 업무에 관련된 조직 및 인원

화장품책임판매업자는 책임판매관리자를 두어야 하며, 품질관리 업무를 적정하고 원활하게 수행할 능력이 있는 인력을 충분히 갖추어야 한다.

(3) 품질관리업무의 절차에 관한 문서 및 기록 등

① 화장품책임판매업자는 품질관리 업무를 적정하고 원활하게 수행하기 위하여 다음의 사항이 포함된 〈품질관리 업무 절차서〉를 작성·보관해야 한다.

ㄱ. 적정한 제조관리 및 품질관리 확보에 관한 절차

ㄴ. 품질 등에 관한 정보 및 품질 불량 등의 처리 절차

ㄷ. 회수처리 절차

ㄹ. 교육·훈련에 관한 절차

ㅁ. 문서 및 기록의 관리 절차

ㅂ. 시장출하에 관한 기록 절차

ㅅ. 그 밖에 품질관리 업무에 필요한 절차

② 화장품책임판매업자는 품질관리 업무 절차서에 따라 다음의 업무를 수행해야 한다.

ㄱ. 화장품제조업자가 화장품을 적정하고 원활하게 제조한 것임을 확인하고 기록할 것

ㄴ. 제품의 품질 등에 관한 정보를 얻었을 때 해당 정보가 인체에 영향을 미치는 경우에는 그 원인을 밝히고, 개선이 필요한 경우에는 적정한 조치를 하고 기록할 것

ㄷ. 책임판매한 제품의 품질이 불량하거나 품질이 불량할 우려가 있는 경우 회수 등 신속한 조치를 하고 기록할 것

ㄹ. 시장출하에 관하여 기록할 것

ㅁ. 제조번호별 품질검사를 철저히 한 후 그 결과를 기록할 것. 다만, 화장품제조업자와 화장품책임판매업자가 같은 경우, 화장품제조업자 또는 「식품·의약품분야 시험·검사 등에 관한 법률」 제6조에 따른 식품의약품안전처장이 지정한 화장품 시험·검사기관에 품질검사를 위탁하여 제조번호별 품질검사 결과가 있는 경우에는 품질검사를 하지 않을 수 있다.

ㅂ. 그 밖에 품질관리에 관한 업무를 수행할 것

③ 화장품책임판매업자는 책임판매관리자가 업무를 수행하는 장소에 품질관리 업무 절차서 원본을 보관하고, 그 외의 장소에는 원본과 대조를 마친 사본을 보관해야 한다.

(4) 책임판매관리자의 업무

장품책임판매업자는 품질관리 업무 절차서에 따라 다음 각 목의 업무를 책임판매관리자에게 수행하도록 해야 한다.

① 품질관리 업무를 총괄할 것

② 품질관리 업무가 적정하고 원활하게 수행되는 것을 확인할 것

③ 품질관리 업무의 수행을 위하여 필요하다고 인정할 때에는 화장품책임판매업자에게 문서로 보고할 것

④ 품질관리 업무 시 필요에 따라 화장품제조업자, 맞춤형화장품판매업자 등 그 밖의 관계자에게 문서로 연락하거나 지시할 것

⑤ 품질관리에 관한 기록 및 화장품제조업자의 관리에 관한 기록을 작성하고 이를 해당 제품의 제조일(수입의 경우 수입일을 말한다.)부터 3년간 보관할 것

(5) 회수처리

화장품책임판매업자는 품질관리 업무 절차서에 따라 책임판매관리자에게 다음과 같이 회수 업무를 수행하도록 해야 한다.

① 회수한 화장품은 구분하여 일정 기간 보관한 후 폐기 등 적정한 방법으로 처리할 것

② 회수내용을 적은 기록을 작성하고 화장품책임판매업자에게 문서로 보고할 것

▶ **위반시 행정처분**

㉠ 법 제19조, 제20조, 제22조, 제23조제1항·제2항 또는 제23조의2에 따른 시정명령·검사명령·개수명령·회수명령·폐기명령 또는 공표명령 등을 이행하지 않은 경우
- 1차 위반 : 판매 또는 제조업무정지 1개월
- 2차 위반 : 판매 또는 제조업무정지 3개월
- 3차 위반 : 판매 또는 제조업무정지 6개월
- 4차 이상위반 : 등록취소

㉡ 법 제23조제3항에 따른 회수계획을 보고하지 않거나 거짓으로 보고한 경우
- 1차 위반 : 판매 또는 제조업무정지 1개월
- 2차 위반 : 판매 또는 제조업무정지 3개월
- 3차 위반 : 판매 또는 제조업무정지 6개월
- 4차 이상위반 : 등록취소

(6) 교육·훈련

화장품책임판매업자는 책임판매관리자에게 교육·훈련계획서를 작성하게 하고, 품질관리 업무 절차서 및 교육·훈련계획서에 따라 다음의 업무를 수행하도록 해야 한다.

① 품질관리 업무에 종사하는 사람들에게 품질관리 업무에 관한 교육·훈련을 정기적으로 실시하고 그 기록을 작성, 보관할 것

② 책임판매관리자 외의 사람이 교육·훈련 업무를 실시하는 경우에는 교육·훈련 실시 상황을 화장품책임판매업자에게 문서로 보고할 것

(7) 문서 및 기록의 정리

화장품책임판매업자는 문서·기록에 관하여 다음과 같이 관리해야 한다.

① 문서를 작성하거나 개정했을 때에는 품질관리 업무 절차서에 따라 해당 문서의 승인, 배포, 보관 등을 할 것

② 품질관리 업무 절차서를 작성하거나 개정했을 때에는 해당 품질관리 업무 절차서에 그 날짜를 적고 개정 내용을 보관할 것

(8) (수입대행형 거래를 목적으로 화장품을 알선 수여하는 영업)의 화장품책임판매업을 등록한 자에 대해서는 (1)부터 (7)까지의 위 규정 중 아래 사항을 적용하지 않는다.

① 적정한 제조관리 및 품질관리 확보에 관한 절차
② 교육·훈련에 관한 절차
③ 시장출하에 관한 기록 절차
④ 화장품제조업자가 화장품을 적정하고 원활하게 제조한 것임을 확인하고 기록할 것
⑤ 시장출하에 관하여 기록할 것

⑥ 제조번호별 품질검사를 철저히 한 후 그 결과를 기록할 것

⑦ 품질관리에 관한 기록 및 화장품제조업자의 관리에 관한 기록을 작성하고 이를 해당제품의 제조일(수입의 경우 수입일)부터 3년간 보관할 것

⑧ 교육·훈련

별표 1의 준수 사항을 위반하는 경우 행정처분

위반사항	1차 위반	2차 위반	3차 위반	4차 이상위반
별표 1에 따라 책임판매관리자를 두지 않은 경우	판매 또는 해당 품목 판매업무 정지 1개월	판매 또는 해당 품목 판매업무 정지 3개월	판매 또는 해당 품목 판매업무 정지 6개월	판매 또는 해당 품목 판매업무 정지 12개월
별표 1에 따른 품질관리 업무 절차서를 작성하지 않거나 거짓으로 작성한 경우	판매업무 정지 3개월	판매업무 정지 6개월	판매업무 정지 12개월	등록취소
별표 1에 따라 작성된 품질관리 업무 절차서의 내용을 준수하지 않은 경우	판매 또는 해당 품목 판매업무 정지 1개월	판매 또는 해당 품목 판매업무 정지 3개월	판매 또는 해당 품목 판매업무 정지 6개월	판매 또는 해당 품목 판매업무 정지 12개월
그 밖에 별표 1에 따른 품질관리기준을 준수하지 않은 경우	시정명령	판매 또는 해당 품목 판매업무 정지 7일	판매 또는 해당 품목 판매업무 정지 15일	판매 또는 해당 품목 판매업무 정지 1개월

3) 책임판매후 안전관리기준 - 시행규칙 제7조(별표 2)

① **용어의 정의**: 이 표에서 사용하는 용어의 뜻은 다음과 같다.

ㄱ. "안전관리 정보"란 화장품의 품질, 안전성·유효성, 그 밖에 적정 사용을 위한 정보를 말한다.

ㄴ. "안전확보 업무"란 화장품책임판매 후 안전관리 업무 중 정보 수집, 검토 및 그 결과에 따른 필요한 조치(이하 "안전확보 조치"라 한다)에 관한 업무를 말한다.

② **안전확보 업무에 관련된 조직 및 인원**: 화장품책임판매업자는 책임판매관리자를 두어야 하며, 안전확보 업무를 적정하고 원활하게 수행할 능력을 갖는 인원을 충분히 갖추어야 한다.

③ **안전관리 정보 수집**: 화장품책임판매업자는 책임판매관리자에게 학회, 문헌, 그 밖의 연구보고 등에서 안전관리 정보를 수집·기록하도록 해야 한다.

④ **안전관리 정보의 검토 및 그 결과에 따른 안전확보 조치**: 화장품책임판매업자는 다음의 업무를 책임판매관리자에게 수행하도록 해야 한다.

ㄱ. 제3호에 따라 수집한 안전관리 정보를 신속히 검토·기록할 것

ㄴ. 제3호에 따라 수집한 안전관리 정보의 검토 결과 조치가 필요하다고 판단될 경우 회수, 폐기, 판매정지 또는 첨부문서의 개정, 식품의약품안전처장에게 보고 등 안전확보 조치를 할 것

ㄷ. 안전확보 조치계획을 화장품책임판매업자에게 문서로 보고한 후 그 사본을 보관할 것

⑤ **안전확보 조치의 실시**:화장품책임판매업자는 다음의 업무를 책임판매관리자에게 수행하도록 해야 한다.

ㄱ. 안전확보 조치계획을 적정하게 평가하여 안전확보 조치를 결정하고 이를 기록·보관할 것

ㄴ. 안전확보 조치를 수행할 경우 문서로 지시하고 이를 보관할 것

ㄷ. 안전확보 조치를 실시하고 그 결과를 화장품책임판매업자에게 문서로 보고한 후 보관할 것

⑥ **책임판매관리자의 업무**:화장품책임판매업자는 다음의 업무를 책임판매관리자에게 수행하도록 해야 한다.

ㄱ. 안전확보 업무를 총괄할 것

ㄴ. 안전확보 업무가 적정하고 원활하게 수행되는 것을 확인하여 기록·보관할 것

ㄷ. 안전확보 업무의 수행을 위하여 필요하다고 인정할 때에는 화장품책임판매업자에게 문서로 보고한 후 보관할 것

별표 2사항을 위반한 행정처분

위반사항	1차 위반	2차 위반	3차 위반	4차 이상위반
별표 2에 따라 책임판매관리자를 두지 않은 경우	판매 또는 해당 품목 판매업무 정지 1개월	판매 또는 해당 품목 판매업무 정지 3개월	판매 또는 해당 품목 판매업무 정지 6개월	판매 또는 해당 품목 판매업무 정지 12개월
별표 2에 따른 안전관리 정보를 검토하지 않거나 안전확보 조치를 하지 않은 경우	판매 또는 해당 품목 판매업무 정지 1개월	판매 또는 해당 품목 판매업무 정지 3개월	판매 또는 해당 품목 판매업무 정지 6개월	판매 또는 해당 품목 판매업무 정지 12개월
그 밖에 별표2에 따른 책임판매 후 안전관리기준을 준수하지 않은 경우	경고	판매 또는 해당 품목 판매업무 정지 1개월	판매 또는 해당 품목 판매업무 정지 3개월	판매 또는 해당 품목 판매업무 정지 6개월

4) 화장품 감시원제도

법제18조(보고와 검사 등)

① 식품의약품안전처장은 필요하다고 인정하면 영업자·판매자 또는 그 밖에 화장품을 업무상 취급하는 자에 대하여 필요한 보고를 명하거나, 관계 공무원으로 하여금 화장품 제조장소·영업소·창고·판매장소, 그 밖에 화장품을 취급하는 장소에 출입하여 그 시설 또는 관계 장부나 서류, 그 밖의 물건의 검사 또는 관계인에 대한 질문을 할 수 있다.

② 식품의약품안전처장은 화장품의 품질 또는 안전기준, 포장 등의 기재·표시 사항 등이 적합한지 여부를 검사하기 위하여 필요한 최소 분량을 수거하여 검사할 수 있다.

③ 식품의약품안전처장은 총리령으로 정하는 바에 따라 제품의 판매에 대한 모니터링 제도를 운영할 수 있다.

④ 제1항의 경우에 관계 공무원은 그 권한을 표시하는 증표를 관계인에게 내보여야 한다.

⑤ 제1항 및 제2항의 관계 공무원의 자격과 그 밖에 필요한 사항은 총리령으로 정한다.

① **화장품감시공무원의 자격** : 자격에 해당되는 경우 지방식품의약품안전청장이 임명하고 신분을 증명하는 증표(별지 제14호)를 소지한다.

ㄱ. 「고등교육법」 제2조에 따른 학교에서 약학 또는 화장품 관련 분야의 학사학위 이상을 취득한 사람(법령에서 이와 같은 수준 이상의 학력이 있다고 인정한 사람을 포함한다.)

ㄴ. 화장품에 관한 지식 및 경력이 풍부하다고 지방식품의약품안전청장이 인정하거나 특별시장·광역시장·도지사·특별자치도지사 또는 시장·군수·구청장(자치구의 구청장을 말한다.)이 추천한 사람

② **소비자화장품안전관리감시원**

ㄱ. 자격

- 법 제17조에 따라 영업자가 자주적인 활동과 공동이익을 보장하고 국민보건향상에 기여하기 위하여 설립한 단체의 임직원 중 해당 단체의 장이 추천한 사람
- 「소비자기본법」 제29조제1항에 따라 공정거래위원회 또는 지방자치단체에 등록한 소비자단체의 임직원 중 해당 단체의 장이 추천한 사람
- 화장품책임판매관리자 자격에 해당하는 사람
- 의사 또는 약사에 해당하는 사람
- 식품의약품안전처장이 정하여 고시하는 교육과정을 마친 사람

ㄴ. 소비자화장품감시원 교육과정 : 식품의약품안전처장 또는 지방식품의약품안전청장은 소비자화장품감시원에 대하여 반기(半期)마다 화장품 관계법령 및 위해화장품 식별 등에 관한 교육을 실시하고, 소비자화장품감시원이 직무를 수행하기 전에 그 직무에 관한 교육을 실시하여야 한다.

- 소비자화장품감시원의 임무 및 활동요령
- 화장품 안전관리 정책방향 및 주요업무 계획
- 법 제18조의2제2항 및 시행규칙 제26조의2제3항의 직무범위별 기본 요령
- 관할 지역 내 화장품 안전관리 관련 현안사항 및 대책
- 기타 화장품 관련 법령 및 제도 등

  ✓ 교육과정을 최소 4시간 이상 이수하여야 한다.

ㄷ. 소비자화장품감시원의 직무

- 유통 중인 화장품이 제10조제1항 및 제2항에 따른 표시기준에 맞지 아니하거나 제13조제1항 각 호의 어느 하나에 해당하는 표시 또는 광고를 한 화장품인 경우 관할 행정관청에 신고하거나 그에 관한 자료 제공
  - ✓ 유통 중인 화장품의 1차포장 2차포장의 기재사항 위반
  - ✓ 의약품으로 잘못 인식할 우려가 있는 표시 또는 광고
  - ✓ 기능성화장품이 아닌 화장품을 기능성화장품으로 잘못 인식할 우려가 있거나 기능성화장품의 안전성·유효성에 관한 심사결과와 다른 내용의 표시 또는 광고
  - ✓ 그 밖에 사실과 다르게 소비자를 속이거나 소비자가 잘못 인식하도록 할 우려가 있는 표시 또는 광고
- 제18조제1항·제2항에 따라 관계 공무원이 하는 출입·검사·질문·수거의 지원
- 그 밖에 화장품 안전관리에 관한 사항으로서 총리령으로 정하는 아래의 사항
  - ✓ 법 제23조에 따른 관계 공무원의 물품 회수·폐기 등의 업무 지원
  - ✓ 제29조에 따른 행정처분의 이행 여부 확인 등의 업무 지원
  - ✓ 화장품의 안전사용과 관련된 홍보 등의 업무

ㄹ. 소비자화장품감시원의 직무수행 : 소비자화장품감시원은 해당 소비자화장품감시원을 위촉한 지방식약청의 관할 구역 내에서 직무수행을 하는 것을 원칙으로 한다. 제1항에도 불구하고 다음 각 호의 어느 하나에 해당하여 지방식약청장이 소비자화장품감시원에게 직무수행을 명한 경우에는 해당 소비자화장품감시원은 관할 구역 밖에서 직무를 수행할 수 있다. 「행정절차법」제8조제1항에 따라 식품의약품안전처 또는 지방식약청으로부터 행정응원을 요청받은 경우 그 밖에 식품의약품안전처장이 전국적인 조사나 계통조사 등이 필요하다고 판단되는 경우 임기는 2년으로 하되, 연임할 수 있다.

ㅁ. 소비자화장품감시원의 해촉(解囑)
- 해당 소비자화장품감시원을 추천한 단체에서 퇴직하거나 해임된 경우
- 제2항 각 호의 직무와 관련하여 부정한 행위를 하거나 권한을 남용한 경우
- 질병이나 부상 등의 사유로 직무 수행이 어렵게 된 경우

5) 청문

① 업무의 전부에 대한 정지
② 등록의 취소, 영업소 폐쇄
③ 품목의 제조·수입 및 판매(수입대행형 거래를 목적으로 하는 알선·수여 포함)의 금지 또는 업무의 전부에 대한 정지
④ 맞춤형화장품조제관리사 자격의 취소

6) 벌칙

징역형과 벌금형은 함께 부과할 수 있다.

A. 3년 이하의 징역 또는 3천만원 이하의 벌금

① 등록을 하지 않거나 부정한 방법으로 변경신고한 화장품제조업 또는 화장품책임판매업을 한 자

② 신고를 하지 않거나 부정한 방법으로 변경신고한 맞춤형화장품판매업을 한 자

③ 맞춤형화장품조제관리사를 두지 않고 영업한 자

④ 안전성 및 유효성에 관하여 심사를 받거나 보고서를 제출하지 않은 기능성화장품을 판매한 자

⑤ 불법으로 인증표시 및 유사표시를 한 자

⑥ 제15조 영업의 금지를 위반한 자

⑦ 등록을 하지 않고 화장품을 제조 또는 제조·수입하여 유통·판매한 자(제16조 제1항 제1호)

⑧ 신고를 하지 아니한 자가 판매한 맞춤형화장품(제1호의2)

⑨ 화장품의 포장 및 기재·표시 사항을 훼손 또는 위조·변조한 경우(맞춤형화장품 판매를 위하여 필요한 경우는 제외)(제4호)

> **Tip**
>
> 「제품의 포장재질·포장방법에 관한 기준 등에 관한 규칙(환경부령)」 제11조에 따라 제품의 제조 또는 수입하는 자, 대규모점포 및 면적이 33제곱미터 이상인 매장에서 포장된 제품을 판매하는 자는 포장되어 생산된 제품을 재포장하여 제조·수입·판매해서는 아니 된다. 다만, 맞춤형화장품 판매를 위하여 생산된 전용 제품의 경우에는 제외된다.

> **제15조(영업의 금지)**
>
> 누구든지 다음 각 호의 어느 하나에 해당하는 화장품을 판매(수입대행형 거래를 목적으로 하는 알선·수여를 포함한다)하거나 판매할 목적으로 제조·수입·보관 또는 진열하여서는 아니 된다.
>
> 1. 제4조에 따른 심사를 받지 아니하거나 보고서를 제출하지 아니한 기능성화장품
> 2. 전부 또는 일부가 변패(變敗)된 화장품
> 3. 병원미생물에 오염된 화장품
> 4. 이물이 혼입되었거나 부착된 것
> 5. 제8조제1항 또는 제2항에 따른 화장품에 사용할 수 없는 원료를 사용하였거나 같은 조 제8항에 따른 유통화장품 안전관리 기준에 적합하지 아니한 화장품
> 6. 코뿔소 뿔 또는 호랑이 뼈와 그 추출물을 사용한 화장품
> 7. 보건위생상 위해가 발생할 우려가 있는 비위생적인 조건에서 제조되었거나 제3조제2항에 따른 시설기준에 적합하지 아니한 시설에서 제조된 것
> 8. 용기나 포장이 불량하여 해당 화장품이 보건위생상 위해를 발생할 우려가 있는 것
> 9. 제10조제1항제6호에 따른 사용기한 또는 개봉 후 사용기간(병행 표기된 제조연월일을 포함한다)을 위조·변조한 화장품
> 10. 식품의 형태·냄새·색깔·크기·용기 및 포장 등을 모방하여 섭취 등 식품으로 오용될 우려가 있는 화장품

> **tip 행정처분**
>
> 법 제15조(영업의 금지)에 해당하는 화장품을 영업한 경우 행정처분
> - **1차** : 해당품목 제조 또는 판매업무정지 1개월
> - **2차** : 해당품목 제조 또는 판매업무정지 3개월
> - **3차** : 해당품목 제조 또는 판매업무정지 6개월
> - **4차** : 해당품목 제조 또는 판매업무정지 12개월

B. 1년 이하의 징역 또는 1천만원 이하의 벌금

① 맞춤형화장품조제관리사 자격증 대여

② 영유아 또는 어린이가 사용할 수 있는 화장품의 제품별 안전성 자료를 작성 및 보관하지 않은 경우 (제품 및 제조방법에 대한 설명 자료, 화장품의 안전성 평가 자료, 제품의 효능·효과에 대한 증명 자료)

> ▶ **영유아 및 어린이 화장품의 제품별 안전성자료를 작성 또는 보관하지 않은 경우 행정처분**
> - 1차 위반 : 판매 또는 해당품목 판매업무정지 1개월
> - 2차 위반 : 판매 또는 해당품목 판매업무정지 3개월
> - 3차 위반 : 판매 또는 해당품목 판매업무정지 6개월
> - 4차 위반 : 판매 또는 해당품목 판매업무정지 12개월

③ 안전용기 포장법을 위반한 경우

> ▶ **화장품책임판매업자가 법 제9조에 따른 화장품의 안전용기·포장에 관한 기준을 위반한 경우**
> - 1차 위반 : 해당품목 판매업무정지 3개월
> - 2차 위반 : 해당품목 판매업무정지 6개월
> - 3차 위반 : 해당품목 판매업무정지 12개월

④ 의약품으로 잘못 인식할 우려가 있는 표시 또는 광고를 한 경우

⑤ 기능성화장품이 아닌 화장품을 기능성화장품으로 잘못 인식할 우려가 있거나 기능성화장품의 안전성·유효성에 관한 심사결과와 다른 내용의 표시 또는 광고를 한 경우

⑥ 그 밖에 사실과 다르게 소비자를 속이거나 소비자가 잘못 인식하도록 할 우려가 있는 표시 또는 광고를 한 경우

⑦ 화장품의 1차포장, 2차포장의 기재사항 위반(법 제10조)-단순오류 및 누락 표기가 아닌 거짓으로 표시 또는 유통기한 등을 수정하는 경우

⑧ 가격표시 위반(법 제11조)-할인율 표시를 위한 부당한 소비자가격 허위표시, 거짓보고 및 자료 미제출, 검사거부 및 방해등(물가안정에 관한 법률 위반)

⑨ 한글표시법 위반(법 제12조)

⑩ 의약품으로 잘못 인식할 우려가 있게 기재·표시한 화장품을 판매한 경우

⑪ 판매의 목적이 아닌 제품의 홍보·판매촉진 등을 위하여 미리 소비자가 시험·사용하도록 제조 또는 수입된 화장품을 판매한 경우

⑫ 불법으로 화장품의 용기에 담은 내용물을 나누어 판매한 자(맞춤형화장품판매업 제외)

⑬ 표시·광고 중 사실과 관련한 사항에 대하여 식품의약품안전처장의 실증자료 제출을 요청받고도 15일 기간 내 이를 제출하지 않고 계속하여 표시·광고를 하고 실증자료를 제출할 때까지 그 표시·광고 행위의 중지명령을 따르지 아니한 자

⑭ 제28조의4제3항을 위반한 경우

> ▶**제28조의4(직접구매 해외 화장품에 대한 실태조사)**
> ① 식품의약품안전처장은 직접구매 해외 화장품에 대한 정책을 수립하기 위하여 소비자의 직접구매 해외 화장품 구매·사용 실태, 위해정보 및 피해 사례 등에 대한 실태조사를 실시할 수 있다.
> ② 식품의약품안전처장은 제1항에 따라 직접구매 해외 화장품의 구매·사용 실태를 조사·연구하기 위하여 필요한 경우 관계 중앙행정기관의 장에 대하여 「관세법」 제241조제1항에 따라 수입 신고한 물품(직접구매 해외 화장품만 해당한다)에 관한 자료 등 대통령령으로 정하는 자료를 제공하도록 요청할 수 있다. 이 경우 요청을 받은 관계 중앙행정기관의 장은 정당한 사유가 없으면 이에 따라야 한다.
> ③ 제1항 및 제2항에 따른 업무를 수행하거나 수행하였던 사람은 제2항에 따라 제공된 자료 또는 실태조사 업무를 수행하면서 취득한 정보를 이 법에서 정한 목적 외의 용도로 조회·사용하거나 다른 사람 또는 기관에 제공하거나 누설하여서는 아니 된다.

C. 200만원 이하의 벌금

① 화장품의 제조와 관련된 기록·시설·기구 등 관리 방법, 원료·자재·완제품 등에 대한 시험·검사·검정 실시 방법 및 의무 등을 위반한 경우

② 화장품책임판매업자가 화장품의 품질관리기준, 책임판매 후 안전관리기준, 품질 검사 방법 및 실시 의무, 안전성·유효성 관련 정보사항 등의 보고 및 안전대책 마련 의무 등에 관하여 준수하지 않고 위반한 경우

③ 맞춤형화장품판매업자가 소비자에게 유통·판매되는 화장품을 임의로 혼합·소분한 경우

④ 맞춤형화장품판매업자가 맞춤형화장품 판매장 시설·기구의 관리 방법, 혼합·소분 안전관리기준의 준수 의무, 혼합·소분되는 내용물 및 원료에 대한 설명 의무 등에 관하여 준수하지 않고 위반한 경우

⑤ 위해화장품을 회수하거나 회수하는데 필요한 조치를 취하지 않은 경우

⑥ 회수계획을 식품의약품안전처장에게 미리 보고하지 않은 경우

⑦ 1차포장, 2차포장 기재 표시사항 위반(가격표시제외)-표시 의무 항목 위반

⑧ 법 제18조, 제19조, 제20조, 제22조 및 제23조에 따른 명령을 위반하거나 관계 공무원의 검사·수거 또는 처분을 거부·방해하거나 기피한 자(예문 참조)

제18조(보고와 검사 등)

① 식품의약품안전처장은 필요하다고 인정하면 영업자·판매자 또는 그 밖에 화장품을 업무상 취급하는 자에 대하여 필요한 보고를 명하거나, 관계 공무원으로 하여금 화장품 제조장소·영업소·창고·판매장소, 그 밖에 화장품을 취급하는 장소에 출입하여 그 시설 또는 관계 장부나 서류, 그 밖의 물건의 검사 또는 관계인에 대한 질문을 할 수 있다.

② 식품의약품안전처장은 화장품의 품질 또는 안전기준, 포장 등의 기재·표시 사항 등이 적합한지 여부를 검사하기 위하여 필요한 최소 분량을 수거하여 검사할 수 있다.

③ 식품의약품안전처장은 총리령으로 정하는 바에 따라 제품의 판매에 대한 모니터링 제도를 운영할 수 있다.

④ 제1항의 경우에 관계 공무원은 그 권한을 표시하는 증표를 관계인에게 내보여야 한다.

⑤ 제1항 및 제2항의 관계 공무원의 자격과 그 밖에 필요한 사항은 총리령으로 정한다.

제19조(시정명령)

식품의약품안전처장은 이 법을 지키지 아니하는 자에 대하여 필요하다고 인정하면 그 시정을 명할 수 있다.

제20조(검사명령)

식품의약품안전처장은 영업자에 대하여 필요하다고 인정하면 취급한 화장품에 대하여 「식품·의약품분야 시험·검사 등에 관한 법률」 제6조제2항제5호에 따른 화장품 시험·검사기관의 검사를 받을 것을 명할 수 있다.

제22조(개수명령)

식품의약품안전처장은 화장품제조업자가 갖추고 있는 시설이 제3조제2항에 따른 시설기준에 적합하지 아니하거나 노후 또는 오손되어 있어 그 시설로 화장품을 제조하면 화장품의 안전과 품질에 문제의 우려가 있다고 인정되는 경우에는 화장품제조업자에게 그 시설의 개수를 명하거나 그 개수가 끝날 때까지 해당 시설의 전부 또는 일부의 사용금지를 명할 수 있다.

제23조(회수·폐기명령 등)

① 식품의약품안전처장은 판매·보관·진열·제조 또는 수입한 화장품이나 그 원료·재료 등(이하 "물품"이라 한다)이 제9조, 제15조 또는 제16조제1항을 위반하여 국민보건에 위해를 끼칠 우려가 있는 경우에는 해당 영업자·판매자 또는 그 밖에 화장품을 업무상 취급하는 자에게 해당 물품의 회수·폐기 등의 조치를 명하여야 한다.

② 식품의약품안전처장은 판매·보관·진열·제조 또는 수입한 물품이 국민보건에 위해를 끼치거나 끼칠 우려가 있다고 인정되는 경우에는 해당 영업자·판매자 또는 그 밖에 화장품을 업무상 취급하는 자에게 해당 물품의 회수·폐기 등의 조치를 명할 수 있다.

③ 제1항 및 제2항에 따른 명령을 받은 영업자·판매자 또는 그 밖에 화장품을 업무상 취급하는 자는 미리 식품의약품안전처장에게 회수계획을 보고하여야 한다.

④ 식품의약품안전처장은 다음 각 호의 어느 하나에 해당하는 경우에는 관계 공무원으로 하여금 해당 물품을 폐기하게 하거나 그 밖에 필요한 처분을 하게 할 수 있다.

　1. 제1항 및 제2항에 따른 명령을 받은 자가 그 명령을 이행하지 아니한 경우

　2. 그 밖에 국민보건을 위하여 긴급한 조치가 필요한 경우

⑤ 제1항부터 제3항까지의 규정에 따른 물품의 회수에 필요한 위해성 등급 및 그 분류기준, 회수·폐기의 절차·계획 및 사후조치 등에 필요한 사항은 총리령으로 정한다.

⑥ 제4항에 따른 조치 중 행정상 강제에 관하여는 「행정기본법」 제32조 또는 제33조에 따른다. (2026년 신설예정)

D. 100만원 이하의 과태료(대통령령)

① 다음 각 호의 어느 하나에 해당하는 자에게는 100만원 이하의 과태료를 부과한다.

> 1. 제3조의7을 위반하여 맞춤형화장품조제관리사 또는 이와 유사한 명칭을 사용한 자
> 2. 제4조제1항 후단을 위반하여 변경심사를 받지 아니한 자
> 3. 제5조제5항을 위반하여 화장품의 생산실적 또는 수입실적 또는 화장품 원료의 목록 등을 보고하지 아니한 자
> 3의2. 제5조제6항을 위반하여 맞춤형화장품 원료의 목록을 보고하지 아니한 자
> 4. 제5조제7항을 위반하여 교육을 받지 아니한 자
> 4의2. 제5조제8항(식품의약품안전처장은 국민 건강상 위해를 방지하기 위하여 필요하다고 인정하면 화장품제조업자, 화장품책임판매업자 및 맞춤형화장품판매업자에게 화장품 관련 법령 및 제도에 관한 교육을 받을 것을 명할 수 있다.이에 따른 명령을 위반한 자
> 5. 제6조를 위반하여 폐업 등의 신고를 하지 아니한 자
> 5의2. 제10조제1항제7호 및 제11조를 위반하여 화장품의 판매 가격을 표시하지 아니한 자
> 6. 제18조에 따른 명령을 위반하여 보고를 하지 아니한 자
> 7. 제15조의2제1항을 위반하여 동물실험을 실시한 화장품 또는 동물실험을 실시한 화장품 원료를 사용하여 제조(위탁제조를 포함한다) 또는 수입한 화장품을 유통·판매한 자

② 제1항에 따른 과태료는 대통령령으로 정하는 바에 따라 식품의약품안전처장이 부과·징수한다.

위반행위	근거 법조문	과태료 금액 (단위 : 만원)
가. 법 제3조의7을 위반하여 맞춤형화장품조제관리사 또는 이와 유사한 명칭을 사용한 경우	법 제40조 제1항제1호의2	100
나. 법 제4조제1항 후단을 위반하여 기능성화장품 변경심사를 받지 않은 경우	법 제40조 제1항제2호	100
다. 법 제5조제5항을 위반하여 화장품의 생산실적 또는 수입실적 또는 화장품 원료의 목록 등을 보고하지 않은 경우	법 제40조 제1항제3호	50
라. 법 제5조제6항을 위반하여 맞춤형화장품 원료의 목록을 보고하지 않은 경우	법 제40조 제1항제3호의2	50
마. 법 제5조제7항을 위반하여 매년 의무 교육을 받지 않은 경우	법 제40조 제1항제4호	50
바. 법 제5조제8항에 따른 (영업자교육)명령을 위반한 경우	법 제40조 제1항제4호의2	50
사. 법 제6조를 위반하여 폐업 등의 신고를 하지 않은 경우	법 제40조 제1항제5호	50
아. 법 제10조제1항제7호 및 제11조를 위반하여 화장품의 판매 가격을 표시하지 않은 경우	법 제40조 제1항제5호의2	50
자. 법 제15조의2제1항을 위반하여 동물실험을 실시한 화장품 또는 동물실험을 실시한 화장품 원료를 사용하여 제조(위탁제조를 포함한다) 또는 수입한 화장품을 유통·판매한 경우	법 제40조 제1항제7호	100

위반행위	근거 법조문	과태료 금액 (단위 : 만원)
차. 법 제18조에 따른 식약처장 또는 관계 공무원이 요구한 명령을 위반하여 보고를 하지 않은 경우	법 제40조 제1항제6호	100

E. 양벌규정

법인의 대표자나 법인 또는 개인의 대리인, 사용인, 그 밖의 종업원이 그 법인 또는 개인의 업무에 관하여 제36조부터 제38조까지의 벌칙 어느 하나에 해당하는 위반행위를 하면 그 행위자를 벌하는 외에 그 법인 또는 개인에게도 해당 조문의 벌금형을 과(科)한다. 다만, 법인 또는 개인이 그 위반행위를 방지하기 위하여 해당 업무에 관하여 상당한 주의와 감독을 게을리하지 아니한 경우에는 그러하지 아니하다.

F. 과징금의 산정기준

과징금의 금액은 위반행위의 종류·정도 등을 고려하여 총리령으로 정하는 업무정지처분기준에 따라(시행령 별표 1)의 기준을 적용하여 산정하되, 과징금의 총액은 10억원을 초과하여서는 아니 된다.

G. 과태료의 부과기준

가. 하나의 위반행위가 둘 이상의 과태료 부과기준에 해당하는 경우에는 그 중 금액이 큰 과태료 부과기준을 적용한다.

나. 부과권자는 다음의 어느 하나에 해당하는 경우에는 제2호의 개별기준에 따른 과태료의 2분의 1 범위에서 그 금액을 줄여 부과할 수 있다. 다만, 과태료를 체납하고 있는 위반행위자에 대해서는 그렇지 않다.

　ㄱ. 위반행위가 사소한 부주의나 오류로 인한 것으로 인정되는 경우

　ㄴ. 위반행위의 내용·정도가 경미하여 이로 인한 피해가 적다고 인정되는 경우

　ㄷ. 위반행위자가 법 위반상태를 시정하거나 해소하기 위하여 노력한 것이 인정되는 경우

　ㄹ. 그 밖에 위반행위의 정도, 위반행위의 동기와 그 결과 등을 고려하여 줄일 필요가 있다고 인정되는 경우

다. 부과권자는 다음의 어느 하나에 해당하는 경우에는 제2호의 개별기준에 따른 과태료의 2분의 1 범위에서 그 금액을 늘려 부과할 수 있다. 다만, 늘려 부과하는 경우에도 법 제40조제1항에 따른 과태료의 상한을 넘을 수 없다.

　ㄱ. 위반행위의 내용·정도가 중대하여 이로 인한 피해가 크다고 인정되는 경우

　ㄴ. 법 위반상태의 기간이 6개월 이상인 경우

　ㄷ. 그 밖에 위반행위의 정도, 위반행위의 동기와 그 결과 등을 고려하여 늘릴 필요가 있다고 인정되는 경우

01

(   )란 화장품의 책임판매 시 필요한 제품의 품질을 확보하기 위해서 실시하는 것으로서, 화장품 제조업자 및 제조에 관계된 업무에 대한 관리·감독 및 화장품의 시장 출하에 관한 관리, 그 밖에 제품의 품질의 관리에 필요한 업무를 말한다.

02

(   )란 화장품책임판매업자가 그 제조 등을 하거나 수입한 화장품의 판매를 위해 출하하는 것을 말한다.

03

화장품의 품질관리업무를 총괄하는 자는 (   )이다.

04

(   )란 화장품의 품질, 안전성·유효성, 그 밖에 적정 사용을 위한 정보를 말한다.

05

(   )란 화장품책임판매 후 안전관리 업무 중 정보 수집, 검토 및 그 결과에 따른 필요한 조치에 관한 업무를 말한다.

06

책임판매관리자 및 맞춤형화장품조제관리사가 매년 정기 교육(안전성확보 및 품질관리에 관한교육)을 받지 않은 경우 처해지는 과태료는 얼마인가?

07

법인의 대표자나 법인 또는 개인의 대리인, 사용인, 이 위반행위를 하면 그 행위자를 벌하는 외에 그 법인 또는 개인에게도 해당 조문의 벌금형을 동시에 과(科)하는 것을 (   )규정이라고 한다.

정답	
01	품질관리
02	시장출하
03	화장품책임판매관리자
04	안전관리정보
05	안전확보업무
06	50만원
07	양벌

02 개인정보 보호법

이 법은 개인정보의 처리 및 보호에 관한 사항을 정함으로써 개인의 자유와 권리를 보호하고, 나아가 개인의 존엄과 가치를 구현함을 목적으로 한다.

1) 정의

(1) 개인정보

살아 있는 개인에 관한 정보로서 성명, 주민등록번호 및 영상 등을 통하여 개인을 알아볼 수 있는 정보, 다른 정보와 쉽게 결합하여 특정 개인을 식별할 수 있는 정보를 말한다.

㉮ 성명, 주민등록번호 및 영상 등을 통하여 개인을 알아볼 수 있는 정보

㉯ 해당 정보만으로는 특정 개인을 알아볼 수 없더라도 다른 정보와 쉽게 결합하여 알아볼 수 있는 정보. 이 경우 쉽게 결합할 수 있는지 여부는 다른 정보의 입수 가능성 등 개인을 알아보는 데 소요되는 시간, 비용, 기술 등을 합리적으로 고려하여야 한다.

㉰ 가목 또는 나목을 제1호의2에 따라 가명 처리함으로써 원래의 상태로 복원하기 위한 추가 정보의 사용·결합 없이는 특정 개인을 알아볼 수 없는 정보(이하 "가명정보"라 한다)

(2) 가명처리

개인정보의 일부를 삭제하거나 일부 또는 전부를 대체하는 등의 방법으로 추가 정보가 없이는 특정 개인을 알아볼 수 없도록 처리하는 것을 말한다.

(3) 처리

개인정보의 수집, 생성, 연계, 연동, 기록, 저장, 보유, 가공, 편집, 검색, 출력, 정정(訂正), 복구, 이용, 제공, 공개, 파기(破棄), 그 밖에 이와 유사한 행위를 말한다.

(4) 정보주체

처리되는 정보에 의하여 알아볼 수 있는 사람으로서 그 정보의 주체가 되는 사람을 말한다.

(5) 개인정보파일

개인정보를 쉽게 검색할 수 있도록 일정한 규칙에 따라 체계적으로 배열하거나 구성한 개인정보의 집합물(集合物)을 말한다.

(6) 개인정보처리자

업무를 목적으로 개인정보파일을 운용하기 위하여 스스로 또는 다른 사람을 통하여 개인정보를 처리하는 공공기관, 법인, 단체 및 개인 등을 말한다.

제28조(개인정보취급자에 대한 감독)

① 개인정보처리자는 개인정보를 처리함에 있어서 개인정보가 안전하게 관리될 수 있도록 임직원, 파견근로자, 시간제근로자 등 개인정보처리자의 지휘·감독을 받아 개인정보를 처리하는 자(이하 "개인정보취급자"라 한다)의 범위를 최소한으로 제한하고, 개인정보취급자에 대하여 적절한 관리·감독을 하여야 한다. <개정 2023. 3. 14. >

② 개인정보처리자는 개인정보의 적정한 취급을 보장하기 위하여 개인정보취급자에게 정기적으로 필요한 교육을 실시하여야 한다.

Tip

개인정보처리자, 개인정보취급자 구분 시험출제됨

---

(7) 공공기관

① 국회, 법원, 헌법재판소, 중앙선거관리위원회의 행정사무를 처리하는 기관, 중앙행정기관(대통령 소속 기관과 국무총리 소속 기관을 포함한다) 및 그 소속 기관, 지방자치단체

② 그 밖의 국가기관 및 공공단체 중 대통령령으로 정하는 기관

영 제2조(공공기관의 범위)

법 제2조제6호나목에서 "대통령령으로 정하는 기관"이란 다음 각 호의 기관을 말한다.

1. 「국가인권위원회법」 제3조에 따른 국가인권위원회
1의2. 「고위공직자범죄수사처 설치 및 운영에 관한 법률」 제3조제1항에 따른 고위공직자범죄수사처
2. 「공공기관의 운영에 관한 법률」 제4조에 따른 공공기관
3. 「지방공기업법」에 따른 지방공사와 지방공단
4. 특별법에 따라 설립된 특수법인
5. 「초·중등교육법」, 「고등교육법」, 그 밖의 다른 법률에 따라 설치된 각급 학교

---

(8) 고정형 영상정보처리기기

일정한 공간에 설치되어 지속적 또는 주기적으로 사람 또는 사물의 영상 등을 촬영하거나 이를 유·무선망을 통하여 전송하는 장치로서 대통령령으로 정하는 장치를 말한다.

(9) 이동형 영상정보처리기기

사람이 신체에 착용 또는 휴대하거나 이동 가능한 물체에 부착 또는 거치(据置)하여 사람 또는 사물의 영상 등을 촬영하거나 이를 유·무선망을 통하여 전송하는 장치로서 대통령령으로 정하는 장치를 말한다.

(10) 과학적 연구

기술의 개발과 실증, 기초연구, 응용연구 및 민간 투자 연구 등 과학적 방법을 적용하는 연구를 말한다.

(11) 민감정보

유전자검사 등의 결과로 얻어진 유전정보, 범죄경력자료에 해당하는 정보 등을 말한다.

① 유전자검사 등의 결과로 얻어진 유전정보

② 「형의 실효 등에 관한 법률」 제2조제5호에 따른 범죄경력자료에 해당하는 정보

③ 개인의 신체적, 생리적, 행동적 특징에 관한 정보로서 특정 개인을 알아볼 목적으로 일정한 기술적 수단을 통해 생성한 정보

④ 인종이나 민족에 관한 정보

> 단, 공공 기관이 아래의 사유로 인해 처리하는 경우에는 민감정보에 해당되지 않는다.
> 1. 개인정보를 목적 외의 용도로 이용하거나 이를 제3자에게 제공하지 아니하면 다른 법률에서 정하는 소관 업무를 수행할 수 없는 경우로서 보호위원회의 심의·의결을 거친 경우
> 2. 조약, 그 밖의 국제협정의 이행을 위하여 외국정부 또는 국제기구에 제공하기 위하여 필요한 경우
> 3. 범죄의 수사와 공소의 제기 및 유지를 위하여 필요한 경우
> 4. 법원의 재판업무 수행을 위하여 필요한 경우
> 5. 형(刑) 및 감호, 보호처분의 집행을 위하여 필요한 경우

(12) 고유식별정보

주민등록번호, 여권번호, 운전면허의 면허번호, 외국인등록번호를 말한다.

2) 고객관리 프로그램 운용

① 프로그램은 정보 유출 방지를 위해 해킹방어시스템이 있어야 한다.

② 고객정보입력 및 고객관리는 개인정보보호법의 규정사항에 따라야 한다.

③ 데이터는 손상에 대비하여 물리적, 전자적 수단을 이용하여 보호되어야 하며 저장된 데이터는 접근성, 가독성, 정확성이 요구된다.

④ 데이터는 주기적으로 백업이 되어야 하며 데이터 폐기 시에는 개인정보 보호법에 의해 복구, 재생되지 않아야 한다.

3) 개인정보 보호 원칙(법 제3조)

① 개인정보처리자는 개인정보의 처리 목적을 명확하게 하여야 하고 그 목적에 필요한 범위에서 최소한의 개인정보만을 적법하고 정당하게 수집하여야 한다.

② 개인정보처리자는 개인정보의 처리 목적에 필요한 범위에서 적합하게 개인정보를 처리하여야 하며, 그 목적 외의 용도로 활용하여서는 아니 된다.

③ 개인정보처리자는 개인정보의 처리 목적에 필요한 범위에서 개인정보의 정확성, 완전성 및 최신성이 보장되도록 하여야 한다.

④ 개인정보처리자는 개인정보의 처리 방법 및 종류 등에 따라 정보주체의 권리가 침해받을 가능성과 그 위험 정도를 고려하여 개인정보를 안전하게 관리하여야 한다.

⑤ 개인정보처리자는 제30조에 따른 개인정보 처리방침 등 개인정보의 처리에 관한 사항을 공개하여야 하며, 열람청구권 등 정보주체의 권리를 보장하여야 한다.

⑥ 개인정보처리자는 정보주체의 사생활 침해를 최소화하는 방법으로 개인정보를 처리하여야 한다.

⑦ 개인정보처리자는 개인정보를 익명 또는 가명으로 처리하여도 개인정보 수집목적을 달성할 수 있는 경우 익명처리가 가능한 경우에는 익명에 의하여, 익명처리로 목적을 달성할 수 없는 경우에는 가명에 의하여 처리될 수 있도록 하여야 한다.

⑧ 개인정보처리자는 이 법 및 관계 법령에서 규정하고 있는 책임과 의무를 준수하고 실천함으로써 정보주체의 신뢰를 얻기 위하여 노력하여야 한다.

▶ **맞춤형화장품 고객 개인 정보의 보호**
- 맞춤형화장품판매장에서 수집된 고객의 개인정보는 개인정보보호법령에 따라 적법하게 관리할 것
- 맞춤형화장품판매장에서 판매내역서 작성 등 판매관리 등의 목적으로 고객 개인의 정보를 수집할 경우 개인정보보호법에 따라 개인 정보 수집 및 이용목적, 수집 항목 등에 관한 사항을 안내하고 동의를 받아야 한다.
  ※ 소비자 피부진단 데이터 등을 활용하여 연구·개발 등 목적으로 사용하고자 하는 경우, 소비자에게 별도의 사전 안내 및 동의를 받아야 한다.
- 수집된 고객의 개인정보는 개인정보보호법에 따라 분실, 도난, 유출, 위조, 변조 또는 훼손되지 않도록 취급하여야한다. 아울러 이를 당해 정보주체의 동의 없이 타 기관 또는 제3자에게 정보를 공개하여서는 아니 된다.

---

4) 정보주체의 권리(법 제4조)

① 개인정보처리에 관한 정보를 제공받을 권리

② 개인정보처리에 관한 동의 여부, 동의 범위 등을 선택, 결정할 권리

③ 개인정보의 처리 여부를 확인하고 개인정보에 대한 열람(사본의 발급을 포함한다. 이하 같다) 및 전송을 요구할 권리

④ 개인정보의 처리정지, 정정·삭제 및 파기를 요구할 권리

⑤ 개인정보의 처리로 인하여 발생한 피해를 신속하고 공정한 절차에 따라 구제받을 권리

⑥ 완전히 자동화된 개인정보 처리에 따른 결정을 거부하거나 그에 대한 설명 등을 요구할 권리

5) 개인정보의 수집·이용이 가능한 경우(법 제15조)

① 정보주체의 동의를 받은 경우 : 동의 받을 때 고지 의무사항은 수집·이용 목적, 수집 항목, 보유·이용 기간, 동의거부 권리 및 동의거부 시 불이익 내용

② 법률에 특별한 규정이 있거나 법령상 의무를 준수하기 위하여 불가피한 경우

③ 공공기관이 법령 등에서 정하는 소관 업무의 수행을 위하여 불가피한 경우

④ 정정보주체와 체결한 계약을 이행하거나 계약을 체결하는 과정에서 정보주체의 요청에 따른 조치를 이행하기 위하여 필요한 경우

⑤ 명백히 정보주체 또는 제3자의 급박한 생명, 신체, 재산의 이익을 위하여 필요하다고 인정되는 경우

⑥ 개인정보처리자의 정당한 이익을 달성하기 위하여 필요한 경우로서 명백하게 정보주체의 권리보다 우선하는 경우. 이 경우 개인정보처리자의 정당한 이익과 상당한 관련이 있고 합리적인 범위를 초과하지 아니하는 경우에 한한다.

⑦ 공중위생 등 공공의 안전과 안녕을 위하여 긴급히 필요한 경우

> **Tip**
>
> 개인정보처리자는 당초 수집 목적과 합리적으로 관련된 범위에서 정보주체에게 불이익이 발생하는지 여부, 암호화 등 안전성 확보에 필요한 조치를 하였는지 여부 등을 고려하여 대통령령으로 정하는 바에 따라 정보주체의 동의 없이 개인정보를 이용할 수 있다.

6) 개인정보 수집 제한(법 제16조)

① 필요한 최소한의 개인정보 수집

② 최소한의 개인정보 수집 입증책임은 개인정보처리자가 부담

③ 필요한 최소한의 정보 외의 개인정보 수집에는 동의 및 거부 가능

④ 최소한의 정보 외 개인정보 수집을 거부하여 재화 또는 서비스의 제공을 거부하는 행위 금지

> **Tip**
>
> **위반시 행정처분** : 3천만원 이하의 과태료 부과

> **화장품법 시행령 제15조(민감정보 및 고유식별정보의 처리)**
>
> 식품의약품안전처장(제14조에 따라 식품의약품안전처장의 권한을 위임받은 자 또는 법 제3조의4제3항에 따라 자격시험 업무를 위탁받은 자를 포함한다)은 다음 각 호의 사무를 수행하기 위하여 불가피한 경우 「개인정보 보호법」 제23조에 따른 건강에 관한 정보, 같은 법 시행령 제18조제2호에 따른 범죄경력자료에 해당하는 정보, 같은 영 제19조제1호 또는 제4호에 따른 주민등록번호 또는 외국인등록번호가 포함된 자료를 처리할 수 있다. 다만, 제2호, 제5호 및 제6호의 사무의 경우에는 범죄경력정보는 제외하고, 제3호 및 제11호의 사무의 경우에는 건강정보와 범죄경력정보는 제외한다.
>
> 1. 법 제3조에 따른 화장품제조업 또는 화장품책임판매업의 등록 및 변경등록에 관한 사무
> 1의2. 법 제3조의2제1항에 따른 맞춤형화장품판매업의 신고 및 변경신고에 관한 사무

1의3. 법 제3조의4제1항에 따른 맞춤형화장품조제관리사 자격시험에 관한 사무

2. 법 제4조에 따른 기능성화장품의 심사 등에 관한 사무
   (범죄경력정보 제외)

3. 법 제6조에 따른 폐업 등의 신고에 관한 사무
   (건강정보와 범죄경력정보는 제외)

4. 법 제18조에 따른 보고와 검사 등에 관한 사무

4의2. 법 제19조에 따른 시정명령에 관한 사무

5. 법 제20조에 따른 검사명령에 관한 사무
   (범죄경력정보 제외)

6. 법 제22조에 따른 개수명령 및 시설의 전부 또는 일부의 사용금지명령에 관한 사무
   (범죄경력정보 제외)

7. 법 제23조에 따른 회수·폐기 등의 명령과 폐기 또는 그 밖에 필요한 처분에 관한 사무

8. 법 제24조에 따른 등록의 취소, 영업소의 폐쇄명령, 품목의 제조·수입 및 판매의 금지명령, 업무의 전부 또는 일부에 대한 정지명령에 관한 사무

9. 법 제27조에 따른 청문에 관한 사무

10. 법 제28조에 따른 과징금의 부과·징수에 관한 사무

11. 법 제31조에 따른 등록필증 등의 재교부에 관한 사무
    (건강정보와 범죄경력정보는 제외)

※시험출제: 할랄(Halal)·코셔(Kosher)·비건(Vegan) 및 천연·유기농화장품 인증 사무처리 시 「개인정보 보호법」 제23조에 따른 건강에 관한 정보, 같은 법 시행령 제18조 제2호에 따른 범죄경력자료에 해당하는 정보, 같은 영 제19조 제1호 또는 제4호에 따른 주민등록번호 또는 외국인등록번호가 포함된 자료를 처리할 수 없다. 다만, 기능성화장품의 심사 등에 관한 사무 처리 시에는 가능하다.

7) 개인정보 동의를 받는 방법(법 제22조)

① 개인정보처리자는 개인정보의 처리에 대하여 정보주체의 동의를 받을 때에는 각각의 동의 사항을 구분하여 정보주체가 이를 명확하게 인지할 수 있도록 알리고 각각 동의를 받아야 한다. 이 경우 다음 각 호의 경우에는 동의 사항을 구분하여 각각 동의를 받아야 한다.

1. 제15조제1항제1호에 따라 동의를 받는 경우: 개인정보를 수집할 때 정보주체의 동의를 받은 경우
2. 제17조제1항제1호에 따라 동의를 받는 경우: 개인정보를 제3자에게 제공할 경우 정보주체의 동의를 받은 경우
3. 제18조제2항제1호에 따라 동의를 받는 경우: 정보주체로부터 동의를 받은 경우 정보주체 또는 제3자의 이익을 부당하게 침해할 우려가 있을 때를 제외하고는 개인정보를 목적 외의 용도로 이용하거나 이를 제3자에게 제공할 수 있다.
4. 제19조제1호에 따라 동의를 받는 경우: 개인정보를 제공받은 목적 외의 용도로 이용하거나 이를 제3자에게 제공할 수 있다.
5. 제23조제1항제1호에 따라 동의를 받는 경우: 민감정보의 처리

6. 제24조제1항제1호에 따라 동의를 받는 경우 : 고유식별정보의 처리

7. 재화나 서비스를 홍보하거나 판매를 권유하기 위하여 개인정보의 처리에 대한 동의를 받으려는 경우

8. 그 밖에 정보주체를 보호하기 위하여 동의 사항을 구분하여 동의를 받아야 할 필요가 있는 경우로서 대통령령으로 정하는 경우

② 개인정보처리자는 동의를 서면(전자문서 포함)으로 받을 때에는 개인정보의 수집·이용 목적, 수집·이용하려는 개인정보의 항목 등 대통령령으로 정하는 중요한 내용을 보호위원회가 고시로 정하는 방법에 따라 명확히 표시하여 알아보기 쉽게 하여야 한다.

▶ 정보주체에게 반드시 알려야 하는 "대통령령으로 정하는 중요한 내용"이란 다음 각 호의 사항을 말한다.
1. 개인정보의 수집·이용 목적 중 재화나 서비스의 홍보 또는 판매 권유 등을 위하여 해당 개인정보를 이용하여 정보주체에게 연락할 수 있다는 사실
2. 처리하려는 개인정보의 항목 중 다음 각 목의 사항
   가. 민감정보
   나. 여권번호, 운전면허의 면허번호 및 외국인등록번호
3. 개인정보의 보유 및 이용 기간(제공 시에는 제공받는 자의 보유 및 이용 기간을 말한다)
4. 개인정보를 제공받는 자 및 개인정보를 제공받는 자의 개인정보 이용 목적

Tip
※ 개인정보를 제3자에게 제공시 고객에게 반드시 알려야 되는 사항이 출제됨

③ 개인정보처리자는 정보주체의 동의 없이 처리할 수 있는 개인정보에 대해서는 그 항목과 처리의 법적 근거를 정보주체의 동의를 받아 처리하는 개인정보와 구분하여 제30조제2항에 따라 공개하거나 전자우편 등 대통령령으로 정하는 방법에 따라 정보주체에게 알려야 한다. 이 경우 동의 없이 처리할 수 있는 개인정보라는 입증책임은 개인정보처리자가 부담한다.

④ 삭제 <2023. 3. 14.>

⑤ 개인정보처리자는 정보주체가 선택적으로 동의할 수 있는 사항을 동의하지 아니하거나 제1항제3호 및 제7호에 따른 동의를 하지 아니한다는 이유로 정보주체에게 재화 또는 서비스의 제공을 거부하여서는 아니 된다.

⑥ 삭제 <2023. 3. 14.>

⑦ 제1항부터 제5항까지에서 규정한 사항 외에 정보주체의 동의를 받는 세부적인 방법에 관하여 필요한 사항은 개인정보의 수집매체 등을 고려하여 대통령령으로 정한다.

영 제17조(동의를 받는 방법)
① 개인정보처리자는 법 제22조에 따라 개인정보의 처리에 대하여 정보주체의 동의를 받을 때는 다음 각 호의 조건을 모두 충족해야 한다.
   1. 정보주체가 자유로운 의사에 따라 동의 여부를 결정할 수 있을 것
   2. 동의를 받으려는 내용이 구체적이고 명확할 것

3. 그 내용을 쉽게 읽고 이해할 수 있는 문구를 사용할 것

4. 동의 여부를 명확하게 표시할 수 있는 방법을 정보주체에게 제공할 것

② 개인정보처리자는 법 제22조에 따라 개인정보의 처리에 대하여 다음 각 호의 어느 하나에 해당하는 방법으로 정보주체의 동의를 받아야 한다.

1. 동의 내용이 적힌 서면을 정보주체에게 직접 발급하거나 우편 또는 팩스 등의 방법으로 전달하고, 정보주체가 서명하거나 날인한 동의서를 받는 방법

2.. 전화를 통하여 동의 내용을 정보주체에게 알리고 동의의 의사표시를 확인하는 방법

3. 전화를 통하여 동의 내용을 정보주체에게 알리고 정보주체에게 인터넷주소 등을 통하여 동의 사항을 확인하도록 한 후 다시 전화를 통하여 그 동의 사항에 대한 동의의 의사표시를 확인하는 방법

4. 인터넷 홈페이지 등에 동의 내용을 게재하고 정보주체가 동의 여부를 표시하도록 하는 방법

5. 동의 내용이 적힌 전자우편을 발송하여 정보주체로부터 동의의 의사표시가 적힌 전자우편을 받는 방법

6. 그 밖에 제1호부터 제5호까지의 규정에 따른 방법에 준하는 방법으로 동의 내용을 알리고 동의의 의사표시를 확인하는 방법

③ 법 제22조제2항에서 "대통령령으로 정하는 중요한 내용"이란 다음 각 호의 사항을 말한다.

1. 개인정보의 수집·이용 목적 중 재화나 서비스의 홍보 또는 판매 권유 등을 위하여 해당 개인정보를 이용하여 정보주체에게 연락할 수 있다는 사실

2. 처리하려는 개인정보의 항목 중 다음 각 목의 사항

   가. 민감정보

   나. 제19조제2호부터 제4호까지의 규정에 따른 여권번호, 운전면허의 면허번호 및 외국인등록번호

3. 개인정보의 보유 및 이용 기간(제공 시에는 제공받는 자의 보유 및 이용 기간을 말한다)

4. 개인정보를 제공받는 자 및 개인정보를 제공받는 자의 개인정보 이용 목적

④ 개인정보처리자는 정보주체로부터 법 제22조제1항 각 호에 따른 동의를 받으려는 때에는 정보주체가 동의 여부를 선택할 수 있다는 사실을 명확하게 알 수 있도록 표시해야 한다.

⑤ 법 제22조제3항 전단에서 "대통령령으로 정하는 방법"이란 서면, 전자우편, 팩스, 전화, 문자전송 또는 이에 상당하는 방법(이하 "서면 등의 방법"이라 한다)을 말한다.

⑥ 중앙행정기관의 장은 제2항에 따른 동의 방법 중 소관 분야의 개인정보처리자별 업무, 업종의 특성 및 정보주체의 수 등을 고려하여 적절한 동의 방법에 관한 기준을 법 제12조제2항에 따른 개인정보 보호지침(이하 "개인정보 보호지침"이라 한다)으로 정하여 그 기준에 따라 동의를 받도록 개인정보처리자에게 권장할 수 있다.

8) 정보주체의 동의를 받거나 불가피한 경우가 아닌 경우에 제3자에게 개인정보를 제공하는 경우 5년 이하의 징역 또는 5천만원 이하의 벌금형에 처해진다.

① 정보주체의 동의 받을 때 고지 의무사항

② 개인정보처리자는 다음 각 호의 어느 하나에 해당하는 경우에는 정보주체 또는 제3자의 이익을 부당하게 침해할 우려가 있을 때를 제외하고는 개인정보를 목적 외의 용도로 이용하거나 이를 제3자에게 제공할 수 있다. 다만, 제5호부터 제9호까지에 따른 경우는 공공기관의 경우로 한정한다.

1. 정보주체로부터 별도의 동의를 받은 경우

> ▶ 개인정보처리자는 제2항제1호에 따른 동의를 받을 때에는 다음 각 호의 사항을 정보주체에게 알려
> 야 한다. 다음 각 호의 어느 하나의 사항을 변경하는 경우에도 이를 알리고 동의를 받아야 한다.
> 1. 개인정보를 제공받는 자
> 2. 개인정보의 이용 목적(제공 시에는 제공받는 자의 이용 목적을 말한다)
> 3. 이용 또는 제공하는 개인정보의 항목
> 4. 개인정보의 보유 및 이용 기간(제공 시에는 제공받는 자의 보유 및 이용 기간을 말한다)
> 5. 동의를 거부할 권리가 있다는 사실 및 동의 거부에 따른 불이익이 있는 경우에는 그 불이익의 내용

2. 다른 법률에 특별한 규정이 있는 경우

3. 명백히 정보주체 또는 제3자의 급박한 생명, 신체, 재산의 이익을 위하여 필요하다고 인정되는 경우

4. 삭제 <2020. 2. 4.>

5. 개인정보를 목적 외의 용도로 이용하거나 이를 제3자에게 제공하지 아니하면 다른 법률에서 정
하는 소관 업무를 수행할 수 없는 경우로서 보호위원회의 심의·의결을 거친 경우

6. 조약, 그 밖의 국제협정의 이행을 위하여 외국정부 또는 국제기구에 제공하기 위하여 필요한 경우

7. 범죄의 수사와 공소의 제기 및 유지를 위하여 필요한 경우

8. 법원의 재판업무 수행을 위하여 필요한 경우

9. 형(刑) 및 감호, 보호처분의 집행을 위하여 필요한 경우

10. 공중위생 등 공공의 안전과 안녕을 위하여 긴급히 필요한 경우

③ 공공기관은 제2항제2호부터 제6호까지, 제8호부터 제10호까지에 따라 개인정보를 목적 외의 용도로
이용하거나 이를 제3자에게 제공하는 경우에는 그 이용 또는 제공의 법적 근거, 목적 및 범위 등에 관
하여 필요한 사항을 보호위원회가 고시로 정하는 바에 따라 관보 또는 인터넷 홈페이지 등에 게재하
여야 한다.

④ 개인정보처리자는 제2항 각 호의 어느 하나의 경우에 해당하여 개인정보를 목적 외의 용도로 제3자
에게 제공하는 경우에는 개인정보를 제공받는 자에게 이용 목적, 이용 방법, 그 밖에 필요한 사항에
대하여 제한하거나, 개인정보의 안전성 확보를 위하여 필요한 조치를 마련하도록 요청하여야 한다.
이 경우 요청을 받은 자는 개인정보의 안전성 확보를 위하여 필요한 조치를 하여야 한다.

> ▶ 개인정보처리자로부터 개인정보를 제공받은 자는 다음 각 호의 어느 하나에 해당하는 경우를 제외하고
> 는 개인정보를 제공받은 목적 외의 용도로 이용하거나 이를 제3자에게 제공하여서는 아니 된다.
> 1. 정보주체로부터 별도의 동의를 받은 경우
> 2. 다른 법률에 특별한 규정이 있는 경우

9) 아동의 개인정보 보호 (법 제22조의2)

① 개인정보처리자는 14세 미만 아동의 개인정보를 처리하기 위하여 이 법에 따른 동의를 받아야 할 때에는 그 법정대리인의 동의를 받아야 하며, 법정대리인이 동의하였는지를 확인하여야 한다.

② 제1항에도 불구하고 법정대리인의 동의를 받기 위하여 필요한 최소한의 정보로서 대통령령으로 정하는 정보는 법정대리인의 동의 없이 해당 아동으로부터 직접 수집할 수 있다.

③ 개인정보처리자는 14세 미만의 아동에게 개인정보 처리와 관련한 사항의 고지 등을 할 때에는 이해하기 쉬운 양식과 명확하고 알기 쉬운 언어를 사용하여야 한다.

④ 제1항부터 제3항까지에서 규정한 사항 외에 동의 및 동의 확인 방법 등에 필요한 사항은 대통령령으로 정한다.

10) 민감정보의 처리 제한(법 제23조)

① 개인정보처리자는 사상·신념, 노동조합·정당의 가입·탈퇴, 정치적 견해, 건강, 성생활 등에 관한 정보, 그 밖에 정보주체의 사생활을 현저히 침해할 우려가 있는 개인정보로서 대통령령으로 정하는 정보(이하 "민감정보"라 한다)를 처리하여서는 아니 된다. 다만, 다음 각 호의 어느 하나에 해당하는 경우에는 그러하지 아니하다.

  1. 정보주체에게 제15조제2항 각 호 또는 제17조제2항 각 호의 사항을 알리고 다른 개인정보의 처리에 대한 동의와 별도로 동의를 받은 경우

  2. 법령에서 민감정보의 처리를 요구하거나 허용하는 경우

② 개인정보처리자가 제1항 각 호에 따라 민감정보를 처리하는 경우에는 그 민감정보가 분실·도난·유출·위조·변조 또는 훼손되지 아니하도록 제29조에 따른 안전성 확보에 필요한 조치를 하여야 한다.

③ 개인정보처리자는 재화 또는 서비스를 제공하는 과정에서 공개되는 정보에 정보주체의 민감정보가 포함됨으로써 사생활 침해의 위험성이 있다고 판단하는 때에는 재화 또는 서비스의 제공 전에 민감정보의 공개 가능성 및 비공개를 선택하는 방법을 정보주체가 알아보기 쉽게 알려야 한다.

11) 고유식별정보의 처리 제한(법 제24조)

① 개인정보처리자는 다음 각 호의 경우를 제외하고는 법령에 따라 개인을 고유하게 구별하기 위하여 부여된 식별정보로서 대통령령으로 정하는 정보(이하 "고유식별정보"라 한다)를 처리할 수 없다.

  1. 정보주체에게 제15조제2항 각 호 또는 제17조제2항 각 호의 사항을 알리고 다른 개인정보의 처리에 대한 동의와 별도로 동의를 받은 경우

  2. 법령에서 구체적으로 고유식별정보의 처리를 요구하거나 허용하는 경우

② 삭제 <2013. 8. 6.>

③ 개인정보처리자가 제1항 각 호에 따라 고유식별정보를 처리하는 경우에는 그 고유식별정보가 분실·도난·유출·위조·변조 또는 훼손되지 아니하도록 대통령령으로 정하는 바에 따라 암호화 등 안전성 확보에 필요한 조치를 하여야 한다.

④ 보호위원회는 처리하는 개인정보의 종류·규모, 종업원 수 및 매출액 규모 등을 고려하여 대통령령으로 정하는 기준에 해당하는 개인정보처리자가 제3항에 따라 안전성 확보에 필요한 조치를 하였는지에 관하여 대통령령으로 정하는 바에 따라 정기적으로 조사하여야 한다.

⑤ 보호위원회는 대통령령으로 정하는 전문기관으로 하여금 제4항에 따른 조사를 수행하게 할 수 있다.

12) 주민등록번호 처리의 제한(법 제24조의2)

① 제24조제1항에도 불구하고 개인정보처리자는 다음 각 호의 어느 하나에 해당하는 경우를 제외하고는 주민등록번호를 처리할 수 없다.

    1. 법률·대통령령·국회규칙·대법원규칙·헌법재판소규칙·중앙선거관리위원회규칙 및 감사원규칙에서 구체적으로 주민등록번호의 처리를 요구하거나 허용한 경우

    2. 정보주체 또는 제3자의 급박한 생명, 신체, 재산의 이익을 위하여 명백히 필요하다고 인정되는 경우

    3. 제1호 및 제2호에 준하여 주민등록번호 처리가 불가피한 경우로서 보호위원회가 고시로 정하는 경우

② 개인정보처리자는 제24조 제3항에도 불구하고 주민등록번호가 분실·도난·유출·위조·변조 또는 훼손되지 아니하도록 암호화 조치를 통하여 안전하게 보관하여야 한다. 이 경우 암호화 적용 대상 및 대상별 적용 시기 등에 관하여 필요한 사항은 개인정보의 처리 규모와 유출 시 영향 등을 고려하여 대통령령으로 정한다.

③ 개인정보처리자는 제1항 각 호에 따라 주민등록번호를 처리하는 경우에도 정보주체가 인터넷 홈페이지를 통하여 회원으로 가입하는 단계에서는 주민등록번호를 사용하지 아니하고도 회원으로 가입할 수 있는 방법을 제공하여야 한다.

④ 보호위원회는 개인정보처리자가 제3항에 따른 방법을 제공할 수 있도록 관계 법령의 정비, 계획의 수립, 필요한 시설 및 시스템의 구축 등 제반 조치를 마련·지원할 수 있다.

13) 개인정보의 파기(법 제21조, 개인정보보호위원회 개인정보보호지침 제11조))

① 개인정보처리자는 보유기간의 경과, 개인정보의 처리 목적 달성, 가명정보의 처리 기간 경과 등 그 개인정보가 불필요하게 되었을 때에는 지체 없이 5일 이내 그 개인정보를 파기하여야 한다. 다만, 다른 법령에 따라 보존하여야 하는 경우에는 그러하지 아니하다.

② 개인정보처리자가 제1항에 따라 개인정보를 파기할 때에는 복구 또는 재생되지 아니하도록 조치하여야 한다.

③ 개인정보처리자가 제1항 단서에 따라 개인정보를 파기하지 아니하고 보존하여야 하는 경우에는 해당 개인정보 또는 개인정보파일을 다른 개인정보와 분리하여서 저장·관리하여야 한다.

④ 개인정보의 파기방법 및 절차 등에 필요한 사항은 대통령령으로 정한다.

> **영 제16조 개인정보의 파기방법**
> 1. 전자적 파일 형태인 경우 : 복원이 불가능한 방법으로 영구 삭제. 다만, 기술적 특성으로 영구 삭제가 현저히 곤란한 경우에는 법 제58조의2에 해당하는 정보로 처리하여 복원이 불가능하도록 조치해야 한다.
> 2. 제1호 외의 기록물, 인쇄물, 서면, 그 밖의 기록매체인 경우 : 파쇄 또는 소각
> 3. 제1항에 따른 개인정보의 안전한 파기에 관한 세부 사항은 보호위원회가 정하여 고시한다.

14) 영상정보처리기기의 범위(영 제3조)

① **고정형 영상정보처리기기** :

1. **폐쇄회로 텔레비전** :

가. 일정한 공간에 설치된 카메라를 통하여 지속적 또는 주기적으로 영상 등을 촬영하거나 촬영한 영상정보를 유무선 폐쇄회로 등의 전송로를 통하여 특정 장소에 전송하는 장치

나. 가목에 따라 촬영되거나 전송된 영상정보를 녹화·기록할 수 있도록 하는 장치

2. **네트워크 카메라** : 일정한 공간에 설치된 기기를 통하여 지속적 또는 주기적으로 촬영한 영상정보를 그 기기를 설치·관리하는 자가 유무선 인터넷을 통하여 어느 곳에서나 수집·저장 등의 처리를 할 수 있도록 하는 장치

② **이동형 영상정보처리기기** :

1. **착용형 장치** : 안경 또는 시계 등 사람의 신체 또는 의복에 착용하여 영상 등을 촬영하거나 촬영한 영상정보를 수집·저장 또는 전송하는 장치

2. **휴대형 장치** : 이동통신 단말장치 또는 디지털카메라 등 사람이 휴대하면서 영상 등을 촬영하거나 촬영한 영상정보를 수집·저장 또는 전송하는 장치

3. **부착·거치형 장치** : 차량이나 드론 등 이동 가능한 물체에 부착 또는 거치(据置)하여 영상 등을 촬영하거나 촬영한 영상정보를 수집·저장 또는 전송하는 장치

15) 고정형 영상정보처리기기의 설치·운영 제한 (법 제25조)

① 누구든지 다음 각 호의 경우를 제외하고는 공개된 장소에 고정형 영상정보처리기기를 설치·운영하여서는 아니 된다.

1. 법령에서 구체적으로 허용하고 있는 경우

2. 범죄의 예방 및 수사를 위하여 필요한 경우

3. 시설의 안전 및 관리, 화재 예방을 위하여 정당한 권한을 가진 자가 설치·운영하는 경우

4. 교통단속을 위하여 정당한 권한을 가진 자가 설치·운영하는 경우

5. 교통정보의 수집·분석 및 제공을 위하여 정당한 권한을 가진 자가 설치·운영하는 경우

6. 촬영된 영상정보를 저장하지 아니하는 경우로서 대통령령으로 정하는 경우

② 누구든지 불특정 다수가 이용하는 목욕실, 화장실, 발한실(發汗室), 탈의실 등 개인의 사생활을 현저히 침해할 우려가 있는 장소의 내부를 볼 수 있도록 고정형 영상정보처리기기를 설치·운영하여서는 아니 된다. 다만, 교도소, 정신보건 시설 등 법령에 근거하여 사람을 구금하거나 보호하는 시설로서 대통령령으로 정하는 시설에 대하여는 그러하지 아니하다.

영 제22조(고정형 영상정보처리기기 설치·운영 제한의 예외)
① 법 제25조제1항제6호에서 "대통령령으로 정하는 경우"란 다음 각 호의 어느 하나에 해당하는 경우를 말한다.
　1. 출입자 수, 성별, 연령대 등 통계값 또는 통계적 특성값 산출을 위해 촬영된 영상정보를 일시적으로 처리하는 경우
　2. 그 밖에 제1호에 준하는 경우로서 보호위원회의 심의·의결을 거친 경우
② 법 제25조제2항 단서에서 "대통령령으로 정하는 시설"이란 다음 각 호의 시설을 말한다.
　1. 「형의 집행 및 수용자의 처우에 관한 법률」 제2조제1호에 따른 교정시설
　2. 「정신건강증진 및 정신질환자 복지서비스 지원에 관한 법률」 제3조제5호부터 제7호까지의 규정에 따른 정신의료기관(수용시설을 갖추고 있는 것만 해당한다), 정신요양시설 및 정신재활시설
③ 중앙행정기관의 장은 소관 분야의 개인정보처리자가 법 제25조제2항 단서에 따라 제2항 각 호의 시설에 고정형 영상정보처리기기를 설치·운영하는 경우 정보주체의 사생활 침해를 최소화하기 위하여 필요한 세부 사항을 개인정보 보호지침으로 정하여 그 준수를 권장할 수 있다.

③ 제1항 각 호에 따라 고정형 영상정보처리기기를 설치·운영하려는 공공기관의 장과 제2항 단서에 따라 고정형 영상정보처리기기를 설치·운영하려는 자는 공청회·설명회의 개최 등 대통령령으로 정하는 절차를 거쳐 관계 전문가 및 이해관계인의 의견을 수렴하여야 한다.

영 제23조(고정형 영상정보처리기기 설치 시 의견 수렴)
① 법 제25조제1항 각 호에 따라 고정형 영상정보처리기기를 설치·운영하려는 공공기관의 장은 다음 각 호의 어느 하나에 해당하는 절차를 거쳐 관계 전문가 및 이해관계인의 의견을 수렴하여야 한다.
　1. 「행정절차법」에 따른 행정예고의 실시 또는 의견청취
　2. 해당 고정형 영상정보처리기기의 설치로 직접 영향을 받는 지역 주민 등을 대상으로 하는 설명회·설문조사 또는 여론조사
② 법 제25조제2항 단서에 따른 시설에 고정형 영상정보처리기기를 설치·운영하려는 자는 다음 각 호의 사람으로부터 의견을 수렴하여야 한다.
　1. 관계 전문가
　2. 해당 시설에 종사하는 사람, 해당 시설에 구금되어 있거나 보호받고 있는 사람 또는 그 사람의 보호자 등 이해관계인

④ 제1항 각 호에 따라 고정형 영상정보처리기기를 설치·운영하는 자(이하 "고정형영상정보처리기기운영자"라 한다)는 정보주체가 쉽게 인식할 수 있도록 다음 각 호의 사항이 포함된 안내판을 설치하는 등 필요한 조치를 하여야 한다. 다만, 「군사기지 및 군사시설 보호법」 제2조제2호에 따른 군사시설, 「통합방위법」 제2조제13호에 따른 국가중요시설, 그 밖에 대통령령으로 정하는 시설(국가보안시설)의 경우에는 그러하지 아니하다.

1. 설치 목적 및 장소

2. 촬영 범위 및 시간

3. 관리책임자의 연락처

4. 그 밖에 대통령령으로 정하는 사항

영 제24조(안내판의 설치 등)

① 법 제25조제1항 각 호에 따라 고정형 영상정보처리기기를 설치·운영하는 자(이하 "고정형영상정보처리기기운영자"라 한다)는 고정형 영상정보처리기기가 설치·운영되고 있음을 정보주체가 쉽게 알아볼 수 있도록 같은 조 제4항 각 호의 사항이 포함된 안내판을 설치하여야 한다. 다만, 건물 안에 여러 개의 고정형 영상정보처리기기를 설치하는 경우에는 출입구 등 잘 보이는 곳에 해당 시설 또는 장소 전체가 고정형 영상정보처리기기 설치지역임을 표시하는 안내판을 설치할 수 있다.

② 제1항에도 불구하고 고정형영상정보처리기기운영자가 설치·운영하는 고정형 영상정보처리기기가 다음 각 호의 어느 하나에 해당하는 경우에는 안내판 설치를 갈음하여 고정형영상정보처리기기운영자의 인터넷 홈페이지에 법 제25조제4항 각 호의 사항을 게재할 수 있다.

1. 공공기관이 원거리 촬영, 과속·신호위반 단속 또는 교통흐름조사 등의 목적으로 고정형 영상정보처리기기를 설치하는 경우로서 개인정보 침해의 우려가 적은 경우

2. 산불감시용 고정형 영상정보처리기기를 설치하는 경우 등 장소적 특성으로 인하여 안내판을 설치하는 것이 불가능하거나 안내판을 설치하더라도 정보주체가 쉽게 알아볼 수 없는 경우

③ 제2항에 따라 인터넷 홈페이지에 법 제25조제4항 각 호의 사항을 게재할 수 없으면 고정형영상정보처리기기운영자는 다음 각 호의 어느 하나 이상의 방법으로 법 제25조제4항 각 호의 사항을 공개하여야 한다.

1. 고정형영상정보처리기기운영자의 사업장·영업소·사무소·점포 등(이하 "사업장등"이라 한다)의 보기 쉬운 장소에 게시하는 방법

2. 관보(고정형영상정보처리기기운영자가 공공기관인 경우만 해당한다)나 고정형영상정보처리기기운영자의 사업장 등이 있는 시·도 이상의 지역을 주된 보급지역으로 하는 「신문 등의 진흥에 관한 법률」 제2조제1호가목·다목 또는 같은 조 제2호에 따른 일반일간신문·일반주간신문 또는 인터넷신문에 싣는 방법

④ 법 제25조제4항 각 호 외의 부분 단서에서 "대통령령으로 정하는 시설"이란 「보안업무규정」 제32조에 따른 국가보안시설을 말한다.

⑤ 고정형영상정보처리기기운영자는 고정형 영상정보처리기기의 설치 목적과 다른 목적으로 고정형 영상정보처리기기를 임의로 조작하거나 다른 곳을 비춰서는 아니 되며, 녹음기능은 사용할 수 없다.

⑥ 고정형영상정보처리기기운영자는 개인정보가 분실·도난·유출·위조·변조 또는 훼손되지 아니하도록 제29조에 따라 안전성 확보에 필요한 조치를 하여야 한다.

⑦ 고정형영상정보처리기기운영자는 대통령령으로 정하는 바에 따라 고정형 영상정보처리기기 운영·관리 방침을 마련하여야 한다. 다만, 제30조에 따른 개인정보 처리방침을 정할 때 고정형 영상정보처리기기 운영·관리에 관한 사항을 포함시킨 경우에는 고정형 영상정보처리기기 운영·관리 방침을 마련하지 아니할 수 있다.

> **영 제25조(고정형 영상정보처리기기 운영·관리 방침)**
> ① 고정형영상정보처리기기운영자는 법 제25조제7항에 따라 다음 각 호의 사항이 포함된 고정형 영상정보처리기기 운영·관리 방침을 마련해야 한다.
> 　1. 고정형 영상정보처리기기의 설치 근거 및 설치 목적
> 　2. 고정형 영상정보처리기기의 설치 대수, 설치 위치 및 촬영 범위
> 　3. 관리책임자, 담당 부서 및 영상정보에 대한 접근 권한이 있는 사람
> 　4. 영상정보의 촬영시간, 보관기간, 보관장소 및 처리방법
> 　5. 고정형영상정보처리기기운영자의 영상정보 확인 방법 및 장소
> 　6. 정보주체의 영상정보 열람 등 요구에 대한 조치
> 　7. 영상정보 보호를 위한 기술적·관리적 및 물리적 조치
> 　8. 그 밖에 고정형 영상정보처리기기의 설치·운영 및 관리에 필요한 사항
> ② 제1항에 따라 마련한 고정형 영상정보처리기기 운영·관리 방침의 공개에 관하여는 제31조제2항 및 제3항을 준용한다. 이 경우 "개인정보처리자"는 "고정형영상정보처리기기운영자"로, "법 제30조제2항"은 "법 제25조제7항"으로, "개인정보 처리방침"은 "고정형 영상정보처리기기 운영·관리 방침"으로 본다.

개인정보 보호법 CCTV 녹화중
- **설치근거 및 목적**: 방범, 화재예방 / 시설안전관리
- **촬영시간**: 24시간 연속촬영 / 녹화
- **설치대수**: 4대
- **촬영범위**: 건물 내·외부
- **처리방법**: 30일 보관 후 자동폐기
- **보관장소**: ○○상사 전산실
- **관리책임자**: 홍길동 123-4567

⑧ 고정형영상정보처리기기운영자는 고정형 영상정보처리기기의 설치·운영에 관한 사무를 위탁할 수 있다. 다만, 공공기관이 고정형 영상정보처리기기 설치·운영에 관한 사무를 위탁하는 경우에는 대통령령으로 정하는 절차 및 요건에 따라야 한다.

> **영 제26조(공공기관의 고정형 영상정보처리기기 설치·운영 사무의 위탁)**
>
> ① 법 제25조제8항 단서에 따라 공공기관이 고정형 영상정보처리기기의 설치·운영에 관한 사무를 위탁하는 경우에는 다음 각 호의 내용이 포함된 문서로 하여야 한다.
>
>   1. 위탁하는 사무의 목적 및 범위
>
>   2. 재위탁 제한에 관한 사항
>
>   3. 영상정보에 대한 접근 제한 등 안전성 확보 조치에 관한 사항
>
>   4. 영상정보의 관리 현황 점검에 관한 사항
>
>   5. 위탁받는 자가 준수하여야 할 의무를 위반한 경우의 손해배상 등 책임에 관한 사항
>
> ② 제1항에 따라 사무를 위탁한 경우에는 제24조제1항부터 제3항까지의 규정에 따른 안내판 등에 위탁받는 자의 명칭 및 연락처를 포함시켜야 한다.

16) 이동형 영상정보처리기기의 운영 제한(법 제25조의2)

① 업무를 목적으로 이동형 영상정보처리기기를 운영하려는 자는 다음 각 호의 경우를 제외하고는 공개된 장소에서 이동형 영상정보처리기기로 사람 또는 그 사람과 관련된 사물의 영상(개인정보에 해당하는 경우로 한정한다. 이하 같다)을 촬영하여서는 아니 된다.

  1. 제15조제1항 각 호의 어느 하나에 해당하는 경우

>   1. 정보주체의 동의를 받은 경우
>   2. 법률에 특별한 규정이 있거나 법령상 의무를 준수하기 위하여 불가피한 경우
>   3. 공공기관이 법령 등에서 정하는 소관 업무의 수행을 위하여 불가피한 경우
>   4. 정보주체와 체결한 계약을 이행하거나 계약을 체결하는 과정에서 정보주체의 요청에 따른 조치를 이행하기 위하여 필요한 경우
>   5. 명백히 정보주체 또는 제3자의 급박한 생명, 신체, 재산의 이익을 위하여 필요하다고 인정되는 경우
>   6. 개인정보처리자의 정당한 이익을 달성하기 위하여 필요한 경우로서 명백하게 정보주체의 권리보다 우선하는 경우. 이 경우 개인정보처리자의 정당한 이익과 상당한 관련이 있고 합리적인 범위를 초과하지 아니하는 경우에 한한다.
>   7. 공중위생 등 공공의 안전과 안녕을 위하여 긴급히 필요한 경우

  2. 촬영 사실을 명확히 표시하여 정보주체가 촬영 사실을 알 수 있도록 하였음에도 불구하고 촬영 거부 의사를 밝히지 아니한 경우. 이 경우 정보주체의 권리를 부당하게 침해할 우려가 없고 합리적인 범위를 초과하지 아니하는 경우로 한정한다.

  3. 그 밖에 제1호 및 제2호에 준하는 경우로서 대통령령으로 정하는 경우

② 누구든지 불특정 다수가 이용하는 목욕실, 화장실, 발한실, 탈의실 등 개인의 사생활을 현저히 침해할 우려가 있는 장소의 내부를 볼 수 있는 곳에서 이동형 영상정보처리기기로 사람 또는 그 사람과 관련된 사물의 영상을 촬영하여서는 아니 된다. 다만, 인명의 구조·구급 등을 위하여 필요한 경우로서 대통령령으로 정하는 경우에는 그러하지 아니하다.

> **제27조(이동형 영상정보처리기기 운영 제한의 예외)**
> 법 제25조의2제2항 단서에서 "대통령령으로 정하는 경우"란 범죄, 화재, 재난 또는 이에 준하는 상황에서 인명의 구조 · 구급 등을 위하여 사람 또는 그 사람과 관련된 사물의 영상(개인정보에 해당하는 경우로 한정한다. 이하 같다)의 촬영이 필요한 경우를 말한다.

③ 제1항 각 호에 해당하여 이동형 영상정보처리기기로 사람 또는 그 사람과 관련된 사물의 영상을 촬영하는 경우에는 불빛, 소리, 안내판 등 대통령령으로 정하는 바에 따라 촬영 사실을 표시하고 알려야 한다.

> **제27조의2(이동형 영상정보처리기기 촬영 사실 표시 등)**
> 법 제25조의2제1항 각 호에 해당하여 이동형 영상정보처리기기로 사람 또는 그 사람과 관련된 사물의 영상을 촬영하는 경우에는 불빛, 소리, 안내판, 안내서면, 안내방송 또는 그 밖에 이에 준하는 수단이나 방법으로 정보주체가 촬영 사실을 쉽게 알 수 있도록 표시하고 알려야 한다. 다만, 드론을 이용한 항공촬영 등 촬영 방법의 특성으로 인해 정보주체에게 촬영 사실을 알리기 어려운 경우에는 보호위원회가 구축하는 인터넷 사이트에 공지하는 방법으로 알릴 수 있다.

④ 제1항부터 제3항까지에서 규정한 사항 외에 이동형 영상정보처리기기의 운영에 관하여는 제25조제6항부터 제8항까지의 규정을 준용한다.

> 6. 정보주체의 영상정보 열람 등 요구에 대한 조치
> 7. 영상정보 보호를 위한 기술적 · 관리적 및 물리적 조치
> 8. 그 밖에 고정형 영상정보처리기기의 설치 · 운영 및 관리에 필요한 사항

17) 업무위탁에 따른 개인정보의 처리 제한(법 제26조)

① 개인정보처리자가 제3자에게 개인정보의 처리 업무를 위탁하는 경우에는 다음 각 호의 내용이 포함된 문서로 하여야 한다.

　1. 위탁업무 수행 목적 외 개인정보의 처리 금지에 관한 사항

　2. 개인정보의 기술적 · 관리적 보호조치에 관한 사항

　3. 그 밖에 개인정보의 안전한 관리를 위하여 대통령령으로 정한 사항

> 법 제26조제1항제3호에서 "대통령령으로 정한 사항"이란 다음 각 호의 사항을 말한다.
> 1. 위탁업무의 목적 및 범위
> 2. 재위탁 제한에 관한 사항
> 3. 개인정보에 대한 접근 제한 등 안전성 확보 조치에 관한 사항
> 4. 위탁업무와 관련하여 보유하고 있는 개인정보의 관리 현황 점검 등 감독에 관한 사항
> 5. 법 제26조제2항에 따른 수탁자(이하 "수탁자"라 한다)가 준수하여야 할 의무를 위반한 경우의 손해배상 등 책임에 관한 사항

② 제1항에 따라 개인정보의 처리 업무를 위탁하는 개인정보처리자(이하 "위탁자"라 한다)는 위탁하는 업무의 내용과 개인정보 처리 업무를 위탁받아 처리하는 자(개인정보 처리 업무를 위탁받아 처리하는 자로부터 위탁받은 업무를 다시 위탁받은 제3자를 포함하며, 이하 "수탁자"라 한다)를 정보주체가 언제든지 쉽게 확인할 수 있도록 대통령령으로 정하는 방법에 따라 공개하여야 한다.

> 법 제26조제2항에서 "대통령령으로 정하는 방법"이란 개인정보 처리 업무를 위탁하는 개인정보처리자(이하 "위탁자"라 한다)가 위탁자의 인터넷 홈페이지에 위탁하는 업무의 내용과 수탁자를 지속적으로 게재하는 방법을 말한다.
>
> 제2항에 따라 인터넷 홈페이지에 게재할 수 없는 경우에는 다음 각 호의 어느 하나 이상의 방법으로 위탁하는 업무의 내용과 수탁자를 공개하여야 한다.
> 1. 위탁자의 사업장 등의 보기 쉬운 장소에 게시하는 방법
> 2. 관보(위탁자가 공공기관인 경우만 해당한다)나 위탁자의 사업장등이 있는 시 · 도 이상의 지역을 주된 보급지역으로 하는 「신문 등의 진흥에 관한 법률」 제2조제1호가목 · 다목 및 같은 조 제2호에 따른 일반일간신문, 일반주간신문 또는 인터넷신문에 싣는 방법
> 3. 같은 제목으로 연 2회 이상 발행하여 정보주체에게 배포하는 간행물 · 소식지 · 홍보지 또는 청구서 등에 지속적으로 싣는 방법
> 4. 재화나 서비스를 제공하기 위하여 위탁자와 정보주체가 작성한 계약서 등에 실어 정보주체에게 발급하는 방법

③ 위탁자가 재화 또는 서비스를 홍보하거나 판매를 권유하는 업무를 위탁하는 경우에는 대통령령으로 정하는 방법(서면 등의 방법)에 따라 위탁하는 업무의 내용과 수탁자를 정보주체에게 알려야 한다. 위탁하는 업무의 내용이나 수탁자가 변경된 경우에도 또한 같다.

> 위탁자가 과실 없이 서면 등에 따른 방법으로 위탁하는 업무의 내용과 수탁자를 정보주체에게 알릴 수 없는 경우에는 해당 사항을 인터넷 홈페이지에 30일 이상 게재하여야 한다.
> 다만, 인터넷 홈페이지를 운영하지 아니하는 위탁자의 경우에는 사업장 등의 보기 쉬운 장소에 30일 이상 게시하여야 한다.

④ 위탁자는 업무 위탁으로 인하여 정보주체의 개인정보가 분실 · 도난 · 유출 · 위조 · 변조 또는 훼손되지 아니하도록 수탁자를 교육하고, 처리 현황 점검 등 대통령령으로 정하는 바에 따라 수탁자가 개인정보를 안전하게 처리하는지를 감독하여야 한다.

⑤ 수탁자는 개인정보처리자로부터 위탁받은 해당 업무 범위를 초과하여 개인정보를 이용하거나 제3자에게 제공하여서는 아니 된다.

⑥ 수탁자는 위탁받은 개인정보의 처리 업무를 제3자에게 다시 위탁하려는 경우에는 위탁자의 동의를 받아야 한다.

⑦ 수탁자가 위탁받은 업무와 관련하여 개인정보를 처리하는 과정에서 이 법을 위반하여 발생한 손해배상책임에 대하여는 수탁자를 개인정보처리자의 소속 직원으로 본다.

⑧ 수탁자에 관하여는 제15조부터 제18조까지, 제21조, 제22조, 제22조의2, 제23조, 제24조, 제24조의2, 제25조, 제25조의2, 제27조, 제28조, 제28조의2부터 제28조의5까지, 제28조의7부터 제28조의11까지, 제29조, 제30조, 제30조의2, 제31조, 제33조, 제34조, 제34조의2, 제35조, 제35조의2, 제36조, 제37조, 제37조의2, 제38조, 제59조, 제63조, 제63조의2 및 제64조의2를 준용한다. 이 경우 "개인정보처리자"는 "수탁자"로 본다.

18) 영업양도 등에 따른 개인정보의 이전 제한(법 제27조)

① 개인정보처리자는 영업의 전부 또는 일부의 양도·합병 등으로 개인정보를 다른 사람에게 이전하는 경우에는 미리 다음 각 호의 사항을 대통령령으로 정하는 방법에 따라 해당 정보주체에게 알려야 한다.

1. 개인정보를 이전하려는 사실

2. 개인정보를 이전받는 자(이하 "영업양수자등"이라 한다)의 성명(법인의 경우에는 법인의 명칭을 말한다), 주소, 전화번호 및 그 밖의 연락처

3. 정보주체가 개인정보의 이전을 원하지 아니하는 경우 조치할 수 있는 방법 및 절차

> **영 제29조(영업양도 등에 따른 개인정보 이전의 통지)**
> ① 법 제27조제1항 각 호 외의 부분과 같은 조 제2항 본문에서 "대통령령으로 정하는 방법"이란 서면 등의 방법을 말한다.
> ② 법 제27조제1항에 따라 개인정보를 이전하려는 자(이하 이 항에서 "영업양도자등"이라 한다)가 과실 없이 제1항에 따른 방법으로 법 제27조제1항 각 호의 사항을 정보주체에게 알릴 수 없는 경우에는 해당 사항을 인터넷 홈페이지에 30일 이상 게재하여야 한다. 다만, 인터넷 홈페이지에 게재할 수 없는 정당한 사유가 있는 경우에는 다음 각 호의 어느 하나의 방법으로 법 제27조제1항 각 호의 사항을 정보주체에게 알릴 수 있다.
> 1. 영업양도자등의 사업장 등의 보기 쉬운 장소에 30일 이상 게시하는 방법
> 2. 영업양도자등의 사업장 등이 있는 시·도 이상의 지역을 주된 보급지역으로 하는 「신문 등의 진흥에 관한 법률」제2조제1호가목·다목 또는 같은 조 제2호에 따른 일반일간신문·일반주간신문 또는 인터넷신문에 싣는 방법

② 영업양수자등은 개인정보를 이전받았을 때에는 지체 없이 그 사실을 대통령령으로 정하는 방법에 따라 정보주체에게 알려야 한다. 다만, 개인정보처리자가 제1항에 따라 그 이전 사실을 이미 알린 경우에는 그러하지 아니하다.

③ 영업양수자등은 영업의 양도·합병 등으로 개인정보를 이전받은 경우에는 이전 당시의 본래 목적으로만 개인정보를 이용하거나 제3자에게 제공할 수 있다. 이 경우 영업양수자등은 개인정보처리자로 본다.

19) 가명정보의 처리 등(법 제28조의2)

① 개인정보처리자는 통계작성, 과학적 연구, 공익적 기록보존 등을 위하여 정보주체의 동의 없이 가명 정보를 처리할 수 있다.

② 개인정보처리자는 제1항에 따라 가명정보를 제3자에게 제공하는 경우에는 특정 개인을 알아보기 위 하여 사용될 수 있는 정보를 포함해서는 아니 된다.

20) 가명정보의 결합 제한(법 제28조의3)

① 제28조의2에도 불구하고 통계작성, 과학적 연구, 공익적 기록보존 등을 위한 서로 다른 개인정보처리자 간의 가명정보의 결합은 보호위원회 또는 관계 중앙행정기관의 장이 지정하는 전문기관이 수행한다.

② 결합을 수행한 기관 외부로 결합된 정보를 반출하려는 개인정보처리자는 가명정보 또는 제58조의2 에 해당하는 정보로 처리한 뒤 전문기관의 장의 승인을 받아야 한다.

③ 제1항에 따른 결합 절차와 방법, 전문기관의 지정과 지정 취소 기준·절차, 관리·감독, 제2항에 따른 반출 및 승인 기준·절차 등 필요한 사항은 대통령령으로 정한다.

21) 가명정보에 대한 안전조치의무 등(법 제28조의4)

① 개인정보처리자는 제28조의2 또는 제28조의3에 따라 가명정보를 처리하는 경우에는 원래의 상태로 복원하기 위한 추가 정보를 별도로 분리하여 보관·관리하는 등 해당 정보가 분실·도난·유출·위조·변조 또는 훼손되지 않도록 대통령령으로 정하는 바에 따라 안전성 확보에 필요한 기술적·관리적 및 물리적 조치를 하여야 한다.

② 개인정보처리자는 제28조의2 또는 제28조의3에 따라 가명정보를 처리하는 경우 처리목적 등을 고려하여 가명정보의 처리 기간을 별도로 정할 수 있다.

③ 개인정보처리자는 제28조의2 또는 제28조의3에 따라 가명정보를 처리하고자 하는 경우에는 가명정보의 처리 목적, 제3자 제공 시 제공받는 자, 가명정보의 처리 기간(제2항에 따라 처리 기간을 별도로 정한 경우에 한한다) 등 가명정보의 처리 내용을 관리하기 위하여 대통령령으로 정하는 사항에 대한 관련 기록을 작성하여 보관하여야 하며, 가명정보를 파기한 경우에는 파기한 날부터 3년 이상 보관하여야 한다.

22) 가명정보 처리 시 금지의무 등(법 제28조의5)

① 제28조의2 또는 제28조의3에 따라 가명정보를 처리하는 자는 특정 개인을 알아보기 위한 목적으로 가명정보를 처리해서는 아니 된다.

② 개인정보처리자는 제28조의2 또는 제28조의3에 따라 가명정보를 처리하는 과정에서 특정 개인을 알아볼 수 있는 정보가 생성된 경우에는 즉시 해당 정보의 처리를 중지하고, 지체 없이 회수·파기하여야 한다.

23) 개인정보 유출 등의 통지·신고(법 제34조)

① 개인정보처리자는 개인정보가 분실·도난·유출(이하 이 조에서 "유출등"이라 한다)되었음을 알게 되었을 때에는 지체 없이 해당 정보주체에게 다음 각 호의 사항을 알려야 한다. 다만, 정보주체의 연락처를 알 수 없는 경우 등 정당한 사유가 있는 경우에는 대통령령으로 정하는 바에 따라 통지를 갈음하는 조치를 취할 수 있다.

　1. 유출등이 된 개인정보의 항목

　2. 유출등이 된 시점과 그 경위

　3. 유출등으로 인하여 발생할 수 있는 피해를 최소화하기 위하여 정보주체가 할 수 있는 방법 등에 관한 정보

　4. 개인정보처리자의 대응조치 및 피해 구제절차

　5. 정보주체에게 피해가 발생한 경우 신고 등을 접수할 수 있는 담당부서 및 연락처

> **영 제39조(개인정보 유출 등의 통지)**
>
> ① 개인정보처리자는 개인정보가 분실·도난·유출(이하 이 조 및 제40조에서 "유출등"이라 한다)되었음을 알게 되었을 때에는 서면 등의 방법으로 72시간 이내에 법 제34조제1항 각 호의 사항을 정보주체에게 알려야 한다. 다만, 다음 각 호의 어느 하나에 해당하는 경우에는 해당 사유가 해소된 후 지체 없이 정보주체에게 알릴 수 있다.
>
> 　1. 유출등이 된 개인정보의 확산 및 추가 유출등을 방지하기 위하여 접속경로의 차단, 취약점 점검·보완, 유출등이 된 개인정보의 회수·삭제 등 긴급한 조치가 필요한 경우
>
> 　2. 천재지변이나 그 밖에 부득이한 사유로 인하여 72시간 이내에 통지하기 곤란한 경우
>
> ② 제1항에도 불구하고 개인정보처리자는 같은 항에 따른 통지를 하려는 경우로서 법 제34조제1항 제1호 또는 제2호의 사항에 관한 구체적인 내용을 확인하지 못한 경우에는 개인정보가 유출된 사실, 그때까지 확인된 내용 및 같은 항 제3호부터 제5호까지의 사항을 서면 등의 방법으로 우선 통지해야 하며, 추가로 확인되는 내용에 대해서는 확인되는 즉시 통지해야 한다.
>
> ③ 제1항 및 제2항에도 불구하고 개인정보처리자는 정보주체의 연락처를 알 수 없는 경우 등 정당한 사유가 있는 경우에는 법 제34조제1항 각 호 외의 부분 단서에 따라 같은 항 각 호의 사항을 정보주체가 쉽게 알 수 있도록 자신의 인터넷 홈페이지에 30일 이상 게시하는 것으로 제1항 및 제2항의 통지를 갈음할 수 있다. 다만, 인터넷 홈페이지를 운영하지 아니하는 개인정보처리자의 경우에는 사업장 등의 보기 쉬운 장소에 법 제34조제1항 각 호의 사항을 30일 이상 게시하는 것으로 제1항 및 제2항의 통지를 갈음할 수 있다.

② 개인정보처리자는 개인정보가 유출등이 된 경우 그 피해를 최소화하기 위한 대책을 마련하고 필요한 조치를 하여야 한다.

③ 개인정보처리자는 개인정보의 유출등이 있음을 알게 되었을 때에는 개인정보의 유형, 유출등의 경로 및 규모 등을 고려하여 대통령령으로 정하는 바에 따라 제1항 각 호의 사항을 지체 없이 보호위원회 또는 대통령령으로 정하는 전문기관에 신고하여야 한다. 이 경우 보호위원회 또는 대통령령으로 정하는 전문기관은 피해 확산방지, 피해 복구 등을 위한 기술을 지원할 수 있다.

④ 제1항에 따른 유출등의 통지 및 제3항에 따른 유출등의 신고의 시기, 방법, 절차 등에 필요한 사항은 대통령령으로 정한다.

영 제40조(개인정보 유출 등의 신고)

① 개인정보처리자는 다음 각 호의 어느 하나에 해당하는 경우로서 개인정보가 유출등이 되었음을 알게 되었을 때에는 72시간 이내에 법 제34조제1항 각 호의 사항을 서면 등의 방법으로 보호위원회 또는 같은 조 제3항 전단에 따른 전문기관에 신고해야 한다. 다만, 천재지변이나 그 밖에 부득이한 사유로 인하여 72시간 이내에 신고하기 곤란한 경우에는 해당 사유가 해소된 후 지체 없이 신고할 수 있으며, 개인정보 유출등의 경로가 확인되어 해당 개인정보를 회수·삭제하는 등의 조치를 통해 정보주체의 권익 침해 가능성이 현저히 낮아진 경우에는 신고하지 않을 수 있다.

1. 1천명 이상의 정보주체에 관한 개인정보가 유출등이 된 경우
2. 민감정보 또는 고유식별정보가 유출등이 된 경우
3. 개인정보처리시스템 또는 개인정보취급자가 개인정보 처리에 이용하는 정보기기에 대한 외부로부터의 불법적인 접근에 의해 개인정보가 유출등이 된 경우

② 제1항에도 불구하고 개인정보처리자는 제1항에 따른 신고를 하려는 경우로서 법 제34조제1항제1호 또는 제2호의 사항에 관한 구체적인 내용을 확인하지 못한 경우에는 개인정보가 유출등이 된 사실, 그 때까지 확인된 내용 및 같은 항 제3호부터 제5호까지의 사항을 서면 등의 방법으로 우선 신고해야 하며, 추가로 확인되는 내용에 대해서는 확인되는 즉시 신고해야 한다.

③ 법 제34조제3항 전단 및 후단에서 "대통령령으로 정하는 전문기관"이란 각각 한국인터넷진흥원을 말한다.

---

24) (개인정보에 대한 열람) **정보 주체는 법 제35조제1항에 따라 자신의 개인정보에 대한 열람을 요구하려면 다음 각 호의 사항 중 열람하려는 사항을 개인정보처리자가 마련한 방법과 절차에 따라 요구하여야 한다.**

① 개인정보의 항목 및 내용
② 개인정보의 수집·이용의 목적
③ 개인정보 보유 및 이용 기간
④ 개인정보의 제3자 제공 현황
⑤ 개인정보 처리에 동의한 사실 및 내용

영 제30조(개인정보의 안전성 확보 조치)

① **개인정보처리자**는 법 제29조에 따라 다음 각 호의 안전성 확보 조치를 해야 한다.

1. 개인정보의 안전한 처리를 위한 다음 각 목의 내용을 포함하는 내부 관리계획의 수립 · 시행 및 점검

　가. 법 제28조제1항에 따른 개인정보취급자(이하 "개인정보취급자"라 한다)에 대한 관리 · 감독 및 교육에
　　　관한 사항

　나. 법 제31조에 따른 개인정보 보호책임자의 지정 등 개인정보 보호 조직의 구성 · 운영에 관한 사항

　다. 제2호부터 제8호까지의 규정에 따른 조치를 이행하기 위하여 필요한 세부 사항

2. 개인정보에 대한 접근 권한을 제한하기 위한 다음 각 목의 조치

　가. 데이터베이스시스템 등 개인정보를 처리할 수 있도록 체계적으로 구성한 시스템(이하 "개인정보처리
　　　시스템"이라 한다)에 대한 접근 권한의 부여 · 변경 · 말소 등에 관한 기준의 수립 · 시행

　나. 정당한 권한을 가진 자에 의한 접근인지를 확인하기 위해 필요한 인증수단 적용 기준의 설정 및 운영

　다. 그 밖에 개인정보에 대한 접근 권한을 제한하기 위하여 필요한 조치

3. 개인정보에 대한 접근을 통제하기 위한 다음 각 목의 조치

　가. 개인정보처리시스템에 대한 침입을 탐지하고 차단하기 위하여 필요한 조치

　나. 개인정보처리시스템에 접속하는 개인정보취급자의 컴퓨터 등으로서 보호위원회가 정하여 고시하는
　　　기준에 해당하는 컴퓨터 등에 대한 인터넷망의 차단. 다만, 전년도 말 기준 직전 3개월 간 그 개인정보가
　　　저장 · 관리되고 있는 「정보통신망 이용촉진 및 정보보호 등에 관한 법률」 제2조제1항제4호에 따른 이
　　　용자 수가 일일평균 100만명 이상인 개인정보처리자만 해당한다.

　다. 그 밖에 개인정보에 대한 접근을 통제하기 위하여 필요한 조치

4. 개인정보를 안전하게 저장 · 전송하는데 필요한 다음 각 목의 조치

　가. 비밀번호의 일방향 암호화 저장 등 인증정보의 암호화 저장 또는 이에 상응하는 조치

　나. 주민등록번호 등 보호위원회가 정하여 고시하는 정보의 암호화 저장 또는 이에 상응하는 조치

　다. 「정보통신망 이용촉진 및 정보보호 등에 관한 법률」 제2조제1항제1호에 따른 정보통신망을 통하여 정보
　　　주체의 개인정보 또는 인증정보를 송신 · 수신하는 경우 해당 정보의 암호화 또는 이에 상응하는 조치

　라. 그 밖에 암호화 또는 이에 상응하는 기술을 이용한 보안조치

5. 개인정보 침해사고 발생에 대응하기 위한 접속기록의 보관 및 위조 · 변조 방지를 위한 다음 각 목의 조치

　가. 개인정보처리시스템에 접속한 자의 접속일시, 처리내역 등 접속기록의 저장 · 점검 및 이의 확인 · 감독

　나. 개인정보처리시스템에 대한 접속기록의 안전한 보관

　다. 그 밖에 접속기록 보관 및 위조 · 변조 방지를 위하여 필요한 조치

**6. 개인정보처리시스템 및 개인정보취급자가 개인정보 처리에 이용하는 정보기기에 대해 컴퓨터바이러스,
스파이웨어, 랜섬웨어 등 악성프로그램의 침투 여부를 항시 점검 · 치료할 수 있도록 하는 등의 기능이 포
함된 프로그램의 설치 · 운영과 주기적 갱신 · 점검 조치**

7. 개인정보의 안전한 보관을 위한 보관시설의 마련 또는 잠금장치의 설치 등 물리적 조치

8. 그 밖에 개인정보의 안전성 확보를 위하여 필요한 조치

② 보호위원회는 개인정보처리자가 제1항에 따른 안전성 확보 조치를 하도록 시스템을 구축하는 등 필요한 지원을 할 수 있다.

③ 제1항에 따른 안전성 확보 조치에 관한 세부 기준은 **보호위원회**가 정하여 고시한다.

보호위원회는 제2항 각 호의 어느 하나에 해당하는 개인정보처리자에 대하여 법 제24조제4항에 따라 안전성 확보에 필요한 조치를 하였는지를 3년마다 1회 이상 조사해야 한다

> **Tip**
>
> 개인정보의 안전성 확보조치를 위한 조치의 주체자(개인정보처리자, 보호위원회)에 대해 시험문제가 출제됨

01

(   )는 살아 있는 개인에 관한 정보로서 성명, 주민등록번호 및 영상 등을 통하여 개인을 알아볼 수 있는 정보, 다른 정보와 쉽게 결합하여 특정 개인을 식별할 수 있는 정보를 말한다.

02

(   )는 유전자검사 등의 결과로 얻어진 유전정보, 범죄경력자료에 해당하는 정보등을 말한다.

03

(   )는 주민등록번호, 여권번호, 운전면허의 면허번호, 외국인등록번호를 말한다.

04

정보 주체의 동의를 받지 않고 제3자에게 개인정보를 제공하는 경우에는 (ㄱ) 이하의 징역 또는 (ㄴ) 이하의 벌금형에 처해진다.

05

영상정보처리기기 운영·관리 방침에서는 개인정보를 처리할 때 (   )는 "영상정보처리기기운영자"로, "개인정보 처리방침"은 "영상정보처리기기 운영·관리 방침"으로 본다.

정답	
01	개인정보
02	민감정보
03	고유식별정보
04	(ㄱ) 5년, (ㄴ) 5천만원
05	개인정보처리자

MEMO

Part 2
화장품 제조 및 품질관리

01 화장품 원료의 종류와 특성

제1장 화장품 원료

1) 화장품 원료의 종류

분류			종류	
수성원료	정제수		증류수, 탈이온수, 꽃수	
	에탄올		변성에탄올, 주정에탄올	
	폴리올류		글리세린, 부틸렌글라이콜, 프로필렌글라이콜, 폴리에틸렌글라이콜 등	
유성원료	자연계 액상	동물성 오일	난황유, 밍크오일, 마유, 스쿠알렌, 라놀린유 등	
		식물성 오일	동백유, 올리브유, 포도씨유	
		광물성 오일	미네랄오일(유동파라핀), 페트롤라툼	
	합성계 액상	실리콘 오일	디메틸폴리실록산, 사이클로메치콘, 메틸페닐폴리실록산, 에칠트라이실록세인	
		에스터류	이소프로필미리스테이트	
		탄화수소	스쿠알란, 탄화수소(천연유래): 스쿠알란, 미네랄오일, 페트롤라툼	
	자연계 고형		왁스류(비즈왁스, 칸데릴라왁스, 카나우바왁스, 라놀린왁스 등)	
	합성계 고형	고급지방산	라우릭산, 스테아린산, 미르스틱산, 팔미틱산	
		고급알코올	세틸알코올, 스테아릴알코올, 이소스테아릴알코올	
계면활성제	음이온		소듐라우릴설페이트, 소듐라우레스설페이트	
	양이온		세테아디모늄클로라이드	
	양쪽성		코카미도프로필베타인, 코코-베타인	
	비이온		폴리소르베이트류, 소르비탄류, 피이지계열, 피오이계열	
고분자화합물	점증제		소듐카복시메틸셀룰로오스, 폴리비닐알코올, 카보머, 잔탄검	
pH 조절제	알칼리제, 산성제		알지닌,TEA(트리에탄올아민), 시트릭애씨드 등	
색소	염료		황색5호, 적색505호	
	레이크		알루미늄레이크	
	안료	유기안료	타르색소, 천연색소	
		무기안료	체질안료, 착색안료, 백색안료	
		진주광택안료	옥시염화비스머스, 티타네이티드마이카	

분류			종류
색소	안료	고분자안료	폴리에틸렌파우더, 나일론파우더
	천연색소		라이코펜, 베타 카로틴, 카르시민, 커큐민
향료	동물성		무스크, 시베트, 카스토리움
	식물성		자스민, 라벤더, 로즈마리
	합성		멘톨, 벤질아세테이트
활성 성분	알부틴, 유용성감초추출물, 레티놀, 아데노신, 자외선차단제		
산화방지제	비타민E, BHA, BHT등		
보존제	파라벤, 페녹시에탄올, 소듐벤조에이트 등		
금속이온 봉쇄제	디소듐이디티에이, 테트라소듐이디티에이		

※ 출처 : NCS화학/ 정밀화학제품제조/ 생리활성화제품제조/화장품제조 01. 기준서검토/ 일부 발췌

2) 화장품원료의 특징

(1) 수성원료

수성 원료는 물에 녹는 특성을 가진 친수성기(hydrophilic) 원료를 의미한다. 대표적으로 정제수, 에탄올, 글리세린과 같은 폴리올 종류 등이 있다.

수성 원료는 용제, 수렴제, 보존제, 가용화제, 보습제, 동결 방지제 등으로 사용된다.

① **정제수**(Water) : 토너, 로션 크림 등 화장품 제조에서 가장 많이 사용되는 중요한 원료 중 하나가 정제수이며 화장품시험에 사용되는 물 또한 정제수이다. 피부 보습의 기초 원료로 사용되며 눈화장용과 색조화장용 제품류 중 일부를 제외한 거의 모든 화장품에 사용된다. 순수한 물을 얻기 위하여 수증기 증류법으로 생산된 증류수가 사용되지만 화장품에 사용되는 대부분의 물은 이온 교환 수지를 이용하여 정제한 이온교환수를 자외선램프로 살균하고, 일정한 PH를 유지하여 사용한다. 만약 물이 세균에 오염되었거나 물에 함유된 칼슘, 마그네슘 등과 같은 금속 이온은 불용성인 금속비누로 반응하여 모공을 막거나 모발을 끈적이게 할 수 있어 사용감이 떨어지고 제품이 분리되거나 점도의 변화를 일으켜 제품 품질의 안정성에 문제를 일으키는 요인이 되기도 한다.

② **꽃수**(Floral Water) : 꽃수는 식물의 꽃, 잎, 줄기 등 여러 부위를 수증기 증류하여 천연아로마오일을 얻을 때 생성되는 향기로운 물로서, 식물이 갖고 있는 고유의 향을 가지고 있으며 화장수로 많이 사용되고 있다. 장미꽃수, 라벤더꽃수, 로즈마리잎수, 캐모마일꽃수 등이 있다.

③ **에탄올**(Ethanol, Ethyl Alcohol) : 에틸알코올(Ethyl Alcohol, C_2H_5OH)이라고도 하며, 화장품에서 향수의 발향, 알로에겔의 진정을 돕는 청량감, 가용화제, 살균, 수렴, 네일 제품에서 가용화, 점도감소제, 유화보조제 및 안정제, 기포방지제, 추출물의 용매제 등과 같은 기능으로 이용되고 있다.

에탄올은 제조법에 따라 발효법과 화학 합성법이 있다. 발효법에 의한 에탄올은 탄수화물을 발효하여 얻어지며 대부분 술의 원료로 사용된다. 화장품에 사용되고 있는 에탄올은 술을 만드는 데 사용할

수 없도록 변성제(폴리필렌글리콜, 부탄올)를 첨가하여 만든 변성 에탄올(SD-alcohol)을 주로 사용한다. 석유에서 얻은 에틸렌에 물을 화학반응 시켜 얻은 합성에탄올 또한 화장품의 원료로 사용되기도 한다.

④ 폴리올(Polyol): 폴리올은 분자 내에 하이드록시기(-OH)를 2개 이상 갖는 다가알코올이다. 화장품이 영하의 온도에서 동결되는 것을 방지(anti-freezing mixture)하기 위해 첨가되거나 보존제의 보조 역할, 제형조절제, 용제 및 보습제, 가용화제로 사용된다. 글리세린(Glycerin), 부틸렌글라이콜(Butylene Glycol), 프로필렌글라이콜(Propylene Glycol), 폴리에틸렌글라이콜(Polyethylene Glycol), 솔비톨(Sorbitol) 등이 있다.

> • 2가알코올: 부틸렌글라이콜, 프로필렌글라이콜 등
> • 3가 알코올: 글리세린
> • 5가 알코올: 펜티톨
> • 6가 알코올: 솔비톨, 헥시톨

(2) 유성원료

유성원료는 물에 녹지 않는 비극성으로 오일에 녹는 친유성 성질을 가지고 있다. 유지, 왁스, 고급지방산, 고급알코올의 종류가 있으며, 피부유연화제(컨디셔닝제), 피막형성제(밀폐제), 소포제, 광택제, 경도조절제, 유화제, 계면활성제 등으로 활용된다.

> **Tip**
> • **극성**(polar): 화학결합에서 전자 분포가 어느 한쪽 원자에게 기울어 있는 것
> • **비극성**(nonpolar): 극성이 없는 상태(**예** 탄화수소화합물).
> • **피막형성제**(필름형성제, 밀폐제): 피부에 오일막을 형성하여 수분증발을 억제
> • **피부컨디셔닝제**(유연화제): 퍼짐성을 높여 피부의 매끄러움을 유발
> • **소포제**: 기포를 제거하는 성질

▶ **유성원료의 공통적인 사용 목적**
• 비극성의 특성으로 인해 피부표면에 소수성 피막을 형성하여 수분증발을 억제한다(피막형성제).
• 피부, 모발의 연화제 효과가 우수하다.
• 제품의 사용감을 향상시킨다.
• 광택제로 사용된다.

① 유지(Oil and Fat): 유지는 고급지방산(Fatty acid)과 트리글리세라이드(triglyceride)가 주성분으로 구성되어있으며 상온에서 유동성인 오일(Oil)과 고체인 지방(Fat)으로 분류된다. 오일은 불포화지방산 함량이 높고, 지방은 포화지방산의 함량이 높다.

- 포화 지방산(saturated fatty acid): 탄소가 모두 단일 결합으로 연결된 지방산
- 불포화 지방산(unsaturated fatty acid): 탄소가 1개 이상의 이중 결합으로 연결된 지방산
- 오메가 지방산(omega fatty acid): 불포화 지방산 중 탄화수소 사슬의 마지막 탄소를 기준으로 첫 번째 이중결합이 나타나는 탄소의 위치를 명명한 다중 불포화지방산(오메가-3 지방산은 탄화수소 사슬 제일 마지막을 기준으로 세 번째 탄소에서 이중결합이 나타나는 다중 불포화 지방산)

오일은 피부에 유분막을 형성하여 수분손실을 막아주는 피부컨디셔닝제와 피부를 유연하게 하는 에몰리언트(emollient)제로 사용되며 액체상태의 비극성 화합물이다. 천연오일은 유동성이 있는 형태로 피부에 대한 활성은 우수하지만 쉽게 산패되고 변질되어 항산화 기능을 가진 성분을 배합하여 사용하거나, 합성오일이 더욱 많이 사용되고 있다. 합성오일은 피부에 매끄러움을 부여하고 사용감이 좋으며 산패가 잘되지 않아 안정성 또한 뛰어나 많이 권장되고 있다. 천연오일은 특유의 색깔과 향취로 인해 화장품에 사용하기에는 적합하지 않아 탈색, 탈취의 정제 과정을 거친 정제유를 사용하고 있다. 이러한 원료를 천연유래원료라고 한다.

ㄱ. **식물성 오일**: 식물성오일은 피부 친화성이 우수하여 영유아용 제품 및 민감성 피부 제품에 주로 사용되는 유성오일이지만 주로 탈색, 탈취 등 정제과정을 거친 천연유래 원료로 사용되어 진다. 단점은 사용감이 무겁고 산화되기가 쉽다. 식물성 오일에는 해바라기씨 오일(Sun Flower Oil), 올리브 오일(Olive Oil), 동백 오일(Camellia Oil), 피마자씨 오일(Castor Oil), 아보카도 오일(Avocado Oil), 로즈힙열매 오일(Rose fruit oil), 호호바 오일(Jojoba oil) 등이 있다.

ㄴ. **동물성 오일**: 동물성 오일은 피부에 대한 친화성이 우수하고 흡수력이 좋아 건조한 겨울철에 많이 사용되는 보습화장품에 주로 이용된다. 동물성 오일에는 밍크 오일, 터틀 오일, 난황 오일, 에뮤오일 등이 있으며, 이러한 동물성 오일은 식물성 오일에 비해 피부 활성은 우수하지만 색상이나 냄새가 좋지 않고, 쉽게 산화되고 변질되어 대부분 고도의 정제과정을 거쳐 사용된다. 하지만 정제로 인한 원료가격의 상승은 비효율적이며 또한 동물성 원료 기피로 인한 원료의 사용이 줄어드는 추세다.

- 밍크오일: 밍크의 피하지방에서 얻어지며 피부친화성이 우수하여 흡수가 빠르다.
- 스쿠알란: 상어의 간유인 스쿠알렌(탄화수소)에 수소화 반응으로 얻어진다.
- 에뮤오일: 에뮤의 피하지방에서 얻어지며 올레산, 리놀렌산 등 불포화지방이 풍부하여 마사지오일이나 크림제품에 많이 사용된다.
- 마유(馬油): 말의 피하지방에서 얻어지며 피부 친화성이 우수하고 흡수성이 좋다.
- 바다거북오일: 바다거북에서 얻어지는 오일로 흡수성이 좋으나 동물보호운동으로 인해 잘 사용되지 않는다.
- 난황오일: 계란의 노른자에서 얻어지는 오일로 흡수성이 좋고 보습이 좋다.
- 라놀린오일: 양털의 피지에서 채취한 오일

ㄷ. **광물성 오일**: 광물성 오일은 석유 원유를 분별 증류하여 고형파라핀을 제거한 것으로 포화탄화수소의 화합물로 주성분은 알케인(alkane)과 파라핀(paraffin)이다. 불활성으로 변질이 되지 않고 무색무취로 유화가 잘되어 유성 원료로 많이 사용된다. 하지만 유성감이 강하여 피부의 호흡을 막고 폐색막을 형성하므로 주로 식물성 오일이나 다른 오일과 혼합하여 사용된다. 유동파라핀(미네랄오일), 페트롤라툼(Petrolatum, Vaseline) 등이 있다.

> **Tip**
>
> 페트롤라툼은 석유에서 얻은 탄화수소의 반고형물로 모발컨디셔닝제, 수분증발차단제, 피부보호제로 사용된다.

ㄹ. **합성오일**

- 에스테르오일: 지방산과 고급알코올의 에스테르 반응으로 얻어진 액상 오일로 피부에 침투성이 좋아 사용감이 가벼운 에몰리언트제로 많이 사용된다. 아이소프로필미리스테이트(Isopropyl myristate), 아이소프로필팔미테이트(Isopropyl palmitate), 세틸팔미테이트(cetyl palmitate), 스테아릴카프릴레이트(stearyl caprylate) 등이 있다.

- 트리글리세라이드: 글리세린과 카프릴릭애씨드 및 카프릭애씨드의 혼합지방산으로부터 합성된 트리글리세라이드로 대표적인 것은 카프릴릭/카프릭트리글리세라이드가 있다.

- 실리콘오일: 실리콘이란 규소와 산소의 결합(-Si-O-Si-)인 실록산 결합(Siloxane bond)을 가지는 유기 규소 화합물의 총칭인 합성오일이다. 무색투명하고, 냄새가 거의 없으며, 표면장력이 낮아 퍼짐성이 우수하여 사용감이 가볍다. 피부 유연성과 피부에 실키한 매끄러움 및 광택을 부여하고 사용감을 향상시키며, 기포를 제거하는 소포기능이 우수하여 기초화장품의 유성 원료로 많이 사용되며, 색조 화장품 및 모발 제품의 사용성을 높여주는 필수 원료로 사용되고 있다. 디메치콘(Dimethicone), 사이클로메치콘(Cyclomethicone), 페닐트리메치콘(Phenyltrimethicone), 디메틸폴리실록산(Dimethylpolysiloxane), 메틸페닐폴리실록산(Methylphenylpolysiloxane) 등이 있다.

ㅁ. **지방**(Fat): 고급지방산의 종류에 따라 오일과 지방으로 분류되며 탄소수가 증가할수록 지방에 가까워진다 지방은 반고체 혹은 고체 상태이며 코코넛오일은 상온에서 액상이고 저온에서 고상이지만 지방이 아닌 오일로 분류된다. 지방은 피부에 대한 친화성이 높아 겨울용 보습크림제로 많이 사용되지만 산패되기가 쉽고 특이취가 있으며 사용감이 무거운 단점이 있다. 시어버터, 망고버터, 코코아버터, 우지, 돈지 등이 있다.

② **왁스**(Wax): 왁스는 고급지방산에 고급알코올이 결합된 에스테르화합물로 고급알코올의 종류에 따라 고체와 반고체상이 있다. 크림의 사용감을 높여주거나 경도를 높이기 위해 사용된다. 또한 친유성제품의 보조유화제, 광택제, 수분증발억제제로 사용된다. 카나우바 왁스(Carnauba Wax), 칸데릴라 왁스(Candelilla Wax), 비즈왁스(Bees Wax), 라놀린(Lanolin), 호호바 오일(Jojoba oil) 등이 있다.

ㄱ. **비즈왁스(Bees Wax)** : 벌집을 녹여 거름망을 통해 불순물을 제거하고 정제한 왁스이다. 융점은 60~67℃ 정도로 피부에 부드러운 감촉을 부여하고 수분증발 억제를 한다. 비즈왁스는 친유성 제품(콜드크림)의 점도를 부여하여 보조 유화제로 사용되고 있으며 밤이나 바 타입의 제품류 및 립스틱의 경도 조절을 위해 사용되기도 한다.

ㄴ. **라놀린왁스(Lanolin Wax)** : 양털을 가공할 때 나오는 지방에서 얻으며, 피부에 대한 친화성과 부착성, 포수성이 우수하여 크림이나 립스틱 등에 많이 사용된다. 그러나 색상이나 냄새 등의 문제와 피부알레르기 문제로 인해 최근에는 기피하는 원료로 일부 목적으로만 사용되고 있다.

ㄷ. **호호바 오일(Jojoba oil)** : 호호바의 열매에서 얻은 액상의 왁스인데, 일반적으로 오일로 불린다. 인체의 피지와 유사한 화학 구조로 인해 피부 친화성이 우수하고 피부 침투성이 좋아 흡수가 빠르다. 민감성 피부 제품이나 마사지오일 등에 많이 사용되지만 사용감이 무거운 단점이 있다.

ㄹ. **카나우바 왁스(Carnauba Wax)** : 야자수의 잎과 싹에서 얻은 식물성왁스로 엷은 황색~엷은 갈색의 고형왁스이다. 녹는점은 80~86℃ 불용성 물질로 립스틱, 과자, 과일 등의 피막제로 사용된다.

ㅁ. **칸데릴라 왁스(Candelilla Wax)** : 칸데릴라 나무에서 채취하는 왁스로 갈색~황갈색의 고형왁스이다. 녹는점은 68~70℃이며 립스틱, 밤, 양초 등에 경도를 높이기 위해 사용된다.

ㅂ. **오조케라이트(ozokerite)** : 정제된 것은 세레신이라고 부르며 고체 파라핀계 탄화수소로 미네랄유래왁스이다. 화장품, 양초 등에 이용된다.

분류	유래	왁스 종류
탄화수소	석유화학유래	파라핀왁스, 마이크로크리스탈린왁스
	미네랄유래	오조케라이트, 세레신, 몬탄왁스
천연유래	동물유래	밀납, 라놀린, 경납
	식물유래	카나우바왁스, 칸데리라왁스, 제팬왁스, 호호바오일

③ **고급지방산(fatty acid)** : 지방산은 대부분 동물성 유지의 주성분이며, 탄소수가 많은 유기산으로 카르복시기(-COOH)를 가지며 알칼리성 물질과 중화 반응을 일으킬 수 있어 R-COOH 등으로 표시되는 화합물로, 천연의 유지와 밀납 등에 에스터로 함유되어 있다.

고급 지방산은 탄화수소 사슬이 긴 지방산 물질을 통칭하며 유화 안정화제 용도 및 화장비누, 크림타입의 클렌징폼 등에 주로 사용된다.

라우릭애씨드, 미리스틱애씨드, 팔미틱애씨드, 스테아릭애씨드 등이 있다.

ㄱ. **라우릭애씨드(Lauric acid, 라우린산 ; C_{12})** : 야자유, 팜유의 혼합 지방산을 분리하여 얻는다. 라우릭애씨드를 소듐하이드록사이드, 포타슘하이드록사이드 등과 중화반응하여 얻어진 비누는, 수용성이 크고 거품이 풍부하여 화장비누, 액상비누 등의 세정제로 사용된다.

ㄴ. **미리스틱애씨드**(Myristic acid, 미리스틴산 ; C_{14}) : 팜유의 혼합 지방산을 분리하여 얻는다. 미리스틱 애씨드는 라우릭애씨드로 만든 비누보다 거품이 조밀하지만 거품이 풍부하지는 않다. 대부분 클 렌징폼 제조에서 라우릭애씨드와 혼합하여 사용되며, 미리스틱애씨드의 장점인 조밀한 거품과 라우릭애씨드의 장점인 풍부한 거품의 성격을 이용하여 적절히 조절하여 사용한다.

ㄷ. **팔미틱애씨드**(Palmitic acid, 팔미틴산 ; C_{16}) : 우지, 팜유 등을 가수 분해하여 얻어지며 보조 유화제 로 사용하거나 크림제의 사용감을 개선할 목적으로 사용한다.

ㄹ. **스테아릭애씨드**(Stearic acid, 스테아린산 ; C_{18}) : 우지, 팜유를 가수 분해하여 얻어지며 고급 지방산 중 화장품에 가장 많이 사용되는 원료이다. 보조 유화제로 사용되거나 안료의 분산제로 사용된다.

④ **고급알코올**(higher(fatty) alcohol) : 알킬기의 탄소수가 3개 이하인 경우 대부분 수용성이며 저급알코 올(에틸알코올, 이소프로필알코올, 부틸알코올)이라고 하고 용제(solvent), 가용화제로 사용된다. 고급 알코올은 탄소수가 6개 이상인 지방족 알콜로서 고급지방산의 에스터이다. 에멀젼 제품의 점도 및 경도 조절, 유화안정제, 피부연화제, 용제, 유성원료로 대체 사용하여 수분증발을 막고 피부를 부드럽 고 윤기있게 개선해 주기도 한다. 팜유, 야자유, 우지, 파라핀 등에서 얻어진다.

ㄱ. **라우릴알코올**(Lauryl Alcohol, $C_{12}H_{26}O$)

ㄴ. **미리스틸알코올**(Myristyl Alcohol, $C_{14}H_{30}O$)

ㄷ. **세틸알코올**(Cetyl Alcohol, Cetanol, $C_{16}H_{34}O$) : 탄소수가 16개인 고급알코올로 세탄올이라고도 한 다. 크림제 등의 유화 제품에 경도를 주거나 유화의 안정화제로 사용한다.

ㄹ. **스테아릴알코올**(Stearyl Alcohol, $C_{18}H_{38}O$) : 스테아릴알코올은 세틸알코올과 혼합하여 유화안정제 로 가장 많이 사용된다. 혼합되어진 세테아릴알코올(Cetearyl Alcol)로 사용된다. 유화안정제 및 점 도 증가제로 사용한다.

ㅁ. **이소스테아릴알코올**(Isostearyl Alcohol) : 다른 오일과 상용성이 좋은 액체타입으로, 열과 산화에 안정성이 우수하고 무색투명하여 유성 원료로 사용한다. 유액제품의 점증제 및 보조 유화제로 사 용되며 주로 로션, 크림, 립스틱에 사용되는 성분이다.

⑤ **탄화수소**(hydrocarbon) : 유기물질 중 탄소(C)와 수소(H)로만 이루어진 화합물로, 크게 지방족 탄화수 소(aliphatic hydrocarbons)와 방향족 탄화수소(aromatic hydrocarbons)로 구분된다.

지방족 탄화수소는 알칸(alkane, 알케인), 시클로알칸(cycloalkane, 시클로알케인), 알켄(alkene, 알켄), 알카인(alkyne, 알카인)으로 나누어진다.

화장품용 탄화수소 오일은 주로 지방족 탄화수소에 속하며, 미네랄오일, 페트롤라툼, 아이소도데케 인, 아이소헥사데케인, 폴리이소부텐, 하이드로제네이티드 폴리데센, 스쿠알란 등이 대표적이다. 이 들은 에몰리언트·수분증발억제(오클루시브)·윤활·광택·제형 안정화에 기여한다.

방향족 탄화수소는 벤젠(Benzene)을 모체로 하는 화합물로, 벤젠은 6개의 탄소 원자 사이에 단일결 합과 이중결합이 교대로 배열된 평면 육각형 고리 구조를 가진다.

이러한 벤젠고리(aromatic ring)는 다른 고리들과 결합하여 다양한 방향족 화합물을 형성하지만, 다환 방향족 탄화수소(polycyclic aromatic hydrocarbons, PAHs)는 발암성 등 인체 유해성을 지니므로 화장품에서 사용이 엄격히 제한된다.

화장품에서 사용되는 방향족계 물질로는 염모제에 배합되는 파라-페닐렌디아민(para-phenylenediamine, PPD), 벤젠(benzene), 톨루엔(toluene), 자일렌(xylene) 등이 있다. 이러한 방향족 탄화수소 및 방향족계 화합물은 안전성 이슈로 다수가 금지·제한 또는 불순물 한도 관리 대상이며, PPD(방향족 아민, 염모용), 벤젠(고의 배합 금지), 톨루엔/자일렌(용제·대체 추세) 등은 국가별 규정에 따라 함량 제한 대상으로 분류되어 엄격히 관리된다.

ㄱ. **미네랄오일**(Mineral oil) : 탄소수 15~30개의 포화탄화수소로 무색, 무취의 오일로 쉽게 산화되거나 변질되지 않는다. 물에 녹지는 않지만 계면활성제로 유화가 용이하고 흡수가 빠르며 사용감이 가벼워 화장품에 많이 이용된다.

ㄴ. **아이소파라핀**(Isoparaffin) : C13~14개의 포화탄화수소로 미네랄오일에 비해 휘발성이 높아 마스카라, 아이라이너에 많이 사용되는 용제이다.

ㄷ. **페트롤라툼**(Petrolatum) : 탄소 25개 이상의 탄화수소로 이루어진 반고상 물질로 마사지크림, 연고 기제 등으로 이용된다. 바셀린이라고 불리며 피부 유연화제, 수분증발억제제로 사용된다. 피부폐색막을 형성하여 수분증발억제제로 사용되기도 하지만 장기간 사용 시 피부발진이 일어날 수도 있다.

ㄹ. **아이소헥사데칸**(Isohexadecane) : 탄소 16개로 이루어진 액상의 포화탄화수소로 피부에 끈적임 없이 얇게 발려지는 특성으로 인해 파운데이션, 썬크림, 헤어컨디셔너, 비비크림, 메이컵리무버 등에 주요 사용감 개선제로 사용된다. 실리콘 대체제로 주로 활용되어 피부친화적오일로 평가된다.

ㅁ. **스쿠알렌**(Squalene, $C_{30}H_{50}$) : 스쿠알렌은 대부분 상어의 간유(肝油) 또는 올리브유, 사탕수수, 아마씨유 등에서 추출되는 천연 유성 성분으로, 6개의 이중결합을 가진 불포화 탄화수소(unsaturated hydrocarbon)이다. 이중결합 구조로 인해 공기 중 산소와 쉽게 결합하여 산화되기 쉬우며, 그 결과 변색이나 산패취가 발생할 수 있다. 따라서 화장품 원료로 직접 사용하기에는 안정성이 낮아, 주로 식품(영양제나 건강보조식품 등)으로 이용된다. 스쿠알렌은 인체 피지의 주요 성분 중 하나로, 피부의 보습 유지와 항산화 방어에 관여하는 역할도 한다.

ㅂ. **스쿠알란**(Squalane, $C_{30}H_{62}$) : 스쿠알란은 스쿠알렌의 불포화 이중결합을 수소화(hydrogenation)하여 얻은 포화 탄화수소(saturated hydrocarbon)이다. 이중결합이 제거되어 산화나 변질에 매우 안정하며, 무색·무취의 투명한 액상 오일 형태로 존재한다. 스쿠알란은 인체 피지와 구조적으로 유사하여 피부 친화성이 매우 높고, 피부 장벽 강화, 보습, 유연 및 보호 효과가 우수하다. 또한, 끈적임이 적고 부드러운 발림감을 제공하여 고급 화장품의 에몰리언트(Emollient)로 널리 사용된다. 현재 화장품에서는 상어유 유래 대신 식물유(올리브, 사탕수수 등)에서 추출한 스쿠알렌을 수소화한 형태, 즉 식물성 스쿠알란(Plant-derived Squalane)이 주로 사용된다.

이는 동물성 원료 대체, 지속가능성, 비건(Vegan) 화장품 트렌드에도 부합한다.

따라서 스쿠알란은 미네랄오일의 대체 원료로서 피부에 부담이 적고, 산화 안정성이 높아 다양한 제형(크림, 세럼, 오일, 립제품 등)에 폭넓게 사용된다.

(3) 계면활성제(surfactants)

물질이 서로 인접하고 있는 상이 고체, 액체, 기체 상태의 다양한 계면(interface)이 존재한다. 이러한 계면중 기체-액체, 액체-액체상의 액체계면(liquid interface)과 기체-고체, 고체-액체상의 고체계면(solid interface)으로 나눌 수 있다. 이러한 여러 가지 상이 동시에 존재할 때 서로 성질이 다른 두 개의 상 사이의 경계를 계면이라고 한다. 이러한 계면은 서로 같은 물질끼리 서로 잡아당기는 응집력(cohesive force)으로 인해 표면이 수축하여 표면장력(surface tension)이 생성된다.

계면활성제란 분자 내에 친수기(Hydrophilic group, 극성기)와 소수기(Lipophilic group, 비극성기)를 동시에 갖는 물질로 이러한 계면에 흡착하여 계면장력(섞일 수 없는 서로 성질이 다른 두 액체상 사이에 존재하는 인력)을 낮추어 두 액체를 섞이도록 한다.

계면 활성제는 용도에 따라 유화제, 가용화제, 분산제, 세정제, 대전방지제 등이 있으며 제조 방법에 따라 합성계면활성제와 천연계면활성제로 나뉘지만, 일반적으로 물에 용해되었을 때 해리되는 이온에 따라 양이온, 음이온, 양쪽성, 비이온 계면활성제로 분류한다.

용도에 따른 분류	특징
유화제	물과 오일을 혼합하기 위한 목적으로 에멀젼 제품에 사용되는 계면활성제
가용화제	용매인 물에 불용성 물질인 약간의 향 등을 용해 시키기 위한 목적으로 토너에 향을 넣기 위해 일반적으로 사용하는 계면활성제
분산제	안료를 용제에 분산을 목적으로 사용하는 계면활성제
세정제	세정을 목적으로 사용하는 계면활성제
대전방지제	전하를 감소시켜 정전기 발생을 막아 먼지의 흡착을 방지하는 계면활성제

A. 20℃에서 물에 대한 표면장력

물질	표면장력(dynes/cm)
물	72.8
글리세린	63.4
피마자오일	39
올레익에씨드	32.5
에탄올	22.3

Tip

- **표면장력** : 단위 면적당 작용하는 에너지. 같은 물질끼리 서로 잡아당기는 힘으로 계면활성제를 투입하여 입자를 줄이고 표면장력을 줄인 후 흡수도를 높이는 데 도움을 준다.

  표면장력은 액체 면에서 나타나는 물리적 성질로, 액체 분자들이 가능한 한 표면적을 줄이려는 경향을 의미한다. 이는 액체의 표면 분자들이 내부로 끌려가려는 힘에서 비롯되며, 액체가 자신의 표면을 수축시키려는 힘으로 나타난다. 표면장력은 일반적으로 단위 길이당 작용하는 힘(N/m 또는 dyne/cm)으로 표현된다.

  액체 내부의 분자들은 모든 방향에서 주변 분자들과 균형 잡힌 인력을 받지만, 표면에 있는 분자들은 위쪽에는 인력이 없어, 아래쪽 내부 방향으로만 당겨지는 불균형 상태가 된다. 이러한 불균형으로 인해 표면 분자들은 더 안정된 상태(자유에너지가 낮은 상태)를 만들기 위해 내부로 끌려가려는 경향을 보이며, 그 결과 표면을 최소화하려는 힘, 즉 표면장력이 발생한다.

  같은 조건일 때, 표면장력이 높은 액체일수록 표면이 더 팽팽하게 유지되며, 대표적인 예로 물방울이 둥글게 맺히는 현상, 작은 곤충(예 소금쟁이)이 물 위에 떠 있는 현상, 바늘이나 핀을 조심스럽게 물 위에 올렸을 때 뜨는 현상 등이 있다.

  표면장력은 온도가 높아질수록 감소하는 특성을 가지며, 계면활성제를 첨가하면 표면장력이 감소하여 물질 간의 경계가 유연해지고, 입자 크기를 줄이며 흡수율을 높이는 데 도움이 된다.

  이러한 원리를 활용하여 화장품에서는 계면활성제를 사용해 유효성분의 피부 침투를 촉진하고, 세정력 및 유화 안정성을 향상하는 데 이용된다.

  비누, 세제, 화장품 등에 사용되는 계면활성제는 표면장력을 낮춰 거품 형성, 유화작용, 세정작용, 분산 작용 등을 가능하게 한다.

- **계면장력** : 계면장력은 서로 섞이지 않는 두 액체 사이, 혹은 액체와 고체의 경계면에서 나타나는 장력으로, 단위 길이당 작용하는 힘을 의미한다. 이는 표면장력의 개념이 서로 다른 두 물질의 경계면에 적용된 형태로 볼 수 있다.

  예를 들어, 물과 기름처럼 섞이지 않는 두 액체가 접촉할 때, 두 물질의 분자 간에는 서로 다른 인력이 작용하게 되며, 그 경계면에서는 에너지가 불안정한 상태가 된다. 이때 계면은 가능한 한 면적을 줄이려는 경향을 보이게 되며, 이에 따라 계면장력이 발생한다.

  계면장력은 표면장력과 동일하게 단위는 N/m(뉴턴 퍼 미터) 또는 dyne/cm(다인 퍼 센티미터)로 표현된다. 값이 클수록 두 물질 사이의 경계가 뚜렷하고 섞이기 어려운 상태를 의미하며, 값이 작을수록 두 물질이 잘 섞이거나 혼합될 가능성이 높아진다.

  화장품 및 제형 과학에서는 계면활성제를 사용하여 계면장력을 낮추고, 서로 다른 상을 안정적으로 혼합시켜 유화(emulsification), 용해(solubilization), 침투성 향상 등에 활용한다.

B. 계면활성제의 특징에 따른 분류

분류	특징	종류
양이온계면활성제	양이온은 음이온 성격인 세균에 흡착하는 성질로 인해 살균제로도 사용된다. 알킬기의 분자량이 큰 경우에 흡착성이 커서 헤어 린스 등의 유연제 및 대전 방지제로 사용된다.	• 세테아디모늄클로라이드(C16) • 다이스테아릴다이모늄클로라이드(C18) • 베헨트라이모늄클로라이드(C22)
음이온계면활성제	세정력과 거품 형성이 우수하여 화장품에서 인체세정용 제품으로 활용된다. 바디 클렌저, 샴푸, 폼클렌저 등에 사용된다.	• 설페이트계 • 설포네이트계 • 카르복실레이트계

분류	특징	종류
양쪽성계면활성제	한 분자 내에 양이온과 음이온을 동시에 가지며 pH에 따라 특성이 변한다. 세정력, 살균력이 있지만 다른 이온 계면활성제에 비해 피부 자극이 적어 저자극 세정제, 영유아 및 어린이용 세정제품 등에 주로 이용된다.	• 코카미도프로필베타인 • 라우라미도프로필베타인 • 코코베타인 • 소듐코코암포아세테이트
비이온계면활성제	하이드록시기(-OH)나 에틸렌옥사이드(ethylene oxide)에 의한 물과 수소결합으로 인해 친수성을 가지며, 전하를 가지지 않아 물의 경도로 인한 비활성화에 잘 견디는 특징이 있다. 피부자극이 적고 안전성이 높으며 유화력이 우수하여 세정제를 제외한 유화제, 가용화제, 분산제, 습윤제 등 대부분의 화장품에서 사용된다.	• 폴리소르베이트 계열 • 소르비탄 계열 • 폴리에틸렌글리콜(PEG)계열 • 폴리옥시에틸알킬에테르염(POE)계열 • 폴리글리세린 계열 • 글리세릴모노스테아레이트 • 코카마이드MEA/DEA • 라우라마이드MEA/DEA • 올레마이드 DEA
천연계면활성제	천연물질에서 유래되거나 추출한 계면활성제로 계란 또는 콩에서 얻은 레시틴, 식물에서 얻은 사포닌 등이 있다.	• 레시틴(양쪽성계면활성제) • 사포닌 • 라우릴글루코사이드 • 세테아릴올리베이트 • 솔비탄올리베이트

① 피부의 자극도에 따른 순서 : 양이온계면활성제 > 음이온계면활성제 > 양쪽성계면활성제 > 비이온계면활성제

② 세정력에 따른 순서 : 음이온계면활성제 > 양이온계면활성제 > 양쪽성계면활성제 > 비이온계면활성제

Tip

① 폴리에틸렌글리콜(PEG)계열의 경우 에틸화 과정에서 디옥산 부산물이 형성되어 반드시 디옥산 검사를 하도록 되어있다.

② 폴리옥시에틸렌알킬에테르(POE)계열 : 옥틸페놀폴리에틸렌옥사이드, 노닐페놀폴리에틸렌 옥사이드, 폴리옥시에틸렌라우릴에테르, 폴리옥시에틸렌세틸에테르

③ 소르비탄계열 : 솔비탄라우레이트, 솔비탄팔미테이트, 솔비탄세스퀴올리에이트

④ 음이온 계면활성제 종류

• **설페이트계** : 소듐라우릴설페이트(SLS), 소듐라우레스설페이트(SLES), 암모늄라우릴설페이트(ALS), 암모늄라우레스설페이트(ALES) 등

• **설포네이트계** : 티이에이 - 도데실벤젠설포네이트, 페르프루오로옥탄설포네이트, 알킬벤젠설 포네이트 등

• **카르복실레이트계** : 소듐라우레스 - 3카복실레이트 등

C. 계면활성제의 친수 친유성 밸런스 척도 HLB

유화제의 친수성과 친유성의 균형을 HLB(hydrophilic - lipophilic balance)로 나타내며, 유화제의 특성을 파악하여 적절한 유화제를 선택하기 위해 HLB 값이 사용된다. HLB값은 0~20의 수치를 가지며 높을 수록 친수성, 낮을수록 친유성의 성질을 가진다.

HLB 값	용도
1~3	소포제
4~6	W/O유화제
7~9	습윤제
8~18	O/W유화제
13~15	세정제
15~18	가용화제

① **미셀**(Micelle, 마이셀) : 수용액 내에 계면활성제의 농도가 증가하면 분자 간 구형 집합체인 미셀을 형성한다. 미셀이 형성되는 계면활성제의 농도를 임계미셀농도(CMC : Critical Micelle Concentration)라고 한다. CMC 이상의 농도에서는 계면활성제를 더 투입하더라도 표면장력은 변화하지 않는다.

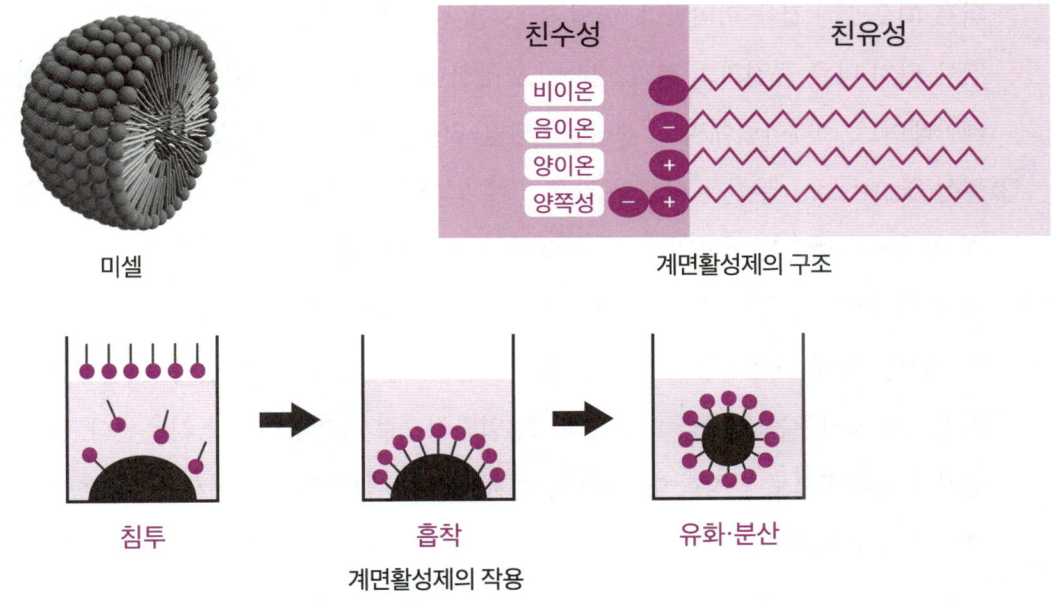

미셀   계면활성제의 구조

계면활성제의 작용
침투   흡착   유화·분산

D. 유화

서로 혼합되지 않는 두 액체가 유화제로 인해 연속상과 분산상의 계면장력을 감소하여 균질하게 분산시키는 것을 의미한다. 에멀전 제품류의 물과 오일을 혼합하기 위한 목적으로 유화제가 사용된다.

① **가용화**(Solubilization) : 가용화는 물에 거의 녹지 않는 난용성 물질, 예를 들어 향료나 소량의 오일 성분을 투명한 수상 제형에 균질하게 분산시켜 용해된 것처럼 보이도록 만드는 과정이다. 이때 사용하는 계면활성제를 가용화제라고 한다. 계면활성제의 일정 농도 이상(CMC)에서 생성되는 미셀(Micelle)을 이용하여 용해도 이상으로 용해시켜 투명한 형상을 갖게 한다. 향, 약간의 오일 등을 토너, 미스트, 향수에 녹이기 위한 목적으로 가장 많이 사용된다. 가용화제 종류는 폴리솔베이트80, 피이지-40하이드로제 네이티드캐스터오일, 폴리글리세릴-10올리에이트, 콜레스-24, 세테스-24 등이 있다.

② **유화**(Emulsion) : 유화는 서로 섞이지 않는 두 액체, 예를 들어 물과 기름(수상과 유상)을 계면활성제로 이용해 균일하게 섞이도록 만드는 과정이다. 이때 사용되는 계면활성제를 유화제(Emulsifier)라고 한다. 서로 혼합되지 않는 성격의 전혀 다른 두 액체 중 한 액체(분산상, 내상)가 다른 액체(연속상, 외상)에 섞여 있는 것처럼 골고루 균일하게 분산된 상태로 두 개의 상을 갖는다. 유화제에 의해 계면장력이 낮아져 용질인 오일이 용매인 물에 골고루 분산되어있는 상태이다. 이를 이용한 화장품은 유백색의 형상을 가지는 크림류, 로션류 등이 있다.

에멀전은 열역학적인 불안정성으로 인해 물질들이 안정한 본래의 상태로 돌아가려는 성질을 가지고 있어 응집, 합일, 크리밍, 침강 등이 발생하여 분리가 잘 된다. 응집은 같은 것끼리 서로 끌어당기는 힘이 존재할 때 발생하며, 침강은 아래로 가라앉아 분리가 일어나는 것이며, 크리밍은 분리된 물질이 위로 떠오르는 것을 의미한다. 합일 또는 합체는 같은 물질끼리 합하여 그 크기가 시간이 지나면서 점차 커져 다른 물질과의 분리 현상이 발생한다. 유화제의 종류는 글리세릴스테아레이트, 솔비탄스테아레이트, 스테아릭애씨드, 폴리글리세릴-3메칠글루코오스디스테아레이트 등이 있다.

③ **분산**(Dispersion) : 분산은 안료와 같은 고체 입자(분산상, 분산질)를 액체(분산매 또는 용매)에 균일하게 퍼지도록 만드는 과정이다. 분산(dispersion) 이란 넓은 의미로는 분산상(분산질)이 분산매에 균질하게 퍼져있는 현상이며, 좁은 의미로는 고체(분산상)가 액체(용매) 속에 균질하게 퍼져있는 현상을 의미한다. 이때 사용되는 계면활성제를 분산제(Dispersant)라고 한다. 분산제는 분산질이 균일하게 퍼지도록 도와주는 역할을 하는 물질로, 일반적으로 계면활성제가 사용된다. 좁은 의미에서는 고체 입자를 물리적으로 안정화하는 계면활성제를 말하며, 넓은 의미에서는 계면활성제, 분산 조제, 점증제까지 포함한다. 분산이 잘 이루어지기 위해서는 분산매의 물리화학적 특성과 분산제의 종류 및 특성이 중요하다. 분산매의 특성 중 습윤성(wetting)은 고체 표면에 액체가 얼마나 잘 퍼지는지를 나타내며, 이는 접촉각(contact angle)으로 측정할 수 있다. 고체 표면에서 접촉각이 작을수록 습윤성이 우수하며, 분산질인 고체가 분산매인 액체에 잘 적셔져 분산이 잘 이루어진다. 고체(분산질)의 표면장력보다 <u>액체(분산매)의 표면장력이 낮아야 습윤이 잘 유도</u>되며, 이는 고체 입자 표면에 액체가 밀착되어 고르게 퍼지게 한다. 반대로, 액체(분산매)의 표면장력이 너무 높으면 고체 입자를 제대로 감싸지 못해 비습윤 상태가 되어 분산이 어려워진다. 또한, 액체(분산매)의 극성 및 용해도 지수도 분산효율에 영향을 줄 수 있다. 분산제의 특성 중 계면활성제의 종류와 사용 유무는 매우 중요하다.

계면활성제가 고체 입자 표면에 흡착되면 입자의 표면 특성이 변화하고, 입자 간의 응집을 방지하여 분산 안정성이 향상된다. 또한, **분산조제**는 고체 입자에 전하를 부여하거나 입자 간 반발력을 증가시켜 입자들이 뭉치지 않게 하고 침강 속도를 조절한다. **점증제**는 분산매의 점도를 증가시켜 입자의 움직임을 제한함으로써 분산된 입자의 침강을 지연시키고 안정성을 높이는 데 사용된다. 화장품에서 고체 입자를 액체에 분산시킨 것은 파운데이션, 마스카라, 아이라이너, 네일에나멜 등이 있다. 이러한 제품의 제조 시 고체 입자의 침전, 응집을 막고 고체 입자를 액체 속에 균질하게 혼합시키기 위하여 분산제를 사용한다. 분산제의 종류는 벤토나이트, 폴리하이드로시스테아릭애씨드 등이 있다.

> ▶ **분산계 - 분산상(분산질)과 분산매(연속상) 간의 혼합체**
> ▶ **분산계의 종류**
> - 에어로졸(aerosol) : 액체(분산상) 또는 고체(분산상)가 기체(연속상)에 분산된 형태(예 헤어 스프레이)
> - 기포(foam) : 기체(분산상)가 액체(연속상)에 분산된 형태(예 거품)
> - 유액(emulsion) : 액체(분산상)가 액체(연속상)에 분산된 형태(예 로션, 크림)
> - 현탁액(suspension) : 고체(분산상)가 액체(연속상)에 분산된 형태(예 파운데이션, 마스카라)
> - 기타 : 분산상(액체, 고체)이 고체(연속상)에 분산된 형태(예 스틱제형 화장품)
>
> ▶ **습윤(wetting)**
> - 습윤은 액체 방울이 고체 표면에 퍼지면서 고체를 적시는 현상이다. 고체의 표면자유에너지가 액체의 표면장력보다 크면 액체가 잘 퍼져 습윤이 유도되며, 반대의 경우에는 비습윤이 나타난다. 분산 현상에서 분산매의 표면장력이 분산질의 표면장력보다 낮아야 입자 표면에 충분히 젖어들어 안정한 분산이 가능하다. 또한 분산매의 극성 및 용해도 지수 차이도 습윤성과 분산성에 큰 영향을 미친다.
>   - 접촉각(contact angle) : 액체가 고체표면에 접촉하는 끝부분의 각도
>   - 고체(분산질) 표면장력이 높고 액체(분산매) 표면장력이 낮으면 습윤 현상이 우수하다.
>   - 액체(분산매)의 극성과 용해도 지수도 분산에 영향을 줄 수 있다.
> 친수성의 안료를 극성인 분산매(물,글리콜류)를 사용하거나, 소수성의 안료를 비극성 분산매인 오일류 등을 사용할경우에는 서로 극성이 잘맞아서 습윤성이 높고 안정적인 분산이 이루어 진다. 즉, 극성차이가 클수록 분산 효율이 낮아지고 극성이 비슷할수록 안정성이 높아진다.

④ **콜로이드**(colloid) : 콜로이드는 용질과 용매가 완전히 균일하게 섞여 단일상을 이루는 일반적인 용액과 달리, 1~1,000nm(1nm~1μm) 크기의 불용성 입자가 다른 물질 내에 미세하게 분산된 상태를 말한다. 이 입자들은 너무 작아서 육안으로는 구분되지 않지만, 일반 용액과는 달리 빛을 산란시키는 등의 콜로이드 특성을 나타낸다. 콜로이드는 분산질(입자)과 분산매(매질)의 조합에 따라 다양한 형태로 존재한다. 예를 들어, 고체가 액체에 분산된 상태인 졸(sol), 액체나 고체가 기체에 분산된 에어로졸(aerosol), 액체가 액체에 분산된 에멀전(emulsion), 기체가 액체에 분산된 거품(foam), 고체가 물에 분산된 하이드로졸(hydrosol) 등이 있다. 화장품에서는 이러한 콜로이드 특성을 활용하여 제품의 안정성, 발림성, 흡착력, 감각적 사용감을 조절하며, 특히 유화제나 점증제, 분산제 등과 함께 사용되어 제형의 품질을 향상하는 데 기여한다.

▶ 유화액의 불안정한 상태

- 응집(flocculation): 같은 물질끼리 서로 끌어당기는 힘에 의해 모이는 것을 의미한다. 콜로이드 입자와 같은 미립자가 큰 현탁입자를 형성하여 뭉쳐지는 현상
- 크리밍(creaming): 콜로이드 분상상이 균일하지 못하여 물질이 분리되어 상부에 부유하는 현상
- 침강(sedimentation, settle): 콜로이드 분상상이 균일하지 못하여 물질이 분리되어 하부에 가라앉아 분리 되는 현상으로 중력, 원심력에 의한 물리적 침강(sedimentation)과 가용성 물질이 결합하여 불용성의 침강물이 되는 화학적 침강(precipitation)이 있다.
- 합일(coalescence, 합체): 응집된 분산 입자의 계면막이 파괴되어 같은 물질끼리 서로 융합되어 합해지는 현상
- 오스트왈트 숙성(Ostwald ripening): 수상과 유상이 완전히 분해 분리되어 계면이 형성되는 것이다.

▶ 유화액의 안정성을 높이는 방법

① 점증제를 사용하여 연속상의 점도를 높인다.
② 유화제와 내상의 농도(유화제, 오일왁스 등)를 높여 내상의 점도를 높인다.
③ 입자의 크기를 작게 하여 분산상과 연속상의 밀도 차이를 줄여준다.

▶ 제형의 안정성을 감소 시키는 요인

① 원료를 투입 혼합하는 순서가 바뀌면 용해 상태 불량, 침전, 부유물 등이 발생하거나, 외상과 내상의 상태가 달라져 불안정한 미셀이 형성될 수 있어 분리 현상이 잘 일어난다. 기타 첨가물 및 고온에서 안정성이 떨어지는 휘발성 있는 에탄올이나 향료는 냉각 후(45℃ 전후)에 투입해야 하지만, 유화 공정 시 휘발성이 있는 유상원료는 혼합 직전에 투입한다.
　W/O(water in oil) 형태의 유화 제품 제조 시 수상의 투입 속도를 빠르게 할 경우 제품의 제조가 어렵거나 안정성이 떨어질 가능성이 크다.
② 교반기의 RPM 속도가 느린 경우 유화 입자가 커서 성상 및 점도가 달라지고 안정성에 문제가 발생하고 점증제 및 분산제의 분산이 어려워 덩어리가 생길 수 있어 메인 믹서로 이송 시 필터를 막아 이송을 어렵게 할 수 있다.
③ 가용화 또는 유화 공정 시 투입되는 온도가 지나치게 높을 경우 유화제의 HLB가 바뀌면서 상이 바뀌어 불안정한 상이 형성되어 점도가 떨어져 안정성에 문제가 생길 수 있으며 산패의 원인이 될 수 있다.
④ 유화 제품의 경우 기포가 다량 발생하므로 진공 세기를 높여 진공상태에서 기포를 제거하지 않으면 제품의 점도, 비중에 영향을 미치며 산패의 원인이 되기도 하여 안정성에 문제가 발생할 수도 있다.

E. 유화액 형태의 판별

① **외관 판별**: O/W형은 크리미(creamy) 하고, W/O형은 오일감(greasy)이 있어 끈적임이 있다.
② **색소법에 의한 판별**: 분산매에 염료를 넣어 염색 후 판별(예 O/W형: 수용성 염료를 넣으면 외상이 물이므로 색이 잘 퍼진다)
③ **희석법에 의한 방법**: 분산매와 혼합되는 액체의 혼합 정도를 통해 판별(예 O/W형: 물에 혼합이 잘되고 오일에 넣으면 분리됨)
④ **전기전도도법에 의한 방법**: 물은 극성 물질로 전기전도도를 가지므로 O/W형 유화액은 W/O형 유화액보다 전기전도도가 더 크다.

F. 에멀전(Emulsion)의 유형

① O/W(Oil in Water, 수중유형): 외상인 물에 내상의 오일 입자를 분산시켜서 제조한다. O/W 제형은 수분량이 많아 묽고 흐름이 있으며 물에 쉽게 제거되는 특징이 있다. 수상에 용해도가 높은 계면활성제를 사용한다.

② W/O(Water in Oil, 유중수형): 외상인 오일에 내상인 물입자를 분산시켜서 제조한다. W/O 제형은 오일 느낌이 있는 끈적임으로 인해 건성피부용 제품에 사용된다. 유상에 용해도가 높은 계면활성제를 사용한다.

③ O/W/O, W/O/W(multiple emulsion, 다상에멀전): 유화조건에 따라 O/W형의 에멀전이 오일 속에 분산된 형태(O/W/O) 또는 W/O형 에멀전이 물속에 분산된 형태(W/O/W)이다. 오일 대신 실리콘을 사용하여 S/W/S, W/S/W 형태의 에멀전으로 분산하여 사용감이 좋은 커버형 색조화장품에 응용하기도 한다.

④ 분산된 액적의 크기(지름)에 따라 마이크로에멀전, 나노에멀전으로 구분한다.

(4) 보습제(Mosturizer)

우리 몸은 체중의 약 60~70% 정도 물을 포함하고 있으며 결합수(bound water)와 자유수(free water)로 존재한다. 생체 내부의 물(결합수, bound water)은 단백질, 탄수화물 등과 수소 결합을 통해 존재하는데 쉽게 얼거나 증발되지 않으며 나이가 들수록 점점 줄어든다.

피부 수분 함량은 피부의 노화, 탄력과 매우 밀접한 관계가 있어 화장품 제조시 사용되는 보습제는 화장품의 품질을 결정하는 매우 중요한 성분이다. 현재 화장품에 많이 사용되고 있는 보습제로는 폴리올류, 천연보습인자, 고분자류로 크게 3가지가 있다. 보습제는 피부에 수분을 주어 피부 표면이 촉촉하고 부드러워지도록 하여 건조에 의한 일시적인 잔주름을 완화하는데 도움을 준다. 하지만 피부 보습은 수분보습만 있는 것이 아니라 유분보습 또한 중요하다. 보습제는 피부의 건조를 막아 피부를 매끄럽고 부드럽게 해 주는 물질의 총칭을 말하며 특성에 따라 습윤제, 밀폐제, 연화제, 장벽대체제로 나눌 수 있다.

종류	특성
습윤제	- 죽은 각질세포 내 케라틴과 NMF(Natural Moisturizing Factor)와 같이 수분과 결합하는 능력을 갖춘 성분을 보습제 성분(습윤제)로 처방하여 피부에 수분을 증가시키는 역할. - 지성 피부 타입에 효과적일 수 있다. - 습윤제 종류는 글리세린, 부틸렌글라이콜, 락틱애씨드, 프로필렌글라이콜, 솔비톨, 하이알루로닉애씨드, 판테놀, 우레아 등이 있다.
밀폐제	- 피지처럼 피부 표면에 얇은 소수성 밀폐막을 만드는 성분을 보습제로 처방하여, 피부에 소수성 막을 형성하여 물리적으로 TEWL을 저하시키는 방법 - TEWL(Transepidermal Water Loss): 경피수분손실도, 피부를 통해 손실되는 수분량(단, 땀을 통한 수분 배출은 제외)으로 TEWL이 높을수록 피부의 수분도가 낮아짐을 의미한다. - 밀폐제는 피부에 도포 시, 다소 두꺼운 느낌과 기름진 느낌을 유발하나, TEWL을 감소시키는데 효과적이다. 따라서, 건조한 피부 타입에 효과적일 수 있다. - 밀폐제 종류는 페트롤라툼, 미네랄오일, 실리콘 오일, 파라핀, 스쿠알란, 왁스 등이 있다.

보습제 배합목적	종류 및 특징
연화제	- 탈락하는 각질세포 사이의 틈을 메꿔주는 역할을 가진 물질로 피부의 윤기와 유연성을 제공한다. - 연화제 종류는 글리세릴스테아레이트, 호호바오일, 실리콘오일, 시어버터 등이있다.
장벽대체제	- 각질층 내 세포 간 지질(세라마이드, 자유지방산, 콜레스테롤)을 보습제 성분(장벽대체제)으로 처방하여, 피부장벽 기능의 유지와 회복에 관여함으로써, 피부 보습력 유지를 증가시키는 방법이다. - 장벽대체제 종류는 세라마이드 등이 있다.

출처 : 식품의약품안전처 교수학습가이드라인

① **글리세린**(Glycerin) : 3개의 수산기를 가진 3가 알코올 폴리올류로 보습제로 가장 많이 사용된다. 화학명은 글리세롤(glycerol)이다. 보습력이 우수하나 많이 사용할 경우 끈적임이 심하게 남으며 열을 발생시켜 피부 발적이 일어나거나 피부의 보습을 역으로 흡수하게 되므로 주의해야 한다. 비누를 제조할 때 얻어진 글리세린은 무색, 무취로 인해 가장 많이 사용되고 있으며, 천연유지에 수소를 첨가하여 지방산을 제조할 때 얻어지는 글리세린도 이용되고 있다.

② **프로필렌글라이콜**(Propylene Glycol) : 약간의 점성이 있고 수분을 흡수하는 성질로 인해 보습제로서 글리세린 대용으로 사용된다. 피부자극이 높아 알레르기를 유발하는 사례가 보고되고 있어서 외음부 세정제, 손발유연화제품, 염색제, 탈염·탈색제에는 주의사항에 반드시 표기해야 한다.

③ **부틸렌글라이콜**(Butylene Glycol) : 글리세린, 프로필렌글라이콜보다 끈적임이 적은 보습제로 화학명은 1,3-부틸렌글라이콜이다. 주로 사탕수수를 발효시켜 추출한 지방산에서 얻은 물질로 용제, 피부 컨디셔닝제, 점도감소제, 보습제, 착향제로 사용된다. 추출물 종류의 원료들의 용매제로 많이 사용되기도 한다.

④ **히알루론산**(Hyaluronic Acid, 하이알루로닉애씨드) : 과거에는 닭벼슬에서 추출했으나 지금은 미생물 발효로 생산되는 다당류로 N-아세틸글루코사민과 글루쿠론산으로 구성된 고분자 물질의 보습제이다. 황산콘드로이친과 함께 뮤코다당류로 알려져 있으며 점성이 커서 세균의 침입을 방지하는 작용이 있어서 화장품에 널리 사용되는 보습제이다. 하이알루로닉애씨드의 소듐염인 소듐하이알루로네이트(Sodium Hyaluronate)가 많이 사용된다.

⑤ **세라마이드**(Ceramide) : 세라마이드는 피부표피의 세포간지질 구성 성분 중 가장 많이 함유된 성분으로 피부에서 손실되는 수분을 차단하고 외부의 유해물질로부터 방어하는 역할을 한다. 본래는 보습제가 아니지만 이러한 성질로 인해 아토피와 같은 건조로 인한 피부질환의 경우 세라마이드 성분을 보습제로 추천하는 경우가 많아지고 있다. 피부장벽에 도움이 되는 원료로 많이 사용된다.

⑥ **베타인**(Betaine) : 동식물계에 널리 존재하며 사탕무우의 당밀에서 다량 얻어지는 천연아미노산계 보습제이다.

(5) 비타민 및 유도체

구분	종류
수용성	비타민 C, 비타민 B1(티아민), 비타민 B2(리보플라빈), 비타민 B3(나이아신아마이드), 비타민 B5(판테놀), 비타민 B6(피리독신), 비타민 B7(비오틴), 비타민 B8(이노시톨), 비타민 B9(엽산), 비타민 B12(코발라민)
지용성	비타민 A(레티놀), 비타민 D(칼시페롤), 비타민 E(토코페롤), 비타민 K(필로퀴논, 메나퀴논, 메나디온), 비타민 F(필수불포화지방산, 알파-리놀렌산, 리놀레산)

① **나이아신아마이드**(Niacinamide) : 백색의 결정 또는 결정성가루로 냄새가 없다. 비타민B3로 미백기능성원료로 고시 되어있으며, 사용함량은 2~5%이며 물에 잘 녹는 수용성이다.

② **레티놀**(Retinol) : 엷은 황색~엷은 주황색의 가루 또는 점성이 있는 액 또는 겔상의 물질로 냄새는 없거나 특이한 냄새가 있다. 비타민 A 성분으로 광알러지로 인해 밤에 사용되는 주름개선제품에 사용된다. 기능성 고시함량은 2500IU/g이며 시각기능에 관여하고 지용성 성분에 해당된다. 구조학적으로 네 단위의 이소프레노이드(isoprenoid)가 머리꼬리 형태로 결합하여 다섯 개의 이중결합을 갖는 화합물군에 속하며, 이중결합이 있어 산화에 매우 예민하다. 비타민 A는 레티노이드(retinoid)로 알려진 지용성 물질 군으로 레티놀(retinol), 레틴알데하이드(retinaldehyde) 및 레티노익애씨드(retinoic acid)의 3가지 형태가 있으며, 이들은 상호전환될 수 있으나, 레티노익애씨드로 전환되는 과정은 비가역적이다. 레티놀은 항산화 효능 및 주름개선 기능성화장품 고시원료로 사용되나, 열과 공기에 매우 불안정한 특징을 가진다. 따라서, 레티놀의 안정화된 유도체인 레티닐팔미테이트, 폴리에톡실레이티드레틴아마이드 등이 개발되어 사용하고 있다. 레티닐팔미테이트(retinyl palmitate)는 레티놀에 지방산이 붙은 에스테르 형태로, 레티놀 대비 안정성이 높으며 인체 흡수 뒤 레티놀로 가수분해 된다. 폴리에톡실레이티드레틴아마이드(polyeth oxylated retinamide)는 레티놀에 PEG를 결합한 형태이며, 레티놀 대비 안정성이 높다.

③ **토코페롤**(Tocopherol) : 비타민 E 성분으로 밀배아에서 주로 얻어지며 오일류의 변질을 막기 위한 산화방지제로 사용되는 지용성 성분이다. 비타민 E는 알파-, 베타-, 감마-, 델타-토코페롤(tocopherol)과 알파-, 베타-, 감마-, 델타-토코트리에놀(tocotrienol) 8가지의 이성체(isoform)를 가진다. 이성체 중 생물학적으로 가장 활동적인 성분은 알파-토코페롤이다. 화장품에는 토코페롤보다는 토코페롤의 에스터가 널리 사용되며, 이러한 에스터에는 토코페릴아세테이트(토코페롤의 아세틱애씨드에스터), 토코페릴리놀리에이트(토코페롤의 리놀레익애씨드에스터), 토코페릴리놀리에이트/올리에이트(토코페롤의 리놀레익애씨드에스터와 올레익애씨드에스터의 혼합물), 토코페릴니코티네이트(토코페롤의 니코티닉애씨드에스터) 및 토코페릴석시네이트(토코페롤의 석시닉애씨드에스터)가 있다.

④ **아스코빅애씨드**(Ascobic acid) : 엘 - 아스코빅애씨드(L - ascorbic acid)라고도 불리는 비타민 C 성분의 수용성 항산화제로 멜라닌형성억제로 인한 미백, 콜라겐 생성촉진제로 사용된다. 하지만 열에 약하고 쉽게 산화되는 단점이 있어서 비타민 C 유도체(에칠아스코빌에텔, 아스코빌글루코사이드, 마그네슘아스코빌포스페이트)를 대부분 사용한다. 수용성 성분으로 기능성 성분에 해당되지 않는다.

⑤ **아스코빌스테아레이트**(Ascorbyl stearate) : 수용성 비타민 C를 유용성화 한 비타민 C 유도체로 그 외 아스코빌팔미테이트, 마그네슘아스코빌포스페이트가 있다.

⑥ **판테놀**(Panthenol) : 비타민 B5 성분으로 보습, 진정, 육모제 등에 사용된다. 기능성 성분으로 고시되어 있으며 DL - 판테놀과 D - 판테놀이 있다. 화장품법용어로 기능성 성분을 표시할 때는 덱스판테놀로 표기한다.

⑦ **비오틴**(Biotin) : 수용성 비타민 B 계열로 비타민 B7(vitamin B7), 비타민 B8(vitamin B8), 비타민 H(vitamin H), 또는 조효소 R(coenzyme R)로도 불리운다. 비오틴은 탄수화물, 지방, 단백질 대사 과정에 관여하며 탈모에 도움을 주는 기능성 물질로 고시 되어있다.

⑧ **피리독신**(Pyridoxine) : 비타민 B6군의 하나로 아미노산 대사의 조효소(coenzyme)로 항피부염 인자에 해당된다. 결핍시 눈, 코, 입 주위에 피부염이 나타난다.

(6) 고분자 화합물(Polymers)

소듐하이알루로네이트와 같은 고분자 화합물은 보습의 기능을 부여하기 위해 사용되기도 하지만 제품의 점성을 높이거나, 사용감 개선, 피막 형성을 위해 사용된다. 유화 제품의 유화 안정성을 높이고, 화장수는 사용감을 좋게 한다. 네일 에나멜, 마스카라 등의 제품에서 필름 형성제의 적절한 선택은 제품의 품질을 형성한다.

① **점증제**(Thickening agents) : 화장품의 점도조절제로 사용되는 원료는 대부분 수용성 고분자 물질이다. 이러한 점증제는 액제의 점도를 높이거나 유화제품의 점증을 높여 주어 안정성을 좋게 한다.

ㄱ. **천연 물질** : 식물에서 추출한 구아검, 아라비아검, 로커스트빈검, 카라기난과 미생물에서 추출한 잔탄검(Xanthan gum), 덱스트란, 동물에서 추출한 젤라틴, 콜라겐 등이 있다. 피부를 부드럽게 하는 사용감이 있어 액제의 점증제로 많이 사용된다. 하지만 미생물에 오염되기 쉽고, 물성이 쉽게 변하고 안전성이 떨어지는 경우가 많아 액제, 샴푸에 사용시 주의를 해야 한다.

ㄴ. **반합성 천연 고분자 물질** : 메틸셀룰로오스(Methyl Cellulose), 에틸셀룰로오스(Ethyl Cellulose), 카복시메틸셀룰로오스(Carboxy Methyl Cellulose) 등이 있다. 이러한 셀룰로오스 유도체들은 비교적 안정성이 우수하고 사용성이 용이하여 화장품에 대부분 사용되고 있다.

ㄷ. **합성 점증제** : 소듐아크릴레이트폴리머(Sodium Acrylate Polymer), 카보머(Cabomer), 폴리쿼터늄(Polyquaternium), 폴리아크릴레이트(Polyacrylate), 카복시비닐폴리머(Carboxy Vinyl Polymer) 등이 있다.

② **필름 형성제**(피막형성제, Flim formers) : 입자가 큰 고분자의 필름 막을 화장품에 적용하기 위하여 사용되는 것으로, 제품의 종류에 따라 여러 가지 다른 형태의 필름 형성제가 사용된다. 제품에 따라 필름 형성제와 점증제를 적절히 혼합하여 사용하기도 하며, 폴리비닐알코올(Poly Vinyl Alcohol)는 폴리비닐아세테이트를 검화하여 제조한 후 필오프(Peel-off) 타입의 팩을 만들 수 있다. 나이트로셀룰로오스는 비수용성으로 대부분 네일에나멜의 피막제로 사용되며, 폴리비닐피롤리돈은 N-비닐 피롤리돈을 과산화 촉매하에서 중합하여 제조되며 모발 광택 부여의 목적으로 배합하여 사용한다.

(7) 보존제

화장품 유통과정 또는 화장품이 사용되는 동안 미생물의 성장을 억제, 감소시켜 제품의 오염을 막아주는 특성을 가진 성분이다. 일반적으로 보존제는 pH가 낮은 제형에서 효과가 있지만, 그 외 다양한 pH 범주에서 효과를 발휘하는 보존제도 존재한다.

보존제는 2가지 이상 혼합 사용함으로 인해 다양한 균에 대한 항균 및 상승효과(synergism)가 발생하여, 미생물 및 균의 생성을 억제하거나 사멸시키는 효과가 발생된다.

▶ **보존제 혼합 사용의 장점**
- 미생물의 생성억제, 사멸
- 다양한 저항성균에 대한 항균 및 생성억제
- 생화학적 항균 상승효과(synergism) 발생
- 보존제 총사용량의 감소

▶ **보존제의 조건**
- 사용하기에 안전해야 한다.
- 낮은 농도에서 다양한 균에 대한 광범위한 효과가 있어야 한다.
- 다양한 온도, pH 범위에서 안정하고, 장기적으로 효과가 오래 지속되어야 한다.
- 제품의 물리적 성질에 영향을 미치지 않아야 한다.
- 제품 내 다른 원료 및 포장 재료와 반응하지 않아야 한다.
- 제품의 안정성, 색상, 향, 질감, 점도 등 외관적 특성에 영향을 미치지 않아야 한다.
- 미생물이 존재하는 물 파트에서 충분한 농도를 유지할 수 있는 적절한 오일/물 분배계수를 가져야 한다.
- 자연계에서 쉽게 분해되고, 분해산물에 독성이 없어 환경을 오염하면 안 된다.
- 원료 수급이 용이하고, 가격이 저렴해야 한다.

① **메틸파라벤**(Methylparaben, 메칠파라벤) : 화장품방부제로 가장 많이 사용되며 메틸파라벤, 에틸파라벤, 부틸파라벤, 프로필파라벤과 혼합하여 사용된다. 메틸알코올 및 p-하이드록시벤조익애씨드의 에스터 성분이다. 단일성분의 경우 0.4%(산으로서), 혼합사용의 경우 0.8%(산으로서)의 사용한도가 있다.

② **메칠클로로이소치아졸리논**(Methylchloroisothiazolinone. CMIT) : 사용 후 씻어내는 제품에 주로 사용되는 살균보존제로 메칠이소치아졸리논과 혼합물로서 주로 사용된다. 배합한도는 0.0015%이다. 메칠클로로이소치아졸리논:메칠이소치아졸리논=3:1 혼합물로 사용된다. 최근 가습기 유해물질로 논란이 있었으며 흡입시 독성을 유발한다.

③ **메칠이소치아졸리논**(Methylisothiazolinone. MIT) : 사용 후 씻어내는 제품에 사용되는 살균보존제로 배합한도는 0.0015%이다. 메칠클로로이소치아졸리논과 메칠이소치아졸리논의 혼합물과 병행하여 사용할 수 없다. 흡입시 독성을 유발한다.

④ **벤질알코올**(Benzyl Alcohol) : 합성 살균보존제로 배합한도는 1%이며, 염모제의 용제로 사용할 경우에는 10%이다. 향료에 포함된 알러지 유발물질로서 씻어내는 화장품의 경우 0.01%, 씻어내지 않는 화장품의 경우 0.001% 초과 함유시 반드시 전성분 표시사항에 표기 하셔야 한다.

⑤ **벤조익애씨드, 그 염류 및 에스텔류**(Benzoic Acid and its salts and ester) : 식물의 껍질에서 얻어지는 합성살균 보존제로서 배합한도는 Acid로서 0.5%이며 사용 후 씻어내는 제품은 2.5%이다. 벤조익애씨드의 염류로는 소듐벤조에이트(Sodium Benzoate)가 가장 많이 사용된다.

⑥ **소르빅애씨드 및 그 염류**(Sorbic Acid and its salts) : 세균, 진균 등의 미생물의 생육을 억제하지만 살균효과는 없는 보존제이다. pH 6.5 이하의 산성에서 효과를 나타내는 보존제로서 배합 한도는 0.6%이며 염류인 포타슘소르베이트(Potassium Sorbate)가 대부분 살균보존제로 사용된다.

⑦ **벤잘코늄클로라이드**(Benzalkonium Chloride) : 대전방지제, 소취제, 살균제의 보존제로 주로 사용되며 향취와 독성이 있다. 사용 후 씻어내는 제품에 0.1% 기타제품에 0.05% 이하의 배합한도가 있다. 최근 손소독제의 필요성으로 인해 손소독용 세제에 많이 사용되는 물질이다. 벤잘코늄클로라이드는 분사형 용기에는 사용할 수 없다.

⑧ **살리실릭애씨드 및 그 염류**(Salicylic Acid and its salts) : 보존제로 사용시 살리실릭애씨드로서 0.5%의 배합한도가 있으며 샴푸를 제외한 3세 이하 영유아 및 13세 이하 어린이 제품에는 사용할 수 없다. 보존제외 기타성분으로 사용할 경우에는 기능성 유효성분으로만 사용이 가능하며 사용후 씻어내는 제품류(폼클렌징, 바디클렌징 등)에 살리실릭애씨드로서 2%, 사용 후 씻어내는 두발류 제품에는 3%의 배합한도가 있다. 여드름에 도움이 되는 기능성제품의(자료제출이 생략되는 고시된 함량은) 씻어내는 제품은 배합 한도가 살리실릭애씨드로서 0.5%이다. 탈모에 도움을 주는 기능성 유효 성분으로 사용시 3%의 배합한도에 주의하여야 한다.

⑨ **징크피리치온**(Zinc Pyrithione) : 항균 및 살균 작용이 있으며 비듬균을 억제하여 비듬 및 가려움을 덜어주며 탈모증상의 완화에 도움을 준다. 사용 후 씻어내는 제품(샴푸, 린스)에 보존제로서 0.5% 배합한도가 있으며 화장품에 총 징크피리치온으로서 1.0%의 배합한도가 있다. 그 외 기타제품에는 사용할 수 없다.

⑩ **페녹시에탄올**(phenoxyethanol) : 페놀과 에틸렌글라이콜이 에테르 결합한 페놀에터이다. 어린이화장품, 물휴지 등 다양한 제품류의 살균보존제로 사용된다. 배합한도는 1%이다.

⑪ **클림바졸**(Climbazole) : 비듬방지용 샴푸에 사용되며 두발용 제품에만 사용이 가능하며 0.5% 배합한 도가 있다.

(8) 산화방지제

① **비에이치에이**(BHA, Butylated hydroxyanisole) : 유성성분에 대한 산화방지 효과가 있는 합성산화방 지제로 민감한 피부의 경우 알러지를 유발할 수 있다.

② **비에이치티**(BHT, Butylated hydroxytoluene) : 유성성분에 대한 산화방지 효과가 있어 향수와 같은 알콜 함유 제품의 향, 색깔 등의 변색을 막기 위해 사용된다. 민감한 피부의 경우 알러지를 유발 할 수 있다.

③ **토코페롤**(Tocopherol, V-E) : 오일류의 변질을 막기 위한 항산화제로 사용된다. 화장품에서는 토코페 릴아세테이트(Tocopheryl Acetate) 유도체가 주로 사용된다.

④ **자몽씨추출물**(GES) : 식품과 화장품에서 널리 사용되는 산화방지제이다.

(9) 금속이온봉쇄제(Sequestering Agent)

수용액에 함유된 금속이온(칼슘이온, 마그네슘이온 등)의 작용을 억제하여 세정제의 기포를 안정화하고 물때의 형성을 막으며 에멀전 제품의 안정성을 높여준다. 제품 내 금속이온은 화장품의 안정성 및 성상 에 영향을 유발시킬 수 있다. 화장품에는 디소듐이디티에이(disodium EDTA), 테트라소듐이디티에이 (tetrasodium EDTA) 등이 주로 사용되고 있다. 파이틱애씨드(Phytic Acid)는 식물의 씨앗에 함유된 천연 금속이온봉쇄제지만 금속이온과 결합한 침전물이 생겨 제품의 안정성 문제로 인해 화장품에는 대부분 사용되지 않는다.

(10) 알칼리제(pH조절제)

① **티이에이**(Triethanolamine, TEA) : 비누의 pH조절제로 사용되거나 카보머와 같은 점증제의 중화제로 사용된다. 끈적이는 점성의 투명한 액상물질로 피부에 자극적이며 공기 중에 노출시 쉽게 산화되어 갈색으로 변한다.

② **트라이아이소프로판올아민**(Triisopropanolamine) : 산성고분자(카보머)를 중화하기 위해 주로 사용된다.

③ **포타슘하이드록사이드**(Potassium Hydroxide) : 수산화칼륨(KOH)이라 하며 흔히 물비누를 만들 때 사 용되는 알칼리제이다. 화장품의 pH조절제 및 산성고분자의 중화제로 사용되기도 한다.

④ **소듐하이드록사이드**(Sodium Hydroxide) : 수산화나트륨(NaOH)라고 하며 흔히 비누를 만들 때 사용 되는 알칼리제이다. 화장품의 pH조절제 및 산성고분자의 중화제로 사용되기도 한다.

⑤ **소듐바이카보네이트**(Sodium Bicarbonate) : 흔히 베이킹소다, 중조, 중탄산나트륨이라고 하며 스크럽 제, pH 완충제, 탈취제, pH 조절제, 피부보호제로 사용된다. 산성물질인 시트릭애씨드(Citric Acid), 비 타민C 등과 혼합하여 발포성 제품류를 만들 때 주로 사용된다. 치약에서 연마제로 사용되기도 한다.

⑥ 알지닌(Arginine) : 착향제, 헤어컨디셔닝제, 피부컨디셔닝제로 사용되는 아미노산으로 아르기닌이라고 불린다. 알칼리 성질로 인해 카보머 중화제로 사용된다.

(11) 산성제(pH조절제)

중화제 및 최종 제품의 pH를 산성으로 조절하는 데 사용된다. 대표적으로 시트릭애씨드(citric acid)가 가장 많이 사용되고 있다.

(12) 향료(Perfume)

향료는 화장품 원료의 특이취를 억제하기 위해 사용되거나 향수의 원료로 사용되며 합성향료, 천연향료, 조합향료가 있다.

① **동물성 향료** : 천연향료로서 동물의 피지선에서 채취한 향료로 사향, 영묘향, 용연향, 해리향 등이 있다.

② **식물성향료** : 식물의 다양한 부위인 꽃, 잎, 열매, 종자, 껍질 등에서 추출한다. 추출법은 부위 및 특징에 따라 냉각압착법, 수증기 증류법, 용매추출법(앱솔루트공법), 냉침법, 온침법, 초임계추출법 등이 있다. 아로마에센셜오일은 90% 이상이 수증기 증류법으로 추출되지만 화학변화가 되지 않고 안전한 오일을 얻기 위해 화장품 및 식품, 의약품 업계에서는 초임계추출법이 권장되고 있다. 물질은 온도와 압력에 따라 기체, 액체, 고체 상태로 변화한다. 물질은 물질고유의 임계온도 및 임계압력을 초월한 조건에서 기체 밀도가 급격히 상승하여 기체도 액체도 아닌 초임계유체상태(supercritical fluid)가 된다. 초임계유체의 밀도는 온도와 압력에 따라 다양하게 변화할 수 있어 물질의 용해력을 변화시켜 추출량을 제어함으로서 추출물의 분리를 가능하게 한다. 초임계추출을 위해 안정성이 높은 이산화탄소(CO_2)를 용매제로 이용하여 추출하는 경향이 높아지고 있어 이산화탄소추출법이라고 칭하기도 한다.

> **Tip**
>
> **모노테르펜(monoterpenes, C_{10})** : 두 개의 이소프렌 단위로 구성되어 있으며, 주로 꽃과 허브에서 생성되는 휘발성 물질로서 시트랄(citral), 멘톨(menthol), 장뇌(camphor), 리모넨(limonene), 미르센(myrcene), 피넨(pinene), 피레트린(pyrethrin), 게라니올(geraniol) 등의 방향 및 방충 효과와 리날로올(linalool)과 시네올(cineol)의 수분매개자 유도(pollinator attractants) 및 초식동물 기피 작용(antiherbivory agents) 기능 등이 알려져 있다(**＊시험출제**).

(13) 색소(Coloring Material)

화장품에 사용되는 색소는 반드시 고시된 색소만 사용이 가능하다. 색소는 색조화장품의 피복력을 갖게 하여 색채를 부여하거나 자외선을 방어할 때 사용 한다. 염료(Dyes)는 물, 오일, 알코올 등의 용제에 용해되며, 안료(Pigment)는 물이나 오일 등의 용제에 녹지 않는 불용성 색소로, 무기 안료(Inorganic Pigment)와 유기 안료(Organic Pigment)가 있다. 염료는 용제에 녹는 성격으로 인해 염색이 되는 성질을 가지고 있어서 메이크업 화장품에 거의 사용하지 않고 화장수, 로션, 샴푸 등에 소량 사용된다.

색소는 화학적인 특성에 따라 수용성, 유용성, 비용해성, 피부부착성, 피지흡수력 등 다양한 성격을 가지고 있다.

① 용어의 정의

　ㄱ. **색소**: 화장품이나 피부에 색을 띠게 하는 것을 주요 목적으로 하는 성분을 말한다.

　ㄴ. **타르색소**: 화장품에 사용할 수 있는 색소 중 콜타르, 그 중간생성물에서 유래되었거나 유기합성하여 얻은 색소 및 그 레이크, 염, 희석제와의 혼합물을 말한다.

　ㄷ. **순색소**: 중간체, 희석제, 기질 등을 포함하지 아니한 순수한 색소를 말한다.

　ㄹ. **레이크**: 타르색소의 나트륨, 칼륨, 알루미늄, 바륨, 칼슘, 스트론튬 또는 지르코늄염을 기질에 흡착, 공침 또는 단순한 혼합이 아닌 화학적 결합에 의하여 확산시킨 색소를 말한다.

　ㅁ. **기질**: 레이크 제조 시 순색소를 확산시키는 목적으로 사용되는 물질을 말하며 알루미나, 브랭크휙스, 크레이, 이산화티탄, 산화아연, 탤크, 로진, 벤조산알루미늄, 탄산칼슘 등의 단일 또는 혼합물을 사용한다.

　ㅂ. **희석제**: 색소를 용이하게 사용하기 위하여 혼합되는 성분을 말하며, 「화장품 안전기준 등에 관한 규정」(식품의약품안전처 고시) 별표 1의 원료(화장품에 사용할 수 없는 원료)는 사용할 수 없다.

　ㅅ. **눈 주위**: 눈썹, 눈썹 아래쪽 피부, 눈꺼풀, 속눈썹 및 눈(안구, 결막낭, 윤문상 조직을 포함한다)을 둘러싼 뼈의 능선 주위를 말한다.

　ㅇ. **알루미늄레이크**: 알루미늄이 결합하여 흡착시킨 색소를 말한다.

② 화장품에 사용되는 색소의 종류

　ㄱ. **유기 합성 색소(타르색소)**: 화장품에 사용되는 유기 합성 색소는 염료, 레이크, 안료가 있다. 염료는 수용성 염료와 유용성 염료로 나누어지며, 수용성 염료는 화장수, 로션, 샴푸 등의 착색에 사용되고, 유용성 염료는 유성 화장품의 착색에 사용된다.

유기합성색소 (타르색소)	염료	청색1호, 청색2호, 황색4호, 황색5호, 황색204호, 적색205호
	레이크	알루미늄레이크, 적색201호
	유기안료	타르색소

　ㄴ. **무기 안료**: 무기 안료는 광물을 안료로 사용했으나 불순물을 함유하거나 색상이 안정되지 않아 합성한 무기 화합물을 주로 이용한다. 무기 안료는 유기 안료에 비해 색상의 선명함이 떨어지지만 빛과 열에 강하고 유기 용매에 녹지 않아 화장품용 색소로 널리 사용된다. 립스틱의 선명한 색소는 유기 안료가 사용되며, 무기 안료는 마스카라, 아이라이너의 색소로 주로 사용되고 있다. 무기 안료는 체질 안료, 착색 안료, 백색 안료 등으로 구분되며, 메이컵 화장품에서 유기 안료나 무기 착색 안료는 제품의 색소를 조정하고, 백색 안료는 피복력에 도움되기 위해 사용된다. 체질 안료는 색의 희석제로 사용되거나 제품의 제형을 유지하는 베이스(Base)로 사용된다.

무기안료	체질안료	탤크, 카올린, 마이카, 탄산칼슘, 탄산마그네슘, 무수규산
	착색안료	황색산화철, 흑색산화철, 적색산화철
	백색안료	이산화티탄늄, 산화아연

- 체질 안료(Extender pigment) : 체질 안료는 착색의 목적보다 제품의 제형을 유지하는 베이스 (Base)로 주로 사용된다. 색의 농도를 묽게 하는 희석제나, 제품의 광택성, 사용성, 퍼짐성, 부착성, 흡수성 등에 사용된다. 마이카, 세리사이트, 탤크, 카올린, 무수규산, 탄산칼슘(칼슘카보네이트) 등이 있다.

체질안료	특성
마이카 (운모)	피부에 대한 부착성이 우수하여 뭉침 현상(Caking)을 일으키지 않고, 피부에 광택을 주어 파우더 제품에 주로 사용된다(예 백운모).
탤크 (활석)	매끄러운 사용감과 흡수력이 좋아 베이비파우더, 투웨이케익 등 메이크업 제품에 많이 사용된다.
카올린 (고령토)	땀이나 피지의 흡수력이 좋아 피부 부착성은 좋지만 매끄러운 사용감은 탤크에 비해 떨어진다. 주로 머드팩에 많이 사용된다.

- 착색 안료(Coloring Pigment) : 주로 산화철이 사용되며 색이 잘 변하지 않아 메이크업 화장품에 많이 사용된다. 산화철은 적색, 황색, 흑색의 3가지 기본 색이 있으며, 색을 혼합하여 다양한 색상을 표현한다.
- 백색 안료(White Pigment) : 백색 안료는 티타늄디옥사이드과 징크옥사이드가 대표적이며 주로 색조의 착색력, 피복성을 좋게 하여 피부의 커버력을 조절하기 위해 사용한다. 티타늄디옥사이드는 굴절률이 높고, 입자가 작아 백색의 제품을 만들 때 사용되거나 자외선으로부터 피부를 보호하기 위해 사용된다.
- 진주 광택 안료(Pearlescent pigment) : 진주와 비슷한 광택을 주기 위해 운모에 티타늄디옥사이드를 코팅한 티타네이티드마이카 등이 있다.

ㄷ. 천연색소 : 치자, 코치닐, 비트, 청대, 베타카로틴, 커큐민, 클로로필, 페오니딘클로라이드 등과 같이 다양한 천연에서 추출한 색소들이 연구·응용되고 있다. 그러나 이러한 천연 색소들은 빛, 열, pH, 산화 등에 의해 쉽게 변색되는 특성이 있어 착색의 안정성이 낮다. 따라서 일반 화장품에 상용화되어 널리 사용되지는 않으며, 주로 염색제의 원료로 제한적으로 활용되고 있다.

> ▶ 라이코펜 색소의 종류 : 토마토, 합성, 미생물
> 안토시아닌류(시아니딘, 페오니딘, 말비딘, 델피니딘, 페투 니딘, 페라고니딘, Anthocyanins)은 색소이다. 페오니딘은 블루베리, 포도, 자색 고구마 같은 천연 식물에 들어있는 색소로 ~클로라이드는 염류에 해당이 된다. 따라서 색소에 해당된다.

연번	색소	사용제한	비고
1	녹색 204호(피라닌콘크, Pyranine Conc)* CI 59040 8-히드록시-1, 3, 6-피렌트리설폰산의 트리나트륨염 ◎ 사용한도 0.01%	눈 주위 및 입술에 사용할 수 없음	타르색소
2	녹색 401호(나프톨그린 B, Naphthol Green B)* CI 10020 5-이소니트로소-6-옥소-5, 6-디히드로-2-나프탈렌설폰산의 철염	눈 주위 및 입술에 사용할 수 없음	타르색소
3	등색 206호(디요오드플루오레세인, Diiodofluorescein)* CI 45425:1 4´, 5´-디요오드-3´, 6´-디히드록시스피로[이소벤조푸란-1(3H), 9´-[9H]크산텐]-3-온	눈 주위 및 입술에 사용할 수 없음	타르색소
4	등색 207호(에리트로신 옐로위쉬 NA, Erythrosine Yellowish NA)* CI 45425 9-(2-카르복시페닐)-6-히드록시-4, 5-디요오드-3H-크산텐-3-온의 디나트륨염	눈 주위 및 입술에 사용할 수 없음	타르색소
5	자색 401호(알리주롤퍼플, Alizurol Purple)* CI 60730 1-히드록시-4-(2-설포-p-톨루이노)-안트라퀴논의 모노나트륨염	눈 주위 및 입술에 사용할 수 없음	타르색소
6	적색 205호(리톨레드, Lithol Red)* CI 15630 2-(2-히드록시-1-나프틸아조)-1-나프탈렌설폰산의 모노나트륨염 ◎ 사용한도 3%	눈 주위 및 입술에 사용할 수 없음	타르색소
7	적색 206호(리톨레드 CA, Lithol Red CA)* CI 15630:2 2-(2-히드록시-1-나프틸아조)-1-나프탈렌설폰산의 칼슘염 ◎ 사용한도 3%	눈 주위 및 입술에 사용할 수 없음	타르색소
8	적색 207호(리톨레드 BA, Lithol Red BA) CI 15630:1 2-(2-히드록시-1-나프틸아조)-1-나프탈렌설폰산의 바륨염 ◎ 사용한도 3%	눈 주위 및 입술에 사용할 수 없음	타르색소
9	적색 208호(리톨레드 SR, Lithol Red SR) CI 15630:3 2-(2-히드록시-1-나프틸아조)-1-나프탈렌설폰산의 스트론튬염 ◎ 사용한도 3%	눈 주위 및 입술에 사용할 수 없음	타르색소
10	적색 219호(브릴리안트레이크레드 R, Brilliant Lake Red R)* CI 15800 3-히드록시-4-페닐아조-2-나프토에산의 칼슘염	눈 주위 및 입술에 사용할 수 없음	타르색소
11	적색 225호(수단 III, Sudan III)* CI 26100 1-[4-(페닐아조)페닐아조]-2-나프톨	눈 주위 및 입술에 사용할 수 없음	타르색소

화장품 원료의 종류와 특성

연번	색소	사용제한	비고
12	적색 405호(퍼머넌트레드 F5R, Permanent Red F5R) CI 15865 : 2 4-(5-클로로-2-설포-p-톨릴아조)-3-히드록시-2-나프토에산의 칼슘염	눈 주위 및 입술에 사용할 수 없음	타르색소
13	적색 504호(폰소 SX, Ponceau SX)* CI 14700 2-(5-설포-2, 4-키실릴아조)-1-나프톨-4-설폰산의 디나트륨염	눈 주위 및 입술에 사용할 수 없음	타르색소
14	청색 404호(프탈로시아닌블루, Phthalocyanine Blue) * CI 74160 프탈로시아닌의 구리착염	눈 주위 및 입술에 사용할 수 없음	타르색소
15	황색 202호의 (2) (우라닌 K, Uranine K)* CI 45350 9-올소-카르복시페닐-6-히드록시-3-이소크산톤의 디칼륨염 ◎ 사용한도 6%	눈 주위 및 입술에 사용할 수 없음	타르색소
16	황색 204호(퀴놀린옐로우 SS, Quinoline Yellow SS)* CI 47000 2-(2-퀴놀릴)-1, 3-인단디온	눈 주위 및 입술에 사용할 수 없음	타르색소
17	황색 401호(한자옐로우, Hanza Yellow)* CI 11680 N-페닐-2-(니트로-p-톨릴아조)-3-옥소부탄아미드	눈 주위 및 입술에 사용할 수 없음	타르색소
18	황색 403호의 (1) (나프톨옐로우 S, Naphthol Yellow S) CI 10316 2, 4-디니트로-1-나프톨-7-설폰산의 디나트륨염	눈 주위 및 입술에 사용할 수 없음	타르색소
19	등색 205호(오렌지 II, Orange II) CI 15510 1-(4-설포페닐아조)-2-나프톨의 모노나트륨염	눈 주위에 사용할 수 없음	타르색소
20	황색 203호(퀴놀린옐로우 WS, Quinoline Yellow WS) CI 47005 2-(1, 3-디옥소인단-2-일)퀴놀린 모노설폰산 및 디설폰산의 나트륨염	눈 주위에 사용할 수 없음	타르색소
21	녹색 3호(패스트그린 FCF, Fast Green FCF) CI 42053 2-[α-[4-(N-에틸-3-설포벤질이미니오)-2, 5-시클로헥사디에닐덴]-4-(N 에틸-3-설포벤질아미노)벤질]-5-히드록시벤젠설포네이트의 디나트륨염	-	타르색소
22	녹색 201호(알리자린시아닌그린 F, Alizarine Cyanine Green F)* CI 61570 1, 4-비스-(2-설포-p-톨루이디노)-안트라퀴논의 디나트륨염	-	타르색소
23	녹색 202호(퀴니자린그린 SS, Quinizarine Green SS)* CI 61565 1, 4-비스(p-톨루이디노)안트라퀴논	-	타르색소

연번	색소	사용제한	비고
24	등색 201 호(디브로모플루오레세인, Dibromofluorescein) CI 453704´, 5´-디브로모-3´, 6´-디히드로시스피로 [이소벤조푸란-1(3H),9-[9H]크산텐-3-온	눈 주위에 사용할 수 없음	타르색소
25	자색 201호(알리주린퍼플 SS, Alizurine Purple SS)* CI 60725 1-히드록시-4-(p-톨루이디노)안트라퀴논	-	타르색소
26	적색 2호(아마란트, Amaranth) CI 16185 3-히드록시-4-(4-설포나프틸아조)-2, 7-나프탈렌디설 폰산의 트리나트륨염	영유아용 제품류 또는 13세 이하 어 린이가 사용할 수 있음을 특정하여 표시하는 제품에 사용할 수 없음	타르색소
27	적색 40호(알루라레드 AC, Allura Red AC) CI 16035 6-히드록시-5-[(2-메톡시-5-메틸-4-설포페닐)아 조]-2-나프탈렌설폰산의 디나트륨염	-	타르색소
28	적색 102호(뉴콕신, New Coccine) CI 16255 1-(4-설포-1-나프틸아조)-2-나프톨-6, 8-디설폰산의 트리나트륨염의 1.5 수화물	영유아용 제품류 또는 13세 이하 어 린이가 사용할 수 있음을 특정하여 표시하는 제품에 사용할 수 없음	타르색소
29	적색 103호의 (1) (에오신 YS, Eosine YS) CI 45380 9-(2-카르복시페닐)-6-히드록시-2, 4, 5, 7-테트라브로 모-3H-크산텐-3-온의 디나트륨염	눈 주위에 사용할 수 없음	타르색소
30	적색 104호의 (1) (플록신 B, Phloxine B) CI 45410 9-(3, 4, 5, 6-테트라클로로-2-카르복시페닐)-6-히드록 시-2, 4, 5, 7-테트라브로모-3H-크산텐-3-온의 디나트륨염	눈 주위에 사용할 수 없음	타르색소
31	적색 104호의 (2) (플록신 BK, Phloxine BK) CI 45410 9-(3, 4, 5, 6-테트라클로로-2-카르복시페닐)-6-히드록 시-2, 4, 5, 7-테트라브로모-3H-크산텐-3-온의 디칼륨염	눈 주위에 사용할 수 없음	타르색소
32	적색 201호(리톨루빈 B, Lithol Rubine B) CI 15850 4-(2-설포-p-톨릴아조)-3-히드록시-2-나프토에산의 디나트륨염	-	타르색소
33	적색 202호(리톨루빈 BCA, Lithol Rubine BCA) CI 15850:1 4-(2-설포-p-톨릴아조)-3-히드록시-2-나프토에산의 칼슘염	-	타르색소
34	적색 218호(테트라클로로테트라브로모플루오레세인, Tetrachlorotetrabromofluorescein) CI 45410:1 2´, 4´, 5´, 7´-테트라브로모-4, 5, 6, 7-테트라클로 로-3´, 6´-디히드록시피로[이소벤조푸란-1(3H),9´- [9H]크산텐]-3-온	눈 주위에 사용할 수 없음	타르색소
35	적색 220호(디프마룬, Deep Maroon)* CI 15880:1 4-(1-설포-2-나프틸아조)-3-히드록시-2-나프토에산 의 칼슘염	-	타르색소

연번	색소	사용제한	비고
36	적색 223호(테트라브로모플루오레세인, Tetrabromofluo-rescein) CI 45380 : 2 2´, 4´, 5´, 7´-테트라브로모-3´, 6´-디히드록시스피로[이소벤조푸란-1(3H),9´-[9H]크산텐]-3-온	, 눈 주위에 사용할 수 없음	타르색소
37	적색 226호(헬린돈핑크 CN, Helindone Pink CN)* CI 73360 6, 6´-디클로로-4, 4´-디메틸-티오인디고	-	타르색소
38	적색 227호(패스트애시드마겐타, Fast Acid Magenta) * CI 17200 8-아미노-2-페닐아조-1-나프톨-3, 6-디설폰산의 디나트륨염 ◎ 입술에 적용을 목적으로 하는 화장품의 경우만 사용한 　도 3%	-	타르색소
39	적색 228호(퍼마톤레드, Permaton Red) CI 12085 1-(2-클로로-4-니트로페닐아조)-2-나프톨 ◎ 사용한도 3%	-	타르색소
40	적색 230호의 (2) (에오신 YSK, Eosine YSK) CI 45380 9-(2-카르복시페닐)-6-히드록시-2, 4, 5, 7-테트라브로모-3H-크산텐-3-온의 디칼륨염	-	타르색소
41	청색 1호(브릴리안트블루 FCF, Brilliant Blue FCF) CI 42090 2-[α-[4-(N-에틸-3-설포벤질이미니오)-2, 5-시클로헥사디에닐리덴]-4-(N-에틸-3-설포벤질아미노)벤질]벤젠설포네이트의 디나트륨염	-	타르색소
42	청색 2호(인디고카르민, Indigo Carmine) CI 73015 5, 5´-인디고틴디설폰산의 디나트륨염	-	타르색소
43	청색 201호(인디고, Indigo)* CI 73000 인디고틴	-	타르색소
44	청색 204호(카르반트렌블루, Carbanthrene Blue)* CI 69825 3, 3´-디클로로인단스렌	-	타르색소
45	청색 205호(알파주린 FG, Alphazurine FG)* CI 42090 2-[α-[4-(N-에틸-3-설포벤질이미니오)-2, 5-시클로헥산디에닐리덴]-4-(N-에틸-3-설포벤질아미노)벤질]벤젠설포네이트의 디암모늄염	-	타르색소
46	황색 4호(타르트라진, Tartrazine) CI 19140 5-히드록시-1-(4-설포페닐)-4-(4-설포페닐아조)-1H-피라졸-3-카르본산의 트리나트륨염	-	타르색소

연번	색소	사용제한	비고
47	황색 5호(선셋옐로우 FCF, Sunset Yellow FCF) CI 15985 6-히드록시-5-(4-설포페닐아조)-2-나프탈렌설폰산의 디나트륨염	-	타르색소
48	황색 201호(플루오레세인, Fluorescein)* CI 45350:1 3´, 6´-디히드록시스피로[이소벤조푸란-1(3H), 9´-[9H]크산텐]-3-온 ◎ 사용한도 6%	-	타르색소
49	황색 202호의 (1) (우라닌, Uranine)* CI 45350 9-(2-카르복시페닐)-6-히드록시-3H-크산텐-3-온의 디나트륨염 ◎ 사용한도 6%	-	타르색소
50	등색 204호(벤지딘오렌지 G, Benzidine Orange G)* CI 21110 4, 4´-[(3, 3´-디클로로-1, 1´-비페닐)-4, 4´-디일비스(아조)]비스[3-메틸-1-페닐-5-피라졸론]	적용 후 바로 씻어내는 제품 및 염모용 화장품에만 사용	타르색소
51	적색 106호(애시드레드, Acid Red)* CI 45100 2-[[N, N-디에틸-6-(디에틸아미노)-3H-크산텐-3-이미니오]-9-일]-5-설포벤젠설포네이트의 모노나트륨염	적용 후 바로 씻어내는 제품 및 염모용 화장품에만 사용	타르색소
52	적색 221호(톨루이딘레드, Toluidine Red)* CI 12120 1-(2-니트로-p-톨릴아조)-2-나프톨	적용 후 바로 씻어내는 제품 및 염모용 화장품에만 사용	타르색소
53	적색 401호(비올라민 R, Violamine R) CI 45190 9-(2-카르복시페닐)-6-(4-설포-올소-톨루이디노)-N-(올소-톨릴)-3H-크산텐-3-이민의 디나트륨염	적용 후 바로 씻어내는 제품 및 염모용 화장품에만 사용	타르색소
54	적색 506호(패스트레드 S, Fast Red S)* CI 15620 4-(2-히드록시-1-나프틸아조)-1-나프탈렌설폰산의 모노나트륨염	적용 후 바로 씻어내는 제품 및 염모용 화장품에만 사용	타르색소
55	황색 407호(패스트라이트옐로우 3G, Fast Light Yellow 3G)* CI 18820 3-메틸-4-페닐아조-1-(4-설포페닐)-5-피라졸론의 모노나트륨염	적용 후 바로 씻어내는 제품 및 염모용 화장품에만 사용	타르색소
56	흑색 401호(나프톨블루블랙, Naphthol Blue Black)* CI 20470 8-아미노-7-(4-니트로페닐아조)-2-(페닐아조)-1-나프톨-3, 6-디설폰산의 디나트륨염	적용 후 바로 씻어내는 제품 및 염모용 화장품에만 사용	타르색소
57	등색 401호(오렌지 401, Orange no. 401)* CI 11725	점막에 사용할 수 없음	타르색소
58	안나토(Annatto) CI 75120	-	
59	라이코펜(Lycopene) CI 75125	-	
60	베타카로틴(Beta-Carotene) CI 40800, CI 75130		

화장품 원료의 종류와 특성

연번	색소	사용제한	비고
61	구아닌(2-아미노-1,7-디하이드로-6H-퓨린-6-온, Guanine, 2-Amino-1,7-dihydro-6H-purin-6-one) CI 75170	-	
62	커큐민(Curcumin) CI 75300	-	
63	카민류(Carmines) CI 75470	-	
64	클로로필류(Chlorophylls) CI 75810	-	
65	알루미늄(Aluminum) CI 77000	-	
66	벤토나이트(Bentonite) CI 77004	-	
67	울트라마린(Ultramarines) CI 77007	-	
68	바륨설페이트(Barium Sulfate) CI 77120	-	
69	비스머스옥시클로라이드(Bismuth Oxychloride) CI 77163	-	
70	칼슘카보네이트(Calcium Carbonate) CI 77220	-	
71	칼슘설페이트(Calcium Sulfate) CI 77231	-	
72	카본블랙(Carbon black) CI 77266	-	
73	본블랙, 본챠콜(본차콜, Bone black, Bone Charcoal) CI 77267	-	
74	베지터블카본(코크블랙, Vegetable Carbon, Coke Black) CI 77268:1	-	
75	크로뮴옥사이드그린(크롬(III) 옥사이드, Chromium Oxide Greens) CI 77288	-	
76	크로뮴하이드로사이드그린(크롬(III) 하이드록사이드, Chromium Hydroxide Green) CI 77289	-	
77	코발트알루미늄옥사이드(Cobalt Aluminum Oxide) CI 77346	-	
78	구리(카퍼, Copper) CI 77400	-	
79	금(Gold) CI 77480	-	
80	페러스옥사이드(Ferrous oxide, Iron Oxide) CI 77489	-	
81	적색산화철(아이런옥사이드레드, Iron Oxide Red, Ferric Oxide) CI 77491	-	
82	황색산화철(아이런옥사이드옐로우, Iron Oxide Yellow, Hydrated Ferric Oxide) CI 77492	-	
83	흑색산화철(아이런옥사이드블랙, Iron Oxide Black, Ferrous-Ferric Oxide) CI 77499	-	
84	페릭암모늄페로시아나이드(Ferric Ammonium Ferrocyanide) CI 77510	-	

연번	색소	사용제한	비고
85	페릭페로시아나이드(Ferric Ferrocyanide) CI 77510	-	
86	마그네슘카보네이트(Magnesium Carbonate) CI 77713	-	
87	망가니즈바이올렛(암모늄망가니즈(3+) 디포스페이트, Manganese Violet, Ammonium Manganese(3+) Diphosphate) CI 77742	-	
88	실버(Silver) CI 77820	-	
89	티타늄디옥사이드(Titanium Dioxide) CI 77891	-	
90	징크옥사이드(Zinc Oxide) CI 77947	-	
91	리보플라빈(락토플라빈, Riboflavin, Lactoflavin)	-	
92	카라멜(Caramel)	-	
93	파프리카추출물, 캡산틴/캡소루빈(Paprika Extract Capsanthin/ Capsorubin)	-	
94	비트루트레드(Beetroot Red)	-	
95	안토시아닌류(시아니딘, 페오니딘, 말비딘, 델피니딘, 페투니딘, 페라고니딘, Anthocyanins)	-	
96	알루미늄스테아레이트/징크스테아레이트/마그네슘스테아레이트/칼슘스테아레이트(Aluminum Stearate/Zinc Stearate/Magnesium Stearate/Calcium Stearate)	-	
97	디소듐이디티에이-카퍼(Disodium EDTA-copper)	-	
98	디하이드록시아세톤(Dihydroxyacetone)	-	
99	구아이아줄렌(Guaiazulene)	-	
100	피로필라이트(Pyrophyllite)	-	
101	마이카(Mica) CI 77019	-	
102	청동(Bronze)	-	
103	염기성갈색 16호(Basic Brown 16) CI 12250	염모용 화장품에만 사용	타르색소
104	염기성청색 99호(Basic Blue 99) CI 56059	염모용 화장품에만 사용	타르색소
105	염기성적색 76호(Basic Red 76) CI 12245 ◎ 사용한도 2%	염모용 화장품에만 사용	타르색소
106	염기성갈색 17호(Basic Brown 17) CI 12251 ◎ 사용한도 2%	염모용 화장품에만 사용	타르색소
107	염기성황색 87호(Basic Yellow 87) ◎ 사용한도 1%	염모용 화장품에만 사용	타르색소
108	염기성황색 57호(Basic Yellow 57) CI 12719 ◎ 사용한도 2%	염모용 화장품에만 사용	타르색소

연번	색소	사용제한	비고
109	염기성적색 51호(Basic Red 51) ◎ 사용한도 1%	염모용 화장품에만 사용	타르색소
110	염기성등색 31호(Basic Orange 31) ◎ 사용한도 1%	염모용 화장품에만 사용	타르색소
111	에치씨청색 15호(HC Blue No. 15) ◎ 사용한도 0.2%	염모용 화장품에만 사용	타르색소
112	에치씨청색 16호(HC Blue No. 16) ◎ 사용한도 3%	염모용 화장품에만 사용	타르색소
113	분산자색 1호(Disperse Violet 1) CI 61100 1,4-디아미노안트라퀴논 ◎ 사용한도 0.5%	염모용 화장품에만 사용	타르색소
114	에치씨적색 1호(HC Red No. 1) 4-아미노-2-니트로디페닐아민 ◎ 사용한도 1%	염모용 화장품에만 사용	타르색소
115	2-아미노-6-클로로-4-니트로페놀 ◎ 사용한도 2%	염모용 화장품에만 사용	타르색소
116	4-하이드록시프로필 아미노-3-니트로페놀 ◎ 사용한도 2.6%	염모용 화장품에만 사용	타르색소
117	염기성자색 2호(Basic Violet 2) CI 42520 ◎ 사용한도 0.5%	염모용 화장품에만 사용	타르색소
118	분산흑색 9호(Disperse Black 9) ◎ 사용한도 0.3%	염모용 화장품에만 사용	타르색소
119	에치씨황색 7호(HC Yellow No. 7) ◎ 사용한도 0.25%	염모용 화장품에만 사용	타르색소
120	산성적색 52호(Acid Red 52) CI 45100 ◎ 사용한도 0.6%	염모용 화장품에만 사용	타르색소
121	산성적색 92호(Acid Red 92) ◎ 사용한도 0.4%	염모용 화장품에만 사용	타르색소
122	에치씨청색 17호(HC Blue 17) ◎ 사용한도 2%	염모용 화장품에만 사용	타르색소
123	에치씨등색 1호(HC Orange No. 1) ◎ 사용한도 1%	염모용 화장품에만 사용	타르색소
124	분산청색 377호(Disperse Blue 377) ◎ 사용한도 2%	염모용 화장품에만 사용	타르색소
125	에치씨청색 12호(HC Blue No. 12) ◎ 사용한도 1.5%	염모용 화장품에만 사용	타르색소

연번	색소	사용제한	비고
126	에치씨황색 17호(HC Yellow No. 17) ◎ 사용한도 0.5%	염모용 화장품에만 사용	타르색소
127	피그먼트 적색 5호(Pigment Red 5)* CI 12490 엔-(5-클로로-2,4-디메톡시페닐)-4-[[5-[(디에칠아미노)설포닐]-2-메톡시페닐]아조]-3-하이드록시나프탈렌-2-카복사마이드	화장비누에만 사용	타르색소
128	피그먼트 자색 23호(Pigment Violet 23) CI 51319	화장비누에만 사용	타르색소
129	피그먼트 녹색 7호(Pigment Green 7) CI 74260	화장비누에만 사용	타르색소

주) *표시는 해당 색소의 바륨, 스트론튬, 지르코늄레이크는 사용할 수 없다.

01

수성원료에는 정제수, 플로랄워터, 폴리올, 에탄올 등이 있다.　　　　　　　　　　　　　　(○,×)

02

소듐라우릴 설페이트는 양쪽성계면활성제이다.
　　　　　　　　　　　　　　　　　　(○,×)

03

폴리솔베이트80은 가용화제로 사용되는 비이온계 면활성제이다.　　　　　　　　　　　　　(○,×)

04

글리세린, 프로필렌글라이콜, 나이아신아마이드, 레티놀등은 피부에 수분을 주어 피부 표면이 촉촉하고 부드러워지도록 하는 보습제이다.　　　(○,×)

05

벤잘코늄클로라이드는 대전방지제, 소취제, 살균제의 보존제로 주로 사용되며 향취와 독성이 있다.
　　　　　　　　　　　　　　　　　　(○,×)

06

BHA는 유성성분에 대한 산화방지 효과가 있는 합성산화방지제로 민감한 피부의 경우 알러지를 유발할 수 있다.　　　　　　　　　　　　　　(○,×)

07

알킬기의 탄소수가 3개 이하인 경우 대부분 수용성이며 저급알코올이라고 하고 용제 또는 계면활성제로서 화장품의 (　　　) 용도로 사용된다.

08

(　　　)란 분자 내에 친수기와 소수기를 동시에 갖는 물질로 이러한 계면에 흡착하여 계면장력을 낮추어 두 액체를 섞이도록 한다.

09

히알루론산과 같은 고분자 화합물은 보습의 기능을 부여하기 위하여 사용되기도 하지만 제품의 (ㄱ)을 높이거나, 사용감개선, (ㄴ)형성을 위해 사용된다.

10

보존제중 화장품방부제로 가장 많이 사용되며 에틸파라벤, 부틸파라벤, 프로필파라벤과 혼합하여 사용하는 것은?

11

( )라 함은 타르색소의 나트륨, 칼륨, 알루미늄, 바륨, 칼슘, 스트론튬 또는 지르코늄염을 기질에 흡착, 공침 또는 단순한 혼합이 아닌 화학적 결합에 의하여 확산시킨 색소를 말한다.

12

( )는 착색의 목적보다 제품의 제형을 유지하는 베이스로 주로 사용되는 안료이다.

13

영유아용 및 어린이용 제품류에 사용할 수 없지만 그 외 화장품에는 사용이 가능한 타르색소 2가지를 적으시오.

14

화장비누에만 사용이 가능한 타르색소를 3종을 적으시오.

정답	
01	○
02	×
03	○
04	×
05	○
06	○
07	가용화제
08	계면활성제
09	(ㄱ) 점성, (ㄴ) 피막
10	메틸파라벤
11	레이크
12	체질안료
13	적색 2호, 적색 102호
14	피그먼트 적색 5호, 피그먼트 자색 23호, 피그먼트 녹색 7호

제1장 ISO 16128 천연, 유기농 지수 표시

1) 제품의 전면부에 기재·표시하는 경우

① "천연화장품(유기농화장품) 아님"을 함께 표시

② 전면 ISO 지수 표시와 함께 기재 권장(미기재 시 다른 면에 아래 2)와 같이 기재 필요)

2) 제품의 전면부 외에 기재·표시하는 경우

① "ISO 16128에 따른 단순 계산결과로 '천연화장품(유기농화장품)'에 해당한다는 의미 아님" 표시

② 눈에 띄는 곳에 강조하는 등 소비자들이 잘 볼 수 있도록 기재 필요

3) 제품이 아닌 매체를 통해 광고하는 경우

① "천연지수 00%(ISO 16128 가이드라인에 따라 계산한 지수임). 다만, 이 지수는 천연화장품(유기농화장품)에 해당한다는 의미가 아님" 표시 등

② 제품에 표시된 사항과 동일한 내용 또는 예시와 같이 소비자 오인을 줄이기 위한 표현에 대한 광고는 가능하며, 면적을 활용해 구체적 안내 필요

구분	실증 대상	비고
ISO 천연·유기농 지수 표시·광고에 관한 내용	• ISO 천연유기농 지수 표시광고 〈예시〉 - 천연지수 00%(ISO 16128 계산 적용) - 천연유래지수 00%(ISO 16128 계산 적용) - 유기농지수 00%(ISO 16128 계산 적용) - 유기농유래지수 00%(ISO 16128 계산 적용)	• 해당 완제품 관련 실증 자료로 입증 - 이 경우 ISO 16128(가이드라인)에 따른 계산이라는 것과 소비자 오인을 방지하기 위한 문구도 함께 안내 필요(주의 사항 참고)

화장품 완제품을 기준으로 희석용매 등의 함량을 제외한 추출된 물질의 함량을 표시·기재한다.

※추출물의 함량은 추출된 물질(예, 녹차추출물)과 희석용매(예, 정제수) 등을 분리하여 작성된 원료의 조성 정보에 관한 자료 및 제품에서 해당 원료의 사용량을 확인할 수 있는 자료로 입증한다.

<예시>

A 원료 조성비	
정제수	80%
녹차추출물	10%
C 보존제	5%
D 보존제	5%

→

완제품 조성비	
정제수	60%
A 원료	20%
B 원료	10%
E 보존제	3%
C 보존제	1%
D 보존제	1%
향료	5%

= 2% 녹차추출물

ISO 16128 천연, 유기농 지수 표시

제1장 기능성 화장품의 심사(시행규칙 제9조)

법 제4조제1항에 따라 기능성화장품(제10조에 따라 보고서를 제출해야 하는 기능성화장품은 제외한다.)으로 인정받아 판매 등을 하려는 화장품제조업자, 화장품책임판매업자 또는 「기초연구진흥 및 기술개발지원에 관한 법률」 제6조제1항 및 제14조의2에 따른 대학·연구기관·연구소(이하 "연구기관등"이라 한다)는 품목별로 별지 제7호서식의 기능성화장품 심사의뢰서(전자문서 포함)에 다음 각 호의 서류(전자문서 포함)를 첨부하여 식품의약품안전평가원장의 심사를 받아야 한다. 다만, 식품의약품안전처장이 제품의 효능·효과를 나타내는 성분·함량을 고시한 품목의 경우에는 제1호부터 제4호까지의 자료 제출을, 기준 및 시험방법을 고시한 품목의 경우에는 제5호의 자료 제출을 각각 생략할 수 있다.

> ▶ **기능성화장품 심사를 위한 제출자료의 범위**
> 1. 기원(起源) 및 개발 경위에 관한 자료
> 2. 안전성에 관한 자료
> 3. 유효성 또는 기능에 관한 자료
> 4. 자외선 차단지수 및 자외선A 차단등급 설정의 근거자료(자외선을 차단 또는 산란시켜 자외선으로부터 피부를 보호하는 기능을 가진 화장품의 경우만 해당한다)
> 5. 기준 및 시험방법에 관한 자료[검체 포함]

① 삭제

② 제1항에 따라 심사를 받은 사항을 변경하려는 자는 별지 제8호서식의 기능성화장품 변경심사 의뢰서에 다음 각 호의 서류를 첨부하여 식품의약품안전평가원장에게 제출해야 한다.

> 1. 먼저 발급받은 기능성화장품심사결과통지서
> 2. 변경사유를 증명할 수 있는 서류(기능성화장품 심사를 받은 자 간에 법 제4조제1항에 따라 심사받은 기능성화장품에 대한 권리를 양도·양수하여 심사받은 자를 변경하려는 경우에는 양도·양수계약서를 말한다)

③ 식품의약품안전평가원장은 제1항 또는 제3항에 따라 심사의뢰서나 변경심사 의뢰서를 받은 경우에는 다음 각 호의 심사기준에 따라 심사하여야 한다.

> 1. 기능성화장품의 원료와 그 분량은 효능·효과 등에 관한 자료에 따라 합리적이고 타당하여야 하며, 각 성분의 배합의의(配合意義)가 인정되어야 할 것
> 2. 기능성화장품의 효능·효과는 법 제2조제2호(기능성화장품의 정의) 각 목에 적합할 것
> 3. 기능성화장품의 용법·용량은 오용될 여지가 없는 명확한 표현으로 적을 것

④ 식품의약품안전평가원장은 제4항에 따라 심사를 한 후 심사대장에 다음 각 호의 사항을 적고, 별지 제9호서식의 기능성화장품 심사·변경심사 결과통지서를 발급해야 한다.

> 1. 심사번호 및 심사연월일 또는 변경심사 연월일
> 2. 기능성화장품 심사를 받은 화장품제조업자, 화장품책임판매업자 또는 연구기관 등의 상호(법인인 경우에는 법인의 명칭) 및 소재지
> 3. 제품명
> 4. 효능·효과

⑤ (기능성화장품 심사에 관한 규정 제4조) 제1항부터 제4항까지의 규정에 따른 첨부자료의 범위·요건·작성요령과 제출이 면제되는 범위 및 심사기준 등에 관한 세부 사항은 식품의약품안전처장이 정하여 고시한다.

기능성화장품 심사의뢰서(전자문서 포함)와 다음의 서류를 첨부하여 식품의약품안전평가원장의 심사를 받아야 한다.

(1) 기원(起源) 및 개발 경위에 관한 자료

기능성화장품에 대한 판단에 도움을 줄 수 있도록 명료하게 기재된 자료(언제, 어디서, 누가, 무엇으로부터 추출, 분리 또는 합성하였고 발견의 근원이 된 것은 무엇이며, 기초시험·인체적용시험 등에 들어간 것은 언제, 어디서였나, 국내외 인정허가 현황 및 사용현황은 어떠한가 등)

(2) 안전성에 관한 자료

(1) 단회투여독성시험자료
(2) 1차피부자극시험자료
(3) 안점막자극 또는 기타점막자극시험자료
(4) 피부감작성시험자료(感作性 : 외부 자극에 의한 면역계 반응성을 말한다.)
(5) 광독성(빛에 의한 독성 반응성을 말한다.) 및 광감작성(빛에 의한 면역계 반응성을 말한다.) 시험자료 – 자외선에서 흡수가 없음을 입증하는 흡광도 시험자료를 제출하는 경우에는 면제함
(6) 인체첩포시험자료(貼布試驗 : 접촉 피부염의 원인을 파악하기 위해 원인 추정 물질을 몸에 붙여 반응을 조사하는 시험을 말한다.)
(7) 인체누적첩포시험자료 – 인체적용시험자료에서 피부이상반응 발생 등 안전성 문제가 우려된다고 판단되는 경우에 한함

① 일반사항

식품의약품안전처에서 고시한 「비임상시험관리기준」에 따라 시험한 자료. 다만, 인체첩포시험 및 인체누적첩포시험은 국내·외 대학 또는 전문 연구기관에서 실시하여야 하며, 관련분야 전문의사, 연구소 또는 병원 기타 관련기관에서 5년 이상 해당 시험 경력을 가진 자의 지도 및 감독 하에 수행·평가되어야 함

② 시험방법

ㄱ. 식약처장이 고시한 [별표 1] 독성시험법에 따르는 것을 원칙으로 하며 기타 독성시험법에 대해서는 「의약품등의 독성시험기준」을 따를 것

ㄴ. 다만 시험방법 및 평가기준 등이 과학적·합리적으로 타당성이 인정되거나 경제협력개발기구(Organization for Economic Cooperation and Development) 또는 식품의약품안전처가 인정하는 동물대체시험법인 경우에는 규정된 시험법을 적용하지 아니할 수 있다.

> **Tip**
> - **접촉성피부염**: 외부 물질과의 접촉에 의하여 생기는 모든 피부염을 말한다. 접촉물질의 자극에 의하여 생기는 일회성 접촉피부염과 접촉물질에 대한 알레르기 반응이 있는 사람에게만 생기는 알레르기성 접촉피부염으로 구분된다.
> - **피부감작성**: 접촉성 피부염(피부에 닿는 자극)으로 인해 발생한 국소피부 면역반응이 전신 피부 면역반응으로 나타나는 것으로 면역저하 과민반응에 해당된다. 즉 벌레에 물린 것이 전신적 반응으로 이어지거나 무좀증상이 전신적인 습진증상으로 퍼지는 경우이다.
> - **광독성 피부염**: 햇빛을 쬐인 피부에 색소 침착이 일어나고 홍반이 나타나는 증상으로 향수, 화장품, 약품 등에 광감작성(光感作性) 물질이 있어, 이 물질에 흡수되는 파장의 광선이 투사되었을 때 발생한다. 따라서 태양광선이 연속적으로 피부에 쬐인 것이 원인이 된다.

(3) 유효성 또는 기능에 관한 자료

① 효력시험 자료(비임상시험자료)

심사대상 효능을 뒷받침하는 성분의 효력에 대한 비임상시험자료로서 효과발현의 작용기전이 포함되어야 하며, 다음 중 어느 하나에 해당할 것

ㄱ. 국내·외 대학 또는 전문 연구기관에서 시험한 것으로서 당해 기관의 장이 발급한 자료(시험시설 개요, 주요설비, 연구인력의 구성, 시험자의 연구경력에 관한 사항이 포함될 것)

ㄴ. 당해 기능성화장품이 개발국 정부에 제출되어 평가된 모든 효력시험자료로서 개발국 정부(허가 또는 등록기관)가 제출 받았거나 승인하였음을 확인한 것 또는 이를 증명한 자료

ㄷ. 과학논문인용색인(Science Citation Index 또는 Science Citation Index Expanded)에 등재된 전문 학회지에 게재된 자료

② 인체 적용시험 자료

ㄱ. 사람에게 적용 시 효능·효과 등 기능을 입증할 수 있는 자료로서 아래 사항 중 어느 하나에 해당할 것
- 국내·외 대학 또는 전문 연구기관에서 시험한 것으로서 당해 기관의 장이 발급한 자료(시험시설 개요, 주요설비, 연구인력의 구성, 시험자의 연구경력에 관한 사항이 포함될 것)
- 당해 기능성화장품이 개발국 정부에 제출되어 평가된 모든 효력시험자료로서 개발국 정부(허가 또는 등록기관)가 제출받았거나 승인하였음을 확인한 것 또는 이를 증명한 자료

ㄴ. 인체적용시험의 실시기준 및 자료의 작성방법 등에 관하여는 「화장품 표시·광고 실증에 관한 규정」을 준용할 것

(1) 인체 첩포 시험 : 피부과 전문의 또는 연구소 및 병원, 기타 관련 기관에서 5년 이상 해당시험 경력을 가진 자의 지도하에 수행되어야 한다.
- 대상 : 30명 이상
- 투여 농도 및 용량 : 원료에 따라서 사용 시 농도를 고려해서 여러 단계의 농도와 용량을 설정하여 실시하는데, 완제품의 경우는 제품자체를 사용하여도 된다.
- 첩부 부위 : 사람의 상등부(정중선의 부분은 제외) 또는 전완부 등 인체사용시험을 평가하기에 적정한 부위를 폐쇄첩포한다.
- 관찰 : 원칙적으로 첩포 24시간 후에 patch를 제거하고 제거에 의한 일과성의 홍반의 소실을 기다려 관찰·판정한다.
- 시험결과 및 평가 : 홍반, 부종 등의 정도를 피부과 전문의 또는 이와 동등한 자가 판정하고 평가한다.
(2) 인체 누적첩포시험 : 대표적인 방법으로 다음과 같은 방법이 있다.
- Shelanski and Shelanski 법
- Draize 법(Jordan modification)
- Kilgman의 Maximization 법

③ 염모효력시험자료

인체모발을 대상으로 효능·효과에서 표시한 색상을 입증하는 자료로 화장품 시행규칙 제2조 제6호의(모발의 색상을 변화 시키는 기능성화장품)은 유효성또는 기능에 관한 자료 중 염모효력시험자료만 제출한다.

(4) 자외선차단지수(SPF), 내수성자외선차단지수(SPF, 내수성 또는 지속내수성) 및 자외선A차단등급(PA) 설정의 근거자료는 [인체적용시험 자료]로서 아래의 어느 하나에 해당할 것

자외선을 차단 또는 산란시켜 자외선으로부터 피부를 보호하는 기능을 가진 화장품의 경우만 해당한다.

① 자외선차단지수(SPF) 설정 근거자료

[별표 3] 자외선 차단효과 측정방법 및 기준·일본(JCIA)·미국(FDA)·유럽(Cosmetics Europe) 호주/뉴질랜드(AS/NZS) 또는 국제표준화기구(ISO 24444) 등의 자외선차단지수 측정방법에 의한 자료

② 내수성자외선차단지수(SPF) 설정 근거자료

[별표 3] 자외선 차단효과 측정방법 및 기준·미국(FDA)·유럽(Cosmetics Europe)·호주/뉴질랜드(AS/NZS) 또는 국제표준화기구(ISO 16217) 등의 내수성자외선차단지수 측정방법에 의한 자료

③ 자외선A차단등급(PA) 설정 근거자료

[별표 3] 자외선 차단효과 측정방법 및 기준·일본(ICIA) 또는 국제표준화기구(ISO 24442) 등의 자외선A 차단효과 측정방법에 의한 자료

(5) 기준 및 시험방법에 관한 자료(검체 포함)

품질관리를 위한 시험항목과 시험방법의 밸리데이션, 기준치 설정의 근거가 되는 자료이다. 시험방법은 공정서, 국제표준화기구(ISO) 등의 공인된 방법에 의해 검증되어야 한다.

번호	기재항목	원료	제제
1	명칭	○	×
2	구조식 또는 시성식	△	×
3	분자식 및 분자량	○	×
4	기원	△	△
5	함량기준	○	○
6	성상	○	○
7	확인시험	○	○
8	시성치	△	△
9	순도시험	○	△
10	건조감량, 강열감량 또는 수분	○	△
11	강열잔분, 회분 또는 산불용성회분	△	×
12	기능성시험	△	△
13	기타 시험	△	△
14	정량법(제제는 함량시험)	○	○
15	표준품 및 시약·시액	△	△

※ 주) ○ 원칙적으로 기재, △ 필요에 따라 기재, × 원칙적으로는 기재할 필요가 없음

① **함량 기준**: 원료성분 및 제제의 함량 또는 역가의 기준은 표시량 또는 표시역가에 대하여 다음 각 사항에 해당하는 함량을 함유한다. 다만, 제조국 또는 원개발국에서 허가된 기준이 있거나 타당한 근거가 있는 경우에는 따로 설정할 수 있다.

  ㄱ. **원료성분**: 95.0% 이상

  ㄴ. **제제**: 90.0% 이상. 다만, 치오글리콜산은 90.0~110.0%로 한다.

  ㄷ. 기타 주성분의 함량시험이 불가능하거나 필요하지 않아 함량기준을 설정할 수 없는 경우에는 기능성시험으로 대체할 수 있다.

② **기타시험기준**: 품질관리에 필요한 기준은 다음과 같다. 다만, 근거가 있는 경우에는 따로 설정할 수 있다. 근거자료가 없어 자가시험성적으로 기준을 설정할 경우 3롯트당 3회 이상 시험한 시험성적의 평균값(이하 "실측치"라 한다.)에 대하여 기준을 정할 수 있다.

  ㄱ. pH: 원칙적으로 실측치에 대하여 ±1.0으로 한다.

  ㄴ. **염모력시험**: 효능·효과에 기재된 색상으로 한다.

> **Tip**
> 기능성화장품 심사시 제출하는 자료 5가지에 대한 종류와 특징을 구분하여 숙지해야 하며 심사가 아닌 보고서로 대처 되는 경우 생략되는 자료에 대해 숙지해야 한다.

1) 자외선의 분류

분류	파장
UVA	320~400㎚의 장파장, 진피까지 도달하여 색소침착 및 콜라겐손상. 유리, 구름 등으로 차단이 안됨
UVB	290~320nm의 중파장, 표피 및 진피의 상부까지 침투 색소침착, 일광화상 및 홍반 발생, 피부암 유발 가능성
UVC	200~290nm의 단파장, 대기에서 대부분 차단되며 피부암을 유발시킴

2) 자외선 차단제의 종류

① 자외선 흡수제(synthetic filter, 화학적 작용)

ㄱ. 자외선이 피부 속에 침투하기 전 자외선을 흡수하여 자외선 에너지를 열에너지로 바꾸어 소멸시키는 방법으로 피부를 보호하는 물질이다.

ㄴ. 자외선 흡수제 성분들은 자외선 파장 영역에 따라 자외선 차단 효과가 달라 두 가지 이상의 원료 성분을 혼합해서 사용하면 넓은 범위의 자외선을 차단할 수 있다. 하지만 함량이 증가할수록 피부의 자극이 심하여 사용제한 함량을 규정하고 있다. 자외선 흡수제는 사용감이 우수하고 백탁현상이 없고 가벼워서 선호도가 높지만 피부자극이 있어 주의해야 한다(예 벤조페논-3,벤조페논-4, 벤조페논-8, 에칠헥실메톡시신나메이트 등).

② 자외선 산란제(mineral filter, 물리적 작용)

자외선을 반사, 산란시켜 피부를 보호하는 광물성 물질이다. 피부 도포시 백탁현상이 발생하지만 피부 안전성이 높아 민감성 피부 또는 어린이용 자외선차단제품에 많이 사용된다. 최근에는 이러한 성분들을 초미립자 마이크로나이즈 공법 처리로 인해 자외선 차단력을 높이면서 백탁현상은 생기지 않고 사용감을 가볍게 하여 적용되기도 한다(예 산화아연, 티타늄디옥사이드(이산화티탄) 등).

3) 용어의 정의

① **자외선차단지수**(Sun Protection Factor, SPF) : UVB를 차단하는 제품의 차단효과를 나타내는 지수로서 자외선차단제품을 도포하여 얻은 최소홍반량을 자외선차단제품을 도포하지 않고 얻은 최소홍반량으로 나눈 값이다.

> (제품 도포면적 및 조사부위의 구획) 제품 도포면적을 24㎠ 이상으로 하여 0.5㎠ 이상의 면적을 갖는 5개 이상의 조사부위를 구획한후 제품 도포량은 2.0mg/㎠으로 한다.

Tip
- **SPF15** : 자외선B 약 93% 차단
- **SPF30** : 자외선B 약 97% 차단
- **SPF50** : 자외선B 98% 차단

② **최소홍반량**(Minimum Erythema Dose, MED) : UVB를 사람의 피부에 조사한 후 16~24시간의 범위 내에 조사영역의 전 영역에 홍반을 나타낼 수 있는 최소한의 자외선 조사량을 말한다.

Tip

어두운 피부보다 밝은 피부가 최소홍반량 값이 낮다.

③ **최소지속형즉시흑화량**(Minimal Persistent Pigment darkening Dose, MPPD) : UVA를 사람의 피부에 조사한 후 2~24시간의 범위 내에, 조사영역의 전 영역에 희미한 흑화가 인식되는 최소 자외선 조사량을 말한다.

④ **자외선A차단지수**(Protection Factor of UVA, PFA) : UVA를 차단하는 제품의 차단효과를 나타내는 지수로 자외선A차단제품을 도포하여 얻은 최소지속형즉시흑화량을 자외선A차단제품을 도포하지 않고 얻은 최소지속형즉시흑화량으로 나눈 값이다(PFA). 값의 소수점 이하는 버리고 정수로 표시한다. 자외선A 범위에서 연속적인 스펙트럼을 가진 자외선으로 태양광의 비율과 유사한 것을 선정하여 측정한다.

⑤ **자외선A차단등급**(Protection grade of UVA) : UVA 차단효과의 정도를 나타내며 약칭은 피·에이(PA)라 한다.

자외선A차단등급 분류

자외선A차단지수（PFA）	자외선A차단등급（PA）	자외선A차단효과
2 이상 4 미만	PA+	낮음
4 이상 8 미만	PA++	보통
8 이상 16 미만	PA+++	높음
16 이상	PA++++	매우 높음

Tip
- 자외선의 종류와 자외선차단지수 표기법을 구분한다.
- 자외선 차단지수 측정법, 내수성 자외선 차단지수 측정법, 자외선A차단지수 측정법을 참고한다.

① 효능·효과가 나타나게 하는 성분의 종류·함량, 효능·효과, 용법·용량, 기준 및 시험방법이 식품의약 품안전처장이 고시한 품목과 같은 기능성화장품

② 이미 심사를 받은 기능성화장품 : 이미 심사를 받은 제조사, 책임판매업자, 연구기관등이 같은 기능성화 장품으로 다음 각 목의 사항이 모두 같은 품목의 화장품(다만, 미백, 주름, 탈모, 여드름, 피부장벽, 튼살에 도움을 주는 기능성화장품은 이미 심사를 받은 품목이 효능·효과가 나타나게 하는 성분을 제외한 대조군 (對照群)과의 비교실험을 통하여 효능이 입증된 경우만 해당한다.)

  ㄱ. 효능·효과가 나타나게 하는 원료의 종류·규격 및 함량(액체상태인 경우에는 농도를 말한다.)

  ㄴ. 효능·효과(자외선차단 기능성화장품의 경우 자외선 차단지수의 측정값이 마이너스 20% 이하의 범위 에 있는 경우에는 같은 효능·효과로 본다.)

  ㄷ. 기준 및 시험방법[산성도(pH)에 관한 기준은 제외]

  ㄹ. 용법·용량

  ㅁ. 제형(劑形) : [햇볕을 방지하여 피부를 곱게 태워주는 화장품과 자외선을 차단하는 화장품을 제외한 기능성화장품의 경우에는 액제(Solution), 로션제(Lotion) 및 크림제(Cream)를 같은 제형으로 본다.]

③ 이미 심사를 받은 기능성화장품 및 식품의약품안전처장이 고시한 기능성화장품과 비교하여 다음 각 목 의 사항이 모두 같은 품목의 화장품(이미 심사를 받은 햇볕을 방지하여 피부를 곱게 태워주는 화장품과 자 외선을 차단하는 화장품의 기능성화장품으로서 그 효능·효과를 나타나게 하는 성분·함량과 고시된 미백, 주름개선 기능성화장품으로서 그 효능·효과를 나타나게 하는 성분·함량이 서로 혼합된 품목만 해당한다.)

  ㄱ. 효능·효과를 나타나게 하는 원료의 종류·규격 및 함량

  ㄴ. 효능·효과(자외선차단지수의 측정값이 마이너스 20% 이하의 범위일 때 같은 효능·효과로 본다.)

  ㄷ. 기준 및 시험방법[산성도(pH)에 관한 기준은 제외한다]

  ㄹ. 용법·용량

  ㅁ. 제형

> **예** • 심사받은 자외선차단제＋나이아신아마이드 2% 혼합제품
> • 심사받은 자외선차단제＋아데노신 0.04% 혼합제품

기능성화장품 심사에 관한 규정 제4조(제출자료의 범위)

1. 안전성, 유효성 또는 기능을 입증하는 자료

　가. 기원 및 개발경위에 관한 자료

　나. 안전성에 관한 자료(다만, 과학적인 타당성이 인정되는 경우에는 구체적인 근거자료를 첨부하여 일부 자료를 생략할 수 있다.)

　다. 유효성 또는 기능에 관한 자료(다만, 탈염 탈색의 기능을 가진 화장품은 [염모효력시험자료]의 자료만 제출한다.)

　라. 자외선차단지수(SPF), 내수성자외선차단지수(SPF, 내수성 또는 지속내수성) 및 자외선A차단등급(PA) 설정의 근거자료(화장품법 시행규칙 제2조제4호 및 제5호의 화장품에 한함)

2. 기준 및 시험방법에 관한 자료(검체 포함)

① 「기능성화장품 기준 및 시험방법」, 국제화장품원료집(ICID) 및 「식품의 기준 및 규격」에서 정하는 원료로 제조되거나 제조되어 수입된 기능성화장품의 경우 제4조제1호나목(안전성에 관한자료)의 자료 제출을 면제한다. 다만, 유효성 또는 기능 입증자료 중 인체적용시험자료에서 피부이상반응 발생 등 안전성 문제가 우려된다고 식품의약품안전처장이 인정하는 경우에는 안전성에 관한 자료를 제출해야 한다.

② [유효성 또는 기능에 관한 자료] 중 인체적용시험자료를 제출하는 경우 효력시험자료 제출을 면제할 수 있다. 다만, 이 경우에는 효력시험자료의 제출을 면제받은 성분에 대해서는 효능·효과를 기재·표시할 수 없다.

③ [별표 4] 자료 제출이 생략되는 기능성화장품의 종류에서 성분·함량을 고시한 품목의 경우에는 제4조제1호 가목부터 다목까지의 자료 제출을 면제한다(**가. 기원 및 개발경위에 관한 자료, 나. 안전성에 관한 자료, 다. 유효성 또는 기능에 관한 자료).**

④ 이미 심사를 받은 기능성화장품(책임판매업자가 같거나 제조업자가 같은 기능성화장품만 해당한다)과 그 효능·효과를 나타나게 하는 원료의 종류, 규격 및 분량(액상인 경우 농도), 용법·용량이 동일하고, 각 호 어느 하나에 해당하는 경우 제4조제 1호 가목부터 다목까지(기원 및 개발 경위에 관한 자료, 안전성에 관한 자료, 유효성 또는 기능에 관한 자료)의 자료 제출을 면제한다.

　1. 효능·효과를 나타나게 하는 성분을 제외한 대조군과의 비교실험으로서 효능을 입증한 경우

　2. 착색제, 착향제, 현탁화제, 유화제, 용해보조제, 안정제, 등장제, pH 조절제, 점도조절제, 용제만 다른 품목의 경우. 다만, 「화장품법 시행규칙」 제2조제10호(피부장벽) 및 제11호(튼살)에 해당하는 기능성화장품은 착향제, 보존제만 다른 경우에 한한다.

⑤ 자외선차단지수(SPF) 10 이하 제품의 경우에는 제4조제1호라목(자외선차단지수(SPF), 내수성자외선차단지수(SPF, 내수성 또는 지속내수성) 및 자외선A차단등급(PA) 설정의 근거자료)의 자료 제출을 면제한다.

⑥ 자외선을 차단 또는 산란시켜 자외선으로부터 피부를 보호하는 기능을 가진 제품의 경우 이미 심사를 받은 기능성화장품[책임판매업자가 같거나 제조업자가 같은 기능성화장품만 해당한다]과 그 효능·효과를 나타내게 하는 원료의 종류, 규격 및 분량(액상의 경우 농도), 용법·용량 및 제형이 동일한 경우에는 제4조제1호의 자료 제출을 면제한다. 다만, 내수성 제품은 이미 심사를 받은 기능성화장품[책임판매업자가 같거나 제조업자(제조업자가 제품을 설계·개발·생산하는 방식으로 제조한 경우만 해당한다)가 같은 기능성화장품만 해당한다]과 착향제, 보존제를 제외한 모든 원료의 종류, 규격 및 분량, 용법·용량 및 제형이 동일한 경우에 제4조제1호의 자료 제출을 면제한다. ***기준 및 시험방법에 관한자료 제출**

⑦ [별표4] (자료제출이 생략되는 기능성화장품의 종류) 제4호의(2) 2제형 산화염모제에 해당하나 제1제를 두 가지로 분리하여 제1제 두 가지를 각각 2제와 섞어 순차적으로 사용 또는 제1제를 먼저 혼합한 후 제2제를 섞는 것으로 용법·용량을 신청하는 품목(단, 용법·용량 이외의 사항은 [별표 4] 제4호에 적합하여야 한다)은 제4조제1호의 자료 제출을 면제한다. ***기준 및 시험방법에 관한자료 제출**

1) 자료제출이 생략되는 기능성화장품의 종류(제6조 3항) - 기능성화장품 심사에 관한 규정(별표 4)

(1) 피부를 곱게 태워주거나 자외선으로부터 피부를 보호하는데 도움을 주는 제품의 성분 및 함량

① 화장품의 유형 중 영·유아용 제품류 중 로션, 크림 및 오일, 기초화장용 제품류, 색조화장용 제품류에 한함

번호	성분명	최대함량
1	드로메트리졸	1%
2	디갈로일트리올리에이트	5%
3	4-메칠벤질리덴캠퍼	4%
4	멘틸안트라닐레이트	5%
5	벤조페논-3	2.4%
6	벤조페논-4	5%
7	벤조페논-8	3%
8	부틸메톡시디벤조일메탄	5%
9	시녹세이트	5%
10	에칠헥실트리아존	5%
11	옥토크릴렌	10%
12	에칠헥실디메칠파바	8%
13	에칠헥실메톡시신나메이트	7.5%
14	에칠헥실살리실레이트	5%
15	페닐벤즈이미다졸설포닉애씨드	4%
16	호모살레이트	10%
17	징크옥사이드	25% (자외선차단성분으로서)
18	티타늄디옥사이드	25% (자외선차단성분으로서)
19	이소아밀p-메톡시신나메이트	10%
20	비스-에칠헥실옥시페놀메톡시 페닐트리아진	10%
21	디소듐페닐디벤즈이미다졸테트라 설포네이트	산으로 10%

번호	성분명	최대함량
22	드로메트리졸트리실록산	15%
23	디에칠헥실부타미도트리아존	10%
24	폴리실리콘 - 15(디메치코디에칠벤잘말로네이트)	10%
25	메칠렌비스 - 벤조트리아졸릴테트라 메칠부틸페놀	10%
26	테레프탈릴리덴디캠퍼설포닉애씨드 및 그 염류	산으로 10%
27	디에칠아미노하이드록시벤조일헥실 벤조에이트	10%

> **Tip**
> ① 위에서 고시된 자외선 성분 및 함량 사용 시 "자외선 설정의 근거자료(인체적용시험자료)", "기준 및 시험방법에 관한자료"를 제출해야 하며 일부 심사를 받는다.
> ② 티타늄디옥사이드(TiO_2), 징크옥사이드(산화아연)는 백색 분말로 백색제로 사용되기도 하며 자외선차단성분으로 사용 시 백탁현상이 일어나고 자외선을 산란시키는 물리적 작용을 하는 무기성분에 해당된다. 그 외 원료는 유기성분으로서 자외선을 흡수하는 화학적 작용을 한다.

(2) 피부의 미백에 도움을 주는 제품의 성분 및 함량

① **제형** : 로션제, 액제, 크림제 및 침적 마스크

② **효능·효과** : 피부의 미백에 도움을 준다.

③ **용법·용량** : 본품 적당량을 취해 피부에 골고루 펴 바른다. 또는 본품을 피부에 붙이고 10~20분 후 지지체를 제거한 다음 남은 제품을 골고루 펴 바른다(침적 마스크에 한함).

번호	성분명	함량
1	닥나무추출물	2%
2	알부틴	2~5%
3	에칠아스코빌에텔	1~2%
4	유용성감초추출물	0.05%
5	아스코빌글루코사이드	2%
6	마그네슘아스코빌포스페이트	3%
7	나이아신아마이드	2~5%
8	알파 - 비사보롤	0.5%
9	아스코빌테트라이소팔미테이트	2%

(3) 피부의 주름개선에 도움을 주는 제품의 성분 및 함량

① **제형** : 로션제, 액제, 크림제 및 침적 마스크

② **효능·효과** : 피부의 주름개선에 도움을 준다.

③ **용법·용량** : 본품 적당량을 취해 피부에 골고루 펴 바른다. 또는 본품을 피부에 붙이고 10~20분 후 지지체를 제거한 다음 남은 제품을 골고루 펴 바른다(침적 마스크에 한함).

번호	성분명	함량
1	레티놀	2,500IU/g
2	레티닐팔미테이트	10,000IU/g
3	아데노신	0.04%
4	폴리에톡실레이티드레틴아마이드	0.05~0.2%

(4) 모발의 색상을 변화(탈염·탈색 포함)시키는 기능을 가진 제품의 성분 및 함량

① **제형** : 분말제, 액제, 크림제, 로션제, 에어로졸제, 겔제

② **효능·효과** : 다음 중 어느 하나로 제한함

　ㄱ. 염모제 : 모발의 염모(색상) **예** 모발의 염모(노랑색)

　ㄴ. 탈색·탈염제 : 모발의 탈색

　ㄷ. 염모제의 산화제

　ㄹ. 염모제의 산화제 또는 탈색제·탈염제의 산화제

　ㅁ. 염모제의 산화보조제

　ㅂ. 염모제의 산화보조제 또는 탈색제·탈염제의 산화보조제

③ **용법·용량** : 품목에 따라 다음과 같이 제한함

　ㄱ. **3제형 산화염모제** : 제1제 ○g(mL)에 대하여 제2제 ○g(mL)와 제3제 ○g(mL)의 비율로(필요한 경우 혼합순서를 기재한다.) 사용 직전에 잘 섞은 후 모발에 균등히 바른다. ○분 후에 미지근한 물로 잘 헹군 후 비누나 샴푸로 깨끗이 씻고 마지막에 따뜻한 물로 충분히 헹군다. 용량은 모발의 양에 따라 적절히 증감한다.

　ㄴ. **2제형 산화염모제** : 제1제 ○g(mL)에 대하여 제2제 ○g(mL)의 비율로 사용 직전에 잘 섞은 후 모발에 균등히 바른다(단, 일체형 에어로졸제[1]의 경우에는 "(사용 직전에 충분히 흔들어) 제1제 ○g(mL)에 대하여 제2제 ○g(mL)의 비율로 섞여 나오는 내용물을 적당량 취해 모발에 균등히 바른다."로 한다). ○분 후에 미지근한 물로 잘 헹군 후 비누나 샴푸로 깨끗이 씻고 마지막에 따뜻한 물로 충분히 헹군다. 용량은 모발의 양에 따라 적절히 증감한다.

　ㄷ. **2제형 비산화염모제** : 먼저 제1제를 필요한 양만큼 취하여(탈지면에 묻혀) 모발에 충분히 반복하여 바른 다음 가볍게 비벼준다. 자연 상태에서 ○분 후 염색이 조금 되어갈 때 제2제를(필요 시, 잘 흔들어 섞어) 충분한 양을 취해 반복해서 균등히 바르고 때때로 빗질을 해준다. 제2제를 바른 후 ○분 후에 미지근한 물로 잘 헹군 후 비누나 샴푸로 깨끗이 씻고 마지막에 따뜻한 물로 충분히 헹군다. 용량은 모발의 양에 따라 적절히 증감한다(추가항목은 부록참조).

구분	성분명	사용할 때 농도 상한(%)
I	p-니트로-o-페닐렌디아민	1.5
	니트로-p-페닐렌디아민	3.0
	2-메칠-5-히드록시에칠아미노페놀	0.5
	2-아미노-4-니트로페놀	2.5
	2-아미노-5-니트로페놀	1.5
	2-아미노-3-히드록시피리딘	1.0

---

1 **일체형 에어로졸제** : 1품목으로 신청하는 2제형 산화염모제 또는 2제형 탈색·탈염제 중 제1제와 제2제가 칸막이로 나뉘어져 있는 일체형 용기에 서로 섞이지 않게 각각 분리·충전되어 있다가 사용 시 하나의 배출구(노즐)로 배출되면서 기계적(자동)으로 섞이는 제품

구분	성분명	사용할 때 농도 상한(%)
I	5-아미노-o-크레솔	1.0
	m-아미노페놀	2.0
	p-아미노페놀	0.9
	염산 2,4-디아미노페녹시에탄올	0.5
	염산 톨루엔-2,5-디아민	3.2
	염산 p-페닐렌디아민	3.3
	염산 히드록시프로필비스(N-히드록시에칠-p-페닐렌디아민)	0.4
	톨루엔-2,5-디아민	2.0
	p-페닐렌디아민	2.0
	N-페닐-p-페닐렌디아민	2.0
	피크라민산	0.6
	황산 p-니트로-o-페닐렌디아민	2.0
	황산 p-메칠아미노페놀	0.68
	황산 5-아미노-o-크레솔	4.5
	황산 m-아미노페놀	2.0
	황산 o-아미노페놀	3.0
	황산 p-아미노페놀	1.3
	황산 톨루엔-2,5-디아민	3.6
	황산 m-페닐렌디아민	3.0
	황산 p-페닐렌디아민	3.8
	황산 N,N-비스(2-히드록시에칠)-p-페닐렌디아민	2.9
	2,6-디아미노피리딘	0.15
	염산 2,4-디아미노페놀	0.5
	1,5-디히드록시나프탈렌	0.5
	피크라민산 나트륨	0.6
	황산 2-아미노-5-니트로페놀	1.5
	황산 o-클로로-p-페닐렌디아민	1.5
	황산 1-히드록시에칠-4,5-디아미노피라졸	3.0
	히드록시벤조모르포린	1.0
	6-히드록시인돌	0.5
II	α-나프톨	2.0
	레조시놀	2.0

구분		성분명	사용할 때 농도 상한(%)
II		2-메칠레조시놀	0.5
		몰식자산	4.0
III	A	과붕산나트륨, 과붕산나트륨일수화물, 과산화수소수, 과탄산나트륨	과산화수소로서 제품 중 농도가 12.0% 이하
	B	강암모니아수, 모노에탄올아민, 수산화나트륨	
IV		과황산암모늄, 과황산칼륨, 과황산나트륨	

※ I 란에 있는 유효성분 중 염이 다른 동일 성분은 1종만을 배합한다.

※ 유효성분 중 사용 시 농도상한이 같은 표에 설정되어 있는 것은 제품 중의 최대배합량이 사용 시 농도로 환산하여 같은 농도상한을 초과하지 않아야 한다.

※ I 란에 기재된 유효성분을 2종 이상 배합하는 경우에는 각 성분의 사용 시 농도(%)의 합계치가 5.0%를 넘지 않아야 한다.

※ IIIA란에 기재된 것 중 과산화수소수는 과산화수소로서 제품 중 농도가 12.0% 이하이어야 한다.

> **Tip**
>
> 위에서 고시된 성분과 함량을 사용한 모발의 색상을 변화시키는 기능성화장품의 경우 유효성 또는 기능에 관한 자료 중 "염모효력시험자료", "기준 및 시험방법에 관한자료"를 제출하여 일부 심사를 받는다.

(5) 체모를 제거하는 기능을 가진 제품의 성분 및 함량

① **제형** : 액제, 크림제, 로션제, 에어로졸제

② **효능·효과** : 제모(체모의 제거)

③ **용법·용량** : 사용 전 제모 할 부위를 씻고 건조시킨 후 이 제품을 제모 할 부위의 털이 완전히 덮이도록 충분히 바른다. 문지르지 말고 5~10분간 그대로 두었다가 일부분을 손가락으로 문질러 보아 털이 쉽게 제거되면 젖은 수건[(제품에 따라서는) 또는 동봉된 부직포 등]으로 닦아 내거나 물로 씻어낸다. 면도한 부위의 짧고 거친 털을 완전히 제거하기 위해서는 한 번 이상(수일 간격) 사용하는 것이 좋다.

번호	성분명	함량
1	치오글리콜산 80%	치오글리콜산으로서 3.0~4.5%

※ pH 범위는 7.0 이상 12.7 미만이어야 한다.

> **Tip**
>
> **치오글라이콜릭애씨드**(치오글리콜산) **사용한도**
>
> ① 헤어퍼머넌트웨이브용 및 헤어스트레이트너 제품 11%
>
> ② 가온2욕식 헤어스트레이트너 제품은 5%
>
> ③ 발열2욕식 헤어퍼머넌트웨이브용 제품 19%
>
> ④ 제모용 제품 5%(자료제출)
>
> ⑤ 염모제 1%

⑥ 사용 후 씻어내는 두발용 제품류 2%

⑦ 위 용도 외 사용금지

※ 크림제의 경우만 〈기준 및 시험방법에 관한 자료〉 제출이 생략된다.

(6) 여드름성 피부를 완화하는데 도움을 주는 제품의 성분 및 함량

① **유형**: 인체세정용제품류(비누조성의 제제)

② **제형**: 액제, 로션제, 크림제에 한함(부직포 등에 침적된 상태는 제외함)

③ **효능·효과**: 여드름성 피부를 완화하는 데 도움을 준다.

④ **용법·용량**: 본품 적당량을 취해 피부에 사용한 후 물로 바로 깨끗이 씻어낸다.

번호	성분명	함량
1	살리실릭애씨드	0.5%

Tip

살리실릭애씨드 사용한도: 영유아, 어린이제품 사용금지(샴푸 제외)

① 보존제로 사용시: 0.5% 한도

① 기능성 성분으로 사용시: 영유아, 어린이제품 사용금지(샴푸 제외)

- 인체세정용제품류 2% 사용한도
- 사용 후 씻어내는 두발용제품류 3% 사용한도

② 사용용도는 보존제와 기능성 성분으로만 사용가능하다.

※ 살리실릭애씨드로서 0.5% 사용시 1번~3번 자료가 생략되고, 초과 사용시 모든 자료를 제출하여 심사를 받아야 한다.

---

(7) 탈모 증상을 완화하는데 도움을 주는 제품의 성분 및 함량

※ 성분 함량 및 제제의 기준 및 시험방법은 고시가 안됨

▶ **고시된 탈모에 도움을 주는 기능성 성분**

덱스판테놀, 엘멘톨, 비오틴, 징크피리치온, 징크피리치온액50%

▶ **그외 탈모에 도움을 주는 기능성 성분**

살리실릭애씨드, 나이아신아마이드

① L-멘톨($C_{10}H_{20}O$)

ㄱ. 이 원료는 무색의 결정으로 특이하고 상쾌한 냄새가 있고 맛은 처음에는 쏘는 듯하고 나중에는 시원하다.

ㄴ. 이 원료는 에탄올 또는 에테르에 썩 잘 녹고 물에는 매우 녹기 어렵다.

ㄷ. 이 원료는 실온에서 천천히 승화한다.

- 멘톨은 박하의 결정체로 화학식은 $C_{10}H_{20}O$ 이다. 분자량 156.27, 녹는점 41.6℃, 비중 0.890(15℃)이며 긴 막대형태 모양의 결정으로 투명하며 박하 특유의 상쾌하고 시원한 느낌을 주는 자극적인 향이 난다.

- 멘톨의 종류는 L-멘톨, D-멘톨이라는 이성질체가 있지만 비활성물질인 D-멘톨은 천연으로는 존재하지 않는다.

- L-멘톨은 탈모관련 기능성물질로 고시되어 있어서 일반적으로 멘톨이라 함은 엘-멘톨을 의미하기도 한다.

- 물에는 그의 녹지 않는 성질이 있으며 에탄올, 에테르와 같은 용제에 녹여서 사용하며 일반적으로 씻어내는 두발용제품의 지성, 비듬에 관여하는 탈모제품에 사용된다. 너무 많은 양을 사용하면 자극적이고 눈이 맵다. 또한 시중에 쿨비누라는 것을 만들기 위해 멘톨을 5~20%까지 사용하는 사례가 빈번한데 멘톨은 냉감을 주는 성분으로 과한 사용은 몸의 한기로 인해 병을 초래할 수 있고 또한 자극적이여 또 다른 문제점이 발생할 수 있다.

- 일반적으로 엘-멘톨은 샴푸의 경우 0.5~2%, 토너 0.1% 정도 첨가하여 사용하는 경우가 많으나 취향에 따라 약간의 가감을 하기도 한다.

② 덱스판테놀($C_9H_{19}NO_4$)

ㄱ. 무색의 점성이 있는 액으로 약간의 특이한 냄새가 있다.

ㄴ. 이원료는 물, 에탄올, 메탄올 또는 프로필렌글리콜에 잘 녹으며 클로로포름 또는 에테르에 녹고 글리세린에는 녹기 어렵다.

③ 비오틴($C_{10}H_{16}N_2O_3S$)

ㄱ. 이 원료는 흰색 또는 거의 흰색의 결정의 가루이거나 무색의 결정이다. 물과 에탄올에 매우 녹기 어려우며, 아세톤에 거의 녹지 않고 묽은 알칼리 용액에는 녹는다.

④ 징크피리치온($C_{10}H_8N_2O_2S_2Zn$)

ㄱ. 이 원료는 황색을 띤 회백색의 가루로 냄새는 없다.

ㄴ. 이 원료는 디메틸설폭시드에 녹고 디메틸포름아미드 또는 클로로포름에 조금 녹으며 물 또는 에탄올에 거의 녹지 않는다.

ㄷ. 이 원료는 수산화나트륨시액에 녹는다.

⑤ 징크피리치온 액50%

ㄱ. 이 원료는 「기능성화장품 기준 및 시험방법」에 따른 '징크피리치온'을 가지고 정제수, 소듐폴리나프탈렌설포네이트 등을 혼합하여 균질하게 만든 원료이다.

ㄴ. 이 원료는 정량할 때 징크피리치온[($C_{10}H_8N_2O_2S_2Zn$) : 317.70] 47.0~53.0%를 함유한다.

ㄷ. 이 원료는 흰색의 수성현탁제로 약간 특이한 냄새가 있다.

- 이고시의 영문 명칭 : Korean Functional Cosmetics Codex(**KFCC**)
- [기준 및 시험방법에 관한 자료] 제출 면제
- 제제를 만들 경우 : 부형제, 안정제, 보존제, 완충제 등 첨가제를 넣을 수 있다(다만, 해당 제제의 안전성에 영향을 주지 않아야 하며, 또한 기능을 변하게 하거나 시험에 영향을 주어서는 안된다).

① 고시 사항에 따른 자료 제출 면제 범위

고시 사항	생략되는 서류
효능·효과를 나타내는 성분·함량 고시 (별표 4 자료제출이 생략되는 기능성화장품의 종류)	1. 기원 및 개발 경위에 관한 자료 2. 안전성에 관한 자료 3. 유효성 또는 기능에 관한 자료
기준 및 시험방법을 고시(제형고시)	5. 기준 및 시험방법에 관한 자료

Tip

식약처장이 함량을 고시한 기능성성분 중 효능효과를 나타내는 성분 및 함량이 고시되고 제형에 따른 기준 및 시험방법이 고시되면 모든 자료제출이 면제 된다.

② 기준 및 시험방법에 관한 자료 면제 범위

기능성종류	함량기준이 고시된 성분	시험이 고시된 제형	제제의 함량 기준
피부의 미백에 도움을 주는 기능성화장품 각조	닥나무추출물(2w/v% 부틸렌글라이콜용액)	-	-
	나이아신아마이드(98% 이상함유)	로션제/액제 크림제/ 침적 마스크	90% 이상에 해당하는 성분 함유
	아스코빌글루코사이드(98% 이상함유)		
	아스코빌테트라이소팔미테이트(95% 이상함유)		
	알부틴(98% 이상함유)		
	알파-비사보롤(97% 이상함유)		
	에칠아스코빌에텔(95% 이상함유)		
	유용성감초추출물(글라브리딘 35% 이상함유)		
피부의 주름 개선에 도움을 주는 기능성화장품 각조	레티놀(90% 이상함유)	로션제/크림제/ 침적 마스크	90% 이상
	레티닐팔미테이트(90% 이상함유)	로션제/크림제/ 침적 마스크	90% 이상
	아데노신(99% 이상함유)	아데노신액(2%)	1.9~2.1%
		로션제/액제 크림제/ 침적 마스크	90% 이상

기능성종류	함량기준이 고시된 성분	시험이 고시된 제형	제제의 함량 기준
피부의 주름 개선에 도움을 주는 기능성화장품 각조	폴리에톡실레이티드레틴아마이드(95% 이상함유)	-	-
자외선으로 부터 피부를 보호하는 기능성화장품의 각조	드로메트리졸(95~104%) 드로메트리졸트리실록산(98%) 디갈로일트리올리에이트(98%) 디메치코디에칠벤잘말로네이트(94~104%) 디에칠아미노하이드록시벤조일헥실벤조에이트(99%) 디에칠헥실부타미도트리아존(97%) 디소듐페닐디벤드이미다졸테트라설포네이트(96%) 메칠렌비스-벤조트리아졸릴테트라메칠부틸페놀(98.5%) 메칠렌비스-벤조트리아졸릴테트라메칠부틸페놀액 50%(48~52%) 4-메칠벤질리덴캠퍼(99.5%) 멘틸안트라닐레이트(98%) 벤조페논-3(90%) 벤조페논-4(95%) 벤조페논-8(97%) 부틸메톡시디벤조일메탄(97~104%) 비스-에칠헥실옥시페놀메톡시페닐트리아진(98%) 시녹세이트(95~105%) 옥토크릴렌(98%) 에칠헥실디메칠파바(95%) 에칠헥실메톡시신나메이트(95%) 에칠헥실살리실레이트(98%) 에칠헥실트리아존(98%) 이소아밀p-메톡시신나메이트(98%) 징크옥사이드(99.5%) 테레프탈릴리덴디캠퍼설포닉애씨드액33%(32.6~35.1%) 티타늄디옥사이드(90%) 페닐벤즈이미다졸설포닉애씨드(98%) 호모살레이트(98%)	-	-
피부의 미백 및 주름개선에 도움을 주는 기능성화장품의 각조	알부틴·아데노신	로션제/액제 크림제/ 침적 마스크	90% 이상
	알파-비사보롤·아데노신		
	나이아신아마이드·아데노신		
	에칠아스코빌에텔·아데노신		
	유용성감초추출물·아데노신	액제/로션제/ 크림제	

기능성화장품

기능성종류	함량기준이 고시된 성분	시험이 고시된 제형	제제의 함량 기준
피부의 미백 및 주름개선에 도움을 주는 기능성화장품의 각조	아스코빌글루코사이드·아데노신	액제	90% 이상
	알부틴·레티놀	크림제	
모발의 색상을 변화 시키는데 도움을 주는 기능성화장품의 각조	별표 6참조	-	-
체모를 제거하는데 도움을 주는 기능성화장품의 각조	치오글리콜산(80%)	크림제	90~110%
여드름성 피부를 완화하는데 도움을 주는 기능성화장품의 각조	살리실릭애씨드(99.5%)	-	-
탈모증상의 완화에 도움을 주는 기능성화장품 각조	덱스판테놀(98~102%) 비오틴(98.5~101%) 엘-멘톨(98~101%) 징크피리치온(90~101%) 징크피리치온액 50%(47~53%)	-	-

제6장　기능성화장품의 양도 양수 및 변경

다음의 서류를 첨부하여 식품의약품안전평가원장에게 제출

① 변경심사의뢰서(전자문서 포함)

② 먼저 발급받은 기능성화장품심사결과통지서

③ 변경사유를 증명할 수 있는 서류(양도·양수계약서)

1. 품명은 이미 심사를 받은 기능성화장품의 명칭과 동일하면 안된다(다만, 수입품목의 경우 제조소(원)가 같은 동일 품목을 수입하는 경우에는 책임판매업자명을 병기하여 구분하여야 한다).

2. 기능성화장품의 원료 성분 및 그 분량은 제제의 특성을 고려하여 각 성분마다 배합목적, 성분명, 규격, 분량 (중량, 용량)을 기재하여야 한다. 다만, 「화장품 안전기준 등에 관한 규정」에 사용한도가 지정되어 있지 않은 착색제, 착향제, 현탁화제, 유화제, 용해보조제, 안정제, 등장제, pH 조절제, 점도 조절제, 용제 등의 경우에는 적량으로 기재할 수 있고, 착색제 중 식품의약품안전처장이 지정하는 색소(황색4호 제외)를 배합하는 경우에는 성분명을 "식약처장지정색소"라고 기재할 수 있다.

3. 원료 및 그 분량은 "100밀리리터중" 또는 "100그람중"으로 그 분량을 기재함을 원칙으로 하며, 분사제는 "100그람중"(원액과 분사제의 양 구분표기)의 함량으로 기재한다.

4. 각 원료의 성분명과 규격은 다음 각 호에 적합하여야 한다.

• 성분명은 제6조제1항의 규정에 해당하는 원료집에서 정하는 명칭[국제화장품원료집의 경우 INCI(International Nomenclature Cosmetic Ingredient) 명칭]을, 별첨규격의 경우 일반명 또는 그 성분의 본질을 대표하는 표준화된 명칭을 각각 한글로 기재한다.

• 규격은 다음과 같이 기재하고, 그 근거자료를 첨부하여야 한다.

  (1) 효능·효과를 나타나게 하는 성분 : 「기능성화장품 기준 및 시험방법」에서 정하는 규격기준의 원료인 경우 그 규격으로 하고, 그 이외에는 "별첨규격" 또는 "별규"로 기재하며 [별표 2]기준 및 시험방법작성요령에 따라 작성할 것

  (2) 효능·효과를 나타나게 하는 성분 이외의 성분 : 국제화장품원료집(ICID)의 INCI 명칭으로, 「화장품 색소 종류와 기준 및 시험방법」에서 정하는 원료인 경우 "화장품색소고시"로 하고, 그 이외에는 "별첨규격" 또는 "별규"로 기재하며 [별표 2]의 작성요령에 따라 작성할 것

5. 제형은 「기능성화장품 기준 및 시험방법」 통칙에서 정하고 있는 제형으로 표기한다. 로션제, 액제, 크림제, 침적마스크, 겔제, 에어로졸제, 분말제. 다만, 이를 정하고 있지 않은 경우 제형을 간결하게 표현할 수 있다.

6. 자외선으로부터 피부를 보호하는데 도움을 주는 제품에 자외선차단지수(SPF) 또는 자외선A차단등급(PA)을 표시하는 때에는 다음 각 호의 기준에 따라 표시한다.

• 자외선차단지수(SPF)는 측정결과에 근거하여 평균값(소수점 이하 절사)으로부터 –20% 이하 범위 내 정수 (예 SPF평균값이 '23'일 경우 19~23 범위정수)로 표시하되, SPF 50 이상은 "SPF50+"로 표시한다.

• 자외선A차단등급(PA)은 측정결과에 근거하여 [별표 3] 자외선 차단효과 측정방법 및 기준에 따라 표시한다.

• 내수성·지속내수성은 측정결과에 근거하여 [별표 3] 자외선 차단효과 측정방법 및 기준에 따른 '내수성비 신뢰구간'이 50% 이상일 때, "내수성" 또는 "지속내수성"으로 표시한다.

7. 기능성화장품의 용법·용량은 오용될 여지가 없는 명확한 표현으로 기재하여야 한다.

8. 사용할 때의 주의사항은 「화장품법 시행규칙」 [별표 3] 화장품 유형과 사용할 때의 주의사항의 2. 사용할 때의 주의사항 및 「화장품 사용할 때의 주의사항 표시에 관한 규정」을 기재하되, 별도의 주의사항이 필요한 경우에는 근거자료를 첨부하여 추가로 기재할 수 있다.

9. 기준 및 시험방법에 관한 자료는 [별표 2] 기준 및 시험방법 작성요령에 적합하여야 한다.

10. 탈모, 여드름, 피부장벽, 튼살에 해당되는 기능성화장품의 경우 "질병의 예방 및 치료를 위한 의약품이 아님"이라는 문구 표기

1) 표시기준(로고모형)

① 표시방법

ㄱ. 도안의 크기는 용도 및 포장재의 크기에 따라 동일 배율로 조정한다.

ㄴ. 도안은 알아보기 쉽도록 인쇄 또는 각인 등의 방법으로 표시해야 한다.

01

기능성화장품 심사시 필요한 제출 서류는 기원 및 개발 경위에 관한 자료, (ㄱ)에 관한 자료, (ㄴ) 및 기능에 관한 자료, 자외선차단지수, 내수성자외선차단지수 및 자외선A차단등급 설정의 근거자료, 기준 및 시험방법에 관한 자료이다.

02

유효성 또는 기능에 관한 자료는 ( ), 인체 적용시험 자료, 염모효력시험자료가 있다.

03

( )는 UVB를 차단하는 제품의 차단효과를 나타내는 지수로서 자외선차단제품을 도포하여 얻은 최소홍반량을 자외선차단제품을 도포하지 않고 얻은 최소홍반량으로 나눈 값이다.

04

320~400nm의 장파장으로 진피까지 도달하여 색소침착 및 콜라겐손상등을 일으키며 피부노화에 직접적인 원인을 제공하는 자외선은 ( )이다.

05

기능성화장품 중 탈모, 튼살, 여드름, 피부장벽에 관련된 화장품에는 ( ) 주의문구를 넣어야 한다.

06

(별표 4)자료제출이 생략되는 기능성화장품으로 성분, 함량이 고시된 경우 기능성화장품심사 또는 보고시 어떤 자료가 생략되는가?

① 기원및 개발 경위에 관한 자료
② 안전성에 관한 자료
③ 유효성 또는 기능에 관한 자료
④ 자외선차단지수(SPF), 내수성자외선차단지수 및 자외선A차단등급(PA) 설정의 근거자료
⑤ 기준 및 시험방법에 관한 자료

07

[기능성화장품 기준및 시험방법]에 고시된 원료로 제조한 화장품은 ( )에 관한자료 제출을 면제한다. 다만, 유효성자료중 인체적용시험자료에서 피부이상반응 발생시에는 ( )에 관한자료를 제출해야 한다. 다음 중 공통적으로 들어갈 제출서류명을 적으시오.

08

자외선차단지수 (　　)의 제품은 자료제출시 "자외선차단지수 및 자외선A차단등급 설정의 근거자료" 제출을 면제한다. 자료제출을 면제하는 자외선차단지수를 적으시오.

09

유효성 또는 기능에 관한자료 제출시 인체적용시험자료를 제출하는 경우에는 (　　)는 제출을 면제할 수 있다. 다만, 서류 제출이 면제된 성분의 효능·효과를 기재·표시 할 수 없다.

※식약처에서 고시한 자료제출이 생략되는 기능성 성분의 함량 또는 최대 함량을 적으시오(10~13문).

10

벤조페논-3　　　　　　　(　　)%

11

벤조페논-8　　　　　　　(　　)%

12

호모살레이트　　　　　　(　　)%

13

티타늄디옥사이드　　　　(　　)%

※자료제출이 생략되는 기능성 성분 중 식약처장이 고시한 사용 함량을 적고 그 성격이 수용성인지 지용성인지 표시하시오(14~20문).

14

닥나무추출물　　　　　　(　　)%

15

나이아신아마이드　　　　(　　)%

16

알파-비사보롤   (   )%

17

아스코빌글루코사이드   (   )%

18

아데노신   (   )%

19

치오글리콜산 80%   (   )%

20

살리실릭애씨드(여드름 관련 기능성제품) (   )%

21

햇빛에 피부가 노출되면 10분 뒤 홍반이 나타납니다. 4시간의 야외활동을 해야 한다면 사용해야 되는 자외선차단제품의 자외선차단지수는?

정답	
01	(ㄱ) 안전성, (ㄴ) 유효성
02	효력시험자료
03	자외선 차단지수(SPF)
04	자외선A(UVA)
05	질병의 예방 및 치료를 위한 의약품이 아님
06	①, ②, ③
07	안전성
08	10 이하
09	효력시험자료
10	5
11	3
12	10
13	25
14	2%, 수용성
15	2~5%, 수용성
16	0.5%, 지용성
17	2%, 수용성
18	0.04%, 수용성
19	3~4.5%, 수용성
20	0.5%, 지용성
21	24

제1장 ▸ 화장품법의 입법 취지

이 고시의 영문명칭은 「Korean Functional Cosmetics Codex」라 하고, 줄여서 「KFCC」라 할 수 있다. 제제를 만들 경우에는 따로 규정이 없는 한 그 보존 중 성상 및 품질의 기준을 확보하고 그 유용성을 높이기 위하여 부형제, 안정제, 보존제, 완충제 등 적당한 첨가제를 넣을 수 있다(다만, 첨가제는 해당 제제의 안전성에 영향을 주지 않아야 하며, 또한 기능을 변하게 하거나 시험에 영향을 주어서는 아니 된다).

이 고시에서 규정하는 시험방법 외에 정확도와 정밀도가 높고 그 결과를 신뢰할 수 있는 다른 시험방법이 있는 경우에는 그 시험방법을 쓸 수 있다. 다만 그 결과에 대하여 의심이 있을 때에는 규정하는 방법으로 최종의 판정을 실시한다.

1) 화장품의 제형

① **로션제** : 유화제 등을 넣어 유성성분과 수성성분을 균질화하여 점액상으로 만든 것

② **액제** : 화장품에 사용되는 성분을 용제 등에 녹여서 액상으로 만든 것

③ **크림제** : 유화제 등을 넣어 유성성분과 수성성분을 균질화하여 반고형상으로 만든 것

④ **침적마스크제** : 액제, 로션제, 크림제, 겔제 등을 부직포 등의 지지체에 침적하여 만든 것

⑤ **겔제** : 액체를 침투시킨 분자량이 큰 유기분자로 이루어진 반고형상

⑥ **에어로졸제** : 원액을 같은 용기 또는 다른 용기에 충전한 분사제(액화기체, 압축기체 등)의 압력을 이용하여 안개모양, 포말상 등으로 분출하도록 만든 것

⑦ **분말제** : 균질하게 분말상 또는 미립상으로 만든 것을 말하며, 부형제 등을 사용할 수 있다.

2) 화장품의 용기

용기종류	특징
밀폐용기	일상의 취급 또는 보통 보존상태에서 외부로부터 고형의 이물이 들어가는 것을 방지하고 고형의 내용물이 손실되지 않도록 보호할 수 있는 용기를 말한다. 밀폐용기로 규정되어 있는 경우에는 기밀용기도 쓸 수 있다.
기밀용기	일상의 취급 또는 보통 보존상태에서 액상 또는 고형의 이물 또는 수분이 침입하지 않고 내용물을 손실, 풍화, 조해 또는 증발로부터 보호할 수 있는 용기를 말한다. 기밀용기로 규정되어 있는 경우에는 밀봉용기도 쓸 수 있다.

용기종류	특징
밀봉용기	일상의 취급 또는 보통의 보존상태에서 기체 또는 미생물이 침입할 염려가 없는 용기를 말한다.
차광용기	광선의 투과를 방지하는 용기 또는 투과를 방지하는 포장을 한 용기를 말한다.

3) 저장 및 시험 온도의 정의(셀시우스법 ℃)

온도	정의
표준온도	20℃
상온	15~25℃
실온	1~30℃
미온	30~40℃
냉소	1~15℃ 이하의 곳
냉수	10℃ 이하의 물
미온탕	30~40℃의 물
온탕	60~70℃의 물
열탕	약 100℃의 물
가열한용매(열용매)	그 용매의 비점 부근의 온도로 가열한 것
가온한용매(온용매)	60~70℃로 가온한 것
수욕상 또는 수욕중에서 가열	끓인 수욕 또는 100℃의 증기욕을 써서 가열하는 것
냉침	15~25℃
온침	35~45℃

4) 액성의 pH

액성을 산성, 알칼리성 또는 중성으로 나타낸 것은 따로 규정이 없는 한 리트머스지를 써서 검사한다. 액성을 구체적으로 표시할 때에는 pH값을 쓴다.

pH	범위
미산성	약 5~약 6.5
약산성	약 3~약 5
강산성	약 3 이하
미알칼리성	약 7.5~약 9
약알칼리성	약 9~약 11
강알칼리성	약 11 이상

5) 색상

① 색상을 백색이라고 기재한 것은 백색 또는 거의 백색에 가까운 색상을 의미하며, 무색이라고 기재한 것은 무색 또는 거의 무색에 가까운 색상을 나타낸다.

② 색상을 시험할 때 따로 규정이 없는 한 고체의 화장품 원료는 1g을 백지 위 또는 백지 위에 놓은 시계 접시에 취하여 관찰하며, 액상의 화장품원료는 안지름 15mm의 무색시험관에 액층을 30mm로 하여 백색의 배경을 사용하여 관찰한다.

③ 화장품 액상 원료의 무색을 시험할 때는 흑색 또는 백색의 배경을 사용하여 관찰한다.

④ 화장품 액상 원료의 형광을 관찰할 때는 흑색의 배경을 사용하고 백색의 배경은 사용하지 않는다.

6) 냄새

무취(냄새 없음)라고 기재한 것은 무취 또는 거의 냄새가 없는 것을 의미한다. 냄새시험은 따로 규정이 없는 한 1g을 100mL 비커에 취하여 시험한다.

7) 농도

용액의 농도를 (1→5), (1→10), (1→100) 등으로 기재한 것은 고체물질 1g 또는 액상물질 1mL를 용제에 녹여 전체량을 각각 5mL, 10mL, 100mL등으로 하는 비율을 나타낸 것이다. 또 혼합액을 (1:10) 또는 (5:3:1) 등으로 나타낸 것은 액상물질의 1용량과 10용량과의 혼합액, 5용량과 3용량과 1용량과의 혼합 액을 나타낸다.

8) 기타

① 시험은 따로 규정이 없는 한 상온에서 실시하고 조작 직후 그 결과를 관찰하는 것으로 한다. 다만 온도의 영향이 있는 것의 판정은 표준온도에 있어서의 상태를 기준으로 한다.

② 물질명 다음에 (   ) 또는 [   ]중에 분자식을 기재한 것은 화학적 순수물질을 뜻한다. 분자량은 국제원자량표에 따라 계산하여 소수점 이하 셋째 자리에서 반올림하여 둘째 자리까지 표시한다.

③ 통칙 및 일반시험법에 쓰이는 시약, 시액, 표준액, 용량분석용표준액, 계량기 및 용기는 따로 규정이 없는 한 일반시험법에서 규정하는 것을 쓴다. 또한 시험에 쓰는 물은 따로 규정이 없는 한 정제수로 한다.

④ 용질명 다음에 용액이라 기재하고, 그 용제를 밝히지 않은 것은 수용액을 말한다.

%	중량 백분율
W/V %	중량 대 용량 백분율
V/V %	용량 대 용량 백분율
V/W %	용량 대 중량 백분율
ppm	중량 백만분율

1) 내용물+내용물의 혼합 제품

화장품의 내용물은 반제품, 벌크제품이 해당되며 A의 내용물에 B의 내용물을 혼합할 수 있다.

> 처방의 **예**
> 1. 건성피부에 노화 피부를 동반 : 건성크림베이스내용물+주름개선 기능성화장품 베이스내용물 혼합 처방
> 2. 기미가 있고 주름이 걱정되는 피부 : 미백기능성크림베이스내용물+주름개선 기능성화장품 베이스내용물 혼합 처방

2) 내용물+원료의 혼합 제품

화장품의 내용물에 고객의 맞춤 원료를 첨가하여 혼합할 수 있다.

> 처방의 **예** 건성피부 : 건성용 크림베이스내용물+히알루론산 혼합

3) 내용물의 소분 제품

제조 또는 수입된 화장품의 내용물을 소용량으로 소분할 수 있다.

> 처방의 **예** 샴푸 반제품베이스내용물 1,000mL : 250mL 4개로 소분하여 판매

> **Tip**
> 화장품이 아닌 의약외품은 소분할 수 없다(손소독제, 치약 등).

화장품의 기능과 품질

1) 원료의 COA(Certificate of Analysis)

원료 규격에 따른 시험 결과를 기록한 것으로, 성상, 색상, 냄새, pH, 중금속, 미생물 등 품질에 관련된 시험 항목과 그 시험방법이 기재되어 있으며 보관 조건, 유통기한, 포장 단위, INCI명 등의 정보가 함께 기재되거나 또는 별도의 라벨로 제공된다. 화장품 원료가 입고될 때 원료의 품질 확인을 위한 자료로 첨부된다. COA에는 일반적으로 물리·화학적 물성과 성상, 중금속, 미생물에 관한 정보가 기재되어 있으며 자가 품질기준에 따라 원료의 적합성을 판단하여 표준품으로 보관한다.

2) 원료의 물질 안전 보건 자료(MSDS/GHS)

「산업안전보건법」 제41조(물질 안전 보건 자료의 작성 비치 등) 개정에 따라 물질 안전 보건 자료(MSDS)는 한국산업안전보건공단(www.kosha.or.kr)에서 확인할 수 있다.

① MSDS(Material Safely Data Sheet)：화학 물질을 제조, 수입 취급하는 업자가 유해성 평가 결과를 작성한 것으로 제품취급설명서를 의미한다. 화학 물질명, 물리·화학적 성질, 유해성, 위험성, 폭발성, 화재 발생 시 방재 요령, 환경에 미치는 영향 등을 기록한 서류이다. 화장품 원료를 구입하면 그에 따른 제품 취급 설명서에 성분, 명칭, 조성, 약효 및 효능, 취급 시 주의 사항, 응급사항시 대응방법 등이 기재되어 있다.

② GHS(The Globally Harmonized System of Classification and Labeling of Chemicals)：GHS란 화학 물질 분류, 표시에 대한 국제적으로 통일된 분류 기준으로 표기되며 화학 물질의 분류 기준에 따라 유해 위험성을 분류하고 통일된 형태의 경고 표지 및 MSDS로 정보를 전달하는 방법을 말한다. 화학물질의 중복시험 및 평가를 방지하고 국제교역의 편리를 도모하며 경고표지의 방식 차이로 인한 안전과 건강의 위험을 방지하기 위함이다.

3) 원료의 품질성적서 인정 기준

① 제조업자의 자가품질검사 성적서 또는 공인검사기관 성적서
② 책임판매업자의 자가품질검사 성적서 또는 공인검사기관 성적서
③ 원료업체에서 공급하는 공인검사기관 성적서
④ 원료업체의 자가품질검사 성적서(대한화장품협회의 '원료공급자의 검사결과 신뢰 기준 자율규약' 기준에 적합한 것)

1) 화장품 원료 사용량 예측 및 발주

제조 지시서에 따라 원료량을 산출하고 원료의 수급기간을 고려하여 최소발주량을 산정한다. 원료는 원료목록 관리대장을 작성하여 재고를 관리한다. 원료 주문 시 발주서(구매요청서)의 공문양식을 사용한다.

원료목록대장의 예시

제품명	거래처	판매단위	가격	유통기한	포장방법 및 포장단위	수급기간

원료거래처 관리대장 예시

판매점	주소	연락처	담당자

제5장　화장품 원료의 입고/출고 관리

원료는 적합 판정된 것을 선입 선출 방식으로 출고한다.

① 원료가 입고되면 원료의 구매 요청서, 성적서, 보관된 표준품이 일치하는가를 검사한 후에 원료 입출고 관리대장에 기록한다.

원료 입/출고 관리대장의 예시

입/출고일	원재료명	제품코드	입고량	출고량	구입처	원료사용 합격여부

② 생산을 위해 원료를 사용할 때는 원료의 수불대장에 원료의 출고내용을 기록한다.

원료 수불대장 예시

원료명				
일자	입고량	사용량	현재고	비고 (입고예정일)

01

(   )는 유화제 등을 넣어 유성성분과 수성성분을 균질화하여 반고형상으로 만든 화장품 제형이다.

02

(   )는 원액을 같은 용기 또는 다른 용기에 충전한 분사제(액화기체, 압축기체 등)의 압력을 이용하여 안개모양, 포말상 등으로 분출하도록 만든 것을 말한다.

03

(   )는 광선의 투과를 방지하는 용기 또는 투과를 방지하는 포장을 한 용기를 말한다.

04

(   )란 화학 물질 분류, 표시에 대한 국제적으로 통일된 분류 기준으로 표기되며 화학 물질의 분류 기준에 따라 유해 위험성을 분류하고 통일된 형태의 경고 표지 및 MSDS로 정보를 전달하는 방법을 말한다.

05

(   )는 원료 규격에 따른 시험 결과를 기록한 것으로, 성상, 색상, 냄새, pH, 중금속, 미생물 등 품질에 관련된 시험 항목과 그 시험방법이 기재되어 있는 품질성적서이다.

정답	
01	크림제
02	에어로졸제
03	차광용기
04	GHS
05	COA

화장품 사용제한 원료

제1장 사용할 수 없는 원료

1) 화장품안전기준 등에 관한규정(별표 1)

새로운 화장품 원료의 개발을 촉진하여 화장품 산업을 활성화시키고 규제를 국제수준과 맞추기 위해 화장품에 사용할 수 없는 원료를 고시하고 그 밖의 원료는 사용할 수 있게 하는 네거티브 리스트(negative list) 방식으로 화장품 원료관리 체계로 이루어져 있다.

> **Tip**
> - '니트로메탄'을 사용제한원료목록에서 삭제하고 사용금지원료 목록에 추가됨
> - 유럽에서 사용을 금지한(2019. 8. 시행) 착향제 성분인 '아트라놀', '클로로아트라놀', '하이드록시아이소핵실3-사이클로핵센카보스알데히드(HICC)'의 사용을 금지함
> - 자체 안전성평가를 반영하여 '메칠렌글라이콜'의 사용을 금지함

- 갈라민트리에치오다이드
- 갈란타민
- 중추신경계에 작용하는 교감신경흥분성아민
- 구아네티딘 및 그 염류
- 구아이페네신
- 글루코코르티코이드
- 글루테티미드 및 그 염류
- 글리사이클아미드
- 금염
- 무기 나이트라이트(소듐나이트라이트 제외)
- 나파졸린 및 그 염류
- 나프탈렌
- 1,7-나프탈렌디올
- 2,3-나프탈렌디올
- 2,7-나프탈렌디올 및 그 염류(다만, 2,7-나프탈렌디올은 염모제에서 용법·용량에 따른 혼합물의 염모성분으로서 1.0% 이하 제외)
- 2-나프톨
- 1-나프톨 및 그 염류(다만, 1-나프톨은 산화염모제에서 용법·용량에 따른 혼합물의 염모성분으로서 2.0% 이하는 제외)
- 3-(1-나프틸)-4-히드록시코우마린

- 1-(1-나프틸메칠)퀴놀리늄클로라이드
- N-2-나프틸아닐린
- 1,2-나프틸아민 및 그 염류
- 날로르핀, 그 염류 및 에텔
- 납 및 그 화합물
- 네오디뮴 및 그 염류
- 네오스티그민 및 그 염류(예 네오스티그민브로마이드)
- 노나데카플루오로데카노익애씨드
- 노닐페놀[1];4-노닐페놀, 가지형[2]
- 노르아드레날린 및 그 염류
- 노스카핀 및 그 염류
- 니그로신 스피릿 솔루블(솔벤트 블랙 5) 및 그 염류
- 니켈
- 니켈 디하이드록사이드
- 니켈 디옥사이드
- 니켈 모노옥사이드
- 니켈 설파이드
- 니켈 설페이트
- 니켈 카보네이트
- 니켈(Ⅱ)트리플루오로아세테이트
- (+/-)-2-(2,4-디클로로페닐)-3-(1H-1,2,3-트리아졸-1-일)프로필-1,1,2,2-테트라플루오로에틸에터(테트라코나졸-ISO)
- 니코틴 및 그 염류
- 2-니트로나프탈렌
- 니트로메탄(사용제한에서 삭제됨)
- 니트로벤젠
- 4-니트로비페닐
- 4-니트로소페놀
- 3-니트로-4-아미노페녹시에탄올 및 그 염류
- 니트로스아민류(예 2,2'-(니트로소이미노)비스에탄올, 니트로소디프로필아민, 디메칠니트로소아민)
- 니트로스틸벤, 그 동족체 및 유도체
- 2-니트로아니솔
- 5-니트로아세나프텐
- 니트로크레졸 및 그 알칼리 금속염
- 2-니트로톨루엔
- 5-니트로-o-톨루이딘 및 5-니트로-o-톨루이딘 하이드로클로라이드
- 6-니트로-o-톨루이딘
- 3-[(2-니트로-4-(트리플루오로메칠)페닐)아미노]프로판-1,2-디올(에이치시 황색 No. 6) 및 그 염류
- 4-[(4-니트로페닐)아조]아닐린(디스퍼스오렌지 3) 및 그 염류
- 2-니트로-p-페닐렌디아민 및 그 염류(예 니트로-p-페닐렌디아민 설페이트)

- 4-니트로-m-페닐렌디아민 및 그 염류(예 p-니트로-m-페닐렌디아민 설페이트)
- 니트로펜
- 니트로퓨란계 화합물(예 니트로푸란토인, 푸라졸리돈)
- 2-니트로프로판
- 6-니트로-2,5-피리딘디아민 및 그 염류
- 2-니트로-N-하이드록시에칠-p-아니시딘 및 그 염류
- 니트록솔린 및 그 염류
- 다미노지드
- 다이노캡(ISO)
- 다이우론
- 다투라(Datura)속 및 그 생약제제
- 데카메칠렌비스(트리메칠암모늄)염(예 데카메토늄브로마이드)
- 데쿠알리니움 클로라이드
- 덱스트로메토르판 및 그 염류
- 덱스트로프로폭시펜
- 도데카클로로펜타사이클로[5.2.1.02,6.03,9.05,8]데칸
- 도딘
- 돼지폐추출물
- 두타스테리드, 그 염류 및 유도체
- 1,5-디-(베타-하이드록시에칠)아미노-2-니트로-4-클로로벤젠 및 그 염류(예 에이치시 황색 No.10)(다만, 비산화염모제에서 용법·용량에 따른 혼합물의 염모성분으로서 0.1% 이하는 제외)
- 5,5'-디-이소프로필-2,2'-디메칠비페닐-4,4'디일 디히포아이오다이트
- 디기탈리스(Digitalis)속 및 그 생약제제
- 디노셉, 그 염류 및 에스텔류
- 디노터브, 그 염류 및 에스텔류
- 디니켈트리옥사이드
- 디니트로톨루엔, 테크니컬등급
- 2,3-디니트로톨루엔
- 2,5-디니트로톨루엔
- 2,6-디니트로톨루엔
- 3,4-디니트로톨루엔
- 3,5-디니트로톨루엔
- 디니트로페놀이성체
- 5-[(2,4-디니트로페닐)아미노]-2-(페닐아미노)-벤젠설포닉애씨드 및 그 염류
- 디메바미드 및 그 염류
- 7,11-디메칠-4,6,10-도데카트리엔-3-온
- 2,6-디메칠-1,3-디옥산-4-일아세테이트(디메톡산, o-아세톡시-2,4-디메칠-m-디옥산)
- 4,6-디메칠-8-tert-부틸쿠마린
- [3,3'-디메칠[1,1'-비페닐]-4,4'-디일]디암모늄비스(하이드로젠설페이트)
- 디메칠설파모일클로라이드

- 디메칠설페이트
- 디메칠설폭사이드
- 디메칠시트라코네이트
- N,N-디메칠아닐리늄테트라키스(펜타플루오로페닐)보레이트
- N,N-디메칠아닐린
- 1-디메칠아미노메칠-1-메칠프로필벤조에이트(아밀로카인) 및 그 염류
- 9-(디메칠아미노)-벤조[a]페녹사진-7-이움 및 그 염류
- 5-((4-(디메칠아미노)페닐)아조)-1,4-디메칠-1H-1,2,4-트리아졸리움 및 그 염류
- 디메칠아민
- N,N-디메칠아세타마이드
- 3,7-디메칠-2-옥텐-1-올(6,7-디하이드로제라니올)
- 6,10-디메칠-3,5,9-운데카트리엔-2-온(슈도이오논)
- 디메칠카바모일클로라이드
- N,N-디메칠-p-페닐렌디아민 및 그 염류
- 1,3-디메칠펜틸아민 및 그 염류
- 디메칠포름아미드
- N,N-디메칠-2,6-피리딘디아민 및 그 염산염
- N,N'-디메칠-N-하이드록시에칠-3-니트로-p-페닐렌디아민 및 그 염류
- 2-(2-((2,4-디메톡시페닐)아미노)에테닐)-1,3,3-트리메칠-3H-인돌리움 및 그 염류
- 디바나듐펜타옥사이드
- 디벤즈[a,h]안트라센
- 2,2-디브로모-2-니트로에탄올
- 1,2-디브로모-2,4-디시아노부탄(메칠디브로모글루타로나이트릴)
- 디브로모살리실아닐리드
- 2,6-디브로모-4-시아노페닐 옥타노에이트
- 1,2-디브로모에탄
- 1,2-디브로모-3-클로로프로판
- 5-(α,β-디브로모펜에칠)-5-메칠히단토인
- 2,3-디브로모프로판-1-올
- 3,5-디브로모-4-하이드록시벤조니트닐 및 그 염류(브로목시닐 및 그 염류)
- 디브롬화프로파미딘 및 그 염류(이소치아네이트포함)
- 디설피람
- 디소듐[5-[[4'-[[2,6-디하이드록시-3-[(2-하이드록시-5-설포페닐)아조]페닐]아조] [1,1'비페닐]-4-일]아조]살리실레이토(4-)]쿠프레이트(2-)(다이렉트브라운 95)
- 디소듐 3,3'-[[1,1'-비페닐]-4,4'-디일비스(아조)]-비스(4-아미노나프탈렌-1-설포네이트)(콩고레드)
- 디소듐4-아미노-3-[[4'-[(2,4-디아미노페닐)아조] [1,1'-비페닐]-4-일]아조]-5-하이드록시-6-(페닐아조)나프탈렌-2,7-디설포네이트(다이렉트블랙 38)
- 디소듐 4-(3-에톡시카르보닐-4-(5-(3-에톡시카르보닐-5-하이드록시-1-(4-설포네이토페닐)피라졸-4-일)펜타-2,4-디에닐리덴)-4,5-디하이드로-5-옥소피라졸-1-일)벤젠설포네이트 및 트리소듐 4-(3-에톡시카르보닐-4-(5-(3-에톡시카르보닐-5-옥시도-1(4-설포네이토페닐)피라졸-4-일) 펜타-2,4-디에닐리덴)-4,5-디하이드로-5-옥소피라졸-1-일)벤젠설포네이트

- 디스퍼스레드 15
- 디스퍼스옐로우 3
- 디아놀아세글루메이트
- o-디아니시딘계 아조 염료류
- o-디아니시딘의 염(3,3'-디메톡시벤지딘의 염)
- 3,7-디아미노-2,8-디메칠-5-페닐-페나지니움 및 그 염류
- 3,5-디아미노-2,6-디메톡시피리딘 및 그 염류(예 2,6-디메톡시-3,5-피리딘디아민 하이드로클로라이드) (다만, 2,6-디메톡시-3,5-피리딘디아민 하이드로클로라이드는 산화염모제에서 용법·용량에 따른 혼합물의 염모성분으로서 0.25% 이하는 제외)
- 2,4-디아미노디페닐아민
- 4,4'-디아미노디페닐아민 및 그 염류(예 4,4'-디아미노디페닐아민 설페이트)
- 2,4-디아미노-5-메칠페네톨 및 그 염산염
- 2,4-디아미노-5-메칠페녹시에탄올 및 그 염류
- 4,5-디아미노-1-메칠피라졸 및 그 염산염
- 1,4-디아미노-2-메톡시-9,10-안트라센디온(디스퍼스레드 11) 및 그 염류
- 3,4-디아미노벤조익애씨드
- 디아미노톨루엔, [4-메칠-m-페닐렌 디아민] 및 [2-메칠-m-페닐렌 디아민]의 혼합물
- 2,4-디아미노페녹시에탄올 및 그 염류(다만, 2,4-디아미노페녹시에탄올 하이드로클로라이드는 산화염모제에서 용법·용량에 따른 혼합물의 염모성분으로서 0.5% 이하는 제외)
- 3-[[(4-[[디아미노(페닐아조)페닐]아조]-1-나프탈레닐]아조]-N,N,N-트리메칠-벤젠아미니움 및 그 염류
- 3-[[(4-[[디아미노(페닐아조)페닐]아조]-2-메칠페닐]아조]-N,N,N-트리메칠-벤젠아미니움 및 그 염류
- 2,4-디아미노페닐에탄올 및 그 염류
- O,O'-디아세틸-N-알릴-N-노르몰핀
- 디아조메탄
- 디알레이트
- 디에칠-4-니트로페닐포스페이트
- O,O'-디에칠-O-4-니트로페닐포스포로치오에이트(파라치온-ISO)
- 디에칠렌글라이콜(다만, 비의도적 잔류물로서 0.1% 이하인 경우는 제외)
- 디에칠말리에이트
- 디에칠설페이트
- 2-디에칠아미노에칠-3-히드록시-4-페닐벤조에이트 및 그 염류
- 4-디에칠아미노-o-톨루이딘 및 그 염류
- N-[4-[[4-(디에칠아미노)페닐][4-(에칠아미노)-1-나프탈렌일]메칠렌]-2,5-사이클로헥사디엔-1-일리딘]-N-에칠-에탄아미늄 및 그 염류
- N-(4-[[4-(디에칠아미노)페닐]페닐메칠렌]-2,5-사이클로헥사디엔-1-일리덴)-N-에칠 에탄아미니움 및 그 염류
- N,N-디에칠-m-아미노페놀
- 3-디에칠아미노프로필신나메이트
- 디에칠카르바모일 클로라이드
- N,N-디에칠-p-페닐렌디아민 및 그 염류
- 디엔오시(DNOC, 4,6-디니트로-o-크레졸)

- 디엘드린
- 디옥산
- 디옥세테드린 및 그 염류
- 5-(2,4-디옥소-1,2,3,4-테트라하이드로피리미딘)-3-플루오로-2-하이드록시메칠테트라하이드로퓨란
- 디치오-2,2'-비스피리딘-디옥사이드 1,1'(트리하이드레이티드마그네슘설페이트 부가)(피리치온디설파이드 +마그네슘설페이트)
- 디코우마롤
- 2,3-디클로로-2-메칠부탄
- 1,4-디클로로벤젠(p-디클로로벤젠)
- 3,3'-디클로로벤지딘
- 3,3'-디클로로벤지딘디하이드로젠비스(설페이트)
- 3,3'-디클로로벤지딘디하이드로클로라이드
- 3,3'-디클로로벤지딘설페이트
- 1,4-디클로로부트-2-엔
- 2,2'-[(3,3'-디클로로[1,1'-비페닐]-4,4'-디일)비스(아조)]비스[3-옥소-N-페닐부탄아마이드](피그먼트옐로우 12) 및 그 염류
- 디클로로살리실아닐리드
- 디클로로에칠렌(아세틸렌클로라이드)(◉ 비닐리덴클로라이드)
- 디클로로에탄(에칠렌클로라이드)
- 디클로로-m-크시레놀
- α, α-디클로로톨루엔
- 디클로로펜
- 1,3-디클로로프로판-2-올
- 2,3-디클로로프로펜
- 디페녹시레이트 히드로클로라이드
- 1,3-디페닐구아니딘
- 디페닐아민
- 디페닐에텔 ; 옥타브로모 유도체
- 5,5-디페닐-4-이미다졸리돈
- 디펜클록사진
- 2,3-디하이드로-2,2-디메칠-6-[(4-(페닐아조)-1-나프텔레닐)아조]-1H-피리미딘(솔벤트블랙 3) 및 그 염류
- 3,4-디히드로-2-메톡시-2-메칠-4-페닐-2H,5H,피라노(3,2-c)-(1)벤조피란-5-온(시클로코우마롤)
- 2,3-디하이드로-2H-1,4-벤족사진-6-올 및 그 염류(◉ 히드록시벤조모르포린)(다만, 히드록시벤조모르포린은 산화염모제에서 용법·용량에 따른 혼합물의 염모성분으로서 1.0% 이하는 제외)
- 2,3-디하이드로-1H-인돌-5,6-디올(디하이드록시인돌린) 및 그 하이드로브로마이드염(디하이드록시인돌린 하이드로브롬마이드)(다만, 비산화염모제에서 용법·용량에 따른 혼합물의 염모성분으로서 2.0% 이하는 제외)
- (S)-2,3-디하이드로-1H-인돌-카르복실릭 애씨드
- 디히드로타키스테롤

- 2,6-디하이드록시-3,4-디메칠피리딘 및 그 염류
- 2,4-디하이드록시-3-메칠벤즈알데하이드
- 4,4'-디히드록시-3,3'-(3-메칠치오프로필아이덴)디코우마린
- 2,6-디하이드록시-4-메칠피리딘 및 그 염류
- 1,4-디하이드록시-5,8-비스[(2-하이드록시에칠)아미노]안트라퀴논(디스퍼스블루 7) 및 그 염류
- 4-[4-(1,3-디하이드록시프로프-2-일)페닐아미노-1,8-디하이드록시-5-니트로안트라퀴논
- 2,2'-디히드록시-3,3'5,5',6,6'-헥사클로로디페닐메탄(헥사클로로펜)
- 디하이드로쿠마린
- N,N'-디헥사데실-N,N'-비스(2-하이드록시에칠)프로판디아마이드 ; 비스하이드록시에칠비스세틸말론아마이드
- Laurus nobilis L.의 씨로부터 나온 오일
- Rauwolfia serpentina 알칼로이드 및 그 염류
- 라카익애씨드(CI 내츄럴레드 25) 및 그 염류
- 레졸시놀 디글리시딜 에텔
- 로다민 B 및 그 염류
- 로벨리아(Lobelia)속 및 그 생약제제
- 로벨린 및 그 염류
- 리누론
- 리도카인
- 과산화물가가 20mmol/L을 초과하는 d-리모넨
- 과산화물가가 20mmol/L을 초과하는 dℓ-리모넨
- 과산화물가가 20mmol/L을 초과하는 ℓ-리모넨
- 라이서자이드(Lysergide) 및 그 염류
- 「마약류 관리에 관한 법률」제2조에 따른 마약류(다만, 같은 법 제2조제4호 단서에 따른 대마씨유 및 대마씨추출물의 테트라하이드로칸나비놀 및 칸나비디올에 대하여는 「식품의 기준 및 규격」에서 정한 기준에 적합한 경우는 제외)
- 마이클로부타닐(2-(4-클로로페닐)-2-(1H-1,2,4-트리아졸-1-일메칠)헥사네니트릴)
- 마취제(천연 및 합성)
- 만노무스틴 및 그 염류
- 말라카이트그린 및 그 염류
- 말로노니트릴
- 1-메칠-3-니트로-1-니트로소구아니딘
- 1-메칠-3-니트로-4-(베타-하이드록시에칠)아미노벤젠 및 그 염류(**예** 하이드록시에칠-2-니트로-p-톨루이딘)(다만, 하이드록시에칠-2-니트로-p-톨루이딘은 염모제에서 용법·용량에 따른 혼합물의 염모성분으로서 1.0% 이하는 제외)
- N-메칠-3-니트로-p-페닐렌디아민 및 그 염류
- N-메칠-1,4-디아미노안트라퀴논, 에피클로히드린 및 모노에탄올아민의 반응생성물(에이치시 청색 No. 4) 및 그 염류
- 3,4-메칠렌디옥시페놀 및 그 염류
- 메칠레소르신

- 메칠렌글라이콜
- 4,4'-메칠렌디아닐린
- 3,4-메칠렌디옥시아닐린 및 그 염류
- 4,4'-메칠렌디-o-톨루이딘
- 4,4'-메칠렌비스(2-에칠아닐린)
- (메칠렌비스(4,1-페닐렌아조(1-(3-(디메칠아미노)프로필)-1,2-디하이드로-6-하이드록시-4-메칠-2-옥소피리딘-5,3-디일)))-1,1'-디피리디늄디클로라이드 디하이드로클로라이드
- 4,4'-메칠렌비스[2-(4-하이드록시벤질)-3,6-디메칠페놀]과 6-디아조-5,6-디하이드로-5-옥소-나프탈렌설포네이트(1:2)의 반응생성물과 4,4'-메칠렌비스[2-(4-하이드록시벤질)-3,6-디메칠페놀]과 6-디아조-5,6-디하이드로-5-옥소-나프탈렌설포네이트(1:3) 반응생성물과의 혼합물
- 메칠렌클로라이드
- 3-(N-메칠-N-(4-메칠아미노-3-니트로페닐)아미노)프로판-1,2-디올 및 그 염류
- 메칠메타크릴레이트모노머
- 메칠 트랜스-2-부테노에이트
- 2-[3-(메칠아미노)-4-니트로페녹시]에탄올 및 그 염류(예 3-메칠아미노-4-니트로페녹시에탄올)(다만, 비산화염모제에서 용법·용량에 따른 혼합물의 염모성분으로서 0.15% 이하는 제외)
- N-메칠아세타마이드
- (메칠-ONN-아조시)메칠아세테이트
- 2-메칠아지리딘(프로필렌이민)
- 메칠옥시란
- 메칠유게놀(다만, 식물추출물에 의하여 자연적으로 함유되어 다음 농도 이하인 경우에는 제외 향료원액을 8% 초과하여 함유하는 제품 0.01%, 향료원액을 8% 이하로 함유하는 제품 0.004%, 방향용 크림 0.002%, 사용 후 씻어내는 제품 0.001%, 기타 0.0002%)
- N,N'-((메칠이미노)디에칠렌))비스(에칠디메칠암모늄) 염류(예 아자메토늄브로마이드)
- 메칠이소시아네이트
- 6-메칠쿠마린(6-MC)
- 7-메칠쿠마린
- 메칠크레속심
- 1-메칠-2,4,5-트리하이드록시벤젠 및 그 염류
- 메칠페니데이트 및 그 염류
- 3-메칠-1-페닐-5-피라졸론 및 그 염류(예 페닐메칠피라졸론)(다만, 페닐메칠피라졸론은 산화염모제에서 용법·용량에 따른 혼합물의 염모성분으로서 0.25% 이하는 제외)
- 메칠페닐렌디아민류, 그 N-치환 유도체류 및 그 염류(다만, 염모제에서 염모성분으로 사용하는 것은 제외하되, 2,6-디하이드록시에칠아미노톨루엔의 경우 용법·용량에 따른 혼합물의 염모성분으로서 1.0% 이하이고 니트로화제를 함유하고 있는 제품에는 사용할 수 없으며 총 니트로사민은 50ppb를 넘지 않아야함)
- 〈삭제〉
- 2-메칠-m-페닐렌 디이소시아네이트
- 4-메칠-m-페닐렌 디이소시아네이트
- 4,4'-[(4-메칠-1,3-페닐렌)비스(아조)]비스[6-메칠-1,3-벤젠디아민](베이직브라운 4) 및 그 염류
- 4-메칠-6-(페닐아조)-1,3-벤젠디아민 및 그 염류

- N-메칠포름아마이드
- 5-메칠-2,3-헥산디온
- 2-메칠헵틸아민 및 그 염류
- 메카밀아민
- 메타닐옐로우
- 메탄올(에탄올 및 이소프로필알콜의 변성제로서만 알콜 중 5%까지 사용)
- 메테토헵타진 및 그 염류
- 메토카바몰
- 메토트렉세이트
- 2-메톡시-4-니트로페놀(4-니트로구아이아콜) 및 그 염류
- 2-[(2-메톡시-4-니트로페닐)아미노]에탄올 및 그 염류(예 2-하이드록시에칠아미노-5-니트로아니솔)(다만, 비산화염모제에서 용법·용량에 따른 혼합물의 염모성분으로서 0.2% 이하는 제외)
- 1-메톡시-2,4-디아미노벤젠(2,4-디아미노아니솔 또는 4-메톡시-m-페닐렌디아민 또는 CI76050) 및 그 염류
- 1-메톡시-2,5-디아미노벤젠(2,5-디아미노아니솔) 및 그 염류
- 2-메톡시메칠-p-아미노페놀 및 그 염산염
- 6-메톡시-N2-메칠-2,3-피리딘디아민 하이드로클로라이드 및 디하이드로클로라이드염(다만, 염모제에서 용법·용량에 따른 혼합물의 염모성분으로 산으로서 0.68% 이하, 디하이드로클로라이드염으로서 1.0% 이하는 제외)
- 2-(4-메톡시벤질-N-(2-피리딜)아미노)에칠디메칠아민말리에이트
- 메톡시아세틱애씨드
- 2-메톡시에칠아세테이트(메톡시에탄올아세테이트)
- N-(2-메톡시에칠)-p-페닐렌디아민 및 그 염산염
- 2-메톡시에탄올(에칠렌글리콜 모노메칠에텔, EGMME)
- 2-(2-메톡시에톡시)에탄올(메톡시디글리콜)
- 7-메톡시쿠마린
- 4-메톡시톨루엔-2,5-디아민 및 그 염산염
- 6-메톡시-m-톨루이딘(p-크레시딘)
- 2-[[(4-메톡시페닐)메칠하이드라조노]메칠]-1,3,3-트리메칠-3H-인돌리움 및 그 염류
- 4-메톡시페놀(히드로퀴논모노메칠에텔 또는 p-히드록시아니솔)
- 4-(4-메톡시페닐)-3-부텐-2-온(4-아니실리덴아세톤)
- 1-(4-메톡시페닐)-1-펜텐-3-온(α-메칠아니살아세톤)
- 2-메톡시프로판올
- 2-메톡시프로필아세테이트
- 6-메톡시-2,3-피리딘디아민 및 그 염산염
- 메트알데히드
- 메트암페프라몬 및 그 염류
- 메트포르민 및 그 염류
- 메트헵타진 및 그 염류
- 메티라폰

- 메티프릴온 및 그 염류
- 메페네신 및 그 에스텔
- 메페클로라진 및 그 염류
- 메프로바메이트
- 2급 아민함량이 0.5%를 초과하는 모노알킬아민, 모노알칸올아민 및 그 염류
- 모노크로토포스
- 모누론
- 모르포린 및 그 염류
- 모스켄(1,1,3,3,5-펜타메칠-4,6-디니트로인단)
- 모페부타존
- 목향(Saussurea lappa Clarke=Saussurea costus(Falc.) Lipsch.=Aucklandia lappa Decne) 뿌리오일
- 몰리네이트
- 몰포린-4-카르보닐클로라이드
- 무화과나무(Ficus carica)잎엡솔루트(피그잎엡솔루트)
- 미네랄 울
- 미세플라스틱(세정, 각질제거 등의 제품*에 남아있는 5mm 크기 이하의 고체플라스틱)
- 화장품법 시행규칙 [별표 3]
  1. 화장품의 유형
     가. 영·유아용 제품류 1) 영·유아용 샴푸, 린스 4) 영·유아용 인체 세정용 제품 5) 영·유아용 목욕용 제품
     나. 목욕용 제품류
     다. 인체 세정용 제품류
     아. 두발용 제품류 1) 헤어 컨디셔너 8) 샴푸, 린스 11) 그 밖의 두발용 제품류(사용 후 씻어내는 제품에 한함)
     차. 3) 세이빙 크림 4) 세이빙 폼 5) 그 밖의 면도용 제품류(사용 후 씻어내는 제품에 한함)
     카. 6) 팩, 마스크(사용 후 씻어내는 제품에 한함) 9) 손·발의 피부연화 제품(사용 후 씻어내는 제품에 한함)
        10) 클렌징 워터, 클렌징 오일, 클렌징 로션, 클렌징 크림 등 메이크업 리무버 11) 그 밖의 기초화장용 제품류(사용 후 씻어내는 제품에 한함))
- 바륨염(바륨설페이트 및 색소레이크희석제로 사용한 바륨염은 제외)
- 바비츄레이트
- 2,2'-바이옥시란
- 발녹트아미드
- 발린아미드
- 방사성물질(다만, 제품에 포함된 방사능의 농도 등이 「생활주변방사선 안전관리법」 제15조의 규정에 적합한 경우 제외)
- 백신, 독소 또는 혈청
- 베낙티진
- 베노밀
- 베라트룸(Veratrum)속 및 그 제제
- 베라트린, 그 염류 및 생약제제
- 베르베나오일(Lippia citriodora Kunth.)
- 베릴륨 및 그 화합물

- 베메그리드 및 그 염류
- 베록시카인 및 그 염류
- 베이직바이올렛 1(메칠바이올렛)
- 베이직바이올렛 3(크리스탈바이올렛)
- 1-(베타-우레이도에칠)아미노-4-니트로벤젠 및 그 염류(예 4-니트로페닐 아미노에칠우레아)(다만, 4-니트로페닐 아미노에칠우레아는 산화염모제에서 용법·용량에 따른 혼합물의 염모성분으로서 0.25% 이하, 비산화염모제에서 용법·용량에 따른 혼합물의 염모성분으로서 0.5% 이하는 제외)
- 1-(베타-하이드록시)아미노-2-니트로-4-N-에칠-N-(베타-하이드록시에칠)아미노벤젠 및 그 염류(예 에이치시 청색 No. 13)
- 벤드로플루메치아자이드 및 그 유도체
- 벤젠
- 1,2-벤젠디카르복실릭애씨드 디펜틸에스터(가지형과 직선형) ; n-펜틸-이소펜틸 프탈레이트 ; 디-n-펜틸프탈레이트 ; 디이소펜틸프탈레이트
- 1,2,4-벤젠트리아세테이트 및 그 염류
- 7-(벤조일아미노)-4-하이드록시-3-[[4-[(4-설포페닐)아조]페닐]아조]-2-나프탈렌설포닉애씨드 및 그 염류
- 벤조일퍼옥사이드
- 벤조[a]피렌
- 벤조[e]피렌
- 벤조[j]플루오란텐
- 벤조[k]플루오란텐
- 벤즈[e]아세페난트릴렌
- 벤즈아제핀류와 벤조디아제핀류
- 벤즈아트로핀 및 그 염류
- 벤즈[a]안트라센
- 벤즈이미다졸-2(3H)-온
- 벤지딘
- 벤지딘계 아조 색소류
- 벤지딘디하이드로클로라이드
- 벤지딘설페이트
- 벤지딘아세테이트
- 벤지로늄브로마이드
- 벤질 2,4-디브로모부타노에이트
- 3(또는 5)-((4-(벤질메칠아미노)페닐)아조)-1,2-(또는 1,4)-디메칠-1H-1,2,4-트리아졸리움 및 그 염류
- 벤질바이올렛([4-[[4-(디메칠아미노)페닐][4-[에칠(3-설포네이토벤질)아미노]페닐]메칠렌]사이클로헥사-2,5-디엔-1-일리덴](에칠)(3-설포네이토벤질) 암모늄염 및 소듐염)
- 벤질시아나이드
- 4-벤질옥시페놀(히드로퀴논모노벤질에텔)
- 2-부타논 옥심
- 부타닐리카인 및 그 염류

- 1,3-부타디엔
- 부토피프린 및 그 염류
- 부톡시디글리세롤
- 부톡시에탄올
- 5-(3-부티릴-2,4,6-트리메칠페닐)-2-[1-(에톡시이미노)프로필]-3-하이드록시사이클로헥스-2-엔-1-온
- 부틸글리시딜에텔
- 4-tert-부틸-3-메톡시-2,6-디니트로톨루엔(머스크암브레트)
- 1-부틸-3-(N-크로토노일설파닐일)우레아
- 5-tert-부틸-1,2,3-트리메칠-4,6-디니트로벤젠(머스크티베텐)
- 4-tert-부틸페놀
- 2-(4-tert-부틸페닐)에탄올
- 4-tert-부틸피로카테콜
- 부펙사막
- 붕산
- 브레티륨토실레이트
- (R)-5-브로모-3-(1-메칠-2-피롤리디닐메칠)-1H-인돌
- 브로모메탄
- 브로모에칠렌
- 브로모에탄
- 1-브로모-3,4,5-트리플루오로벤젠
- 1-브로모프로판 ; n-프로필 브로마이드
- 2-브로모프로판
- 브로목시닐헵타노에이트
- 브롬
- 브롬이소발
- 브루신(에탄올의 변성제는 제외)
- 비나프아크릴(2-sec-부틸-4,6-디니트로페닐-3-메칠크로토네이트)
- 9-비닐카르바졸
- 비닐클로라이드모노머
- 1-비닐-2-피롤리돈
- 비마토프로스트, 그 염류 및 유도체
- 비소 및 그 화합물
- 1,1-비스(디메칠아미노메칠)프로필벤조에이트(아미드리카인, 알리핀) 및 그 염류
- 4,4'-비스(디메칠아미노)벤조페논
- 3,7-비스(디메칠아미노)-페노치아진-5-이움 및 그 염류
- 3,7-비스(디에칠아미노)-페녹사진-5-이움 및 그 염류
- N-(4-[비스[4-(디에칠아미노)페닐]메칠렌]-2,5-사이클로헥사디엔-1-일리덴)-N-에칠-에탄아미니움 및 그 염류
- 비스(2-메톡시에칠)에텔(디메톡시디글리콜)
- 비스(2-메톡시에칠)프탈레이트

- 1,2-비스(2-메톡시에톡시)에탄 ; 트리에칠렌글리콜 디메칠 에텔(TEGDME) ; 트리글라임
- 1,3-비스(비닐설포닐아세타아미도)-프로판
- 비스(사이클로펜타디에닐)-비스(2,6-디플루오로-3-(피롤-1-일)-페닐)티타늄
- 4-[[비스-(4-플루오로페닐)메칠실릴]메칠]-4H-1,2,4-트리아졸과 1-[[비스-(4-플루오로페닐)메칠실릴]메칠]-1 H-1,2,4-트리아졸의 혼합물
- 비스(클로로메칠)에텔(옥시비스[클로로메탄])
- N,N-비스(2-클로로에칠)메칠아민-N-옥사이드 및 그 염류
- 비스(2-클로로에칠)에텔
- 비스페놀 A(4,4'-이소프로필리덴디페놀)
- N'N'-비스(2-히드록시에칠)-N-메칠-2-니트로-p-페닐렌디아민(HC 블루 No.1) 및 그 염류
- 4,6-비스(2-하이드록시에톡시)-m-페닐렌디아민 및 그 염류
- 2,6-비스(2-히드록시에톡시)-3,5-피리딘디아민 및 그 염산염
- 비에타미베린
- 비치오놀
- 비타민 L1, L2
- [1,1'-비페닐-4,4'-디일]디암모니움설페이트
- 비페닐-2-일아민
- 비페닐-4-일아민 및 그 염류
- 4,4'-비-o-톨루이딘
- 4,4'-비-o-톨루이딘디하이드로클로라이드
- 4,4'-비-o-톨루이딘설페이트
- 빈클로졸린
- 사이클라멘알코올
- N-사이클로펜틸-m-아미노페놀
- 사이클로헥시미드
- N-사이클로헥실-N-메톡시-2,5-디메칠-3-퓨라마이드
- 트랜스-4-사이클로헥실-L-프롤린 모노하이드로클로라이드
- 사프롤(천연에센스에 자연적으로 함유되어 그 양이 최종제품에서 100ppm을 넘지 않는 경우는 제외)
- α-산토닌((3S, 5aR, 9bS)-3, 3a,4,5,5a,9b-헥사히드로-3,5a,9-트리메칠나프토(1,2-b))푸란-2,8-디온
- 석면
- 석유
- 석유 정제과정에서 얻어지는 부산물(증류물, 가스오일류, 나프타, 윤활그리스, 슬랙왁스, 탄화수소류, 알칸류, 백색 페트롤라툼을 제외한 페트롤라툼, 연료오일, 잔류물). 다만, 정제과정이 완전히 알려져 있고 발암물질을 함유하지 않음을 보여줄 수 있으면 예외로 한다.
- 부타디엔 0.1%를 초과하여 함유하는 석유정제물(가스류, 탄화수소류, 알칸류, 증류물, 라피네이트)
- 디메칠설폭사이드(DMSO)로 추출한 성분을 3% 초과하여 함유하고 있는 석유 유래물질
- 벤조[a]피렌 0.005%를 초과하여 함유하고 있는 석유화학 유래물질, 석탄 및 목타르 유래물질
- 석탄추출 젯트기용 연료 및 디젤연료
- 설티암
- 설팔레이트

- 3,3'-(설포닐비스(2-니트로-4,1-페닐렌)이미노)비스(6-(페닐아미노))벤젠설포닉애씨드 및 그 염류
- 설폰아미드 및 그 유도체(톨루엔설폰아미드/포름알데하이드수지, 톨루엔설폰아미드/에폭시수지는 제외)
- 설핀피라존
- 과산화물가가 10mmol/L을 초과하는 Cedrus atlantica의 오일 및 추출물
- 세파엘린 및 그 염류
- 센노사이드
- 셀렌 및 그 화합물(셀레늄아스파테이트는 제외)
- 소듐노나데카플루오로데카노에이트
- 소듐헥사시클로네이트
- 소듐헵타데카플루오로노나노에이트
- Solanum nigrum L. 및 그 생약제제
- Schoenocaulon officinale Lind(씨 및 그 생약제제).
- 솔벤트레드1(CI 12150)
- 솔벤트블루 35
- 솔벤트오렌지 7
- 수은 및 그 화합물
- 스트로판투스(Strophantus)속 및 그 생약제제
- 스트로판틴, 그 비당질 및 그 각각의 유도체
- 스트론튬화합물
- 스트리크노스(Strychnos)속 그 생약제제
- 스트리키닌 및 그 염류
- 스파르테인 및 그 염류
- 스피로노락톤
- 시마진
- 4-시아노-2,6-디요도페닐 옥타노에이트
- 스칼렛레드(솔벤트레드 24)
- 시클라바메이트
- 시클로메놀 및 그 염류
- 시클로포스파미드 및 그 염류
- 2-α-시클로헥실벤질(N,N,N',N'테트라에칠)트리메칠렌디아민(페네타민)
- 신코카인 및 그 염류
- 신코펜 및 그 염류(유도체 포함)
- 썩시노니트릴
- Anamirta cocculus L(과실).
- o-아니시딘
- 아닐린, 그 염류 및 그 할로겐화 유도체 및 설폰화 유도체
- 아다팔렌
- Adonis vernalis L. 및 그 제제
- Areca catechu 및 그 생약제제
- 아레콜린
- 아리스톨로키아(Aristolochia)속 및 그 생약제제

- 아리스토로킥 애씨드 및 그 염류
- 1-아미노-2-니트로-4-(2',3'-디하이드록시프로필)아미노-5-클로로벤젠과 1,4-비스-(2',3'-디하이드록시프로필)아미노-2-니트로-5-클로로벤젠 및 그 염류(예 에이치시 적색 No. 10과 에이치시 적색 No. 11)(다만, 산화염모제에서 용법·용량에 따른 혼합물의 염모성분으로서 1.0% 이하, 비산화염모제에서 용법·용량에 따른 혼합물의 염모성분으로서 2.0% 이하는 제외)
- 2-아미노-3-니트로페놀 및 그 염류
- p-아미노-o-니트로페놀(4-아미노-2-니트로페놀)
- 4-아미노-3-니트로페놀 및 그 염류(다만, 4-아미노-3-니트로페놀은 산화염모제에서 용법·용량에 따른 혼합물의 염모성분으로서 1.5% 이하, 비산화염모제에서 용법·용량에 따른 혼합물의 염모성분으로서 1.0% 이하는 제외)
- 2,2'-[(4-아미노-3-니트로페닐)이미노]바이세타놀 하이드로클로라이드 및 그 염류(예 에이치시 적색 No. 13)(다만, 하이드로클로라이드염으로서 산화염모제에서 용법·용량에 따른 혼합물의 염모성분으로서 1.5% 이하, 비산화염모제에서 용법·용량에 따른 혼합물의 염모성분으로서 1.0% 이하는 제외)
- (8-[(4-아미노-2-니트로페닐)아조]-7-하이드록시-2-나프틸)트리메칠암모늄 및 그 염류(베이직브라운 17의 불순물로 있는 베이직레드 118 제외)
- 1-아미노-4-[[4-[(디메칠아미노)메칠]페닐]아미노]안트라퀴논 및 그 염류
- 6-아미노-2-((2,4-디메칠페닐)-1H-벤즈[de]이소퀴놀린-1,3-(2H)-디온(솔벤트엘로우 44) 및 그 염류
- 5-아미노-2,6-디메톡시-3-하이드록시피리딘 및 그 염류
- 3-아미노-2,4-디클로로페놀 및 그 염류(다만, 3-아미노-2,4-디클로로페놀 및 그 염산염은 염모제에서 용법·용량에 따른 혼합물의 염모성분으로 염산염으로서 1.5% 이하는 제외)
- 2-아미노메칠-p-아미노페놀 및 그 염산염
- 2-[(4-아미노-2-메칠-5-니트로페닐)아미노]에탄올 및 그 염류(예 에이치시 자색 No. 1)(다만, 산화염모제에서 용법·용량에 따른 혼합물의 염모성분으로서 0.25% 이하, 비산화염모제에서 용법·용량에 따른 혼합물의 염모성분으로서 0.28% 이하는 제외)
- 2-[(3-아미노-4-메톡시페닐)아미노]에탄올 및 그 염류(예 2-아미노-4-하이드록시에칠아미노아니솔)(다만, 산화염모제에서 용법·용량에 따른 혼합물의 염모성분으로서 1.5% 이하는 제외)
- 4-아미노벤젠설포닉애씨드 및 그 염류
- 4-아미노벤조익애씨드 및 아미노기(-NH$_2$)를 가진 그 에스텔
- 2-아미노-1,2-비스(4-메톡시페닐)에탄올 및 그 염류
- 4-아미노살리실릭애씨드 및 그 염류
- 4-아미노아조벤젠
- 1-(2-아미노에칠)아미노-4-(2-하이드록시에칠)옥시-2-니트로벤젠 및 그 염류(예 에이치시 등색 No. 2)(다만, 비산화염모제에서 용법·용량에 따른 혼합물의 염모성분으로서 1.0% 이하는 제외)
- 아미노카프로익애씨드 및 그 염류
- 4-아미노-m-크레솔 및 그 염류(다만, 4-아미노-m-크레솔은 산화염모제에서 용법·용량에 따른 혼합물의 염모성분으로서 1.5% 이하는 제외)
- 6-아미노-o-크레솔 및 그 염류
- 2-아미노-4-니트로페놀
- 2-아미노-5-니트로페놀
- 2-아미노-6-클로로-4-니트로페놀 및 그 염류(다만, 2-아미노-6-클로로-4-니트로페놀은 염모제에서 용법·용량에 따른 혼합물의 염모성분으로서 2.0% 이하는 제외)

- α-아미노페놀
- 1-[(3-아미노프로필)아미노]-4-(메칠아미노)안트라퀴논 및 그 염류
- 4-아미노-3-플루오로페놀
- 5-[(4-[(7-아미노-1-하이드록시-3-설포-2-나프틸)아조]-2,5-디에톡시페닐)아조]-2-[(3-포스포노페닐)아조]벤조익애씨드 및 5-[(4-[(7-아미노-1-하이드록시-3-설포-2-나프틸)아조]-2,5-디에톡시페닐)아조]-3-[(3-포스포노페닐)아조벤조익애씨드
- 3(또는 5)-[[4-[(7-아미노-1-하이드록시-3-설포네이토-2-나프틸)아조]-1-나프틸]아조]살리실릭애씨드 및 그 염류
- Ammi majus 및 그 생약제제
- 아미트롤
- 아미트리프틸린 및 그 염류
- 아밀나이트라이트
- 아밀 4-디메칠아미노벤조익애씨드(펜틸디메칠파바, 파디메이트A)
- 과산화물가가 10mmol/L을 초과하는 Abies balsamea 잎의 오일 및 추출물
- 과산화물가가 10mmol/L을 초과하는 Abies sibirica 잎의 오일 및 추출물
- 과산화물가가 10mmol/L을 초과하는 Abies alba 열매의 오일 및 추출물
- 과산화물가가 10mmol/L을 초과하는 Abies alba 잎의 오일 및 추출물
- 과산화물가가 10mmol/L을 초과하는 Abies pectinata 잎의 오일 및 추출물
- 아세노코우마롤
- 아세타마이드
- 아세토나이트릴
- 아세토페논, 포름알데하이드, 사이클로헥실아민, 메탄올 및 초산의 반응물
- (2-아세톡시에칠)트리메칠암모늄히드록사이드(아세틸콜린 및 그 염류)
- N-[2-(3-아세틸-5-니트로치오펜-2-일아조)-5-디에칠아미노페닐]아세타마이드
- 3-[(4-(아세틸아미노)페닐)아조]4-4하이드록시-7-[[[[5-하이드록시-6-(페닐아조)-7-설포-2-나프탈레닐]아미노]카보닐]아미노]-2-나프탈렌설포닉애씨드 및 그 염류
- 5-(아세틸아미노)-4-하이드록시-3-((2-메칠페닐)아조)-2,7-나프탈렌디설포닉애씨드 및 그 염류
- 아자시클로놀 및 그 염류
- 아자페니딘
- 아조벤젠
- 아지리딘
- 아코니툼(Aconitum)속 및 그 생약제제
- 아코니틴 및 그 염류
- 아크릴로니트릴
- 아크릴아마이드(다만, 폴리아크릴아마이드류에서 유래되었으며, 사용 후 씻어내지 않는 바디화장품에 0.1ppm, 기타 제품에 0.5ppm 이하인 경우에는 제외)
- 아트라놀
- Atropa belladonna L. 및 그 제제
- 아트로핀, 그 염류 및 유도체
- 아포몰핀 및 그 염류

- Apocynum cannabinum L. 및 그 제제
- 안드로겐효과를 가진 물질
- 안트라센오일
- 스테로이드 구조를 갖는 안티안드로겐
- 안티몬 및 그 화합물
- 알드린
- 알라클로르
- 알로클아미드 및 그 염류
- 알릴글리시딜에텔
- 2-(4-알릴-2-메톡시페녹시)-N,N-디에칠아세트아미드 및 그 염류
- 4-알릴-2,6-비스(2,3-에폭시프로필)페놀, 4-알릴-6-[3-[6-[3-(4-알릴-2,6-비스(2,3-에폭시프로필)페녹시)-2-하이드록시프로필]-4-알릴-2-(2,3-에폭시프로필)페녹시]-2-하이드록시프로필]-4-알릴-2-(2,3-에폭시프로필)페녹시]-2-하이드록시프로필-2-(2,3-에폭시프로필)페놀, 4-알릴-6-[3-(4-알릴-2,6-비스(2,3-에폭시프로필)페녹시)-2-하이드록시프로필]-2-(2,3-에폭시프로필)페놀, 4-알릴-6-[3-[6-[3-(4-알릴-2,6-비스(2,3-에폭시프로필)페녹시)-2-하이드록시프로필]-4-알릴-2-(2,3-에폭시프로필)페녹시]-2-하이드록시프로필]-2-(2,3-에폭시프로필)페놀의 혼합물
- 알릴이소치오시아네이트
- 에스텔의 유리알릴알코올농도가 0.1%를 초과하는 알릴에스텔류
- 알릴클로라이드(3-클로로프로펜)
- 2급 알칸올아민 및 그 염류
- 알칼리 설파이드류 및 알칼리토 설파이드류
- 2-알칼리펜타시아노니트로실페레이트
- 알킨알코올 그 에스텔, 에텔 및 염류
- o-알킬디치오카르보닉애씨드의 염
- 2급 알킬아민 및 그 염류
- 암모늄노나데카플루오로데카노에이트
- 암모늄퍼플루오로노나노에이트
- 2-{4-(2-암모니오프로필아미노)-6-[4-하이드록시-3-(5-메칠-2-메톡시-4-설파모일페닐아조)-2-설포네이토나프트-7-일아미노]-1,3,5-트리아진-2-일아미노}-2-아미노프로필포메이트
- 애씨드오렌지24(CI 20170)
- 애씨드레드73(CI 27290)
- 애씨드블랙 131 및 그 염류
- 에르고칼시페롤 및 콜레칼시페롤(비타민 D2와 D3)
- 에리오나이트
- 에메틴, 그 염류 및 유도체
- 에스트로겐
- 에제린 또는 피조스티그민 및 그 염류
- 에이치시 녹색 No. 1
- 에이치시 적색 No. 8 및 그 염류
- 에이치시 청색 No. 11

- 에이치시 황색 No. 11
- 에이치시 등색 No. 3
- 에치온아미드
- 에칠렌글리콜 디메칠 에텔(EGDME)
- 2,2'-[(1,2'-에칠렌디일)비스[5-((4-에톡시페닐)아조]벤젠설포닉애씨드) 및 그 염류
- 에칠렌옥사이드
- 3-에칠-2-메칠-2-(3-메칠부틸)-1,3-옥사졸리딘
- 1-에칠-1-메칠몰포리늄 브로마이드
- 1-에칠-1-메칠피롤리디늄 브로마이드
- 에칠비스(4-히드록시-2-옥소-1-벤조피란-3-일)아세테이트 및 그 산의 염류
- 4-에칠아미노-3-니트로벤조익애씨드(N-에칠-3-니트로 파바) 및 그 염류
- 에칠아크릴레이트
- 3'-에칠-5',6',7',8'-테트라히드로-5',6',8,8',-테트라메칠-2'-아세토나프탈렌(아세틸에칠테트라메칠테트라린, AETT)
- 에칠페나세미드(페네투라이드)
- 2-[[4-[에칠(2-하이드록시에칠)아미노]페닐]아조]-6-메톡시-3-메칠-벤조치아졸리움 및 그 염류
- 2-에칠헥사노익애씨드
- 2-에칠헥실[[[3,5-비스(1,1-디메칠에칠)-4-하이드록시페닐]-메칠]치오]아세테이트
- O,O'-(에테닐메칠실릴렌디[(4-메칠펜탄-2-온)옥심]
- 에토헵타진 및 그 염류
- 7-에톡시-4-메칠쿠마린
- 4'-에톡시-2-벤즈이미다졸아닐라이드
- 2-에톡시에탄올(에칠렌글리콜 모노에칠에텔, EGMEE)
- 에톡시에탄올아세테이트
- 5-에톡시-3-트리클로로메칠-1,2,4-치아디아졸
- 4-에톡시페놀(히드로퀴논모노에칠에텔)
- 4-에톡시-m-페닐렌디아민 및 그 염류(예 4-에톡시-m-페닐렌디아민 설페이트)
- 에페드린 및 그 염류
- 1,2-에폭시부탄
- (에폭시에칠)벤젠
- 1,2-에폭시-3-페녹시프로판
- R-2,3-에폭시-1-프로판올
- 2,3-에폭시프로판-1-올
- 2,3-에폭시프로필-o-톨일에텔
- 에피네프린
- 옥사디아질
- (옥사릴비스이미노에칠렌)비스((α-클로로벤질)디에칠암모늄)염류(예 암베노늄클로라이드)
- 옥산아미드 및 그 유도체
- 옥스페네리딘 및 그 염류
- 4,4'-옥시디아닐린(p-아미노페닐 에텔) 및 그 염류

- (s)-옥시란메탄올 4-메칠벤젠설포네이트
- 옥시염화비스머스 이외의 비스머스화합물
- 옥시퀴놀린(히드록시-8-퀴놀린 또는 퀴놀린-8-올) 및 그 황산염
- 옥타목신 및 그 염류
- 옥타밀아민 및 그 염류
- 옥토드린 및 그 염류
- 올레안드린
- 와파린 및 그 염류
- 요도메탄
- 요오드
- 요힘빈 및 그 염류
- 우레탄(에칠카바메이트)
- 우로카닌산, 우로카닌산에칠
- Urginea scilla Stern. 및 그 생약제제
- 우스닉산 및 그 염류(구리염 포함)
- 2,2'-이미노비스-에탄올, 에피클로로히드린 및 2-니트로-1,4-벤젠디아민의 반응생성물(에이치시 청색 No. 5) 및 그 염류
- (마이크로-((7,7'-이미노비스(4-하이드록시-3-((2-하이드록시-5-(N-메칠설파모일)페닐)아조)나프탈렌-2-설포네이토))(6-)))디쿠프레이트 및 그 염류
- 4,4'-(4-이미노사이클로헥사-2,5-디에닐리덴메칠렌)디아닐린 하이드로클로라이드
- 이미다졸리딘-2-치온
- 과산화물가가 10mmol/L을 초과하는 이소디프렌
- 이소메트헵텐 및 그 염류
- 이소부틸나이트라이트
- 4,4'-이소부틸에칠리덴디페놀
- 이소소르비드디나이트레이트
- 이소카르복사지드
- 이소프레나린
- 이소프렌(2-메칠-1,3-부타디엔)
- 6-이소프로필-2-데카하이드로나프탈렌올(6-이소프로필-2-데카롤)
- 3-(4-이소프로필페닐)-1,1-디메칠우레아(이소프로투론)
- (2-이소프로필펜트-4-에노일)우레아(아프로날리드)
- 이속사풀루톨
- 이속시닐 및 그 염류
- 이부프로펜피코놀, 그 염류 및 유도체
- Ipecacuanha(Cephaelis ipecacuaha Brot. 및 관련된 종)(뿌리, 가루 및 생약제제)
- 이프로디온
- 인체 세포·조직 및 그 배양액(다만, 배양액 중 별표 3의 인체 세포·조직 배양액 안전기준에 적합한 경우는 제외)
- 인태반(Human Placenta) 유래 물질
- 인프로쿠온

- 임페라토린(9-(3-메칠부트-2-에니록시)푸로(3,2-g)크로멘-7온)
- 자이람
- 자일렌(다만, 화장품 원료의 제조공정에서 용매로 사용되었으나 완전히 제거할 수 없는 잔류용매로서 화장품법 시행규칙 [별표 3] 자. 손발톱용 제품류 중 1), 2), 3), 5)에 해당하는 제품 중 0.01% 이하, 기타 제품 중 0.002% 이하인 경우 제외)
- 자일로메타졸린 및 그 염류
- 자일리딘, 그 이성체, 염류, 할로겐화 유도체 및 설폰화 유도체
- 「잔류성오염물질 관리법」제2조제1호에 따라 지정하고 있는 잔류성오염물질(잔류성오염물질의 관리에 관하여는 해당 법률에서 정하는 바에 따른다.)
- 족사졸아민
- Juniperus sabina L(잎, 정유 및 생약제제).
- 지르코늄 및 그 산의 염류
- 천수국꽃 추출물 또는 오일
- Chenopodium ambrosioides(정유)
- 치람
- 4,4'-치오디아닐린 및 그 염류
- 치오아세타마이드
- 치오우레아 및 그 유도체
- 치오테파
- 치오판네이트-메칠
- 카드뮴 및 그 화합물
- 카라미펜 및 그 염류
- 카르벤다짐
- 4,4'-카르본이미돌일비스[N,N-디메칠아닐린] 및 그 염류
- 카리소프로돌
- 카바독스
- 카바릴
- N-(3-카바모일-3,3-디페닐프로필)-N,N-디이소프로필메칠암모늄염(예 이소프로파미드아이오다이드)
- 카바졸의 니트로유도체
- 7,7'-(카보닐디이미노)비스(4-하이드록시-3-[[2-설포-4-[(4-설포페닐)아조]페닐]아조-2-나프탈렌설포닉애씨드 및 그 염류
- 카본디설파이드
- 카본모노옥사이드(일산화탄소)
- 카본블랙(다만, 불순물 중 벤조피렌과 디벤즈(a,h)안트라센이 각각 5ppb 이하이고 총 다환방향족탄화수소류(PAHs)가 0.5ppm 이하인 경우에는 제외)
- 카본테트라클로라이드
- 카부트아미드
- 카브로말
- 카탈라아제
- 카테콜(피로카테콜)

- 칸타리스, Cantharis vesicatoria
- 캡타폴
- 캡토디암
- 케토코나졸
- Coniummaculatum L(과실, 가루, 생약제제).
- 코니인
- 코발트디클로라이드(코발트클로라이드)
- 코발트벤젠설포네이트
- 코발트설페이트
- 코우메타롤
- 콘발라톡신
- 콜린염 및 에스텔(예 콜린클로라이드)
- 콜키신, 그 염류 및 유도체
- 콜키코시드 및 그 유도체
- Colchicum autumnale L. 및 그 생약제제
- 콜타르 및 정제콜타르
- 쿠라레와 쿠라린
- 합성 쿠라리잔트(Curarizants)
- 과산화물가가 10mmol/L을 초과하는 Cupressus sempervirens 잎의 오일 및 추출물
- 크로톤알데히드(부테날)
- Croton tiglium(오일)
- 3-(4-클로로페닐)-1,1-디메칠우로늄 트리클로로아세테이트 ; 모누론-TCA
- 크롬 ; 크로믹애씨드 및 그 염류
- 크리센
- 크산티놀(7-{2-히드록시-3-[N-(2-히드록시에칠)-N-메칠아미노]프로필}테오필린)
- Claviceps purpurea Tul, 그 알칼로이드 및 생약제제
- 1-클로로-4-니트로벤젠
- 2-[(4-클로로-2-니트로페닐)아미노]에탄올(에이치시 황색 No. 12) 및 그 염류
- 2-[(4-클로로-2-니트로페닐)아조)-N-(2-메톡시페닐)-3-옥소부탄올아마이드(피그먼트옐로우 73) 및 그 염류
- 2-클로로-5-니트로-N-하이드록시에칠-p-페닐렌디아민 및 그 염류
- 클로로데콘
- 2,2'-((3-클로로-4-((2,6-디클로로-4-니트로페닐)아조)페닐)이미노)비스에탄올(디스퍼스브라운 1) 및 그 염류
- 5-클로로-1,3-디하이드로-2H-인돌-2-온
- [6-[[3-클로로-4-(메칠아미노)페닐]이미노]-4-메칠-3-옥소사이클로헥사-1,4-디엔-1-일]우레아(에이치시 적색 No. 9) 및 그 염류
- 클로로메칠 메칠에텔
- 2-클로로-6-메칠피리미딘-4-일디메칠아민(크리미딘-ISO)
- 클로로메탄

- p-클로로벤조트리클로라이드
- N-5-클로로벤족사졸-2-일아세트아미드
- 4-클로로-2-아미노페놀
- 클로로아세타마이드
- 클로로아세트알데히드
- 클로로아트라놀
- 6-(2-클로로에칠)-6-(2-메톡시에톡시)-2,5,7,10-테트라옥사-6-실라운데칸
- 2-클로로-6-에칠아미노-4-니트로페놀 및 그 염류(다만, 산화염모제에서 용법·용량에 따른 혼합물의 염모 성분으로서 1.5% 이하, 비산화염모제에서 용법·용량에 따른 혼합물의 염모성분으로서 3% 이하는 제외)
- 클로로에탄
- 1-클로로-2,3-에폭시프로판
- R-1-클로로-2,3-에폭시프로판
- 클로로탈로닐
- 클로로톨루론 ; 3-(3-클로로-p-톨일)-1,1-디메칠우레아
- α-클로로톨루엔
- N'-(4-클로로-o-톨일)-N,N-디메칠포름아미딘 모노하이드로클로라이드
- 1-(4-클로로페닐)-4,4-디메칠-3-(1,2,4-트리아졸-1-일메칠)펜타-3-올
- (3-클로로페닐)-(4-메톡시-3-니트로페닐)메타논
- (2RS,3RS)-3-(2-클로로페닐)-2-(4-플루오로페닐)-[1H-1,2,4-트리아졸-1-일]메칠]옥시란(에폭시코나졸)
- 2-(2-(4-클로로페닐)-2-페닐아세틸)인단 1,3-디온(클로로파시논-ISO)
- 클로로포름
- 클로로프렌(2-클로로부타-1,3-디엔)
- 클로로플루오로카본 추진제(완전하게 할로겐화 된 클로로플루오로알칸)
- 2-클로로-N-(히드록시메칠)아세트아미드
- N-[(6-[(2-클로로-4-하이드록시페닐)이미노]-4-메톡시-3-옥소-1,4-사이클로헥사디엔-1-일]아세타 마이드(에이치시 황색 No. 8) 및 그 염류
- 클로르단
- 클로르디메폼
- 클로르메자논
- 클로르메틴 및 그 염류
- 클로르족사존
- 클로르탈리돈
- 클로르프로티센 및 그 염류
- 클로르프로파미드
- 클로린
- 클로졸리네이트
- 클로페노탄 ; DDT(ISO)
- 클로펜아미드
- 키노메치오네이트
- 타크로리무스(tacrolimus), 그 염류 및 유도체

- 탈륨 및 그 화합물
- 탈리도마이드 및 그 염류

▶ **대한민국약전(식품의약품안전처 고시) '탤크'항 중 석면기준에 적합하지 않은 탤크**

- 과산화물가가 10mmol/L을 초과하는 테르펜 및 테르페노이드(다만, 리모넨류는 제외)
- 과산화물가가 10mmol/L을 초과하는 신핀 테르펜 및 테르페노이드(sinpine terpenes and terpenoids)
- 과산화물가가 10mmol/L을 초과하는 테르펜 알코올류의 아세테이트
- 과산화물가가 10mmol/L을 초과하는 테르펜하이드로카본
- 과산화물가가 10mmol/L을 초과하는 α-테르피넨
- 과산화물가가 10mmol/L을 초과하는 γ-테르피넨
- 과산화물가가 10mmol/L을 초과하는 테르피놀렌
- Thevetia neriifolia juss, 배당체 추출물
- N,N,N',N'-테트라글리시딜-4,4'-디아미노-3,3'-디에칠디페닐메탄
- N,N,N',N-테트라메칠-4,4'-메칠렌디아닐린
- 테트라베나진 및 그 염류
- 테트라브로모살리실아닐리드
- 테트라소듐 3,3'-[[1,1'-비페닐]-4,4'-디일비스(아조)]비스[5-아미노-4-하이드록시나프탈렌-2,7-디설포네이트](다이렉트블루 6)
- 1,4,5,8-테트라아미노안트라퀴논(디스퍼스블루1)
- 테트라에칠피로포스페이트 ; TEPP(ISO)
- 테트라카보닐니켈
- 테트라카인 및 그 염류
- 테트라코나졸((+/-)-2-(2,4-디클로로페닐)-3-(1H-1,2,4-트리아졸-1-일)프로필-1,1,2,2-테트라플루오로에칠에텔)
- 2,3,7,8-테트라클로로디벤조-p-디옥신
- 테트라클로로살리실아닐리드
- 5,6,12,13-테트라클로로안트라(2,1,9-def:6,5,10-d'e'f')디이소퀴놀린-1,3,8,10(2H,9H)-테트론
- 테트라클로로에칠렌
- 테트라키스-하이드록시메칠포스포늄 클로라이드, 우레아 및 증류된 수소화 C16-18 탈로우 알킬아민의 반응생성물(UVCB 축합물)
- 테트라하이드로-6-니트로퀴노살린 및 그 염류
- 테트라히드로졸린(테트리졸린) 및 그 염류
- 테트라하이드로치오피란-3-카르복스알데하이드
- (+/-)-테트라하이드로풀푸릴-(R)-2-[4-(6-클로로퀴노살린-2-일옥시)페닐옥시]프로피오네이트
- 테트릴암모늄브로마이드
- 테파졸린 및 그 염류
- 텔루륨 및 그 화합물
- 토목향(Inula helenium)오일
- 톡사펜
- 톨루엔-3,4-디아민v

- 톨루이디늄클로라이드
- 톨루이딘, 그 이성체, 염류, 할로겐화 유도체 및 설폰화 유도체
- o-톨루이딘계 색소류
- 톨루이딘설페이트(1:1)
- m-톨리덴 디이소시아네이트
- 4-o-톨릴아조-o-톨루이딘
- 톨복산
- 톨부트아미드
- [(톨일옥시)메칠]옥시란(크레실 글리시딜 에텔)
- [(m-톨일옥시)메칠]옥시란
- [(p-톨일옥시)메칠]옥시란
- 과산화물가가 10mmol/L을 초과하는 피누스(Pinus)속을 스팀증류하여 얻은 투르펜틴
- 과산화물가가 10mmol/L을 초과하는 투르펜틴검(피누스(Pinus)속)
- 과산화물가가 10mmol/L을 초과하는 투르펜틴 오일 및 정제오일
- 투아미노헵탄, 이성체 및 그 염류
- 과산화물가가 10mmol/L을 초과하는 Thuja Occidentalis 나무줄기의 오일
- 과산화물가가 10mmol/L을 초과하는 Thuja Occidentalis 잎의 오일 및 추출물
- 트라닐시프로민 및 그 염류
- 트레타민
- 트레티노인(레티노익애씨드 및 그 염류)
- 트리니켈디설파이드
- 트리데모르프
- 3,5,5-트리메칠사이클로헥스-2-에논
- 2,4,5-트리메칠아닐린[1] ; 2,4,5-트리메칠아닐린 하이드로클로라이드[2]
- 3,6,10-트리메칠-3,5,9-운데카트리엔-2-온(메칠이소슈도이오논)
- 2,2,6-트리메칠-4-피페리딜벤조에이트(유카인) 및 그 염류
- 3,4,5-트리메톡시펜에칠아민 및 그 염류
- 트리부틸포스페이트
- 3,4′,5-트리브로모살리실아닐리드(트리브롬살란)
- 2,2,2-트리브로모에탄올(트리브로모에칠알코올)
- 트리소듐 비스(7-아세트아미도-2-(4-니트로-2-옥시도페닐아조)-3-설포네이토-1-나프톨라토)크로메이트(1-)
- 트리소듐[4′-(8-아세틸아미노-3,6-디설포네이토-2-나프틸아조)-4″-(6-벤조일아미노-3-설포네이토-2-나프틸아조)-비페닐-1,3′,3″,1‴-테트라올라토-O,O′,O″,O‴]코퍼(II)
- 1,3,5-트리스(3-아미노메칠페닐)-1,3,5-(1H,3H,5H)-트리아진-2,4,6-트리온 및 3,5-비스(3-아미노메칠페닐)-1-폴리[3,5-비스(3-아미노메칠페닐)-2,4,6-트리옥소-1,3,5-(1H,3H,5H)-트리아진-1-일]-1,3,5-(1H,3H,5H)-트리아진-2,4,6-트리온 올리고머의 혼합물
- 1,3,5-트리스-[(2S 및 2R)-2,3-에폭시프로필]-1,3,5-트리아진-2,4,6-(1H,3H,5H)-트리온
- 1,3,5-트리스(옥시라닐메칠)-1,3,5-트리아진-2,4,6(1H,3H,5H)-트리온
- 트리스(2-클로로에칠)포스페이트

- N1-(트리스(하이드록시메칠))-메칠-4-니트로-1,2-페닐렌디아민(에이치시 황색 No. 3) 및 그 염류
- 1,3,5-트리스(2-히드록시에칠)헥사히드로1,3,5-트리아신
- 1,2,4-트리아졸
- 트리암테렌 및 그 염류
- 트리옥시메칠렌(1,3,5-트리옥산)
- 트리클로로니트로메탄(클로로피크린)
- N-(트리클로로메칠치오)프탈이미드
- N-[(트리클로로메칠)치오]-4-사이클로헥센-1,2-디카르복시미드(캡탄)
- 2,3,4-트리클로로부트-1-엔
- 트리클로로아세틱애씨드
- 트리클로로에칠렌
- 1,1,2-트리클로로에탄
- 2,2,2-트리클로로에탄-1,1-디올
- α,α,α-트리클로로톨루엔
- 2,4,6-트리클로로페놀
- 1,2,3-트리클로로프로판
- 트리클로르메틴 및 그 염류
- 트리톨일포스페이트
- 트리파라놀
- 트리플루오로요도메탄
- 트리플루페리돌
- 1,2,4-트리하이드록시벤젠
- 1,3,5-트리하이드록시벤젠(플로로글루시놀) 및 그 염류
- 티로트리신
- 티로프로픽애씨드 및 그 염류
- 티아마졸
- 티우람디설파이드
- 티우람모노설파이드
- 파라메타손
- 파르에톡시카인 및 그 염류
- 퍼플루오로노나노익애씨드
- 2급 아민함량이 5%를 초과하는 패티애씨드디알킬아마이드류 및 디알칸올아마이드류
- 페나글리코돌
- 페나디아졸
- 페나리몰
- 페나세미드
- p-페네티딘(4-에톡시아닐린)
- 페노졸론
- 페노티아진 및 그 화합물
- 페놀

- 페놀프탈레인((3,3-비스(4-하이드록시페닐)프탈리드)
- 페니라미돌
- oα-페닐렌디아민 및 그 염류
- m-페닐렌디아민
- 염산 m-페닐렌디아민
- 페닐부타존
- 4-페닐부트-3-엔-2-온
- 페닐살리실레이트
- 1-페닐아조-2-나프톨(솔벤트옐로우 14)
- 4-(페닐아조)-m-페닐렌디아민 및 그 염류
- 4-페닐아조페닐렌-1-3-디아민시트레이트히드로클로라이드(크리소이딘시트레이트히드로클로라이드)
- (R)-α-페닐에칠암모늄(-)-(1R,2S)-(1,2-에폭시프로필)포스포네이트 모노하이드레이트
- 2-페닐인단-1,3-디온(페닌디온)
- 페닐파라벤
- 트랜스-4-페닐-L-프롤린
- 페루발삼(Myroxylon pereirae의 수지)[다만, 추출물(extracts) 또는 증류물(distillates)로서 0.4% 이하인 경우는 제외]
- 페몰린 및 그 염류
- 페트리클로랄
- 펜메트라진 및 그 유도체 및 그 염류
- 펜치온
- N,N'-펜타메칠렌비스(트리메칠암모늄)염류(예 펜타메토늄브로마이드)
- 펜타에리트리틸테트라나이트레이트
- 펜타클로로에탄
- 펜타클로로페놀 및 그 알칼리 염류
- 펜틴 아세테이트
- 펜틴 하이드록사이드
- 2-펜틸리덴사이클로헥사논
- 펜프로바메이트
- 펜프로코우몬
- 펜프로피모르프
- 펠레티에린 및 그 염류
- 포타슘브로메이트
- 폴딘메틸설페이드
- 푸로쿠마린류(예 트리옥시살렌, 8-메톡시소랄렌, 5-메톡시소랄렌)(천연에센스에 자연적으로 함유된 경우는 제외(다만, 자외선차단제품 및 인공선탠제품에서는 1ppm 이하이어야 한다.)
- 푸르푸릴트리메칠암모늄염(예 푸르트레토늄아이오다이드)
- 풀루아지포프-부틸
- 풀미옥사진
- 퓨란

- 프라모카인 및 그 염류
- 프레그난디올
- 프로게스토젠
- 프로그레놀론아세테이트
- 프로베네시드
- 프로카인아미드, 그 염류 및 유도체
- 프로파지트
- 프로파진
- 프로파틸나이트레이트
- 4,4'-[1,3-프로판디일비스(옥시)]비스벤젠-1,3-디아민 및 그 테트라하이드로클로라이드염(예 1,3-비스-(2,4-디아미노페녹시)프로판, 염산 1,3-비스-(2,4-디아미노페녹시)프로판 하이드로클로라이드)(다만, 산화염모제에서 용법·용량에 따른 혼합물의 염모성분으로서 산으로서 1.2% 이하는 제외)
- 1,3-프로판설톤
- 프로판-1,2,3-트리일트리나이트레이트
- 프로피오락톤
- 프로피자미드
- 프로피페나존
- Prunus laurocerasus L.
- 프시로시빈
- 프탈레이트류(디부틸프탈레이트, 디에틸헥실프탈레이트, 부틸벤질프탈레이트에 한함)
- 플루실라졸
- 플루아니손
- 플루오레손
- 플루오로우라실
- 플루지포프-p-부틸
- 피그먼트레드 53(레이크레드 C)
- 피그먼트레드 53:1(레이크레드 CBa)
- 피그먼트오렌지 5(파마넨트오렌지)
- 피나스테리드, 그 염류 및 유도체
- 과산화물가가 10mmol/L을 초과하는 Pinus nigra 잎과 잔가지의 오일 및 추출물
- 과산화물가가 10mmol/L을 초과하는 Pinus mugo 잎과 잔가지의 오일 및 추출물
- 과산화물가가 10mmol/L을 초과하는 Pinus mugo pumilio 잎과 잔가지의 오일 및 추출물
- 과산화물가가 10mmol/L을 초과하는 Pinus cembra 아세틸레이티드 잎 및 잔가지의 추출물
- 과산화물가가 10mmol/L을 초과하는 Pinus cembra 잎과 잔가지의 오일 및 추출물
- 과산화물가가 10mmol/L을 초과하는 Pinus species 잎과 잔가지의 오일 및 추출물
- 과산화물가가 10mmol/L을 초과하는 Pinus sylvestris 잎과 잔가지의 오일 및 추출물
- 과산화물가가 10mmol/L을 초과하는 Pinus palustris 잎과 잔가지의 오일 및 추출물
- 과산화물가가 10mmol/L을 초과하는 Pinus pumila 잎과 잔가지의 오일 및 추출물
- 과산화물가가 10mmol/L을 초과하는 Pinus pinaste 잎과 잔가지의 오일 및 추출물
- Pyrethrum album L. 및 그 생약제제

- 피로갈롤
- Pilocarpus jaborandi Holmes 및 그 생약제제
- 피로카르핀 및 그 염류
- 6-(1-피롤리디닐)-2,4-피리미딘디아민-3-옥사이드(피롤리디닐 디아미노 피리미딘 옥사이드)
- 피리치온소듐(INNM)
- 피리치온알루미늄캄실레이트
- 피메크로리무스(pimecrolimus), 그 염류 및 그 유도체
- 피메트로진
- 과산화물가가 10mmol/L을 초과하는 Picea mariana 잎의 오일 및 추출물
- Physostigma venenosum Balf.
- 피이지-3,2',2'-디-p-페닐렌디아민
- 피크로톡신
- 피크릭애씨드
- 피토나디온(비타민 K1)
- 피톨라카(Phytolacca)속 및 그 제제
- 피파제테이트 및 그 염류
- 6-(피페리디닐)-2,4-피리미딘디아민-3-옥사이드(미녹시딜), 그 염류 및 유도체
- α-피페리딘-2-일벤질아세테이트 좌회전성의 트레오포름(레보파세토페란) 및 그 염류
- 피프라드롤 및 그 염류
- 피프로쿠라륨 및 그 염류
- 형광증백제(다만, Fluorescent Brightener 367은 손발톱용 제품류 중 베이스코트, 언더코트, 네일폴리시, 네일에나멜, 탑코트에 0.12% 이하일 경우 제외)
- 히드라스틴, 히드라스티닌 및 그 염류
- (4-하이드라지노페닐)-N-메칠메탄설폰아마이드 하이드로클로라이드
- 히드라지드 및 그 염류
- 히드라진, 그 유도체 및 그 염류
- 하이드로아비에틸 알코올
- 히드로겐시아니드 및 그 염류
- 히드로퀴논
- 히드로플루오릭애씨드, 그 노르말 염, 그 착화합물 및 히드로플루오라이드
- N-[3-하이드록시-2-(2-메칠아크릴로일아미노메톡시)프로폭시메칠]-2-메칠아크릴아마이드, N-[2,3-비스-(2-메칠아크릴로일아미노메톡시)프로폭시메칠-2-메칠아크릴아미드, 메타크릴아마이드 및 2-메칠-N-(2-메칠아크릴로일아미노메톡시메칠)-아크릴아마이드
- 4-히드록시-3-메톡시신나밀알코올의벤조에이트(천연에센스에 자연적으로 함유된 경우는 제외)
- (6-(4-하이드록시)-3-(2-메톡시페닐아조)-2-설포네이토-7-나프틸아미노)-1,3,5-트리아진-2,4-디일)비스[(아미노이-1-메칠에칠)암모늄]포메이트
- 1-하이드록시-3-니트로-4-(3-하이드록시프로필아미노)벤젠 및 그 염류(예 4-하이드록시프로필아미노-3-니트로페놀)(다만, 염모제에서 용법·용량에 따른 혼합물의 염모성분으로서 2.6% 이하는 제외)
- 1-하이드록시-2-베타-하이드록시에칠아미노-4,6-디니트로벤젠 및 그 염류(예 2-하이드록시에칠피크라믹애씨드)(다만, 2-하이드록시에칠피크라믹애씨드는 산화염모제에서 용법·용량에 따른 혼합물의 염모성분으로서 1.5% 이하, 비산화염모제에서 용법·용량에 따른 혼합물의 염모성분으로서 2.0% 이하는 제외)

- 5-하이드록시-1,4-벤조디옥산 및 그 염류
- 하이드록시아이소헥실 3-사이클로헥센 카보스알데히드(HICC)
- N1-(2-하이드록시에칠)-4-니트로-o-페닐렌디아민(에이치시 황색 No. 5) 및 그 염류
- 하이드록시에칠-2,6-디니트로-p-아니시딘 및 그 염류
- 3-[[4-[(2-하이드록시에칠)메칠아미노]-2-니트로페닐]아미노]-1,2-프로판디올 및 그 염류
- 하이드록시에칠-3,4-메칠렌디옥시아닐린; 2-(1,3-벤진디옥솔-5-일아미노)에탄올 하이드로클로라이드 및 그 염류(예 하이드록시에칠-3,4-메칠렌디옥시아닐린 하이드로클로라이드)(다만, 산화염모제에서 용법·용량에 따른 혼합물의 염모성분으로서 1.5% 이하는 제외)
- 3-[[4-[(2-하이드록시에칠)아미노]-2-니트로페닐]아미노]-1,2-프로판디올 및 그 염류
- 4-(2-하이드록시에칠)아미노-3-니트로페놀 및 그 염류(예 3-니트로-p-하이드록시에칠아미노페놀)(다만, 3-니트로-p-하이드록시에칠아미노페놀은 산화염모제에서 용법·용량에 따른 혼합물의 염모성분으로서 3.0% 이하, 비산화염모제에서 용법·용량에 따른 혼합물의 염모성분으로서 1.85% 이하는 제외)
- 2,2'-[[4-[(2-하이드록시에칠)아미노]-3-니트로페닐]이미노]바이세타놀 및 그 염류(예 에이치시 청색 No. 2)(다만, 비산화염모제에서 용법·용량에 따른 혼합물의 염모성분으로서 2.8% 이하는 제외)
- 1-[(2-하이드록시에칠)아미노]-4-(메칠아미노-9,10-안트라센디온 및 그 염류
- 하이드록시에칠아미노메칠-p-아미노페놀 및 그 염류
- 5-[(2-하이드록시에칠)아미노]-o-크레졸 및 그 염류(예 2-메칠-5-하이드록시에칠아미노페놀)(다만, 2-메칠-5-하이드록시에칠아미노페놀은 염모제에서 용법·용량에 따른 혼합물의 염모성분으로서 0.5% 이하는 제외)
- (4-(4-히드록시-3-요오도페녹시)-3,5-디요오도페닐)아세틱애씨드 및 그 염류
- 6-하이드록시-1-(3-이소프로폭시프로필)-4-메칠-2-옥소-5-[4-(페닐아조)페닐아조]-1,2-디하이드로-3-피리딘카보니트릴
- 4-히드록시인돌
- 2-[2-하이드록시-3-(2-클로로페닐)카르바모일-1-나프틸아조]-7-[2-하이드록시-3-(3-메칠페닐)카르바모일-1-나프틸아조]플루오렌-9-온
- 4-(7-하이드록시-2,4,4-트리메칠-2-크로마닐)레솔시놀-4-일-트리스(6-디아조-5,6-디하이드로-5-옥소나프탈렌-1-설포네이트) 및 4-(7-하이드록시-2,4,4-트리메칠-2-크로마닐)레솔시놀비스(6-디아조-5,6-디하이드로-5-옥소나프탈렌-1-설포네이트)의 2:1 혼합물
- 11-α-히드록시프레근-4-엔-3,20-디온 및 그 에스텔
- 1-(3-하이드록시프로필아미노)-2-니트로-4-비스(2-하이드록시에칠)아미노)벤젠 및 그 염류(예 에이치시 자색 No. 2)(다만, 비산화염모제에서 용법·용량에 따른 혼합물의 염모성분으로서 2.0% 이하는 제외)
- 히드록시프로필 비스(N-히드록시에칠-p-페닐렌디아민) 및 그 염류(다만, 산화염모제에서 용법·용량에 따른 혼합물의 염모성분으로 테트라하이드로클로라이드염으로서 0.4% 이하는 제외)
- 〈삭제〉
- 하이드록시피리디논 및 그 염류
- 3-하이드록시-4-[(2-하이드록시나프틸)아조]-7-니트로나프탈렌-1-설포닉애씨드 및 그 염류
- 할로카르반
- 할로페리돌
- 항생물질
- 항히스타민제(예 독실아민, 디페닐피랄린, 디펜히드라민, 메타피릴렌, 브롬페니라민, 사이클리진, 클로르페녹사민, 트리펠렌아민, 히드록사진 등)

- N,N'-헥사메칠렌비스(트리메칠암모늄)염류(예 헥사메토늄브로마이드)
- 헥사메칠포스포릭-트리아마이드
- 헥사에칠테트라포스페이트
- 헥사클로로벤젠
- (1R,4S,5R,8S)-1,2,3,4,10,10-헥사클로로-6,7-에폭시-1,4,4a,5,6,7,8,8a-옥타히드로-,1,4;5,8-디메타노나프탈렌(엔드린-ISO)
- 1,2,3,4,5,6-헥사클로로사이클로헥산류(예 린단)
- 헥사클로로에탄
- (1R,4S,5R,8S)-1,2,3,4,10,10-헥사클로로-1,4,4a,5,8,8a-헥사히드로-1,4;5,8-디메타노나프탈렌(이소드린-ISO)
- 헥사프로피메이트
- (1R,2S)-헥사히드로-1,2-디메칠-3,6-에폭시프탈릭안하이드라이드(칸타리딘)
- 헥사하이드로사이클로펜타(C)피롤-1-(1H)-암모늄 N-에톡시카르보닐-N-(p-톨릴설포닐)아자나이드
- 헥사하이드로쿠마린
- 헥산
- 헥산-2-온
- 1,7-헵탄디카르복실산(아젤라산), 그 염류 및 유도체
- 트랜스-2-헥세날디메칠아세탈
- 트랜스-2-헥세날디에칠아세탈
- 헨나(Lawsonia Inermis)엽가루(다만, 염모제에서 염모성분으로 사용하는 것은 제외)
- 트랜스-2-헵테날
- 헵타클로로에폭사이드
- 헵타클로르
- 3-헵틸-2-(3-헵틸-4-메칠-치오졸린-2-일렌)-4-메칠-치아졸리늄다이드
- 황산 4,5-디아미노-1-((4-클로로르페닐)메칠)-1H-피라졸
- 황산 5-아미노-4-플루오르-2-메칠페놀
- 황산 2-아미노-5-니트로페놀
- 황산 o-아미노페놀
- 황산 o-클로로-p-페닐렌디아민
- 황산 m-페닐렌디아민
- Hyoscyamus niger L(잎, 씨, 가루 및 생약제제).
- 히요시아민, 그 염류 및 유도체
- 히요신, 그 염류 및 유도체
- 영국 및 북아일랜드산 소 유래 성분
- BSE(Bovine Spongiform Encephalopathy) 감염조직 및 이를 함유하는 성분

▶ 광우병 발병이 보고된 지역의 다음의 특정위험물질(specified risk material) 유래성분(소·양·염소 등 반추동물의 18개 부위)
- 뇌(brain)

- 두개골(skull)
- 척수(spinal cord)
- 뇌척수액(cerebrospinal fluid)
- 송과체(pineal gland)
- 하수체(pituitary gland)
- 경막(dura mater)
- 눈(eye)
- 삼차신경절(trigeminal ganglia)
- 배측근신경절(dorsal root ganglia)
- 척주(vertebral column)
- 림프절(lymph nodes)
- 편도(tonsil)
- 흉선(thymus)
- 십이지장에서 직장까지의 장관(intestines from the duodenum to the rectum)
- 비장(spleen)
- 태반(placenta)
- 부신(adrenal gland)
- 〈삭제〉

▶ 「화학물질의 등록 및 평가 등에 관한 법률」 제2조제9호 및 제27조에 따라 지정하고 있는 금지물질

제2조9 "금지물질"이란 위해성이 크다고 인정되는 화학물질로서 모든 용도로의 제조, 수입, 판매, 보관·저장, 운반 또는 사용을 금지하기 위하여 제27조에 따라 환경부장관이 관계 중앙행정기관의 장과의 협의와 제7조에 따른 화학물질평가위원회의 심의를 거쳐 고시한 것을 말한다.

제27조

① 환경부장관은 화학물질이 다음 각 호의 어느 하나에 해당되는 경우 관계 중앙행정기관의 장과의 협의와 평가위원회의 심의를 거쳐 대통령령으로 정하는 바에 따라 해당 화학물질을 제한물질 또는 금지물질로 지정하여 고시하여야 한다.

    1. 유해성심사 및 위해성평가 결과 위해성이 있다고 인정되는 경우

    2. 외국정부, 국제기구 등이 위해성이 있다고 인정하는 경우

    3. 국제협약 등에 따라 제조·수입 또는 사용이 금지되거나 제한되는 경우

    4. 제26조제1호의 사유로 지정 해제된 허가물질에 해당하는 경우

② 환경부장관은 제한물질 또는 금지물질을 지정하려는 경우에는 제한물질 또는 금지물질로 지정하려는 화학물질의 명칭 및 지정예정 시기 등을 관보나 인터넷 홈페이지를 통하여 미리 예고하여야 한다. 다만, 해당 화학물질로 인하여 사람의 건강이나 환경에 중대한 위해가 발생하거나 발생할 우려가 있다고 판단되어 긴급대응이 필요한 경우에는 그러하지 아니하다.

③ 환경부장관은 제한물질 또는 금지물질을 지정·고시하는 경우 제한물질 또는 금지물질의 명칭, 용도에 따른 금지의 내용 등을 포함하여야 한다.

④ 제1항부터 제3항까지에서 규정한 사항 외에 제한물질 또는 금지물질의 지정 및 고시에 필요한 사항은 대통령령으로 정한다.

1) 보존제 성분의 제한

원료명	사용한도	비고
★글루타랄(펜탄-1,5-디알)	0.1%	에어로졸(스프레이에 한함) 제품에는 사용금지
데하이드로아세틱애씨드 (3-아세틸-6-메칠피란-2,4(3H)-디온) 및 그 염류	데하이드로아세틱애씨드로서 0.6%	• 에어로졸(스프레이에 한함) 제품에는 사용금지
4,4-디메칠-1,3-옥사졸리딘 (디메칠옥사졸리딘)	0.05%(다만, 제품의 pH는 6을 넘어야 함)	
디브로모헥사미딘 및 그 염류 (이세치오네이트 포함)	디브로모헥사미딘으로서 0.1%	
디아졸리디닐우레아 (N-(히드록시메칠)-N-(디히드록시메칠-1,3-디옥소-2,5-이미다졸리디닐-4)-N'-(히드록시메칠)우레아)	0.5%	
★디엠디엠하이단토인 (1,3-비스(히드록시메칠)-5,5-디메칠이미다졸리딘-2,4-디온)	0.6%	
2,4-디클로로벤질알코올	0.15%	
3,4-디클로로벤질알코올	0.15%	
★메칠이소치아졸리논	사용 후 씻어내는 제품에 0.0015% (단, 메칠클로로이소치아졸리논과 메칠이소치아졸리논 혼합물과 병행 사용 금지)	기타 제품에는 사용금지
★메칠클로로이소치아졸리논과 메칠이소치아졸리논 혼합물 (염화마그네슘과 질산마그네슘 포함)	사용 후 씻어내는 제품에 0.0015% (메칠클로로이소치아졸리논 : 메칠이소치아졸리논 = (3 : 1)혼합물로서)	기타 제품에는 사용금지
메텐아민(헥사메칠렌테트라아민)	0.15%	
무기설파이트 및 하이드로젠설파이트류	유리 SO2로 0.2%	
★벤잘코늄클로라이드, 브로마이드 및 사카리네이트	• 사용 후 씻어내는 제품에 벤잘코늄클로라이드로서 0.1% • 기타 제품에 벤잘코늄클로라이드로서 0.05%	분사형 제품에 벤잘코늄클로라이드는 사용금지
★벤제토늄클로라이드	0.1%	점막에 사용되는 제품에는 사용금지
★벤조익애씨드, 그 염류 및 에스텔류	산으로서 0.5% (다만, 벤조익애씨드 및 그 소듐염은 사용 후 씻어내는 제품에는 산으로서 2.5%)	

원료명	사용한도	비고
★벤질알코올	1.0% (다만, 두발 염색용 제품류에 용제로 사용할 경우에는 10%)	
벤질헤미포름알	사용 후 씻어내는 제품에 0.15%	기타 제품에는 사용금지
보레이트류 (소듐보레이트, 테트라보레이트)	밀납, 백납의 유화의 목적으로 사용 시 0.76%(이 경우, 밀납·백납 배합량의 1/2을 초과할 수 없다.)	기타 목적에는 사용금지
5-브로모-5-나이트로-1,3-디옥산	사용 후 씻어내는 제품에 0.1% (다만, 아민류나 아마이드류를 함유하고 있는 제품에는 사용금지)	기타 제품에는 사용금지
2-브로모-2-나이트로프로판-1,3-디올(브로노폴)	0.1%	아민류나 아마이드류를 함유하고 있는 제품에는 사용금지
브로모클로로펜(6,6-디브로모-4,4-디클로로-2,2'-메칠렌-디페놀)	0.1%	
비페닐-2-올(o-페닐페놀) 및 그 염류	페놀로서 0.15%	
★살리실릭애씨드 및 그 염류	살리실릭애씨드로서 0.5%	영유아용 제품류 또는 13세 이하 어린이가 사용할 수 있음을 특정하여 표시하는 제품에는 사용금지 (다만, 샴푸는 제외)
세틸피리디늄클로라이드	0.08%	
소듐라우로일사코시네이트	사용 후 씻어내는 제품에 허용	기타 제품에는 사용금지
소듐아이오데이트	사용 후 씻어내는 제품에 0.1%	기타 제품에는 사용금지
소듐하이드록시메칠아미노아세테이트 (소듐하이드록시메칠글리시네이트)	0.5%	
★소르빅애씨드(헥사-2,4-디에노익애씨드) 및 그 염류	소르빅애씨드로서 0.6%	
★아이오도프로피닐부틸카바메이트 (아이피비씨)	• 사용 후 씻어내는 제품에 0.02% • 사용 후 씻어내지 않는 제품에 0.01% (다만, 데오드란트에 배합할 경우에는 0.0075%)	• 입술에 사용되는 제품, 에어로졸(스프레이에 한함) 제품, 바디로션 및 바디크림에는 사용금지 • 영유아용 제품류 또는 13세 이하 어린이가 사용할 수 있음을 특정하여 표시하는 제품에는 사용금지(목욕용 제품, 샤워젤류 및 샴푸류는 제외)

원료명	사용한도	비고
알킬이소퀴놀리늄브로마이드	사용 후 씻어내지 않는 제품에 0.05%	
알킬(C12-C22)트리메칠암모늄 브로마이드 및 클로라이드 (브롬화세트리모늄 포함)	두발용 제품류를 제외한 화장품에 0.1%	
에칠라우로일알지네이트 하이드로클로라이드	0.4%	입술에 사용되는 제품 및 에어로졸(스프레이에 한함) 제품에는 사용금지
엠디엠하이단토인	0.2%	
알킬디아미노에칠글라이신하이드로클로라이드용액(30%)	0.3%	
운데실레닉애씨드 및 그 염류 및 모노에탄올아마이드	사용 후 씻어내는 제품에 산으로서 0.2%	기타 제품에는 사용금지
이미다졸리디닐우레아(3,3'-비스 (1-하이드록시메칠-2,5-디옥소이미 다졸리딘-4-일)-1,1'메칠렌디우레아)	0.6%	
이소프로필메칠페놀 (이소프로필크레졸, o-시멘-5-올)	0.1%	
★징크피리치온	사용 후 씻어내는 제품에 0.5%	기타 제품에는 사용금지
쿼터늄-15 (메텐아민 3-클로로알릴클로라이드)	0.2%	
★클로로부탄올	0.5%	에어로졸(스프레이에 한함) 제품에는 사용금지
〈삭제〉	〈삭제〉	
★클로로자이레놀	0.5%	
p-클로로-m-크레졸	0.04%	점막에 사용되는 제품에는 사용금지
클로로펜(2-벤질-4-클로로페놀)	0.05%	
클로페네신(3-(p-클로로페녹시)- 프로판-1,2-디올)	0.3%	
클로헥시딘, 그 디글루코네이트, 디아 세테이트 및 디하이드로클로라이드	• 점막에 사용하지 않고 씻어내는 제품에 클로헥시딘으로서 0.1% • 기타 제품에 클로헥시딘으로서 0.05%	
클림바졸[1-(4-클로로페녹시)-1- (1H-이미다졸릴)-3,3-디메칠-2- 부타논]	두발용 제품에 0.5%	기타 제품에는 사용금지
테트라브로모-o-크레졸	0.3%	

원료명	사용한도	비고
★트리클로산	사용 후 씻어내는 인체세정용 제품류, 데오도런트(스프레이 제품 제외), 페이스파우더, 피부 결점을 감추기 위해 국소적으로 사용하는 파운데이션(예 블레미쉬컨실러)에 0.3%	기타 제품에는 사용금지
트리클로카반 (트리클로카바닐리드)	0.2% (다만, 원료 중 3,3',4,4'-테트라클로로아조벤젠 1ppm 미만, 3,3',4,4'-테트라클로로아족시벤젠 1ppm 미만 함유하여야 함)	
★페녹시에탄올	1.0%	
페녹시이소프로판올 (1-페녹시프로판-2-올)	사용 후 씻어내는 제품에 1.0%	기타 제품에는 사용금지
〈삭제〉	〈삭제〉	
포믹애씨드 및 소듐포메이트	포믹애씨드로서 0.5%	
폴리(1-헥사메칠렌바이구아니드)에이치씨엘	0.05%	에어로졸(스프레이에 한함)제품에는 사용금지
프로피오닉애씨드 및 그 염류	프로피오닉애씨드로서 0.9%	
피록톤올아민(1-하이드록시-4-메칠-6(2,4,4-트리메칠펜틸)2-피리돈 및 그 모노에탄올아민염)	사용 후 씻어내는 제품에 1.0%, 기타 제품에 0.5%	
피리딘-2-올 1-옥사이드	0.5%	
★p-하이드록시벤조익애씨드, 그 염류 및 에스텔류 (다만, 에스텔류 중 페닐은 제외)	• 단일성분일 경우 0.4%(산으로서) • 혼합사용의 경우 0.8%(산으로서)	
헥세티딘	사용 후 씻어내는 제품에 0.1%	기타 제품에는 사용금지
헥사미딘(1,6-디(4-아미디노페녹시)-n-헥산) 및 그 염류(이세치오네이트 및 p-하이드록시벤조에이트)	헥사미딘으로서 0.1%	

※ 염류의 예 : 소듐, 포타슘, 칼슘, 마그네슘, 암모늄, 에탄올아민, 클로라이드, 브로마이드, 설페이트, 아세테이트, 베타인 등
※ 에스텔류 : 메칠, 에칠, 프로필, 이소프로필, 부틸, 이소부틸, 페닐

Tip
비듬억제 항균 및 항진균제 : 징크피리치온, 살리실릭애씨드, 클림바졸, 피록톤올아민

2) 자외선 차단성분의 제한

원료명	사용한도	비고
★드로메트리졸트리실록산	15%	
★드로메트리졸	1.0%	
디갈로일트리올리에이트	5%	
디소듐페닐디벤즈이미다졸테트라설포네이트	산으로서 10%	
디에칠헥실부타미도트리아존	10%	
디에칠아미노하이드록시벤조일헥실벤조에이트	10%	
메칠렌비스-벤조트리아졸릴테트라메칠부틸페놀	10%	
★4-메칠벤질리덴캠퍼	4%	
메톡시프로필아미노사이클로헥시닐리덴 에톡시에칠사이아노아세테이트	3%	• 흡입을 통해 사용자의 폐에 노출될 수 있는 제품에는 사용하지 말 것 • 니트로화제를 함유하고 있는 제품에는 사용금지
멘틸안트라닐레이트	5%	
★벤조페논-3(옥시벤존)	2.4%	다만 얼굴, 손 및 입술에 사용되는 제품은 5%
★벤조페논-4(설리소벤존)	5%	
★벤조페논-8(디옥시벤존)	3%	
부틸메톡시디벤조일메탄(아보벤존)	5%	
비스에칠헥실옥시페놀메톡시페닐트리아진	10%	
★시녹세이트	5%	
에칠디하이드록시프로필파바	5%	
★옥토크릴렌	10%	
에칠헥실디메칠파바	8%	
★에칠헥실메톡시신나메이트	7.5%	하와이
★에칠헥실살리실레이트	5%	
에칠헥실트리아존	5%	
이소아밀-p-메톡시신나메이트	10%	
폴리실리콘-15(디메치코디에칠벤잘말로네이트)	10%	
★징크옥사이드	25%	자외선산란제, 백탁현상, 백색제
테레프탈릴리덴디캠퍼설포닉애씨드 및 그 염류	산으로서 10%	

원료명	사용한도	비고
트리스-바이페닐트라이아진	10%	• 에어로졸(펌프스프레이 포함) 제품에는 사용금지 • 나노입자의 경우 코팅되지 않은 입자로 입도 중앙값은 80nm를 초과하고 순도가 98% 이상일 것
★티이에이-살리실레이트	12%	
★티타늄디옥사이드	25%	자외선산란제, 백탁현상, 백색제
페닐벤즈이미다졸설포닉애씨드	4%	
★호모살레이트	10%	

※ 다만, 제품의 변색 방지를 목적으로 그 사용농도가 0.5% 미만인 것은 자외선 차단 제품으로 인정하지 아니한다.

※ 염류 : 양이온염으로 소듐, 포타슘, 칼슘, 마그네슘, 암모늄 및 에탄올아민, 음이온염으로 클로라이드, 브로마이드, 설페이트, 아세테이트

3) 염모제 성분의 제한

원료명	사용할 때 농도상한(%)	비고
p-니트로-o-페닐렌디아민	산화염모제에 1.5%	기타 제품에는 사용금지
2-메칠-5-히드록시에칠아미노페놀	산화염모제에 0.5%	기타 제품에는 사용금지
2-아미노-3-히드록시피리딘	산화염모제에 1.0%	기타 제품에는 사용금지
4-아미노-m-크레솔	산화염모제에 1.5%	기타 제품에는 사용금지
5-아미노-o-크레솔	산화염모제에 1.0%	기타 제품에는 사용금지
5-아미노-6-클로로-o-크레솔	• 산화염모제에 1.0% • 비산화염모제에 0.5%	기타 제품에는 사용금지
m-아미노페놀	산화염모제에 2.0%	기타 제품에는 사용금지
p-아미노페놀	산화염모제에 0.9%	기타 제품에는 사용금지
염산 2,4-디아미노페녹시에탄올	산화염모제에 0.5%	기타 제품에는 사용금지
염산 톨루엔-2,5-디아민	산화염모제에 3.2%	기타 제품에는 사용금지
염산 p-페닐렌디아민	산화염모제에 3.3%	기타 제품에는 사용금지
염산 히드록시프로필비스 (N-히드록시에칠-p-페닐렌디아민)	산화염모제에 0.4%	기타 제품에는 사용금지
톨루엔-2,5-디아민	산화염모제에 2.0%	기타 제품에는 사용금지
p-페닐렌디아민	산화염모제에 2.0%	기타 제품에는 사용금지
N-페닐-p-페닐렌디아민 및 그 염류	산화염모제에 N-페닐-p-페닐렌디아민으로서 2.0%	기타 제품에는 사용금지

원료명	사용할 때 농도상한(%)	비고
피크라민산	산화염모제에 0.6%	기타 제품에는 사용금지
황산 p-니트로-o-페닐렌디아민	산화염모제에 2.0%	기타 제품에는 사용금지
황산 p-메칠아미노페놀	산화염모제에 0.68%	기타 제품에는 사용금지
황산 5-아미노-o-크레솔	산화염모제에 4.5%	기타 제품에는 사용금지
황산 m-아미노페놀	산화염모제에 2.0%	기타 제품에는 사용금지
황산 p-아미노페놀	산화염모제에 1.3%	기타 제품에는 사용금지
황산 톨루엔-2,5-디아민	산화염모제에 3.6%	기타 제품에는 사용금지
황산 p-페닐렌디아민	산화염모제에 3.8%	기타 제품에는 사용금지
황산 N,N-비스(2-히드록시에칠)-p-페닐렌디아민	산화염모제에 2.9%	기타 제품에는 사용금지
2,6-디아미노피리딘	산화염모제에 0.15%	기타 제품에는 사용금지
염산 2,4-디아미노페놀	산화염모제에 0.02%	기타 제품에는 사용금지
1,5-디히드록시나프탈렌	산화염모제에 0.5%	기타 제품에는 사용금지
피크라민산 나트륨	산화염모제에 0.6%	기타 제품에는 사용금지
황산 1-히드록시에칠-4,5-디아미노피라졸	산화염모제에 3.0%	기타 제품에는 사용금지
히드록시벤조모르포린	산화염모제에 1.0%	기타 제품에는 사용금지
6-히드록시인돌	산화염모제에 0.5%	기타 제품에는 사용금지
1-나프톨(α-나프톨)	산화염모제에 2.0%	기타 제품에는 사용금지
레조시놀	산화염모제에 2.0%	
2-메칠레조시놀	산화염모제에 0.5%	기타 제품에는 사용금지
몰식자산	산화염모제에 4.0%	
염기성등색31호(Basic Orange 31)	산화염모제에 0.5%	그 외 사용기준은 「화장품의 색소종류와 기준 및 시험방법」에 따름
염기성적색51호(Basic Red 51)	산화염모제에 0.5%	그 외 사용기준은 「화장품의 색소종류와 기준 및 시험방법」에 따름
염기성황색87호(Basic Yellow 87)	산화염모제에 1.0%	그 외 사용기준은 「화장품의 색소종류와 기준 및 시험방법」에 따름
과붕산나트륨 과붕산나트륨일수화물	염모제(탈염·탈색 포함)에서 과산화수소로서 7.0%	
과산화수소수 과탄산나트륨	염모제(탈염·탈색 포함)에서 과산화수소로서 12.0%	

원료명	사용할 때 농도상한(%)	비고
과황산나트륨 과황산암모늄 과황산칼륨		염모제(탈염·탈색 포함)에서 산화보조제로서 사용
인디고페라(Indigofera tinctoria) 엽가루	비산화염모제에 25%	기타제품에 사용금지
황산철수화물(FeSO4·7H2O)	비산화염모제에 6%	산화 염모제에 사용금지
황산은	비산화염모제에 0.4%	산화 염모제에 사용금지
헤마테인	비산화염모제에 0.1%	산화 염모제에 사용금지

4) 기타성분의 제한

원료명	사용한도	비고
감광소 [감광소 101호(플라토닌) 감광소 201호(쿼터늄-73) 감광소 301호(쿼터늄-51) 감광소 401호(쿼터늄-45) 기타의 감광소]의 합계량	0.002%	
[건강틴크 칸타리스틴크 고추틴크]의 합계량	1%	
과산화수소 및 과산화수소 생성물질	• 두발용 제품류에 과산화수소로서 3% • 손톱경화용 제품에 과산화수소로서 2%	기타 제품에는 사용금지
글라이옥살	0.01%	
노녹시놀-9	17.2%	
α-다마스콘(시스-로즈 케톤-1)	0.02%	
디아미노피리미딘옥사이드 (2,4-디아미노-피리미딘-3-옥사이드)	두발용 제품류에 1.5%	기타 제품에는 사용금지
땅콩오일, 추출물 및 유도체		원료 중 땅콩단백질의 최대 농도는 0.5ppm을 초과하지 않아야 함
라우레스-8, 9 및 10	2%	
레조시놀	• 산화염모제에 용법·용량에 따른 혼합물의 염모성분으로서 2.0% • 기타제품에 0.1%	
로즈 케톤-3	0.02%	
로즈 케톤-4	0.02%	
로즈 케톤-5	0.02%	

원료명	사용한도	비고
시스-로즈 케톤-2	0.02%	
트랜스-로즈 케톤-1	0.02%	
트랜스-로즈 케톤-2	0.02%	
트랜스-로즈 케톤-3	0.02%	
트랜스-로즈 케톤-5	0.02%	
리튬하이드록사이드	• 헤어스트레이트너 제품에 4.5% • 제모제에서 pH조정 목적으로 사용되는 경우 최종 제품의 pH는 12.7 이하	기타 제품에는 사용금지
만수국꽃 추출물 또는 오일	• 사용 후 씻어내는 제품에 0.1% • 사용 후 씻어내지 않는 제품에 0.01%	• 원료 중 알파 테르티에닐(테르티오펜) 함량은 0.35% 이하 • 자외선 차단제품 또는 자외선을 이용한 태닝(천연 또는 인공)을 목적으로 하는 제품에는 사용금지 • 만수국아재비꽃 추출물 또는 오일과 혼합사용 시 '사용 후 씻어내는 제품'에 0.1%, '사용 후 씻어내지 않는 제품'에 0.01%를 초과하지 않아야 함
만수국아재비꽃 추출물 또는 오일	• 사용 후 씻어내는 제품에 0.1% • 사용 후 씻어내지 않는 제품에 0.01%	• 원료 중 알파 테르티에닐(테르티오펜) 함량은 0.35% 이하 • 자외선 차단제품 또는 자외선을 이용한 태닝(천연 또는 인공)을 목적으로 하는 제품에는 사용금지 • 만수국꽃 추출물 또는 오일과 혼합사용 시 '사용 후 씻어내는 제품'에 0.1%, '사용 후 씻어내지 않는 제품'에 0.01%를 초과하지 않아야 함
머스크자일렌	• 향수류 : 향료원액을 8% 초과하여 함유하는 제품에 1.0%, 향료원액을 8% 이하로 함유하는 제품에 0.4% • 기타 제품에 0.03%	
머스크케톤	• 향수류 : 향료원액을 8% 초과하여 함유하는 제품 1.4%, 향료원액을 8% 이하로 함유하는 제품 0.56% • 기타 제품에 0.042%	
3-메칠논-2-엔니트릴	0.2%	

원료명	사용한도	비고
메칠 2-옥티노에이트 (메칠헵틴카보네이트)	0.01%(메칠옥틴카보네이트와 병용 시 최종제품에서 두 성분의 합은 0.01%, 메칠옥틴카보네이트는 0.002%)	
메칠옥틴카보네이트 (메칠논-2-이노에이트)	0.002%(메칠 2-옥티노에이트와 병용 시 최종제품에서 두 성분의 합이 0.01%)	
p-메칠하이드로신나믹알데하이드	0.2%	
메칠헵타디에논	0.002%	
메톡시디시클로펜타디엔카르복스알데하이드	0.5%	
무기설파이트 및 하이드로젠설파이트류	산화염모제에서 유리 SO$_2$로 0.67%	기타 제품에는 사용금지
베헨트리모늄 클로라이드	(단일성분 또는 세트리모늄 클로라이드, 스테아트리모늄클로라이드와 혼합사용의 합으로서) • 사용 후 씻어내는 두발용 제품류 및 두발 염색용 제품류에 5.0% • 사용 후 씻어내지 않는 두발용 제품류 및 두발 염색용 제품류에 3.0%	세트리모늄 클로라이드 또는 스테아트리모늄 클로라이드와 혼합 사용하는 경우 세트리모늄 클로라이드 및 스테아트리모늄 클로라이드의 합은 '사용 후 씻어내지 않는 두발용 제품류'에 1.0% 이하, '사용 후 씻어내는 두발용 제품류 및 두발 염색용 제품류'에 2.5% 이하여야 함
4-tert-부틸디하이드로신남알데하이드	0.6%	
부틸페닐메칠프로피오날	0.14%	
1,3-비스(하이드록시메칠)이미다졸리딘-2-치온	두발용 제품류 및 손발톱용 제품류에 2%(다만, 에어로졸(스프레이에 한함) 제품에는 사용금지)	기타 제품에는 사용금지
비타민E(토코페롤)	20%	
사이클로테트라실록세인	8.7%	
사이클로펜타실록세인	19.7%	
살리실릭애씨드 및 그 염류	• 인체세정용 제품류에 살리실릭애씨드로서 2% • 사용 후 씻어내는 두발용 제품류에 살리실릭애씨드로서 3%	• 영유아용 제품류 또는 13세 이하 어린이가 사용할 수 있음을 특정하여 표시하는 제품에는 사용금지(다만, 샴푸는 제외) • 기능성화장품의 유효성분으로 사용하는 경우에 한하며 기타 제품에는 사용금지

원료명	사용한도	비고
세트리모늄 클로라이드, 스테아트리모늄 클로라이드	(단일성분 또는 혼합사용의 합으로서) • 사용 후 씻어내는 두발용 제품류 및 두발용 염색용 제품류에 2.5% • 사용 후 씻어내지 않는 두발용 제품류 및 두발 염색용 제품류에 1.0%	
소듐나이트라이트	0.2%	2급, 3급 아민 또는 기타 니트로사민형성물질을 함유하고 있는 제품에는 사용금지
소합향나무(Liquidambar orientalis) 발삼오일 및 추출물	0.6%	
수용성 징크 염류(징크 4-하이드록시벤젠설포네이트와 징크피리치온 제외)	징크로서 1%	
시스테인, 아세틸시스테인 및 그 염류	퍼머넌트웨이브용 제품에 시스테인으로서 3.0~7.5% (다만, 가온2욕식 퍼머넌트웨이브용 제품의 경우에는 시스테인으로서 1.5~5.5%, 안정제로서 치오글라이콜릭애씨드 1.0%를 배합할 수 있으며, 첨가하는 치오글라이콜릭애씨드의 양을 최대한 1.0%로 했을 때 주성분인 시스테인의 양은 6.5%를 초과할 수 없다.)	
실버나이트레이트	속눈썹 및 눈썹 착색용도의 제품에 4%	기타 제품에는 사용금지
아밀비닐카르비닐아세테이트	0.3%	
아밀시클로펜테논	0.1%	
아세틸헥사메칠인단	사용 후 씻어내지 않는 제품에 2%	
아세틸헥사메칠테트라린	• 사용 후 씻어내지 않는 제품 0.1%(다만, 하이드로알콜성 제품에 배합할 경우 1%, 순수 향료 제품에 배합할 경우 2.5%, 방향크림에 배합할 경우 0.5%) • 사용 후 씻어내는 제품 0.2%	
알에이치(또는 에스에이치) 올리고펩타이드-1(상피세포성장인자)	0.001%	

원료명	사용한도	비고
알란토인클로로하이드록시알루미늄 (알클록사)	1%	
알릴헵틴카보네이트	0.002%	2-알키노익애씨드 에스텔(예 메칠헵틴카보네이트)을 함유하고 있는 제품에는 사용금지
알칼리금속의 염소산염	3%	
암모니아	6%	
에칠라우로일알지네이트 하이드로클로라이드	비듬 및 가려움을 덜어주고 씻어내는 제품(샴푸)에 0.8%	기타 제품에는 사용금지
에탄올·붕사·라우릴황산나트륨 (4:1:1)혼합물	외음부세정제에 12%	기타 제품에는 사용금지
에티드로닉애씨드 및 그 염류 (1-하이드록시에칠리덴-디-포스포닉애씨드 및 그 염류)	• 두발용 제품류 및 두발염색용 제품류에 산으로서 1.5% • 인체 세정용 제품류에 산으로서 0.2%	기타 제품에는 사용금지
오포파낙스	0.6%	
옥살릭애씨드, 그 에스텔류 및 알칼리 염류	두발용 제품류에 5%	기타 제품에는 사용금지
우레아	10%	
이소베르가메이트	0.1%	
이소사이클로제라니올	0.5%	
징크페놀설포네이트	사용 후 씻어내지 않는 제품에 2%	
징크피리치온	비듬 및 가려움을 덜어주고 씻어내는 제품(샴푸, 린스) 및 탈모 증상의 완화에 도움을 주는 화장품에 총 징크피리치온으로서 1.0%	기타 제품에는 사용금지

화장품 사용제한 원료

원료명	사용한도	비고
치오글라이콜릭애씨드, 그 염류 및 에스텔류	• 헤어퍼머넌트웨이브용 및 헤어스트레이트너 제품에 치오글라이콜릭애씨드로서 11%(다만, 가온2욕식 헤어스트레이트너 제품의 경우에는 치오글라이콜릭애씨드로서 5%, 치오글라이콜릭애씨드 및 그 염류를 주성분으로 하고 제1제 사용 시 조제하는 발열 2욕식 헤어퍼머넌트웨이브용 제품의 경우 치오글라이콜릭애씨드로서 19%에 해당하는 양) • 제모용 제품에 치오글라이콜릭애씨드로서 5% • 염모제에 치오글라이콜릭애씨드로서 1% • 사용 후 씻어내는 두발용 제품류에 2%	기타 제품에는 사용금지
칼슘하이드록사이드	• 헤어스트레이트너 제품에 7% • 제모제에서 pH조정 목적으로 사용되는 경우 최종 제품의 pH는 12.7 이하	기타 제품에는 사용금지
Commiphora erythrea engler var. glabrescens 검 추출물 및 오일	0.6%	
쿠민(Cuminum cyminum) 열매 오일 및 추출물	사용 후 씻어내지 않는 제품에 쿠민오일로서 0.4%	
퀴닌 및 그 염류	• 샴푸에 퀴닌염으로서 0.5% • 헤어로션에 퀴닌염로서 0.2%	기타 제품에는 사용금지
클로라민T	0.2%	
톨루엔	손발톱용 제품류에 25%	기타 제품에는 사용금지
트리알킬아민, 트리알칸올아민 및 그 염류	사용 후 씻어내지 않는 제품에 2.5%	
트리클로산	사용 후 씻어내는 제품류에 0.3%	기능성화장품의 유효성분으로 사용하는 경우에 한하며 기타 제품에는 사용금지
트리클로카반 (트리클로카바닐리드)	사용 후 씻어내는 제품류에 1.5%	기능성화장품의 유효성분으로 사용하는 경우에 한하며 기타 제품에는 사용금지
페릴알데하이드	0.1%	

원료명	사용한도	비고
페루발삼(Myroxylon pereirae의 수지) 추출물(extracts), 증류물(distillates)	0.4%	
포타슘하이드록사이드 또는 소듐하이드록사이드	• 손톱표피 용해 목적일 경우 5%, pH 조정 목적으로 사용되고 최종 제품이 제5조제5항에 pH기준이 정하여 있지 아니한 경우에도 최종 제품의 pH는 11 이하 • 제모제에서 pH조정 목적으로 사용되는 경우 최종 제품의 pH는 12.7 이하	
폴리아크릴아마이드류	• 사용 후 씻어내지 않는 바디 화장품에 잔류 아크릴아마이드로서 0.00001% • 기타 제품에 잔류 아크릴아마이드로서 0.00005%	
풍나무(Liquidambar styraciflua) 발삼오일 및 추출물	0.6%	
프로필리덴프탈라이드	0.01%	
하이드롤라이즈드밀단백질		원료 중 펩타이드의 최대 평균분자량은 3.5 kDa 이하이어야 함
트랜스-2-헥세날	0.002%	
2-헥실리덴사이클로펜타논	0.06%	

※ 염류의 예 : 소듐, 포타슘, 칼슘, 마그네슘, 암모늄, 에탄올아민, 클로라이드, 브로마이드, 설페이트, 아세테이트, 베타인 등
※ 에스텔류 : 메칠, 에칠, 프로필, 이소프로필, 부틸, 이소부틸, 페닐

Tip

치오글라이콜릭애씨드 : 산화방지제, 헤어퍼머넌트웨이브 용제/헤어스트레이트너 용제, 환원제로 사용된다. 체모를 제거하는 데 도움을 주는 기능성화장품으로는 치오글리콜산 80%, 치오글리콜산크림제 의 기준 및 시험방법이 고시되어 있다. 고시된 함량은 글리콜산 80% 3~4.5% 사용 시 자료제출이 면제된다(pH 범위 7~12.7).

화장품 사용제한 원료

01

화장품에 사용할 수 없는 원료가 아닌 것은?

① 리도카인

② 디메칠아민

③ 히드로키논

④ 디페닐아민

⑤ 글루타랄

※식품의약품안전처장이 고시한 사용상제한이 있는 원료의 사용한도를 표기하시오.

02

벤조익애씨드 및 그 염류   (   )%

03

벤질알코올   (   )%

04

살리실릭애씨드 - 보존제로 사용시   (   )%
인체세정용 제품류의 기타성분으로 사용시

총 (   )%

사용 후 씻어내는 두발용제품류에 기타성분으로 사용시   총 (   )%

05

땅콩오일의 땅콩단백질의 최대농도는 (   )을 초과하지 않아야 한다.

정답	
01	⑤
02	0.5%
03	1%
04	0.5%, 2%, 3%
05	0.5ppm

1) 용어의 정의

이 기준에서 사용하는 용어의 정의는 다음과 같다.

① **인체 세포·조직 배양액**: 인체에서 유래된 세포 또는 조직을 배양한 후 세포와 조직을 제거하고 남은 액을 말한다.

② **공여자**: 배양액에 사용되는 세포 또는 조직을 제공하는 사람을 말한다.

③ **공여자 적격성검사**: 공여자에 대하여 문진, 검사 등에 의한 진단을 실시하여 해당 공여자가 세포배양 액에 사용되는 세포 또는 조직을 제공하는 것에 대해 적격성이 있는지를 판정하는 것을 말한다.

④ **윈도우 피리어드**(window period): 감염 초기에 세균, 진균, 바이러스 및 그 항원·항체·유전자 등을 검출할 수 없는 기간을 말한다.

⑤ **청정등급**: 부유입자 및 미생물이 유입되거나 잔류하는 것을 통제하여 일정 수준 이하로 유지되도록 관리하는 구역의 관리수준을 정한 등급을 말한다.

2) 일반사항

① 누구든지 세포나 조직을 주고받으면서 금전 또는 재산상의 이익을 취할 수 없다.

② 누구든지 공여자에 관한 정보를 제공하거나 광고 등을 통해 특정인의 세포 또는 조직을 사용하였다 는 내용의 광고를 할 수 없다.

③ 인체 세포·조직 배양액을 제조하는데 필요한 세포·조직은 채취 혹은 보존에 필요한 위생상의 관리 가 가능한 의료기관에서 채취된 것만을 사용한다.

④ 세포·조직을 채취하는 의료기관 및 인체 세포·조직 배양액을 제조하는 자는 업무수행에 필요한 문 서화된 절차를 수립하고 유지하여야 하며 그에 따른 기록을 보존하여야 한다.

⑤ 화장품 책임판매업자는 세포·조직의 채취, 검사, 배양액 제조 등을 실시한 기관에 대하여 안전하고 품질이 균일한 인체 세포·조직 배양액이 제조될 수 있도록 관리·감독을 철저히 하여야 한다.

3) 공여자의 적격성검사

① 공여자는 건강한 성인으로서 다음과 같은 감염증이나 질병으로 진단되지 않아야 한다.

    ㄱ. B형간염바이러스(HBV), C형간염바이러스(HCV), 인체면역결핍바이러스(HIV), 인체T림프영양성 바이러스(HTLV), 파보바이러스B19, 사이토메가로바이러스(CMV), 엡스타인-바 바이러스(EBV) 감염증

    ㄴ. 전염성 해면상뇌증 및 전염성 해면상뇌증으로 의심되는 경우

    ㄷ. 매독트레포네마, 클라미디아, 임균, 결핵균 등의 세균에 의한 감염증

ㄹ. 패혈증 및 패혈증으로 의심되는 경우

ㅁ. 세포·조직의 영향을 미칠 수 있는 선천성 또는 만성질환

② 의료기관에서는 윈도우 피리어드를 감안한 관찰기간 설정 등 공여자 적격성검사에 필요한 기준서를 작성하고 이에 따라야 한다.

4) 세포·조직의 채취 및 검사

① 세포·조직을 채취하는 장소는 외부 오염으로부터 위생적으로 관리될 수 있어야 한다.

② 보관되었던 세포·조직의 균질성 검사방법은 현 시점에서 가장 적절한 최신의 방법을 사용해야 하며, 그와 관련한 절차를 수립하고 유지하여야 한다.

③ 세포 또는 조직에 대한 품질 및 안전성 확보에 필요한 정보를 확인할 수 있도록 다음의 내용을 포함한 세포·조직 채취 및 검사기록서를 작성·보존하여야 한다.

ㄱ. 채취한 의료기관 명칭

ㄴ. 채취 연월일

ㄷ. 공여자 식별 번호

ㄹ. 공여자의 적격성 평가 결과

ㅁ. 동의서

ㅂ. 세포 또는 조직의 종류, 채취방법, 채취량, 사용한 재료 등의 정보

5) 배양시설 및 환경의 관리

① 인체 세포·조직 배양액을 제조하는 배양시설은 청정등급 1B(Class 10,000) 이상의 구역에 설치하여야 한다.

> **Tip**
> 최대생균수(낙하균 5개/1hrs, 부유균 20개/1hrs)

② 제조 시설 및 기구는 정기적으로 점검하여 관리되어야 하고, 작업에 지장이 없도록 배치되어야 한다.

③ 제조공정 중 오염을 방지하는 등 위생관리를 위한 제조위생관리 기준서를 작성하고 이에 따라야 한다.

▶ **청정등급 1B(Class 10,000) 청정도 관리기준**
① Filter required(사용필터) : HEPA
② Temperature range(온도범위) : 74±8°F(18.8~27.7℃)
③ Humidity range(습도범위) : 55±20%
④ Pressure(inches of water)(압력) : 0.05(= 1.27 mmH5O, 12 Pa)
⑤ Air changes per hour(환기횟수) : 20~30

> **Tip**
> **GMP 적합성평가 등급분류**
>
> **1. 청정도 등급 A(Class 100) : 무균복장**
> • 무균조작 제제의 원료칭량, 제조, 충전, 밀봉작업대
> • **최대생균수** : 낙하균 1개/1hr, 부유균 1개/1hr
> • **환기횟수** : 600회 이상
>
> **2. 청정도 등급 1B(Class 10,000) : 무균복장**
> • 무균작업실, 무균작업 전용탈의실, 준비실, 갱의실 등 폐쇄형시설
> • **최대생균수** : 낙하균 5개/1hr, 부유균 20개/1hr
> • **환기횟수** : 20~30회
>
> **3. 청정도 등급 2(Class 100,000) : 전용복장**
> • 비무균제제의 조제 충전 등 폐색작업실, 주요공정 작업실, 반제품보관실, 포장실, 중앙칭량실 등
> • **최대생균수** : 낙하균 20개/1hr, 부유균 200개/1hr
> • **환기횟수** : 10회~20회
>
> **4. 청정도 등급 3(Class -) :** 청정도 1, 2이외의 작업소로서 일반포장실, 보관창고 등으로 일반구역(탈의, 수세, 원료, 자재 보관창고 등)

6) 인체 세포·조직 배양액의 제조

① 인체 세포·조직 배양액을 제조할 때에는 세균, 진균, 바이러스 등을 비활성화 또는 제거하는 처리를 하여야 한다.

② 배양액 제조에 사용하는 세포·조직에 대한 품질 및 안전성 확보를 위해 필요한 정보를 확인할 수 있도록 다음의 내용을 포함한 '인체 세포·조직 배양액'의 기록서를 작성·보존하여야 한다.

　ㄱ. 채취(보관을 포함한다)한 기관명칭

　ㄴ. 채취 연월일

　ㄷ. 검사 등의 결과

　ㄹ. 세포 또는 조직의 처리 취급 과정

　ㅁ. 공여자 식별 번호

　ㅂ. 사람에게 감염성 및 병원성을 나타낼 가능성이 있는 바이러스 존재 유무 확인 결과

③ 배지, 첨가성분, 시약 등 인체 세포·조직 배양액 제조에 사용된 모든 원료의 기준규격을 설정한 인체 세포·조직 배양액 원료규격 기준서를 작성하고, 인체에 대한 안전성이 확보된 물질 여부를 확인하여야 하며, 이에 대한 근거자료를 보존하여야 한다.

④ 제조기록서는 다음의 사항이 포함되도록 작성하고 보존하여야 한다.

　ㄱ. 제조번호, 제조연월일, 제조량

　ㄴ. 사용한 원료의 목록, 양 및 규격

ㄷ. 사용된 배지의 조성, 배양조건, 배양기간, 수율

ㄹ. 각 단계별 처리 및 취급과정

⑤ 채취한 세포 및 조직을 일정기간 보존할 필요가 있는 경우에는 타당한 근거자료에 따라 균일한 품질을 유지하도록 보관 조건 및 기간을 설정해야 하며, 보관되었던 세포 및 조직에 대해서는 세균, 진균, 바이러스, 마이코플라즈마 등에 대하여 적절한 부정시험을 행한 후 인체 세포·조직 배양액 제조에 사용해야 한다.

⑥ 인체 세포·조직 배양액 제조과정에 대한 작업조건, 기간 등에 대한 제조관리 기준서를 포함한 표준지침서를 작성하고 이에 따라야 한다.

7) 인체 세포·조직 배양액의 안전성 평가

가. 인체 세포·조직 배양액의 안전성 확보를 위하여 다음의 안전성시험 자료를 작성·보존하여야 한다.

ㄱ. 단회투여독성시험자료

ㄴ. 반복투여독성시험자료

ㄷ. 1차 피부자극시험자료

ㄹ. 안점막자극 또는 기타점막자극시험자료

ㅁ. 피부감작성시험자료

ㅂ. 광독성 및 광감작성 시험자료(자외선에서 흡수가 없음을 입증하는 흡광도 시험자료를 제출하는 경우에는 제외함)

ㅅ. 인체 세포·조직 배양액의 구성성분에 관한 자료

ㅇ. 유전독성시험자료

ㅈ. 인체첩포시험자료

나. 안전성시험 자료는 「비임상시험관리기준」(식품의약품안전처 고시)에 따라 시험한 자료이어야 한다. 다만, 인체첩포시험은 국내·외 대학 또는 전문 연구기관에서 실시하여야 하며, 관련분야 전문의사, 연구소 또는 병원 기타 관련기관에서 5년 이상 해당시험에 경력을 가진 자의 지도 감독 하에 수행·평가되어야 한다.

다. 안전성시험 자료는 인체 세포·조직 배양액 제조자가 자체적으로 구성한 안전성평가위원회의(독성전문가 등 외부전문가 위촉) 심의를 거쳐 적정성을 평가하고 그 평가결과를 기록·보존하여야 한다. 안전성평가위원회는 가목의 안전성시험 자료 평가 결과에 따라 기타 필요한 안전성 시험자료(발암성시험자료 등)를 작성·보존토록 권고할 수 있다.

> 인체 세포·조직배양액은 공여자 적격성 검사와 유전독성 시험 피부자극시험 등을 통해 안전성을 확보된 경우에만 화장품 원료로 사용이 가능하다.

8) 인체 세포·조직 배양액의 시험검사

① 인체 세포·조직 배양액의 품질을 확보하기 위하여 다음의 항목을 포함한 인체 세포·조직 배양액 품질관리 기준서를 작성하고 이에 따라 품질검사를 하여야 한다.

　ㄱ. 성상

　ㄴ. 무균시험

　ㄷ. 마이코플라즈마 부정시험

　ㄹ. 외래성 바이러스 부정시험

　ㅁ. 확인시험

　ㅂ. 순도시험

　　• 기원 세포 및 조직 부재시험

　　• '항생제', '혈청' 등 [별표 1]의 '사용할 수 없는 원료' 부재시험 등(배양액 제조에 해당 원료를 사용한 경우에 한한다.)

② 품질관리에 필요한 각 항목별 기준 및 시험방법은 과학적으로 그 타당성이 인정되어야 한다.

③ 인체 세포·조직 배양액의 품질관리를 위한 시험검사는 매 제조번호마다 실시하고, 그 시험성적서를 보존하여야 한다.

9) 기록보존

화장품 책임판매업자는 이 안전기준과 관련한 모든 기준, 기록 및 성적서에 관한 서류를 받아 완제품의 제조연월일로부터 3년이 경과한 날까지 보존하여야 한다.

제4장

착향제의 구성 성분 중 알레르기 유발성분

번호	성분명	CAS 등록번호
1	신남알(CINNAMAL)	CAS No 104-55-2
2	아밀신남알 (AMYL CINNAMAL)	CAS No 122-40-7
3	아밀신나밀알코올(AMYLCINNAMYL ALCOHOL)	CAS No 101-85-9
4	신나밀알코올(CINNAMYL ALCOHOL)	CAS No 104-54-1
5	헥실신남알(HEXYL CINNAMAL)	CAS No 101-86-0
6	제라니올(GERANIOL)	CAS No 106-24-1
7	아니스알코올(ANISYL ALCOHOL)	CAS No 105-13-5
8	시트로넬올(CITRONELLOL)	CAS No 106-22-9
9	하이드록시시트로넬알(HYDROXYCITRONELLAL)	CAS No 107-75-5
10	부틸페닐메틸프로피오날(LYSMERAL)	CAS No 80-54-6
11	시트랄(CITRAL)	CAS No 5392-40-5
12	리날룰(LINALOOL)	CAS No 78-70-6
13	유제놀(EUGENOL)	CAS No 97-53-0
14	아이소유제놀(ISOEUGENOL)	CAS No 97-54-1
15	쿠마린(COUMARINE)	CAS No 91-64-5
16	리모넨(d-LIMONENE)	CAS No 5989-27-5
17	파네솔(FARNESOL)	CAS No 4602-84-0
18	벤질살리실레이트(BENZYL SALICYLATE)	CAS No 118-58-1
19	벤질신나메이트(BENZYL CINNAMATE)	CAS No 103-41-3
20	벤질벤조에이트(BENZYL BENZOATE)	CAS No 120-51-4
21	벤질알코올(BENZYL ALCOHOL)	CAS No 100-51-6
22	메틸 2-옥티노에이트 (METHYL HEPTINE CARBONATE)	CAS No 111-12-6
23	알파-아이소메틸아이오논 (ALPHA-ISOMETHYL IONONE)	CAS No 127-51-5
24	참나무이끼추출물(OAKMOSS EXTRACT)	CAS No 90028-68-5
25	나무이끼추출물(TREEMOSS EXTRACT)	CAS No 90028-67-4

Tip

알러지 유발 성분은 천연아로마에센셜오일에 대부분 함유되어 있으며 모노테르펜 계열의 향들이 많다.

① 사용 후 씻어내는 제품(샴푸, 린스, 바디클렌저 등)에는 0.01% 초과, 사용 후 씻어내지 않는 제품(토너, 로션, 크림 등)에는 0.001% 초과 함유하는 경우에 알레르기 성분명을 전성분명에 표시해야 한다.

② 알레르기 유발성분의 산출 방법

예

1. 사용 후 씻어내지 않는 바디로션(250g) 제품에 리모넨이 0.05g 포함 시

0.05g÷250g×100＝0.02% → 0.001% 초과하므로 표시 대상에 해당됨

2. 사용 후 씻어내지 않는 크림 100g 제품에 향료를 0.2g 배합 시 착향제 알러지성분 리날룰 5% 함유 시

▶ 리날룰의 양 :
- 풀이1) 0.2×(5/100)＝0.01g
- 풀이2) 0.2g : 100%＝xg : 5% (100x＝1, x＝1/100＝0.01g)
- 리날룰 함량 0.01g÷100g×100＝0.01% → 0.001% 초과하므로 표시 대상에 해당된다.

3. 크림 250g에 향료 5g 배합시 향료에 리날룰 5% 함유 시

▶ 리날룰의 양 :
- 풀이1) 5x(5/100)＝0.25g
- 풀이2) 5g : 100%＝xg : 5%(100x＝25, x＝25/100＝0.25g)
- 리날룰의 함량 : 0.25÷250g×100＝0.1% → 0.001% 초과하므로 표시 대상에 해당된다.

4. 크림 250g에 향료 0.5% 배합시 향료에 리날룰 5% 함유 시

- 향료의 양 : 250×(0.5/100)＝1.25g
- 리날룰의 양 : 1.25×(5/100)＝0.0625g
- 리날룰의 함량 : 0.0625÷250×100＝0.025% → 0.001% 초과하므로 표시 대상에 해당된다.

③ 표기방법 : 알레르기 유발성분의 함량에 따른 표시 방법이나 순서를 별도로 정하고 있지는 않으나, 향료 뒤에 알레르기 유발성분명을 표기 하거나 또는 전성분 표시 방법과 동일한 성분 함량순으로 표기

현재	⇨	개선	
A, B, C, D, 향료	알레르기 유발성분인 리모넨, 리날룰이 포함된 경우	1안 (향료뒤표기)	A, B, C, D, 향료, 리모넨, 리날룰
		2안 (1%이하 순서 상관없이 표기)	A, B, C, D, 리모넨, 향료, 리날룰
		3안 (함량순 표기)	A, B, 리모넨, C, D, 향료, 리날룰 (함량 순으로 기재)

④ 내용량 10mL(g) 초과 50mL(g) 이하인 소용량 화장품의 경우 착향제 구성 성분 중 알레르기 유발성분의 표시는 생략이 가능하나 해당 정보는 홈페이지 등에서 확인할 수 있도록 해야 한다. 단 소용량 화장품일 지라도 표시 면적이 확보되는 경우에는 해당 알레르기 유발 성분을 표시하는 걸 권장한다.

⑤ 식물의 꽃·잎·줄기 등에서 추출한 에센셜오일이나 추출물이 착향의 목적으로 사용되었거나 또는 해당 성분이 착향제의 특성이 있는 경우에는 알레르기 유발성분을 표시·기재하여야 한다.

⑥ 책임판매업자 홈페이지, 온라인 판매처 사이트에서도 알레르기 유발성분을 표시해야 한다.

→ 다만 기존 부자재 사용으로 실제 유통 중인 제품과 온라인상의 '향료 중 알레르기 유발성분'의 표시사항에 차이가 나는 경우 소비자 오해나 혼란이 없도록 "유통 화장품의 표시사항과 온라인상의 표시사항에 차이가 날 수 있음"을 안내하는 문구를 기재하는 것을 권장함

⑦ 원료목록 보고 시 알레르기 유발성분 정보 포함 여부

→ 해당 알레르기 유발성분을 제품에 표시하는 경우 원료목록 보고에도 포함하여야 함

1) 심사를 신청할 수 있는 대상

① 「화장품 안전기준 등에 관한 규정」(식품의약품안전처 고시) 별표2에 따라 고시되지 아니한 보존제, 자외선 차단성분 등

② 「화장품의 색소 종류와 기준 및 시험방법」(식품의약품안전처 고시) 별표1에 따라 고시되지 아니한 색소

③ 「화장품 안전기준 등에 관한 규정」(식품의약품안전처 고시) 별표2 또는 「화장품의 색소 종류와 기준 및 시험방법」(식품의약품안전처 고시) 별표1에 고시된 원료 중 사용기준을 변경하려는 것

2) 제출자료의 종류

① 제출자료 전체의 요약본

② 원료의 기원 및 개발 경위, 국내·외 사용기준 및 사용현황 등에 관한 자료

③ 원료의 특성에 관한 자료

④ 안전성 및 유효성에 관한 자료

　가. 안전성에 관한 평가자료(타당한 사유가 인정되는 경우 제출 생략 가능)

　　ㄱ. 단회투여독성시험자료

　　ㄴ. 피부자극시험자료

　　ㄷ. 피부감작성시험자료

　　ㄹ. 점막자극시험자료

　　ㅁ. 광독성시험자료

　　ㅂ. 광감작성시험자료

　　ㅅ. 반복투여독성시험자료

　　ㅇ. 생식·발생독성시험자료, 유전독성시험자료 및 발암성시험자료

　　ㅈ. 흡입독성시험자료

　　ㅊ. 인체피부자극시험자료

　　ㅋ. 피부흡수시험자료

　나. 유효성에 관한 평가자료

　　ㄱ. 사용목적·작용에 관한 자료

　　ㄴ. 사용량 등에 관한 자료

　다. 사용기준 설정에 관한 자료

⑤ 원료의 기준 및 시험방법에 관한 시험성적서

01

감염 초기에 세균, 진균, 바이러스 및 그 항원·항체·유전자 등을 검출할 수 없는 기간을 말하는 것은 무엇인가?

02

인체 세포·조직 배양액 제조과정에 대한 작업조건, 기간 등에 대한 제조 관리 기준서를 포함하므로 표준지침서는 작성할 필요가 없다. (○, ×)

03

누구든지 세포나 조직을 주고받으면서 금전 또는 재산상의 이익을 취할 수 없다. (○, ×)

04

사용 후 씻어내는 제품에는 (ㄱ)% 초과, 사용 후 씻어내지 않는 제품에는 (ㄴ)% 초과 함유하는 경우에 착향제의 알레르기 성분명을 전성분명에 표시해야 한다.

05

다음 중 알레르기 유발성분이 아닌 것은?

① 벤질알코올
② 시트랄
③ 아이소유제놀
④ 살리실릭애씨드
⑤ 벤질살리실레이트

06

사용 후 씻어내지 않는 크림(150g) 제품과 샴푸(150g)에 리날룰이 각각 0.02g 포함 시 전성분 표기 시 리날룰은 표시 대상에 해당되는지 계산하고 답하시오.

정답	
01	윈도우 피리어드
02	×
03	○
04	(ㄱ) 0.01, (ㄴ) 0.001
05	④
06	0.02g ÷ 150g × 100 = 0.013% / 크림과 샴푸는 표시 대상이다.

06 화장품 관리

유통화장품은 "화장품안전관리기준 등에 관한 규정"에서 규정하는 화장품에 사용할 수 없는 원료, 사용상의 제한이 필요한 원료, 기능성화장품의 효능·효과를 나타내는 원료, 유통화장품안전관리기준에 따른 시험, 위해평가 등을 고려하여야 한다.

제1장 | 화장품 사용할 때의 주의사항

1) 공통 표시 기재 사항

1) 화장품 사용 시 또는 사용 후 직사광선에 의하여 사용 부위가 붉은 반점, 부어오름 또는 가려움증 등의 이상 증상이나 부작용이 있는 경우 전문의 등과 상담할 것
2) 상처가 있는 부위 등에는 사용을 자제할 것
3) 보관 및 취급 시의 주의사항
   가) 어린이의 손이 닿지 않는 곳에 보관할 것
   나) 직사광선을 피해서 보관할 것

2) 유형별 개별 표시 기재 사항

① **미세한 알갱이가 함유되어 있는 스크럽세안제**: 알갱이가 눈에 들어갔을 때에는 물로 씻어내고 이상이 있는 경우에는 전문의와 상담할 것

② **팩**: 눈 주위를 피하여 사용할 것

③ **두발용, 두발염색용 및 눈 화장용 제품류**: 눈에 들어갔을 때에는 즉시 씻어낼 것

④ **샴푸**

   가. 눈에 들어갔을 때에는 즉시 씻어낼 것

   나. 사용 후 물로 씻어내지 않으면 탈모 또는 탈색의 원인이 될 수 있으므로 주의할 것

⑤ **헤어퍼머넌트웨이브 제품 및 헤어스트레이트너 제품**

   가. 두피·얼굴·눈·목·손 등에 약액이 묻지 않도록 유의하고, 얼굴 등에 약액이 묻었을 때에는 즉시 물로 씻어낼 것

   나. 특이체질, 생리 또는 출산 전후이거나 질환이 있는 사람 등은 사용을 피할 것

   다. 머리카락의 손상 등을 피하기 위하여 용법·용량을 지켜야 하며, 가능하면 일부에 시험적으로 사용하여 볼 것

라. 섭씨 15도 이하의 어두운 장소에 보존하고, 색이 변하거나 침전된 경우에는 사용하지 말 것

마. 개봉한 제품은 7일 이내에 사용할 것(에어로졸 제품이나 사용 중 공기유입이 차단되는 용기는 표시하지 아니한다.)

바. 제2단계 퍼머액 중 그 주성분이 과산화수소인 제품은 검은 머리카락이 갈색으로 변할 수 있으므로 유의하여 사용할 것

⑥ **외음부 세정제**

가. 외음부에만 사용하며, 질 내에 사용하지 않도록 할 것

나. 정해진 용법과 용량을 잘 지켜 사용할 것

다. 3세 이하의 영유아에게는 사용하지 말 것

라. 임신 중에는 사용하지 않는 것이 바람직하며, 분만 직전의 외음부 주위에는 사용하지 말 것

마. 프로필렌 글리콜(Propylene glycol)을 함유하고 있으므로 이 성분에 과민하거나 알레르기 병력이 있는 사람은 신중히 사용할 것(프로필렌 글리콜 함유 제품만 표시한다)

⑦ **손·발의 피부연화 제품**(우레아를 포함하는 핸드크림 및 풋크림)

가. 눈, 코 또는 입 등에 닿지 않도록 주의하여 사용할 것

나. 프로필렌 글라이콜(Propylene Glycol)을 함유하고 있으므로 이 성분에 과민하거나 알레르기 병력이 있는 사람은 신중히 사용할 것(프로필렌 글라이콜 함유제품만 표시한다.)

> **Tip**
> 각질용해제로 사용되는 피부 연화제인 우레아는 요소라고 불립니다.

⑧ **체취 방지용 제품** : 털을 제거한 직후에는 사용하지 말 것

⑨ **고압가스를 사용하는 에어로졸 제품**

가. 「고압가스 안전관리법」 제22조의2에 따른 「고압가스 용기 및 차량에 고정된 탱크 충전의 시설·기술·검사·안전성평가 기준(KGS FP211)」 3.2.2.1.1 (11) 표3.2.2.1.1 기재사항

나. 눈 주위 또는 점막 등에 분사하지 말 것. 다만, 자외선 차단제의 경우 얼굴에 직접 분사하지 말고 손에 덜어 얼굴에 바를 것

다. 분사가스는 직접 흡입하지 않도록 주의할 것

> ▶「고압가스 용기 및 차량에 고정된 탱크 충전의 시설·기술·검사·안전성평가 기준(KGS FP211)」 표 3.2.2.1.1 에어로졸제품 기재사항
> ① 불꽃길이 시험에 의한 화염이 인지되지 않는 것으로서 가연성 가스를 사용하지 않는 에어로졸 기재할 주의 사항
> 고압가스를 사용하여 위험하므로 다음의 주의를 지킬 것
> 1. 온도가 40℃ 이상 되는 장소에 보관하지 말 것
> 2. 불속에 버리지 말 것

3. 사용 후 잔 가스가 없도록 하여 버릴 것

4. 밀폐된 장소에 보관하지 말 것

② 1호 이외의 가연성가스를 사용하는 에어로졸 기재할 주의 사항

고압가스를 사용한 가연성 제품으로서 위험하므로 다음의 주의를 지킬 것

1. 불꽃을 향하여 사용하지 말 것

2. 난로, 풍로 등 화기부근에서 사용하지 말 것

3. 화기를 사용하고 있는 실내에서 사용하지 말 것

4. 온도 40℃ 이상의 장소에 보관하지 말 것

5. 밀폐된 실내에서 사용한 후에는 반드시 환기를 실시할 것

6. 불속에 버리지 말 것

7. 사용 후 잔 가스가 없도록 하여 버릴 것

8. 밀폐된 장소에 보관하지 말 것

③ 인체용 에어로졸의 제품은 상기 내용 외에 "인체용" 및 다음의 주의사항을 추가로 표시한다.

1. 특정부위에 계속하여 장기간 사용하지 말 것

2. 가능한 한 인체에서 0.2m 이상 떨어져서 사용할 것. 다만, 3.2.2.1.1(3-2)의 제품은 제외한다(화장품 중 물이 내용물 전질량의 40% 이상이고 분사제가 내용물 전질량의 10% 이하인 것으로서 내용물이 거품이나 반죽(gel)상태로 분출되는 제품 제외).

⑩ **고압가스를 사용하지 않는 분무형 자외선 차단제 : 얼굴에 직접 분사하지 말고 손에 덜어 얼굴에 바를 것**

⑪ **염모제**(산화염모제와 비산화염모제)

가. 다음 분들은 사용하지 마십시오. 사용 후 피부나 신체가 과민상태로 되거나 피부이상반응(부종, 염증 등)이 일어나거나, 현재의 증상이 악화될 가능성이 있습니다.

(1) 지금까지 이 제품에 배합되어 있는 '과황산염'이 함유된 탈색제로 몸이 부은 경험이 있는 경우, 사용 중 또는 사용 직후에 구역, 구토 등 속이 좋지 않았던 분(이 내용은 '과황산염'이 배합된 염모제에만 표시한다)

(2) 지금까지 염모제를 사용할 때 피부이상반응(부종, 염증 등)이 있었거나, 염색 중 또는 염색 직후에 발진, 발적, 가려움 등이 있거나 구역, 구토 등 속이 좋지 않았던 경험이 있었던 분

(3) 피부시험(패취테스트, patch test)의 결과, 이상이 발생한 경험이 있는 분

(4) 두피, 얼굴, 목덜미에 부스럼, 상처, 피부병이 있는 분

(5) 생리 중, 임신 중 또는 임신할 가능성이 있는 분

(6) 출산 후, 병중, 병후의 회복 중인 분, 그 밖의 신체에 이상이 있는 분

(7) 특이체질, 신장질환, 혈액질환이 있는 분

(8) 미열, 권태감, 두근거림, 호흡곤란의 증상이 지속되거나 코피 등의 출혈이 잦고 생리, 그 밖에 출혈이 멈추기 어려운 증상이 있는 분

(9) 이 제품에 첨가제로 함유된 프로필렌글리콜에 의하여 알레르기를 일으킬 수 있으므로 이 성분에 과민하거나 알레르기 반응을 보였던 적이 있는 분은 사용 전에 의사 또는 약사와 상의하여 주십시오(프로필렌글리콜 함유 제제에만 표시한다).

나. 염모제 사용 전의 주의

(1) 염색 전 2일 전(48시간 전)에는 다음의 순서에 따라 매회 반드시 패취테스트(patch test)를 실시하여 주십시오. 패취테스트는 염모제에 부작용이 있는 체질인지 아닌지를 조사하는 테스트입니다. 과거에 아무 이상이 없이 염색한 경우에도 체질의 변화에 따라 알레르기 등 부작용이 발생할 수 있으므로 매회 반드시 실시하여 주십시오. (패취테스트의 순서 ①~④를 그림 등을 사용하여 알기 쉽게 표시하며, 필요 시 사용 상의 주의사항에 "별첨"으로 첨부할 수 있음)

① 먼저 팔의 안쪽 또는 귀 뒤쪽 머리카락이 난 주변의 피부를 비눗물로 잘 씻고 탈지면으로 가볍게 닦습니다.

② 다음에 이 제품 소량을 취해 정해진 용법대로 혼합하여 실험액을 준비합니다.

③ 실험액을 앞서 세척한 부위에 동전 크기로 바르고 자연건조시킨 후 그대로 48시간 방치합니다. (시간을 잘 지킵니다)

④ 테스트 부위의 관찰은 테스트액을 바른 후 30분 그리고 48시간 후 총 2회를 반드시 행하여 주십시오. 그때 도포 부위에 발진, 발적, 가려움, 수포, 자극 등의 피부 등의 이상이 있는 경우에는 손 등으로 만지지 말고 바로 씻어내고 염모는 하지 말아 주십시오. 테스트 도중, 48시간 이전이라도 위와 같은 피부 이상을 느낀 경우에는 바로 테스트를 중지하고 테스트액을 씻어내고 염모는 하지 말아 주십시오.

⑤ 48시간 이내에 이상이 발생하지 않는다면 바로 염모하여 주십시오.

(2) 눈썹, 속눈썹 등은 위험하므로 사용하지 마십시오. 염모액이 눈에 들어갈 염려가 있습니다. 그 밖에 두발 이외에는 염색하지 말아 주십시오.

(3) 면도 직후에는 염색하지 말아 주십시오.

(4) 염모 전후 1주간은 파마ㆍ웨이브(퍼머넨트웨이브)를 하지 말아 주십시오.

다. 염모 시의 주의

(1) 염모액 또는 머리를 감는 동안 그 액이 눈에 들어가지 않도록 하여 주십시오. 눈에 들어가면 심한 통증을 발생시키거나 경우에 따라서 눈에 손상(각막의 염증)을 입을 수 있습니다. 만일, 눈에 들어갔을 때는 절대로 손으로 비비지 말고 바로 물 또는 미지근한 물로 15분 이상 잘 씻어 주시고 곧바로 안과 전문의의 진찰을 받으십시오. 임의로 안약 등을 사용하지 마십시오.

(2) 염색 중에는 목욕을 하거나 염색 전에 머리를 적시거나 감지 말아 주십시오. 땀이나 물방울 등을 통해 염모액이 눈에 들어갈 염려가 있습니다.

(3) 염모 중에 발진, 발적, 부어오름, 가려움, 강한 자극감 등의 피부이상이나 구역, 구토 등의 이상을 느꼈을 때는 즉시 염색을 중지하고 염모액을 잘 씻어내 주십시오. 그대로 방치하면 증상이 악화될 수 있습니다.

(4) 염모액이 피부에 묻었을 때는 곧바로 물 등으로 씻어내 주십시오. 손가락이나 손톱을 보호하기 위하여 장갑을 끼고 염색하여 주십시오.

(5) 환기가 잘 되는 곳에서 염모하여 주십시오.

라. 염모 후의 주의

(1) 머리, 얼굴, 목덜미 등에 발진, 발적, 가려움, 수포, 자극 등 피부의 이상반응이 발생한 경우, 그 부위를 손으로 긁거나 문지르지 말고 바로 피부과 전문의의 진찰을 받으십시오. 임의로 의약품 등을 사용하는 것은 삼가 주십시오.

(2) 염모 중 또는 염모 후에 속이 안 좋아지는 등 신체이상을 느끼는 분은 의사에게 상담하십시오.

마. 보관 및 취급상의 주의

(1) 혼합한 염모액을 밀폐된 용기에 보존하지 말아 주십시오. 혼합한 액으로부터 발생하는 가스의 압력으로 용기가 파손될 염려가 있어 위험합니다. 또한 혼합한 염모액이 위로 튀어 오르거나 주변을 오염시키고 지워지지 않게 됩니다. 혼합한 액의 잔액은 효과가 없으므로 잔액은 반드시 바로 버려 주십시오.

(2) 용기를 버릴 때는 반드시 뚜껑을 열어서 버려 주십시오.

(3) 사용 후 혼합하지 않은 액은 직사광선을 피하고 공기와 접촉을 피하여 서늘한 곳에 보관하여 주십시오.

⑫ **탈염·탈색제**

가. 다음 분들은 사용하지 마십시오. 사용 후 피부나 신체가 과민상태로 되거나 피부이상반응을 보이거나, 현재의 증상이 악화될 가능성이 있습니다.

(1) 두피, 얼굴, 목덜미에 부스럼, 상처, 피부병이 있는 분

(2) 생리 중, 임신 중 또는 임신할 가능성이 있는 분

(3) 출산 후, 병중이거나 또는 회복 중에 있는 분, 그 밖에 신체에 이상이 있는 분

나. 다음 분들은 신중히 사용하십시오.

(1) 특이체질, 신장질환, 혈액질환 등의 병력이 있는 분은 피부과 전문의와 상의하여 사용하십시오.

(2) 이 제품에 첨가제로 함유된 프로필렌글리콜에 의하여 알레르기를 일으킬 수 있으므로 이 성분에 과민하거나 알레르기 반응을 보였던 적이 있는 분은 사용 전에 의사 또는 약사와 상의하여 주십시오.

다. 사용 전의 주의

(1) 눈썹, 속눈썹에는 위험하므로 사용하지 마십시오. 제품이 눈에 들어갈 염려가 있습니다. 또한, 두발 이외의 부분(손발의 털 등)에는 사용하지 말아 주십시오. 피부에 부작용(피부이상반응, 염증 등)이 나타날 수 있습니다.

(2) 면도 직후에는 사용하지 말아 주십시오.

(3) 사용을 전후하여 1주일 사이에는 퍼머넌트웨이브 제품 및 헤어스트레이트너 제품을 사용하지 말아 주십시오.

라. 사용 시의 주의

(1) 제품 또는 머리 감는 동안 제품이 눈에 들어가지 않도록 하여 주십시오. 만일 눈에 들어갔을 때는 절대로 손으로 비비지 말고 바로 물이나 미지근한 물로 15분 이상 씻어 흘려 내시고 곧바로 안과 전문의의 진찰을 받으십시오. 임의로 안약을 사용하는 것은 삼가 주십시오.

(2) 사용 중에 목욕을 하거나 사용 전에 머리를 적시거나 감지 말아 주십시오. 땀이나 물방울 등을 통해 제품이 눈에 들어갈 염려가 있습니다.

(3) 사용 중에 발진, 발적, 부어오름, 가려움, 강한 자극감 등 피부의 이상을 느끼면 즉시 사용을 중지하고 잘 씻어내 주십시오.

(4) 제품이 피부에 묻었을 때는 곧바로 물 등으로 씻어내 주십시오. 손가락이나 손톱을 보호하기 위하여 장갑을 끼고 사용하십시오.

(5) 환기가 잘 되는 곳에서 사용하여 주십시오.

마. 사용 후 주의

(1) 두피, 얼굴, 목덜미 등에 발진, 발적, 가려움, 수포, 자극 등 피부이상반응이 발생한 때에는 그 부위를 손 등으로 긁거나 문지르지 말고 바로 피부과 전문의의 진찰을 받아 주십시오. 임의로 의약품 등을 사용하는 것은 삼가 주십시오.

(2) 사용 중 또는 사용 후에 구역, 구토 등 신체에 이상을 느끼시는 분은 의사에게 상담하십시오.

바. 보관 및 취급상의 주의

(1) 혼합한 제품을 밀폐된 용기에 보존하지 말아 주십시오. 혼합한 제품으로부터 발생하는 가스의 압력으로 용기가 파열될 염려가 있어 위험합니다. 또한, 혼합한 제품이 위로 튀어 오르거나 주변을 오염시키고 지워지지 않게 됩니다. 혼합한 제품의 잔액은 효과가 없으므로 반드시 바로 버려 주십시오.

(2) 용기를 버릴 때는 뚜껑을 열어서 버려 주십시오.

⑬ **제모제**(치오글라이콜릭애씨드 함유 제품에만 표시함)

가. 다음과 같은 사람(부위)에는 사용하지 마십시오.

(1) 생리 전후, 산전, 산후, 병후의 환자

(2) 얼굴, 상처, 부스럼, 습진, 짓무름, 기타의 염증, 반점 또는 자극이 있는 피부

(3) 유사 제품에 부작용이 나타난 적이 있는 피부

(4) 약한 피부 또는 남성의 수염부위

나. 이 제품을 사용하는 동안 다음의 약이나 화장품을 사용하지 마십시오.

(1) 땀발생억제제(Antiperspirant), 향수, 수렴로션(Astringent Lotion)은 이 제품 사용 후 24시간 후에 사용하십시오.

다. 부종, 홍반, 가려움, 피부염(발진, 알레르기), 광과민반응, 중증의 화상 및 수포 등의 증상이 나타날 수 있으므로 이러한 경우 이 제품의 사용을 즉각 중지하고 의사 또는 약사와 상의하십시오.

라. 그 밖의 사용 시 주의사항

(1) 사용 중 따가운 느낌, 불쾌감, 자극이 발생할 경우 즉시 닦아내어 제거하고 찬물로 씻으며, 불쾌감이나 자극이 지속될 경우 의사 또는 약사와 상의하십시오.

(2) 자극감이 나타날 수 있으므로 매일 사용하지 마십시오.

(3) 이 제품의 사용 전후에 비누류를 사용하면 자극감이 나타날 수 있으므로 주의하십시오.

(4) 이 제품은 외용으로만 사용하십시오.

(5) 눈에 들어가지 않도록 하며 눈 또는 점막에 닿았을 경우 미지근한 물로 씻어내고 붕산수(농도 약 2%)로 헹구어 내십시오.

(6) 이 제품을 10분 이상 피부에 방치하거나 피부에서 건조시키지 마십시오.

(7) 제모에 필요한 시간은 모질(毛質)에 따라 차이가 있을 수 있으므로 정해진 시간 내에 모가 깨끗이 제거되지 않은 경우 2~3일의 간격을 두고 사용하십시오.

⑭ **속눈썹용 퍼머넌트 웨이브 제품**

가. 가급적 자가 사용을 자제할 것

나. 정해진 용법과 용량을 잘 지켜서 사용할 것

다. 제품을 사용하는 과정에서 눈과의 접촉을 피하고, 눈 또는 얼굴 등에 약액이 묻었을 때에는 즉시 흐르는 물이나 식염수 등을 이용해 씻어낼 것

라. 특이체질, 생리 또는 출산 전후이거나 질환이 있는 사람 등은 사용을 피할 것

마. 보관 시 소아의 손에 닿지 않도록 유의하고, 섭씨 15도 이하의 어두운 장소에 보존하되, 색이 변하거나 침전된 경우에는 사용하지 말 것

바. 개봉한 제품은 사용 후 즉시 폐기할 것(사용 중 공기유입이 차단되는 용기는 표시하지 아니한다.)

⑮ 그 밖에 화장품의 안전정보와 관련하여 기재·표시하도록 식품의약품안전처장이 정하여 고시하는 사용할 때의 주의사항(화장품 사용할 때의 주의사항 및 알레르기 유발성분 표시에 관한 규정[별표 1])

Tip

▶ **프로필렌글리콜 함유시 알레르기를 일으킬 수 있다는 주의사항 표시:**

1. 외음부세정제

2. 손발의 피부연화제품(우레아를 포함한 핸드크림 및 풋크림)

3. 염모제

4. 탈염·탈색제

▶ **신장질환 병력이 있는 분은 전문의와 상의할 것 표시:**

1. 탈염·탈색제

2. 알루미늄 및 그 염류 함유제품(체취방지용 제품류에 한함)

3. 염모제(사용금지)

제2장

화장품의 함유 성분별 사용할 때의 주의사항 표시 문구(제2조 관련)

번호	대상 제품	표시 문구
1	과산화수소 및 과산화수소 생성물질 함유 제품	눈에 접촉을 피하고 눈에 들어갔을 때는 즉시 씻어낼 것
2	벤잘코늄클로라이드, 벤잘코늄브로마이드 및 벤잘코늄사카리네이트 함유 제품	눈에 접촉을 피하고 눈에 들어갔을 때는 즉시 씻어낼 것
3	스테아린산아연 함유 제품 (기초화장용 제품류 중 파우더 제품에 한함)	사용 시 흡입되지 않도록 주의할 것
4	살리실릭애씨드 및 그 염류 함유 제품 (샴푸 등 사용 후 바로 씻어내는 제품 제외)	3세 이하 영유아에게는 사용하지 말 것
5	실버나이트레이트 함유 제품	눈에 접촉을 피하고 눈에 들어갔을 때는 즉시 씻어낼 것
6	아이오도프로피닐부틸카바메이트(IPBC) 함유 제품 (목욕용 제품, 샴푸류 및 바디클렌저 제외)	3세 이하 영유아에게는 사용하지 말 것
7	알루미늄 및 그 염류 함유 제품 (체취방지용 제품류에 한함)	신장 질환이 있는 사람은 사용 전에 의사, 약사, 한의사와 상의할 것
8	알부틴 2% 이상 함유 제품	알부틴은 「인체적용시험자료」에서 구진과 경미한 가려움이 보고된 예가 있음
9	알파-하이드록시애시드(α-hydroxyacid, AHA) (이하 "AHA"라 한다) 함유제품 (0.5퍼센트 이하의 AHA가 함유된 제품은 제외한다)	가) 햇빛에 대한 피부의 감수성을 증가시킬 수 있으므로 자외선 차단제를 함께 사용할 것(씻어내는 제품 및 두발용 제품은 제외한다) 나) 일부에 시험 사용하여 피부 이상을 확인할 것 다) 고농도의 AHA 성분이 들어 있어 부작용이 발생할 우려가 있으므로 전문의 등에게 상담할 것(AHA 성분이 10퍼센트를 초과하여 함유되어 있거나 산도가 3.5 미만인 제품만 표시한다)
10	카민 함유 제품	카민 성분에 과민하거나 알레르기가 있는 사람은 신중히 사용할 것
11	코치닐추출물 함유 제품	코치닐추출물 성분에 과민하거나 알레르기가 있는 사람은 신중히 사용할 것
12	포름알데하이드 0.05% 이상 검출된 제품	포름알데하이드 성분에 과민한 사람은 신중히 사용할 것
13	폴리에톡실레이티드레틴아마이드 0.2% 이상 함유 제품	폴리에톡실레이티드레틴아마이드는 「인체적용시험자료」에서 경미한 발적, 피부건조, 화끈감, 가려움, 구진이 보고된 예가 있음
14	부틸파라벤, 프로필파라벤, 이소부틸파라벤 또는 이소프로필파라벤 함유 제품(영·유아용 제품류 및 기초화장용 제품류(3세 이하 영유아가 사용하는 제품) 중 사용 후 씻어내지 않는 제품에 한함)	3세 이하 영유아의 기저귀가 닿는 부위에는 사용하지 말 것

사용할 때의 주의사항 예시

탈모 증상의 완화에 도움을 주는 기능성화장품의 사용할 때의 주의사항

샴푸(wash-off)

• 화장품 사용 시 또는 사용 후 직사광선에 의하여 사용부위가 붉은 반점, 부어오름 또는 가려움증 등의 이상 증상이나 부작용이 있는 경우 전문의 등과 상담할 것

• 상처가 있는 부위 등에는 사용을 자제할 것

• 보관 및 취급 시의 주의사항

    -어린이의 손이 닿지 않는 곳에 보관할 것

    -직사광선을 피해서 보관할 것

• 눈에 들어갔을 때 즉시 씻어낼 것

• 사용 후 물로 씻어내지 않으면 탈모 또는 탈색의 원인이 될 수 있으므로 주의할 것

샴푸 외 두발용 제품(leave-on)

• 화장품 사용 시 또는 사용 후 직사광선에 의하여 사용부위가 붉은 반점, 부어오름 또는 가려움증 등의 이상 증상이나 부작용이 있는 경우 전문의 등과 상담할 것

• 상처가 있는 부위 등에는 사용을 자제할 것

• 보관 및 취급 시의 주의사항

    -어린이의 손이 닿지 않는 곳에 보관할 것

    -직사광선을 피해서 보관할 것

• 눈에 들어갔을 때 즉시 씻어낼 것

• 3세 이하 영유아 및 13세 이하 어린이에게는 사용하지 말 것

여드름성 피부를 완화하는 데 도움을 주는 기능성화장품의 사용할 때의 주의사항

• 화장품 사용 시 또는 사용 후 직사광선에 의하여 사용부위가 붉은 반점, 부어오름 또는 가려움증 등의 이상 증상이나 부작용이 있는 경우 전문의 등과 상담할 것

• 상처가 있는 부위 등에는 사용을 자제할 것

• 보관 및 취급 시의 주의사항

    -어린이의 손이 닿지 않는 곳에 보관할 것

    -직사광선을 피해서 보관할 것

01

화장품 사용할 때의 주의사항 공통 표시 기재사항 중 (   )안에 알맞은 내용을 적으시오.

> 1) 화장품 사용 시 또는 사용 후 (ㄱ)에 의하여 사용 부위가 붉은 반점, 부어오름 또는 가려움증 등의 이상 증상이나 부작용이 있는 경우 전문의 등과 상담할 것
> 2) (ㄴ)가 있는 부위 등에는 사용을 자제할 것
> 3) 보관 및 취급 시의 주의사항
>   가) 어린이의 손이 닿지 않는 곳에 보관할 것
>   나) (ㄷ)을 피해서 보관할 것

02

개별 표시 기재 사항 : 헤어 퍼머넌트 웨이브 제품 및 헤어스트레이트너 제품은 특이체질, 생리 또는 출산 전후이거나 질환이 있는 사람 등은 사용을 피해야한다.   (○,×)

03

팩제품은 공통 표시 기재 사항만 필요하고 개별 표시 기재 사항은 따로 없다.   (○,×)

04

외음부세정제는 5세 이하 어린이에게는 사용하지 말 것을 표시 해야 한다.   (○,×)

05

헤어 퍼머넌트 웨이브 제품 및 헤어스트레이트너 제품의 주의사항중 틀린 것은?

① 두피·얼굴·눈·목·손 등에 약액이 묻지 않도록 유의하고, 얼굴 등에 약액이 묻었을 때에는 즉시 물로 씻어낼 것
② 특이체질, 생리 또는 출산 전후이거나 질환이 있는 사람 등은 사용을 피할 것
③ 머리카락의 손상 등을 피하기 위하여 용법·용량을 지켜야 하며, 가능하면 일부에 시험적으로 사용하여 볼 것
④ 개봉한 제품은 30일 이내에 사용해야 하고, 섭씨 15도 이하의 어두운 장소에 보존하고, 색이 변하거나 침전된 경우에는 사용하지 말 것
⑤ 제2단계 퍼머액 중 그 주성분이 과산화수소인 제품은 검은 머리카락이 갈색으로 변할 수 있으므로 유의하여 사용할 것

정답	
01	(ㄱ) 직사광선, (ㄴ) 상처, (ㄷ) 직사광선
02	○
03	×
04	×
05	④

위해사례 판단 및 보고

화장품 원료 등의 위해 평가는 다음 각 호의 확인·결정·평가 등의 과정을 거쳐 실시한다.

① 위해요소의 인체 내 독성을 확인하는 **위험성 확인과정**

② 위해요소의 인체노출 허용량을 산출하는 **위험성 결정과정**

③ 위해요소가 인체에 노출된 양을 산출하는 **노출평가과정**

④ 인체에 미치는 위해 영향을 판단하는 **위해도 결정과정**

제1장　　위해화장품

1) 위해화장품의 위해여부보고

위해성 등급	등급 평가 기준
가등급	화장품의 사용으로 인하여 인체건강에 미치는 위해영향이 크거나 중대한 경우
나등급	화장품 사용으로 인하여 인체건강에 미치는 위해영향이 크지 않거나 일시적인 경우
다등급	가. 화장품 사용으로 인하여 인체건강에 미치는 위해영향은 없으나 유효성이 입증되지 않은 경우 나. 화장품 사용으로 인하여 인체건강에 미치는 위해영향은 없으나 제품의 변질, 용기·포장의 훼손 등으로 유효성에 문제가 있는 경우

① (판매중지) 회수의무자는 즉시 판매중지 등의 필요한 조치를 취한다.

② (회수계획서) 회수대상화장품이라는 사실을 안 날부터 5일 이내에 회수계획서에 다음 각 호의 서류를 첨부하여 지방식품의약품안전청장에게 제출하여야 한다.

> **회수계획서 첨부서류**
> - 해당품목의 제조·수입기록서 사본
> - 판매처별 판매량·판매일 등의 기록(맞춤형화장품의 경우 판매내역서)
> - 회수 사유를 적은 서류

③ (공표 및 회수통보) 회수의무자는 판매자, 그 밖에 해당 화장품을 업무상 취급하는 자에게 방문, 우편, 전화, 전보, 전자우편, 팩스 또는 언론매체를 통한 공고 등을 통하여 회수계획을 통보하여야 하며, 통보 사실을 입증할 수 있는 자료를 회수종료일부터 2년간 보관하여야 한다.

④ (회수 및 회수확인서) 회수를 통보 받은 자는 화장품을 반품하고 회수확인서를 작성하여 회수의무자에게 송부하여야 한다.

⑤ (폐기) 회수의무자는 회수한 화장품을 폐기하려는 경우에는 폐기신청서, 회수계획서 사본, 회수확인서 사본을 첨부하여 지방식품의약품안전청장에게 제출하고, 관계 공무원의 참관 하에 환경 관련 법령에서 정하는 바에 따라 폐기하여야 한다.

> **위해화장품 폐기**
> • 폐기신청서
> • 회수계획서 사본
> • 회수확인서 사본

⑥ (회수종료신고) 회수의무자는 회수대상화장품의 회수를 완료한 경우에는 회수종료 신고서에 다음 각 호의 서류를 첨부하여 지방식품의약품안전청장에게 제출하여야 한다.

> **회수종료 신고서**
> • 회수확인서 사본
> • 폐기확인서 사본(폐기한 경우만 해당. 2년간 보관)
> • 평가보고서 사본

> **회수종료일 설정**
> • **가등급 위해성** : 회수를 시작한 날부터 15일 이내 회수종료
> • **나등급 위해성 또는 다등급 위해성** : 회수를 시작한 날부터 30일 이내 회수종료(다만, 제출기한까지 회수계획서의 제출이 곤란한 경우 지방식품의약품안전청장에게 그 사유를 밝히고 제출기한을 연장 요청해야 한다).

> 맞춤형화장품 사용과 관련된 중대한 유해사례 등 부작용 발생 시 그 정보를 알게 된 날로부터 15일 이내 식품의약품안전처 홈페이지를 통해 보고하거나 우편·팩스·정보통신망 등의 방법으로 보고해야 한다.

⑦ (회수종료통보) 지방식품의약품안전청장은 제8항에 따라 회수종료신고서를 받으면 다음 각 호에서 정하는 바에 따라 조치하여야 한다.

ㄱ. 회수계획서에 따라 회수대상화장품의 회수를 적절하게 이행하였다고 판단되는 경우에는 회수가 종료되었음을 확인하고 회수의무자에게 이를 서면으로 통보할 것

ㄴ. 회수가 효과적으로 이루어지지 아니하였다고 판단되는 경우에는 회수의무자에게 회수에 필요한 추가 조치를 명할 것

> **시행규칙 제14조의3(위해화장품의 회수계획 및 회수절차 등)**
> ① 법 제5조의2제1항에 따라 **화장품을 회수하거나 회수하는 데에 필요한 조치를 하려는 영업자(이하 "회수의무자"라 한다)**는 해당 화장품에 대하여 즉시 판매중지 등의 필요한 조치를 하여야 하고, 회수대상화장품이라는 **사실을 안 날부터 5일 이내에 별지 제10호의2서식의 회수계획서에 다음 각 호의 서류를 첨부하여 지방식품의약품안전청장에게 제출하여야 한다.** 다만, 제출기한까지 회수계획서의 제출이 곤란하다고 판단되는 경우 에는 지방식품의약품안전청장에게 그 사유를 밝히고 제출기한 연장을 요청하여야 한다.

1. 해당 품목의 제조 · 수입기록서 사본

2. 판매처별 판매량 · 판매일 등의 기록

3. 회수 사유를 적은 서류

② 회수의무자가 제1항 본문에 따라 회수계획서를 제출하는 경우에는 다음 각 호의 구분에 따른 범위에서 회수 기간을 기재해야 한다. 다만, 회수 기간 이내에 회수하기가 곤란하다고 판단되는 경우에는 지방식품의약품안전청장에게 그 사유를 밝히고 회수 기간 연장을 요청할 수 있다.

1. 위해성 등급이 가등급인 화장품 : 회수를 시작한 날부터 15일 이내

2. 위해성 등급이 나등급 또는 다등급인 화장품 : 회수를 시작한 날부터 30일 이내

③ 지방식품의약품안전청장은 제1항에 따라 제출된 회수계획이 미흡하다고 판단되는 경우에는 해당 회수의무자에게 그 회수계획의 보완을 명할 수 있다.

④ 회수의무자는 회수대상화장품의 판매자(법 제11조제1항에 따른 판매자를 말한다), 그 밖에 해당 화장품을 업무상 취급하는 자에게 방문, 우편, 전화, 전보, 전자우편, 팩스 또는 언론매체를 통한 공고 등을 통하여 회수계획을 통보하여야 하며, **통보 사실을 입증할 수 있는 자료를 회수종료일부터 2년간 보관하여야 한다.**

⑤ 제4항에 따라 회수계획을 통보받은 자는 회수대상화장품을 회수의무자에게 반품하고, 별지 제10호의3서식의 **회수확인서를 작성하여 회수의무자에게 송부하여야 한다.**

⑥ 회수의무자는 회수한 화장품을 폐기하려는 경우에는 별지 제10호의4서식의 폐기신청서에 다음 각 호의 서류를 첨부하여 지방식품의약품안전청장에게 제출하고, 관계 공무원의 참관 하에 환경 관련 법령에서 정하는 바에 따라 폐기하여야 한다.

1. 별지 제10호의2서식의 회수계획서 사본

2. 별지 제10호의3서식의 회수확인서 사본

⑦ 제6항에 따라 폐기를 한 회수의무자는 별지 제10호의5서식의 **폐기확인서를 작성하여 2년간 보관하여야 한다.**

⑧ 회수의무자는 회수대상화장품의 회수를 완료한 경우에는 별지 제10호의6서식의 회수종료신고서에 다음 각호의 서류를 첨부하여 지방식품의약품안전청장에게 제출하여야 한다.

1. 별지 제10호의3서식의 회수확인서 사본

2. 별지 제10호의5서식의 폐기확인서 사본(폐기한 경우에만 해당한다)

3. 별지 제10호의7서식의 평가보고서 사본

⑨ 지방식품의약품안전청장은 제8항에 따라 회수종료신고서를 받으면 다음 각 호에서 정하는 바에 따라 조치하여야 한다.

1. 회수계획서에 따라 회수대상화장품의 회수를 적절하게 이행하였다고 판단되는 경우에는 회수가 종료되었음을 확인하고 회수의무자에게 이를 서면으로 통보할 것

2. 회수가 효과적으로 이루어지지 아니하였다고 판단되는 경우에는 회수의무자에게 회수에 필요한 추가 조치를 명할 것

(1) 위해화장품의 분류별 등급

위해성 등급	등급 평가 기준
가등급	1. 사용할 수 없는 원료를 사용한 화장품(법 제8조 제1항) 2. 사용상 제한이 필요한 원료를 사용한도 이상으로 사용한 화장품 3. 사용기준이 지정·고시된 원료 외의 보존제, 색소, 자외선차단제 등을 사용한 화장품(법 제8조 제2항)
나등급	1. 안전용기·포장등에 위반되는 화장품(제1항제1호) 2. 유통화장품 안전관리 기준에 적합하지 아니한 화장품(내용량 및 기능성원료 함량부족 제외) 3. 식품의 형태·냄새·색깔·크기·용기 및 포장 등을 모방하여 섭취 등 식품으로 오용될 우려가 있는 화장품(법 제15조제10호)
다등급	1. 전부 또는 일부가 변패된 화장품(법15조2호) 2. 병원미생물에 오염된 화장품(법15조3호) 3. 이물이 혼입되었거나 부착된 화장품(법 제15조4호) 중 보건위생상 위해를 발생할 우려가 있는 화장품 4. 유통화장품 안전관리 기준에서 기능성화장품의 기능성을 나타나게 하는 주원료 함량이 기준치에 부적합한 화장품(내용량의 기준에 관한 부분은 제외). 5. 사용기한 또는 개봉 후 사용기간(병행 표기된 제조연월일을 포함한다)을 위조·변조한 화장품(법제15조제9호) 6. 화장품제조업자 또는 화장품책임판매업자 스스로 국민보건에 위해를 끼칠 우려가 있어 회수가 필요하다고 판단한 화장품(법제14조의2바목) 7. 영업등록을 하지 아니한 자가 제조한 화장품 또는 제조·수입하여 유통·판매한 화장품(법 제16조제1항1호) 8. 영업신고를 하지 아니한 자가 판매한 맞춤형화장품 9. 맞춤형화장품조제관리사를 두지 아니하고 판매한 맞춤형화장품 10. 1차포장, 2차포장 기재표시 사항 위반되는 화장품(법제10조) 11. 소비자에게 판매시 가격을 표시하지 않은 화장품(법제11조) 12. 기재·표시는 다른 문자 또는 문장보다 쉽게 볼 수 있는 곳에 한글로 기재·표시하여야 하며, 한자 또는 외국어를 함께 기재할 수 있음을 위반한 화장품(법제12조) 13. 의약품으로 잘못 인식할 우려가 있게 기재·표시된 화장품 14. 판매의 목적이 아닌 제품의 홍보·판매촉진 등을 위하여 미리 소비자가 시험·사용하도록 제조 또는 수입된 화장품을 판매를 목적으로 보관, 진열하거나 소비자에게 판매한 화장품 15. 화장품의 포장 및 기재·표시 사항을 훼손또는 위조·변조한 화장품(맞춤형화장품 판매를 위하여 필요한 경우는 제외한다.).

Tip

① 내용량 부족은 위해화장품에 해당되지 않는다. 다만 기능성화장품의 기능성 성분 함량 부족시 유효성의 문제로 인해 다등급에 해당된다.

② 병원미생물(대장균,녹농균,황색포도상구균)에 오염된 경우에는 다등급이며, 그외 총호기성생균수(세균,진균)가 유통화장품 안전관리기준에 부적합할 경우 나등급이다.

2) 위해화장품의 공표

① 공표

등급	공표방법
가등급 나등급	① 1개 이상의 전국 일반일간신문 게재 ② 해당 영업자의 인터넷 홈페이지에 게재 ③ 식품의약품안전처의 인터넷 홈페이지에 게재 요청
다등급	① 일반일간신문의 게재 생략 ② 해당 영업자의 인터넷 홈페이지에 게재 ③ 식품의약품안전처의 인터넷 홈페이지에 게재 요청

> ▶ 공표 내용
> 1. 화장품을 회수한다는 내용의 표제 : "화장품법 제5조의2에 따라 아래의 화장품을 회수합니다."
> 2. 제품명
> 3. 회수대상화장품의 제조번호
> 4. 사용기한 또는 개봉 후 사용기간(병행 표기된 제조연월일을 포함한다)
> 5. 회수 사유
> 6. 회수 방법
> 7. 회수하는 영업자의 명칭
> 8. 회수하는 영업자의 전화번호, 주소, 그 밖에 회수에 필요한 사항
> 9. 그 밖의 사항 : 회수관련 협조요청
>   • 해당 회수화장품을 보관하고 있는 판매자는 판매를 중지하고 회수영업자에게 반품하여 주시기 바랍니다.
>   • 해당 회수화장품을 구입한 소비자는 구입한 업소에 되돌려 주시는 등 회수에 협조하여 주시기 바랍니다.

② 공표를 한 영업자는 다음 각 호의 사항이 포함된 공표 결과를 지방식품의약품안전청장에게 통보하여야 한다.

ㄱ. 공표일

ㄴ. 공표매체

ㄷ. 공표횟수

ㄹ. 공표문 사본 또는 내용

③ 회수 의무자가 회수 대상화장품을 회수 완료한 경우에는 공표를 생략할 수 있다.

위해화장품의 회수절차

판매중지→회수계획서 제출→공표 및 회수통보→공표결과통보(식약청장)→위해화장품회수(반품, 회수확인서)→폐기신청서 제출(회수통보자료와 폐기신청서는 2년간 보관)→회수종료 신고서

---

3) 행정처분

구분	1차 위반	2차 위반	3차 위반	4차 이상위반
법 제5조의2제1항(안전용기포장, 영업의금지, 판매등의 금지)을 위반하여 회수 대상 화장품을 회수하지 않거나 회수하는 데에 필요한 조치를 하지 않은 경우	판매 또는 제조업 무정지 1개월	판매 또는 제조업 무정지 3개월	판매 또는 제조업 무정지 6개월	등록 취소
법 제5조의2제2항을 위반하여 회수계획을 보고하지 않거나 거짓으로 보고한 경우	판매 또는 제조업 무정지 1개월	판매 또는 제조업 무정지 3개월	판매 또는 제조업 무정지 6개월	등록 취소
화장품책임판매업자가 법 제9조에 따른 화장품의 안전용기·포장에 관한 기준을 위반한 경우	해당품목 판매업 무정지 3개월	해당품목 판매업 무정지 6개월	해당품목 판매업 무정지 12개월	
기능성화장품에서 기능성을 나타나게 하는 주원료의 함량이 기준치보다 부족한 경우				
(1) 주원료의 함량이 기준치보다 10퍼센트 미만 부족한 경우	해당품목 제조 또는 판매업무 정지 15일	해당품목 제조 또는 판매업무 정지 1개월	해당품목 제조 또는 판매업무 정지 3개월	해당품목 제조 또는 판매업무정지 6개월
(2) 주원료의 함량이 기준치보다 10퍼센트 이상 부족한 경우 (3) 그밖의 기준에 적합하지 않은 화장품	해당품목 제조 또는 판매업무 정지 1개월	해당품목 제조 또는 판매업무 정지 3개월	해당품목 제조 또는 판매업무정지 6개월	해당품목 제조 또는 판매업무정지 12개월

제14조의4(행정처분의 감경 또는 면제)

1. 회수계획량의 5분의 4 이상을 회수한 경우 : 그 위반행위에 대한 행정처분을 면제

2. 회수계획량 중 일부를 회수한 경우 : 다음 각 목의 어느 하나에 해당하는 기준에 따라 행정처분을 경감

가. 회수계획량의 3분의 1 이상을 회수한 경우(제1호의 경우는 제외한다)

   1) 등록취소인 경우에는 업무정지 2개월 이상 6개월 이하의 범위에서 처분

   2) 업무정지 또는 품목의 제조·수입·판매 업무정지인 경우에는 정지처분기간의 3분의 2 이하의 범위에서 경감

나. 회수계획량의 4분의 1 이상 3분의 1 미만을 회수한 경우

   1) 등록취소인 경우에는 업무정지 3개월 이상 6개월 이하의 범위에서 처분

   2) 업무정지 또는 품목의 제조·수입·판매 업무정지인 경우에는 정지처분기간의 2분의 1 이하의 범위에서 경감

1) 정의

① **인체적용제품** : 사람이 섭취·투여·접촉·흡입 등을 함으로써 인체에 영향을 줄 수 있는 것으로서 다음 각 목의 어느 하나에 해당하는 제품을 말한다.

ㄱ. 「식품위생법」 제2조에 따른 식품, 식품첨가물, 기구 또는 용기·포장

ㄴ. 「농수산물 품질관리법」 제2조제1항에 따른 농수산물 및 농수산가공품

ㄷ. 「축산물 위생관리법」 제2조에 따른 축산물

ㄹ. 「건강기능식품에 관한 법률」 제3조에 따른 건강기능식품

ㅁ. 「약사법」 제2조에 따른 의약품, 한약, 한약제제 및 의약외품

ㅂ. 「화장품법」 제2조에 따른 화장품

ㅅ. 「의료기기법」 제2조제1항에 따른 의료기기

ㅇ. 「위생용품 관리법」 제2조에 따른 위생용품

ㅈ. 그 밖에 식품의약품안전처장이 소관 법률에 따라 관리하는 제품

② **독성** : 인체적용제품에 존재하는 위해요소가 인체에 유해한 영향을 미치는 고유의 성질을 말한다.

③ **위해요소** : 인체의 건강을 해치거나 해칠 우려가 있는 화학적·생물학적·물리적 요인을 말한다.

④ **위해성** : 인체적용제품에 존재하는 위해요소에 노출되는 경우 인체의 건강을 해칠 수 있는 정도를 말한다.

⑤ **위해성평가** : 단일 또는 2종 이상의 인체적용제품에 존재하는 위해요소가 인체의 건강을 해치거나 해칠 우려가 있는지 여부와 그 정도를 과학적으로 평가하는 일련의 과정을 말한다.

⑥ **통합위해성평가** : 인체적용제품에 존재하는 위해요소가 다양한 매체와 경로를 통하여 인체에 미치는 영향을 종합적으로 평가하는 것을 말한다.

⑦ **인체노출 안전기준** : 단일 또는 2종 이상의 인체적용제품에 존재하는 위해요소에 노출되었을 경우 인체에 유해한 영향이 나타나지 않는 것으로 판단되는 기준을 말한다.

2) 위해성평가 위원회

식품의약품안전처장은 다음 각 호의 사항을 자문하기 위하여 위해성평가위원을 둔다.

① 위해성평가의 방법

② 위해성평가 결과의 교차검증

③ 독성시험의 절차·방법

④ 그 밖에 위해성평가 등에 관하여 식품의약품안전처장이 자문을 요구하는 사항

▶ **위원회의 구성**

① 위원장 1명을 포함한 20명 이내의 위원으로 구성

② 위원회의 위원장은 식품의약품안전평가원장이 되며 위원은 다음 각 호의 어느 하나에 해당하는 자 중에서 식품의약품안전처장이 위촉하거나 지명한다.

　　1. 위해성평가 분야에 관한 학식과 경험이 풍부한 자

　　2. 식품의약품안전처 또는 식품의약품안전평가원의 공무원

　　3. 그 밖에 식품의약품안전처장이 제3조의 자문을 위하여 필요하다고 인정하는 자

③ 위원회의 사무를 처리하기 위하여 위원회에 간사 1명을 두며 간사는 식품의약품안전처 또는 식품의약품안전평가원 소속 공무원 중에서 식품의약품안전처장이 지명한다.

④ 위원회는 제3조에 따른 자문사항을 전문적으로 검토하기 위하여 분야별로 전문위원회를 둘 수 있다.

Tip

위해성평가위원회 위원장의 자격을 알아야 한다.

위해성평가 위원의 임기

위해성평가 위원의 임기는 2년으로 하되 공무원인 위원은 그 직위에 재직하는 기간 동안 재임한다. 다만, 보궐위원의 임기는 전임위원 임기의 남은 기간으로 한다.

3) 위해성평가 수행

(1) 위해성평가의 대상

① 식품의약품안전처장은 인체적용제품이 다음 각 호의 어느 하나에 해당하는 경우에는 위해성평가의 대상으로 선정할 수 있다.

　　ㄱ. 국제기구 또는 외국정부가 인체의 건강을 해칠 우려가 있다고 인정하여 판매하거나 판매할 목적으로 생산·판매 등을 금지한 인체적용제품

　　ㄴ. 새로운 원료 또는 성분을 사용하거나 새로운 기술을 적용한 것으로서 안전성에 대한 기준 및 규격이 정해지지 아니한 인체적용제품

　　ㄷ. 그 밖에 인체의 건강을 해칠 우려가 있다고 인정되는 인체적용제품

② 인체적용제품의 위해성평가에서 평가하여야 할 위해요소는 다음 각 호와 같다.

　　ㄱ. 「식품위생법 시행령」 제4조제2항의 각 호

　　ㄴ. 「축산물 위생관리법 시행령」 제27조제1항제2호의 각 목

　　ㄷ. 「유전자변형농수산물의 표시 및 농수산물의 안전성조사 등에 관한 규칙」 제14조제1항제2호의 각 목

　　ㄹ. 그 밖에 인체적용제품의 제조에 사용된 성분, 화학적 요인, 물리적 요인, 미생물적 요인 등

(2) 위해성평가의 수행

① 식품의약품안전처장은 제11조(위해성평가의 대상)에 따라 선정한 인체적용제품에 대하여 다음 각 호의 순서에 따른 위해성평가 방법을 거쳐 위해성평가를 수행하여야 한다. 다만, 위원회의 자문을 거쳐 위해성평가 관련 기술 수준이나 위해요소의 특성 등을 고려하여 위해성평가의 방법을 다르게 정하여 수행할 수 있다.

ㄱ. 위해요소의 인체 내 독성 등을 확인하는 **위험성확인과정**

ㄴ. 인체가 위해요소에 노출되었을 경우 유해한 영향이 나타나지 않는 것으로 판단되는 인체노출 안전기준을 설정하는 **위험성결정과정**

ㄷ. 인체가 위해요소에 노출되어 있는 정도를 산출하는 **노출평가과정**

ㄹ. 위해요소가 인체에 미치는 위해성을 종합적으로 판단하는 **위해도결정과정**

> ▶ **위해도 결정**
> - 위험성 결정과 노출평가 결과 얻어진 노출량을 비교하여 노출에 따른 사람에서 위해영향의 발생 가능성을 추정하는 과정이다.
> - 화장품 사용으로 인한 평가대상 물질의 노출로 위해 영향을 야기할 가능성은 안전역(MOS, Margin of Safety)으로 나타낸다(SCCS/1564/15).
>
>   **안전역(MOS) = NOAEL/SED**
>   *SED = Systemic Exposure Dosage, 전신노출량 NOAEL = no observed adverse effect level, 무독성량, 인체에 유해한 영향을 미치지 않는 최대 투여량
>
> - 일반적으로 안전역(MOS)을 계산한 값이 동물실험 데이터는 100 이상, 인체시험 데이터는 10 이상이면 위해영향이 발생할 가능성이 낮다고 판정할 수 있다.

② 식품의약품안전처장은 다양한 경로를 통해 인체에 영향을 미칠 수 있는 위해요소에 관하여는 통합위해성평가를 수행할 수 있다. 이때, 필요한 경우 관계 중앙행정기관의 협조를 받아 통합위해성평가를 수행할 수 있다.

③ 현재의 과학기술 수준 또는 자료 등의 제한이 있거나 신속한 위해성평가가 요구될 경우 인체적용제품의 위해성평가는 다음 각 호와 같이 실시할 수 있다.

ㄱ. 위해요소의 인체 내 독성 등 확인과 인체노출 안전기준 설정을 위하여 국제기구 및 신뢰성 있는 국내·외 위해성평가기관 등에서 평가한 결과를 준용하거나 인용할 수 있다.

ㄴ. 인체노출 안전기준의 설정이 어려울 경우 위해요소의 인체 내 독성 등 확인과 인체의 위해요소 노출 정도만으로 위해성을 예측할 수 있다.

ㄷ. 인체적용제품의 섭취, 사용 등에 따라 사망 등의 위해가 발생하였을 경우 위해요소의 인체 내 독성 등의 확인만으로 위해성을 예측할 수 있다.

ㄹ. 인체의 위해요소 노출 정도를 산출하기 위한 자료가 불충분하거나 없는 경우 활용 가능한 과학적 모델을 토대로 노출 정도를 산출할 수 있다.

ㅁ. 특정집단에 노출 가능성이 클 경우 어린이 및 임산부 등 민감집단 및 고위험집단을 대상으로 위해성평가를 실시할 수 있다.

④ 화학적 위해요소에 대한 위해성은 물질의 특성에 따라 위해지수, 안전역 등으로 표현하고 국내·외 위해성평가 결과 등을 종합적으로 비교·분석하여 최종 판단한다.

⑤ 미생물적 위해요소에 대한 위해성은 미생물 생육 예측 모델 결과값, 용량-반응 모델 결과값 등을 이용하여 인체 건강에 미치는 유해영향 발생 가능성 등을 최종 판단한다.

⑥ 식품의약품안전처장은 위해성평가 결과에 대한 교차검증을 위하여 위원회의 자문을 받을 수 있다.

⑦ 식품의약품안전처장은 전문적인 위해성평가를 위하여 식품의약품안전평가원을 위해성평가 전문기관으로 한다.

> **Tip**
> 위해성평가의 실시 순서를 반드시 숙지하고 위해노출 대상의 범위를 알아야 한다.

4) 독성시험의 실시

① 식품의약품안전처장은 위해성평가에 필요한 자료를 확보하기 위하여 독성의 정도를 동물실험 등을 통하여 과학적으로 평가하는 독성시험을 실시할 수 있다.

② 독성시험은 「의약품등 독성시험기준」 또는 경제협력개발기구(OECD)에서 정하고 있는 독성시험방법에 따라 다음 각 호와 같이 실시한다. 다만, 필요한 경우 위원회의 자문을 거쳐 독성시험의 절차·방법을 다르게 정할 수 있다.

ㄱ. 독성시험 대상물질의 특성, 노출경로 등을 고려하여 독성시험항목 및 방법 등을 선정한다.

ㄴ. 독성시험 절차는 「비임상시험관리기준」에 따라 수행한다.

ㄷ. 독성시험결과에 대한 독성병리 전문가 등의 검증을 수행한다.

(1) 의견청취

① 식품의약품안전처장은 제12조의 위해성평가 과정에서 필요한 경우 관계 전문가의 의견을 청취할 수 있다.

② 식품의약품안전처장은 위해성평가의 수행에 필요한 자료를 국내·외 관련 전문기관, 대학, 학회 등에 요청할 수 있다.

(2) 외부기관의 위해성평가 요청 등

① 식품의약품안전처장은 소비자단체, 학회 등이 위해성평가를 요청한 인체적용제품에 대하여 관련 법령에 따라 인체의 건강을 해칠 우려가 있는지 여부를 심의할 수 있다.

② 식품의약품안전처장은 제1항의 심의를 위하여 필요한 경우 요청단체에 다음 각 호의 자료를 요구할 수 있다.

　　ㄱ. 위해발생 또는 위해의 가능성에 대한 객관적 입증 자료

　　ㄴ. 위해요소와 그 대상 인체적용제품의 종류 및 위해요소 검출수준

　　ㄷ. 국제식품규격위원회 등 국제기구나 제외국의 규제현황 및 위해성평가 결과

　　ㄹ. 기타 위해성평가에 필요한 자료

③ 식품의약품안전처장은 위해성평가를 실시함에 있어 요청단체에 필요한 자료를 보완 요청할 수 있다.

(3) 위해성평가 결과의 보고

① 식품의약품안전처장은 위해성평가가 완료되면 요약·위해성평가의 목적·범위·내용·방법·결론·참고문헌 등을 포함한 결과보고서를 작성하여야 한다.

② 식품의약품안전처장은 위해성평가 결과에 대한 심의·의결 등 다른 법령에 정한 절차가 있는 경우에는 그 법령이 정하는 바에 따른다.

01

맞춤형화장품 사용과 관련된 중대한 유해사례 등 부작용 발생 시 그 정보를 알게 된 날로부터 (   ) 이내 식품의약품안전처 홈페이지를 통해 보고하거나 우편·팩스·정보통신망 등의 방법으로 보고해야 한다.

02

(   )란 인체의 건강을 해치거나 해질 우려가 있는 화학적·생물학적·물리적 요인을 말한다.

03

(   )이란 인체적용제품에 존재하는 위해요소가 인체에 유해한 영향을 미치는 고유의 성질을 말한다.

04

통합위해성평가란 인체적용제품에 존재하는 위해요소가 다양한 매체와 경로를 통하여 인체에 미치는 영향을 종합적으로 평가하는 것을 말한다.   (○, ×)

05

위해성평가 위원회 구성은 위원장 1명을 포함한 (ㄱ)명 이내의 위원으로 구성된다. 위원회의 사무를 처리하기 위하여 위원회에 간사 1명을 두며 간사는 식품의약품안전처 또는 식품의약품안전평가원 소속 공무원 중에서 (ㄴ)이 지명한다.

06

위해평가는 위해요소의 인체 내 독성을 확인하는 위험성 확인과정, 위해요소의 인체노출 허용량을 산출하는 (ㄱ)과정, 위해요소가 인체에 노출된 양을 산출하는 노출평가과정, 인체에 미치는 위해영향을 판단하는 (ㄴ)과정을 거쳐 실시 한다.

위해사례 판단 및 보고

07

안전용기·포장등에 위반이 되는 화장품은 위해화장품의 등급 중 몇 등급에 해당되는가?

08

화장품 사용으로 인한 평가 대상 물질의 노출로 인해 영향을 야기할 가능성인 안전역(MOS)값을 구하고 위해영향이 발생할 가능성이 높은지 낮은지의 여부를 결정하시오.

- 전신노출량(SED) = 125
- 무독성량(NOALE) = 25000

정답	
01	15일
02	위해요소
03	독성
04	○
05	(ㄱ) 20, (ㄴ) 식품의약품안전처장
06	(ㄱ) 위험성 결정, (ㄴ) 위해도 결정
07	나등급
08	25000/125 = 200, 위해발생력이 낮고 안전하다.

Part 3
부록

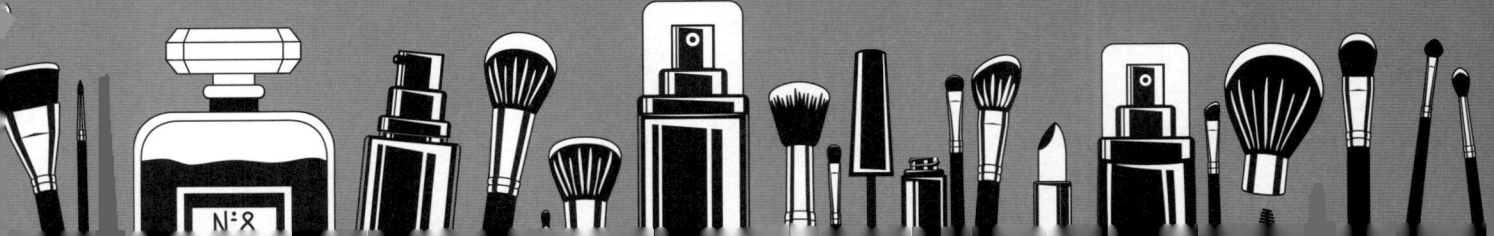

[시행 2026. 4. 2.] [법률 제20901호, 2025. 4. 1., 일부개정]

제1장 총칙

제1조(목적)

이 법은 화장품의 제조·수입·판매 및 수출 등에 관한 사항을 규정함으로써 국민보건향상과 화장품 산업의 발전에 기여함을 목적으로 한다. <개정 2018. 3. 13.>

제2조(정의)

이 법에서 사용하는 용어의 뜻은 다음과 같다. <개정 2013. 3. 23., 2016. 5. 29., 2018. 3. 13., 2019. 1. 15., 2020. 4. 7., 2025. 4. 1.>

1. "화장품"이란 인체를 청결·미화하여 매력을 더하고 용모를 밝게 변화시키거나 피부·모발의 건강을 유지 또는 증진하기 위하여 인체에 바르고 문지르거나 뿌리는 등 이와 유사한 방법으로 사용되는 물품으로서 인체에 대한 작용이 경미한 것을 말한다. 다만, 「약사법」 제2조제4호의 의약품에 해당하는 물품은 제외한다.

2. "기능성화장품"이란 화장품 중에서 다음 각 목의 어느 하나에 해당되는 것으로서 총리령으로 정하는 화장품을 말한다.

　가. 피부의 미백에 도움을 주는 제품

　나. 피부의 주름개선에 도움을 주는 제품

　다. 피부를 곱게 태워주거나 자외선으로부터 피부를 보호하는 데에 도움을 주는 제품

　라. 모발의 색상 변화·제거 또는 영양공급에 도움을 주는 제품

　마. 피부나 모발의 기능 약화로 인한 건조함, 갈라짐, 빠짐, 각질화 등을 방지하거나 개선하는 데에 도움을 주는 제품

2의2. 삭제 <2025. 1. 31.>

3. 삭제 <2025. 1. 31.>

3의2. "맞춤형화장품"이란 다음 각 목의 화장품을 말한다.

　가. 제조 또는 수입된 화장품의 내용물에 다른 화장품의 내용물이나 식품의약품안전처장이 정하는 원료를 추가하여 혼합한 화장품

　나. 제조 또는 수입된 화장품의 내용물을 소분(小分)한 화장품. 다만, 고형(固形) 비누 등 총리령으로 정하는 화장품의 내용물을 단순 소분한 화장품은 제외한다.

4. "안전용기·포장"이란 만 5세 미만의 어린이가 개봉하기 어렵게 설계·고안된 용기나 포장을 말한다.

5. "사용기한"이란 화장품이 제조된 날부터 적절한 보관 상태에서 제품이 고유의 특성을 간직한 채 소비자가 안정적으로 사용할 수 있는 최소한의 기한을 말한다.

6. "1차 포장"이란 화장품 제조 시 내용물과 직접 접촉하는 포장용기를 말한다.

7. "2차 포장"이란 1차 포장을 수용하는 1개 또는 그 이상의 포장과 보호재 및 표시의 목적으로 한 포장(첨부문서 등을 포함한다)을 말한다.

8. "표시"란 화장품의 용기·포장에 기재하는 문자·숫자·도형 또는 그림 등을 말한다.

9. "광고"란 라디오·텔레비전·신문·잡지·음성·음향·영상·인터넷·인쇄물·간판, 그 밖의 방법에 의하여 화장품에 대한 정보를 나타내거나 알리는 행위를 말한다.

10. "화장품제조업"이란 화장품의 전부 또는 일부를 제조(2차 포장 또는 표시만의 공정은 제외한다)하는 영업을 말한다.

11. "화장품책임판매업"이란 취급하는 화장품의 품질 및 안전 등을 관리하면서 이를 유통·판매하거나 수입대행형 거래를 목적으로 알선·수여(授與)하는 영업을 말한다.

12. "맞춤형화장품판매업"이란 맞춤형화장품을 판매하는 영업을 말한다.

13. "직접구매 해외화장품"이란 개인이 자가소비를 목적으로 해외의 사이버몰(컴퓨터 등과 정보통신설비를 이용하여 재화 등을 거래할 수 있도록 설정된 가상의 영업장을 말한다)에서 직접 구매하는 화장품을 말한다.

제2조의2(영업의 종류)

① 이 법에 따른 영업의 종류는 다음 각 호와 같다.

1. 화장품제조업

2. 화장품책임판매업

3. 맞춤형화장품판매업

② 제1항에 따른 영업의 세부 종류와 그 범위는 대통령령으로 정한다.

[본조신설 2018. 3. 13.]

제2조의3(화장품의 날)

① 화장품산업의 국제 경쟁력 강화를 도모하고 화장품에 대한 국민의 이해와 관심을 높이기 위하여 매년 9월 7일을 화장품의 날로 정한다.

② 국가 및 지방자치단체는 화장품의 날의 취지에 맞는 행사, 교육 및 홍보를 실시하거나 관련 법인·단체의 활동을 지원할 수 있다.

③ 제2항에 따른 화장품의 날 행사, 교육 및 홍보 등에 관하여 필요한 사항은 대통령령으로 정한다.

[본조신설 2025. 4. 1.]

제2장 화장품의 제조·유통

제3조(영업의 등록)

① 화장품제조업 또는 화장품책임판매업을 하려는 자는 각각 총리령으로 정하는 바에 따라 식품의약품안전처장에게 등록하여야 한다. 등록한 사항 중 총리령으로 정하는 중요한 사항을 변경할 때에도 또한 같다. <개정 2013. 3. 23., 2016. 2. 3., 2018. 3. 13.>

② 제1항에 따라 화장품제조업을 등록하려는 자는 총리령으로 정하는 시설기준을 갖추어야 한다. 다만, 화장품의 일부 공정만을 제조하는 등 총리령으로 정하는 경우에 해당하는 때에는 시설의 일부를 갖추지 아니할 수 있다. <개정 2013. 3. 23., 2018. 3. 13.>

③ 제1항에 따라 화장품책임판매업을 등록하려는 자는 총리령으로 정하는 화장품의 품질관리 및 책임판매 후 안전관리에 관한 기준을 갖추어야 하며, 이를 관리할 수 있는 관리자(이하 "책임판매관리자"라 한다)를 두어야 한다. <개정 2013. 3. 23., 2018. 3. 13.>

④ 제1항부터 제3항까지의 규정에 따른 등록 절차 및 책임판매관리자의 자격기준과 직무 등에 관하여 필요한 사항은 총리령으로 정한다. <개정 2013. 3. 23., 2018. 3. 13.>

[제목개정 2018. 3. 13.]

제3조의2(맞춤형화장품판매업의 신고)

① 맞춤형화장품판매업을 하려는 자는 총리령으로 정하는 바에 따라 식품의약품안전처장에게 신고하여야 한다. 신고한 사항 중 총리령으로 정하는 사항을 변경할 때에도 또한 같다.

② 제1항에 따라 맞춤형화장품판매업을 신고하려는 자는 총리령으로 정하는 시설기준을 갖추어야 하며, 맞춤형화장품의 혼합·소분 등 품질·안전 관리 업무에 종사하는 자(이하 "맞춤형화장품조제관리사"라 한다)를 두어야 한다. <개정 2021. 8. 17.>

[본조신설 2018. 3. 13.]

제3조의3(결격사유)

다음 각 호의 어느 하나에 해당하는 자는 화장품제조업 또는 화장품책임판매업의 등록이나 맞춤형화장품판매업의 신고를 할 수 없다. 다만, 제1호 및 제3호는 화장품제조업만 해당한다. <개정 2024. 10. 22.>

1. 「정신건강증진 및 정신질환자 복지서비스 지원에 관한 법률」 제3조제1호에 따른 정신질환자. 다만, 전문의가 화장품제조업자(제3조제1항에 따라 화장품제조업을 등록한 자를 말한다. 이하 같다)로서 적합하다고 인정하는 사람은 제외한다.

2. 피성년후견인 또는 파산선고를 받고 복권되지 아니한 자

3. 「마약류 관리에 관한 법률」 제2조제1호에 따른 마약류의 중독자

4. 이 법 또는 「보건범죄 단속에 관한 특별조치법」을 위반하여 금고 이상의 실형을 선고받고 그 집행이 끝나거나(집행이 끝난 것으로 보는 경우를 포함한다) 집행이 면제되지 아니한 사람

4의2. 이 법 또는 「보건범죄 단속에 관한 특별조치법」을 위반하여 금고 이상의 형의 집행유예를 선고받고 그 유예기간 중에 있는 사람

5. 제24조에 따라 등록이 취소되거나 영업소가 폐쇄(이 조 제1호부터 제3호까지의 어느 하나에 해당하여 등록이 취소되거나 영업소가 폐쇄된 경우는 제외한다)된 날부터 1년이 지나지 아니한 자

[본조신설 2018. 3. 13.]

제3조의4(맞춤형화장품조제관리사 자격시험)

① 맞춤형화장품조제관리사가 되려는 사람은 화장품과 원료 등에 대하여 식품의약품안전처장이 실시하는 자격시험에 합격하여야 한다.

② 식품의약품안전처장은 거짓이나 그 밖의 부정한 방법으로 자격시험에 응시한 사람 또는 자격시험에서 부정행위를 한 사람에 대하여는 그 자격시험을 정지시키거나 합격을 무효로 한다. 이 경우 자격시험이 정지되거나 합격이 무효가 된 사람은 그 처분이 있은 날부터 3년간 자격시험에 응시할 수 없다. <개정 2021. 8. 17.>

③ 식품의약품안전처장은 제1항에 따른 자격시험의 관리 및 제4항에 따른 자격증 발급 등에 관한 업무를 효과적으로 수행하기 위하여 필요한 전문인력과 시설을 갖춘 기관 또는 단체를 시험운영기관으로 지정하여 시험업무를 위탁할 수 있다. <개정 2021. 8. 17.>

④ 제1항 및 제3항에 따른 자격시험의 시기, 절차, 방법, 시험과목, 자격증의 발급, 시험운영기관의 지정 등 자격시험에 필요한 사항은 총리령으로 정한다.

[본조신설 2018. 3. 13.]

제3조의5(맞춤형화장품조제관리사의 결격사유)

다음 각 호의 어느 하나에 해당하는 자는 맞춤형화장품조제관리사가 될 수 없다. <개정 2024. 10. 22.>

1. 「정신건강증진 및 정신질환자 복지서비스 지원에 관한 법률」 제3조제1호에 따른 정신질환자. 다만, 전문의가 맞춤형화장품조제관리사로서 적합하다고 인정하는 사람은 제외한다.

2. 피성년후견인

3. 「마약류 관리에 관한 법률」 제2조제1호에 따른 마약류의 중독자

4. 이 법 또는 「보건범죄 단속에 관한 특별조치법」을 위반하여 금고 이상의 실형을 선고받고 그 집행이 끝나거나 (집행이 끝난 것으로 보는 경우를 포함한다) 집행이 면제되지 아니한 사람

4의2. 이 법 또는 「보건범죄 단속에 관한 특별조치법」을 위반하여 금고 이상의 형의 집행유예를 선고받고 그 유예기간 중에 있는 사람

5. 제3조의8에 따라 맞춤형화장품조제관리사의 자격이 취소된 날부터 3년이 지나지 아니한 자

　　[본조신설 2021. 8. 17.]

제3조의6(자격증 대여 등의 금지)

① 맞춤형화장품조제관리사는 다른 사람에게 자기의 성명을 사용하여 맞춤형화장품조제관리사 업무를 하게 하거나 자기의 맞춤형화장품조제관리사자격증을 양도 또는 대여하여서는 아니 된다.

② 누구든지 다른 사람의 맞춤형화장품조제관리사자격증을 양수하거나 대여받아 이를 사용하여서는 아니 된다.

　　[본조신설 2021. 8. 17.]

제3조의7(유사명칭의 사용금지)

맞춤형화장품조제관리사가 아닌 자는 맞춤형화장품조제관리사 또는 이와 유사한 명칭을 사용하지 못한다.

[본조신설 2021. 8. 17.]

제3조의8(맞춤형화장품조제관리사 자격의 취소)

식품의약품안전처장은 맞춤형화장품조제관리사가 다음 각 호의 어느 하나에 해당하는 경우에는 그 자격을 취소하여야 한다. <개정 2024. 10. 22. >

1. 거짓이나 그 밖의 부정한 방법으로 맞춤형화장품조제관리사의 자격을 취득한 경우

2. 제3조의5제1호부터 제4호까지 또는 제4호의2에 해당하는 경우

3. 제3조의6제1항을 위반하여 다른 사람에게 자기의 성명을 사용하여 맞춤형화장품조제관리사 업무를 하게 하거나 맞춤형화장품조제관리사자격증을 양도 또는 대여한 경우

　　[본조신설 2021. 8. 17.]

제4조(기능성화장품의 심사 등)

① 기능성화장품으로 인정받아 판매 등을 하려는 화장품제조업자, 화장품책임판매업자(제3조제1항에 따라 화장품책임판매업을 등록한 자를 말한다. 이하 같다) 또는 총리령으로 정하는 대학·연구소 등은 품목별로 안전성 및 유효성에 관하여 식품의약품안전처장의 심사를 받거나 식품의약품안전처장에게 보고서를 제출하여야 한다. 제출한 보고서나 심사받은 사항을 변경할 때에도 또한 같다. <개정 2013. 3. 23., 2018. 3. 13. >

② 제1항에 따른 유효성에 관한 심사는 제2조제2호 각 목에 규정된 효능·효과에 한하여 실시한다.

③ 제1항에 따른 심사를 받으려는 자는 총리령으로 정하는 바에 따라 그 심사에 필요한 자료를 식품의약품안전처장에게 제출하여야 한다. <개정 2013. 3. 23. >

④ 제1항 및 제2항에 따른 심사 또는 보고서 제출의 대상과 절차 등에 관하여 필요한 사항은 총리령으로 정한다. <개정 2013. 3. 23. >

제4조의2(영유아 또는 어린이 사용 화장품의 관리)

① 화장품책임판매업자는 영유아 또는 어린이가 사용할 수 있는 화장품임을 표시·광고하려는 경우에는 제품별로 안전과 품질을 입증할 수 있는 다음 각 호의 자료(이하 "제품별 안전성 자료"라 한다)를 작성 및 보관하여야 한다.

　　1. 제품 및 제조방법에 대한 설명 자료

　　2. 화장품의 안전성 평가 자료

　　3. 제품의 효능·효과에 대한 증명 자료

② 식품의약품안전처장은 제1항에 따른 화장품에 대하여 제품별 안전성 자료, 소비자 사용실태, 사용 후 이상사례 등에 대하여 주기적으로 실태조사를 실시하고, 위해요소의 저감화를 위한 계획을 수립하여야 한다.

③ 식품의약품안전처장은 소비자가 제1항에 따른 화장품을 안전하게 사용할 수 있도록 교육 및 홍보를 할 수 있다.

④ 제1항에 따른 영유아 또는 어린이의 연령 및 표시 · 광고의 범위, 제품별 안전성 자료의 작성 범위 및 보관기간 등과 제2항에 따른 실태조사 및 계획 수립의 범위, 시기, 절차 등에 필요한 사항은 총리령으로 정한다.

[본조신설 2019. 1. 15.]

< 2026 신설예정 >

제4조의2(화장품 안전성 평가)

① 총리령으로 정하는 기준에 해당하는 화장품책임판매업자는 화장품의 유통 · 판매 전에 제품별로 화장품이 안전함을 입증할 수 있는 자료(이하 "화장품 안전성 평가 자료"라 한다)를 작성 및 보관하여야 한다.

② 화장품 안전성 평가 자료는 화장품 안전성에 대하여 전문지식을 갖춘 자(이하 "안전성 평가자"라 한다)에 의하여 검토되어야 한다.

③ 식품의약품안전처장은 국민보건상 위해 우려가 제기되는 등 필요하다고 인정하는 경우 화장품 안전성 평가 자료의 제출을 요구할 수 있다. 이 경우 화장품책임판매업자는 정당한 사유가 없으면 이에 따라야 한다.

④ 식품의약품안전처장은 화장품책임판매업자가 제1항 및 제2항에 따른 준수사항을 원활하게 이행할 수 있도록 필요한 행정적 · 재정적 지원을 할 수 있다.

⑤ 화장품 안전성 평가 자료의 작성 범위 및 보관기간 등과 안전성 평가자의 자격기준 등에 필요한 사항은 총리령으로 정한다.

제4조의3(영유아 또는 어린이 사용 화장품의 관리)

① < 삭 제 >

② 식품의약품안전처장은 영유아 또는 어린이가 사용할 수 있는 화장품임을 표시 · 광고하려는 화장품에 대하여 화장품 안전성 평가자료, 소비자 사용실태, 사용 후 이상사례 등에 대하여 주기적으로 실태조사를 실시하고, 위해요소의 저감화를 위한 계획을 수립하여야 한다.

③ 식품의약품안전처장은 소비자가 제2항에 따른 화장품을 안전하게 사용할 수 있도록 교육 및 홍보를 할 수 있다.

④ 영유아 또는 어린이의 연령 및 표시 · 광고의 범위, 실태조사 및 계획 수립의 범위, 시기, 절차 등에 필요한 사항은 총리령으로 정한다.

제5조(영업자의 의무 등)

① 화장품제조업자는 화장품의 제조와 관련된 기록 · 시설 · 기구 등 관리 방법, 원료 · 자재 · 완제품 등에 대한 시험 · 검사 · 검정 실시 방법 및 의무 등에 관하여 총리령으로 정하는 사항을 준수하여야 한다. <개정 2013. 3. 23., 2018. 3. 13. >

② 화장품책임판매업자는 화장품의 품질관리기준, 책임판매 후 안전관리기준, 품질 검사 방법 및 실시 의무, 안전성 · 유효성 관련 정보사항 등의 보고 및 안전대책 마련 의무 등에 관하여 총리령으로 정하는 사항을 준수하여야 한다. <개정 2013. 3. 23., 2018. 3. 13. >

③ 맞춤형화장품판매업자(제3조의2제1항에 따라 맞춤형화장품판매업을 신고한 자를 말한다. 이하 같다)는 소비자에게 유통 · 판매되는 화장품을 임의로 혼합 · 소분하여서는 아니 된다. <신설 2021. 8. 17. >

④ 맞춤형화장품판매업자는 맞춤형화장품 판매장 시설 · 기구의 관리 방법, 혼합 · 소분 안전관리기준의 준수 의무, 혼합 · 소분되는 내용물 및 원료에 대한 설명 의무, 안전성 관련 사항 보고 의무 등에 관하여 총리령으로 정하는 사항을 준수하여야 한다. <신설 2018. 3. 13., 2021. 8. 17. >

⑤ 화장품책임판매업자는 총리령으로 정하는 바에 따라 화장품의 생산실적 또는 수입실적, 화장품의 제조과정에 사용된 원료의 목록 등을 식품의약품안전처장에게 보고하여야 한다. 이 경우 원료의 목록에 관한 보고는 화장품의 유통·판매 전에 하여야 한다. <개정 2013. 3. 23., 2018. 3. 13., 2021. 8. 17.>

⑥ 맞춤형화장품판매업자는 총리령으로 정하는 바에 따라 맞춤형화장품에 사용된 모든 원료의 목록을 매년 1회 식품의약품안전처장에게 보고하여야 한다. <신설 2021. 8. 17.>

⑦ 책임판매관리자 및 맞춤형화장품조제관리사는 화장품의 안전성 확보 및 품질관리에 관한 교육을 매년 받아야 한다. <개정 2013. 3. 23., 2016. 2. 3., 2018. 3. 13., 2021. 8. 17.>

⑧ 식품의약품안전처장은 국민 건강상 위해를 방지하기 위하여 필요하다고 인정하면 화장품제조업자, 화장품책임판매업자 및 맞춤형화장품판매업자(이하 "영업자"라 한다)에게 화장품 관련 법령 및 제도(화장품의 안전성 확보 및 품질관리에 관한 내용을 포함한다)에 관한 교육을 받을 것을 명할 수 있다. <개정 2016. 2. 3., 2018. 3. 13., 2021. 8. 17.>

⑨ 제8항에 따라 교육을 받아야 하는 자가 둘 이상의 장소에서 화장품제조업, 화장품책임판매업 또는 맞춤형화장품판매업을 하는 경우에는 종업원 중에서 총리령으로 정하는 자를 책임자로 지정하여 교육을 받게 할 수 있다. <신설 2016. 2. 3., 2018. 3. 13., 2021. 8. 17.>

⑩ 제7항부터 제9항까지의 규정에 따른 교육의 실시 기관, 내용, 대상 및 교육비 등에 관하여 필요한 사항은 총리령으로 정한다. <신설 2016. 2. 3., 2018. 3. 13., 2021. 8. 17.>

[제목개정 2018. 3. 13.]

제5조의2(위해화장품의 회수)

① 영업자는 제9조, 제15조 또는 제16조제1항에 위반되어 국민보건에 위해(危害)를 끼치거나 끼칠 우려가 있는 화장품이 유통 중인 사실을 알게 된 경우에는 지체 없이 해당 화장품을 회수하거나 회수하는 데에 필요한 조치를 하여야 한다. <개정 2018. 12. 11.>

② 제1항에 따라 해당 화장품을 회수하거나 회수하는 데에 필요한 조치를 하려는 영업자는 회수계획을 식품의약품안전처장에게 미리 보고하여야 한다. <개정 2018. 3. 13.>

③ 식품의약품안전처장은 제1항에 따른 회수 또는 회수에 필요한 조치를 성실하게 이행한 영업자가 해당 화장품으로 인하여 받게 되는 제24조에 따른 행정처분을 총리령으로 정하는 바에 따라 감경 또는 면제할 수 있다. <개정 2018. 3. 13.>

④ 제1항 및 제2항에 따른 회수 대상 화장품, 해당 화장품의 회수에 필요한 위해성 등급 및 그 분류기준, 회수계획 보고 및 회수절차 등에 필요한 사항은 총리령으로 정한다. <개정 2018. 12. 11.>

[본조신설 2015. 1. 28.]

제6조(폐업 등의 신고)

① 영업자는 다음 각 호의 어느 하나에 해당하는 경우에는 총리령으로 정하는 바에 따라 식품의약품안전처장에게 신고하여야 한다. 다만, 휴업기간이 1개월 미만이거나 그 기간 동안 휴업하였다가 그 업을 재개하는 경우에는 그러하지 아니하다. <개정 2013. 3. 23., 2018. 3. 13., 2018. 12. 11.>

1. 폐업 또는 휴업하려는 경우

2. 휴업 후 그 업을 재개하려는 경우

3. 삭제 <2018. 12. 11.>

② 식품의약품안전처장은 화장품제조업자 또는 화장품책임판매업자가 「부가가치세법」 제8조에 따라 관할 세무서장에게 폐업신고를 하거나 관할 세무서장이 사업자등록을 말소한 경우에는 등록을 취소할 수 있다. <신설 2018. 3. 13.>

③ 식품의약품안전처장은 제2항에 따라 등록을 취소하기 위하여 필요하면 관할 세무서장에게 화장품제조업자 또는 화장품책임판매업자의 폐업여부에 대한 정보 제공을 요청할 수 있다. 이 경우 요청을 받은 관할 세무서장은 「전자정부법」 제39조에 따라 화장품제조업자 또는 화장품책임판매업자의 폐업여부에 대한 정보를 제공하여야 한다. <신설 2018. 3. 13.>

④ 식품의약품안전처장은 제1항제1호에 따른 폐업신고 또는 휴업신고를 받은 날부터 7일 이내에 신고수리 여부를 신고인에게 통지하여야 한다. <신설 2018. 12. 11.>

⑤ 식품의약품안전처장이 제4항에서 정한 기간 내에 신고수리 여부 또는 민원 처리 관련 법령에 따른 처리기간의 연장을 신고인에게 통지하지 아니하면 그 기간(민원 처리 관련 법령에 따라 처리기간이 연장 또는 재연장된 경우에는 해당 처리기간을 말한다)이 끝난 날의 다음 날에 신고를 수리한 것으로 본다. <신설 2018. 12. 11.>

제7조 삭제 <2018. 3. 13.>

제3장 화장품의 취급
제1절 기준

제8조(화장품 안전기준 등)

① 식품의약품안전처장은 화장품의 제조 등에 사용할 수 없는 원료를 지정하여 고시하여야 한다. <개정 2013. 3. 23.>

② 식품의약품안전처장은 보존제, 색소, 자외선차단제 등과 같이 특별히 사용상의 제한이 필요한 원료에 대하여는 그 사용기준을 지정하여 고시하여야 하며, 사용기준이 지정·고시된 원료 외의 보존제, 색소, 자외선차단제 등은 사용할 수 없다. <개정 2013. 3. 23., 2018. 3. 13.>

③ 식품의약품안전처장은 국내외에서 유해물질이 포함되어 있는 것으로 알려지는 등 국민보건상 위해 우려가 제기되는 화장품 원료 등의 경우에는 총리령으로 정하는 바에 따라 위해요소를 신속히 평가하여 그 위해 여부를 결정하여야 한다. <개정 2013. 3. 23.>

④ 식품의약품안전처장은 제3항에 따라 위해평가가 완료된 경우에는 해당 화장품 원료 등을 화장품의 제조에 사용할 수 없는 원료로 지정하거나 그 사용기준을 지정하여야 한다. <개정 2013. 3. 23.>

⑤ 식품의약품안전처장은 제2항에 따라 지정·고시된 원료의 사용기준의 안전성을 정기적으로 검토하여야 하고, 그 결과에 따라 지정·고시된 원료의 사용기준을 변경할 수 있다. 이 경우 안전성 검토의 주기 및 절차 등에 관한 사항은 총리령으로 정한다. <신설 2018. 3. 13.>

⑥ 화장품제조업자, 화장품책임판매업자 또는 대학·연구소 등 총리령으로 정하는 자는 다음 각 호의 사항을 총리령으로 정하는 바에 따라 식품의약품안전처장에게 신청할 수 있다. <신설 2018. 3. 13., 2024. 2. 6.>

　1. 제1항에 따라 지정·고시된 원료의 해제 또는 변경

　2. 제2항에 따라 지정·고시되지 아니한 원료의 사용기준 지정·고시

　3. 제2항에 따라 지정·고시된 원료의 사용기준 변경

⑦ 식품의약품안전처장은 제6항에 따른 신청을 받은 경우에는 신청된 내용의 타당성을 검토하여야 하고, 그 타당성이 인정되는 경우에는 제1항에 따라 지정·고시된 원료를 해제 또는 변경하거나, 제2항에 따라 지정·고시되지 아니한 원료의 사용기준을 지정·고시하거나 지정·고시된 원료의 사용기준을 변경하여야 한다. 이 경우 신청인에게 검토 결과를 서면으로 알려야 한다. <신설 2018. 3. 13., 2024. 2. 6.>

⑧ 식품의약품안전처장은 그 밖에 유통화장품 안전관리 기준을 정하여 고시할 수 있다. <개정 2013. 3. 23., 2018. 3. 13.>

제9조(안전용기 · 포장 등)

① 화장품책임판매업자 및 맞춤형화장품판매업자는 화장품을 판매할 때에는 어린이가 화장품을 잘못 사용하여 인체에 위해를 끼치는 사고가 발생하지 아니하도록 안전용기 · 포장을 사용하여야 한다. <개정 2018. 3. 13. >

② 제1항에 따라 안전용기 · 포장을 사용하여야 할 품목 및 용기 · 포장의 기준 등에 관하여는 총리령으로 정한다. <개정 2013. 3. 23. >

제2절 표시 · 광고 · 취급

제10조(화장품의 기재사항)

① 1차 포장만으로 구성되는 화장품의 외부 포장과 1차 포장에 2차 포장을 추가한 화장품의 외부 포장에는 총리령으로 정하는 바에 따라 각각 다음 각 호의 사항을 기재 · 표시하여야 한다. 다만, 내용량이 소량인 화장품의 포장 등 총리령으로 정하는 포장에는 화장품의 명칭, 화장품책임판매업자 및 맞춤형화장품판매업자의 상호, 가격, 제조번호와 사용기한 또는 개봉 후 사용기간(개봉 후 사용기간을 기재할 경우에는 제조연월일을 병행 표기하여야 한다. 이하 이 조에서 같다)만을 기재 · 표시할 수 있다. <개정 2013. 3. 23., 2016. 2. 3., 2018. 3. 13., 2024. 2. 6. >

1. 화장품의 명칭

2. 영업자의 상호 및 주소

3. 해당 화장품 제조에 사용된 모든 성분(인체에 무해한 소량 함유 성분 등 총리령으로 정하는 성분은 제외한다)

4. 내용물의 용량 또는 중량

5. 제조번호

6. 사용기한 또는 개봉 후 사용기간

7. 가격

8. 기능성화장품의 경우 "기능성화장품"이라는 글자 또는 기능성화장품을 나타내는 도안으로서 식품의약품안전처장이 정하는 도안

9. 사용할 때의 주의사항

10. 그 밖에 총리령으로 정하는 사항

② 1차 포장에 2차 포장을 추가한 화장품의 1차 포장에는 다음 각 호의 사항을 기재 · 표시하여야 한다. 다만, 소비자가 화장품의 1차 포장을 제거하고 사용하는 고형비누 등 총리령으로 정하는 화장품의 경우에는 그러하지 아니한다. <개정 2018. 3. 13., 2021. 8. 17., 2024. 2. 6. >

1. 화장품의 명칭

2. 영업자의 상호

3. 제조번호

4. 사용기한 또는 개봉 후 사용기간

③ 제1항에 따른 기재사항의 전부 또는 일부를 화장품의 용기 또는 포장에 표시할 때 시각 · 청각 장애인을 위하여 점자 또는 음성 · 수어영상변환용 코드 등의 표시를 병행할 수 있다. <개정 2018. 3. 13., 2025. 4. 1. >

④ 식품의약품안전처장은 제3항에 따른 표시에 필요한 경우 화장품제조업자 등에게 행정적 · 재정적 지원을 할 수 있다. <신설 2025. 4. 1. >

⑤ 제1항 및 제2항에 따른 표시기준과 표시방법 등은 총리령으로 정한다. <개정 2013. 3. 23., 2025. 4. 1. >

제11조(화장품의 가격표시)

① 제10조제1항제7호에 따른 가격은 소비자에게 화장품을 직접 판매하는 자(이하 "판매자"라 한다)가 판매하려는 가격을 표시하여야 한다.

② 제1항에 따른 표시방법과 그 밖에 필요한 사항은 총리령으로 정한다. <개정 2013. 3. 23. >

제12조(기재 · 표시상의 주의)

제10조 및 제11조에 따른 기재 · 표시는 다른 문자 또는 문장보다 쉽게 볼 수 있는 곳에 하여야 하며, 총리령으로 정하는 바에 따라 읽기 쉽고 이해하기 쉬운 한글로 정확히 기재 · 표시하여야 하되, 한자 또는 외국어를 함께 기재할 수 있다. <개정 2013. 3. 23. >

제13조(부당한 표시 · 광고 행위 등의 금지)

① 영업자 또는 판매자는 다음 각 호의 어느 하나에 해당하는 표시 또는 광고를 하여서는 아니 된다. <개정 2018. 3. 13. >

    1. 의약품으로 잘못 인식할 우려가 있는 표시 또는 광고

    2. 기능성화장품이 아닌 화장품을 기능성화장품으로 잘못 인식할 우려가 있거나 기능성화장품의 안전성 · 유효성에 관한 심사결과와 다른 내용의 표시 또는 광고

    3. 삭제 <2025. 1. 31. >

    4. 그 밖에 사실과 다르게 소비자를 속이거나 소비자가 잘못 인식하도록 할 우려가 있는 표시 또는 광고

② 제1항에 따른 표시 · 광고의 범위와 그 밖에 필요한 사항은 총리령으로 정한다. <개정 2013. 3. 23. >

제14조(표시 · 광고 내용의 실증 등)

① 영업자 및 판매자는 자기가 행한 표시 · 광고 중 사실과 관련한 사항에 대하여는 이를 실증할 수 있어야 한다. <개정 2018. 3. 13. >

② 식품의약품안전처장은 영업자 또는 판매자가 행한 표시 · 광고가 제13조제1항제4호에 해당하는지를 판단하기 위하여 제1항에 따른 실증이 필요하다고 인정하는 경우에는 그 내용을 구체적으로 명시하여 해당 영업자 또는 판매자에게 관련 자료의 제출을 요청할 수 있다. <개정 2013. 3. 23., 2018. 3. 13. >

③ 제2항에 따라 실증자료의 제출을 요청받은 영업자 또는 판매자는 요청받은 날부터 15일 이내에 그 실증자료를 식품의약품안전처장에게 제출하여야 한다. 다만, 식품의약품안전처장은 정당한 사유가 있다고 인정하는 경우에는 그 제출기간을 연장할 수 있다. <개정 2013. 3. 23., 2018. 3. 13. >

④ 식품의약품안전처장은 영업자 또는 판매자가 제2항에 따라 실증자료의 제출을 요청받고도 제3항에 따른 제출기간 내에 이를 제출하지 아니한 채 계속하여 표시 · 광고를 하는 때에는 실증자료를 제출할 때까지 그 표시 · 광고 행위의 중지를 명하여야 한다. <개정 2013. 3. 23., 2018. 3. 13. >

⑤ 제2항 및 제3항에 따라 식품의약품안전처장으로부터 실증자료의 제출을 요청받아 제출한 경우에는 「표시 · 광고의 공정화에 관한 법률」 등 다른 법률에 따라 다른 기관이 요구하는 자료제출을 거부할 수 있다. <개정 2013. 3. 23. >

⑥ 식품의약품안전처장은 제출받은 실증자료에 대하여 「표시 · 광고의 공정화에 관한 법률」 등 다른 법률에 따른 다른 기관의 자료요청이 있는 경우에는 특별한 사유가 없는 한 이에 응하여야 한다. <개정 2013. 3. 23. >

⑦ 제1항부터 제4항까지의 규정에 따른 실증의 대상, 실증자료의 범위 및 요건, 제출방법 등에 관하여 필요한 사항은 총리령으로 정한다. <개정 2013. 3. 23. >

제14조의2 삭제 < 2025. 1. 31. >

제14조의3 삭제 < 2025. 1. 31. >

제14조의4 삭제 < 2025. 1. 31. >

제14조의5 삭제 < 2025. 1. 31. >

제15조(영업의 금지)

누구든지 다음 각 호의 어느 하나에 해당하는 화장품을 판매(수입대행형 거래를 목적으로 하는 알선 · 수여를 포함한다)하거나 판매할 목적으로 제조 · 수입 · 보관 또는 진열하여서는 아니 된다. <개정 2016. 5. 29., 2018. 3. 13., 2021. 8. 17. >

1. 제4조에 따른 심사를 받지 아니하거나 보고서를 제출하지 아니한 기능성화장품

2. 전부 또는 일부가 변패(變敗)된 화장품

3. 병원미생물에 오염된 화장품

4. 이물이 혼입되었거나 부착된 것

5. 제8조제1항 또는 제2항에 따른 화장품에 사용할 수 없는 원료를 사용하였거나 같은 조 제8항에 따른 유통화장품 안전관리 기준에 적합하지 아니한 화장품

6. 코뿔소 뿔 또는 호랑이 뼈와 그 추출물을 사용한 화장품

7. 보건위생상 위해가 발생할 우려가 있는 비위생적인 조건에서 제조되었거나 제3조제2항에 따른 시설기준에 적합하지 아니한 시설에서 제조된 것

8. 용기나 포장이 불량하여 해당 화장품이 보건위생상 위해를 발생할 우려가 있는 것

9. 제10조제1항제6호에 따른 사용기한 또는 개봉 후 사용기간(병행 표기된 제조연월일을 포함한다)을 위조 · 변조한 화장품

10. 식품의 형태 · 냄새 · 색깔 · 크기 · 용기 및 포장 등을 모방하여 섭취 등 식품으로 오용될 우려가 있는 화장품

[제목개정 2018. 3. 13.]

제15조의2(동물실험을 실시한 화장품 등의 유통판매 금지)

① 화장품책임판매업자 및 맞춤형화장품판매업자는 「실험동물에 관한 법률」 제2조제1호에 따른 동물실험(이하 이 조에서 "동물실험"이라 한다)을 실시한 화장품 또는 동물실험을 실시한 화장품 원료를 사용하여 제조(위탁제조를 포함한다) 또는 수입한 화장품을 유통 · 판매하여서는 아니 된다. 다만, 다음 각 호의 어느 하나에 해당하는 경우는 그러하지 아니하다. <개정 2018. 3. 13., 2021. 8. 17. >

1. 제8조제2항의 보존제, 색소, 자외선차단제 등 특별히 사용상의 제한이 필요한 원료에 대하여 그 사용기준을 지정하거나 같은 조 제3항에 따라 국민보건상 위해 우려가 제기되는 화장품 원료 등에 대한 위해평가를 하기 위하여 필요한 경우

2. 동물대체시험법(동물을 사용하지 아니하는 실험방법 및 부득이하게 동물을 사용하더라도 그 사용되는 동물의 개체 수를 감소하거나 고통을 경감시킬 수 있는 실험방법으로서 식품의약품안전처장이 인정하는 것을 말한다. 이하 이 조에서 같다)이 존재하지 아니하여 동물실험이 필요한 경우

3. 화장품 수출을 위하여 수출 상대국의 법령에 따라 동물실험이 필요한 경우

4. 수입하려는 상대국의 법령에 따라 제품 개발에 동물실험이 필요한 경우

5. 다른 법령에 따라 동물실험을 실시하여 개발된 원료를 화장품의 제조 등에 사용하는 경우

6. 그 밖에 동물실험을 대체할 수 있는 실험을 실시하기 곤란한 경우로서 식품의약품안전처장이 정하는 경우

② 식품의약품안전처장은 동물대체시험법을 개발하기 위하여 노력하여야 하며, 화장품책임판매업자 등이 동물대체시험법을 활용할 수 있도록 필요한 조치를 하여야 한다. <개정 2018. 3. 13. >

[본조신설 2016. 2. 3.]

제16조(판매 등의 금지)

① 누구든지 다음 각 호의 어느 하나에 해당하는 화장품을 판매하거나 판매할 목적으로 보관 또는 진열하여서는 아니 된다. 다만, 제3호의 경우에는 소비자에게 판매하는 화장품에 한한다. <개정 2016. 5. 29., 2018. 3. 13.>

1. 제3조제1항에 따른 등록을 하지 아니한 자가 제조한 화장품 또는 제조 · 수입하여 유통 · 판매한 화장품

1의2. 제3조의2제1항에 따른 신고를 하지 아니한 자가 판매한 맞춤형화장품

1의3. 제3조의2제2항에 따른 맞춤형화장품조제관리사를 두지 아니하고 판매한 맞춤형화장품

1의4. 제4조의2에 따른 화장품 안전성 평가 자료를 작성 · 보관하지 아니하고 유통 · 판매한 화장품 (2026 신설예정)

2. 제10조부터 제12조까지에 위반되는 화장품 또는 의약품으로 잘못 인식할 우려가 있게 기재 · 표시된 화장품

3. 판매의 목적이 아닌 제품의 홍보 · 판매촉진 등을 위하여 미리 소비자가 시험 · 사용하도록 제조 또는 수입된 화장품

4. 화장품의 포장 및 기재 · 표시 사항을 훼손(맞춤형화장품 판매를 위하여 필요한 경우는 제외한다) 또는 위조 · 변조한 것

② 누구든지(맞춤형화장품조제관리사를 통하여 판매하는 맞춤형화장품판매업자 및 제2조제3호의2나목 단서에 해당하는 화장품 중 소분 판매를 목적으로 제조된 화장품의 판매자는 제외한다) 화장품의 용기에 담은 내용물을 나누어 판매하여서는 아니 된다. <개정 2018. 3. 13., 2020. 4. 7.>

제4절 화장품업 단체 등 <개정 2018. 3. 13.>

제17조(단체 설립)

영업자는 자주적인 활동과 공동이익을 보장하고 국민보건향상에 기여하기 위하여 단체를 설립할 수 있다. <개정 2018. 3. 13.>

[제목개정 2018. 3. 13.]

제4장 감독

제18조(보고와 검사 등)

① 식품의약품안전처장은 필요하다고 인정하면 영업자 · 판매자 또는 그 밖에 화장품을 업무상 취급하는 자에 대하여 필요한 보고를 명하거나, 관계 공무원으로 하여금 화장품 제조장소 · 영업소 · 창고 · 판매장소, 그 밖에 화장품을 취급하는 장소에 출입하여 그 시설 또는 관계 장부나 서류, 그 밖의 물건의 검사 또는 관계인에 대한 질문을 할 수 있다. <개정 2013. 3. 23., 2018. 3. 13.>

② 식품의약품안전처장은 화장품의 품질 또는 안전기준, 포장 등의 기재 · 표시 사항 등이 적합한지 여부를 검사하기 위하여 필요한 최소 분량을 수거하여 검사할 수 있다. <개정 2013. 3. 23.>

③ 식품의약품안전처장은 총리령으로 정하는 바에 따라 제품의 판매에 대한 모니터링 제도를 운영할 수 있다. <개정 2013. 3. 23.>

④ 제1항의 경우에 관계 공무원은 그 권한을 표시하는 증표를 관계인에게 내보여야 한다.

⑤ 제1항 및 제2항의 관계 공무원의 자격과 그 밖에 필요한 사항은 총리령으로 정한다. <개정 2013. 3. 23.>

제18조의2(소비자화장품안전관리감시원)

① 식품의약품안전처장 또는 지방식품의약품안전청장은 화장품 안전관리를 위하여 제17조에 따라 설립된 단체 또는 「소비자기본법」 제29조에 따라 등록한 소비자단체의 임직원 중 해당 단체의 장이 추천한 사람이나 화장품 안전관리에 관한 지식이 있는 사람을 소비자화장품안전관리감시원으로 위촉할 수 있다.

② 제1항에 따라 위촉된 소비자화장품안전관리감시원(이하 "소비자화장품감시원"이라 한다)의 직무는 다음 각 호와 같다.

　　1. 유통 중인 화장품이 제10조제1항 및 제2항에 따른 표시기준에 맞지 아니하거나 제13조제1항 각 호의 어느 하나에 해당하는 표시 또는 광고를 한 화장품인 경우 관할 행정관청에 신고하거나 그에 관한 자료 제공

　　2. 제18조제1항·제2항에 따라 관계 공무원이 하는 출입·검사·질문·수거의 지원

　　3. 그 밖에 화장품 안전관리에 관한 사항으로서 총리령으로 정하는 사항

③ 식품의약품안전처장 또는 지방식품의약품안전청장은 소비자화장품감시원에게 직무 수행에 필요한 교육을 실시할 수 있다.

④ 식품의약품안전처장 또는 지방식품의약품안전청장은 소비자화장품감시원이 다음 각 호의 어느 하나에 해당하는 경우에는 해당 소비자화장품감시원을 해촉(解囑)하여야 한다.

　　1. 해당 소비자화장품감시원을 추천한 단체에서 퇴직하거나 해임된 경우

　　2. 제2항 각 호의 직무와 관련하여 부정한 행위를 하거나 권한을 남용한 경우

　　3. 질병이나 부상 등의 사유로 직무 수행이 어렵게 된 경우

⑤ 소비자화장품감시원의 자격, 교육, 그 밖에 필요한 사항은 총리령으로 정한다.

[본조신설 2018. 3. 13.]

< 2026년 개정예정 >

제18조의3(화장품안전정보센터 지정 등)

① 식품의약품안전처장은 위해 우려가 있는 화장품 원료의 위해평가·화장품 안전성 평가를 전문적으로 수행하고 화장품 안전성 평가를 효율적이고 체계적으로 지원하기 위하여 전담인력·관리조직 등 대통령령으로 정하는 기준을 갖춘 기관이나 법인 또는 단체를 화장품안전정보센터로 지정할 수 있다.

② 화장품안전정보센터는 다음 각 호의 사업을 수행한다.

　　1. 화장품 안전성 평가에 관한 전문적 기술지원·기술개발 및 자문

　　2. 원료 위해평가·안전성 평가

　　3. 화장품 안전성 평가를 위한 각종 정보의 수집·관리·분석·평가 및 제공

　　4. 안전성 평가자 양성 지원

　　5. 제1호부터 제4호까지의 업무에 필요한 시험·조사·연구 및 교육·홍보

　　6. 그 밖에 화장품 품질·안전성 확보에 관한 사항으로서 식품의약품안전처장이 정하는 사업

③ 식품의약품안전처장은 화장품안전정보센터에 대하여 제2항 각 호의 사업을 수행하는 데에 필요한 경비를 예산의 범위에서 보조할 수 있다.

④ 그 밖에 화장품안전정보센터 지정의 기준 및 절차 등에 필요한 사항은 대통령령으로 정한다.

제18조의4(화장품안전정보센터의 지정취소)

① 식품의약품안전처장은 제18조의3제1항에 따라 지정된 화장품안전정보센터가 다음 각 호의 어느 하나에 해당하는 경우에는 지정을 취소할 수 있다. 다만, 제1호의 경우에는 지정을 취소하여야 한다.

　　1. 거짓이나 그 밖의 부당한 방법으로 지정을 받은 경우

　　2. 정당한 사유 없이 제18조의3제2항 각 호에 따른 사업을 1년 이상 계속하여 실시하지 아니한 경우

　　3. 중대한 공익상의 사유 등으로 화장품안전정보센터의 사업을 계속 수행하기 어렵게 된 경우

　　4. 제18조의3제1항 또는 같은 조 제4항에 따른 지정요건에 적합하지 아니하게 된 경우

　　5. 그 밖에 사업실적의 현저한 부실 등 화장품안전정보센터의 업무수행이 적절하지 아니하다고 식품의약품안전처장이 인정하는 경우

② 제1항에 따른 화장품안전정보센터 지정 취소의 기준 및 절차 등에 필요한 사항은 대통령령으로 정한다.

제18조의5(화장품안전정보센터의 지도 · 감독 등)

① 식품의약품안전처장은 화장품안전정보센터에 대하여 감독상 필요한 때에는 그 업무에 관한 사항을 보고하게 하거나 자료의 제출, 그 밖에 필요한 명령을 할 수 있다.

② 그 밖에 화장품안전정보센터에 대한 지도 · 감독에 필요한 사항은 대통령령으로 정한다.

제19조(시정명령)

식품의약품안전처장은 이 법을 지키지 아니하는 자에 대하여 필요하다고 인정하면 그 시정을 명할 수 있다. <개정 2013. 3. 23.>

제20조(검사명령)

식품의약품안전처장은 영업자에 대하여 필요하다고 인정하면 취급한 화장품에 대하여 「식품 · 의약품분야 시험 · 검사 등에 관한 법률」 제6조제2항제5호에 따른 화장품 시험 · 검사기관의 검사를 받을 것을 명할 수 있다. <개정 2013. 3. 23., 2013. 7. 30., 2018. 3. 13.>

제21조 삭제 <2013. 7. 30.>

제22조(개수명령)

식품의약품안전처장은 화장품제조업자가 갖추고 있는 시설이 제3조제2항에 따른 시설기준에 적합하지 아니하거나 노후 또는 오손되어 있어 그 시설로 화장품을 제조하면 화장품의 안전과 품질에 문제의 우려가 있다고 인정되는 경우에는 화장품제조업자에게 그 시설의 개수를 명하거나 그 개수가 끝날 때까지 해당 시설의 전부 또는 일부의 사용금지를 명할 수 있다. <개정 2013. 3. 23., 2018. 3. 13.>

제23조(회수 · 폐기명령 등)

① 식품의약품안전처장은 판매 · 보관 · 진열 · 제조 또는 수입한 화장품이나 그 원료 · 재료 등(이하 "물품"이라 한다)이 제9조, 제15조 또는 제16조제1항을 위반하여 국민보건에 위해를 끼칠 우려가 있는 경우에는 해당 영업자 · 판매자 또는 그 밖에 화장품을 업무상 취급하는 자에게 해당 물품의 회수 · 폐기 등의 조치를 명하여야 한다. <개정 2018. 12. 11.>

② 식품의약품안전처장은 판매 · 보관 · 진열 · 제조 또는 수입한 물품이 국민보건에 위해를 끼치거나 끼칠 우려가 있다고 인정되는 경우에는 해당 영업자 · 판매자 또는 그 밖에 화장품을 업무상 취급하는 자에게 해당 물품의 회수 · 폐기 등의 조치를 명할 수 있다. <신설 2018. 12. 11.>

③ 제1항 및 제2항에 따른 명령을 받은 영업자 · 판매자 또는 그 밖에 화장품을 업무상 취급하는 자는 미리 식품의약품안전처장에게 회수계획을 보고하여야 한다. <신설 2018. 12. 11.>

④ 식품의약품안전처장은 다음 각 호의 어느 하나에 해당하는 경우에는 관계 공무원으로 하여금 해당 물품을 폐기하게 하거나 그 밖에 필요한 처분을 하게 할 수 있다. <개정 2013. 3. 23., 2018. 12. 11.>

1. 제1항 및 제2항에 따른 명령을 받은 자가 그 명령을 이행하지 아니한 경우

2. 그 밖에 국민보건을 위하여 긴급한 조치가 필요한 경우

⑤ 제1항부터 제3항까지의 규정에 따른 물품의 회수에 필요한 위해성 등급 및 그 분류기준, 회수 · 폐기의 절차 · 계획 및 사후조치 등에 필요한 사항은 총리령으로 정한다. <신설 2015. 1. 28., 2018. 12. 11.>

⑥ 제4항에 따른 조치 중 행정상 강제에 관하여는 「행정기본법」 제32조 또는 제33조에 따른다. (2026 신설예정)

제23조의2(위해화장품의 공표)

① 식품의약품안전처장은 다음 각 호의 어느 하나에 해당하는 경우에는 해당 영업자에 대하여 그 사실의 공표를 명할 수 있다. <개정 2018. 3. 13., 2018. 12. 11.>

1. 제5조의2제2항에 따른 회수계획을 보고받은 때

2. 제23조제3항에 따른 회수계획을 보고받은 때

② 식품의약품안전처장은 국민 건강에 대한 위해를 방지하기 위하여 위해가 발생하였거나 발생할 우려가 있는 직접구매 해외화장품에 관한 정보를 공표할 수 있다. <신설 2025. 4. 1.>

③ 제1항 및 제2항에 따른 공표의 방법·절차 등에 필요한 사항은 총리령으로 정한다. <개정 2025. 4. 1.>

[본조신설 2015. 1. 28.]

제24조(등록의 취소 등)

① 영업자가 다음 각 호의 어느 하나에 해당하는 경우에는 식품의약품안전처장은 등록을 취소하거나 영업소 폐쇄(제3조의2제1항에 따라 신고한 영업만 해당한다. 이하 이 조에서 같다)를 명하거나, 품목의 제조·수입 및 판매(수입대행형 거래를 목적으로 하는 알선·수여를 포함한다)의 금지를 명하거나 1년의 범위에서 기간을 정하여 그 업무의 전부 또는 일부에 대한 정지를 명할 수 있다. 다만, 제1호의2, 제3호 또는 제14호(광고 업무에 한정하여 정지를 명한 경우는 제외한다)에 해당하는 경우에는 등록을 취소하거나 영업소를 폐쇄하여야 한다. <개정 2013. 3. 23., 2015. 1. 28., 2016. 5. 29., 2018. 3. 13., 2018. 12. 11., 2019. 1. 15., 2021. 8. 17.>

1. 제3조제1항 후단에 따른 화장품제조업 또는 화장품책임판매업의 변경 사항 등록을 하지 아니한 경우

1의2. 거짓이나 그 밖의 부정한 방법으로 제3조제1항 또는 제3조의2제1항에 따른 등록·변경등록 또는 신고·변경신고를 한 경우

2. 제3조제2항에 따른 시설을 갖추지 아니한 경우

2의2. 제3조의2제1항 후단에 따른 맞춤형화장품판매업의 변경신고를 하지 아니한 경우

2의3. 맞춤형화장품판매업자가 제3조의2제2항에 따른 시설기준을 갖추지 아니하게 된 경우

3. 제3조의3 각 호의 어느 하나에 해당하는 경우

4. 국민보건에 위해를 끼쳤거나 끼칠 우려가 있는 화장품을 제조·수입한 경우

5. 제4조제1항을 위반하여 심사를 받지 아니하거나 보고서를 제출하지 아니한 기능성화장품을 판매한 경우

5의2. 제4조의2제1항에 따른 제품별 안전성 자료를 작성 또는 보관하지 아니한 경우

<2026년 개정예정>

5의2. 제4조의2제1항에 따른 화장품 안전성평가 자료를 작성 또는 보관하지 아니한 경우

5의3. 제4조의2제3항에 따른 화장품 안전성 평가 자료의 제출 요구를 정당한 사유 없이 따르지 아니한 경우

---

6. 제5조를 위반하여 영업자의 준수사항을 이행하지 아니한 경우

6의2. 제5조의2제1항을 위반하여 회수 대상 화장품을 회수하지 아니하거나 회수하는 데에 필요한 조치를 하지 아니한 경우

6의3. 제5조의2제2항을 위반하여 회수계획을 보고하지 아니하거나 거짓으로 보고한 경우

7. 삭제 <2018. 3. 13.>

8. 제9조에 따른 화장품의 안전용기·포장에 관한 기준을 위반한 경우

9. 제10조부터 제12조까지의 규정을 위반하여 화장품의 용기 또는 포장 및 첨부문서에 기재·표시한 경우

10. 제13조를 위반하여 화장품을 표시·광고하거나 제14조제4항에 따른 중지명령을 위반하여 화장품을 표시·광고 행위를 한 경우

11. 제15조를 위반하여 판매하거나 판매의 목적으로 제조·수입·보관 또는 진열한 경우

12. 제18조제1항·제2항에 따른 검사·질문·수거 등을 거부하거나 방해한 경우

13. 제19조, 제20조, 제22조, 제23조제1항·제2항 또는 제23조의2에 따른 시정명령·검사명령·개수명령·회수명령·폐기명령 또는 공표명령 등을 이행하지 아니한 경우

13의2. 제23조제3항에 따른 회수계획을 보고하지 아니하거나 거짓으로 보고한 경우

14. 업무정지기간 중에 업무를 한 경우

② 제1항에 따른 행정처분의 기준은 총리령으로 정한다. <개정 2013. 3. 23.>

    [제목개정 2018. 3. 13.]

제24조의2(기능성화장품의 인정 취소)

식품의약품안전처장은 화장품제조업자, 화장품책임판매업자 또는 총리령으로 정하는 대학·연구소 등이 다음 각 호의 어느 하나에 해당하는 경우에는 기능성화장품 인정을 취소하여야 한다.

1. 거짓이나 그 밖의 부정한 방법으로 제4조에 따른 심사 또는 변경심사를 받은 경우

2. 거짓이나 그 밖의 부정한 방법으로 제4조에 따른 보고서를 제출한 경우

    [본조신설 2021. 8. 17.]

제25조 삭제 <2013. 7. 30.>

제26조(영업자의 지위 승계)

영업자가 사망하거나 그 영업을 양도한 경우 또는 법인인 영업자가 합병한 경우에는 그 상속인, 영업을 양수한 자 또는 합병 후 존속하는 법인이나 합병에 따라 설립되는 법인이 그 영업자의 의무 및 지위를 승계한다. <개정 2018. 3. 13.>

[제목개정 2018. 3. 13.]

제26조의2(행정제재처분 효과의 승계)

제26조에 따라 영업자의 지위를 승계한 경우에 종전의 영업자에 대한 제24조에 따른 행정제재처분의 효과는 그 처분 기간이 끝난 날부터 1년간 해당 영업자의 지위를 승계한 자에게 승계되며, 행정제재처분의 절차가 진행 중일 때에는 해당 영업자의 지위를 승계한 자에 대하여 그 절차를 계속 진행할 수 있다. 다만, 영업자의 지위를 승계한 자가 지위를 승계할 때에 그 처분 또는 위반 사실을 알지 못하였음을 증명하는 경우에는 그러하지 아니하다.

[본조신설 2018. 12. 11.]

제27조(청문)

식품의약품안전처장은 제3조의8에 따른 자격의 취소 및 제24조에 따른 등록의 취소, 영업소 폐쇄, 품목의 제조·수입 및 판매(수입대행형 거래를 목적으로 하는 알선·수여를 포함한다)의 금지 또는 업무의 전부에 대한 정지를 명하고자 하는 경우에는 청문을 하여야 한다. <개정 2013. 3. 23., 2016. 5. 29., 2018. 3. 13., 2021. 8. 17., 2025. 1. 31.>

제28조(과징금처분)

① 식품의약품안전처장은 제24조에 따라 영업자에게 업무정지처분을 하여야 할 경우에는 그 업무정지처분을 갈음하여 10억원 이하의 과징금을 부과할 수 있다. <개정 2013. 3. 23., 2018. 3. 13., 2018. 12. 11.>

② 제1항에 따른 과징금을 부과하는 위반행위의 종류와 위반정도 등에 따른 과징금의 금액과 그 밖에 필요한 사항은 대통령령으로 정한다.

③ 식품의약품안전처장은 과징금을 부과하기 위하여 필요한 경우에는 다음 각 호의 사항을 적은 문서로 관할 세무관서의 장에게 과세 정보 제공을 요청할 수 있다. <신설 2018. 3. 13.>

    1. 납세자의 인적 사항

    2. 과세 정보의 사용 목적

    3. 과징금 부과기준이 되는 매출금액

④ 식품의약품안전처장은 제1항에 따른 과징금을 내야 할 자가 납부기한까지 과징금을 내지 아니하면 대통령령으로 정하는 바에 따라 제1항에 따른 과징금부과처분을 취소하고 제24조제1항에 따른 업무정지처분을 하거나 국세 체납처분의 예에 따라 이를 징수한다. 다만, 제6조에 따른 폐업 등으로 제24조제1항에 따른 업무정지처분을 할 수 없을 때에는 국세 체납처분의 예에 따라 이를 징수한다. <개정 2013. 3. 23., 2018. 3. 13.>

⑤ 식품의약품안전처장은 제4항에 따라 체납된 과징금의 징수를 위하여 다음 각 호의 어느 하나에 해당하는 자료 또는 정보를 해당 각 호의 자에게 요청할 수 있다. 이 경우 요청을 받은 자는 정당한 사유가 없으면 요청에 따라야 한다. <신설 2018. 3. 13.>

1. 「건축법」 제38조에 따른 건축물대장 등본: 국토교통부장관
2. 「공간정보의 구축 및 관리 등에 관한 법률」 제71조에 따른 토지대장 등본: 국토교통부장관
3. 「자동차관리법」 제7조에 따른 자동차등록원부 등본: 특별시장 · 광역시장 · 특별자치시장 · 도지사 또는 특별자치도지사

제28조의2(위반사실의 공표)

① 식품의약품안전처장은 제22조, 제23조, 제23조의2, 제24조 또는 제28조에 따라 행정처분이 확정된 자에 대한 처분 사유, 처분 내용, 처분 대상자의 명칭 · 주소 및 대표자 성명, 해당 품목의 명칭 등 처분과 관련한 사항으로서 대통령령으로 정하는 사항을 공표할 수 있다.

② 제1항에 따른 공표방법 등 공표에 필요한 사항은 대통령령으로 정한다.

[본조신설 2015. 1. 28.]

제28조의3(직접구매 해외화장품에 대한 검사 및 관계 기관 정보 제공)

① 식품의약품안전처장은 제15조제2호부터 제10호까지의 어느 하나에 해당될 가능성이 있는 직접구매 해외화장품에 대하여 검사를 실시할 수 있다.

② 식품의약품안전처장은 제1항에 따른 검사 결과 제15조제2호부터 제10호까지의 어느 하나에 해당하는 것으로 확인된 경우에는 해당 직접구매 해외화장품에 대한 정보를 관계 중앙행정기관의 장에게 제공할 수 있다.

③ 제1항에 따른 검사의 방법, 절차 등에 필요한 사항은 총리령으로 정한다.

[본조신설 2025. 4. 1.]

제28조의4(직접구매 해외화장품에 대한 실태조사)

① 식품의약품안전처장은 직접구매 해외화장품에 대한 정책을 수립하기 위하여 소비자의 직접구매 해외화장품 구매 · 사용실태, 위해정보 및 피해사례 등에 대한 실태조사를 실시할 수 있다.

② 식품의약품안전처장은 제1항에 따라 직접구매 해외화장품의 구매 · 사용실태를 조사 · 연구하기 위하여 필요한 경우 관계 중앙행정기관의 장에 대하여 「관세법」 제241조제1항에 따라 수입신고한 물품(직접구매 해외화장품만 해당한다)에 관한 자료 등 대통령령으로 정하는 자료를 제공하도록 요청할 수 있다. 이 경우 요청을 받은 관계 중앙행정기관의 장은 정당한 사유가 없으면 이에 따라야 한다.

③ 제1항 및 제2항에 따른 업무를 수행하거나 수행하였던 사람은 제2항에 따라 제공된 자료 또는 실태조사 업무를 수행하면서 취득한 정보를 이 법에서 정한 목적 외의 용도로 조회 · 사용하거나 다른 사람 또는 기관에 제공하거나 누설하여서는 아니 된다.

④ 제1항에 따른 실태조사에 관하여 필요한 사항은 총리령으로 정한다.

[본조신설 2025. 4. 1.]

제29조(자발적 관리의 지원)

식품의약품안전처장은 영업자가 스스로 표시 · 광고, 품질관리, 국내외 인증 등의 준수사항을 위하여 노력하는 자발적 관리체계가 정착 · 확산될 수 있도록 행정적 · 재정적 지원을 할 수 있다. <개정 2013. 3. 23., 2018. 3. 13.>

제30조(수출용 제품의 예외)

국내에서 판매되지 아니하고 수출만을 목적으로 하는 제품은 제4조, 제8조부터 제12조까지, 제14조, 제15조제1호 · 제5호, 제16조제1항제2호 · 제3호 및 같은 조 제2항을 적용하지 아니하고 수입국의 규정에 따를 수 있다. <개정 2016. 5. 29.>

< 2026년 개정예정 >

제30조(수출용 제품의 예외)

국내에서 판매되지 아니하고 수출만을 목적으로 하는 제품은 제4조 ,제4조의2 제8조부터 제12조까지, 제14조, 제15조제1호 · 제5호, 제16조제1항제2호 · 제3호 및 같은 조 제2항을 적용하지 아니하고 수입국의 규정에 따를 수 있다.

제5장 보칙

제31조(등록필증 등의 재교부)

영업자가 등록필증 · 신고필증 또는 기능성화장품심사결과통지서 등을 잃어버리거나 못쓰게 될 때는 총리령으로 정하는 바에 따라 이를 다시 교부받을 수 있다. <개정 2013. 3. 23., 2018. 3. 13.>

제32조(수수료)

① 다음 각 호의 어느 하나에 해당하는 자는 총리령으로 정하는 바에 따라 식품의약품안전처장에게 수수료를 납부하여야 한다. 다만, 제3조의4제3항에 따라 업무를 위탁하는 경우에는 위탁받은 기관(이하 이 조에서 "수탁기관"이라 한다)이 정하는 수수료를 해당 수탁기관에 납부하여야 한다. <개정 2021. 8. 17.>

  1. 이 법에 따른 등록 · 신고를 하거나 심사 · 인증을 받으려는 자

  2. 이 법에 따른 등록 · 신고사항 또는 심사 · 인증받은 사항을 변경하려는 자

  3. 제3조의4에 따른 자격시험에 응시하거나 그 자격증의 발급을 신청하려는 자

② 수탁기관은 제1항 단서에 따라 수수료를 정하는 경우 그 기준을 정하여 식품의약품안전처장의 승인을 받아야 한다. 승인받은 사항을 변경하려는 경우에도 또한 같다. <신설 2021. 8. 17.>

③ 제1항 단서에 따라 수탁기관이 징수하는 수수료는 제3조의4제3항에 따른 수탁업무의 이행 대가로서 수탁기관의 수입으로 한다. <신설 2021. 8. 17.>

  [전문개정 2018. 3. 13.]

제33조(화장품산업의 지원)

보건복지부장관과 식품의약품안전처장은 화장품산업의 진흥을 위한 기반조성 및 경쟁력 강화에 필요한 시책을 수립 · 시행하여야 하며 이를 위한 재원을 마련하고 기술개발, 조사 · 연구 사업, 해외 정보의 제공, 국제협력체계의 구축 등에 필요한 지원을 하여야 한다. <개정 2013. 3. 23., 2018. 3. 13.>

제33조의2(국제협력)

식품의약품안전처장은 화장품의 수출 진흥 및 안전과 품질관리 등을 위하여 수입국 · 수출국과 협약을 체결하는 등 국제협력에 노력하여야 한다.

[본조신설 2018. 12. 11.]

< 2026년 개정예정 >

제33조의3(화장품통합정보시스템의 구축 · 운영)

① 식품의약품안전처장은 원료 위해평가, 화장품 안전성 평가, 제조, 수입, 판매, 사용 등에 있어서의 안전관리에 필요한 업무를 종합적으로 관리하기 위하여 화장품통합정보시스템(이하 "통합정보시스템"이라 한다)을 구축 · 운영할 수 있다.

② 식품의약품안전처장은 다음 각 호의 기관·단체 등에 대하여 통합정보시스템의 구축·운영에 필요한 정보(「개인정보 보호법」제23조에 따른 민감정보 및 같은 법 제24조에 따른 고유식별정보를 포함한다. 이 경우 해당 정보는 「개인정보 보호법」에 따라 보호하여야 한다)의 제공을 요청할 수 있다. 이 경우 요청을 받은 기관, 단체 등은 정당한 사유가 없으면 이에 따라야 한다.

    1. 국가 또는 지방자치단체

    2. 공공기관 또는 공공단체

③ 식품의약품안전처장은 통합정보시스템의 구축·운영 등에 관한 업무를 대통령령으로 정하는 관계 전문기관 또는 단체에 위탁할 수 있다. 이 경우 식품의약품안전처장은 통합정보시스템의 구축·운영에 소요되는 비용의 전부 또는 일부를 지원할 수 있다.

④ 제1항부터 제3항까지에 따른 통합정보시스템의 구축·운영, 정보의 제공 요청 등에 필요한 사항은 총리령으로 정한다.

제34조(권한 등의 위임·위탁)

① 이 법에 따른 식품의약품안전처장의 권한은 그 일부를 대통령령으로 정하는 바에 따라 지방식품의약품안전청장이나 특별시장·광역시장·도지사 또는 특별자치도지사에게 위임할 수 있다. <개정 2013. 3. 23.>

② 식품의약품안전처장은 이 법에 따른 화장품에 관한 업무의 일부를 대통령령으로 정하는 바에 따라 제17조에 따른 단체 또는 화장품 관련 기관·법인·단체에 위탁할 수 있다. <개정 2013. 3. 23., 2018. 3. 13.>

[제목개정 2018. 3. 13.]

제6장 벌칙

제35조 삭제 <2018. 3. 13.>

제36조(벌칙)

① 다음 각 호의 어느 하나에 해당하는 자는 3년 이하의 징역 또는 3천만원 이하의 벌금에 처한다. <개정 2014. 3. 18., 2018. 3. 13., 2021. 8. 17.>

    1. 제3조제1항 전단을 위반한 자

    1의2. 거짓이나 그 밖의 부정한 방법으로 제3조제1항 또는 제3조의2제1항에 따른 등록·변경등록 또는 신고·변경신고를 한 자

    1의3. 제3조의2제1항 전단을 위반한 자

    1의4. 제3조의2제2항을 위반한 자

    2. 제4조제1항 전단을 위반한 자

    2의2. 거짓이나 그 밖의 부정한 방법으로 제4조에 따른 심사·변경심사를 받거나 보고서를 제출한 자

    2의3. 삭제 <2025. 1. 31.>

    2의4. 삭제 <2025. 1. 31.>

    3. 제15조를 위반한 자

    4. 제16조제1항제1호·제1호의2 또는 제4호를 위반한 자

② 제1항의 징역형과 벌금형은 이를 함께 부과할 수 있다.

제37조(벌칙)

① 제3조의6, 제4조의2제1항, 제9조, 제13조, 제16조제1항제2호·제3호, 같은 조 제2항 또는 제28조의4제3항을 위반하거나, 제14조제4항에 따른 중지명령에 따르지 아니한 자는 1년 이하의 징역 또는 1천만원 이하의 벌금에 처한다. <개정 2013. 7. 30., 2014. 3. 18., 2019. 1. 15., 2021. 8. 17., 2025. 4. 1.>

② 제1항의 징역형과 벌금형은 이를 함께 부과할 수 있다.

제38조(벌칙)

다음 각 호의 어느 하나에 해당하는 자는 200만원 이하의 벌금에 처한다. <개정 2018. 3. 13., 2018. 12. 11., 2021. 8. 17.>

1. 제5조제1항부터 제4항까지의 규정에 따른 준수사항을 위반한 자

1의2. 제5조의2제1항을 위반한 자

1의3. 제5조의2제2항을 위반한 자

2. 제10조제1항(같은 항 제7호는 제외한다)·제2항을 위반한 자

2의2. 삭제 <2025. 1. 31.>

3. 제18조, 제19조, 제20조, 제22조 및 제23조에 따른 명령을 위반하거나 관계 공무원의 검사·수거 또는 처분을 거부·방해하거나 기피한 자

제39조(양벌규정)

법인의 대표자나 법인 또는 개인의 대리인, 사용인, 그 밖의 종업원이 그 법인 또는 개인의 업무에 관하여 제36조부터 제38조까지의 어느 하나에 해당하는 위반행위를 하면 그 행위자를 벌하는 외에 그 법인 또는 개인에게도 해당 조문의 벌금형을 과(科)한다. 다만, 법인 또는 개인이 그 위반행위를 방지하기 위하여 해당 업무에 관하여 상당한 주의와 감독을 게을리하지 아니한 경우에는 그러하지 아니하다. <개정 2018. 3. 13.>

제40조(과태료)

① 다음 각 호의 어느 하나에 해당하는 자에게는 100만원 이하의 과태료를 부과한다. <개정 2016. 2. 3., 2018. 3. 13., 2018. 12. 11., 2021. 8. 17.>

1. 삭제 <2018. 3. 13.>

1의2. 제3조의7을 위반하여 맞춤형화장품조제관리사 또는 이와 유사한 명칭을 사용한 자

2. 제4조제1항 후단을 위반하여 변경심사를 받지 아니한 자

3. 제5조제5항을 위반하여 화장품의 생산실적 또는 수입실적 또는 화장품 원료의 목록 등을 보고하지 아니한 자

3의2. 제5조제6항을 위반하여 맞춤형화장품 원료의 목록을 보고하지 아니한 자

4. 제5조제7항을 위반하여 교육을 받지 아니한 자

4의2. 제5조제8항에 따른 명령을 위반한 자

5. 제6조를 위반하여 폐업 등의 신고를 하지 아니한 자

5의2. 제10조제1항제7호 및 제11조를 위반하여 화장품의 판매 가격을 표시하지 아니한 자

6. 제18조에 따른 명령을 위반하여 보고를 하지 아니한 자

7. 제15조의2제1항을 위반하여 동물실험을 실시한 화장품 또는 동물실험을 실시한 화장품 원료를 사용하여 제조(위탁제조를 포함한다) 또는 수입한 화장품을 유통·판매한 자

② 제1항에 따른 과태료는 대통령령으로 정하는 바에 따라 식품의약품안전처장이 부과·징수한다. <개정 2013. 3. 23.>

부칙 <제20901호, 2025. 4. 1.>

이 법은 공포 후 1년이 경과한 날부터 시행한다. 다만, 제2조의3의 개정규정은 공포한 날부터 시행하고, 제10조제3항부터 제5항까지의 개정규정은 공포 후 3개월이 경과한 날부터 시행한다.

02 화장품법 시행령

[시행 2023. 12. 12.] [대통령령 제33913호, 2023. 12. 12., 타법개정]

제1조(목적)

이 영은 「화장품법」에서 위임된 사항과 그 시행에 필요한 사항을 규정함을 목적으로 한다.

제2조(영업의 세부 종류와 범위)

「화장품법」(이하 "법"이라 한다) 제2조의2제1항에 따른 화장품 영업의 세부 종류와 그 범위는 다음 각 호와 같다.

    1. 화장품제조업 : 다음 각 목의 구분에 따른 영업

        가. 화장품을 직접 제조하는 영업

        나. 화장품 제조를 위탁받아 제조하는 영업

        다. 화장품의 포장(1차 포장만 해당한다)을 하는 영업

    2. 화장품책임판매업 : 다음 각 목의 구분에 따른 영업

        가. 화장품제조업자(법 제3조제1항에 따라 화장품제조업을 등록한 자를 말한다. 이하 같다)가 화장품을 직접 제조하여 유통·판매하는 영업

        나. 화장품제조업자에게 위탁하여 제조된 화장품을 유통·판매하는 영업

        다. 수입된 화장품을 유통·판매하는 영업

        라. 수입대행형 거래(「전자상거래 등에서의 소비자보호에 관한 법률」 제2조제1호에 따른 전자상거래만 해당한다)를 목적으로 화장품을 알선·수여(授與)하는 영업

    3. 맞춤형화장품판매업 : 다음 각 목의 구분에 따른 영업

        가. 제조 또는 수입된 화장품의 내용물에 다른 화장품의 내용물이나 식품의약품안전처장이 정하여 고시하는 원료를 추가하여 혼합한 화장품을 판매하는 영업

        나. 제조 또는 수입된 화장품의 내용물을 소분(小分)한 화장품을 판매하는 영업

제3조 ~ 제10조 삭제

제11조(과징금의 산정기준)

법 제28조제1항에 따른 과징금의 금액은 위반행위의 종류·정도 등을 고려하여 총리령으로 정하는 업무정지처분기준에 따라 별표 1의 기준을 적용하여 산정하되, 과징금의 총액은 10억원을 초과하여서는 아니 된다.

제12조(과징금의 부과·징수절차)

① 법 제28조에 따라 식품의약품안전처장이 과징금을 부과하려면 그 위반행위의 종류와 과징금의 금액 등을 적은 서면으로 통지하여야 한다.

② 과징금의 징수절차는 총리령으로 정한다.

제12조의2(과징금 납부기한의 연기 및 분할납부)

① 식품의약품안전처장은 법 제28조제1항에 따라 과징금을 부과받은 자가 납부해야 하는 과징금의 금액이 100만원 이상인 경우에는 「행정기본법」 제29조 단서에 따라 과징금의 납부기한을 연기하거나 분할 납부하게 할 수 있다. <개정 2023. 12. 12.>

② 삭제 <2023. 12. 12.>

③ 제1항에 따라 과징금의 납부기한을 연기하는 경우 그 기한은 납부기한의 다음 날부터 1년 이내로 한다.

④ 제1항에 따라 과징금을 분할납부하게 하는 경우 각 분할된 납부기한 간의 간격은 4개월 이내로 하고, 분할납부의 횟수는 3회 이내로 한다.

⑤ 삭제 <2023. 12. 12.>

제12조의3(과징금 미납자에 대한 처분)

① 식품의약품안전처장은 과징금납부의무자가 납부기한(제12조의2제5항에 따라 분할납부 결정을 취소한 경우에는 해당 과징금을 한꺼번에 내도록 한 기한을 말한다)까지 과징금을 내지 않으면 납부기한이 지난 후 15일 이내에 독촉장을 발급해야 한다. 이 경우 납부기한은 독촉장을 발급하는 날부터 10일 이내로 해야 한다.

② 식품의약품안전처장은 과징금납부의무자가 제1항에 따른 독촉장을 받고도 납부기한까지 과징금을 내지 않으면 과징금부과처분을 취소하고 업무정지처분을 해야 한다. 다만, 법 제28조제4항 단서에 해당하는 경우에는 국세 체납처분의 예에 따라 징수해야 한다.

③ 제2항 본문에 따라 과징금 부과처분을 취소하고 업무정지처분을 하려면 처분대상자에게 서면으로 그 내용을 통지하되, 서면에는 처분이 변경된 사유와 업무정지처분의 기간 등 업무정지처분에 필요한 사항을 적어야 한다.

제13조(위반사실의 공표)

① 법 제28조의2제1항에서 "대통령령으로 정하는 사항"이란 다음 각 호의 사항을 말한다.

1. 처분 사유

2. 처분 내용

3. 처분 대상자의 명칭·주소 및 대표자 성명

4. 해당 품목의 명칭 및 제조번호

② 법 제28조의2제1항에 따른 공표는 식품의약품안전처의 인터넷 홈페이지에 게재하는 방법으로 한다.

제14조(권한의 위임)

법 제34조제1항에 따라 식품의약품안전처장은 다음 각 호의 권한을 지방식품의약품안전청장에게 위임한다.

1. 법 제3조에 따른 화장품제조업 또는 화장품책임판매업의 등록 및 변경등록

1의2. 법 제3조의2제1항에 따른 맞춤형화장품판매업의 신고 및 변경신고의 수리

1의3. 법 제5조제6항에 따른 화장품제조업자, 화장품책임판매업자 및 맞춤형화장품판매업자(이하 "영업자"라 한다)에 대한 교육명령

1의4. 법 제5조의2제2항에 따른 회수계획 보고의 접수 및 같은 조 제3항에 따른 행정처분의 감경·면제

2. 법 제6조에 따른 폐업 등의 신고에 관한 다음 각 목의 권한

　　가. 법 제6조제1항 각 호에 따른 신고의 수리

　　나. 법 제6조제2항에 따른 등록의 취소

　　다. 법 제6조제3항에 따른 정보 제공의 요청

　　라. 법 제6조제4항에 따른 통지

2의2. 법 제14조에 따른 표시·광고 내용의 실증 등에 관한 다음 각 목의 권한

　　가. 법 제14조제2항에 따른 자료의 제출 요청

　　나. 법 제14조제3항에 따른 자료의 접수 및 제출기간의 연장

　　다. 법 제14조제4항에 따른 중지 명령

　　라. 법 제14조제6항에 따른 다른 기관의 자료요청에 대한 회신

3. 법 제18조에 따른 보고명령·출입·검사·질문 및 수거

3의2. 법 제18조의2에 따른 소비자화장품안전관리감시원의 위촉·해촉 및 교육

3의3. 다음 각 목의 경우에 대한 법 제19조에 따른 시정명령

　가. 법 제3조제1항 후단에 따른 변경등록을 하지 않은 경우

　나. 법 제3조의2제1항 후단에 따른 변경신고를 하지 않은 경우

　다. 법 제5조제8항에 따른 교육명령을 위반한 경우

　라. 법 제6조제1항에 따른 폐업 또는 휴업신고나 휴업 후 재개신고를 하지 않은 경우

4. 법 제20조에 따른 검사명령

5. 법 제22조에 따른 개수명령 및 시설의 전부 또는 일부의 사용금지명령

6. 법 제23조에 따른 회수·폐기 등의 명령, 회수계획 보고의 접수와 폐기 또는 그 밖에 필요한 처분

6의2. 법 제23조의2에 따른 공표명령

7. 법 제24조에 따른 등록의 취소, 영업소의 폐쇄명령, 품목의 제조·수입 및 판매의 금지명령, 업무의 전부 또는 일부에 대한 정지명령

8. 법 제27조에 따른 청문

9. 법 제28조에 따른 과징금의 부과·징수

9의2. 법 제28조의2에 따른 공표

10. 법 제31조에 따른 등록필증·신고필증의 재교부

11. 법 제40조제1항에 따른 과태료의 부과·징수

제15조(민감정보 및 고유식별정보의 처리)

식품의약품안전처장(제14조에 따라 식품의약품안전처장의 권한을 위임받은 자 또는 법 제3조의4제3항에 따라 자격시험 관리 및 자격증 발급 등에 관한 업무를 위탁받은 자를 포함한다)은 다음 각 호의 사무를 수행하기 위하여 불가피한 경우 「개인정보 보호법」 제23조에 따른 건강에 관한 정보, 같은 법 시행령 제18조제2호에 따른 범죄경력자료에 해당하는 정보, 같은 영 제19조제1호 또는 제4호에 따른 주민등록번호 또는 외국인등록번호가 포함된 자료를 처리할 수 있다.

1. 법 제3조에 따른 화장품제조업 또는 화장품책임판매업의 등록 및 변경등록에 관한 사무

1의2. 법 제3조의2제1항에 따른 맞춤형화장품판매업의 신고 및 변경신고에 관한 사무

1의3. 법 제3조의4제1항 및 제4항에 따른 맞춤형화장품조제관리사 자격시험 관리 및 자격증 발급·재발급에 관한 사무

2. 법 제4조에 따른 기능성화장품의 심사 등에 관한 사무

3. 법 제6조에 따른 폐업 등의 신고에 관한 사무

4. 법 제18조에 따른 보고와 검사 등에 관한 사무

4의2. 법 제19조에 따른 시정명령에 관한 사무

5. 법 제20조에 따른 검사명령에 관한 사무

6. 법 제22조에 따른 개수명령 및 시설의 전부 또는 일부의 사용금지명령에 관한 사무

7. 법 제23조에 따른 회수·폐기 등의 명령과 폐기 또는 그 밖에 필요한 처분에 관한 사무

8. 법 제24조에 따른 등록의 취소, 영업소의 폐쇄명령, 품목의 제조·수입 및 판매의 금지명령, 업무의 전부 또는 일부에 대한 정지명령에 관한 사무

9. 법 제27조에 따른 청문에 관한 사무

10. 법 제28조에 따른 과징금의 부과·징수에 관한 사무

11. 법 제31조에 따른 등록필증 등의 재교부에 관한 사무

제16조(과태료의 부과기준)

법 제40조제1항에 따른 과태료의 부과기준은 별표 2와 같다.

과징금 산정기준(제11조 관련)

1. 일반기준

가. 업무정지 1개월은 30일을 기준으로 한다.

나. 화장품의 영업자에 대한 과징금 산정기준은 다음과 같다.

1) 판매업무 또는 제조업무의 정지처분을 갈음하여 과징금처분을 하는 경우에는 처분일이 속한 연도의 전년도 모든 품목의 1년간 총생산금액 및 총수입금액을 기준으로 한다.

2) 품목에 대한 판매업무 또는 제조업무의 정지처분을 갈음하여 과징금처분을 하는 경우에는 처분일이 속한 연도의 전년도 해당 품목의 1년간 총생산금액 및 총수입금액을 기준으로 한다.

3) 1) 및 2)의 경우 영업자가 신규로 품목을 제조 또는 수입하거나 휴업 등으로 1년간의 총생산금액 및 총수입금액을 기준으로 과징금을 산정하는 것이 불합리하다고 인정되는 경우에는 분기별 또는 월별 생산금액 및 수입금액을 기준으로 산정한다.

다. 법 제10조부터 제13조까지 및 제14조제4항의 위반에 따른 해당 품목 판매업무 또는 광고업무의 정지처분을 갈음하여 과징금처분을 하는 경우에는 처분일이 속한 연도의 전년도 해당 품목의 1년간 총생산금액 및 총수입금액을 기준으로 하고, 업무정지 1일에 해당하는 과징금의 2분의 1의 금액에 처분기간을 곱하여 산정한다.

2. 업무정지 1일에 해당하는 과징금 산정기준

전년도 총생산액 및 총수입액(단위 : 백만원)	업무정지 1일에 해당하는 과징금의 금액(단위 : 천원)
20 미만	6
20 이상 50 미만	21
50 이상 70 미만	36
70 이상 100 미만	51
100 이상 150 미만	75
150 이상 200 미만	105
200 이상 300 미만	150
300 이상 500 미만	241
500 이상 700 미만	310
700 이상 1,000 미만	350
1,000 이상 2,000 미만	400
2,000 이상 3,000 미만	450
3,000 이상 5,000 미만	596

전년도 총생산액 및 총수입액(단위 : 백만원)	업무정지 1일에 해당하는 과징금의 금액(단위 : 천원)
5,000 이상 7,000 미만	894
7,000 이상 10,000 미만	1,267
10,000 이상 20,000 미만	2,235
20,000 이상 30,000 미만	3,726
30,000 이상 40,000 미만	5,216
40,000 이상	5,961

[시행 2025. 8. 1.] [총리령 제2043호, 2025. 8. 1., 일부개정]

제1조(목적)

이 규칙은 「화장품법」 및 같은 법 시행령에서 위임된 사항과 그 시행에 필요한 사항을 규정함을 목적으로 한다.

제2조(기능성화장품의 범위)

「화장품법」(이하 "법"이라 한다) 제2조제2호 각 목 외의 부분에서 "총리령으로 정하는 화장품"이란 다음 각 호의 화장품을 말한다. <개정 2013. 3. 23., 2017. 1. 12., 2020. 8. 5. >

1. 피부에 멜라닌색소가 침착하는 것을 방지하여 기미 · 주근깨 등의 생성을 억제함으로써 피부의 미백에 도움을 주는 기능을 가진 화장품
2. 피부에 침착된 멜라닌색소의 색을 엷게 하여 피부의 미백에 도움을 주는 기능을 가진 화장품
3. 피부에 탄력을 주어 피부의 주름을 완화 또는 개선하는 기능을 가진 화장품
4. 강한 햇볕을 방지하여 피부를 곱게 태워주는 기능을 가진 화장품
5. 자외선을 차단 또는 산란시켜 자외선으로부터 피부를 보호하는 기능을 가진 화장품
6. 모발의 색상을 변화[탈염(脫染) · 탈색(脫色)을 포함한다]시키는 기능을 가진 화장품. 다만, 일시적으로 모발의 색상을 변화시키는 제품은 제외한다.
7. 체모를 제거하는 기능을 가진 화장품. 다만, 물리적으로 체모를 제거하는 제품은 제외한다.
8. 탈모 증상의 완화에 도움을 주는 화장품. 다만, 코팅 등 물리적으로 모발을 굵게 보이게 하는 제품은 제외한다.
9. 여드름성 피부를 완화하는 데 도움을 주는 화장품. 다만, 인체세정용 제품류로 한정한다.
10. 피부장벽(피부의 가장 바깥 쪽에 존재하는 각질층의 표피를 말한다)의 기능을 회복하여 가려움 등의 개선에 도움을 주는 화장품
11. 튼살로 인한 붉은 선을 엷게 하는 데 도움을 주는 화장품

제2조의2(맞춤형화장품의 제외 대상)

법 제2조제3호의2나목 단서에서 "고형(固形) 비누 등 총리령으로 정하는 화장품"이란 고체 형태의 세안용 비누(이하 "화장비누"라 한다)를 말한다. <개정 2022. 2. 18. >

[본조신설 2020. 6. 30.]

제3조(제조업의 등록 등)

① 삭제 <2019. 3. 14. >

② 법 제3조제1항 전단에 따라 화장품제조업 등록을 하려는 자는 별지 제1호서식의 화장품제조업 등록신청서(전자문서로 된 신청서를 포함한다)에 다음 각 호의 서류(전자문서를 포함한다)를 첨부하여 제조소의 소재지를 관할하는 지방식품의약품안전청장에게 제출하여야 한다. <개정 2019. 3. 14. >

1. 화장품제조업을 등록하려는 자(법인인 경우에는 대표자를 말한다. 이하 이 항에서 같다)가 법 제3조의3제1호 본문에 해당되지 않음을 증명하는 의사의 진단서 또는 법 제3조의3제1호 단서에 해당하는 사람임을 증명하는 전문의의 진단서
2. 화장품제조업을 등록하려는 자가 법 제3조의3제3호에 해당되지 않음을 증명하는 의사의 진단서

3. 시설의 명세서

③ 제2항에 따라 신청서를 받은 지방식품의약품안전청장은 「전자정부법」 제36조제1항에 따른 행정정보의 공동 이용을 통하여 법인 등기사항증명서(법인인 경우만 해당한다)를 확인하여야 한다.

④ 지방식품의약품안전청장은 제2항에 따른 등록신청이 등록요건을 갖춘 경우에는 화장품 제조업 등록대장에 다음 각 호의 사항을 적고, 별지 제2호서식의 화장품제조업 등록필증을 발급해야 한다. <개정 2014. 9. 24., 2019. 3. 14., 2023. 6. 22.>

1. 등록번호 및 등록연월일

2. 화장품제조업자(화장품제조업을 등록한 자를 말한다. 이하 같다)의 성명 및 「개인정보 보호법 시행령」 제 19조제1호 또는 제4호에 따른 주민등록번호 또는 외국인등록번호(이하 "주민등록번호등"이라 한다). 이 경우 화장품제조업자가 법인인 경우에는 대표자의 성명 및 주민등록번호등을 적는다.

3. 화장품제조업자의 상호(법인인 경우에는 법인의 명칭)

4. 제조소의 소재지

5. 제조 유형

제4조(화장품책임판매업의 등록 등)

① 삭제 <2019. 3. 14.>

② 법 제3조제1항 전단에 따라 화장품책임판매업을 등록하려는 자는 별지 제3호서식의 화장품책임판매업 등록 신청서(전자문서로 된 신청서를 포함한다)에 다음 각 호의 서류[전자문서를 포함하며, 「화장품법 시행령」(이 하 "영"이라 한다) 제2조제2호라목에 해당하는 경우에는 제출하지 않는다]를 첨부하여 화장품책임판매업소 의 소재지를 관할하는 지방식품의약품안전청장에게 제출해야 한다. <개정 2019. 3. 14.>

1. 법 제3조제3항에 따른 화장품의 품질관리 및 책임판매 후 안전관리에 적합한 기준에 관한 규정

2. 법 제3조제3항에 따른 책임판매관리자(이하 "책임판매관리자"라 한다)의 자격을 확인할 수 있는 서류

③ 제2항에 따라 신청서를 받은 지방식품의약품안전청장은 「전자정부법」 제36조제1항에 따른 행정정보의 공동 이용을 통하여 법인 등기사항증명서(법인인 경우만 해당한다)를 확인하여야 한다.

④ 지방식품의약품안전청장은 제2항에 따른 등록신청이 등록요건을 갖춘 경우에는 화장품책임판매업 등록대 장에 다음 각 호의 사항을 적고, 별지 제4호서식의 화장품책임판매업 등록필증을 발급해야 한다. <개정 2014. 9. 24., 2019. 3. 14., 2023. 6. 22.>

1. 등록번호 및 등록연월일

2. 화장품책임판매업자(화장품책임판매업을 등록한 자를 말한다. 이하 같다)의 성명 및 주민등록번호등(법인 인 경우에는 대표자의 성명 및 주민등록번호등을 말한다)

3. 화장품책임판매업자의 상호(법인인 경우에는 법인의 명칭)

4. 화장품책임판매업소의 소재지

5. 책임판매관리자의 성명 및 주민등록번호등

6. 책임판매 유형

[제목개정 2019. 3. 14.]

제5조(화장품제조업 등의 변경등록)

① 법 제3조제1항 후단에 따라 화장품제조업자 또는 화장품책임판매업자가 변경등록을 하여야 하는 경우는 다 음 각 호와 같다. <개정 2014. 9. 24., 2019. 3. 14.>

1. 화장품제조업자는 다음 각 목의 어느 하나에 해당하는 경우

   가. 화장품제조업자의 변경(법인인 경우에는 대표자의 변경)

   나. 화장품제조업자의 상호 변경(법인인 경우에는 법인의 명칭 변경)

다. 제조소의 소재지 변경

　　라. 제조 유형 변경

　2. 화장품책임판매업자는 다음 각 목의 어느 하나에 해당하는 경우

　　가. 화장품책임판매업자의 변경(법인인 경우에는 대표자의 변경)

　　나. 화장품책임판매업자의 상호 변경(법인인 경우에는 법인의 명칭 변경)

　　다. 화장품책임판매업소의 소재지 변경

　　라. 책임판매관리자의 변경

　　마. 책임판매 유형 변경

② 화장품제조업자 또는 화장품책임판매업자는 제1항에 따른 변경등록을 하는 경우에는 변경 사유가 발생한 날부터 30일(행정구역 개편에 따른 소재지 변경의 경우에는 90일) 이내에 별지 제5호서식의 화장품제조업 변경등록 신청서(전자문서로 된 신청서를 포함한다) 또는 별지 제6호서식의 화장품책임판매업 변경등록 신청서(전자문서로 된 신청서를 포함한다)에 화장품제조업 등록필증 또는 화장품책임판매업 등록필증과 다음 각 호의 구분에 따라 해당 서류(전자문서를 포함한다)를 첨부(전자문서로 발급받은 경우는 각각 제외한다)하여 지방식품의약품안전청장에게 제출하여야 한다. 이 경우 등록 관청을 달리하는 화장품제조소 또는 화장품책임판매업소의 소재지 변경의 경우에는 새로운 소재지를 관할하는 지방식품의약품안전청장에게 제출하여야 한다. <개정 2014. 9. 24., 2016. 9. 9., 2019. 3. 14., 2019. 12. 12., 2025. 2. 7.>

　1. 화장품제조업자 또는 화장품책임판매업자의 변경(법인의 경우에는 대표자의 변경)의 경우에는 다음 각 목의 서류

　　가. 제3조제2항제1호에 해당하는 서류(제조업자만 제출한다)

　　나. 제3조제2항제2호에 해당하는 서류(제조업자만 제출한다)

　　다. 양도·양수의 경우에는 이를 증명하는 서류

　　라. 삭제 <2024. 7. 9.>

　2. 제조소의 소재지 변경(행정구역개편에 따른 사항은 제외한다)의 경우: 제3조제2항제3호에 해당하는 서류

　3. 책임판매관리자 변경의 경우: 제4조제2항제2호에 해당하는 서류(영 제2조제2호라목의 화장품책임판매업을 등록한 자가 두는 책임판매관리자는 제외한다)

　4. 다음 각 목에 해당하는 제조 유형 또는 책임판매 유형 변경의 경우

　　가. 영 제2조제1호다목의 화장품제조 유형으로 등록한 자가 같은 호 가목 또는 나목의 화장품제조 유형으로 변경하거나 같은 호 가목 또는 나목의 제조 유형을 추가하는 경우: 제3조제2항제3호에 해당하는 서류

　　나. 영 제2조제2호라목의 화장품책임판매 유형으로 등록한 자가 같은 호 가목부터 다목까지의 책임판매 유형으로 변경하거나 같은 호 가목부터 다목까지의 책임판매 유형을 추가하는 경우: 제4조제2항제1호 및 제2호에 해당하는 서류

③ 제1항 및 제2항에 따라 화장품제조업 변경등록 신청서 또는 화장품책임판매업 변경등록 신청서를 받은 지방식품의약품안전청장은 「전자정부법」 제36조제1항에 따른 행정정보의 공동이용을 통하여 법인 등기사항증명서(법인인 경우만 해당한다) 및 가족관계증명서(상속의 경우만 해당한다)를 확인하여야 한다. <개정 2019. 3. 14., 2024. 7. 9.>

④ 지방식품의약품안전청장은 제2항 및 제3항에 따른 변경등록 신청사항을 확인한 후 화장품 제조업 등록대장 또는 화장품책임판매업 등록대장에 각각의 변경사항을 적고, 화장품제조업 등록필증 또는 화장품책임판매업 등록필증의 뒷면에 변경사항을 적은 후 이를 내주어야 한다. <개정 2019. 3. 14.>

[제목개정 2019. 3. 14.]

제6조(시설기준 등)

① 법 제3조제2항 본문에 따라 화장품제조업을 등록하려는 자가 갖추어야 하는 시설은 다음 각 호와 같다. <개정 2019. 3. 14. >

　1. 제조 작업을 하는 다음 각 목의 시설을 갖춘 작업소

　　가. 쥐 · 해충 및 먼지 등을 막을 수 있는 시설

　　나. 작업대 등 제조에 필요한 시설 및 기구

　　다. 가루가 날리는 작업실은 가루를 제거하는 시설

　2. 원료 · 자재 및 제품을 보관하는 보관소

　3. 원료 · 자재 및 제품의 품질검사를 위하여 필요한 시험실

　4. 품질검사에 필요한 시설 및 기구

② 제1항에도 불구하고 법 제3조제2항 단서에 따라 다음 각 호의 경우에는 그 구분에 따라 시설의 일부를 갖추지 아니할 수 있다. <개정 2013. 3. 23., 2014. 8. 20., 2019. 3. 14. >

　1. 화장품제조업자가 화장품의 일부 공정만을 제조하는 경우에는 해당 공정에 필요한 시설 및 기구 외의 시설 및 기구

　2. 다음 각 목의 어느 하나에 해당하는 기관 등에 원료 · 자재 및 제품에 대한 품질검사를 위탁하는 경우에는 제1항제3호 및 제4호의 시설 및 기구

　　가. 「보건환경연구원법」 제2조에 따른 보건환경연구원

　　나. 제1항제3호에 따른 시험실을 갖춘 제조업자

　　다. 「식품 · 의약품분야 시험 · 검사 등에 관한 법률」 제6조에 따른 화장품 시험 · 검사기관(이하 "화장품 시험 · 검사기관"이라 한다)

　　라. 「약사법」 제67조에 따라 조직된 사단법인인 한국의약품수출입협회

③ 제조업자는 화장품의 제조시설을 이용하여 화장품 외의 물품을 제조할 수 있다. 다만, 제품 상호간에 오염의 우려가 있는 경우에는 그러하지 아니하다.

제7조(화장품의 품질관리기준 등)

법 제3조제3항에 따른 화장품의 품질관리기준은 별표 1과 같고, 책임판매 후 안전관리기준은 별표 2와 같다. <개정 2019. 3. 14. >

제8조(책임판매관리자의 자격기준 등)

① 법 제3조제3항에 따라 화장품책임판매업자(영 제2조제2호라목의 화장품책임판매업을 등록한 자는 제외한다)가 두어야 하는 책임판매관리자는 다음 각 호의 어느 하나의 해당하는 사람이어야 한다. <개정 2013. 12. 6., 2014. 9. 24., 2016. 9. 9., 2018. 12. 31., 2019. 3. 14., 2021. 5. 14., 2023. 6. 22. >

　1. 「의료법」에 따른 의사 또는 「약사법」에 따른 약사

　2. 이공계(「국가과학기술 경쟁력 강화를 위한 이공계지원 특별법」 제2조제1호에 따른 이공계를 말한다) 학과 또는 향장학 · 화장품과학 · 한의학 · 한약학 · 간호학 · 간호과학 · 건강간호학 등을 전공하여 학사 이상의 학위를 취득(법령에서 이와 같은 수준 이상의 학력이 있다고 인정하는 경우를 포함한다)한 사람

　2의2. 삭제 <2023. 6. 22. >

　3. 화학 · 생물학 · 화학공학 · 생물공학 · 미생물학 · 생화학 · 생명과학 · 생명공학 · 유전공학 · 향장학 · 화장품과학 · 한의학 · 한약학 · 간호학 · 간호과학 · 건강간호학 등 화장품 관련 분야(이하 "화장품 관련 분야"라 한다)를 전공하여 전문학사 학위를 취득(법령에서 이와 같은 수준 이상의 학력이 있다고 인정하는 경우를 포함한다)한 후 화장품 제조 또는 품질관리 업무에 1년 이상 종사한 경력이 있는 사람

3의2. 삭제 <2023. 6. 22.>

3의3. 식품의약품안전처장이 정하여 고시하는 전문 교육과정을 이수한 사람(식품의약품안전처장이 정하여 고시하는 품목만 해당한다)

3의4. 법 제3조의2제2항에 따른 맞춤형화장품조제관리사(이하 "맞춤형화장품조제관리사"라 한다) 자격시험에 합격한 사람

4. 그 밖에 화장품 제조 또는 품질관리 업무에 2년 이상 종사한 경력이 있는 사람

5. 삭제 <2014. 9. 24.>

6. 삭제 <2014. 9. 24.>

② 책임판매관리자는 다음 각 호의 직무를 수행한다. <개정 2019. 3. 14.>

1. 별표 1의 품질관리기준에 따른 품질관리 업무

2. 별표 2의 책임판매 후 안전관리기준에 따른 안전확보 업무

3. 원료 및 자재의 입고(入庫)부터 완제품의 출고에 이르기까지 필요한 시험·검사 또는 검정에 대하여 제조업자를 관리·감독하는 업무

③ 상시근로자수가 10명 이하인 화장품책임판매업을 경영하는 화장품책임판매업자(법인인 경우에는 그 대표자를 말한다)가 제1항 각 호의 어느 하나에 해당하는 사람인 경우에는 그 사람이 제2항에 따른 책임판매관리자의 직무를 수행할 수 있다. 이 경우 책임판매관리자를 둔 것으로 본다. <신설 2013. 12. 6., 2016. 6. 30., 2019. 3. 14.>

④ 책임판매관리자는 해당 화장품책임판매업소의 책임판매관리자 업무에 종사하지 않게 된 경우에는 별지 제6호의2서식의 관리업무 비종사신고서에 그 사유서를 첨부하여 해당 화장품책임판매업소의 소재지를 관할하는 지방식품의약품안전청장에게 제출할 수 있다. <신설 2024. 7. 9.>

[제목개정 2019. 3. 14.]

제8조의2(맞춤형화장품판매업의 신고)

① 법 제3조의2제1항 전단에 따라 맞춤형화장품판매업의 신고를 하려는 자는 별지 제6호의3서식의 맞춤형화장품판매업 신고서에 맞춤형화장품조제관리사의 자격증 사본과 시설의 명세서를 첨부하여 맞춤형화장품판매업소의 소재지를 관할하는 지방식품의약품안전청장에게 제출해야 한다. 다만, 맞춤형화장품판매업을 신고한 자(이하 "맞춤형화장품판매업자"라 한다)가 판매업소로 신고한 소재지 외의 장소에서 1개월의 범위에서 한시적으로 같은 영업을 하려는 경우에는 해당 맞춤형화장품판매업 신고서에 별지 제6호의4서식에 따른 맞춤형화장품판매업 신고필증 사본(전자문서로 발급받은 경우는 제외한다)과 맞춤형화장품조제관리사 자격증 사본을 첨부하여 제출해야 한다. <개정 2021. 5. 14., 2021. 10. 15., 2022. 2. 18., 2024. 7. 9., 2025. 2. 7.>

② 지방식품의약품안전청장은 제1항에 따른 신고를 받은 경우에는 「전자정부법」 제36조제1항에 따른 행정정보의 공동이용을 통해 법인 등기사항증명서(법인인 경우만 해당한다)를 확인해야 한다.

③ 지방식품의약품안전청장은 제1항에 따른 신고가 그 요건을 갖춘 경우에는 맞춤형화장품판매업 신고대장에 다음 각 호의 사항을 적고, 별지 제6호의4서식의 맞춤형화장품판매업 신고필증을 발급해야 한다. <개정 2021. 10. 15., 2023. 6. 22., 2024. 7. 9.>

1. 신고 번호 및 신고 연월일

2. 맞춤형화장품판매업자의 성명 및 주민등록번호등(법인인 경우에는 대표자의 성명 및 주민등록번호등을 말한다)

3. 맞춤형화장품판매업자의 상호 및 소재지

4. 맞춤형화장품판매업소의 상호 및 소재지

5. 맞춤형화장품조제관리사의 성명, 주민등록번호등 및 자격증 번호

6. 영업의 기간(제1항 단서에 따라 한시적으로 맞춤형화장품판매업을 하려는 경우만 해당한다)

④ 맞춤형화장품판매업자가 법 제3조의4제1항에 따른 맞춤형화장품조제관리사 자격시험(이하 "자격시험"이라 한다)에 합격한 경우에는 해당 맞춤형화장품판매업자의 판매업소 중 하나의 판매업소에서 맞춤형화장품조제관리사 업무를 수행할 수 있다. 이 경우 해당 판매업소에는 맞춤형화장품조제관리사를 둔 것으로 본다. < 신설 2021. 5. 14. >

⑤ 맞춤형화장품조제관리사는 해당 맞춤형화장품판매업소의 맞춤형화장품조제관리사 업무에 종사하지 않게 된 경우에는 별지 제6호의2서식의 관리업무 비종사신고서에 그 사유서를 첨부하여 해당 맞춤형화장품판매업소의 소재지를 관할하는 지방식품의약품안전청장에게 제출할 수 있다. <신설 2024. 7. 9.>

[본조신설 2020. 3. 13.]

제8조의3(맞춤형화장품판매업의 변경신고)

① 법 제3조의2제1항 후단에 따라 맞춤형화장품판매업자가 변경신고를 해야 하는 경우는 다음 각 호와 같다.

1. 맞춤형화장품판매업자를 변경하는 경우

2. 맞춤형화장품판매업소의 상호 또는 소재지를 변경하는 경우

3. 맞춤형화장품조제관리사를 변경하는 경우

② 맞춤형화장품판매업자가 제1항에 따른 변경신고를 하려면 별지 제6호의5서식의 맞춤형화장품판매업 변경신고서(전자문서로 된 신고서를 포함한다)에 맞춤형화장품판매업 신고필증(전자문서로 발급받은 경우는 제외한다)과 그 변경을 증명하는 서류(전자문서를 포함한다)를 첨부하여 맞춤형화장품판매업소의 소재지를 관할하는 지방식품의약품안전청장에게 제출해야 한다. 이 경우 소재지를 변경하는 때에는 새로운 소재지를 관할하는 지방식품의약품안전청장에게 제출해야 한다. <개정 2024. 7. 9., 2025. 2. 7.>

③ 지방식품의약품안전청장은 제2항에 따라 맞춤형화장품판매업 변경신고를 받은 경우에는 「전자정부법」 제36조제1항에 따른 행정정보의 공동이용을 통해 법인 등기사항증명서(법인인 경우만 해당한다)를 확인해야 한다.

④ 지방식품의약품안전청장은 제2항에 따른 변경신고가 그 요건을 갖춘 때에는 맞춤형화장품판매업 신고대장과 맞춤형화장품판매업 신고필증의 뒷면에 각각의 변경사항을 적어야 한다. 이 경우 맞춤형화장품판매업 신고필증은 신고인에게 다시 내주어야 한다.

[본조신설 2020. 3. 13.]

제8조의4(맞춤형화장품판매업의 시설기준)

법 제3조의2제2항에 따라 맞춤형화장품판매업을 신고하려는 자는 맞춤형화장품의 혼합·소분 공간을 그 외의 용도로 사용되는 공간과 분리 또는 구획하여 갖추어야 한다. 다만, 혼합·소분 과정에서 맞춤형화장품의 품질·안전 등 보건위생상 위해가 발생할 우려가 없다고 인정되는 경우에는 혼합·소분 공간을 분리 또는 구획하여 갖추지 않아도 된다.

[본조신설 2022. 2. 18.]

[종전 제8조의4는 제8조의5로 이동 < 2022. 2. 18. >]

제8조의5(맞춤형화장품조제관리사 자격시험)

① 식품의약품안전처장은 매년 1회 이상 자격시험을 실시해야 한다. <개정 2021. 5. 14. >

② 식품의약품안전처장은 자격시험을 실시하려는 경우에는 시험일시, 시험장소, 시험과목, 응시방법 등이 포함된 자격시험 시행계획을 시험 실시 90일전까지 식품의약품안전처 인터넷 홈페이지에 공고해야 한다.

③ 자격시험은 필기시험으로 실시하며, 그 시험과목은 다음 각 호의 구분에 따른다.

1. 제1과목 : 화장품 관련 법령 및 제도 등에 관한 사항

2. 제2과목: 화장품의 제조 및 품질관리와 원료의 사용기준 등에 관한 사항

3. 제3과목: 화장품의 유통 및 안전관리 등에 관한 사항

4. 제4과목: 맞춤형화장품의 특성·내용 및 관리 등에 관한 사항

④ 자격시험은 전 과목 총점의 60퍼센트 이상의 점수와 매 과목 만점의 40퍼센트 이상의 점수를 모두 득점한 사람을 합격자로 한다.

⑤ 자격시험에서 부정행위를 한 사람에 대해서는 그 시험을 정지시키거나 그 합격을 무효로 한다.

⑥ 식품의약품안전처장은 자격시험을 실시할 때마다 시험과목에 대한 전문 지식을 갖추거나 화장품에 관한 업무 경험이 풍부한 사람 중에서 시험 위원을 위촉한다. 이 경우 해당 위원에 대해서는 예산의 범위에서 수당 및 여비 등을 지급할 수 있다.

⑦ 제1항부터 제6항까지에서 규정한 사항 외에 자격시험의 실시 방법 및 절차 등에 필요한 세부 사항은 식품의약품안전처장이 정하여 고시한다.

[본조신설 2020. 3. 13.]

[제8조의4에서 이동, 종전 제8조의5는 제8조의6으로 이동 <2022. 2. 18.>]

제8조의6(맞춤형화장품조제관리사 자격증의 발급 신청 등)

① 자격시험에 합격하여 자격증을 발급받으려는 사람은 별지 제6호의6서식의 맞춤형화장품조제관리사 자격증 발급 신청서에 다음 각 호의 서류를 첨부하여 식품의약품안전처장에게 제출해야 한다. <개정 2021. 5. 14., 2022. 2. 18., 2024. 7. 9.>

1. 법 제3조의5제1호 본문에 해당되지 않음을 증명하는 최근 6개월 이내의 의사의 진단서 또는 법 제3조의5 제1호 단서에 해당하는 사람임을 증명하는 최근 6개월 이내의 전문의의 진단서

2. 법 제3조의5제3호에 해당되지 않음을 증명하는 최근 6개월 이내의 의사의 진단서

② 식품의약품안전처장은 제1항에 따른 발급 신청이 그 요건을 갖춘 경우에는 별지 제6호의7서식에 따른 맞춤형화장품조제관리사 자격증을 발급해야 한다. <개정 2024. 7. 9.>

③ 자격증을 잃어버리거나 못 쓰게 된 경우에는 별지 제6호의6서식의 맞춤형화장품조제관리사 자격증 재발급 신청서에 다음 각 호의 구분에 따른 서류를 첨부하여 식품의약품안전처장에게 제출해야 한다. <개정 2022. 2. 18., 2024. 7. 9.>

1. 자격증을 잃어버린 경우: 분실 사유서

2. 자격증을 못 쓰게 된 경우: 자격증 원본

④ 제1항부터 제3항까지에서 규정한 사항 외에 자격증의 발급·재발급 등에 필요한 세부 사항은 식품의약품안전처장이 정하여 고시한다. <신설 2022. 2. 18.>

[본조신설 2020. 3. 13.]

[제8조의5에서 이동, 종전 제8조의6은 제8조의7로 이동 <2022. 2. 18.>]

제8조의7(시험운영기관의 지정 등)

식품의약품안전처장은 법 제3조의4제3항에 따라 시험운영기관을 지정하거나 시험운영기관에 자격시험의 관리 및 자격증 발급·재발급 등의 업무를 위탁한 경우에는 그 내용을 식품의약품안전처 인터넷 홈페이지에 게재해야 한다. <개정 2022. 2. 18.>

[본조신설 2020. 3. 13.]

[제8조의6에서 이동 <2022. 2. 18.>]

제9조(기능성화장품의 심사)

① 법 제4조제1항에 따라 기능성화장품(제10조에 따라 보고서를 제출해야 하는 기능성화장품은 제외한다. 이하 이 조에서 같다)으로 인정받아 판매 등을 하려는 화장품제조업자, 화장품책임판매업자 또는 「기초연구진흥 및 기술개발지원에 관한 법률」 제6조제1항 및 제14조의2에 따른 대학·연구기관·연구소(이하 "연구기관 등"이라 한다)는 품목별로 별지 제7호서식의 기능성화장품 심사의뢰서(전자문서로 된 심사의뢰서를 포함한다)에 다음 각 호의 서류(전자문서를 포함한다)를 첨부하여 식품의약품안전평가원장의 심사를 받아야 한다. 다만, 식품의약품안전처장이 제품의 효능·효과를 나타내는 성분·함량을 고시한 품목의 경우에는 제1호부터 제4호까지의 자료 제출을, 기준 및 시험방법을 고시한 품목의 경우에는 제5호의 자료 제출을 각각 생략할 수 있다. <개정 2013. 3. 23., 2013. 12. 6., 2019. 3. 14., 2021. 9. 10. >

1. 기원(起源) 및 개발 경위에 관한 자료

2. 안전성에 관한 자료

   가. 단회 투여 독성시험 자료

   나. 1차 피부 자극시험 자료

   다. 안(眼)점막 자극 또는 그 밖의 점막 자극시험 자료

   라. 피부 감작성(感作性: 외부 자극에 의한 면역계 반응성을 말한다. 이하 같다) 시험 자료

   마. 광독성(빛에 의한 독성 반응성을 말한다. 이하 같다) 및 광감작성(빛에 의한 면역계 반응성을 말한다. 이하 같다) 시험 자료

   바. 인체 첩포시험(貼布試驗: 접촉 피부염의 원인을 파악하기 위해 원인 추정 물질을 몸에 붙여 반응을 조사하는 시험을 말한다. 이하 같다) 자료

3. 유효성 또는 기능에 관한 자료

   가. 효력시험 자료

   나. 인체 적용시험 자료

4. 자외선 차단지수 및 자외선A 차단등급 설정의 근거자료(자외선을 차단 또는 산란시켜 자외선으로부터 피부를 보호하는 기능을 가진 화장품의 경우만 해당한다)

5. 기준 및 시험방법에 관한 자료[검체(檢體)를 포함한다]

② 삭제 <2021. 12. 28. >

③ 제1항에 따라 심사를 받은 사항을 변경하려는 자는 별지 제8호서식의 기능성화장품 변경심사 의뢰서에 다음 각 호의 서류를 첨부하여 식품의약품안전평가원장에게 제출해야 한다. <개정 2013. 3. 23., 2021. 12. 28., 2025. 2. 7. >

1. 먼저 발급받은 기능성화장품심사결과통지서(전자문서로 발급받은 경우는 제외한다)

2. 변경사유를 증명할 수 있는 서류(기능성화장품 심사를 받은 자 간에 법 제4조제1항에 따라 심사받은 기능성화장품에 대한 권리를 양도·양수하여 심사받은 자를 변경하려는 경우에는 양도·양수계약서를 말한다)

④ 식품의약품안전평가원장은 제1항 또는 제3항에 따라 심사의뢰서나 변경심사 의뢰서를 받은 경우에는 다음 각 호의 심사기준에 따라 심사하여야 한다. <개정 2013. 3. 23. >

1. 기능성화장품의 원료와 그 분량은 효능·효과 등에 관한 자료에 따라 합리적이고 타당하여야 하며, 각 성분의 배합의의(配合意義)가 인정되어야 할 것

2. 기능성화장품의 효능·효과는 법 제2조제2호 각 목에 적합할 것

3. 기능성화장품의 용법·용량은 오용될 여지가 없는 명확한 표현으로 적을 것

⑤ 식품의약품안전평가원장은 제4항에 따라 심사를 한 후 심사대장에 다음 각 호의 사항을 적고, 별지 제9호서식의 기능성화장품 심사·변경심사 결과통지서를 발급해야 한다. <개정 2013. 3. 23., 2019. 3. 14., 2021. 12. 28. >

1. 심사번호 및 심사연월일 또는 변경심사 연월일

2. 기능성화장품 심사를 받은 화장품제조업자, 화장품책임판매업자 또는 연구기관등의 상호(법인인 경우에는 법인의 명칭) 및 소재지

3. 제품명

4. 효능·효과

⑥ 제1항부터 제4항까지의 규정에 따른 첨부자료의 범위·요건·작성요령과 제출이 면제되는 범위 및 심사기준 등에 관한 세부 사항은 식품의약품안전처장이 정하여 고시한다. <개정 2013. 3. 23., 2013. 12. 6. >

제10조(보고서 제출 대상 등)

① 법 제4조제1항에 따라 기능성화장품의 심사를 받지 아니하고 식품의약품안전평가원장에게 보고서를 제출하여야 하는 대상은 다음 각 호와 같다. <개정 2013. 3. 23., 2013. 12. 6., 2017. 7. 31., 2019. 3. 14., 2019. 12. 12. >

1. 효능·효과가 나타나게 하는 성분의 종류·함량, 효능·효과, 용법·용량, 기준 및 시험방법이 식품의약품안전처장이 고시한 품목과 같은 기능성화장품

2. 이미 심사를 받은 기능성화장품[화장품제조업자(화장품제조업자가 제품을 설계·개발·생산하는 방식으로 제조한 경우만 해당한다)가 같거나 화장품책임판매업자가 같은 경우 또는 제9조제1항에 따라 기능성화장품으로 심사받은 연구기관등이 같은 기능성화장품만 해당한다. 이하 제3호에서 같다]과 다음 각 목의 사항이 모두 같은 품목. 다만, 제2조제1호부터 제3호까지 및 같은 조 제8호부터 제11호까지의 기능성화장품은 이미 심사를 받은 품목이 대조군(對照群)(효능·효과가 나타나게 하는 성분을 제외한 것을 말한다)과의 비교실험을 통하여 효능이 입증된 경우만 해당한다.

   가. 효능·효과가 나타나게 하는 원료의 종류·규격 및 함량(액체상태인 경우에는 농도를 말한다)

   나. 효능·효과(제2조제4호 및 제5호의 기능성화장품의 경우 자외선 차단지수의 측정값이 마이너스 20퍼센트 이하의 범위에 있는 경우에는 같은 효능·효과로 본다)

   다. 기준[산성도(pH)에 관한 기준은 제외한다] 및 시험방법

   라. 용법·용량

   마. 제형(劑形)[제2조제1호부터 제3호까지 및 같은 조 제6호부터 제11호까지의 기능성화장품의 경우에는 액제(Solution), 로션제(Lotion) 및 크림제(Cream)를 같은 제형으로 본다]

3. 이미 심사를 받은 기능성화장품 및 식품의약품안전처장이 고시한 기능성화장품과 비교하여 다음 각 목의 사항이 모두 같은 품목(이미 심사를 받은 제2조제4호 및 제5호의 기능성화장품으로서 그 효능·효과를 나타나게 하는 성분·함량과 식품의약품안전처장이 고시한 제2조제1호부터 제3호까지의 기능성화장품으로서 그 효능·효과를 나타나게 하는 성분·함량이 서로 혼합된 품목만 해당한다)

   가. 효능·효과를 나타나게 하는 원료의 종류·규격 및 함량

   나. 효능·효과(제2조제4호 및 제5호에 따른 효능·효과의 경우 자외선차단지수의 측정값이 마이너스 20퍼센트 이하의 범위에 있는 경우에는 같은 효능·효과로 본다)

   다. 기준[산성도(pH)에 관한 기준은 제외한다] 및 시험방법

   라. 용법·용량

   마. 제형

② 기능성화장품으로 인정받아 판매 등을 하려는 화장품제조업자, 화장품책임판매업자 또는 연구기관등은 제1항에 따라 품목별로 별지 제10호서식의 기능성화장품 심사 제외 품목 보고서(전자문서로 된 보고서를 포함한다)를 식품의약품안전평가원장에게 제출해야 한다. <개정 2013. 3. 23., 2019. 3. 14. >

③ 제2항에 따라 보고서를 받은 식품의약품안전평가원장은 제1항에 따른 요건을 확인한 후 다음 각 호의 사항을 기능성화장품의 보고대장에 적어야 한다. <개정 2013. 3. 23., 2019. 3. 14. >

1. 보고번호 및 보고연월일

2. 화장품제조업자, 화장품책임판매업자 또는 연구기관등의 상호(법인인 경우에는 법인의 명칭) 및 소재지

3. 제품명

4. 효능 · 효과

제10조의2(영유아 또는 어린이 사용 화장품의 표시 · 광고)

① 법 제4조의2제1항에 따른 영유아 또는 어린이의 연령 기준은 다음 각 호의 구분에 따른다. <개정 2024. 7. 9. >

1. 영유아: 3세 이하

2. 어린이: 4세 이상 13세 이하

② 화장품책임판매업자가 법 제4조의2제1항 각 호에 따른 자료(이하 "제품별 안전성 자료"라 한다)를 작성 · 보관해야 하는 표시 · 광고의 범위는 다음 각 호의 구분에 따른다.

1. 표시의 경우: 화장품의 1차 포장 또는 2차 포장에 영유아 또는 어린이가 사용할 수 있는 화장품임을 특정하여 표시하는 경우(화장품의 명칭에 영유아 또는 어린이에 관한 표현이 표시되는 경우를 포함한다)

2. 광고의 경우: 별표 5 제1호가목부터 바목까지(어린이 사용 화장품의 경우에는 바목을 제외한다)의 규정에 따른 매체 · 수단 또는 해당 매체 · 수단과 유사하다고 식품의약품안전처장이 정하여 고시하는 매체 · 수단에 영유아 또는 어린이가 사용할 수 있는 화장품임을 특정하여 광고하는 경우

[본조신설 2020. 1. 22.]

제10조의3(제품별 안전성 자료의 작성 · 보관)

① 법 제4조의2제1항 및 이 규칙 제10조의2제2항에 따라 화장품의 표시 · 광고를 하려는 화장품책임판매업자는 법 제4조의2제1항제1호부터 제3호까지의 규정에 따른 제품별 안전성 자료 모두를 미리 작성해야 한다.

② 제품별 안전성 자료의 보관기간은 다음 각 호의 구분에 따른다.

1. 화장품의 1차 포장에 사용기한을 표시하는 경우: 영유아 또는 어린이가 사용할 수 있는 화장품임을 표시 · 광고한 날부터 마지막으로 제조 · 수입된 제품의 사용기한 만료일 이후 1년까지의 기간. 이 경우 제조는 화장품의 제조번호에 따른 제조일자를 기준으로 하며, 수입은 통관일자를 기준으로 한다.

2. 화장품의 1차 포장에 개봉 후 사용기간을 표시하는 경우: 영유아 또는 어린이가 사용할 수 있는 화장품임을 표시 · 광고한 날부터 마지막으로 제조 · 수입된 제품의 제조연월일 이후 3년까지의 기간. 이 경우 제조는 화장품의 제조번호에 따른 제조일자를 기준으로 하며, 수입은 통관일자를 기준으로 한다.

③ 제1항 및 제2항에서 규정한 사항 외에 제품별 안전성 자료의 작성 · 보관의 방법 및 절차 등에 필요한 세부 사항은 식품의약품안전처장이 정하여 고시한다.

[본조신설 2020. 1. 22.]

제10조의4(실태조사의 실시)

① 식품의약품안전처장은 법 제4조의2제2항에 따른 실태조사(이하 "실태조사"라 한다)를 5년마다 실시한다.

② 실태조사에는 다음 각 호의 사항이 포함되어야 한다.

1. 제품별 안전성 자료의 작성 및 보관 현황

2. 소비자의 사용실태

3. 사용 후 이상사례의 현황 및 조치 결과

4. 영유아 또는 어린이 사용 화장품에 대한 표시 · 광고의 현황 및 추세

5. 영유아 또는 어린이 사용 화장품의 유통 현황 및 추세

6. 그 밖에 제1호부터 제5호까지의 사항과 유사한 것으로서 식품의약품안전처장이 필요하다고 인정하는 사항

③ 식품의약품안전처장은 실태조사를 위해 필요하다고 인정하는 경우에는 관계 행정기관, 공공기관, 법인 · 단체 또는 전문가 등에게 필요한 의견 또는 자료의 제출 등을 요청할 수 있다.

④ 식품의약품안전처장은 실태조사의 효율적 실시를 위해 필요하다고 인정하는 경우에는 화장품 관련 연구기관 또는 법인 · 단체 등에 실태조사를 의뢰하여 실시할 수 있다.

⑤ 제1항부터 제4항까지에서 규정한 사항 외에 실태조사의 대상, 방법 및 절차 등에 필요한 세부 사항은 식품의약품안전처장이 정한다.

[본조신설 2020. 1. 22.]

제10조의5(위해요소 저감화계획의 수립)

① 법 제4조의2제2항에 따른 위해요소의 저감화를 위한 계획(이하 "위해요소 저감화계획"이라 한다)에는 다음 각 호의 사항이 포함되어야 한다.

1. 위해요소 저감화를 위한 기본 방향과 목표

2. 위해요소 저감화를 위한 단기별 및 중장기별 추진 정책

3. 위해요소 저감화 추진을 위한 환경 여건 및 관련 정책의 평가

4. 위해요소 저감화 추진을 위한 조직 및 재원 등에 관한 사항

5. 그 밖에 제1호부터 제4호까지의 사항과 유사한 것으로서 위해요소 저감화를 위해 식품의약품안전처장이 필요하다고 인정하는 사항

② 식품의약품안전처장은 위해요소 저감화계획을 수립하는 경우에는 실태조사에 대한 분석 및 평가 결과를 반영해야 한다.

③ 식품의약품안전처장은 위해요소 저감화계획의 수립을 위해 필요하다고 인정하는 경우에는 관계 행정기관, 공공기관, 법인 · 단체 또는 전문가 등에게 필요한 의견 또는 자료의 제출 등을 요청할 수 있다.

④ 식품의약품안전처장은 위해요소 저감화계획을 수립한 경우에는 그 내용을 식품의약품안전처 인터넷 홈페이지에 공개해야 한다.

⑤ 제1항부터 제4항까지에서 규정한 사항 외에 위해요소 저감화계획의 수립 대상, 방법 및 절차 등에 필요한 세부 사항은 식품의약품안전처장이 정한다.

[본조신설 2020. 1. 22.]

제11조(화장품제조업자의 준수사항 등)

① 법 제5조제1항에 따라 화장품 제조업자가 준수하여야 할 사항은 다음 각 호와 같다. <개정 2019. 3. 14.>

1. 별표 1의 품질관리기준에 따른 화장품책임판매업자의 지도 · 감독 및 요청에 따를 것

2. 제조관리기준서 · 제품표준서 · 제조관리기록서 및 품질관리기록서(전자문서 형식을 포함한다)를 작성 · 보관할 것

3. 보건위생상 위해(危害)가 없도록 제조소, 시설 및 기구를 위생적으로 관리하고 오염되지 아니하도록 할 것

4. 화장품의 제조에 필요한 시설 및 기구에 대하여 정기적으로 점검하여 작업에 지장이 없도록 관리 · 유지할 것

5. 작업소에는 위해가 발생할 염려가 있는 물건을 두어서는 아니 되며, 작업소에서 국민보건 및 환경에 유해한 물질이 유출되거나 방출되지 아니하도록 할 것

6. 제2호의 사항 중 품질관리를 위하여 필요한 사항을 화장품책임판매업자에게 제출할 것. 다만, 다음 각 목의 어느 하나에 해당하는 경우 제출하지 아니할 수 있다.

가. 화장품제조업자와 화장품책임판매업자가 동일한 경우

나. 화장품제조업자가 제품을 설계 · 개발 · 생산하는 방식으로 제조하는 경우로서 품질 · 안전관리에 영향이 없는 범위에서 화장품제조업자와 화장품책임판매업자 상호 계약에 따라 영업비밀에 해당하는 경우

7. 원료 및 자재의 입고부터 완제품의 출고에 이르기까지 필요한 시험 · 검사 또는 검정을 할 것

8. 제조 또는 품질검사를 위탁하는 경우 제조 또는 품질검사가 적절하게 이루어지고 있는지 수탁자에 대한 관리 · 감독을 철저히 하고, 제조 및 품질관리에 관한 기록을 받아 유지 · 관리할 것

② 식품의약품안전처장은 제1항에 따른 준수사항 외에 식품의약품안전처장이 정하여 고시하는 우수화장품 제조관리기준을 준수하도록 제조업자에게 권장할 수 있다. <개정 2013. 3. 23.>

③ 식품의약품안전처장은 제2항에 따라 우수화장품 제조관리기준을 준수하는 제조업자에게 다음 각 호의 사항을 지원할 수 있다. <신설 2014. 9. 24.>

1. 우수화장품 제조관리기준 적용에 관한 전문적 기술과 교육

2. 우수화장품 제조관리기준 적용을 위한 자문

3. 우수화장품 제조관리기준 적용을 위한 시설 · 설비 등 개수 · 보수

[제목개정 2019. 3. 14.]

[제12조에서 이동, 종전 제11조는 제12조로 이동 <2020. 3. 13.>]

제12조(화장품책임판매업자의 준수사항)

법 제5조제2항에 따라 화장품책임판매업자가 준수해야 할 사항은 다음 각 호(영 제2조제2호라목의 화장품책임판매업을 등록한 자는 제1호, 제2호, 제4호가목 · 다목 · 사목 · 차목 및 제10호만 해당한다)와 같다. <개정 2013. 3. 23., 2013. 12. 6., 2015. 4. 2., 2019. 3. 14., 2020. 3. 13.>

1. 별표 1의 품질관리기준을 준수할 것

2. 별표 2의 책임판매 후 안전관리기준을 준수할 것

3. 제조업자로부터 받은 제품표준서 및 품질관리기록서(전자문서 형식을 포함한다)를 보관할 것

4. 수입한 화장품에 대하여 다음 각 목의 사항을 적거나 또는 첨부한 수입관리기록서를 작성 · 보관할 것

가. 제품명 또는 국내에서 판매하려는 명칭

나. 원료성분의 규격 및 함량

다. 제조국, 제조회사명 및 제조회사의 소재지

라. 기능성화장품심사결과통지서 사본

마. 제조 및 판매증명서. 다만, 「대외무역법」 제12조제2항에 따른 통합 공고상의 수출입 요건 확인기관에서 제조 및 판매증명서를 갖춘 화장품책임판매업자가 수입한 화장품과 같다는 것을 확인받고, 제6조제2항제2호가목, 다목 또는 라목의 기관으로부터 화장품책임판매업자가 정한 품질관리기준에 따른 검사를 받아 그 시험성적서를 갖추어 둔 경우에는 이를 생략할 수 있다.

바. 한글로 작성된 제품설명서 견본

사. 최초 수입연월일(통관연월일을 말한다. 이하 이 호에서 같다)

아. 제조번호별 수입연월일 및 수입량

자. 제조번호별 품질검사 연월일 및 결과

차. 판매처, 판매연월일 및 판매량

5. 제조번호별로 품질검사를 철저히 한 후 유통시킬 것. 다만, 화장품제조업자와 화장품책임판매업자가 같은 경우 또는 제6조제2항제2호 각 목의 어느 하나에 해당하는 기관 등에 품질검사를 위탁하여 제조번호별 품질검사결과가 있는 경우에는 품질검사를 하지 아니할 수 있다.

6. 화장품의 제조를 위탁하거나 제6조제2항제2호나목에 따른 제조업자에게 품질검사를 위탁하는 경우 제조 또는 품질검사가 적절하게 이루어지고 있는지 수탁자에 대한 관리·감독을 철저히 하여야 하며, 제조 및 품질관리에 관한 기록을 받아 유지·관리하고, 그 최종 제품의 품질관리를 철저히 할 것

7. 제5호에도 불구하고 영 제2조제2호다목의 화장품책임판매업을 등록한 자는 제조국 제조회사의 품질관리기준이 국가 간 상호 인증되었거나, 제11조제2항에 따라 식품의약품안전처장이 고시하는 우수화장품 제조관리기준과 같은 수준 이상이라고 인정되는 경우에는 국내에서의 품질검사를 하지 아니할 수 있다. 이 경우 제조국 제조회사의 품질검사 시험성적서는 품질관리기록서를 갈음한다.

8. 제7호에 따라 영 제2조제2호다목의 화장품책임판매업을 등록한 자가 수입화장품에 대한 품질검사를 하지 아니하려는 경우에는 식품의약품안전처장이 정하는 바에 따라 식품의약품안전처장에게 수입화장품의 제조업자에 대한 현지실사를 신청하여야 한다. 현지실사에 필요한 신청절차, 제출서류 및 평가방법 등에 대하여는 식품의약품안전처장이 정하여 고시한다.

8의2. 제7호에 따른 인정을 받은 수입 화장품 제조회사의 품질관리기준이 제11조제2항에 따른 우수화장품 제조관리기준과 같은 수준 이상이라고 인정되지 아니하여 제7호에 따른 인정이 취소된 경우에는 제5호 본문에 따른 품질검사를 하여야 한다. 이 경우 인정 취소와 관련하여 필요한 세부적인 사항은 식품의약품안전처장이 정하여 고시한다.

9. 영 제2조제2호다목의 화장품책임판매업을 등록한 자의 경우 「대외무역법」에 따른 수출·수입요령을 준수하여야 하며, 「전자무역 촉진에 관한 법률」에 따른 전자무역문서로 표준통관예정보고를 할 것

10. 제품과 관련하여 국민보건에 직접 영향을 미칠 수 있는 안전성·유효성에 관한 새로운 자료, 정보사항(화장품 사용에 의한 부작용 발생사례를 포함한다) 등을 알게 되었을 때에는 식품의약품안전처장이 정하여 고시하는 바에 따라 보고하고, 필요한 안전대책을 마련할 것

11. 다음 각 목의 어느 하나에 해당하는 성분을 0.5퍼센트 이상 함유하는 제품의 경우에는 해당 품목의 안정성시험 자료를 최종 제조된 제품의 사용기한이 만료되는 날부터 1년간 보존할 것

가. 레티놀(비타민A) 및 그 유도체

나. 아스코빅애시드(비타민C) 및 그 유도체

다. 토코페롤(비타민E)

라. 과산화화합물

마. 효소

[제목개정 2019. 3. 14.]

[제11조에서 이동, 종전 제12조는 제11조로 이동 <2020. 3. 13.>]

제12조의2(맞춤형화장품판매업자의 준수사항)

법 제5조제4항에 따라 맞춤형화장품판매업자가 준수해야 할 사항은 다음 각 호와 같다. <개정 2022. 2. 18.>

1. 맞춤형화장품 판매장 시설·기구를 정기적으로 점검하여 보건위생상 위해가 없도록 관리할 것

2. 다음 각 목의 혼합·소분 안전관리기준을 준수할 것

가. 혼합·소분 전에 혼합·소분에 사용되는 내용물 또는 원료에 대한 품질성적서를 확인할 것

나. 혼합·소분 전에 손을 소독하거나 세정할 것. 다만, 혼합·소분 시 일회용 장갑을 착용하는 경우에는 그렇지 않다.

다. 혼합·소분 전에 혼합·소분된 제품을 담을 포장용기의 오염 여부를 확인할 것

라. 혼합·소분에 사용되는 장비 또는 기구 등은 사용 전에 그 위생 상태를 점검하고, 사용 후에는 오염이 없도록 세척할 것

마. 그 밖에 가목부터 라목까지의 사항과 유사한 것으로서 혼합·소분의 안전을 위해 식품의약품안전처장이 정하여 고시하는 사항을 준수할 것

3. 다음 각 목의 사항이 포함된 맞춤형화장품 판매내역서(전자문서로 된 판매내역서를 포함한다)를 작성·보관할 것

    가. 제조번호

    나. 사용기한 또는 개봉 후 사용기간

    다. 판매일자 및 판매량

4. 맞춤형화장품 판매 시 다음 각 목의 사항을 소비자에게 설명할 것

    가. 혼합·소분에 사용된 내용물·원료의 내용 및 특성

    나. 맞춤형화장품 사용 시의 주의사항

5. 맞춤형화장품 사용과 관련된 부작용 발생사례에 대해서는 식품의약품안전처장이 정하여 고시하는 바에 따라 식품의약품안전처장에게 보고할 것

[본조신설 2020. 3. 13.]

제13조(화장품의 생산실적 등 보고)

① 법 제5조제5항 전단에 따라 화장품책임판매업자는 지난해의 생산실적 또는 수입실적을 매년 2월 말까지 식품의약품안전처장이 정하여 고시하는 바에 따라 대한화장품협회 등 법 제17조에 따라 설립된 화장품업 단체(「약사법」 제67조에 따라 조직된 한국의약품수출입협회를 포함한다)를 통하여 식품의약품안전처장에게 보고해야 한다. <개정 2013. 3. 23., 2018. 12. 31., 2019. 3. 14., 2020. 3. 13., 2022. 2. 18., 2024. 7. 9. >

② 법 제5조제5항 후단에 따라 화장품책임판매업자는 화장품의 제조과정에 사용된 원료의 목록을 화장품의 유통·판매 전까지 보고해야 한다. 보고한 목록이 변경된 경우에도 또한 같다. <신설 2019. 3. 14., 2022. 2. 18. >

③ 제1항 및 제2항에도 불구하고 「전자무역 촉진에 관한 법률」에 따라 전자무역문서로 표준통관예정보고를 하고 수입하는 화장품책임판매업자는 제1항 및 제2항에 따라 수입실적 및 원료의 목록을 보고하지 아니할 수 있다. <개정 2019. 3. 14. >

④ 법 제5조제6항에 따라 맞춤형화장품판매업자는 전년도에 판매한 맞춤형화장품에 사용된 원료의 목록을 매년 2월 말까지 식품의약품안전처장이 정하여 고시하는 바에 따라 법 제17조에 따라 설립된 화장품업 단체를 통하여 식품의약품안전처장에게 보고해야 한다. <신설 2022. 2. 18. >

제14조(책임판매관리자 등의 교육)

① 책임판매관리자 및 맞춤형화장품조제관리사는 법 제5조제7항에 따른 교육을 다음 각 호의 구분에 따라 받아야 한다. <신설 2021. 5. 14., 2022. 2. 18. >

    1. 최초 교육: 종사한 날부터 6개월 이내. 다만, 자격시험에 합격한 날이 종사한 날 이전 1년 이내이면 최초 교육을 받은 것으로 본다.

    2. 보수 교육: 제1호에 따라 교육을 받은 날을 기준으로 매년 1회. 다만, 제1호 단서에 해당하는 경우에는 자격시험에 합격한 날부터 1년이 되는 날을 기준으로 매년 1회

② 법 제5조제8항에 따른 교육명령의 대상은 다음 각 호의 어느 하나에 해당하는 화장품제조업자, 화장품책임판매업자 및 맞춤형화장품판매업자(이하 "영업자"라 한다)로 한다. <개정 2016. 9. 9., 2019. 3. 14., 2020. 3. 13., 2021. 5. 14., 2022. 2. 18. >

    1. 법 제15조를 위반한 영업자

    2. 법 제19조에 따른 시정명령을 받은 영업자

    3. 제11조제1항의 준수사항을 위반한 화장품제조업자

4. 제12조의 준수사항을 위반한 화장품책임판매업자

5. 제12조의2의 준수사항을 위반한 맞춤형화장품판매업자

③ 식품의약품안전처장은 제2항에 따른 교육명령 대상자가 천재지변, 질병, 임신, 출산, 사고 및 출장 등의 사유로 교육을 받을 수 없는 경우에는 해당 교육을 유예할 수 있다. <개정 2021. 5. 14.>

④ 제3항에 따라 교육의 유예를 받으려는 사람은 식품의약품안전처장이 정하는 교육유예신청서에 이를 입증하는 서류를 첨부하여 지방식품의약품안전청장에게 제출하여야 한다. <개정 2021. 5. 14.>

⑤ 지방식품의약품안전청장은 제4항에 따라 제출된 교육유예신청서를 검토하여 식품의약품안전처장이 정하는 교육유예확인서를 발급하여야 한다. <개정 2021. 5. 14.>

⑥ 법 제5조제9항에서 "총리령으로 정하는 자"는 다음 각 호의 어느 하나에 해당하는 자를 말한다. <신설 2016. 9. 9., 2019. 3. 14., 2020. 3. 13., 2021. 5. 14., 2022. 2. 18.>

1. 책임판매관리자

1의2. 맞춤형화장품조제관리사

2. 별표 1의 품질관리기준에 따라 품질관리 업무에 종사하는 종업원

⑦ 법 제5조제10항에 따른 교육의 실시기관(이하 이 조에서 "교육실시기관" 이라 한다)은 화장품과 관련된 기관·단체 및 법 제17조에 따라 설립된 단체 중에서 식품의약품안전처장이 지정하여 고시한다. <개정 2016. 9. 9., 2019. 3. 14., 2021. 5. 14., 2022. 2. 18.>

⑧ 교육실시기관은 매년 교육의 대상, 내용 및 시간을 포함한 교육계획을 수립하여 교육을 시행할 해의 전년도 11월 30일까지 식품의약품안전처장에게 제출하여야 한다. <개정 2016. 9. 9., 2021. 5. 14.>

⑨ 제8항에 따른 교육시간은 4시간 이상, 8시간 이하로 한다. <개정 2016. 9. 9., 2021. 5. 14.>

⑩ 제8항에 따른 교육 내용은 화장품 관련 법령 및 제도에 관한 사항, 화장품의 안전성 확보 및 품질관리에 관한 사항 등으로 하며, 교육 내용에 관한 세부 사항은 식품의약품안전처장의 승인을 받아야 한다. <개정 2016. 9. 9., 2021. 5. 14.>

⑪ 교육실시기관은 교육을 수료한 사람에게 수료증을 발급하고 매년 1월 31일까지 전년도 교육 실적을 식품의약품안전처장에게 보고하며, 교육 실시기간, 교육대상자 명부, 교육 내용 등 교육에 관한 기록을 작성하여 이를 증명할 수 있는 자료와 함께 2년간 보관하여야 한다. <개정 2016. 9. 9., 2021. 5. 14.>

⑫ 교육실시기관은 교재비·실습비 및 강사 수당 등 교육에 필요한 실비를 교육대상자로부터 징수할 수 있다. <개정 2016. 9. 9., 2021. 5. 14.>

⑬ 제1항부터 제12항까지에서 규정한 사항 외에 교육실시기관 지정의 기준·절차·변경 및 교육 운영 등에 필요한 세부 사항은 식품의약품안전처장이 정하여 고시한다. <개정 2016. 9. 9., 2021. 5. 14.>

[전문개정 2015. 1. 6.]

[제목개정 2021. 5. 14.]

제14조의2(회수 대상 화장품의 기준 및 위해성 등급 등)

① 법 제5조의2제1항에 따른 회수 대상 화장품(이하 "회수대상화장품"이라 한다)은 유통 중인 화장품으로서 다음 각 호의 어느 하나에 해당하는 화장품으로 한다. <개정 2019. 3. 14., 2019. 12. 12., 2020. 1. 22., 2020. 3. 13., 2022. 2. 18.>

1. 법 제9조에 위반되는 화장품

2. 법 제15조에 위반되는 화장품으로서 다음 각 목의 어느 하나에 해당하는 화장품

가. 법 제15조제2호 또는 제3호에 해당하는 화장품

나. 법 제15조제4호에 해당하는 화장품 중 보건위생상 위해를 발생할 우려가 있는 화장품

다. 법 제15조제5호에 해당하는 화장품 중 다음의 어느 하나에 해당하는 화장품

1) 법 제8조제1항 또는 제2항에 따른 화장품에 사용할 수 없는 원료를 사용한 화장품

2) 법 제8조제8항에 따른 유통화장품 안전관리 기준(내용량의 기준에 관한 부분은 제외한다)에 적합하지 아니한 화장품

라. 법 제15조제9호에 해당하는 화장품

마. 법 제15조제10호에 해당하는 화장품

바. 그 밖에 영업자 스스로 국민보건에 위해를 끼칠 우려가 있어 회수가 필요하다고 판단한 화장품

3. 법 제16조제1항에 위반되는 화장품

② 법 제5조의2제4항에 따른 회수대상화장품의 위해성 등급은 그 위해성이 높은 순서에 따라 가등급, 나등급 및 다등급으로 구분하며, 해당 위해성 등급의 분류기준은 다음 각 호의 구분에 따른다. <신설 2019. 12. 12., 2022. 2. 18.>

1. 위해성 등급이 가등급인 화장품: 제1항제2호다목1)에 해당하는 화장품

2. 위해성 등급이 나등급인 화장품: 제1항제1호 또는 같은 항 제2호다목2)(기능성화장품의 기능성을 나타나게 하는 주원료 함량이 기준치에 부적합한 경우는 제외한다) · 마목에 해당하는 화장품

3. 위해성 등급이 다등급인 화장품: 제1항제2호가목 · 나목 · 다목2)(기능성화장품의 기능성을 나타나게 하는 주원료 함량이 기준치에 부적합한 경우만 해당한다) · 라목 · 바목 또는 같은 항 제3호에 해당하는 화장품

[본조신설 2015. 7. 29.]

[제목개정 2019. 12. 12.]

제14조의3(위해화장품의 회수계획 및 회수절차 등)

① 법 제5조의2제1항에 따라 화장품을 회수하거나 회수하는 데에 필요한 조치를 하려는 영업자(이하 "회수의무자"라 한다)는 해당 화장품에 대하여 즉시 판매중지 등의 필요한 조치를 하여야 하고, 회수대상화장품이라는 사실을 안 날부터 5일 이내에 별지 제10호의2서식의 회수계획서에 다음 각 호의 서류를 첨부하여 지방식품의약품안전청장에게 제출하여야 한다. 다만, 제출기한까지 회수계획서의 제출이 곤란하다고 판단되는 경우에는 지방식품의약품안전청장에게 그 사유를 밝히고 제출기한 연장을 요청하여야 한다. <개정 2019. 3. 14., 2020. 3. 13.>

1. 해당 품목의 제조 · 수입기록서 사본

2. 판매처별 판매량 · 판매일 등의 기록

3. 회수 사유를 적은 서류

② 회수의무자가 제1항 본문에 따라 회수계획서를 제출하는 경우에는 다음 각 호의 구분에 따른 범위에서 회수 기간을 기재해야 한다. 다만, 회수 기간 이내에 회수하기가 곤란하다고 판단되는 경우에는 지방식품의약품안전청장에게 그 사유를 밝히고 회수 기간 연장을 요청할 수 있다. <신설 2019. 12. 12.>

1. 위해성 등급이 가등급인 화장품: 회수를 시작한 날부터 15일 이내

2. 위해성 등급이 나등급 또는 다등급인 화장품: 회수를 시작한 날부터 30일 이내

③ 지방식품의약품안전청장은 제1항에 따라 제출된 회수계획이 미흡하다고 판단되는 경우에는 해당 회수의무자에게 그 회수계획의 보완을 명할 수 있다. <개정 2019. 12. 12.>

④ 회수의무자는 회수대상화장품의 판매자(법 제11조제1항에 따른 판매자를 말한다), 그 밖에 해당 화장품을 업무상 취급하는 자에게 방문, 우편, 전화, 전보, 전자우편, 팩스 또는 언론매체를 통한 공고 등을 통하여 회수계획을 통보하여야 하며, 통보 사실을 입증할 수 있는 자료를 회수종료일부터 2년간 보관하여야 한다. <개정 2019. 12. 12.>

⑤ 제4항에 따라 회수계획을 통보받은 자는 회수대상화장품을 회수의무자에게 반품하고, 별지 제10호의3서식의 회수확인서를 작성하여 회수의무자에게 송부하여야 한다. <개정 2019. 12. 12.>

⑥ 회수의무자는 회수한 화장품을 폐기하려는 경우에는 별지 제10호의4서식의 폐기신청서에 다음 각 호의 서류를 첨부하여 지방식품의약품안전청장에게 제출하고, 관계 공무원의 참관 하에 환경 관련 법령에서 정하는 바에 따라 폐기하여야 한다. <개정 2019. 12. 12. >

　1. 별지 제10호의2서식의 회수계획서 사본

　2. 별지 제10호의3서식의 회수확인서 사본

⑦ 제6항에 따라 폐기를 한 회수의무자는 별지 제10호의5서식의 폐기확인서를 작성하여 2년간 보관하여야 한다. <개정 2019. 12. 12. >

⑧ 회수의무자는 회수대상화장품의 회수를 완료한 경우에는 별지 제10호의6서식의 회수종료신고서에 다음 각 호의 서류를 첨부하여 지방식품의약품안전청장에게 제출하여야 한다. <개정 2019. 12. 12. >

　1. 별지 제10호의3서식의 회수확인서 사본

　2. 별지 제10호의5서식의 폐기확인서 사본(폐기한 경우에만 해당한다)

　3. 별지 제10호의7서식의 평가보고서 사본

⑨ 지방식품의약품안전청장은 제8항에 따라 회수종료신고서를 받으면 다음 각 호에서 정하는 바에 따라 조치하여야 한다. <개정 2019. 12. 12. >

　1. 회수계획서에 따라 회수대상화장품의 회수를 적절하게 이행하였다고 판단되는 경우에는 회수가 종료되었음을 확인하고 회수의무자에게 이를 서면으로 통보할 것

　2. 회수가 효과적으로 이루어지지 아니하였다고 판단되는 경우에는 회수의무자에게 회수에 필요한 추가 조치를 명할 것

　　[본조신설 2015. 7. 29.]

제14조의4(행정처분의 감경 또는 면제)

법 제5조의2제3항에 따라 법 제24조에 따른 행정처분을 감경 또는 면제하는 경우 그 기준은 다음 각 호의 구분에 따른다.

1. 법 제5조의2제2항의 회수계획에 따른 회수계획량(이하 이 조에서 "회수계획량"이라 한다)의 5분의 4 이상을 회수한 경우: 그 위반행위에 대한 행정처분을 면제

2. 회수계획량 중 일부를 회수한 경우: 다음 각 목의 어느 하나에 해당하는 기준에 따라 행정처분을 경감

　가. 회수계획량의 3분의 1 이상을 회수한 경우(제1호의 경우는 제외한다)

　　1) 법 제24조제2항에 따른 행정처분의 기준(이하 이 호에서 "행정처분기준"이라 한다)이 등록취소인 경우에는 업무정지 2개월 이상 6개월 이하의 범위에서 처분

　　2) 행정처분기준이 업무정지 또는 품목의 제조ㆍ수입ㆍ판매 업무정지인 경우에는 정지처분기간의 3분의 2 이하의 범위에서 경감

　나. 회수계획량의 4분의 1 이상 3분의 1 미만을 회수한 경우

　　1) 행정처분기준이 등록취소인 경우에는 업무정지 3개월 이상 6개월 이하의 범위에서 처분

　　2) 행정처분기준이 업무정지 또는 품목의 제조ㆍ수입ㆍ판매 업무정지인 경우에는 정지처분기간의 2분의 1 이하의 범위에서 경감

　　[본조신설 2015. 7. 29.]

제15조(폐업 등의 신고)

① 법 제6조에 따라 영업자가 폐업 또는 휴업하거나 휴업 후 그 업을 재개하려는 경우에는 별지 제11호서식의 폐업, 휴업 또는 재개 신고서(전자문서로 된 신고서를 포함한다)에 화장품제조업 등록필증, 화장품책임판매업 등록필증 또는 맞춤형화장품판매업 신고필증(폐업 또는 휴업만 해당한다)을 첨부(전자문서로 발급받은 경우는 각각 제외한다)하여 지방식품의약품안전청장에게 제출해야 한다. <개정 2019. 12. 12., 2020. 3. 13., 2025. 2. 7. >

② 제1항에 따라 폐업 또는 휴업신고를 하려는 자가 「부가가치세법」 제8조제7항에 따른 폐업 또는 휴업신고를 같이 하려는 경우에는 제1항에 따른 폐업·휴업신고서와 「부가가치세법 시행규칙」 별지 제9호서식의 신고서를 함께 제출해야 한다. 이 경우 지방식품의약품안전청장은 함께 제출받은 신고서를 지체 없이 관할 세무서장에게 송부(정보통신망을 이용한 송부를 포함한다. 이하 이 조에서 같다)해야 한다. <신설 2018. 12. 31., 2020. 3. 13. >

③ 관할 세무서장은 「부가가치세법 시행령」 제13조제5항에 따라 제1항에 따른 폐업·휴업신고서를 함께 제출받은 경우 이를 지체 없이 지방식품의약품안전청장에게 송부해야 한다. <신설 2018. 12. 31. >

④ 관할 세무서장이 「부가가치세법 시행령」 제13조제5항에 따라 제1항에 따른 폐업신고를 받아 이를 지방식품의약품안전청장에게 송부한 경우에는 제1항에 따른 폐업신고서가 제출된 것으로 본다. <신설 2024. 7. 9. >

⑤ 지방식품의약품안전청장은 법 제6조제2항에 따라 화장품제조업자 또는 화장품책임판매업자의 등록을 취소하려는 경우에는 그 사실을 해당 화장품제조업자 또는 화장품책임판매업자에게 사전에 통지하고, 그 지방식품의약품안전청의 인터넷 홈페이지에 10일 이상 예고해야 한다. <신설 2024. 7. 9. >

[전문개정 2019. 12. 12.]

제16조 삭제 < 2019. 3. 14. >

제17조(화장품 원료 등의 위해평가)

① 법 제8조제3항에 따른 위해평가는 다음 각 호의 확인·결정·평가 등의 과정을 거쳐 실시한다.

　　1. 위해요소의 인체 내 독성을 확인하는 위험성 확인과정

　　2. 위해요소의 인체노출 허용량을 산출하는 위험성 결정과정

　　3. 위해요소가 인체에 노출된 양을 산출하는 노출평가과정

　　4. 제1호부터 제3호까지의 결과를 종합하여 인체에 미치는 위해 영향을 판단하는 위해도 결정과정

② 식품의약품안전처장은 제1항에 따른 결과를 근거로 식품의약품안전처장이 정하는 기준에 따라 위해 여부를 결정한다. 다만, 해당 화장품 원료 등에 대하여 국내외의 연구·검사기관에서 이미 위해평가를 실시하였거나 위해요소에 대한 과학적 시험·분석 자료가 있는 경우에는 그 자료를 근거로 위해 여부를 결정할 수 있다. <개정 2013. 3. 23. >

③ 제1항 및 제2항에 따른 위해평가의 기준, 방법 등에 관한 세부 사항은 식품의약품안전처장이 정하여 고시한다. <개정 2013. 3. 23. >

제17조의2(지정·고시된 원료의 사용기준의 안전성 검토)

① 법 제8조제5항에 따른 지정·고시된 원료의 사용기준의 안전성 검토 주기는 5년으로 한다.

② 식품의약품안전처장은 법 제8조제5항에 따라 지정·고시된 원료의 사용기준의 안전성을 검토할 때에는 사전에 안전성 검토 대상을 선정하여 실시해야 한다.

[본조신설 2019. 3. 14.]

제17조의3(원료의 사용금지 해제 또는 변경 신청 등)

① 법 제8조제6항에 따라 화장품제조업자, 화장품책임판매업자 또는 연구기관등은 법 제8조제1항에 따라 지정·고시된 원료를 해제 또는 변경하거나, 같은 조 제2항에 따라 지정·고시되지 않은 원료의 사용기준을 지정·고시하거나 지정·고시된 원료의 사용기준을 변경해 줄 것을 신청하려는 경우에는 별지 제13호의2서식의 원료 사용금지 해제 또는 변경(사용기준 지정 또는 변경) 신청서(전자문서로 된 신청서를 포함한다)에 다음 각 호의 서류(전자문서를 포함한다)를 첨부하여 식품의약품안전처장에게 제출해야 한다. <개정 2025. 2. 7. >

　　1. 제출자료 전체의 요약본

　　2. 원료의 기원, 개발 경위, 국내·외 사용기준 및 사용현황 등에 관한 자료

3. 원료의 특성에 관한 자료

4. 안전성 및 유효성에 관한 자료(유효성에 관한 자료는 해당하는 경우에만 제출한다)

5. 원료의 기준 및 시험방법에 관한 시험성적서

② 식품의약품안전처장은 제1항에 따라 제출된 자료가 적합하지 않은 경우 그 내용을 구체적으로 명시하여 신청인에게 보완을 요청할 수 있다. 이 경우 신청인은 보완일부터 60일 이내에 추가 자료를 제출하거나 보완 제출기한의 연장을 요청할 수 있다.

③ 식품의약품안전처장은 신청인이 제1항의 자료를 제출한 날(제2항에 따라 자료가 보완 요청된 경우 신청인이 보완된 자료를 제출한 날)부터 180일 이내에 신청인에게 별지 제13호의3서식의 원료 사용금지 해제 또는 변경(사용기준 지정 또는 변경) 심사 결과통지서를 보내야 한다. <개정 2025. 2. 7.>

④ 제1항부터 제3항까지에서 규정한 사항 외에 원료의 사용금지 해제 또는 변경 및 사용기준 지정 또는 변경 신청에 필요한 세부절차와 방법 등은 식품의약품안전처장이 정한다. <개정 2025. 2. 7.>

[본조신설 2019. 3. 14.]

[제목개정 2025. 2. 7.]

제18조(안전용기·포장 대상 품목 및 기준)

① 법 제9조제1항에 따른 안전용기·포장을 사용해야 하는 품목은 다음 각 호와 같다. 다만, 일회용 제품, 용기 입구 부분이 펌프 또는 방아쇠로 작동되는 분무용기 제품, 압축 분무용기 제품(에어로졸 제품 등)은 제외한다. <개정 2021. 9. 10.>

1. 아세톤을 함유하는 네일 에나멜 리무버 및 네일 폴리시 리무버

2. 어린이용 오일 등 개별포장 당 탄화수소류를 10퍼센트 이상 함유하고 운동점도가 21센티스톡스(섭씨 40도 기준) 이하인 에멀션 형태가 아닌 액체상태의 제품

3. 개별포장당 메틸 살리실레이트를 5퍼센트 이상 함유하는 액체상태의 제품

② 제1항에 따른 안전용기·포장은 성인이 개봉하기는 어렵지 아니하나 5세 미만의 어린이가 개봉하기는 어렵게 된 것이어야 한다. 이 경우 개봉하기 어려운 정도의 구체적인 기준 및 시험방법은 산업통상자원부장관이 정하여 고시하는 바에 따른다. <개정 2013. 3. 23., 2024. 7. 9.>

제19조(화장품 포장의 기재·표시 등)

① 법 제10조제1항 각 호 외의 부분 단서에서 "내용량이 소량인 화장품의 포장 등 총리령으로 정하는 포장"이란 다음 각 호의 포장을 말한다. 다만, 제2호의 포장의 경우 가격이란 견본품이나 비매품 등의 표시를 말한다. <개정 2016. 9. 9., 2019. 3. 14., 2020. 3. 13., 2024. 7. 9., 2025. 2. 7.>

1. 내용량이 10밀리리터 이하 또는 10그램 이하인 화장품(소비자가 사용할 때 특별한 주의가 필요하다고 식품의약품안전처장이 정하여 고시하는 화장품은 제외한다)의 포장

2. 판매의 목적이 아닌 제품의 선택 등을 위하여 미리 소비자가 시험·사용하도록 제조 또는 수입된 화장품의 포장

② 법 제10조제1항제3호에 따라 기재·표시를 생략할 수 있는 성분이란 다음 각 호의 성분을 말한다. <개정 2013. 3. 23., 2020. 3. 13., 2024. 7. 9.>

1. 제조과정 중에 제거되어 최종 제품에는 남아 있지 않은 성분

2. 안정화제, 보존제 등 원료 자체에 들어 있는 부수 성분으로서 그 효과가 나타나게 하는 양보다 적은 양이 들어 있는 성분

3. 내용량이 10밀리리터 초과 50밀리리터 이하 또는 중량이 10그램 초과 50그램 이하 화장품(소비자가 사용할 때 특별한 주의가 필요하다고 식품의약품안전처장이 정하여 고시하는 화장품은 제외한다)의 포장인 경우에는 다음 각 목의 성분을 제외한 성분

가. 타르색소

　　나. 금박

　　다. 샴푸와 린스에 들어 있는 인산염의 종류

　　라. 과일산(AHA)

　　마. 기능성화장품의 경우 그 효능·효과가 나타나게 하는 원료

　　바. 식품의약품안전처장이 사용 한도를 고시한 화장품의 원료

③ 법 제10조제1항제9호에 따라 화장품의 포장에 기재·표시하여야 하는 사용할 때의 주의사항은 별표 3과 같다.

④ 법 제10조제1항제10호에 따라 화장품의 포장에 기재·표시하여야 하는 사항은 다음 각 호와 같다. 다만, 맞춤형화장품의 경우에는 제1호 및 제6호를 제외한다. <개정 2013. 3. 23., 2017. 11. 17., 2018. 12. 31., 2019. 3. 14., 2020. 1. 22., 2020. 3. 13., 2022. 2. 18., 2024. 7. 9.>

　1. 식품의약품안전처장이 정하는 바코드

　2. 기능성화장품의 경우 심사받거나 보고한 효능·효과, 용법·용량

　3. 성분명을 제품 명칭의 일부로 사용한 경우 그 성분명과 함량(방향용 제품은 제외한다)

　4. 인체 세포·조직 배양액이 들어있는 경우 그 함량

　5. 화장품에 천연 또는 유기농으로 표시·광고하려는 경우에는 원료의 함량

　6. 수입화장품인 경우에는 제조국의 명칭(「대외무역법」에 따른 원산지를 표시한 경우에는 제조국의 명칭을 생략할 수 있다), 제조회사명 및 그 소재지

　7. 제2조제8호부터 제11호까지에 해당하는 기능성화장품의 경우에는 "질병의 예방 및 치료를 위한 의약품이 아님"이라는 문구

　8. 영유아 또는 어린이가 사용할 수 있는 제품임을 특정하여 표시·광고하려는 경우 법 제8조제2항에 따라 사용기준이 지정·고시된 원료 중 보존제의 함량

　　가. 삭제 <2024. 7. 9.>

　　나. 삭제 <2024. 7. 9.>

⑤ 제1항 및 제2항제3호에 따라 해당 화장품의 제조에 사용된 성분의 기재·표시를 생략하려는 경우에는 다음 각 호의 어느 하나에 해당하는 방법으로 생략된 성분을 확인할 수 있도록 하여야 한다.

　1. 소비자가 법 제10조제1항제3호에 따른 모든 성분을 즉시 확인할 수 있도록 포장에 전화번호나 홈페이지 주소를 적을 것

　2. 법 제10조제1항제3호에 따른 모든 성분이 적힌 책자 등의 인쇄물을 판매업소에 늘 갖추어 둘 것

⑥ 법 제10조제2항 각 호 외의 부분 단서에서 "고형비누 등 총리령으로 정하는 화장품"이란 화장비누를 말한다. <신설 2022. 2. 18.>

⑦ 법 제10조제4항에 따른 화장품 포장의 표시기준 및 표시방법은 별표 4와 같다. <개정 2022. 2. 18.>

제20조(화장품 가격의 표시)

법 제11조제1항에 따라 해당 화장품을 소비자에게 직접 판매하는 자(이하 "판매자"라 한다)는 그 제품의 포장에 판매하려는 가격을 일반 소비자가 알기 쉽도록 표시하되, 그 세부적인 표시방법은 식품의약품안전처장이 정하여 고시한다. <개정 2013. 3. 23.>

제21조(기재·표시상의 주의사항)

법 제12조에 따른 화장품 포장의 기재·표시 및 화장품의 가격표시상의 준수사항은 다음 각 호와 같다.

1. 한글로 읽기 쉽도록 기재·표시할 것. 다만, 한자 또는 외국어를 함께 적을 수 있고, 수출용 제품 등의 경우에는 그 수출 대상국의 언어로 적을 수 있다.

2. 화장품의 성분을 표시하는 경우에는 표준화된 일반명을 사용할 것

제22조(표시 · 광고의 범위 등)

법 제13조제2항에 따른 표시 · 광고의 범위와 그 밖에 준수하여야 하는 사항은 별표 5와 같다.

제23조(표시 · 광고 실증의 대상 등)

① 법 제14조제1항에 따른 표시 · 광고 실증의 대상은 화장품의 포장 또는 별표 5 제1호에 따른 화장품 광고의 매체 또는 수단에 의한 표시 · 광고 중 사실과 다르게 소비자를 속이거나 소비자가 잘못 인식하게 할 우려가 있어 식품의약품안전처장이 실증이 필요하다고 인정하는 표시 · 광고로 한다. <개정 2013. 3. 23. >

② 법 제14조제3항에 따라 영업자 또는 판매자가 제출하여야 하는 실증자료의 범위 및 요건은 다음 각 호와 같다. <개정 2019. 3. 14., 2020. 3. 13. >

  1. 시험결과: 인체 적용시험 자료, 인체 외 시험 자료 또는 같은 수준 이상의 조사자료일 것

  2. 조사결과: 표본설정, 질문사항, 질문방법이 그 조사의 목적이나 통계상의 방법과 일치할 것

  3. 실증방법: 실증에 사용되는 시험 또는 조사의 방법은 학술적으로 널리 알려져 있거나 관련 산업 분야에서 일반적으로 인정된 방법 등으로서 과학적이고 객관적인 방법일 것

③ 법 제14조제3항에 따라 영업자 또는 판매자가 실증자료를 제출할 때에는 다음 각 호의 사항을 적고, 이를 증명할 수 있는 자료를 첨부해 식품의약품안전처장에게 제출해야 한다. <개정 2020. 3. 13. >

  1. 실증방법

  2. 시험 · 조사기관의 명칭 및 대표자의 성명 · 주소 · 전화번호

  3. 실증내용 및 실증결과

  4. 실증자료 중 영업상 비밀에 해당되어 공개를 원하지 않는 경우에는 그 내용 및 사유

④ 제1항부터 제3항까지에서 규정한 사항 외에 표시 · 광고 실증에 필요한 사항은 식품의약품안전처장이 정하여 고시한다. <개정 2013. 3. 23. >

제23조의2 삭제 <2025. 8. 1. >

제23조의3 삭제 <2025. 8. 1. >

제24조(관계 공무원의 자격 등)

① 법 제18조제1항에 따른 화장품 검사 등에 관한 업무를 수행하는 공무원(이하 "화장품감시공무원"이라 한다)은 다음 각 호의 어느 하나에 해당하는 사람 중에서 지방식품의약품안전청장이 임명하는 사람으로 한다. <개정 2020. 3. 13. >

  1. 「고등교육법」 제2조에 따른 학교에서 약학 또는 화장품 관련 분야의 학사학위 이상을 취득한 사람(법령에서 이와 같은 수준 이상의 학력이 있다고 인정한 사람을 포함한다)

  2. 화장품에 관한 지식 및 경력이 풍부하다고 지방식품의약품안전청장이 인정하거나 특별시장 · 광역시장 · 특별자치시장 · 도지사 · 특별자치도지사 또는 시장 · 군수 · 구청장(자치구의 구청장을 말한다)이 추천한 사람

② 법 제18조제4항에 따른 화장품감시공무원의 신분을 증명하는 증표는 별지 제14호서식에 따른다.

제25조(수거 등)

법 제18조제2항에 따라 화장품감시공무원이 물품 또는 화장품을 수거하는 경우에는 별지 제15호서식의 수거증을 피수거인에게 발급하여야 한다.

제26조(화장품 판매 모니터링)

식품의약품안전처장은 법 제18조제3항에 따라 법 제17조에 따른 단체 또는 관련 업무를 수행하는 기관 등을 지정하여 화장품의 판매, 표시 · 광고, 품질 등에 대하여 모니터링하게 할 수 있다. <개정 2013. 3. 23. >

제26조의2(소비자화장품안전관리감시원의 자격 등)

① 법 제18조의2제1항에 따라 소비자화장품안전관리감시원(이하 "소비자화장품감시원"이라 한다)으로 위촉될 수 있는 사람은 다음 각 호의 어느 하나에 해당하는 사람으로 한다.

1. 법 제17조에 따라 설립된 단체의 임직원 중 해당 단체의 장이 추천한 사람

2. 「소비자기본법」 제29조제1항에 따라 등록한 소비자단체의 임직원 중 해당 단체의 장이 추천한 사람

3. 제8조제1항 각 호의 어느 하나에 해당하는 사람

4. 식품의약품안전처장이 정하여 고시하는 교육과정을 마친 사람

② 소비자화장품감시원의 임기는 2년으로 하되, 연임할 수 있다.

③ 법 제18조의2제2항제3호에서 "총리령으로 정하는 사항"이란 다음 각 호의 사항을 말한다.

1. 법 제23조에 따른 관계 공무원의 물품 회수 · 폐기 등의 업무 지원

2. 제29조에 따른 행정처분의 이행 여부 확인 등의 업무 지원

3. 화장품의 안전사용과 관련된 홍보 등의 업무

④ 법 제18조의2제3항에 따라 식품의약품안전처장 또는 지방식품의약품안전청장은 소비자화장품감시원에 대하여 반기(半期)마다 화장품 관계법령 및 위해화장품 식별 등에 관한 교육을 실시하고, 소비자화장품감시원이 직무를 수행하기 전에 그 직무에 관한 교육을 실시하여야 한다.

⑤ 식품의약품안전처장 또는 지방식품의약품안전청장은 소비자화장품감시원의 활동을 지원하기 위하여 예산의 범위에서 수당 등을 지급할 수 있다.

⑥ 제1항부터 제5항까지에서 규정한 사항 외에 소비자화장품감시원의 운영에 필요한 사항은 식품의약품안전처장이 정하여 고시한다.

[본조신설 2019. 3. 14.]

제27조(회수 · 폐기명령 등)

법 제23조제1항부터 제3항까지의 규정에 따른 물품 회수에 필요한 위해성 등급 및 그 분류기준과 물품 회수 · 폐기의 절차 · 계획 및 사후조치 등에 관하여는 제14조의2제2항 및 제14조의3을 준용한다. <개정 2019. 12. 12. >

[본조신설 2015. 7. 29.]

제28조(위해화장품의 공표)

① 법 제23조의2제1항에 따라 공표명령을 받은 영업자는 지체 없이 위해 발생사실 또는 다음 각 호의 사항을 「신문 등의 진흥에 관한 법률」 제9조제1항에 따라 등록한 전국을 보급지역으로 하는 1개 이상의 일반일간신문[당일 인쇄 · 보급되는 해당 신문의 전체 판(版)을 말한다] 및 해당 영업자의 인터넷 홈페이지에 게재하고, 식품의약품안전처의 인터넷 홈페이지에 게재를 요청하여야 한다. 다만, 제14조의2제2항제3호에 따른 위해성 등급이 다등급인 화장품의 경우에는 해당 일반일간신문에의 게재를 생략할 수 있다. <개정 2019. 12. 12. >

1. 화장품을 회수한다는 내용의 표제

2. 제품명

3. 회수대상화장품의 제조번호

4. 사용기한 또는 개봉 후 사용기간(병행 표기된 제조연월일을 포함한다)

5. 회수 사유

6. 회수 방법

7. 회수하는 영업자의 명칭

8. 회수하는 영업자의 전화번호, 주소, 그 밖에 회수에 필요한 사항

② 제1항 각 호의 사항에 대한 구체적인 작성방법은 별표 6과 같다.

③ 제1항에 따라 공표를 한 영업자는 다음 각 호의 사항이 포함된 공표 결과를 지체 없이 지방식품의약품안전청장에게 통보하여야 한다.

    1. 공표일

    2. 공표매체

    3. 공표횟수

    4. 공표문 사본 또는 내용

    [본조신설 2015. 7. 29.]

제29조(행정처분기준)

① 법 제24조제1항에 따른 행정처분의 기준은 별표 7과 같다.

② 삭제 <2014. 8. 20.>

제30조(과징금의 징수절차)

「화장품법 시행령」 제12조제1항에 따른 과징금의 징수절차는 「국고금관리법 시행규칙」을 준용한다. 이 경우 납입고지서에는 이의제기 방법 및 기간을 함께 적어 넣어야 한다.

제31조(등록필증 등의 재발급 등)

① 법 제31조에 따라 화장품제조업 등록필증, 화장품책임판매업 등록필증, 맞춤형화장품판매업 신고필증 또는 기능성화장품심사결과통지서(이하 "등록필증등"이라 한다)를 재발급받으려는 자는 별지 제18호서식 또는 별지 제19호서식의 재발급신청서(전자문서로 된 신청서를 포함한다)에 다음 각 호의 서류(전자문서를 포함한다)를 첨부하여 각각 지방식품의약품안전청장 또는 식품의약품안전평가원장에게 제출하여야 한다. <개정 2013. 3. 23., 2017. 7. 31., 2019. 3. 14., 2020. 3. 13.>

    1. 등록필증등이 오염, 훼손 등으로 못쓰게 된 경우 그 등록필증등

    2. 등록필증등을 잃어버린 경우에는 그 사유서

② 등록필증등을 재발급 받은 후 잃어버린 등록필증등을 찾았을 때에는 지체 없이 이를 해당 발급기관의 장에게 반납하여야 한다.

③ 법 제3조 및 제3조의2에 따른 영업자의 등록 또는 신고 등의 확인 또는 증명을 받으려는 자는 확인신청서 또는 증명신청서(각각 전자문서로 된 신청서를 포함하며, 외국어의 경우에는 번역문을 포함한다)를 식품의약품안전처장 또는 지방식품의약품안전청장에게 제출하여야 한다. <개정 2013. 3. 23., 2019. 3. 14., 2020. 3. 13.>

제32조(수수료)

① 법 제32조제1항 본문에 따른 수수료의 금액은 별표 9와 같다. <개정 2022. 2. 18.>

② 제1항에 따른 수수료는 현금, 현금의 납입을 증명하는 증표 또는 정보통신망을 이용한 전자화폐나 전자결제 등의 방법으로 내야 한다.

    [전문개정 2020. 3. 13.]

제33조(규제의 재검토)

식품의약품안전처장은 다음 각 호의 사항에 대하여 다음 각 호의 기준일을 기준으로 3년마다(매 3년이 되는 해의 기준일과 같은 날 전까지를 말한다) 그 타당성을 검토하여 개선 등의 조치를 하여야 한다. <개정 2019. 3. 14., 2020. 3. 13., 2022. 2. 18.>

1. 제3조에 따른 화장품 제조업의 등록: 2014년 1월 1일

2. 제4조에 따른 화장품책임판매업의 등록: 2019년 3월 14일

3. 삭제 <2023. 6. 22.>

4. 제8조의2 및 제8조의3에 따른 맞춤형화장품판매업의 신고 및 변경신고 : 2020년 3월 14일

5. 제29조제1항 및 별표 7에 따른 행정처분의 기준 : 2022년 7월 1일

　　[본조신설 2014. 4. 1.]

부칙 <제2043호, 2025. 8. 1.>

제1조(시행일)

이 규칙은 공포한 날부터 시행한다.

제2조(인증 관련 자료의 보관에 관한 경과조치)

이 규칙 시행 당시 종전의 규정에 따라 인증을 받거나 인증의 유효기간이 끝난 후 2년이 지나지 않은 경우에 그 인증신청, 인증심사 및 인증사업자에 관한 자료에 대한 인증기관의 보관에 관하여는 제23조의3제5항제1호의 개정규정에도 불구하고 종전의 규정에 따른다.

화장품법 시행규칙 [별표 7] 〈개정 2022.2.18.〉

행정처분의 기준(제29조제1항 관련)

1. 일반기준

가. 위반행위가 둘 이상인 경우로서 그에 해당하는 각각의 처분기준이 다른 경우에는 그 중 무거운 처분기준에 따른다. 다만, 둘 이상의 처분기준이 업무정지인 경우에는 무거운 처분의 업무정지 기간에 가벼운 처분의 업무정지 기간의 2분의 1까지 더하여 처분할 수 있으며, 이 경우 그 최대기간은 12개월로 한다.

나. 위반행위가 둘 이상인 경우로서 처분기준이 업무정지와 품목업무정지에 해당하는 경우에는 그 업무정지 기간이 품목정지 기간보다 길거나 같을 때에는 업무정지처분을 하고, 업무정지 기간이 품목정지 기간보다 짧을 때에는 업무정지처분과 품목업무정지처분을 병과(倂科)한다.

다. 위반행위의 횟수에 따른 행정처분의 기준은 최근 1년간(이 표 제2호의 개별기준 머목에 해당하는 경우에는 2년간) 같은 위반행위로 행정처분을 받은 경우에 적용한다. 이 경우 기준의 적용일은 최근에 실제 행정처분의 효력이 발생한 날(업무정지처분을 갈음하여 과징금을 부과하는 경우에는 최근에 과징금처분을 통보한 날)과 다시 같은 위반행위를 적발한 날을 기준으로 한다. 다만, 품목업무정지의 경우 품목이 다를 때에는 이 기준을 적용하지 않는다.

라. 다목에 따라 가중된 부과처분을 하는 경우 가중처분의 적용 차수는 그 위반행위 전 부과처분 차수(다목에 따른 기간 내에 과태료 부과처분이 둘 이상 있었던 경우에는 높은 차수를 말한다)의 다음 차수로 한다.

마. 행정처분을 하기 위한 절차가 진행되는 기간 중에 반복하여 같은 위반행위를 한 경우에는 행정처분을 하기 위하여 진행 중인 사항의 행정처분기준의 2분의 1씩을 더하여 처분한다. 이 경우 그 최대기간은 12개월로 한다.

바. 같은 위반행위의 횟수가 3차 이상인 경우에는 과징금 부과대상에서 제외한다.

사. 화장품제조업자가 등록한 소재지에 그 시설이 전혀 없는 경우에는 등록을 취소한다.

아. 영 제2조제2호라목의 책임판매업을 등록한 자에 대하여 제2호의 개별기준을 적용하는 경우 "판매금지"는 "수입대행금지"로, "판매업무정지"는 "수입대행업무정지"로 본다.

자. 다음 각 목의 어느 하나에 해당하는 경우에는 그 처분을 2분의 1까지 감경하거나 면제할 수 있다.

　1) 처분을 2분의 1까지 감경하거나 면제할 수 있는 경우

　　가) 국민보건, 수요·공급, 그 밖에 공익상 필요하다고 인정된 경우

　　나) 해당 위반사항에 관하여 검사로부터 기소유예의 처분을 받거나 법원으로부터 선고유예의 판결을 받은 경우

　　다) 광고주의 의사와 관계없이 광고회사 또는 광고매체에서 무단 광고한 경우

　2) 처분을 2분의 1까지 감경할 수 있는 경우

　　가) 기능성화장품으로서 그 효능·효과를 나타내는 원료의 함량 미달의 원인이 유통 중 보관상태 불량 등으로 인한 성분의 변화 때문이라고 인정된 경우

　　나) 비병원성 일반세균에 오염된 경우로서 인체에 직접적인 위해가 없으며, 유통 중 보관상태 불량에 의한 오염으로 인정된 경우

2. 개별기준

위반 내용	관련 법조문	처분기준			
		1차 위반	2차 위반	3차 위반	4차 이상 위반
가. 법 제3조제1항 후단에 따른 화장품제조업 또는 화장품책임판매업의 다음의 변경 사항 등록을 하지 않은 경우	법 제24조 제1항제1호				
1) 화장품제조업자·화장품책임판매업자(법인인 경우 대표자)의 변경 또는 그 상호(법인인 경우 법인의 명칭)의 변경		시정명령	제조 또는 판매 업무정지 5일	제조 또는 판매 업무정지 15일	제조 또는 판매 업무정지 1개월
2) 제조소의 소재지 변경		제조업무정지 1개월	제조업무정지 3개월	제조업무정지 6개월	등록취소
3) 화장품책임판매업소의 소재지 변경		판매업무정지 1개월	판매업무정지 3개월	판매업무정지 6개월	등록취소
4) 책임판매관리자의 변경		시정명령	판매업무정지 7일	판매업무정지 15일	판매업무정지 1개월
5) 제조 유형 변경		제조업무정지 1개월	제조업무정지 2개월	제조업무정지 3개월	제조업무정지 6개월
6) 영 제2조2호가목부터 다목까지의 화장품책임판매업을 등록한 자의 책임판매 유형 변경		경고	판매업무정지 15일	판매업무정지 1개월	판매업무정지 3개월
7) 영 제2조제2호라목의 화장품책임판매업을 등록한 자의 책임판매 유형 변경		수입대행업무 정지 1개월	수입대행업무 정지 2개월	수입대행업무 정지 3개월	수입대행업무 정지 6개월
나. 법 제3조제2항에 따른 시설을 갖추지 않은 경우	법 제24조 제1항제2호				
1) 제6조제1항에 따른 제조 또는 품질검사에 필요한 시설 및 기구의 전부가 없는 경우		제조업무정지 3개월	제조업무정지 6개월	등록취소	
2) 제6조제1항에 따른 작업소, 보관소 또는 시험실 중 어느 하나가 없는 경우		개수명령	제조업무정지 1개월	제조업무정지 2개월	제조업무정지 4개월
3) 제6조제1항에 따른 해당 품목의 제조 또는 품질검사에 필요한 시설 및 기구 중 일부가 없는 경우		개수명령	해당 품목 제조 업무정지 1개월	해당 품목 제조 업무정지 2개월	해당 품목 제조 업무정지 4개월
4) 제6조제1항제1호에 따른 화장품을 제조하기 위한 작업소의 기준을 위반한 경우					
가) 제6조제1항제1호가목을 위반한 경우		시정명령	제조업무정지 1개월	제조업무정지 2개월	제조업무정지 4개월

위반 내용	관련 법조문	처분기준			
		1차 위반	2차 위반	3차 위반	4차 이상 위반
나) 제6조제1항제1호나목 또는 다목을 위반한 경우		개수명령	해당 품목 제조업무정지 1개월	해당 품목 제조업무정지 2개월	해당 품목 제조업무정지 4개월
다. 법 제3조의2제1항 후단에 따른 맞춤형화장품판매업의 변경신고를 하지 않은 경우	법 제24조 제1항 제2호의2				
1) 맞춤형화장품판매업자의 변경신고를 하지 않은 경우		시정명령	판매업무정지 5일	판매업무정지 15일	판매업무정지 1개월
2) 맞춤형화장품판매업소 상호의 변경신고를 하지 않은 경우		시정명령	판매업무정지 5일	판매업무정지 15일	판매업무정지 1개월
3) 맞춤형화장품판매업소 소재지의 변경신고를 하지 않은 경우		판매업무정지 1개월	판매업무정지 2개월	판매업무정지 3개월	판매업무정지 4개월
4) 맞춤형화장품조제관리사의 변경신고를 하지 않은 경우		시정명령	판매업무정지 5일	판매업무정지 15일	판매업무정지 1개월
라. 거짓이나 그 밖의 부정한 방법으로 제3조제1항 또는 제3조의2제1항에 따른 등록·변경등록 또는 신고·변경신고를 한 경우	법 제24조 제1항 제1호의2	등록 취소 또는 영업소 폐쇄			
마. 법 제3조의2제2항에 따른 맞춤형화장품판매업의 시설을 갖추지 아니하게 된 경우	법 제24조 제1항 제2호의3	시정명령	판매업무정지 1개월	판매업무정지 3개월	영업소 폐쇄
바. 법 제3조의3 각 호의 어느 하나에 해당하는 경우	법 제24조 제1항제3호	등록취소			
사. 국민보건에 위해를 끼쳤거나 끼칠 우려가 있는 화장품을 제조·수입한 경우	법 제24조 제1항제4호	제조 또는 판매업무 정지 1개월	제조 또는 판매업무 정지 3개월	제조 또는 판매업무 정지 6개월	등록취소
아. 법 제4조제1항을 위반하여 심사를 받지 않거나 보고서를 제출하지 않은 기능성화장품을 판매한 경우	법 제24조 제1항제5호				
1) 심사를 받지 않거나 거짓으로 보고하고 기능성화장품을 판매한 경우		판매업무정지 6개월	판매업무정지 12개월	등록취소	
2) 보고하지 않은 기능성화장품을 판매한 경우		판매업무정지 3개월	판매업무정지 6개월	판매업무정지 9개월	판매업무정지 12개월
자. 법 제4조의2제1항에 따른 제품별 안전성 자료를 작성 또는 보관하지 않은 경우	법 제24조 제1항 제5호의2	판매 또는 해당 품목판매업무정지 1개월	판매 또는 해당 품목판매업무정지 3개월	판매 또는 해당 품목판매업무정지 6개월	판매 또는 해당 품목판매업무정지 12개월

위반 내용	관련 법조문	처분기준			
		1차 위반	2차 위반	3차 위반	4차 이상 위반
차. 법 제5조를 위반하여 영업자의 준수사항을 이행하지 않은 경우	법 제24조 제1항제6호				
1) 제11조제1항제1호의 준수사항을 이행하지 않은 경우		시정명령	제조 또는 해당 품목 제조업무 정지 15일	제조 또는 해당 품목 제조업무 정지 1개월	제조 또는 해당 품목 제조업무 정지 3개월
2) 제11조제1항제2호의 준수사항을 이행하지 않은 경우					
가) 제조관리기준서, 제품표준서, 제조관리기록서 및 품질관리기록서를 갖추어 두지 않거나 이를 거짓으로 작성한 경우		제조 또는 해당 품목 제조업무 정지 1개월	제조 또는 해당 품목 제조업무 정지 3개월	제조 또는 해당 품목 제조업무 정지 6개월	제조 또는 해당 품목 제조업무 정지 9개월
나) 작성된 제조관리기준서의 내용을 준수하지 않은 경우		제조 또는 해당 품목 제조업무 정지 15일	제조 또는 해당 품목 제조업무 정지 1개월	제조 또는 해당 품목 제조업무 정지 3개월	제조 또는 해당 품목 제조업무 정지 6개월
3) 제11조제1항제3호부터 제5호까지의 준수사항을 이행하지 않은 경우		제조 또는 해당 품목 제조업무 정지 15일	제조 또는 해당 품목 제조업무 정지 1개월	제조 또는 해당 품목 제조업무 정지 3개월	제조 또는 해당 품목 제조업무 정지 6개월
4) 제11조제1항제6호부터 제8호까지의 준수사항을 이행하지 않은 경우		제조 또는 해당 품목 제조업무 정지 15일	제조 또는 해당 품목 제조업무 정지 1개월	제조 또는 해당 품목 제조업무 정지 3개월	제조 또는 해당 품목 제조업무 정지 6개월
5) 제12조제1호의 준수사항을 이행하지 않은 경우					
가) 별표 1에 따라 책임판매관리자를 두지 않은 경우		판매 또는 해당 품목 판매업무 정지 1개월	판매 또는 해당 품목 판매업무 정지 3개월	판매 또는 해당 품목 판매업무 정지 6개월	판매 또는 해당 품목 판매업무 정지 12개월
나) 별표 1에 따른 품질관리 업무 절차서를 작성하지 않거나 거짓으로 작성한 경우		판매업무 정지 3개월	판매업무정지 6개월	판매업무 정지 12개월	등록취소
다) 별표 1에 따라 작성된 품질관리 업무 절차서의 내용을 준수하지 않은 경우		판매 또는 해당 품목 판매업무 정지 1개월	판매 또는 해당 품목 판매업무 정지 3개월	판매 또는 해당 품목 판매업무 정지 6개월	판매 또는 해당 품목 판매업무 정지 12개월
라) 그 밖에 별표 1에 따른 품질관리기준을 준수하지 않은 경우		시정명령	판매 또는 해당 품목 판매업무 정지 7일	판매 또는 해당 품목 판매업무 정지 15일	판매 또는 해당 품목 판매업무 정지 1개월
6) 제12조제2호의 준수사항을 이행하지 않은 경우					
가) 별표 2에 따라 책임판매관리자를 두지 않은 경우		판매 또는 해당 품목 판매업무 정지 1개월	판매 또는 해당 품목 판매업무 정지 3개월	판매 또는 해당 품목 판매업무 정지 6개월	판매 또는 해당 품목 판매업무 정지 12개월

위반 내용	관련 법조문	처분기준			
		1차 위반	2차 위반	3차 위반	4차 이상 위반
나) 별표 2에 따른 안전관리 정보를 검토하지 않거나 안전확보 조치를 하지 않은 경우		판매 또는 해당 품목 판매업무 정지 1개월	판매 또는 해당 품목 판매업무 정지 3개월	판매 또는 해당 품목 판매업무 정지 6개월	판매 또는 해당 품목 판매업무 정지 12개월
다) 그 밖에 별표 2에 따른 책임판매 후 안전관리기준을 준수하지 않은 경우		경고	판매 또는 해당 품목 판매업무 정지 1개월	판매 또는 해당 품목 판매업무 정지 3개월	판매 또는 해당 품목 판매업무 정지 6개월
7) 그 밖에 제12조제3호부터 제11호까지의 규정에 따른 준수사항을 이행하지 않은 경우		시정명령	판매 또는 해당 품목 판매업무 정지 1개월	판매 또는 해당 품목 판매업무 정지 3개월	판매 또는 해당 품목 판매업무 정지 6개월
8) 법 제5조제3항을 위반하여 소비자에게 유통·판매되는 화장품을 임의로 혼합·소분한 경우		판매업무정지 15일	판매업무정지 1개월	판매업무정지 3개월	판매업무정지 6개월
9) 제12조의2제1호 및 제2호의 준수사항을 이행하지 않은 경우		판매 또는 해당 품목 판매업무 정지 15일	판매 또는 해당 품목 판매업무 정지 1개월	판매 또는 해당 품목 판매업무 정지 3개월	판매 또는 해당 품목 판매업무 정지 6개월
10) 제12조의2제3호의 준수사항을 이행하지 않은 경우		시정명령	판매 또는 해당 품목 판매업무 정지 1개월	판매 또는 해당 품목 판매업무 정지 3개월	판매 또는 해당 품목 판매업무 정지 6개월
11) 제12조의2제4호의 준수사항을 이행하지 않은 경우		시정명령	판매 또는 해당 품목 판매업무 정지 7일	판매 또는 해당 품목 판매업무 정지 15일	판매 또는 해당 품목 판매업무 정지 1개월
12) 제12조의2제5호의 준수사항을 이행하지 않은 경우		시정명령	판매 또는 해당 품목 판매업무 정지 1개월	판매 또는 해당 품목 판매업무 정지 3개월	판매 또는 해당 품목 판매업무 정지 6개월
카. 법 제5조의2제1항을 위반하여 회수 대상 화장품을 회수하지 않거나 회수하는 데에 필요한 조치를 하지 않은 경우	법 제24조 제1항 제6호의2	판매 또는 제조업무 정지 1개월	판매 또는 제조업무 정지 3개월	판매 또는 제조업무 정지 6개월	등록취소
타. 법 제5조의2제2항을 위반하여 회수계획을 보고하지 않거나 거짓으로 보고한 경우	법 제24조 제1항 제6호의3	판매 또는 제조업무 정지 1개월	판매 또는 제조업무 정지 3개월	판매 또는 제조업무 정지 6개월	등록취소
파. 법 제9조에 따른 화장품의 안전용기·포장에 관한 기준을 위반한 경우	법 제24조 제1항제8호	해당 품목 판매업무정지 3개월	해당 품목 판매업무정지 6개월	해당 품목 판매업무정지 12개월	
하. 법 제10조 및 이 규칙 제19조에 따른 화장품의 1차 포장 또는 2차 포장의 기재·표시사항을 위반한 경우	법 제24조 제1항제9호				
1) 법 제10조제1항 및 제2항의 기재사항(가격은 제외한다)의 전부를 기재하지 않은 경우		해당 품목 판매업무정지 3개월	해당 품목 판매업무정지 6개월	해당 품목 판매업무정지 12개월	

위반 내용	관련 법조문	처분기준			
		1차 위반	2차 위반	3차 위반	4차 이상 위반
2) 법 제10조제1항 및 제2항의 기재사항(가격은 제외한다)을 거짓으로 기재한 경우		해당 품목 판매업무정지 1개월	해당 품목 판매업무 정지 3개월	해당 품목 판매업무정지 6개월	해당 품목 판매업무정지 12개월
3) 법 제10조제1항 및 제2항의 기재사항(가격은 제외한다)의 일부를 기재하지 않은 경우		해당 품목 판매업무정지 15일	해당 품목 판매업무 정지 1개월	해당 품목 판매업무정지 3개월	해당 품목 판매업무정지 6개월
거. 법 제10조, 이 규칙 제19조제6항 및 별표 4에 따른 화장품 포장의 표시기준 및 표시방법을 위반한 경우	법 제24조 제1항제9호	해당 품목 판매업무정지 15일	해당 품목 판매업무 정지 1개월	해당 품목 판매업무정지 3개월	해당 품목 판매업무정지 6개월
너. 법 제12조 및 이 규칙 제21조에 따른 화장품 포장의 기재·표시상의 주의사항을 위반한 경우	법 제24조 제1항제9호	해당 품목 판매업무정지 15일	해당 품목 판매업무 정지 1개월	해당 품목 판매업무정지 3개월	해당 품목 판매업무정지 6개월
더. 법 제13조를 위반하여 화장품을 표시·광고한 경우	법 제24조 제1항 제10호				
1) 별표 5 제2호가목·나목 및 카목에 따른 화장품의 표시·광고 시 준수사항을 위반한 경우		해당 품목 판매업무 정지 3개월(표시위반) 또는 해당 품목 광고업무정지 3개월(광고위반)	해당 품목 판매업무정지 6개월(표시위반) 또는 해당 품목 광고업무정지 6개월(광고위반)	해당 품목 판매업무정지 9개월(표시위반) 또는 해당 품목 광고업무정지 9개월(광고위반)	
2) 별표 5 제2호다목부터 차목까지의 규정에 따른 화장품의 표시·광고 시 준수사항을 위반한 경우		해당 품목 판매업무정지 2개월(표시위반) 또는 해당 품목 광고업무정지 2개월(광고위반)	해당 품목 판매업무정지 4개월(표시위반) 또는 해당 품목 광고업무정지 4개월(광고위반)	해당 품목 판매업무정지6개월(표시위반) 또는 해당 품목 광고업무정지 6개월(광고위반)	해당 품목 판매업무정지 12개월(표시위반) 또는 해당 품목 광고업무정지 12개월(광고위반)
러. 법 제14조제4항에 따른 중지명령을 위반하여 화장품을 표시·광고를 한 경우	법 제24조 제1항 제10호	해당 품목 판매업무 정지 3개월	해당 품목 판매업무 정지 6개월	해당 품목 판매업무 정지 12개월	
머. 법 제15조를 위반하여 다음의 화장품을 판매하거나 판매의 목적으로 제조·수입·보관 또는 진열한 경우	법 제24조 제1항 제11호				
1) 전부 또는 일부가 변패(變敗)되거나 이물질이 혼입 또는 부착된 화장품		해당 품목 제조 또는 판매업무 정지 1개월	해당 품목 제조 또는 판매 업무 정지 3개월	해당 품목 제조 또는 판매업무 정지 6개월	해당 품목 제조 또는 판매업무 정지 12개월
2) 병원미생물에 오염된 화장품		해당 품목 제조 또는 판매업무 정지 3개월	해당품목제조 또는 판매업무 정지 6개월	해당품목제조 또는 판매업무 정지 9개월	해당 품목제조 또는 판매업무 정지 12개월

위반 내용	관련 법조문	처분기준			
		1차 위반	2차 위반	3차 위반	4차 이상 위반
3) 법 제8조제1항에 따라 식품의 약품안전처장이 고시한 화장품의 제조 등에 사용할 수 없는 원료를 사용한 화장품		제조 또는 판매업무 정지 3개월	제조 또는 판매업무 정지 6개월	제조 또는 판매업무 정지 12개월	등록취소
4) 법 제8조제2항에 따라 사용상의 제한이 필요한 원료에 대하여 식품의약품안전처장이 고시한 사용기준을 위반한 화장품		해당 품목 제조 또는 판매업무 정지 3개월	해당 품목 제조 또는 판매업무 정지 6개월	해당 품목 제조 또는 판매업무 정지 9개월	해당 품목 제조 또는 판매업무 정지 12개월
5) 법 제8조제8항에 따라 식품의 약품안전처장이 고시한 유통화장품 안전관리기준에 적합하지 않은 화장품					
가) 실제 내용량이 표시된 내용량의 97퍼센트 미만인 화장품					
(1) 실제 내용량이 표시된 내용량의 90퍼센트 이상 97퍼센트 미만인 화장품		시정명령	해당 품목 제조 또는 판매업무 정지 15일	해당 품목 제조 또는 판매업무 정지 1개월	해당 품목 제조 또는 판매업무 정지 2개월
(2) 실제 내용량이 표시된 내용량의 80퍼센트 이상 90퍼센트 미만인 화장품		해당 품목 제조 또는 판매업무 정지 1개월	해당 품목 제조 또는 판매업무 정지 2개월	해당 품목 제조 또는 판매업무 정지 3개월	해당 품목 제조 또는 판매업무 정지 4개월
(3) 실제 내용량이 표시된 내용량의 80퍼센트 미만인 화장품		해당 품목 제조 또는 판매업무 정지 2개월	해당 품목 제조 또는 판매업무 정지 3개월	해당 품목 제조 또는 판매업무 정지 4개월	해당 품목 제조 또는 판매업무 정지 6개월
나) 기능성화장품에서 기능성을 나타나게 하는 주원료의 함량이 기준치보다 부족한 경우					
(1) 주원료의 함량이 기준치보다 10퍼센트 미만 부족한 경우		해당 품목 제조 또는 판매업무 정지 15일	해당 품목 제조 또는 판매업무 정지 1개월	해당 품목 제조 또는 판매업무 정지 3개월	해당 품목 제조 또는 판매업무 정지 6개월
(2) 주원료의 함량이 기준치보다 10퍼센트 이상 부족한 경우		해당 품목 제조 또는 판매업무 정지 1개월	해당 품목 제조 또는 판매업무 정지 3개월	해당 품목 제조 또는 판매업무 정지 6개월	해당 품목 제조 또는 판매업무 정지 12개월
다) 그 밖의 기준에 적합하지 않은 화장품		해당 품목 제조 또는 판매업무 정지 1개월	해당 품목 제조 또는 판매업무 정지 3개월	해당 품목 제조 또는 판매업무 정지 6개월	해당 품목 제조 또는 판매업무 정지 12개월
6) 사용기한 또는 개봉 후 사용기간(병행 표기된 제조연월일을 포함한다)을 위조·변조한 화장품		해당 품목 제조 또는 판매업무 정지 3개월	해당 품목 제조 또는 판매업무 정지 6개월	해당 품목 제조 또는 판매업무 정지 12개월	
7) 그 밖에 법 제15조 각 호에 해당하는 화장품		해당 품목 제조 또는 판매업무 정지 1개월	해당 품목 제조 또는 판매업무 정지 3개월	해당 품목 제조 또는 판매업무 정지 6개월	해당 품목 제조 또는 판매업무 정지 12개월

위반 내용	관련 법조문	처분기준			
		1차 위반	2차 위반	3차 위반	4차 이상 위반
버. 법 제18조제1항·제2항에 따른 검사·질문·수거 등을 거부하 거나 방해한 경우	법 제24조 제1항 제12호	판매 또는 제조 업무 정지 1개월	판매 또는 제조 업무 정지 3개월	판매 또는 제조 업무 정지 6개월	등록취소
서. 법 제19조, 제20조, 제22조, 제 23조제1항·제2항 또는 제23 조의2에 따른 시정명령·검사 명령·개수명령·회수명령·폐 기명령 또는 공표명령 등을 이 행하지 않은 경우	법 제24조 제1항 제13호	판매 또는 제조 업무 정지 1개월	판매 또는 제조 업무 정지 3개월	판매 또는 제조 업무 정지 6개월	등록취소
어. 법 제23조제3항에 따른 회수 계획을 보고하지 않거나 거짓 으로 보고한 경우	법 제24조 제1항 제13호의2	판매 또는 제조 업무 정지 1개월	판매 또는 제조 업무 정지 3개월	판매 또는 제조 업무 정지 6개월	등록취소
저. 업무정지기간 중에 업무를 한 경우로서	법 제24조 제1항 제14호				
1) 업무정지기간 중에 헤당 업무를 한 경우(광고 업무에 한정하여 정지를 명한 경우는 제외한다)		등록취소			
2) 광고의 업무정지기간 중에 광고 업무를 한 경우		시정명령	판매업무정지 3개월		

화장품법 시행규칙[별표 7]

테르펜

테르펜은 이소프렌을 기본 단위 구조로 한 5의 배수의 탄소 골격으로 형성되어 있다.

이소프렌 2분자로 구성된 테르펜 물질(C_{10})을 기준으로 하여 헤미테르펜(C_5), 모노테르펜(C_{10}), 세스퀴테르펜(C_{15}), 다이테르펜(C_{20}), 트리테르펜(C_{30}), 테트라테르펜(C_{40}), 폴리테르펜(C_{40} 이상) 등으로 구분된다.

- **헤미테르펜**(hemiterpenes, C_5) : 하나의 이소프렌 단위로 구성된 가장 작은 테르펜 물질로서 광합성이 활발한 조직에서 방출되는 휘발성 물질이다.

- **모노테르펜**(monoterpenes, C_{10}) : 두 개의 이소프렌 단위로 구성되어 있으며, 주로 꽃과 허브에서 생성되는 휘발성 물질로서 시트랄(citral), 멘톨(menthol), 장뇌(camphor), 리모넨(limonene), 미르센(myrcene), 피넨(pinene), 피레트린(pyrethrin), 게라니올(geraniol) 등의 방향 및 방충 효과와 리날로올(linalool)과 시네올(cineol)의 수분매개자 유도(pollinator attractants) 및 초식동물 기피 작용(antiherbivory agents) 기능 등이 알려져 있다(***시험출제**).

- **세스퀴테르펜**(sesquiterpenes, C_{15}) : 세 개의 이소프렌 단위로 구성되어 있으며, 모노테르펜과 함께 식물에서 추출되는 방향유의 주성분으로서 주로 미생물에 대한 방어물질, 초식동물에 대한 섭식기피물질로서 분비되며 파르네신(farnesene), 파르네솔(farnesol), 비사볼렌(bisabolene), 후물렌(humulene), 패츌리(Patchouli) 등이 있다.

- **다이테르펜**(diterpenes, C_{20}) : 네 개의 이소프렌 단위로 구성되어 있으며, 엽록소((chlorophyll)의 소수성 측쇄인 피톨(phytol), 식물호르몬인 지베렐린(gibberellin), 약리학적으로 중요한 은행나무의 징코라이드(ginkgolide) 및 주목(Pacific yew) 껍질에 존재하는 항암제 택솔(taxol) 생성의 중간산물인 택사디엔(taxadiene)과 침엽수 및 콩 종에서 생성되는 병방어물질로서 다양한 피토알렉신(phytoalexin)이 이 그룹에 속한다.

- **트리테르펜**(triterpenes, C_{30}) : 여섯 개의 이소프렌 단위, 즉 3개의 이소프렌이 머리 – 꼬리 양식으로 융합된 세스키테르펜(C_{15}) 2분자가 다시 머리 – 머리 양식으로 융합되어 생성된 구조 물질로서 식물호르몬인 브라시노스테로이드(brassinosteroids)와 식물성 스테롤(phytosterols)이 속한다.

- **테트라테르펜**(tetraterpenes, C_{40}) : 여덟 개의 이소프렌 단위로 구성된 테르펜으로서 주로 베타카로틴, 리코펜, 루테인, 제아산틴, 캡산틴 등 카로티노이드 군 색소 물질들이 속한다.

- **폴리테르펜**(polyterpenes) : 여덟 개 이상의 이소프렌 단위를 함유한 테르펜으로서 전자전달에 관여하는 플라스토퀴논(plastoquinon)과 유비퀴논(ubiquinone) 및 천연고무의 매우 긴 폴리머인 라텍스(latex) 성분이 이 그룹에 속한다.

[네이버 지식백과] 테르펜 [terpene] (식물학백과)

07 화장품유형별 효과

제1장 | 화장품의 유형과 효과

*출처 : 식품의약품안전처 〈교수학습가이드라인〉

구분	세부 내용
화장품의 세부 유형	• 「화장품법」에 따른 화장품의 세부 유형 - 「화장품법 시행규칙」 [별표 3] 제1호에 따르면, 화장품은 세부적으로 영·유아용 제품류, 목욕용 제품류, 인체 세정용 제품류, 눈 화장용 제품류 등 총 13가지 유형으로 나누고 있음
기초화장용 제품류의 세부 유형 및 효과	• 기초화장용 제품의 세부유형 및 특성 - 수렴·유연·영양 화장수(face lotions) : 피부를 청결하게 하고 수분과 보습 성분을 보급하여 피부를 건강하게 유지시켜 주는 것으로 기초화장용 제품류에 속하는 제품 - 마사지 크림 : 피부에 유연효과를 주기 위하여 사용되는 제품으로 기초화장용 제품류에 속하는 제품 - 에센스, 오일 : 피부를 보호하고 피부에 청정, 보습 및 유연효과를 주며, 피부의 거칠어짐을 방지하고 피부를 건강하게 해 주기 위하여 사용되는 오일, 에센스 상으로 기초화장용 제품류에 속하는 제품 - 파우더 : 피부 유연효과를 주며 피부의 거칠어짐을 방지하고 피부를 보호하기 위하여 사용되는 파우더 상으로 기초화장용 제품류에 속하는 제품 - 바디 제품 : 피부에 보습효과를 주고 피부의 거칠어짐을 방지하고 피부를 보호하기 위하여 사용되는 것을 목적으로 하는 제품 - 팩, 마스크 : 피부에 청정, 보습 및 유연효과를 주기 위하여 사용되는 것을 목적으로 하는 제품 - 눈 주위 제품 : 눈 주위 피부에 보습효과와 탄력을 주기 위하여 사용되는 것을 목적으로 하는 제품 - 로션, 크림 : 피부에 수분과 유분을 공급하여 보습 및 유연효과를 주기 위하여 사용되는 것을 목적으로 하는 제품 - 손·발의 피부연화 제품 : 요소 제제 등을 사용하여 손·발의 피부를 연화하기 위하여 사용되는 것을 목적으로 하는 제품 - 클렌징 워터, 클렌징 오일, 클렌징 로션, 클렌징 크림 등 메이크업 리무버 : 메이크업에 의한 화장을 지우기 위하여 사용되는 것으로서 기초화장용 제품류에 속하는 제품 - 그 밖의 기초화장용 제품류 : 상기 제품 이외에 기초화장용 제품류에 속하는 제품

구분	세부 내용
기초화장용 제품류의 세부 유형 및 효과	• 기초화장용 제품의 피부 효과 - 피부 거칠어짐을 개선하고 살결을 가다듬음 - 피부를 청정하게 함 - 피부에 수분을 공급하고 조절하여 촉촉함을 유지 및 개선하며, 유연하게 함 - 피부에 수렴 효과를 주며, 피부 탄력을 증가시킴 - 피부 화장을 지워 줌
색조화장용 제품류의 세부 유형 및 효과	• 색조화장용 제품의 세부유형 및 특성 - 볼연지 : 볼에 도포하여 색조효과를 주고 얼굴색을 건강하고 밝게 보이기도 하고 음영을 주어 입체감을 나타내며, 건조를 방지하기 위하여 사용되는 것으로서 색조화장용 제품류에 속하는 제품 - 페이스 파우더(face powder), 페이스 케이크(face cakes) : 피부에 색조효과를 주고 매끄럽게 해 주며, 작은 피부 결함이나 피부가 땀이나 화장품에 의한 수분이나 오일 성분으로 번들거리는 것을 감추어 주기 위하여 사용되는 것으로서 색조화장용 제품류에 속하는 제품 - 리퀴드(liquid)·크림·케이크 파운데이션(foundation) : 피부에 색조효과를 주고 피부의 결함을 감추며 건조방지를 위하여 사용되는 것을 목적으로 하는 제품 - 메이크업 베이스(make-up bases) : 피부에 색조효과를 주고 피부의 결함을 감추며 건조방지를 위하여 화장 전에 사용되는 것을 목적으로 하는 제품 - 메이크업 픽서티브(make-up fixatives) : 메이크업의 효과를 지속시키기 위하여 사용되는 것으로서 색조화장용 제품류에 속하는 제품 - 립스틱, 립라이너(lip liner) : 입술에 색조효과와 윤기를 주고 건조를 방지하여 입술을 건강하고 부드럽게 하여 주기 위하여 사용되는 것을 목적으로 하는 제품 - 립글로스(lip gloss), 립밤(lip balm) : 입술에 도포하여 색조효과보다는 입술에 윤기를 주며, 촉촉하게 보이게 하기 위하여 사용되는 것을 목적으로 하는 제품 - 바디페인팅(body painting), 페이스페인팅(face painting), 분장용 제품 : 얼굴 및 몸에 일시적으로 색조효과를 주기 위해 사용하는 제품 - 그 밖의 색조 화장용 제품류 : 상기 제품 이외에 색조화장용 제품류에 속하는 제품 • 색조화장용 제품의 피부 효과 - 피부에 색조 효과를 부여함 - 수분이나 오일 성분으로 인한 피부의 번들거림 또는 결점을 감추어 줌 - 피부 거칠어짐을 방지함 - 메이크업의 효과를 지속시킴 - 입술에 색조 효과를 부여하며, 윤기를 주고 부드럽게 함 - 입술의 건조함을 방지하여 입술의 건강을 유지 및 증진함 - 분장용 효과를 부여함

구분	세부 내용
두발용 제품류의 세부 유형 및 효과	• 두발용 제품의 세부유형 및 특성 - 헤어 컨디셔너(hair conditioners) : 두발에 윤기를 주고 손상된 두발을 보호해 주며 두발에 수분, 유분을 공급하여 두발을 건강하게 유지시켜 주기 위하여 사용되는 것을 목적으로 하는 제품 - 헤어 토닉(hair tonics) : 두피를 청량하게 하고 두피 및 두발을 건강하게 유지시켜 주기 위하여 사용되는 것을 목적으로 하는 제품 - 헤어 그루밍 에이드(hair grooming aids) : 두발에 유분, 광택, 매끄러움, 유연성, 정발 효과 등을 주기 위하여 사용되는 것을 목적으로 하는 제품 - 헤어 크림·로션 : 두발에 윤기를 주고 두발의 거칠어짐, 갈라짐을 방지하며 정발력이 있는 유화 또는 젤상의 제품으로 두발용 제품류에 속하는 제품 - 헤어 오일 : 두발에 윤기를 주고 흐트러진 머리를 바로 잡거나 정발효과를 주기 위하여 사용되는 리퀴드상의 제품으로 두발용 제품류에 속하는 제품 - 포마드(pomade) : 두발에 윤기를 주어 정발효과를 주기 위하여 사용되는 것으로써 포마드상의 제품으로 두발용 제품류에 속하는 제품 - 헤어 스프레이·무스·왁스·젤 : 원하는 두발의 형태를 만들거나 고정, 유지하기 위하여 사용되는 스프레이, 무스, 왁스, 젤 등의 형태의 제품으로 두발용 제품류에 속하는 제품 - 샴푸 : 두피 및 두발을 세정하여 건강하게 유지시키기 위하여 사용되는 것을 목적으로 하는 제품 - 린스 : 두발 세정 후에 사용하여 두발에 유연성을 주고 자연스러운 윤기를 주기 위하여 사용되는 두발 세정용 화장품으로서 정전기 발생을 방지하며 정발을 용이하게 하여 두피 및 두발을 건강하게 유지시켜 주는 두발용 제품류에 속하는 제품 - 헤어 퍼머넌트 웨이브(hair permanent wave) : 두발에 웨이브를 주고, 두발을 일정한 형태로 유지시켜 주기 위하여 사용되는 것을 목적으로 하는 제품 - 헤어 스트레이트너(hair straightner) : 웨이브한 두발, 말리기 쉬운 두발 및 곱슬머리를 펴는 데 사용되는 것을 목적으로 하는 제품 - 흑채 : 머리숱이 없는 사람들이 빈모 부위를 채우기 위한 용도로 머리에 뿌리는 고체 가루 제품으로서 두발용 제품류에 속하는 제품 - 그 밖의 두발용 제품류 : 상기 제품 이외에 두발용 제품류에 속하는 제품 • 두발용 제품의 피부 효과 - 두발에 윤기를 부여함 - 두피 및 두발의 건강을 유지함 - 두발이 거칠어지고 갈라지는 것을 방지함 - 두발에 수분 및 지방을 공급하여 부드럽게 함(헤어토닉 제외) - 두발의 정전기 발생을 방지하여 쉽게 머리를 단정하게 함(헤어토닉 제외) - 두발의 세팅 효과를 유지함 - 원하는 두발 형태를 만들거나 고정함 - 두피 및 두발을 깨끗하게 세정함으로써 비듬과 가려움을 개선함 - 두발에 웨이브를 형성시킴

구분	세부 내용
두발용 제품류의 세부 유형 및 효과	– 두발을 변형시켜 일정한 형으로 유지함 – 웨이브한 두발, 말리기 쉬운 두발 및 곱슬머리를 펴는 데 사용함
인체 세정용 제품류의 세부 유형 및 효과	• 인체 세정용 제품의 세부유형 및 특성 – 폼 클렌저(foam cleanser) : 얼굴의 청정을 위하여 사용되는 거품 형태의 제품으로 인체 세정용 제품류에 속하는 제품 – 바디 클렌저(body cleanser) : 신체의 청결과 상쾌감을 주기 위해 사용되는 것으로 액상의 형태를 띤 제품으로 인체 세정용 제품류에 속하는 제품 – 액체 비누(liquid soaps) : 손이나 얼굴의 청결을 위해 사용되는 것으로 액상의 형태를 띤 제품으로 인체 세정용 제품류에 속하는 제품 – 화장 비누(고체 형태의 세안용 비누) : 얼굴 등을 깨끗이 할 용도로 제작된 고체 형태로 사용되는 것을 목적으로 하는 제품 – 외음부 세정제 : 여성 외음부의 청결을 위하여 사용되는 것을 목적으로 하는 제품 – 물휴지 : 인체를 청결하게 하기 위해 사용하는 수분을 함유한 휴지 등으로 인체 세정용 제품류에 속하는 제품 – 그 밖의 인체 세정용 제품류 : 상기 제품 이외에 인체 세정용 제품류에 속하는 제품 • 인체 세정용 제품의 피부 효과 – 얼굴의 세정을 통하여 청결 및 상쾌감을 부여함 – 얼굴을 세정하고 좋은 냄새가 나게 함
방향용 제품류의 세부 유형 및 효과	• 방향용 제품의 세부유형 및 특성 – 향수 : 방향효과를 주기 위하여 사용되는 알코올성 액체로 향수 등의 방향용 제품류에 속하는 제품 – 분말향 : 방향효과를 주기 위하여 사용되는 분말 형태의 방향용 제품류에 속하는 제품 – 향낭(香囊) : 방향효과를 주기 위하여 사용되는 제품으로 향을 넣어 주머니에 차고 다니는 것으로서 방향용 제품류에 속하는 제품 – 콜롱(cologne) : 방향효과를 주기 위하여 사용되는 것으로 향수보다 비교적 부향률이 적은 방향용 제품류에 속하는 제품 – 그 밖의 방향용 제품류 : 상기 제품 이외에 방향용 제품류에 속하는 제품 • 방향용 제품의 피부 효과 – 인체에 좋은 냄새가 나는 효과를 부여함

구분	세부 내용
기타 제품류의 세부 유형 및 효과	• 기타 제품의 세부유형 및 특성 - 기타 제품의 유형으로는 영·유아용 제품류, 목욕용 제품류, 눈화장용 제품류, 두발염색용 제품류, 손발톱용 제품류, 면도용 제품류, 체취방지용 제품류, 체모제거용 제품류로 나눌 수 있음 • 기타 제품의 피부 효과 - 어린이 두피 및 두발을 청결하게 하고 유연하게 함, 어린이 피부의 건조를 방지하고 유연하게 함, 어린이 피부의 거칠어짐을 방지함, 어린이 피부를 건강하게 유지함 - 목욕 시 피부의 청결, 유연 및 목욕 후에 향취 및 상쾌감을 부여 - 색채 효과로 눈 주위를 아름답게 함, 눈의 윤곽을 선명하게 하고 아름답게 함, 눈썹을 아름답게 함, 눈 화장을 지워 줌 - 두발 색상의 변화를 유도함 - 베이스코트 및 언더코트, 네일폴리시 및 네일에나멜, 탑코트의 경우 손톱을 아름답게 함. 네일에나멜을 바르기 전에 네일에나멜의 피막 밀착성을 좋게 함(베이스코트 및 언더코트에 한함). 네일에나멜을 바른 후에 손톱에 광택을 줌(탑코트에 한함). 네일에나멜을 바른 후에 색감과 광택을 늘림 - 네일크림의 경우 손톱의 수분과 유분을 보충시킴. 큐티클층과 손·발톱 주위의 피부를 유연하게 함 - 네일폴리시 리무버 및 네일에나멜 리무버의 경우 손톱 화장을 지움 - 애프터세이브로션 및 남성용탤컴의 경우 면도 후 면도자국을 방지하여 피부를 가다듬음. 피부에 수분을 공급하고 조절하여 촉촉함을 주며, 유연하게 함. 면도로 인한 상처를 방지함. 면도 후 이완된 모공을 수축시켜 피부를 건강하게 함 - 수염유연제, 프리세이브로션 및 셰이빙크림의 경우 턱수염 등을 부드럽게 하여 면도를 쉽게 함. 피부를 유연하게 하여 면도에 의한 피부 자극을 줄이고 면도를 쉽게 함 - 체취를 덮어주기 위함 - 물리적 및 화학적으로 체모 제거 효과를 유발함
기능성 화장품 제품류의 세부 유형 및 효과	• 기능성 화장품 제품의 유형 및 효과

구분	세부 내용
수렴·유연·영양 화장수	• 각질층에 수분·보습 성분을 공급하고, 수렴효과, 피지분비 억제효과를 줌 • 각질층에 수분·보습 성분을 공급하여 피부를 유연하게 하고 촉촉하고 매끄러우며 윤택한 피부를 유지시킴 • 피부에 유분과 수분을 공급하여 피지막을 보충시킬 수 있음
마사지크림	• 피부를 부드럽게 함
에센스·오일	• 보습성과 영양성분이 고농축되어 있어 피부에 수분과 영양을 공급함
파우더	• 피부를 보호하고 피부에 유연효과를 주며 피부의 거칠어짐을 방지함
바디제품	• 피부에 유분과 수분을 공급하여 피부를 유연하게 하고 촉촉하고 매끄러우며 윤택한 피부를 유지시킴
팩, 마스크	• 팩의 폐쇄효과에 의해 피하에서 올라오는 수분으로 보습이 유지되고 유연해짐 • 팩의 흡착작용과 동시에 건조 박리 시에 피부표면의 오염을 제거하므로 우수한 청정작용을 함 • 피막제나 분말의 건조과정에서는 피부에 적당한 긴장감을 주고, 건조 후 일시적으로 피부 온도를 높여 혈행을 원활하게 함
눈 주위 제품	• 한선과 피지선이 없고 피부 두께가 얇은 눈 주위 피부에 영양을 공급하여 피부에 탄력감을 부여함
로션, 크림	• 세안 후 피부에 수분·보습 성분을 공급하여 피부를 유연하게 함, 제거된 천연피지막을 회복함
손·발의 피부연화제품	• 요소제제의 핸드크림, 풋크림으로서 손과 발의 피부를 연화시킴
클렌징워터, 클렌징오일, 클렌징로션, 클렌징크림 등 메이크업리무버	• 피부표면층에 부착된 피지, 각질층의 딱지, 피지의 산화분해물, 땀의 잔여물 등의 피부 생리의 대사산물이나 공기 중의 먼지, 미생물, 메이크업 화장품 등을 제거함
기초화장용 제품류의 세부 유형별 효과	• 기초화장용 제품류의 세부 유형별 사용 목적 및 효과
기초화장용 제품류 내 메이크업 리무버	• 메이크업 리무버의 세부 유형 - 클렌징 워터, 클렌징 오일, 클렌징 로션, 클렌징 크림 등 • 메이크업 리무버의 사용 목적 - 워터프루프(waterproof) 타입의 파운데이션, 유성 기반 마스카라 또는 일부 자외선 차단제 등의 화장품을 효과적으로 씻기 위해 유성 성분의 용제에 해당 화장품 성분을 용해 및 분산시켜 닦아내어 제거하는 목적으로 사용됨

구분	세부 내용
기초화장용 제품류 내 메이크업 리무버	• 클렌징 워터 - 액상타입으로 사용하기 간편하며, 빠른 거품 생성으로 사용성이 뛰어남. 보습제 등을 다량으로 배합할 수 있음. 또한 버블타입의 용기를 사용하면, 바로 거품으로 사용할 수 있음 • 클렌징 오일 - 유성성분으로 오일성분 외에 계면활성제 등을 배합. 사용 후 물로 헹구어 내는 유형으로 헹구어 낼 때 O/W형으로 유화됨. 사용 후에는 피부를 촉촉하게 함 • 클렌징 로션 - O/W형의 유화타입으로 크림타입보다 사용이 쉬우며 사용 후 감촉이 산뜻함. 크림타입보다 클렌징력이 다소 낮을 수 있음 • 클렌징 크림 - O/W형과 W/O형의 유화타입으로 나눌 수 있으며, O/W의 경우 사용 후 물로 씻을 수 있음 • 클렌징 젤 - 수용성 고분자와 계면활성제를 이용한 고분자젤 타입과 유분을 다량 함유한 유화타입의 액정타입이 있음. 모두 사용 후 물로 헹구어 내는 타입이며, 액정타입은 클렌징력이 높음. 최근에는 오일겔화제를 활용하여 클렌징 오일보다 점도가 높은 클렌징 젤을 개발하기도 함
기초화장용 제품류 내 화장수	• 화장수의 세부 유형 - 유연화장수, 수렴화장수, 세정용화장수, 다층화장수 등 • 화장수의 사용 목적 - 피부를 청결하게 하고 수분과 보습 성분을 제공하여 피부 건강을 유지 및 증진하는 기초화장품. 화장수는 가용화 공정을 통한 투명한 성상이 일반적이나, 최근에는 계면활성제나 오일 함량을 조절함으로써 반투명 또는 불투명한 성상을 갖기도 함 • 유연화장수 - 피부 각질층에 수분과 보습 성분을 공급하여 피부의 유연성을 증가시켜 부드러움을 유발함 • 수렴화장수 - 피부 각질층에 수분과 보습 성분을 공급할 뿐 아니라 피지나 발한을 억제하는 기능을 하는 원료를 추가로 넣어 줌 • 세정용화장수 - 세안용으로서 사용하거나 가벼운 색조화장을 지우는 데 사용하여 피부를 청결하게 하거나 오염을 제거해 줌. 보습제와 세정효과를 향상하기 위해 계면활성제, 에탄올이 배합되기도 함 • 다층화장수 - 2층 이상의 층을 이루는 화장수로 오일층, 물층, 분말층이 다층으로 구성되기도 함. 사용 시 흔들어 사용하며 수분과 유분에 의한 보습감을 동시에 느낄 수 있으며, 분말의 경우 특이한 사용감을 나타냄. 최근에는 오일층도 오일의 비중과 극성을 이용하여 더 세분된 층을 이루는 다층화장수도 있음

부록

구분	세부 내용
기초화장용 제품류 내 크림	• 크림의 세부 유형 - O/W형 크림, W/O형 크림, 다중유화 크림 등 • 크림의 사용 목적 - 피부에 수분과 유분을 공급하여 피부의 보습 효과와 유연 효과를 부여함. 크림은 물과 오일 성분처럼 섞이지 않는 두 개의 상을 계면활성제를 이용하여 안정된 상태로 분산시킨 에멀전으로 다양한 유화법을 통해 만들어짐 • O/W형 크림 - 대표적인 유화타입의 크림으로 유성성분이 내상(외상인 수성성분 내에 유화)인 산뜻한 사용감을 느끼는 친수성크림. 유성성분이 많은 마사지크림 및 클렌징크림도 있음 • W/O형 크림 - O/W형 크림과는 내상과 외상이 반대로 수성성분이 내상(외상인 유성성분 내에 유화)인 친유성크림. 주로 유분감을 주거나, 내수성을 요구되는 용도의 제품(자외선 차단 제품)으로 활용됨 • 다중유화 크림 - O/W형과 W/O형과 같이 2개의 상보다 더 많은 상으로 구성된 크림. O/W형의 내상으로 수성성분이 존재하는 W/O/W형, W/O형의 내상으로 유성성분이 존재하는 O/W/O형이 대표적이며, 3개 상보다 많은 다중유화 제형도 알려져 있음. 제형으로서 매력이 있으나 안정성과 제조의 불편함으로 인하여 상품성은 낮음
기초화장용 제품류 내 로션	• 로션의 세부 유형 - 로션은 화장수와 크림의 중간적인 성질을 갖는 형태로, 크림과 유사한 구성성분을 가지나 해당 성분의 사용 비율이 크림에 비해 적어 유동성이 있는 에멀전 형태임. 세부적으로 O/W형과 W/O형 로션이 있음 • 로션의 사용 목적 - 로션의 피부에 대한 기능 및 효과는 크림과 동일하나 발림성이 크림보다 좋으며, 기타 세정, 메이크업리무버, 미백화장품, 자외선 차단화장품의 기제로서 로션이 사용됨
기초화장용 제품류 내 에센스	• 에센스 세부 유형 - 에센스는 화장수와 달리 점성이 있으며, 추가적으로 함유된 피부의 유효성 관련 성분의 종류에 따라 보습에센스, 미백 에센스 등으로 나뉨 • 에센스의 사용 목적 - 에센스는 피부 보습 기능 및 유연 기능을 동시에 가짐. 일반적으로 에센스 내에는 고급 오일과 기능성 성분 등 피부에 영양을 공급하기 위한 목적으로 농축하여 배합됨
기초화장용 제품류 내 팩	• 팩의 세부 유형 - 팩은 사용 방법에 따라 워시오프 타입, 필오프 타입, 석고팩 타입, 붙이는 타입 등으로 나눌 수 있음 • 팩의 사용 목적 - 팩의 사용 목적 및 효과는 피부 보습 촉진, 오래된 각질 또는 오염물질 제거, 피부 긴장감 부여임. 최근에는 기능성 및 영양 성분의 함유를 통해 피부의 보습 및 유연 효과 이외에 영양 제공, 미백 효과 등 추가적 효과를 유도하기 위해 사용됨

구분	세부 내용
색조 화장용 제품류의 세부 유형별 효과	• 색조화장용 제품류의 세부 유형별 사용 목적 및 효과
색조 화장용 제품류 내 볼연지	• 볼연지 세부 유형 - 제형에 따라 고형 타입, 크림 타입, 스틱 타입으로 나눌 수 있음 • 볼연지의 사용 목적 - 볼에 도포하여 안색을 밝고, 건강하게 보이도록 하며 얼굴의 음영을 강조해 입체감을 부여함
색조 화장용 제품류 내 페이스파우더, 페이스케이크	• 페이스파우더 및 페이스케이크 세부 유형 - 베이스메이크업이란 피부의 색이나 질감을 바꾸고 얼굴에 입체감을 부여하기 위해 피부의 결점을 커버하는 목적으로 사용되는 화장품임. 제형(제제) 형태 및 사용 목적에 따라 페이스파우더(가루형), 페이스케이크(고체형), 메이크업베이스, 파운데이션 등으로 분류됨
색조 화장용 제품류 내 페이스파우더, 페이스케이크	• 페이스파우더 및 페이스케이크의 사용 목적 - 피부색을 조절하여 밝게 함. 피부에 탄력감과 투명감을 줌. 땀과 피지를 억제하고, 화장 지속을 좋게 함
색조 화장용 제품류 내 리퀴드·크림·케이크 파운데이션	• 파운데이션 세부 유형 - 파운데이션은 베이스메이크업의 한 형태로, 사용 특성 및 제형(제제)에 따라 리퀴드 타입, 크림 타입, 케이크타입의 파운데이션으로 나눌 수 있음 • 파운데이션 사용 목적 - 피부색을 기호에 맞게 바꾸어 줌. 피부에 광택·탄력·투명감을 줌. 피부의 기미·주근깨 등 결점을 커버함
색조 화장용 제품류 내 메이크업베이스	• 메이크업베이스 세부 유형 - 메이크업베이스는 파운데이션 전 단계에서 사용하여 보색 효과로 피부톤이나 결을 보정함. 파운데이션의 발림력, 밀착력, 발색력을 증가시키기 위해 사용됨. 세부 유형으로는 보색 효과를 위한 색인 녹색 메이크업베이스, 노란색 메이크업베이스 등으로 나눌 수 있음 • 메이크업베이스 사용 목적 - 피부색을 조절하여 밝게 함. 피부에 탄력·투명감을 줌. 땀과 피지를 억제하고 화장 지속을 좋게 함
색조 화장용 제품류 내 메이크업픽서티브	• 메이크업픽서티브 세부 유형 - 메이크업픽서라고도 불리며, 필름에 얇은 막을 형성하고 증발성을 가지기 위해 알코올 용제에 고분자물질들이 배합된 제품으로 분사형의 제품 형태를 가짐 • 메이크업픽서티브 사용 목적 - 메이크업 지속력과 고정력을 높여줌

구분	세부 내용
색조 화장용 제품류 내 립스틱, 립라이너	• 립스틱 및 립라이너 세부 유형 - 입술은 다른 피부와 달리 각질층이 얇고 피지 분비량도 매우 낮아, 쉽게 거칠어지는 부분임. 입술의 보습, 윤기, 광택, 색 부여, 입술 윤곽 강조 등 사용 목적에 따라 립스틱, 립라이너, 립글로즈, 립밤 등으로 구분됨 • 립스틱 및 립라이너 사용 목적 - 립스틱은 입술에 색을 주어 얼굴을 돋보이게 함 - 립라이너(립펜슬)은 입술의 윤곽을 그리기 위해서나 립스틱이 입술 라인으로 번지는 것을 방지하거나 립스틱과의 색조 균형을 위해 사용되어 입술을 강조하는 효과를 부여함
색조 화장용 제품류 내 립글로스, 립밤	• 립글로즈 및 립밤 세부 유형 - 입술의 보습 유지와 윤기 및 광택을 주는 목적으로 사용되며, 립밤은 액상 및 고형 유성 성분을 용해시켜 만든 제품으로 세부적으로 제형 형태에 따라 스틱형과 크림형으로 구분됨. 립글로즈는 점도가 있는 유성 성분이나 보습 성분에 색재를 첨가하여 분산시킨 것으로 제형 형태에 따라 액상과 크림상으로 나눌 수 있음
색조 화장용 제품류 내 립글로스, 립밤	• 립글로즈 및 립밤 사용 목적 - 립글로즈는 입술을 빛나고 윤기 있게 해 줌 - 립밤은 입술이 트는 것을 방지, 거친 입술에 보습효과를 주어 부드럽게 만들어 줌

구분	세부 내용
두발용 제품류의 세부 유형별 효과	• 두발용 제품류의 세부 유형별 사용 목적 및 효과
두발용 제품류 내 헤어컨디셔너	• 헤어컨디셔너 세부 유형 - 두발용 제품은 두피와 두발의 건강을 위해 청결하고 아름답게 유지하는 목적으로 사용되는 화장품임. 일반적인 두발 관리에 있어서 세정을 위한 샴푸와 린스를 사용하고 세정 후 정발(conditioning, 흐트러진 두발을 정돈하고 유연하게 함) 효과 및 두피와 두발에 영양 효과를 주기 위해 헤어컨디셔너, 헤어크림·로션, 헤어트리트먼트가 사용됨. 헤어컨디셔너는 사용 방법에 따라 사용 후 씻어내는 제품과 사용 후 씻어내지 않는 제품으로 구별할 수 있음 • 헤어컨디셔너 사용 목적 - 두발에 수분, 지방을 공급하여 두발을 건강하게 유지하고 두발 표면을 매끄럽게 함 - 빗질을 쉽게 하고 정전기를 방지함 - 광택을 부여함
두발용 제품류 내 헤어토닉	• 헤어토닉 세부 유형 - 헤어토닉은 두피의 청량감과 가려움을 개선하기 위해 사용되며, 세부적으로 제형 형태에 따른 유형으로 나눌 수 있으나, 목적은 유사함 • 헤어토닉 사용 목적 - 두피를 깨끗하게 하여 건강한 두피로 가꾸어 줌
두발용 제품류 내 헤어그루밍에이드	• 헤어그루밍에이드 세부 유형 - 헤어 오일, 헤어 왁스 등 적절한 두발의 관리를 위하여 사용되는 것 • 헤어그루밍에이드 사용 목적 - 두발에 유분, 광택, 매끄러움, 유연성, 정발 효과 등을 주기 위하여 사용되는 것
두발용 제품류 내 헤어크림·로션	• 헤어크림 및 헤어로션 세부 유형 - 헤어크림 및 헤어로션의 사용 목적은 동일하나 제형 형태에 따라 유화 또는 젤 타입으로 나눌 수 있음 • 헤어크림 및 헤어로션 사용 목적 - 두발에 윤기, 유연성, 광택을 줌 - 빗질이 잘 되게 하고 필요에 따라 적당한 정발 효과를 줌
두발용 제품류 내 헤어오일	• 헤어오일 세부 유형 - 일반적으로 오일기반의 액상형태의 제품임 • 헤어오일 사용 목적 - 두발에 유분을 공급하고, 광택, 매끄러움, 유연성을 부여함
두발용 제품류 내 포마드	• 포마드 세부 유형 - 유성원료를 주원료로 하는 포마드는 젤리상으로 약간 굳은 반고체상인 유성의 정발제임 • 포마드 사용 목적 - 두발에 광택을 주고 동시에 헤어스타일링을 정돈해 줌

구분	세부 내용
두발용 제품류 내 헤어스프레이·무스·왁스·젤	• 헤어스프레이·무스·왁스·젤 세부 유형 - 헤어스타일링제는 두발에 윤기를 부여하고 머리 모양을 유지하기 위해 사용되는 화장품으로 세부적인 유형은 제형 형태에 따라 나눌 수 있음. 액상으로 헤어 오일 등, 크림상으로 헤어크림 및 헤어왁스, 젤상으로 헤어젤 및 포마드, 거품상으로 무스, 에어로졸(스프레이상)로 헤어스프레이가 있음 • 헤어스프레이·무스·왁스·젤 사용 목적 - 두발의 형태를 유지하며, 적당한 정발효과를 줌 - 두발에 윤기나 촉촉함을 부여하여 머리 모양을 정돈하는 데 도움을 줌
두발용 제품류 내 샴푸, 린스	• 샴푸 및 린스 세부 유형 - 샴푸의 기능을 위해 계면활성제, 컨디셔닝제, 유분, 보습제, 착향제, 색소, 약제 성분들이 사용되며, 사용된 원료의 주된 기능에 따라 오일 샴푸, 비듬관리 샴푸, 컬러 샴푸, 컨디셔닝 샴푸, 드라이 샴푸 등으로 구분할 수 있음. 외관상으로 투명 샴푸와 진주 광택을 가지는 펄 샴푸로 나눌 수 있음. 대부분의 린스는 크림상으로 양이온성 계면활성제에 친유성 고급알코올(ⓒⓘ 세틸알코올 등), 유분 등을 첨가하여 유화시켜 제조함. 기능상으로 린스인샴푸, 컬러 린스, 헤어팩 등으로 구별할 수 있음 • 샴푸 및 린스 사용 목적 - 샴푸는 두발과 두피에 부착된 오염물을 씻어내고 비듬이나 가려움 등을 방지하여 두발과 두피를 청결하게 유지하기 위하여 사용됨 - 린스는 음극으로 대전된 두발 표면에 린스의 주성분인 양이온성 계면활성제의 양극과 흡착되어 두발의 마찰계수를 낮추어 두발의 정전기 방지 및 빗질을 쉽게 함
두발용 제품류 내 헤어퍼머넌트웨이브	• 헤어퍼머넌트웨이브 세부 유형 - 두발의 주요 구성 단백질은 케라틴이며, 케라틴 단백질의 세부 결합 형태에 따라 두발의 형태가 달라짐. 따라서, 두발 케라틴 단백질 간의 공유 결합인 이황화결합(disulfide bond, -S-S-)을 환원제로 끊어 준 다음 원하는 두발의 모양을 틀을 이용하여 고정화하고, 산화제로 재결합시켜서 두발의 웨이브를 만들어 변형시키는 것을 퍼머넌트웨이브라고 함. 제1제 환원제에 사용되는 주요 성분의 종류에 따라, 치오글리콜릭애씨드 퍼머넌트웨이브, 시스테인 퍼머넌트웨이브, 티오락틱애씨드 퍼머넌트웨이브로 구분할 수 있음
두발용 제품류 내 헤어퍼머넌트웨이브	• 헤어퍼머넌트웨이브 사용 목적 - 산화·환원 반응을 통해 두발에 웨이브를 줌 - 두발을 일정한 형으로 유지시켜 주기 위함
두발용 제품류 내 헤어스트레이트너	• 헤어스트레이트너 세부 유형 - 헤어스트레이트너의 작용 원리는 헤어퍼머넌트웨이브와 동일함. 주로, 치오클리콜릭애씨드 퍼머제와 동일하나 환원제 및 산화제의 제형이 크림형태를 가짐. 이러한 제형 형태를 통해 곱슬머리를 곧게 펴기 하기 위함임 • 헤어스트레이트너 사용 목적 - 산화·환원 반응을 통해 곱슬머리를 직모로 펴 줌

구분	세부 내용
인체세정용 제품류의 세부 유형별 효과	• 인체세정용 제품류의 세부 유형별 사용 목적 및 효과
인체세정용 제품류 내 폼클렌저	• 폼클렌저 세부 유형 - 세안용 화장품은 주로 안면 피부 표면에 붙어 있는 피지나 그 산화물, 죽은 각질, 외부 환경 오염물질의 부착, 화장품 잔여물 등의 제거를 목적으로 하며, 세부적으로 계면활성제 세안제 및 용제형 세안제로 나눌 수 있음. 폼클렌저는 계면활성제 세안제에 화장비누와 같이 포함되는 유형으로, 계면활성제에 유연제, 보습제, 정제수 등을 배합한 것으로 거품을 내어 사용함. 세부 제형에 따라 거품 타입, 크림 타입, 로션 타입 등으로 구별할 수 있으며, 물리적 세정을 위하여 스크럽제를 배합한 유형도 존재함 • 폼클렌저 사용 목적 - 주로 안면 피부에 존재하는 오염원, 각질, 화장품 잔여물 등을 세정하여 피부의 청결함을 유지하기 위하여 사용함
인체세정용 제품류 내 바디클렌저	• 바디클렌저 세부 유형 - 바디클렌저는 주로 액체 상태나 겔 상태로 제형의 형태에 따라 세부적으로 나눌 수 있음 • 바디클렌저 사용 목적 - 피부에 부착된 오염물질을 제거하여 피부를 청결하게 유지함 - 신체의 향취 제거를 위해 사용하기도 함
인체세정용 제품류 내 액체비누 및 화장비누	• 액체비누 및 화장비누 세부 유형 - 액체비누는 손이나 얼굴의 청결을 위해 사용되는 것으로 액상의 형태를 띤 제품 - 화장비누는 얼굴 등을 깨끗이 할 용도로 제작된 고체의 형태를 띤 제품 • 액체비누 및 화장비누 사용 목적 - 손이나 얼굴에 부착된 오염물질을 제거함
인체세정용 제품류 내 외음부세정제	• 외음부세정제 유형 - 제형 형태 및 성상에 따라 액상형, 거품 타입, 티슈 타입 등으로 다양하게 분류될 수 있음 • 외음부세정제 사용 목적 - 외음부의 세정·청결을 위하여 사용됨
인체세정용 제품류 내 물휴지	• 물휴지 유형 - 인체 세정용 제품류에 속하는 수분을 함유한 휴지를 의미함 • 물휴지 사용 목적 - 피부 표면의 오염물질을 제거함

구분	세부 내용
방향용 제품류의 세부 유형별 효과	• 방향용 제품류의 세부 유형별 사용 목적 및 효과
방향용 제품류 내 향수	• 향수 유형 - 향수 화장품은 착향제가 주체인 화장품으로서, 일반적으로 액상의 유형을 가짐. 제품 내 착향제의 함유량(부향률)에 따라, 퍼퓸, 오드퍼퓸, 오드뜨왈렛, 오드코롱, 샤워코롱으로 분류됨. 성상에 따라 액상, 고체상, 방향 파우더 등으로 구분됨. 향수는 착향제의 휘발성으로 인해 신체에 뿌린 후 시간이 지나면서 향이 변화하는데, 향이 나는 시간대에 따라 탑 노트, 미들 노트, 라스팅 노트라고 구별함 • 향수 사용 목적 - 인체에 좋은 냄새가 나는 효과를 줌 - 제품의 매력을 높이는 역할. 원치 않은 냄새를 향수로 마스킹(masking)하는 역할
방향용 제품류 내 분말향	• 분말향 유형 - 분말 형태의 방향용 제품 • 분말향 사용 목적 - 인체에 좋은 냄새가 나는 효과를 줌
방향용 제품류 내 향낭	• 향낭 유형 - 주머니에 향을 넣는 제품 형태 • 향낭 사용 목적 - 향을 넣어 신체에 차는 주머니로 인체에 좋은 냄새가 나는 효과를 줌
방향용 제품류 내 콜롱	• 콜롱 유형 - 향수의 세부 종류 중 부향률이 비교적 적은 제품 유형 • 콜롱 사용 목적 - 비교적 단시간 동안 인체에 방향 효과를 주기 위해 사용 - 인체에 좋은 냄새가 나는 효과를 줌

구분	세부 내용
영·유아용 제품류	• 영·유아용 제품 유형 - 3세 이하 영·유아를 대상으로 하는 화장품으로 사용 목적에 따라 영·유아용 샴푸, 린스, 로션, 크림, 오일, 인체 세정용 제품, 목욕용 제품으로 구별할 수 있음 • 영·유아용 제품 사용 목적 - 영·유아 두피 및 두발을 청결하게 하고 유연하게 함 - 영·유아 피부의 건조를 방지하고 유연하게 함 - 영·유아 피부의 거칠어짐을 방지함 - 영·유아 피부를 건강하게 유지함
목욕용 제품류	• 목욕용 제품 유형 - 목욕 시 사용되는 제품으로 사용 형태에 따라 목욕용 오일, 정제, 캡슐, 소금류 및 버블 배스 등으로 구별할 수 있음 • 목욕용 제품 사용 목적 - 피부를 맑고 깨끗하게 하고 유연하게 함 - 신체에서 향기로운 냄새가 나게 함 - 목욕 후에 상쾌함을 줌
눈화장용 제품류	• 눈화장용 제품 유형 - 눈 주위 및 속눈썹에 사용되는 제품으로 사용 형태 및 목적에 따라 아이브로펜슬, 아이라이너, 아이섀도, 마스카라, 아이메이크업리무버 등으로 구별할 수 있음 • 아이라이너 제품 유형 - 아이라이너는 제형상 액상과 고형이 있으며, 액상은 수성 타입과 유성타입으로 세분화할 수 있으며, 고형상은 케이크 타입과 펜슬 타입으로 세분화할 수 있음 • 마스카라 제품 유형 - 마스카라는 유성 타입과 유화 타입으로 나눌 수 있으며, 유성 타입은 휘발성 오일에 색재와 왁스 성분 및 필름 형성제 성분을 분산시킨 것이며, 유화 타입은 일반적으로 O/W 타입으로 색재 및 필름형성제 성분을 유화 분산시킨 형태임. 기능적으로 롱래쉬 (속눈썹을 길게 보이게 유도) 타입과 볼륨(속눈썹이 두껍고 진하게 보이게 유도) 타입, 컬(속눈썹의 컬을 유지 및 고정) 타입, 워터프루프 타입으로 나눌 수 있음 • 아이섀도 제품 유형 - 아이섀도는 무기안료, 유기안료, 펄제를 색재로 사용하며, 제형에 따라 고형 타입과 크림 타입으로 구분되며, 세부적으로 고형 타입은 분말 고형 타입, 유성 스틱 타입, 펜슬 타입으로 나눌 수 있으며, 크림 타입은 유성 타입, 유화형 타입으로 나눌 수 있음 • 아이브로펜슬 제품 유형 - 아이브로우는 대체적으로 펜슬 타입이 많이 사용되나 고형 파우더 타입의 아이브로우도 존재함. 일반적으로 펜슬 타입은 고형과 액상의 유분에 안료를 첨가 및 반죽하여 성형하여 제조함

구분	세부 내용
눈화장용 제품류	• 눈화장용 제품 사용 목적 - 색채 효과로 눈 주위를 아름답게 함 - 눈의 윤곽을 선명하게 하고 아름답게 함 - 속눈썹을 진하고 길게 하며 컬을 주어 눈가를 아름답게 함 - 눈썹을 진하게 하여 얼굴 이미지에 변화를 주고 아름답게 함 - 눈 화장을 지워 줌
두발염색용 제품류	• 두발염색용 제품 유형 - 두발염색용 제품은 두발의 색상을 변화시키는 화장품으로 색상 변화의 정도에 따라 영구적인 색상 변화를 유도하는 염모제 및 탈염·탈색용 제품이 존재하며, 일시적으로 두발에 착색을 유도하는 헤어 틴트 및 헤어 컬러스프레이로 분류할 수 있음 • 두발염색용 제품 사용 목적 - 두발을 영구적 및 일시적으로 착색시킴
손발톱용 제품류	• 손발톱용 제품 유형 - 손발톱용 제품은 사용 목적에 따라 베이스코트, 네일폴리시, 네일에나멜, 탑코트, 네일크림·로션·에센스, 네일폴리시·네일에나멜 리무버 등으로 구분할 수 있음 • 손발톱용 제품 사용 목적 - 베이스코트(basecoats), 언더코트(under coats) : 네일에나멜을 바르기 전에 네일에나멜의 피막성을 한층 좋게 하기 위하여 사용되는 것으로서 손발톱용 제품류에 속하는 제품 - 네일폴리시(nail polish), 네일에나멜(nail enamel) : 손발톱의 미화를 위하여 사용되는 것으로서 손발톱용 제품류에 속하는 제품 - 탑코트(topcoats) : 네일 에나멜을 바른 후에 색감과 광택을 늘리기 위하여 사용되는 것으로서 손발톱용 제품류에 속하는 제품 - 네일 크림·로션·에센스 : 네일에나멜과 네일에나멜리무버의 계속적인 사용으로 부족하기 쉬운 손발톱 주변의 수분과 유분을 보충하여 손톱을 보호하고 건강하게 보존하기 위하여 사용되는 것을 목적으로 하는 제품 - 네일폴리시·네일에나멜 리무버 : 네일에나멜, 네일폴리시 등에 위한 손발톱 화장을 지우기 위하여 사용되는 것을 목적으로 하는 제품 - 그 밖의 손발톱용 제품류 : 상기 제품 이외에 손발톱용 제품류에 속하는 제품

구분	세부 내용
면도용 제품류	• 면도용 제품 유형 - 면도용 제품은 사용 목적 및 제형 형태에 따라 애프터셰이브 로션, 남성용 탤컴, 프리 셰이브 로션, 셰이빙 크림, 셰이빙 폼 등으로 구분할 수 있음 • 면도용 제품 사용 목적 - 애프터셰이브 로션(aftershave lotions) : 면도할 때 또는 면도 후의 피부를 가다듬고, 면도 후 이완된 모공을 수축시켜 피부를 건강하게 하기 위하여 사용되는 것을 목적으로 하는 제품 - 남성용 탤컴(talcum) : 피부의 유·수분을 조절하여 면도시 제거된 털이 피부에 달라붙는 것을 방지하고 피부의 진정효과를 위하여 사용되는 것을 목적으로 하는 제품 - 프리셰이브 로션(preshave lotions) : 턱수염 등을 부드럽게 하여 면도를 용이하게 하거나 면도에 의한 피부자극을 줄이기 위하여 면도 전에 사용되는 것을 목적으로 하는 제품 - 셰이빙 크림(shaving cream) : 턱수염 등을 부드럽게 하여 면도를 용이하게 하거나 면도에 의한 피부자극을 줄이기 위하여 사용되는 것을 목적으로 하는 제품 - 셰이빙 폼(shaving foam) : 면도기와 피부의 마찰을 줄이기 위하여 거품을 풍성하게 내서 사용되는 것을 목적으로 하는 제품 - 그 밖의 면도용 제품류 : 상기 제품 이외에 면도용 제품류에 속하는 제품
체취방지용 제품류	• 체취방지용 제품 유형 - 체취방지용 제품은 데오도런트가 가장 대표적인 유형임 • 체취방지용 제품 사용 목적 - 데오도런트 : 체취를 최소화하기 위해 신체 등에 사용되는 것을 목적으로 하는 제품 - 그 밖의 체취 방지용 제품류 : 상기 제품 이외에 체취 방지용 제품류에 속하는 제품
체모제거용 제품류	• 체모제거용 제품 유형 - 체모제거용 제품은 체모 제거의 방식에 따라 화학적 타입(例 제모제)과 물리적 타입(例 제모 왁스)으로 나눌 수 있음 • 체모제거용 제품 사용 목적 - 제모제 : 체모의 시스틴 결합을 환원제로 화학적으로 절단하여 제거하는 것으로서 체모 제거용 제품류에 속하는 제품 - 제모왁스 : 물리적으로 체모를 제거하는 것으로서 체모 제거용 제품류에 속하는 제품 - 그 밖의 체모 제거용 제품류 : 상기 제품 이외에 체모 제거용 제품류에 속하는 제품

구분	세부 내용
피부의 미백에 도움을 주는 제품	• 피부에 멜라닌색소가 침착하는 것을 방지하여 기미·주근깨 등의 생성을 억제함으로써 피부의 미백에 도움을 줌 • 피부에 침착된 멜라닌색소의 색을 엷게 하여 피부의 미백에 도움을 줌
피부의 주름개선에 도움을 주는 제품	• 피부에 탄력을 주어 피부의 주름을 완화 또는 개선
피부를 곱게 태워 주거나 자외선으로부터 피부를 보호하는 데에 도움을 주는 제품	• 강한 햇볕을 방지하여 피부를 곱게 태워줌
모발의 색상 변화·제거 또는 영양 공급에 도움을 주는 제품	• 모발의 색상을 변화(탈염(脫染)·탈색(脫色)을 포함)시키는 기능을 가진 화장품(다만, 일시적인 모발의 색상 변화는 제외) • 체모를 제거(다만, 물리적인 체모 제거는 제외) • 탈모 증상의 완화에 도움을 줌(다만, 코팅 등 물리적으로 두발을 굵게 보이는 기능은 제외)
피부나 모발의 기능 약화로 인한 건조함, 갈라짐, 빠짐, 각질화 등을 방지하거나 개선하는 데에 도움을 주는 제품	• 여드름성 피부를 완화함(다만, 인체세정에 한정) • 피부장벽(피부의 가장 바깥쪽에 존재하는 각질층의 표피를 말함)의 기능을 회복하여 가려움 등의 개선에 도움을 줌 • 튼살로 인한 붉은 선을 엷게 하는 데 도움을 줌

08 개인정보 보호법

[시행 2024. 3. 15.] [법률 제19234호, 2023. 3. 14., 일부개정]

제1장 총칙

제1조(목적)

이 법은 개인정보의 처리 및 보호에 관한 사항을 정함으로써 개인의 자유와 권리를 보호하고, 나아가 개인의 존엄과 가치를 구현함을 목적으로 한다. <개정 2014. 3. 24.>

제2조(정의)

이 법에서 사용하는 용어의 뜻은 다음과 같다. <개정 2014. 3. 24., 2020. 2. 4., 2023. 3. 14.>

1. "개인정보"란 살아 있는 개인에 관한 정보로서 다음 각 목의 어느 하나에 해당하는 정보를 말한다.

   가. 성명, 주민등록번호 및 영상 등을 통하여 개인을 알아볼 수 있는 정보

   나. 해당 정보만으로는 특정 개인을 알아볼 수 없더라도 다른 정보와 쉽게 결합하여 알아볼 수 있는 정보. 이 경우 쉽게 결합할 수 있는지 여부는 다른 정보의 입수 가능성 등 개인을 알아보는 데 소요되는 시간, 비용, 기술 등을 합리적으로 고려하여야 한다.

   다. 가목 또는 나목을 제1호의2에 따라 가명처리함으로써 원래의 상태로 복원하기 위한 추가 정보의 사용ㆍ결합 없이는 특정 개인을 알아볼 수 없는 정보(이하 "가명정보"라 한다)

1의2. "가명처리"란 개인정보의 일부를 삭제하거나 일부 또는 전부를 대체하는 등의 방법으로 추가 정보가 없이는 특정 개인을 알아볼 수 없도록 처리하는 것을 말한다.

2. "처리"란 개인정보의 수집, 생성, 연계, 연동, 기록, 저장, 보유, 가공, 편집, 검색, 출력, 정정(訂正), 복구, 이용, 제공, 공개, 파기(破棄), 그 밖에 이와 유사한 행위를 말한다.

3. "정보주체"란 처리되는 정보에 의하여 알아볼 수 있는 사람으로서 그 정보의 주체가 되는 사람을 말한다.

4. "개인정보파일"이란 개인정보를 쉽게 검색할 수 있도록 일정한 규칙에 따라 체계적으로 배열하거나 구성한 개인정보의 집합물(集合物)을 말한다.

5. "개인정보처리자"란 업무를 목적으로 개인정보파일을 운용하기 위하여 스스로 또는 다른 사람을 통하여 개인정보를 처리하는 공공기관, 법인, 단체 및 개인 등을 말한다.

6. "공공기관"이란 다음 각 목의 기관을 말한다.

   가. 국회, 법원, 헌법재판소, 중앙선거관리위원회의 행정사무를 처리하는 기관, 중앙행정기관(대통령 소속 기관과 국무총리 소속 기관을 포함한다) 및 그 소속 기관, 지방자치단체

   나. 그 밖의 국가기관 및 공공단체 중 대통령령으로 정하는 기관

7. "고정형 영상정보처리기기"란 일정한 공간에 설치되어 지속적 또는 주기적으로 사람 또는 사물의 영상 등을 촬영하거나 이를 유ㆍ무선망을 통하여 전송하는 장치로서 대통령령으로 정하는 장치를 말한다.8. "표시"란 화장품의 용기ㆍ포장에 기재하는 문자ㆍ숫자ㆍ도형 또는 그림 등을 말한다.

7의2. "이동형 영상정보처리기기"란 사람이 신체에 착용 또는 휴대하거나 이동 가능한 물체에 부착 또는 거치(据置)하여 사람 또는 사물의 영상 등을 촬영하거나 이를 유ㆍ무선망을 통하여 전송하는 장치로서 대통령령으로 정하는 장치를 말한다.

8. "과학적 연구"란 기술의 개발과 실증, 기초연구, 응용연구 및 민간 투자 연구 등 과학적 방법을 적용하는 연구를 말한다.

제3조(개인정보 보호 원칙)

① 개인정보처리자는 개인정보의 처리 목적을 명확하게 하여야 하고 그 목적에 필요한 범위에서 최소한의 개인정보만을 적법하고 정당하게 수집하여야 한다.

② 개인정보처리자는 개인정보의 처리 목적에 필요한 범위에서 적합하게 개인정보를 처리하여야 하며, 그 목적 외의 용도로 활용하여서는 아니 된다.

③ 개인정보처리자는 개인정보의 처리 목적에 필요한 범위에서 개인정보의 정확성, 완전성 및 최신성이 보장되도록 하여야 한다.

④ 개인정보처리자는 개인정보의 처리 방법 및 종류 등에 따라 정보주체의 권리가 침해받을 가능성과 그 위험 정도를 고려하여 개인정보를 안전하게 관리하여야 한다.

⑤ 개인정보처리자는 제30조에 따른 개인정보 처리방침 등 개인정보의 처리에 관한 사항을 공개하여야 하며, 열람청구권 등 정보주체의 권리를 보장하여야 한다. <개정 2023. 3. 14.>

⑥ 개인정보처리자는 정보주체의 사생활 침해를 최소화하는 방법으로 개인정보를 처리하여야 한다.

⑦ 개인정보처리자는 개인정보를 익명 또는 가명으로 처리하여도 개인정보 수집목적을 달성할 수 있는 경우 익명처리가 가능한 경우에는 익명에 의하여, 익명처리로 목적을 달성할 수 없는 경우에는 가명에 의하여 처리될 수 있도록 하여야 한다. <개정 2020. 2. 4.>

⑧ 개인정보처리자는 이 법 및 관계 법령에서 규정하고 있는 책임과 의무를 준수하고 실천함으로써 정보주체의 신뢰를 얻기 위하여 노력하여야 한다.

제4조(정보주체의 권리)

정보주체는 자신의 개인정보 처리와 관련하여 다음 각 호의 권리를 가진다. <개정 2023. 3. 14.>

1. 개인정보의 처리에 관한 정보를 제공받을 권리
2. 개인정보의 처리에 관한 동의 여부, 동의 범위 등을 선택하고 결정할 권리
3. 개인정보의 처리 여부를 확인하고 개인정보에 대한 열람(사본의 발급을 포함한다. 이하 같다) 및 전송을 요구할 권리
4. 개인정보의 처리 정지, 정정·삭제 및 파기를 요구할 권리
5. 개인정보의 처리로 인하여 발생한 피해를 신속하고 공정한 절차에 따라 구제받을 권리
6. 완전히 자동화된 개인정보 처리에 따른 결정을 거부하거나 그에 대한 설명 등을 요구할 권리

제5조(국가 등의 책무)

① 국가와 지방자치단체는 개인정보의 목적 외 수집, 오용·남용 및 무분별한 감시·추적 등에 따른 폐해를 방지하여 인간의 존엄과 개인의 사생활 보호를 도모하기 위한 시책을 강구하여야 한다.

② 국가와 지방자치단체는 제4조에 따른 정보주체의 권리를 보호하기 위하여 법령의 개선 등 필요한 시책을 마련하여야 한다.

③ 국가와 지방자치단체는 만 14세 미만 아동이 개인정보 처리가 미치는 영향과 정보주체의 권리 등을 명확하게 알 수 있도록 만 14세 미만 아동의 개인정보 보호에 필요한 시책을 마련하여야 한다. <신설 2023. 3. 14.>

④ 국가와 지방자치단체는 개인정보의 처리에 관한 불합리한 사회적 관행을 개선하기 위하여 개인정보처리자의 자율적인 개인정보 보호활동을 존중하고 촉진·지원하여야 한다. <개정 2023. 3. 14.>

⑤ 국가와 지방자치단체는 개인정보의 처리에 관한 법령 또는 조례를 적용할 때에는 정보주체의 권리가 보장될 수 있도록 개인정보 보호 원칙에 맞게 적용하여야 한다. <개정 2023. 3. 14.>

제6조(다른 법률과의 관계)

① 개인정보의 처리 및 보호에 관하여 다른 법률에 특별한 규정이 있는 경우를 제외하고는 이 법에서 정하는 바에 따른다. <개정 2014. 3. 24., 2023. 3. 14.>

② 개인정보의 처리 및 보호에 관한 다른 법률을 제정하거나 개정하는 경우에는 이 법의 목적과 원칙에 맞도록 하여야 한다. <신설 2023. 3. 14.>

제2장 개인정보 보호정책의 수립 등

제7조(개인정보 보호위원회)

① 개인정보 보호에 관한 사무를 독립적으로 수행하기 위하여 국무총리 소속으로 개인정보 보호위원회(이하 "보호위원회"라 한다)를 둔다. <개정 2020. 2. 4.>

② 보호위원회는 「정부조직법」 제2조에 따른 중앙행정기관으로 본다. 다만, 다음 각 호의 사항에 대하여는 「정부조직법」 제18조를 적용하지 아니한다. <개정 2020. 2. 4.>

　　1. 제7조의8제3호 및 제4호의 사무

　　2. 제7조의9제1항의 심의 · 의결 사항 중 제1호에 해당하는 사항

③ 삭제 <2020. 2. 4.>

④ 삭제 <2020. 2. 4.>

⑤ 삭제 <2020. 2. 4.>

⑥ 삭제 <2020. 2. 4.>

⑦ 삭제 <2020. 2. 4.>

⑧ 삭제 <2020. 2. 4.>

⑨ 삭제 <2020. 2. 4.>

제7조의2(보호위원회의 구성 등)

① 보호위원회는 상임위원 2명(위원장 1명, 부위원장 1명)을 포함한 9명의 위원으로 구성한다.

② 보호위원회의 위원은 개인정보 보호에 관한 경력과 전문지식이 풍부한 다음 각 호의 사람 중에서 위원장과 부위원장은 국무총리의 제청으로, 그 외 위원 중 2명은 위원장의 제청으로, 2명은 대통령이 소속되거나 소속되었던 정당의 교섭단체 추천으로, 3명은 그 외의 교섭단체 추천으로 대통령이 임명 또는 위촉한다.

　　1. 개인정보 보호 업무를 담당하는 3급 이상 공무원(고위공무원단에 속하는 공무원을 포함한다)의 직에 있거나 있었던 사람

　　2. 판사 · 검사 · 변호사의 직에 10년 이상 있거나 있었던 사람

　　3. 공공기관 또는 단체(개인정보처리자로 구성된 단체를 포함한다)에 3년 이상 임원으로 재직하였거나 이들 기관 또는 단체로부터 추천받은 사람으로서 개인정보 보호 업무를 3년 이상 담당하였던 사람

　　4. 개인정보 관련 분야에 전문지식이 있고 「고등교육법」 제2조제1호에 따른 학교에서 부교수 이상으로 5년 이상 재직하고 있거나 재직하였던 사람

③ 위원장과 부위원장은 정무직 공무원으로 임명한다.

④ 위원장, 부위원장, 제7조의13에 따른 사무처의 장은 「정부조직법」 제10조에도 불구하고 정부위원이 된다.

　　[본조신설 2020. 2. 4.]

제7조의3(위원장)

① 위원장은 보호위원회를 대표하고, 보호위원회의 회의를 주재하며, 소관 사무를 총괄한다.

② 위원장이 부득이한 사유로 직무를 수행할 수 없을 때에는 부위원장이 그 직무를 대행하고, 위원장 · 부위원장이 모두 부득이한 사유로 직무를 수행할 수 없을 때에는 위원회가 미리 정하는 위원이 위원장의 직무를 대행한다.

③ 위원장은 국회에 출석하여 보호위원회의 소관 사무에 관하여 의견을 진술할 수 있으며, 국회에서 요구하면 출석하여 보고하거나 답변하여야 한다.

④ 위원장은 국무회의에 출석하여 발언할 수 있으며, 그 소관 사무에 관하여 국무총리에게 의안 제출을 건의할 수 있다.

[본조신설 2020. 2. 4.]

제7조의4(위원의 임기)

① 위원의 임기는 3년으로 하되, 한 차례만 연임할 수 있다.

② 위원이 궐위된 때에는 지체 없이 새로운 위원을 임명 또는 위촉하여야 한다. 이 경우 후임으로 임명 또는 위촉된 위원의 임기는 새로이 개시된다.

[본조신설 2020. 2. 4.]

제7조의5(위원의 신분보장)

① 위원은 다음 각 호의 어느 하나에 해당하는 경우를 제외하고는 그 의사에 반하여 면직 또는 해촉되지 아니한다.

1. 장기간 심신장애로 인하여 직무를 수행할 수 없게 된 경우

2. 제7조의7의 결격사유에 해당하는 경우

3. 이 법 또는 그 밖의 다른 법률에 따른 직무상의 의무를 위반한 경우

② 위원은 법률과 양심에 따라 독립적으로 직무를 수행한다.

[본조신설 2020. 2. 4.]

제7조의6(겸직금지 등)

① 위원은 재직 중 다음 각 호의 직(職)을 겸하거나 직무와 관련된 영리업무에 종사하여서는 아니 된다.

1. 국회의원 또는 지방의회의원

2. 국가공무원 또는 지방공무원

3. 그 밖에 대통령령으로 정하는 직

② 제1항에 따른 영리업무에 관한 사항은 대통령령으로 정한다.

③ 위원은 정치활동에 관여할 수 없다.

[본조신설 2020. 2. 4.]

제7조의7(결격사유)

① 다음 각 호의 어느 하나에 해당하는 사람은 위원이 될 수 없다.

1. 대한민국 국민이 아닌 사람

2. 「국가공무원법」 제33조 각 호의 어느 하나에 해당하는 사람

3. 「정당법」 제22조에 따른 당원

② 위원이 제1항 각 호의 어느 하나에 해당하게 된 때에는 그 직에서 당연 퇴직한다. 다만, 「국가공무원법」 제33조제2호는 파산선고를 받은 사람으로서 「채무자 회생 및 파산에 관한 법률」에 따라 신청기한 내에 면책신청을 하지 아니하였거나 면책불허가 결정 또는 면책 취소가 확정된 경우만 해당하고, 같은 법 제33조제5호는 「형법」 제129조부터 제132조까지, 「성폭력범죄의 처벌 등에 관한 특례법」 제2조, 「아동·청소년의 성보호에 관한 법률」 제2조제2호 및 직무와 관련하여 「형법」 제355조 또는 제356조에 규정된 죄를 범한 사람으로서 금고 이상의 형의 선고유예를 받은 경우만 해당한다.

[본조신설 2020. 2. 4.]

제7조의8(보호위원회의 소관 사무)

보호위원회는 다음 각 호의 소관 사무를 수행한다. <개정 2023. 3. 14.>

1. 개인정보의 보호와 관련된 법령의 개선에 관한 사항

2. 개인정보 보호와 관련된 정책·제도·계획 수립·집행에 관한 사항

3. 정보주체의 권리침해에 대한 조사 및 이에 따른 처분에 관한 사항

4. 개인정보의 처리와 관련한 고충처리·권리구제 및 개인정보에 관한 분쟁의 조정

5. 개인정보 보호를 위한 국제기구 및 외국의 개인정보 보호기구와의 교류·협력

6. 개인정보 보호에 관한 법령·정책·제도·실태 등의 조사·연구, 교육 및 홍보에 관한 사항

7. 개인정보 보호에 관한 기술개발의 지원·보급, 기술의 표준화 및 전문인력의 양성에 관한 사항

8. 이 법 및 다른 법령에 따라 보호위원회의 사무로 규정된 사항

　[본조신설 2020. 2. 4.]

제7조의9(보호위원회의 심의·의결 사항 등)

① 보호위원회는 다음 각 호의 사항을 심의·의결한다. <개정 2023. 3. 14.>

1. 제8조의2에 따른 개인정보 침해요인 평가에 관한 사항

2. 제9조에 따른 기본계획 및 제10조에 따른 시행계획에 관한 사항

3. 개인정보 보호와 관련된 정책, 제도 및 법령의 개선에 관한 사항

4. 개인정보의 처리에 관한 공공기관 간의 의견조정에 관한 사항

5. 개인정보 보호에 관한 법령의 해석·운용에 관한 사항

6. 제18조제2항제5호에 따른 개인정보의 이용·제공에 관한 사항

6의2. 제28조의9에 따른 개인정보의 국외 이전 중지 명령에 관한 사항

7. 제33조제4항에 따른 영향평가 결과에 관한 사항

8. 제64조의2에 따른 과징금 부과에 관한 사항

9. 제61조에 따른 의견제시 및 개선권고에 관한 사항

9의2. 제63조의2제2항에 따른 시정권고에 관한 사항

10. 제64조에 따른 시정조치 등에 관한 사항

11. 제65조에 따른 고발 및 징계권고에 관한 사항

12. 제66조에 따른 처리 결과의 공표 및 공표명령에 관한 사항

13. 제75조에 따른 과태료 부과에 관한 사항

14. 소관 법령 및 보호위원회 규칙의 제정·개정 및 폐지에 관한 사항

15. 개인정보 보호와 관련하여 보호위원회의 위원장 또는 위원 2명 이상이 회의에 부치는 사항

16. 그 밖에 이 법 또는 다른 법령에 따라 보호위원회가 심의·의결하는 사항

② 보호위원회는 제1항 각 호의 사항을 심의·의결하기 위하여 필요한 경우 다음 각 호의 조치를 할 수 있다.

1. 관계 공무원, 개인정보 보호에 관한 전문 지식이 있는 사람이나 시민사회단체 및 관련 사업자로부터의 의견 청취

2. 관계 기관 등에 대한 자료제출이나 사실조회 요구

③ 제2항제2호에 따른 요구를 받은 관계 기관 등은 특별한 사정이 없으면 이에 따라야 한다.

④ 보호위원회는 제1항제3호의 사항을 심의·의결한 경우에는 관계 기관에 그 개선을 권고할 수 있다.

⑤ 보호위원회는 제4항에 따른 권고 내용의 이행 여부를 점검할 수 있다.

　[본조신설 2020. 2. 4.]

제7조의10(회의)

① 보호위원회의 회의는 위원장이 필요하다고 인정하거나 재적위원 4분의 1 이상의 요구가 있는 경우에 위원장이 소집한다.

② 위원장 또는 2명 이상의 위원은 보호위원회에 의안을 제의할 수 있다.

③ 보호위원회의 회의는 재적위원 과반수의 출석으로 개의하고, 출석위원 과반수의 찬성으로 의결한다.

[본조신설 2020. 2. 4.]

제7조의11(위원의 제척·기피·회피)

① 위원은 다음 각 호의 어느 하나에 해당하는 경우에는 심의·의결에서 제척된다.

1. 위원 또는 그 배우자나 배우자였던 자가 해당 사안의 당사자가 되거나 그 사건에 관하여 공동의 권리자 또는 의무자의 관계에 있는 경우

2. 위원이 해당 사안의 당사자와 친족이거나 친족이었던 경우

3. 위원이 해당 사안에 관하여 증언, 감정, 법률자문을 한 경우

4. 위원이 해당 사안에 관하여 당사자의 대리인으로서 관여하거나 관여하였던 경우

5. 위원이나 위원이 속한 공공기관·법인 또는 단체 등이 조언 등 지원을 하고 있는 자와 이해관계가 있는 경우

② 위원에게 심의·의결의 공정을 기대하기 어려운 사정이 있는 경우 당사자는 기피 신청을 할 수 있고, 보호위원회는 의결로 이를 결정한다.

③ 위원이 제1항 또는 제2항의 사유가 있는 경우에는 해당 사안에 대하여 회피할 수 있다.

[본조신설 2020. 2. 4.]

제7조의12(소위원회)

① 보호위원회는 효율적인 업무 수행을 위하여 개인정보 침해 정도가 경미하거나 유사·반복되는 사항 등을 심의·의결할 소위원회를 둘 수 있다.

② 소위원회는 3명의 위원으로 구성한다.

③ 소위원회가 제1항에 따라 심의·의결한 것은 보호위원회가 심의·의결한 것으로 본다.

④ 소위원회의 회의는 구성위원 전원의 출석과 출석위원 전원의 찬성으로 의결한다.

[본조신설 2020. 2. 4.]

제7조의13(사무처)

보호위원회의 사무를 처리하기 위하여 보호위원회에 사무처를 두며, 이 법에 규정된 것 외에 보호위원회의 조직에 관한 사항은 대통령령으로 정한다

[본조신설 2020. 2. 4.]

제7조의14(운영 등)

이 법과 다른 법령에 규정된 것 외에 보호위원회의 운영 등에 필요한 사항은 보호위원회의 규칙으로 정한다.

[본조신설 2020. 2. 4.]

제8조 삭제 <2020. 2. 4.>

제8조의2(개인정보 침해요인 평가)

① 중앙행정기관의 장은 소관 법령의 제정 또는 개정을 통하여 개인정보 처리를 수반하는 정책이나 제도를 도입·변경하는 경우에는 보호위원회에 개인정보 침해요인 평가를 요청하여야 한다.

② 보호위원회가 제1항에 따른 요청을 받은 때에는 해당 법령의 개인정보 침해요인을 분석·검토하여 그 법령의 소관기관의 장에게 그 개선을 위하여 필요한 사항을 권고할 수 있다.

③ 제1항에 따른 개인정보 침해요인 평가의 절차와 방법에 관하여 필요한 사항은 대통령령으로 정한다.

[본조신설 2015. 7. 24.]

제9조(기본계획)

① 보호위원회는 개인정보의 보호와 정보주체의 권익 보장을 위하여 3년마다 개인정보 보호 기본계획(이하 "기본계획"이라 한다)을 관계 중앙행정기관의 장과 협의하여 수립한다. <개정 2013. 3. 23., 2014. 11. 19., 2015. 7. 24.>

② 기본계획에는 다음 각 호의 사항이 포함되어야 한다.

    1. 개인정보 보호의 기본목표와 추진방향

    2. 개인정보 보호와 관련된 제도 및 법령의 개선

    3. 개인정보 침해 방지를 위한 대책

    4. 개인정보 보호 자율규제의 활성화

    5. 개인정보 보호 교육 · 홍보의 활성화

    6. 개인정보 보호를 위한 전문인력의 양성

    7. 그 밖에 개인정보 보호를 위하여 필요한 사항

③ 국회, 법원, 헌법재판소, 중앙선거관리위원회는 해당 기관(그 소속 기관을 포함한다)의 개인정보 보호를 위한 기본계획을 수립 · 시행할 수 있다.

제10조(시행계획)

① 중앙행정기관의 장은 기본계획에 따라 매년 개인정보 보호를 위한 시행계획을 작성하여 보호위원회에 제출하고, 보호위원회의 심의 · 의결을 거쳐 시행하여야 한다.

② 시행계획의 수립 · 시행에 필요한 사항은 대통령령으로 정한다.

제11조(자료제출 요구 등)

① 보호위원회는 기본계획을 효율적으로 수립하기 위하여 개인정보처리자, 관계 중앙행정기관의 장, 지방자치단체의 장 및 관계 기관 · 단체 등에 개인정보처리자의 법규 준수 현황과 개인정보 관리 실태 등에 관한 자료의 제출이나 의견의 진술 등을 요구할 수 있다. <개정 2013. 3. 23., 2014. 11. 19., 2015. 7. 24.>

② 보호위원회는 개인정보 보호 정책 추진, 성과평가 등을 위하여 필요한 경우 개인정보처리자, 관계 중앙행정기관의 장, 지방자치단체의 장 및 관계 기관 · 단체 등을 대상으로 개인정보관리 수준 및 실태파악 등을 위한 조사를 실시할 수 있다. <신설 2015. 7. 24., 2017. 7. 26., 2020. 2. 4.>

③ 중앙행정기관의 장은 시행계획을 효율적으로 수립 · 추진하기 위하여 소관 분야의 개인정보처리자에게 제1항에 따른 자료제출 등을 요구할 수 있다. <개정 2015. 7. 24.>

④ 제1항부터 제3항까지에 따른 자료제출 등을 요구받은 자는 특별한 사정이 없으면 이에 따라야 한다. <개정 2015. 7. 24.>

⑤ 제1항부터 제3항까지에 따른 자료제출 등의 범위와 방법 등 필요한 사항은 대통령령으로 정한다. <개정 2015. 7. 24.>

제11조의2(개인정보 보호수준 평가)

① 보호위원회는 공공기관 중 중앙행정기관 및 그 소속기관, 지방자치단체, 그 밖에 대통령령으로 정하는 기관을 대상으로 매년 개인정보 보호 정책 · 업무의 수행 및 이 법에 따른 의무의 준수 여부 등을 평가(이하 "개인정보 보호수준 평가"라 한다)하여야 한다.

② 보호위원회는 개인정보 보호수준 평가에 필요한 경우 해당 공공기관의 장에게 관련 자료를 제출하게 할 수 있다.

③ 보호위원회는 개인정보 보호수준 평가의 결과를 인터넷 홈페이지 등을 통하여 공개할 수 있다.

④ 보호위원회는 개인정보 보호수준 평가의 결과에 따라 우수기관 및 그 소속 직원에 대하여 포상할 수 있고, 개인정보 보호를 위하여 필요하다고 인정하면 해당 공공기관의 장에게 개선을 권고할 수 있다. 이 경우 권고를 받은 공공기관의 장은 이를 이행하기 위하여 성실하게 노력하여야 하며, 그 조치 결과를 보호위원회에 알려야 한다.

⑤ 그 밖에 개인정보 보호수준 평가의 기준 · 방법 · 절차 및 제2항에 따른 자료 제출의 범위 등에 필요한 사항은 대통령령으로 정한다.

[본조신설 2023. 3. 14.]

제12조(개인정보 보호지침)

① 보호위원회는 개인정보의 처리에 관한 기준, 개인정보 침해의 유형 및 예방조치 등에 관한 표준 개인정보 보호지침(이하 "표준지침"이라 한다)을 정하여 개인정보처리자에게 그 준수를 권장할 수 있다. <개정 2013. 3. 23., 2014. 11. 19., 2017. 7. 26., 2020. 2. 4.>

② 중앙행정기관의 장은 표준지침에 따라 소관 분야의 개인정보 처리와 관련한 개인정보 보호지침을 정하여 개인정보처리자에게 그 준수를 권장할 수 있다.

③ 국회, 법원, 헌법재판소 및 중앙선거관리위원회는 해당 기관(그 소속 기관을 포함한다)의 개인정보 보호지침을 정하여 시행할 수 있다.

제13조(자율규제의 촉진 및 지원)

보호위원회는 개인정보처리자의 자율적인 개인정보 보호활동을 촉진하고 지원하기 위하여 다음 각 호의 필요한 시책을 마련하여야 한다. <개정 2013. 3. 23., 2014. 11. 19., 2017. 7. 26., 2020. 2. 4.>

1. 개인정보 보호에 관한 교육 · 홍보
2. 개인정보 보호와 관련된 기관 · 단체의 육성 및 지원
3. 개인정보 보호 인증마크의 도입 · 시행 지원
4. 개인정보처리자의 자율적인 규약의 제정 · 시행 지원
5. 그 밖에 개인정보처리자의 자율적 개인정보 보호활동을 지원하기 위하여 필요한 사항

제13조의2(개인정보 보호의 날)

① 개인정보의 보호 및 처리의 중요성을 국민에게 알리기 위하여 매년 9월 30일을 개인정보 보호의 날로 지정한다.

② 국가와 지방자치단체는 개인정보 보호의 날이 포함된 주간에 개인정보 보호 문화 확산을 위한 각종 행사를 실시할 수 있다.

[본조신설 2023. 3. 14.]

제14조(국제협력)

① 정부는 국제적 환경에서의 개인정보 보호 수준을 향상시키기 위하여 필요한 시책을 마련하여야 한다.

② 정부는 개인정보 국외 이전으로 인하여 정보주체의 권리가 침해되지 아니하도록 관련 시책을 마련하여야 한다.

제3장 개인정보의 처리
제1절 개인정보의 수집, 이용, 제공 등

제15조(개인정보의 수집 · 이용)

① 개인정보처리자는 다음 각 호의 어느 하나에 해당하는 경우에는 개인정보를 수집할 수 있으며 그 수집 목적의 범위에서 이용할 수 있다. <개정 2023. 3. 14.>

1. 정보주체의 동의를 받은 경우
2. 법률에 특별한 규정이 있거나 법령상 의무를 준수하기 위하여 불가피한 경우

3. 공공기관이 법령 등에서 정하는 소관 업무의 수행을 위하여 불가피한 경우

4. 정보주체와 체결한 계약을 이행하거나 계약을 체결하는 과정에서 정보주체의 요청에 따른 조치를 이행하기 위하여 필요한 경우

5. 명백히 정보주체 또는 제3자의 급박한 생명, 신체, 재산의 이익을 위하여 필요하다고 인정되는 경우

6. 개인정보처리자의 정당한 이익을 달성하기 위하여 필요한 경우로서 명백하게 정보주체의 권리보다 우선하는 경우. 이 경우 개인정보처리자의 정당한 이익과 상당한 관련이 있고 합리적인 범위를 초과하지 아니하는 경우에 한한다.

7. 공중위생 등 공공의 안전과 안녕을 위하여 긴급히 필요한 경우

② 개인정보처리자는 제1항제1호에 따른 동의를 받을 때에는 다음 각 호의 사항을 정보주체에게 알려야 한다. 다음 각 호의 어느 하나의 사항을 변경하는 경우에도 이를 알리고 동의를 받아야 한다.

1. 개인정보의 수집 · 이용 목적

2. 수집하려는 개인정보의 항목

3. 개인정보의 보유 및 이용 기간

4. 동의를 거부할 권리가 있다는 사실 및 동의 거부에 따른 불이익이 있는 경우에는 그 불이익의 내용

③ 개인정보처리자는 당초 수집 목적과 합리적으로 관련된 범위에서 정보주체에게 불이익이 발생하는지 여부, 암호화 등 안전성 확보에 필요한 조치를 하였는지 여부 등을 고려하여 대통령령으로 정하는 바에 따라 정보주체의 동의 없이 개인정보를 이용할 수 있다. <신설 2020. 2. 4.>

제16조(개인정보의 수집 제한)

① 개인정보처리자는 제15조제1항 각 호의 어느 하나에 해당하여 개인정보를 수집하는 경우에는 그 목적에 필요한 최소한의 개인정보를 수집하여야 한다. 이 경우 최소한의 개인정보 수집이라는 입증책임은 개인정보처리자가 부담한다.

② 개인정보처리자는 정보주체의 동의를 받아 개인정보를 수집하는 경우 필요한 최소한의 정보 외의 개인정보 수집에는 동의하지 아니할 수 있다는 사실을 구체적으로 알리고 개인정보를 수집하여야 한다. <신설 2013. 8. 6.>

③ 개인정보처리자는 정보주체가 필요한 최소한의 정보 외의 개인정보 수집에 동의하지 아니한다는 이유로 정보주체에게 재화 또는 서비스의 제공을 거부하여서는 아니 된다. <개정 2013. 8. 6.>

제17조(개인정보의 제공)

① 개인정보처리자는 다음 각 호의 어느 하나에 해당되는 경우에는 정보주체의 개인정보를 제3자에게 제공(공유를 포함한다. 이하 같다)할 수 있다. <개정 2020. 2. 4., 2023. 3. 14.>

1. 정보주체의 동의를 받은 경우

2. 제15조제1항제2호, 제3호 및 제5호부터 제7호까지에 따라 개인정보를 수집한 목적 범위에서 개인정보를 제공하는 경우

② 개인정보처리자는 제1항제1호에 따른 동의를 받을 때에는 다음 각 호의 사항을 정보주체에게 알려야 한다. 다음 각 호의 어느 하나의 사항을 변경하는 경우에도 이를 알리고 동의를 받아야 한다.

1. 개인정보를 제공받는 자

2. 개인정보를 제공받는 자의 개인정보 이용 목적

3. 제공하는 개인정보의 항목

4. 개인정보를 제공받는 자의 개인정보 보유 및 이용 기간

5. 동의를 거부할 권리가 있다는 사실 및 동의 거부에 따른 불이익이 있는 경우에는 그 불이익의 내용

③ 삭제 <2023. 3. 14.>

④ 개인정보처리자는 당초 수집 목적과 합리적으로 관련된 범위에서 정보주체에게 불이익이 발생하는지 여부, 암호화 등 안전성 확보에 필요한 조치를 하였는지 여부 등을 고려하여 대통령령으로 정하는 바에 따라 정보주체의 동의 없이 개인정보를 제공할 수 있다. <신설 2020. 2. 4.>

제18조(개인정보의 목적 외 이용ㆍ제공 제한)

① 개인정보처리자는 개인정보를 제15조제1항에 따른 범위를 초과하여 이용하거나 제17조제1항 및 제28조의8 제1항에 따른 범위를 초과하여 제3자에게 제공하여서는 아니 된다. <개정 2020. 2. 4., 2023. 3. 14.>

② 제1항에도 불구하고 개인정보처리자는 다음 각 호의 어느 하나에 해당하는 경우에는 정보주체 또는 제3자의 이익을 부당하게 침해할 우려가 있을 때를 제외하고는 개인정보를 목적 외의 용도로 이용하거나 이를 제3자에게 제공할 수 있다. 다만, 제5호부터 제9호까지에 따른 경우는 공공기관의 경우로 한정한다. <개정 2020. 2. 4., 2023. 3. 14.>

1. 정보주체로부터 별도의 동의를 받은 경우

2. 다른 법률에 특별한 규정이 있는 경우

3. 명백히 정보주체 또는 제3자의 급박한 생명, 신체, 재산의 이익을 위하여 필요하다고 인정되는 경우

4. 삭제 <2020. 2. 4.>

5. 개인정보를 목적 외의 용도로 이용하거나 이를 제3자에게 제공하지 아니하면 다른 법률에서 정하는 소관 업무를 수행할 수 없는 경우로서 보호위원회의 심의ㆍ의결을 거친 경우

6. 조약, 그 밖의 국제협정의 이행을 위하여 외국정부 또는 국제기구에 제공하기 위하여 필요한 경우

7. 범죄의 수사와 공소의 제기 및 유지를 위하여 필요한 경우

8. 법원의 재판업무 수행을 위하여 필요한 경우

9. 형(刑) 및 감호, 보호처분의 집행을 위하여 필요한 경우

10. 공중위생 등 공공의 안전과 안녕을 위하여 긴급히 필요한 경우

③ 개인정보처리자는 제2항제1호에 따른 동의를 받을 때에는 다음 각 호의 사항을 정보주체에게 알려야 한다. 다음 각 호의 어느 하나의 사항을 변경하는 경우에도 이를 알리고 동의를 받아야 한다.

1. 개인정보를 제공받는 자

2. 개인정보의 이용 목적(제공 시에는 제공받는 자의 이용 목적을 말한다)

3. 이용 또는 제공하는 개인정보의 항목

4. 개인정보의 보유 및 이용 기간(제공 시에는 제공받는 자의 보유 및 이용 기간을 말한다)

5. 동의를 거부할 권리가 있다는 사실 및 동의 거부에 따른 불이익이 있는 경우에는 그 불이익의 내용

④ 공공기관은 제2항제2호부터 제6호까지, 제8호부터 제10호까지에 따라 개인정보를 목적 외의 용도로 이용하거나 이를 제3자에게 제공하는 경우에는 그 이용 또는 제공의 법적 근거, 목적 및 범위 등에 관하여 필요한 사항을 보호위원회가 고시로 정하는 바에 따라 관보 또는 인터넷 홈페이지 등에 게재하여야 한다. <개정 2013. 3. 23., 2014. 11. 19., 2017. 7. 26., 2020. 2. 4., 2023. 3. 14.>

⑤ 개인정보처리자는 제2항 각 호의 어느 하나의 경우에 해당하여 개인정보를 목적 외의 용도로 제3자에게 제공하는 경우에는 개인정보를 제공받는 자에게 이용 목적, 이용 방법, 그 밖에 필요한 사항에 대하여 제한을 하거나, 개인정보의 안전성 확보를 위하여 필요한 조치를 마련하도록 요청하여야 한다. 이 경우 요청을 받은 자는 개인정보의 안전성 확보를 위하여 필요한 조치를 하여야 한다.

[제목개정 2013. 8. 6.]

제19조(개인정보를 제공받은 자의 이용·제공 제한)

개인정보처리자로부터 개인정보를 제공받은 자는 다음 각 호의 어느 하나에 해당하는 경우를 제외하고는 개인정보를 제공받은 목적 외의 용도로 이용하거나 이를 제3자에게 제공하여서는 아니 된다.

    1. 정보주체로부터 별도의 동의를 받은 경우

    2. 다른 법률에 특별한 규정이 있는 경우

제20조(정보주체 이외로부터 수집한 개인정보의 수집 출처 등 통지)

① 개인정보처리자가 정보주체 이외로부터 수집한 개인정보를 처리하는 때에는 정보주체의 요구가 있으면 즉시 다음 각 호의 모든 사항을 정보주체에게 알려야 한다. <개정 2023. 3. 14.>

    1. 개인정보의 수집 출처

    2. 개인정보의 처리 목적

    3. 제37조에 따른 개인정보 처리의 정지를 요구하거나 동의를 철회할 권리가 있다는 사실

② 제1항에도 불구하고 처리하는 개인정보의 종류·규모, 종업원 수 및 매출액 규모 등을 고려하여 대통령령으로 정하는 기준에 해당하는 개인정보처리자가 제17조제1항제1호에 따라 정보주체 이외로부터 개인정보를 수집하여 처리하는 때에는 제1항 각 호의 모든 사항을 정보주체에게 알려야 한다. 다만, 개인정보처리자가 수집한 정보에 연락처 등 정보주체에게 알릴 수 있는 개인정보가 포함되지 아니한 경우에는 그러하지 아니하다. <신설 2016. 3. 29.>

③ 제2항 본문에 따라 알리는 경우 정보주체에게 알리는 시기·방법 및 절차 등 필요한 사항은 대통령령으로 정한다. <신설 2016. 3. 29.>

④ 제1항과 제2항 본문은 다음 각 호의 어느 하나에 해당하는 경우에는 적용하지 아니한다. 다만, 이 법에 따른 정보주체의 권리보다 명백히 우선하는 경우에 한한다. <개정 2016. 3. 29., 2023. 3. 14.>

    1. 통지를 요구하는 대상이 되는 개인정보가 제32조제2항 각 호의 어느 하나에 해당하는 개인정보파일에 포함되어 있는 경우

    2. 통지로 인하여 다른 사람의 생명·신체를 해할 우려가 있거나 다른 사람의 재산과 그 밖의 이익을 부당하게 침해할 우려가 있는 경우

    [제목개정 2023. 3. 14.]

제20조의2(개인정보 이용·제공 내역의 통지)

① 대통령령으로 정하는 기준에 해당하는 개인정보처리자는 이 법에 따라 수집한 개인정보의 이용·제공 내역이나 이용·제공 내역을 확인할 수 있는 정보시스템에 접속하는 방법을 주기적으로 정보주체에게 통지하여야 한다. 다만, 연락처 등 정보주체에게 통지할 수 있는 개인정보를 수집·보유하지 아니한 경우에는 통지하지 아니할 수 있다.

② 제1항에 따른 통지의 대상이 되는 정보주체의 범위, 통지 대상 정보, 통지 주기 및 방법 등에 필요한 사항은 대통령령으로 정한다.

    [본조신설 2023. 3. 14.]

제21조(개인정보의 파기)

① 개인정보처리자는 보유기간의 경과, 개인정보의 처리 목적 달성, 가명정보의 처리 기간 경과 등 그 개인정보가 불필요하게 되었을 때에는 지체 없이 그 개인정보를 파기하여야 한다. 다만, 다른 법령에 따라 보존하여야 하는 경우에는 그러하지 아니하다. <개정 2023. 3. 14.>

② 개인정보처리자가 제1항에 따라 개인정보를 파기할 때에는 복구 또는 재생되지 아니하도록 조치하여야 한다.

③ 개인정보처리자가 제1항 단서에 따라 개인정보를 파기하지 아니하고 보존하여야 하는 경우에는 해당 개인정보 또는 개인정보파일을 다른 개인정보와 분리하여서 저장·관리하여야 한다.

④ 개인정보의 파기방법 및 절차 등에 필요한 사항은 대통령령으로 정한다.

제22조(동의를 받는 방법)

① 개인정보처리자는 이 법에 따른 개인정보의 처리에 대하여 정보주체(제22조의2제1항에 따른 법정대리인을 포함한다. 이하 이 조에서 같다)의 동의를 받을 때에는 각각의 동의 사항을 구분하여 정보주체가 이를 명확하게 인지할 수 있도록 알리고 동의를 받아야 한다. 이 경우 다음 각 호의 경우에는 동의 사항을 구분하여 각각 동의를 받아야 한다. <개정 2017. 4. 18., 2023. 3. 14.>

   1. 제15조제1항제1호에 따라 동의를 받는 경우

   2. 제17조제1항제1호에 따라 동의를 받는 경우

   3. 제18조제2항제1호에 따라 동의를 받는 경우

   4. 제19조제1호에 따라 동의를 받는 경우

   5. 제23조제1항제1호에 따라 동의를 받는 경우

   6. 제24조제1항제1호에 따라 동의를 받는 경우

   7. 재화나 서비스를 홍보하거나 판매를 권유하기 위하여 개인정보의 처리에 대한 동의를 받으려는 경우

   8. 그 밖에 정보주체를 보호하기 위하여 동의 사항을 구분하여 동의를 받아야 할 필요가 있는 경우로서 대통령령으로 정하는 경우

② 개인정보처리자는 제1항의 동의를 서면(「전자문서 및 전자거래 기본법」 제2조제1호에 따른 전자문서를 포함한다)으로 받을 때에는 개인정보의 수집·이용 목적, 수집·이용하려는 개인정보의 항목 등 대통령령으로 정하는 중요한 내용을 보호위원회가 고시로 정하는 방법에 따라 명확히 표시하여 알아보기 쉽게 하여야 한다. <신설 2017. 4. 18., 2017. 7. 26., 2020. 2. 4.>

③ 개인정보처리자는 정보주체의 동의 없이 처리할 수 있는 개인정보에 대해서는 그 항목과 처리의 법적 근거를 정보주체의 동의를 받아 처리하는 개인정보와 구분하여 제30조제2항에 따라 공개하거나 전자우편 등 대통령령으로 정하는 방법에 따라 정보주체에게 알려야 한다. 이 경우 동의 없이 처리할 수 있는 개인정보라는 입증책임은 개인정보처리자가 부담한다. <개정 2016. 3. 29., 2017. 4. 18., 2023. 3. 14.>

④ 삭제 <2023. 3. 14.>

⑤ 개인정보처리자는 정보주체가 선택적으로 동의할 수 있는 사항을 동의하지 아니하거나 제1항제3호 및 제7호에 따른 동의를 하지 아니한다는 이유로 정보주체에게 재화 또는 서비스의 제공을 거부하여서는 아니 된다. <개정 2017. 4. 18., 2023. 3. 14.>

⑥ 삭제 <2023. 3. 14.>

⑦ 제1항부터 제5항까지에서 규정한 사항 외에 정보주체의 동의를 받는 세부적인 방법에 관하여 필요한 사항은 개인정보의 수집매체 등을 고려하여 대통령령으로 정한다. <개정 2017. 4. 18., 2023. 3. 14.>

제22조의2(아동의 개인정보 보호)

① 개인정보처리자는 만 14세 미만 아동의 개인정보를 처리하기 위하여 이 법에 따른 동의를 받아야 할 때에는 그 법정대리인의 동의를 받아야 하며, 법정대리인이 동의하였는지를 확인하여야 한다.

② 제1항에도 불구하고 법정대리인의 동의를 받기 위하여 필요한 최소한의 정보로서 대통령령으로 정하는 정보는 법정대리인의 동의 없이 해당 아동으로부터 직접 수집할 수 있다.

③ 개인정보처리자는 만 14세 미만의 아동에게 개인정보 처리와 관련한 사항의 고지 등을 할 때에는 이해하기 쉬운 양식과 명확하고 알기 쉬운 언어를 사용하여야 한다.

④ 제1항부터 제3항까지에서 규정한 사항 외에 동의 및 동의 확인 방법 등에 필요한 사항은 대통령령으로 정한다.

  [본조신설 2023. 3. 14.]

제2절 개인정보의 처리 제한

제23조(민감정보의 처리 제한)

① 개인정보처리자는 사상·신념, 노동조합·정당의 가입·탈퇴, 정치적 견해, 건강, 성생활 등에 관한 정보, 그 밖에 정보주체의 사생활을 현저히 침해할 우려가 있는 개인정보로서 대통령령으로 정하는 정보(이하 "민감정보"라 한다)를 처리하여서는 아니 된다. 다만, 다음 각 호의 어느 하나에 해당하는 경우에는 그러하지 아니하다. <개정 2016. 3. 29.>

  1. 정보주체에게 제15조제2항 각 호 또는 제17조제2항 각 호의 사항을 알리고 다른 개인정보의 처리에 대한 동의와 별도로 동의를 받은 경우

  2. 법령에서 민감정보의 처리를 요구하거나 허용하는 경우

② 개인정보처리자가 제1항 각 호에 따라 민감정보를 처리하는 경우에는 그 민감정보가 분실·도난·유출·위조·변조 또는 훼손되지 아니하도록 제29조에 따른 안전성 확보에 필요한 조치를 하여야 한다. <신설 2016. 3. 29.>

③ 개인정보처리자는 재화 또는 서비스를 제공하는 과정에서 공개되는 정보에 정보주체의 민감정보가 포함됨으로써 사생활 침해의 위험성이 있다고 판단하는 때에는 재화 또는 서비스의 제공 전에 민감정보의 공개 가능성 및 비공개를 선택하는 방법을 정보주체가 알아보기 쉽게 알려야 한다. <신설 2023. 3. 14.>

제24조(고유식별정보의 처리 제한)

① 개인정보처리자는 다음 각 호의 경우를 제외하고는 법령에 따라 개인을 고유하게 구별하기 위하여 부여된 식별정보로서 대통령령으로 정하는 정보(이하 "고유식별정보"라 한다)를 처리할 수 없다.

  1. 정보주체에게 제15조제2항 각 호 또는 제17조제2항 각 호의 사항을 알리고 다른 개인정보의 처리에 대한 동의와 별도로 동의를 받은 경우

  2. 법령에서 구체적으로 고유식별정보의 처리를 요구하거나 허용하는 경우

② 삭제 <2013. 8. 6.>

③ 개인정보처리자가 제1항 각 호에 따라 고유식별정보를 처리하는 경우에는 그 고유식별정보가 분실·도난·유출·위조·변조 또는 훼손되지 아니하도록 대통령령으로 정하는 바에 따라 암호화 등 안전성 확보에 필요한 조치를 하여야 한다. <개정 2015. 7. 24.>

④ 보호위원회는 처리하는 개인정보의 종류·규모, 종업원 수 및 매출액 규모 등을 고려하여 대통령령으로 정하는 기준에 해당하는 개인정보처리자가 제3항에 따라 안전성 확보에 필요한 조치를 하였는지에 관하여 대통령령으로 정하는 바에 따라 정기적으로 조사하여야 한다. <신설 2016. 3. 29., 2017. 7. 26., 2020. 2. 4.>

⑤ 보호위원회는 대통령령으로 정하는 전문기관으로 하여금 제4항에 따른 조사를 수행하게 할 수 있다. <신설 2016. 3. 29., 2017. 7. 26., 2020. 2. 4.>

제24조의2(주민등록번호 처리의 제한)

① 제24조제1항에도 불구하고 개인정보처리자는 다음 각 호의 어느 하나에 해당하는 경우를 제외하고는 주민등록번호를 처리할 수 없다. <개정 2014. 11. 19., 2016. 3. 29., 2017. 7. 26., 2020. 2. 4.>

  1. 법률·대통령령·국회규칙·대법원규칙·헌법재판소규칙·중앙선거관리위원회규칙 및 감사원규칙에서 구체적으로 주민등록번호의 처리를 요구하거나 허용한 경우

  2. 정보주체 또는 제3자의 급박한 생명, 신체, 재산의 이익을 위하여 명백히 필요하다고 인정되는 경우

  3. 제1호 및 제2호에 준하여 주민등록번호 처리가 불가피한 경우로서 보호위원회가 고시로 정하는 경우

② 개인정보처리자는 제24조제3항에도 불구하고 주민등록번호가 분실·도난·유출·위조·변조 또는 훼손되지 아니하도록 암호화 조치를 통하여 안전하게 보관하여야 한다. 이 경우 암호화 적용 대상 및 대상별 적용 시기 등에 관하여 필요한 사항은 개인정보의 처리 규모와 유출 시 영향 등을 고려하여 대통령령으로 정한다. <신설 2014. 3. 24., 2015. 7. 24. >

③ 개인정보처리자는 제1항 각 호에 따라 주민등록번호를 처리하는 경우에도 정보주체가 인터넷 홈페이지를 통하여 회원으로 가입하는 단계에서는 주민등록번호를 사용하지 아니하고도 회원으로 가입할 수 있는 방법을 제공하여야 한다. <개정 2014. 3. 24. >

④ 보호위원회는 개인정보처리자가 제3항에 따른 방법을 제공할 수 있도록 관계 법령의 정비, 계획의 수립, 필요한 시설 및 시스템의 구축 등 제반 조치를 마련·지원할 수 있다. <개정 2014. 3. 24., 2017. 7. 26., 2020. 2. 4. >

[본조신설 2013. 8. 6.]

제25조(고정형 영상정보처리기기의 설치·운영 제한)

① 누구든지 다음 각 호의 경우를 제외하고는 공개된 장소에 고정형 영상정보처리기기를 설치·운영하여서는 아니 된다. <개정 2023. 3. 14. >

1. 법령에서 구체적으로 허용하고 있는 경우

2. 범죄의 예방 및 수사를 위하여 필요한 경우

3. 시설의 안전 및 관리, 화재 예방을 위하여 정당한 권한을 가진 자가 설치·운영하는 경우

4. 교통단속을 위하여 정당한 권한을 가진 자가 설치·운영하는 경우

5. 교통정보의 수집·분석 및 제공을 위하여 정당한 권한을 가진 자가 설치·운영하는 경우

6. 촬영된 영상정보를 저장하지 아니하는 경우로서 대통령령으로 정하는 경우

② 누구든지 불특정 다수가 이용하는 목욕실, 화장실, 발한실(發汗室), 탈의실 등 개인의 사생활을 현저히 침해할 우려가 있는 장소의 내부를 볼 수 있도록 고정형 영상정보처리기기를 설치·운영하여서는 아니 된다. 다만, 교도소, 정신보건 시설 등 법령에 근거하여 사람을 구금하거나 보호하는 시설로서 대통령령으로 정하는 시설에 대하여는 그러하지 아니하다. <개정 2023. 3. 14. >

③ 제1항 각 호에 따라 고정형 영상정보처리기기를 설치·운영하려는 공공기관의 장과 제2항 단서에 따라 고정형 영상정보처리기기를 설치·운영하려는 자는 공청회·설명회의 개최 등 대통령령으로 정하는 절차를 거쳐 관계 전문가 및 이해관계인의 의견을 수렴하여야 한다. <개정 2023. 3. 14. >

④ 제1항 각 호에 따라 고정형 영상정보처리기기를 설치·운영하는 자(이하 "고정형영상정보처리기기운영자"라 한다)는 정보주체가 쉽게 인식할 수 있도록 다음 각 호의 사항이 포함된 안내판을 설치하는 등 필요한 조치를 하여야 한다. 다만, 「군사기지 및 군사시설 보호법」 제2조제2호에 따른 군사시설, 「통합방위법」 제2조제13호에 따른 국가중요시설, 그 밖에 대통령령으로 정하는 시설의 경우에는 그러하지 아니하다. <개정 2016. 3. 29., 2023. 3. 14. >

1. 설치 목적 및 장소

2. 촬영 범위 및 시간

3. 관리책임자의 연락처

4. 그 밖에 대통령령으로 정하는 사항

⑤ 고정형영상정보처리기기운영자는 고정형 영상정보처리기기의 설치 목적과 다른 목적으로 고정형 영상정보처리기기를 임의로 조작하거나 다른 곳을 비춰서는 아니 되며, 녹음기능은 사용할 수 없다. <개정 2023. 3. 14. >

⑥ 고정형영상정보처리기기운영자는 개인정보가 분실·도난·유출·위조·변조 또는 훼손되지 아니하도록 제29조에 따라 안전성 확보에 필요한 조치를 하여야 한다. <개정 2015. 7. 24., 2023. 3. 14.>

⑦ 고정형영상정보처리기기운영자는 대통령령으로 정하는 바에 따라 고정형 영상정보처리기기 운영·관리 방침을 마련하여야 한다. 다만, 제30조에 따른 개인정보 처리방침을 정할 때 고정형 영상정보처리기기 운영·관리에 관한 사항을 포함시킨 경우에는 고정형 영상정보처리기기 운영·관리 방침을 마련하지 아니할 수 있다. <개정 2023. 3. 14.>

⑧ 고정형영상정보처리기기운영자는 고정형 영상정보처리기기의 설치·운영에 관한 사무를 위탁할 수 있다. 다만, 공공기관이 고정형 영상정보처리기기 설치·운영에 관한 사무를 위탁하는 경우에는 대통령령으로 정하는 절차 및 요건에 따라야 한다. <개정 2023. 3. 14.>

[제목개정 2023. 3. 14.]

제25조의2(이동형 영상정보처리기기의 운영 제한)

① 업무를 목적으로 이동형 영상정보처리기기를 운영하려는 자는 다음 각 호의 경우를 제외하고는 공개된 장소에서 이동형 영상정보처리기기로 사람 또는 그 사람과 관련된 사물의 영상(개인정보에 해당하는 경우로 한정한다. 이하 같다)을 촬영하여서는 아니 된다.

1. 제15조제1항 각 호의 어느 하나에 해당하는 경우

2. 촬영 사실을 명확히 표시하여 정보주체가 촬영 사실을 알 수 있도록 하였음에도 불구하고 촬영 거부 의사를 밝히지 아니한 경우. 이 경우 정보주체의 권리를 부당하게 침해할 우려가 없고 합리적인 범위를 초과하지 아니하는 경우로 한정한다.

3. 그 밖에 제1호 및 제2호에 준하는 경우로서 대통령령으로 정하는 경우

② 누구든지 불특정 다수가 이용하는 목욕실, 화장실, 발한실, 탈의실 등 개인의 사생활을 현저히 침해할 우려가 있는 장소의 내부를 볼 수 있는 곳에서 이동형 영상정보처리기기로 사람 또는 그 사람과 관련된 사물의 영상을 촬영하여서는 아니 된다. 다만, 인명의 구조·구급 등을 위하여 필요한 경우로서 대통령령으로 정하는 경우에는 그러하지 아니하다.

③ 제1항 각 호에 해당하여 이동형 영상정보처리기기로 사람 또는 그 사람과 관련된 사물의 영상을 촬영하는 경우에는 불빛, 소리, 안내판 등 대통령령으로 정하는 바에 따라 촬영 사실을 표시하고 알려야 한다.

④ 제1항부터 제3항까지에서 규정한 사항 외에 이동형 영상정보처리기기의 운영에 관하여는 제25조제6항부터 제8항까지의 규정을 준용한다.

[본조신설 2023. 3. 14.]

제26조(업무위탁에 따른 개인정보의 처리 제한)

① 개인정보처리자가 제3자에게 개인정보의 처리 업무를 위탁하는 경우에는 다음 각 호의 내용이 포함된 문서로 하여야 한다. <개정 2023. 3. 14.>

1. 위탁업무 수행 목적 외 개인정보의 처리 금지에 관한 사항

2. 개인정보의 기술적·관리적 보호조치에 관한 사항

3. 그 밖에 개인정보의 안전한 관리를 위하여 대통령령으로 정한 사항

② 제1항에 따라 개인정보의 처리 업무를 위탁하는 개인정보처리자(이하 "위탁자"라 한다)는 위탁하는 업무의 내용과 개인정보 처리 업무를 위탁받아 처리하는 자(개인정보 처리 업무를 위탁받아 처리하는 자로부터 위탁받은 업무를 다시 위탁받은 제3자를 포함하며, 이하 "수탁자"라 한다)를 정보주체가 언제든지 쉽게 확인할 수 있도록 대통령령으로 정하는 방법에 따라 공개하여야 한다. <개정 2023. 3. 14.>

③ 위탁자가 재화 또는 서비스를 홍보하거나 판매를 권유하는 업무를 위탁하는 경우에는 대통령령으로 정하는 방법에 따라 위탁하는 업무의 내용과 수탁자를 정보주체에게 알려야 한다. 위탁하는 업무의 내용이나 수탁자가 변경된 경우에도 또한 같다.

④ 위탁자는 업무 위탁으로 인하여 정보주체의 개인정보가 분실·도난·유출·위조·변조 또는 훼손되지 아니하도록 수탁자를 교육하고, 처리 현황 점검 등 대통령령으로 정하는 바에 따라 수탁자가 개인정보를 안전하게 처리하는지를 감독하여야 한다. <개정 2015. 7. 24.>

⑤ 수탁자는 개인정보처리자로부터 위탁받은 해당 업무 범위를 초과하여 개인정보를 이용하거나 제3자에게 제공하여서는 아니 된다.

⑥ 수탁자는 위탁받은 개인정보의 처리 업무를 제3자에게 다시 위탁하려는 경우에는 위탁자의 동의를 받아야 한다. <신설 2023. 3. 14.>

⑦ 수탁자가 위탁받은 업무와 관련하여 개인정보를 처리하는 과정에서 이 법을 위반하여 발생한 손해배상책임에 대하여는 수탁자를 개인정보처리자의 소속 직원으로 본다. <개정 2023. 3. 14.>

⑧ 수탁자에 관하여는 제15조부터 제18조까지, 제21조, 제22조, 제22조의2, 제23조, 제24조, 제24조의2, 제25조, 제25조의2, 제27조, 제28조, 제28조의2부터 제28조의5까지, 제28조의7부터 제28조의11까지, 제29조, 제30조, 제30조의2, 제31조, 제33조, 제34조, 제34조의2, 제35조, 제35조의2, 제36조, 제37조, 제37조의2, 제38조, 제59조, 제63조, 제63조의2 및 제64조의2를 준용한다. 이 경우 "개인정보처리자"는 "수탁자"로 본다. <개정 2023. 3. 14.>

제27조(영업양도 등에 따른 개인정보의 이전 제한)

① 개인정보처리자는 영업의 전부 또는 일부의 양도·합병 등으로 개인정보를 다른 사람에게 이전하는 경우에는 미리 다음 각 호의 사항을 대통령령으로 정하는 방법에 따라 해당 정보주체에게 알려야 한다.

1. 개인정보를 이전하려는 사실

2. 개인정보를 이전받는 자(이하 "영업양수자등"이라 한다)의 성명(법인의 경우에는 법인의 명칭을 말한다), 주소, 전화번호 및 그 밖의 연락처

3. 정보주체가 개인정보의 이전을 원하지 아니하는 경우 조치할 수 있는 방법 및 절차

② 영업양수자등은 개인정보를 이전받았을 때에는 지체 없이 그 사실을 대통령령으로 정하는 방법에 따라 정보주체에게 알려야 한다. 다만, 개인정보처리자가 제1항에 따라 그 이전 사실을 이미 알린 경우에는 그러하지 아니하다.

③ 영업양수자등은 영업의 양도·합병 등으로 개인정보를 이전받은 경우에는 이전 당시의 본래 목적으로만 개인정보를 이용하거나 제3자에게 제공할 수 있다. 이 경우 영업양수자등은 개인정보처리자로 본다.

제28조(개인정보취급자에 대한 감독)

① 개인정보처리자는 개인정보를 처리함에 있어서 개인정보가 안전하게 관리될 수 있도록 임직원, 파견근로자, 시간제근로자 등 개인정보처리자의 지휘·감독을 받아 개인정보를 처리하는 자(이하 "개인정보취급자"라 한다)의 범위를 최소한으로 제한하고, 개인정보취급자에 대하여 적절한 관리·감독을 하여야 한다. <개정 2023. 3. 14.>

② 개인정보처리자는 개인정보의 적정한 취급을 보장하기 위하여 개인정보취급자에게 정기적으로 필요한 교육을 실시하여야 한다.

제3절 가명정보의 처리에 관한 특례 <신설 2020. 2. 4. >

제28조의2(가명정보의 처리 등)

① 개인정보처리자는 통계작성, 과학적 연구, 공익적 기록보존 등을 위하여 정보주체의 동의 없이 가명정보를 처리할 수 있다.

② 개인정보처리자는 제1항에 따라 가명정보를 제3자에게 제공하는 경우에는 특정 개인을 알아보기 위하여 사용될 수 있는 정보를 포함해서는 아니 된다.

[본조신설 2020. 2. 4.]

제28조의3(가명정보의 결합 제한)

① 제28조의2에도 불구하고 통계작성, 과학적 연구, 공익적 기록보존 등을 위한 서로 다른 개인정보처리자 간의 가명정보의 결합은 보호위원회 또는 관계 중앙행정기관의 장이 지정하는 전문기관이 수행한다.

② 결합을 수행한 기관 외부로 결합된 정보를 반출하려는 개인정보처리자는 가명정보 또는 제58조의2에 해당하는 정보로 처리한 뒤 전문기관의 장의 승인을 받아야 한다.

③ 제1항에 따른 결합 절차와 방법, 전문기관의 지정과 지정 취소 기준 · 절차, 관리 · 감독, 제2항에 따른 반출 및 승인 기준 · 절차 등 필요한 사항은 대통령령으로 정한다.

[본조신설 2020. 2. 4.]

제28조의4(가명정보에 대한 안전조치의무 등)

① 개인정보처리자는 제28조의2 또는 제28조의3에 따라 가명정보를 처리하는 경우에는 원래의 상태로 복원하기 위한 추가 정보를 별도로 분리하여 보관 · 관리하는 등 해당 정보가 분실 · 도난 · 유출 · 위조 · 변조 또는 훼손되지 않도록 대통령령으로 정하는 바에 따라 안전성 확보에 필요한 기술적 · 관리적 및 물리적 조치를 하여야 한다. <개정 2023. 3. 14. >

② 개인정보처리자는 제28조의2 또는 제28조의3에 따라 가명정보를 처리하는 경우 처리목적 등을 고려하여 가명정보의 처리 기간을 별도로 정할 수 있다. <신설 2023. 3. 14. >

③ 개인정보처리자는 제28조의2 또는 제28조의3에 따라 가명정보를 처리하고자 하는 경우에는 가명정보의 처리 목적, 제3자 제공 시 제공받는 자, 가명정보의 처리 기간(제2항에 따라 처리 기간을 별도로 정한 경우에 한한다) 등 가명정보의 처리 내용을 관리하기 위하여 대통령령으로 정하는 사항에 대한 관련 기록을 작성하여 보관하여야 하며, 가명정보를 파기한 경우에는 파기한 날부터 3년 이상 보관하여야 한다. <개정 2023. 3. 14. >

[본조신설 2020. 2. 4.]

제28조의5(가명정보 처리 시 금지의무 등)

① 제28조의2 또는 제28조의3에 따라 가명정보를 처리하는 자는 특정 개인을 알아보기 위한 목적으로 가명정보를 처리해서는 아니 된다. <개정 2023. 3. 14. >

② 개인정보처리자는 제28조의2 또는 제28조의3에 따라 가명정보를 처리하는 과정에서 특정 개인을 알아볼 수 있는 정보가 생성된 경우에는 즉시 해당 정보의 처리를 중지하고, 지체 없이 회수 · 파기하여야 한다. <개정 2023. 3. 14. >

[본조신설 2020. 2. 4.]

제28조의6 삭제 <2023. 3. 14. >

제28조의7(적용범위) 제28조의2 또는 제28조의3에 따라 처리된 가명정보는 제20조, 제20조의2, 제27조, 제34조제1항, 제35조, 제35조의2, 제36조 및 제37조를 적용하지 아니한다. <개정 2023. 3. 14. >

[본조신설 2020. 2. 4.]

제4절 개인정보의 국외 이전 <신설 2023. 3. 14.>

제28조의8(개인정보의 국외 이전)

① 개인정보처리자는 개인정보를 국외로 제공(조회되는 경우를 포함한다) · 처리위탁 · 보관(이하 이 절에서 "이전"이라 한다)하여서는 아니 된다. 다만, 다음 각 호의 어느 하나에 해당하는 경우에는 개인정보를 국외로 이전할 수 있다.

　1. 정보주체로부터 국외 이전에 관한 별도의 동의를 받은 경우

　2. 법률, 대한민국을 당사자로 하는 조약 또는 그 밖의 국제협정에 개인정보의 국외 이전에 관한 특별한 규정이 있는 경우

　3. 정보주체와의 계약의 체결 및 이행을 위하여 개인정보의 처리위탁 · 보관이 필요한 경우로서 다음 각 목의 어느 하나에 해당하는 경우

　　가. 제2항 각 호의 사항을 제30조에 따른 개인정보 처리방침에 공개한 경우

　　나. 전자우편 등 대통령령으로 정하는 방법에 따라 제2항 각 호의 사항을 정보주체에게 알린 경우

　4. 개인정보를 이전받는 자가 제32조의2에 따른 개인정보 보호 인증 등 보호위원회가 정하여 고시하는 인증을 받은 경우로서 다음 각 목의 조치를 모두 한 경우

　　가. 개인정보 보호에 필요한 안전조치 및 정보주체 권리보장에 필요한 조치

　　나. 인증받은 사항을 개인정보가 이전되는 국가에서 이행하기 위하여 필요한 조치

　5. 개인정보가 이전되는 국가 또는 국제기구의 개인정보 보호체계, 정보주체 권리보장 범위, 피해구제 절차 등이 이 법에 따른 개인정보 보호 수준과 실질적으로 동등한 수준을 갖추었다고 보호위원회가 인정하는 경우

② 개인정보처리자는 제1항제1호에 따른 동의를 받을 때에는 미리 다음 각 호의 사항을 정보주체에게 알려야 한다.

　1. 이전되는 개인정보 항목

　2. 개인정보가 이전되는 국가, 시기 및 방법

　3. 개인정보를 이전받는 자의 성명(법인인 경우에는 그 명칭과 연락처를 말한다)

　4. 개인정보를 이전받는 자의 개인정보 이용목적 및 보유 · 이용 기간

　5. 개인정보의 이전을 거부하는 방법, 절차 및 거부의 효과

③ 개인정보처리자는 제2항 각 호의 어느 하나에 해당하는 사항을 변경하는 경우에는 정보주체에게 알리고 동의를 받아야 한다.

④ 개인정보처리자는 제1항 각 호 외의 부분 단서에 따라 개인정보를 국외로 이전하는 경우 국외 이전과 관련한 이 법의 다른 규정, 제17조부터 제19조까지의 규정 및 제5장의 규정을 준수하여야 하고, 대통령령으로 정하는 보호조치를 하여야 한다.

⑤ 개인정보처리자는 이 법을 위반하는 사항을 내용으로 하는 개인정보의 국외 이전에 관한 계약을 체결하여서는 아니 된다.

⑥ 제1항부터 제5항까지에서 규정한 사항 외에 개인정보 국외 이전의 기준 및 절차 등에 필요한 사항은 대통령령으로 정한다.

[본조신설 2023. 3. 14.]

제28조의9(개인정보의 국외 이전 중지 명령)

① 보호위원회는 개인정보의 국외 이전이 계속되고 있거나 추가적인 국외 이전이 예상되는 경우로서 다음 각 호의 어느 하나에 해당하는 경우에는 개인정보처리자에게 개인정보의 국외 이전을 중지할 것을 명할 수 있다.

1. 제28조의8제1항, 제4항 또는 제5항을 위반한 경우

2. 개인정보를 이전받는 자나 개인정보가 이전되는 국가 또는 국제기구가 이 법에 따른 개인정보 보호 수준에 비하여 개인정보를 적정하게 보호하지 아니하여 정보주체에게 피해가 발생하거나 발생할 우려가 현저한 경우

② 개인정보처리자는 제1항에 따른 국외 이전 중지 명령을 받은 경우에는 명령을 받은 날부터 7일 이내에 보호위원회에 이의를 제기할 수 있다.

③ 제1항에 따른 개인정보 국외 이전 중지 명령의 기준, 제2항에 따른 불복 절차 등에 필요한 사항은 대통령령으로 정한다.

[본조신설 2023. 3. 14.]

제28조의10(상호주의)

제28조의8에도 불구하고 개인정보의 국외 이전을 제한하는 국가의 개인정보처리자에 대해서는 해당 국가의 수준에 상응하는 제한을 할 수 있다. 다만, 조약 또는 그 밖의 국제협정의 이행에 필요한 경우에는 그러하지 아니하다.

[본조신설 2023. 3. 14.]

제28조의11(준용규정)

제28조의8제1항 각 호 외의 부분 단서에 따라 개인정보를 이전받은 자가 해당 개인정보를 제3국으로 이전하는 경우에 관하여는 제28조의8 및 제28조의9를 준용한다. 이 경우 "개인정보처리자"는 "개인정보를 이전받은 자"로, "개인정보를 이전받는 자"는 "제3국에서 개인정보를 이전받는 자"로 본다.

[본조신설 2023. 3. 14.]

제4장 개인정보의 안전한 관리

제29조(안전조치의무)

개인정보처리자는 개인정보가 분실·도난·유출·위조·변조 또는 훼손되지 아니하도록 내부 관리계획 수립, 접속기록 보관 등 대통령령으로 정하는 바에 따라 안전성 확보에 필요한 기술적·관리적 및 물리적 조치를 하여야 한다. <개정 2015. 7. 24.>

제30조(개인정보 처리방침의 수립 및 공개)

① 개인정보처리자는 다음 각 호의 사항이 포함된 개인정보의 처리 방침(이하 "개인정보 처리방침"이라 한다)을 정하여야 한다. 이 경우 공공기관은 제32조에 따라 등록대상이 되는 개인정보파일에 대하여 개인정보 처리방침을 정한다. <개정 2016. 3. 29., 2020. 2. 4., 2023. 3. 14.>

1. 개인정보의 처리 목적

2. 개인정보의 처리 및 보유 기간

3. 개인정보의 제3자 제공에 관한 사항(해당되는 경우에만 정한다)

3의2. 개인정보의 파기절차 및 파기방법(제21조제1항 단서에 따라 개인정보를 보존하여야 하는 경우에는 그 보존근거와 보존하는 개인정보 항목을 포함한다)

3의3. 제23조제3항에 따른 민감정보의 공개 가능성 및 비공개를 선택하는 방법(해당되는 경우에만 정한다)

4. 개인정보처리의 위탁에 관한 사항(해당되는 경우에만 정한다)

4의2. 제28조의2 및 제28조의3에 따른 가명정보의 처리 등에 관한 사항(해당되는 경우에만 정한다)

5. 정보주체와 법정대리인의 권리·의무 및 그 행사방법에 관한 사항

6. 제31조에 따른 개인정보 보호책임자의 성명 또는 개인정보 보호업무 및 관련 고충사항을 처리하는 부서의 명칭과 전화번호 등 연락처

7. 인터넷 접속정보파일 등 개인정보를 자동으로 수집하는 장치의 설치 · 운영 및 그 거부에 관한 사항(해당하는 경우에만 정한다)

8. 그 밖에 개인정보의 처리에 관하여 대통령령으로 정한 사항

② 개인정보처리자가 개인정보 처리방침을 수립하거나 변경하는 경우에는 정보주체가 쉽게 확인할 수 있도록 대통령령으로 정하는 방법에 따라 공개하여야 한다.

③ 개인정보 처리방침의 내용과 개인정보처리자와 정보주체 간에 체결한 계약의 내용이 다른 경우에는 정보주체에게 유리한 것을 적용한다.

④ 보호위원회는 개인정보 처리방침의 작성지침을 정하여 개인정보처리자에게 그 준수를 권장할 수 있다. <개정 2013. 3. 23., 2014. 11. 19., 2017. 7. 26., 2020. 2. 4.>

제30조의2(개인정보 처리방침의 평가 및 개선권고)

① 보호위원회는 개인정보 처리방침에 관하여 다음 각 호의 사항을 평가하고, 평가 결과 개선이 필요하다고 인정하는 경우에는 개인정보처리자에게 제61조제2항에 따라 개선을 권고할 수 있다.

1. 이 법에 따라 개인정보 처리방침에 포함하여야 할 사항을 적정하게 정하고 있는지 여부

2. 개인정보 처리방침을 알기 쉽게 작성하였는지 여부

3. 개인정보 처리방침을 정보주체가 쉽게 확인할 수 있는 방법으로 공개하고 있는지 여부

② 개인정보 처리방침의 평가 대상, 기준 및 절차 등에 필요한 사항은 대통령령으로 정한다.

[본조신설 2023. 3. 14.]

제31조(개인정보 보호책임자의 지정 등)

① 개인정보처리자는 개인정보의 처리에 관한 업무를 총괄해서 책임질 개인정보 보호책임자를 지정하여야 한다. 다만, 종업원 수, 매출액 등이 대통령령으로 정하는 기준에 해당하는 개인정보처리자의 경우에는 지정하지 아니할 수 있다. <개정 2023. 3. 14.>

② 제1항 단서에 따라 개인정보 보호책임자를 지정하지 아니하는 경우에는 개인정보처리자의 사업주 또는 대표자가 개인정보 보호책임자가 된다. <신설 2023. 3. 14.>

③ 개인정보 보호책임자는 다음 각 호의 업무를 수행한다. <개정 2023. 3. 14.>

1. 개인정보 보호 계획의 수립 및 시행

2. 개인정보 처리 실태 및 관행의 정기적인 조사 및 개선

3. 개인정보 처리와 관련한 불만의 처리 및 피해 구제

4. 개인정보 유출 및 오용 · 남용 방지를 위한 내부통제시스템의 구축

5. 개인정보 보호 교육 계획의 수립 및 시행

6. 개인정보파일의 보호 및 관리 · 감독

7. 그 밖에 개인정보의 적절한 처리를 위하여 대통령령으로 정한 업무

④ 개인정보 보호책임자는 제3항 각 호의 업무를 수행함에 있어서 필요한 경우 개인정보의 처리 현황, 처리 체계 등에 대하여 수시로 조사하거나 관계 당사자로부터 보고를 받을 수 있다. <개정 2023. 3. 14.>

⑤ 개인정보 보호책임자는 개인정보 보호와 관련하여 이 법 및 다른 관계 법령의 위반 사실을 알게 된 경우에는 즉시 개선조치를 하여야 하며, 필요하면 소속 기관 또는 단체의 장에게 개선조치를 보고하여야 한다. <개정 2023. 3. 14.>

⑥ 개인정보처리자는 개인정보 보호책임자가 제3항 각 호의 업무를 수행함에 있어서 정당한 이유 없이 불이익을 주거나 받게 하여서는 아니 되며, 개인정보 보호책임자가 업무를 독립적으로 수행할 수 있도록 보장하여야 한다. <개정 2023. 3. 14.>

⑦ 개인정보처리자는 개인정보의 안전한 처리 및 보호, 정보의 교류, 그 밖에 대통령령으로 정하는 공동의 사업을 수행하기 위하여 제1항에 따른 개인정보 보호책임자를 구성원으로 하는 개인정보 보호책임자 협의회를 구성·운영할 수 있다. <신설 2023. 3. 14.>

⑧ 보호위원회는 제7항에 따른 개인정보 보호책임자 협의회의 활동에 필요한 지원을 할 수 있다. <신설 2023. 3. 14.>

⑨ 제1항에 따른 개인정보 보호책임자의 자격요건, 제3항에 따른 업무 및 제6항에 따른 독립성 보장 등에 필요한 사항은 매출액, 개인정보의 보유 규모 등을 고려하여 대통령령으로 정한다. <개정 2023. 3. 14.>

[제목개정 2023. 3. 14.]

제31조의2(국내대리인의 지정)

① 국내에 주소 또는 영업소가 없는 개인정보처리자로서 매출액, 개인정보의 보유 규모 등을 고려하여 대통령령으로 정하는 자는 다음 각 호의 사항을 대리하는 자(이하 "국내대리인"이라 한다)를 지정하여야 한다. 이 경우 국내대리인의 지정은 문서로 하여야 한다. <개정 2023. 3. 14.>

1. 제31조제3항에 따른 개인정보 보호책임자의 업무

2. 제34조제1항 및 제3항에 따른 개인정보 유출 등의 통지 및 신고

3. 제63조제1항에 따른 물품·서류 등 자료의 제출

② 국내대리인은 국내에 주소 또는 영업소가 있어야 한다. <개정 2023. 3. 14.>

③ 개인정보처리자는 제1항에 따라 국내대리인을 지정하는 경우에는 다음 각 호의 사항을 개인정보 처리방침에 포함하여야 한다. <개정 2023. 3. 14.>

1. 국내대리인의 성명(법인의 경우에는 그 명칭 및 대표자의 성명을 말한다)

2. 국내대리인의 주소(법인의 경우에는 영업소의 소재지를 말한다), 전화번호 및 전자우편 주소

④ 국내대리인이 제1항 각 호와 관련하여 이 법을 위반한 경우에는 개인정보처리자가 그 행위를 한 것으로 본다. <개정 2023. 3. 14.>

[본조신설 2020. 2. 4.]

[제39조의11에서 이동 <2023. 3. 14.>]

제32조(개인정보파일의 등록 및 공개)

① 공공기관의 장이 개인정보파일을 운용하는 경우에는 다음 각 호의 사항을 보호위원회에 등록하여야 한다. 등록한 사항이 변경된 경우에도 또한 같다. <개정 2013. 3. 23., 2014. 11. 19., 2017. 7. 26., 2020. 2. 4.>

1. 개인정보파일의 명칭

2. 개인정보파일의 운영 근거 및 목적

3. 개인정보파일에 기록되는 개인정보의 항목

4. 개인정보의 처리방법

5. 개인정보의 보유기간

6. 개인정보를 통상적 또는 반복적으로 제공하는 경우에는 그 제공받는 자

7. 그 밖에 대통령령으로 정하는 사항

② 다음 각 호의 어느 하나에 해당하는 개인정보파일에 대하여는 제1항을 적용하지 아니한다. <개정 2023. 3. 14.>

1. 국가 안전, 외교상 비밀, 그 밖에 국가의 중대한 이익에 관한 사항을 기록한 개인정보파일

2. 범죄의 수사, 공소의 제기 및 유지, 형 및 감호의 집행, 교정처분, 보호처분, 보안관찰처분과 출입국관리에 관한 사항을 기록한 개인정보파일

3. 「조세범처벌법」에 따른 범칙행위 조사 및 「관세법」에 따른 범칙행위 조사에 관한 사항을 기록한 개인정보파일

        4. 일회적으로 운영되는 파일 등 지속적으로 관리할 필요성이 낮다고 인정되어 대통령령으로 정하는 개인정
           보파일

        5. 다른 법령에 따라 비밀로 분류된 개인정보파일

③ 보호위원회는 필요하면 제1항에 따른 개인정보파일의 등록여부와 그 내용을 검토하여 해당 공공기관의 장
    에게 개선을 권고할 수 있다. <개정 2013. 3. 23., 2014. 11. 19., 2017. 7. 26., 2020. 2. 4., 2023. 3. 14. >

④ 보호위원회는 정보주체의 권리 보장 등을 위하여 필요한 경우 제1항에 따른 개인정보파일의 등록 현황을 누
    구든지 쉽게 열람할 수 있도록 공개할 수 있다. <개정 2013. 3. 23., 2014. 11. 19., 2017. 7. 26., 2020. 2. 4.,
    2023. 3. 14. >

⑤ 제1항에 따른 등록과 제4항에 따른 공개의 방법, 범위 및 절차에 관하여 필요한 사항은 대통령령으로 정한다.

⑥ 국회, 법원, 헌법재판소, 중앙선거관리위원회(그 소속 기관을 포함한다)의 개인정보파일 등록 및 공개에 관하
    여는 국회규칙, 대법원규칙, 헌법재판소규칙 및 중앙선거관리위원회규칙으로 정한다.

제32조의2(개인정보 보호 인증)

① 보호위원회는 개인정보처리자의 개인정보 처리 및 보호와 관련한 일련의 조치가 이 법에 부합하는지 등에
    관하여 인증할 수 있다. <개정 2017. 7. 26., 2020. 2. 4. >

② 제1항에 따른 인증의 유효기간은 3년으로 한다.

③ 보호위원회는 다음 각 호의 어느 하나에 해당하는 경우에는 대통령령으로 정하는 바에 따라 제1항에 따른 인
    증을 취소할 수 있다. 다만, 제1호에 해당하는 경우에는 취소하여야 한다. <개정 2017. 7. 26., 2020. 2. 4. >

        1. 거짓이나 그 밖의 부정한 방법으로 개인정보 보호 인증을 받은 경우

        2. 제4항에 따른 사후관리를 거부 또는 방해한 경우

        3. 제8항에 따른 인증기준에 미달하게 된 경우

        4. 개인정보 보호 관련 법령을 위반하고 그 위반사유가 중대한 경우

④ 보호위원회는 개인정보 보호 인증의 실효성 유지를 위하여 연 1회 이상 사후관리를 실시하여야 한다. <개정
    2017. 7. 26., 2020. 2. 4. >

⑤ 보호위원회는 대통령령으로 정하는 전문기관으로 하여금 제1항에 따른 인증, 제3항에 따른 인증 취소, 제4항
    에 따른 사후관리 및 제7항에 따른 인증 심사원 관리 업무를 수행하게 할 수 있다. <개정 2017. 7. 26., 2020.
    2. 4. >

⑥ 제1항에 따른 인증을 받은 자는 대통령령으로 정하는 바에 따라 인증의 내용을 표시하거나 홍보할 수 있다.

⑦ 제1항에 따른 인증을 위하여 필요한 심사를 수행할 심사원의 자격 및 자격 취소 요건 등에 관하여는 전문성
    과 경력 및 그 밖에 필요한 사항을 고려하여 대통령령으로 정한다.

⑧ 그 밖에 개인정보 관리체계, 정보주체 권리보장, 안전성 확보조치가 이 법에 부합하는지 여부 등 제1항에 따
    른 인증의 기준 · 방법 · 절차 등 필요한 사항은 대통령령으로 정한다.

    [본조신설 2015. 7. 24.]

제33조(개인정보 영향평가)

① 공공기관의 장은 대통령령으로 정하는 기준에 해당하는 개인정보파일의 운용으로 인하여 정보주체의 개인
    정보 침해가 우려되는 경우에는 그 위험요인의 분석과 개선 사항 도출을 위한 평가(이하 "영향평가"라 한다)
    를 하고 그 결과를 보호위원회에 제출하여야 한다. <개정 2013. 3. 23., 2014. 11. 19., 2017. 7. 26., 2020. 2. 4.,
    2023. 3. 14. >

③ 영향평가를 하는 경우에는 다음 각 호의 사항을 고려하여야 한다. <개정 2023. 3. 14. >

        1. 처리하는 개인정보의 수

2. 개인정보의 제3자 제공 여부

3. 정보주체의 권리를 해할 가능성 및 그 위험 정도

4. 그 밖에 대통령령으로 정한 사항

④ 보호위원회는 제1항에 따라 제출받은 영향평가 결과에 대하여 의견을 제시할 수 있다. <개정 2013. 3. 23., 2014. 11. 19., 2017. 7. 26., 2020. 2. 4., 2023. 3. 14.>

⑤ 공공기관의 장은 제1항에 따라 영향평가를 한 개인정보파일을 제32조제1항에 따라 등록할 때에는 영향평가 결과를 함께 첨부하여야 한다. <개정 2023. 3. 14.>

⑥ 보호위원회는 영향평가의 활성화를 위하여 관계 전문가의 육성, 영향평가 기준의 개발·보급 등 필요한 조치를 마련하여야 한다. <개정 2013. 3. 23., 2014. 11. 19., 2017. 7. 26., 2020. 2. 4., 2023. 3. 14.>

⑦ 보호위원회는 제2항에 따라 지정된 평가기관이 다음 각 호의 어느 하나에 해당하는 경우에는 평가기관의 지정을 취소할 수 있다. 다만, 제1호 또는 제2호에 해당하는 경우에는 평가기관의 지정을 취소하여야 한다. <신설 2023. 3. 14.>

1. 거짓이나 그 밖의 부정한 방법으로 지정을 받은 경우

2. 지정된 평가기관 스스로 지정취소를 원하거나 폐업한 경우

3. 제2항에 따른 지정요건을 충족하지 못하게 된 경우

4. 고의 또는 중대한 과실로 영향평가업무를 부실하게 수행하여 그 업무를 적정하게 수행할 수 없다고 인정되는 경우

5. 그 밖에 대통령령으로 정하는 사유에 해당하는 경우

⑧ 보호위원회는 제7항에 따라 지정을 취소하는 경우에는 「행정절차법」에 따른 청문을 실시하여야 한다. <신설 2023. 3. 14.>

⑨ 제1항에 따른 영향평가의 기준·방법·절차 등에 관하여 필요한 사항은 대통령령으로 정한다. <개정 2023. 3. 14.>

⑩ 국회, 법원, 헌법재판소, 중앙선거관리위원회(그 소속 기관을 포함한다)의 영향평가에 관한 사항은 국회규칙, 대법원규칙, 헌법재판소규칙 및 중앙선거관리위원회규칙으로 정하는 바에 따른다. <개정 2023. 3. 14.>

⑪ 공공기관 외의 개인정보처리자는 개인정보파일 운용으로 인하여 정보주체의 개인정보 침해가 우려되는 경우에는 영향평가를 하기 위하여 적극 노력하여야 한다. <개정 2023. 3. 14.>

제34조(개인정보 유출 등의 통지·신고)

① 개인정보처리자는 개인정보가 분실·도난·유출(이하 이 조에서 "유출등"이라 한다)되었음을 알게 되었을 때에는 지체 없이 해당 정보주체에게 다음 각 호의 사항을 알려야 한다. 다만, 정보주체의 연락처를 알 수 없는 경우 등 정당한 사유가 있는 경우에는 대통령령으로 정하는 바에 따라 통지를 갈음하는 조치를 취할 수 있다. <개정 2023. 3. 14.>

1. 유출등이 된 개인정보의 항목

2. 유출등이 된 시점과 그 경위

3. 유출등으로 인하여 발생할 수 있는 피해를 최소화하기 위하여 정보주체가 할 수 있는 방법 등에 관한 정보

4. 개인정보처리자의 대응조치 및 피해 구제절차

5. 정보주체에게 피해가 발생한 경우 신고 등을 접수할 수 있는 담당부서 및 연락처

② 개인정보처리자는 개인정보가 유출등이 된 경우 그 피해를 최소화하기 위한 대책을 마련하고 필요한 조치를 하여야 한다. <개정 2023. 3. 14.>

③ 개인정보처리자는 개인정보의 유출등이 있음을 알게 되었을 때에는 개인정보의 유형, 유출등의 경로 및 규모 등을 고려하여 대통령령으로 정하는 바에 따라 제1항 각 호의 사항을 지체 없이 보호위원회 또는 대통령령으로 정하는 전문기관에 신고하여야 한다. 이 경우 보호위원회 또는 대통령령으로 정하는 전문기관은 피해 확산방지, 피해 복구 등을 위한 기술을 지원할 수 있다. <개정 2013. 3. 23., 2014. 11. 19., 2017. 7. 26., 2020. 2. 4., 2023. 3. 14. >

④ 제1항에 따른 유출등의 통지 및 제3항에 따른 유출등의 신고의 시기, 방법, 절차 등에 필요한 사항은 대통령령으로 정한다. <개정 2023. 3. 14. >

[제목개정 2023. 3. 14.]

제34조의2(노출된 개인정보의 삭제ㆍ차단)

① 개인정보처리자는 고유식별정보, 계좌정보, 신용카드정보 등 개인정보가 정보통신망을 통하여 공중(公衆)에 노출되지 아니하도록 하여야 한다. <개정 2023. 3. 14. >

② 개인정보처리자는 공중에 노출된 개인정보에 대하여 보호위원회 또는 대통령령으로 지정한 전문기관의 요청이 있는 경우에는 해당 정보를 삭제하거나 차단하는 등 필요한 조치를 하여야 한다. <개정 2023. 3. 14. >

[본조신설 2020. 2. 4.]

[제39조의10에서 이동, 종전 제34조의2는 삭제

제5장 정보주체의 권리 보장

제35조(개인정보의 열람)

① 정보주체는 개인정보처리자가 처리하는 자신의 개인정보에 대한 열람을 해당 개인정보처리자에게 요구할 수 있다.

② 제1항에도 불구하고 정보주체가 자신의 개인정보에 대한 열람을 공공기관에 요구하고자 할 때에는 공공기관에 직접 열람을 요구하거나 대통령령으로 정하는 바에 따라 보호위원회를 통하여 열람을 요구할 수 있다. <개정 2013. 3. 23., 2014. 11. 19., 2017. 7. 26., 2020. 2. 4. >

③ 개인정보처리자는 제1항 및 제2항에 따른 열람을 요구받았을 때에는 대통령령으로 정하는 기간 내에 정보주체가 해당 개인정보를 열람할 수 있도록 하여야 한다. 이 경우 해당 기간 내에 열람할 수 없는 정당한 사유가 있을 때에는 정보주체에게 그 사유를 알리고 열람을 연기할 수 있으며, 그 사유가 소멸하면 지체 없이 열람하게 하여야 한다.

④ 개인정보처리자는 다음 각 호의 어느 하나에 해당하는 경우에는 정보주체에게 그 사유를 알리고 열람을 제한하거나 거절할 수 있다.

1. 법률에 따라 열람이 금지되거나 제한되는 경우

2. 다른 사람의 생명ㆍ신체를 해할 우려가 있거나 다른 사람의 재산과 그 밖의 이익을 부당하게 침해할 우려가 있는 경우

3. 공공기관이 다음 각 목의 어느 하나에 해당하는 업무를 수행할 때 중대한 지장을 초래하는 경우

　가. 조세의 부과ㆍ징수 또는 환급에 관한 업무

　나. 「초ㆍ중등교육법」 및 「고등교육법」에 따른 각급 학교, 「평생교육법」에 따른 평생교육시설, 그 밖의 다른 법률에 따라 설치된 고등교육기관에서의 성적 평가 또는 입학자 선발에 관한 업무

　다. 학력ㆍ기능 및 채용에 관한 시험, 자격 심사에 관한 업무

　라. 보상금ㆍ급부금 산정 등에 대하여 진행 중인 평가 또는 판단에 관한 업무

　마. 다른 법률에 따라 진행 중인 감사 및 조사에 관한 업무

⑤ 제1항부터 제4항까지의 규정에 따른 열람 요구, 열람 제한, 통지 등의 방법 및 절차에 관하여 필요한 사항은 대통령령으로 정한다.

제35조의2(개인정보의 전송 요구)

① 정보주체는 개인정보 처리 능력 등을 고려하여 대통령령으로 정하는 기준에 해당하는 개인정보처리자에 대하여 다음 각 호의 요건을 모두 충족하는 개인정보를 자신에게로 전송할 것을 요구할 수 있다.

　1. 정보주체가 전송을 요구하는 개인정보가 정보주체 본인에 관한 개인정보로서 다음 각 목의 어느 하나에 해당하는 정보일 것

　　가. 제15조제1항제1호, 제23조제1항제1호 또는 제24조제1항제1호에 따른 동의를 받아 처리되는 개인정보

　　나. 제15조제1항제4호에 따라 체결한 계약을 이행하거나 계약을 체결하는 과정에서 정보주체의 요청에 따른 조치를 이행하기 위하여 처리되는 개인정보

　　다. 제15조제1항제2호 · 제3호, 제23조제1항제2호 또는 제24조제1항제2호에 따라 처리되는 개인정보 중 정보주체의 이익이나 공익적 목적을 위하여 관계 중앙행정기관의 장의 요청에 따라 보호위원회가 심의 · 의결하여 전송 요구의 대상으로 지정한 개인정보

　2. 전송을 요구하는 개인정보가 개인정보처리자가 수집한 개인정보를 기초로 분석 · 가공하여 별도로 생성한 정보가 아닐 것

　3. 전송을 요구하는 개인정보가 컴퓨터 등 정보처리장치로 처리되는 개인정보일 것

② 정보주체는 매출액, 개인정보의 보유 규모, 개인정보 처리 능력, 산업별 특성 등을 고려하여 대통령령으로 정하는 기준에 해당하는 개인정보처리자에 대하여 제1항에 따른 전송 요구 대상인 개인정보를 기술적으로 허용되는 합리적인 범위에서 다음 각 호의 자에게 전송할 것을 요구할 수 있다.

　1. 제35조의3제1항에 따른 개인정보관리 전문기관

　2. 제29조에 따른 안전조치의무를 이행하고 대통령령으로 정하는 시설 및 기술 기준을 충족하는 자

③ 개인정보처리자는 제1항 및 제2항에 따른 전송 요구를 받은 경우에는 시간, 비용, 기술적으로 허용되는 합리적인 범위에서 해당 정보를 컴퓨터 등 정보처리장치로 처리 가능한 형태로 전송하여야 한다.

④ 제1항 및 제2항에 따른 전송 요구를 받은 개인정보처리자는 다음 각 호의 어느 하나에 해당하는 법률의 관련 규정에도 불구하고 정보주체에 관한 개인정보를 전송하여야 한다.

　1. 「국세기본법」 제81조의13

　2. 「지방세기본법」 제86조

　3. 그 밖에 제1호 및 제2호와 유사한 규정으로서 대통령령으로 정하는 법률의 규정

⑤ 정보주체는 제1항 및 제2항에 따른 전송 요구를 철회할 수 있다.

⑥ 개인정보처리자는 정보주체의 본인 여부가 확인되지 아니하는 경우 등 대통령령으로 정하는 경우에는 제1항 및 제2항에 따른 전송 요구를 거절하거나 전송을 중단할 수 있다.

⑦ 정보주체는 제1항 및 제2항에 따른 전송 요구로 인하여 타인의 권리나 정당한 이익을 침해하여서는 아니 된다.

⑧ 제1항부터 제7항까지에서 규정한 사항 외에 전송 요구의 대상이 되는 정보의 범위, 전송 요구의 방법, 전송의 기한 및 방법, 전송 요구 철회의 방법, 전송 요구의 거절 및 전송 중단의 방법 등 필요한 사항은 대통령령으로 정한다.

[본조신설 2023. 3. 14.]

[시행일 미지정] 제35조의2

제35조의3(개인정보관리 전문기관)

① 다음 각 호의 업무를 수행하려는 자는 보호위원회 또는 관계 중앙행정기관의 장으로부터 개인정보관리 전문기관의 지정을 받아야 한다.

　　1. 제35조의2에 따른 개인정보의 전송 요구권 행사 지원

　　2. 정보주체의 권리행사를 지원하기 위한 개인정보 전송시스템의 구축 및 표준화

　　3. 정보주체의 권리행사를 지원하기 위한 개인정보의 관리ㆍ분석

　　4. 그 밖에 정보주체의 권리행사를 효과적으로 지원하기 위하여 대통령령으로 정하는 업무

② 제1항에 따른 개인정보관리 전문기관의 지정요건은 다음 각 호와 같다.

　　1. 개인정보를 전송ㆍ관리ㆍ분석할 수 있는 기술수준 및 전문성을 갖추었을 것

　　2. 개인정보를 안전하게 관리할 수 있는 안전성 확보조치 수준을 갖추었을 것

　　3. 개인정보관리 전문기관의 안정적인 운영에 필요한 재정능력을 갖추었을 것

③ 개인정보관리 전문기관은 다음 각 호의 어느 하나에 해당하는 행위를 하여서는 아니 된다.

　　1. 정보주체에게 개인정보의 전송 요구를 강요하거나 부당하게 유도하는 행위

　　2. 그 밖에 개인정보를 침해하거나 정보주체의 권리를 제한할 우려가 있는 행위로서 대통령령으로 정하는 행위

④ 보호위원회 및 관계 중앙행정기관의 장은 개인정보관리 전문기관이 다음 각 호의 어느 하나에 해당하는 경우에는 개인정보관리 전문기관의 지정을 취소할 수 있다. 다만, 제1호에 해당하는 경우에는 지정을 취소하여야 한다.

　　1. 거짓이나 부정한 방법으로 지정을 받은 경우

　　2. 제2항에 따른 지정요건을 갖추지 못하게 된 경우

⑤ 보호위원회 및 관계 중앙행정기관의 장은 제4항에 따라 지정을 취소하는 경우에는 「행정절차법」에 따른 청문을 실시하여야 한다.

⑥ 보호위원회 및 관계 중앙행정기관의 장은 개인정보관리 전문기관에 대하여 업무 수행에 필요한 지원을 할 수 있다.

⑦ 개인정보관리 전문기관은 정보주체의 요구에 따라 제1항 각 호의 업무를 수행하는 경우 정보주체로부터 그 업무 수행에 필요한 비용을 받을 수 있다.

⑧ 제1항에 따른 개인정보관리 전문기관의 지정 절차, 제2항에 따른 지정요건의 세부기준, 제4항에 따른 지정취소의 절차 등에 필요한 사항은 대통령령으로 정한다.

[본조신설 2023. 3. 14.]

제35조의4(개인정보 전송 관리 및 지원)

① 보호위원회는 제35조의2제1항 및 제2항에 따른 개인정보처리자 및 제35조의3제1항에 따른 개인정보관리 전문기관 현황, 활용내역 및 관리실태 등을 체계적으로 관리ㆍ감독하여야 한다.

② 보호위원회는 개인정보가 안전하고 효율적으로 전송될 수 있도록 다음 각 호의 사항을 포함한 개인정보 전송 지원 플랫폼을 구축ㆍ운영할 수 있다.

　　1. 개인정보관리 전문기관 현황 및 전송 가능한 개인정보 항목 목록

　　2. 정보주체의 개인정보 전송 요구ㆍ철회 내역

　　3. 개인정보의 전송 이력 관리 등 지원 기능

　　4. 그 밖에 개인정보 전송을 위하여 필요한 사항

③ 보호위원회는 제2항에 따른 개인정보 전송지원 플랫폼의 효율적 운영을 위하여 개인정보관리 전문기관에서 구축ㆍ운영하고 있는 전송 시스템을 상호 연계하거나 통합할 수 있다. 이 경우 관계 중앙행정기관의 장 및 해당 개인정보관리 전문기관과 사전에 협의하여야 한다.

④ 제1항부터 제3항까지의 규정에 따른 관리 · 감독과 개인정보 전송지원 플랫폼의 구축 및 운영에 필요한 사항은 대통령령으로 정한다.

[본조신설 2023. 3. 14.]

제36조(개인정보의 정정 · 삭제)

① 제35조에 따라 자신의 개인정보를 열람한 정보주체는 개인정보처리자에게 그 개인정보의 정정 또는 삭제를 요구할 수 있다. 다만, 다른 법령에서 그 개인정보가 수집 대상으로 명시되어 있는 경우에는 그 삭제를 요구할 수 없다.

② 개인정보처리자는 제1항에 따른 정보주체의 요구를 받았을 때에는 개인정보의 정정 또는 삭제에 관하여 다른 법령에 특별한 절차가 규정되어 있는 경우를 제외하고는 지체 없이 그 개인정보를 조사하여 정보주체의 요구에 따라 정정 · 삭제 등 필요한 조치를 한 후 그 결과를 정보주체에게 알려야 한다.

③ 개인정보처리자가 제2항에 따라 개인정보를 삭제할 때에는 복구 또는 재생되지 아니하도록 조치하여야 한다.

④ 개인정보처리자는 정보주체의 요구가 제1항 단서에 해당될 때에는 지체 없이 그 내용을 정보주체에게 알려야 한다.

⑤ 개인정보처리자는 제2항에 따른 조사를 할 때 필요하면 해당 정보주체에게 정정 · 삭제 요구사항의 확인에 필요한 증거자료를 제출하게 할 수 있다.

⑥ 제1항 · 제2항 및 제4항에 따른 정정 또는 삭제 요구, 통지 방법 및 절차 등에 필요한 사항은 대통령령으로 정한다.

제37조(개인정보의 처리정지 등)

① 정보주체는 개인정보처리자에 대하여 자신의 개인정보 처리의 정지를 요구하거나 개인정보 처리에 대한 동의를 철회할 수 있다. 이 경우 공공기관에 대해서는 제32조에 따라 등록 대상이 되는 개인정보파일 중 자신의 개인정보에 대한 처리의 정지를 요구하거나 개인정보 처리에 대한 동의를 철회할 수 있다. <개정 2023. 3. 14.>

② 개인정보처리자는 제1항에 따른 처리정지 요구를 받았을 때에는 지체 없이 정보주체의 요구에 따라 개인정보 처리의 전부를 정지하거나 일부를 정지하여야 한다. 다만, 다음 각 호의 어느 하나에 해당하는 경우에는 정보주체의 처리정지 요구를 거절할 수 있다. <개정 2023. 3. 14.>

1. 법률에 특별한 규정이 있거나 법령상 의무를 준수하기 위하여 불가피한 경우
2. 다른 사람의 생명 · 신체를 해할 우려가 있거나 다른 사람의 재산과 그 밖의 이익을 부당하게 침해할 우려가 있는 경우
3. 공공기관이 개인정보를 처리하지 아니하면 다른 법률에서 정하는 소관 업무를 수행할 수 없는 경우
4. 개인정보를 처리하지 아니하면 정보주체와 약정한 서비스를 제공하지 못하는 등 계약의 이행이 곤란한 경우로서 정보주체가 그 계약의 해지 의사를 명확하게 밝히지 아니한 경우

③ 개인정보처리자는 정보주체가 제1항에 따라 동의를 철회한 때에는 지체 없이 수집된 개인정보를 복구 · 재생할 수 없도록 파기하는 등 필요한 조치를 하여야 한다. 다만, 제2항 각 호의 어느 하나에 해당하는 경우에는 동의 철회에 따른 조치를 하지 아니할 수 있다. <신설 2023. 3. 14.>

④ 개인정보처리자는 제2항 단서에 따라 처리정지 요구를 거절하거나 제3항 단서에 따라 동의 철회에 따른 조치를 하지 아니하였을 때에는 정보주체에게 지체 없이 그 사유를 알려야 한다. <개정 2023. 3. 14.>

⑤ 개인정보처리자는 정보주체의 요구에 따라 처리가 정지된 개인정보에 대하여 지체 없이 해당 개인정보의 파기 등 필요한 조치를 하여야 한다. <개정 2023. 3. 14.>

⑥ 제1항부터 제5항까지의 규정에 따른 처리정지의 요구, 동의 철회, 처리정지의 거절, 통지 등의 방법 및 절차에 필요한 사항은 대통령령으로 정한다. <개정 2023. 3. 14. >

제37조의2(자동화된 결정에 대한 정보주체의 권리 등)

① 정보주체는 완전히 자동화된 시스템(인공지능 기술을 적용한 시스템을 포함한다)으로 개인정보를 처리하여 이루어지는 결정(「행정기본법」 제20조에 따른 행정청의 자동적 처분은 제외하며, 이하 이 조에서 "자동화된 결정"이라 한다)이 자신의 권리 또는 의무에 중대한 영향을 미치는 경우에는 해당 개인정보처리자에 대하여 해당 결정을 거부할 수 있는 권리를 가진다. 다만, 자동화된 결정이 제15조제1항제1호ㆍ제2호 및 제4호에 따라 이루어지는 경우에는 그러하지 아니하다.

② 정보주체는 개인정보처리자가 자동화된 결정을 한 경우에는 그 결정에 대하여 설명 등을 요구할 수 있다.

③ 개인정보처리자는 제1항 또는 제2항에 따라 정보주체가 자동화된 결정을 거부하거나 이에 대한 설명 등을 요구한 경우에는 정당한 사유가 없는 한 자동화된 결정을 적용하지 아니하거나 인적 개입에 의한 재처리ㆍ설명 등 필요한 조치를 하여야 한다.

④ 개인정보처리자는 자동화된 결정의 기준과 절차, 개인정보가 처리되는 방식 등을 정보주체가 쉽게 확인할 수 있도록 공개하여야 한다.

⑤ 제1항부터 제4항까지에서 규정한 사항 외에 자동화된 결정의 거부ㆍ설명 등을 요구하는 절차 및 방법, 거부ㆍ설명 등의 요구에 따른 필요한 조치, 자동화된 결정의 기준ㆍ절차 및 개인정보가 처리되는 방식의 공개 등에 필요한 사항은 대통령령으로 정한다.

[본조신설 2023. 3. 14.]

제38조(권리행사의 방법 및 절차)

① 정보주체는 제35조에 따른 열람, 제35조의2에 따른 전송, 제36조에 따른 정정ㆍ삭제, 제37조에 따른 처리정지 및 동의 철회, 제37조의2에 따른 거부ㆍ설명 등의 요구(이하 "열람등요구"라 한다)를 문서 등 대통령령으로 정하는 방법ㆍ절차에 따라 대리인에게 하게 할 수 있다. <개정 2020. 2. 4., 2023. 3. 14. >

② 만 14세 미만 아동의 법정대리인은 개인정보처리자에게 그 아동의 개인정보 열람등요구를 할 수 있다.

③ 개인정보처리자는 열람등요구를 하는 자에게 대통령령으로 정하는 바에 따라 수수료와 우송료(사본의 우송을 청구하는 경우에 한한다)를 청구할 수 있다. 다만, 제35조의2제2항에 따른 전송 요구의 경우에는 전송을 위해 추가로 필요한 설비 등을 함께 고려하여 수수료를 산정할 수 있다. <개정 2023. 3. 14. >

④ 개인정보처리자는 정보주체가 열람등요구를 할 수 있는 구체적인 방법과 절차를 마련하고, 이를 정보주체가 알 수 있도록 공개하여야 한다. 이 경우 열람등요구의 방법과 절차는 해당 개인정보의 수집 방법과 절차보다 어렵지 아니하도록 하여야 한다. <개정 2023. 3. 14. >

⑤ 개인정보처리자는 정보주체가 열람등요구에 대한 거절 등 조치에 대하여 불복이 있는 경우 이의를 제기할 수 있도록 필요한 절차를 마련하고 안내하여야 한다.

제39조(손해배상책임)

① 정보주체는 개인정보처리자가 이 법을 위반한 행위로 손해를 입으면 개인정보처리자에게 손해배상을 청구할 수 있다. 이 경우 그 개인정보처리자는 고의 또는 과실이 없음을 입증하지 아니하면 책임을 면할 수 없다.

② 삭제 <2015. 7. 24. >

③ 개인정보처리자의 고의 또는 중대한 과실로 인하여 개인정보가 분실ㆍ도난ㆍ유출ㆍ위조ㆍ변조 또는 훼손된 경우로서 정보주체에게 손해가 발생한 때에는 법원은 그 손해액의 5배를 넘지 아니하는 범위에서 손해배상액을 정할 수 있다. 다만, 개인정보처리자가 고의 또는 중대한 과실이 없음을 증명한 경우에는 그러하지 아니하다. <신설 2015. 7. 24., 2023. 3. 14. >

④ 법원은 제3항의 배상액을 정할 때에는 다음 각 호의 사항을 고려하여야 한다. <신설 2015. 7. 24.>

　1. 고의 또는 손해 발생의 우려를 인식한 정도

　2. 위반행위로 인하여 입은 피해 규모

　3. 위법행위로 인하여 개인정보처리자가 취득한 경제적 이익

　4. 위반행위에 따른 벌금 및 과징금

　5. 위반행위의 기간·횟수 등

　6. 개인정보처리자의 재산상태

　7. 개인정보처리자가 정보주체의 개인정보 분실·도난·유출 후 해당 개인정보를 회수하기 위하여 노력한 정도

　8. 개인정보처리자가 정보주체의 피해구제를 위하여 노력한 정도

제39조의2(법정손해배상의 청구)

① 제39조제1항에도 불구하고 정보주체는 개인정보처리자의 고의 또는 과실로 인하여 개인정보가 분실·도난·유출·위조·변조 또는 훼손된 경우에는 300만원 이하의 범위에서 상당한 금액을 손해액으로 하여 배상을 청구할 수 있다. 이 경우 해당 개인정보처리자는 고의 또는 과실이 없음을 입증하지 아니하면 책임을 면할 수 없다.

② 법원은 제1항에 따른 청구가 있는 경우에 변론 전체의 취지와 증거조사의 결과를 고려하여 제1항의 범위에서 상당한 손해액을 인정할 수 있다.

③ 제39조에 따라 손해배상을 청구한 정보주체는 사실심(事實審)의 변론이 종결되기 전까지 그 청구를 제1항에 따른 청구로 변경할 수 있다.

[본조신설 2015. 7. 24.]

제6장 삭제 <2023. 3. 14.>

제39조의3(자료의 제출)

① 법원은 이 법을 위반한 행위로 인한 손해배상청구소송에서 당사자의 신청에 따라 상대방 당사자에게 해당 손해의 증명 또는 손해액의 산정에 필요한 자료의 제출을 명할 수 있다. 다만, 제출명령을 받은 자가 그 자료의 제출을 거부할 정당한 이유가 있으면 그러하지 아니하다.

② 법원은 제1항에 따른 제출명령을 받은 자가 그 자료의 제출을 거부할 정당한 이유가 있다고 주장하는 경우에는 그 주장의 당부(當否)를 판단하기 위하여 자료의 제시를 명할 수 있다. 이 경우 법원은 그 자료를 다른 사람이 보게 하여서는 아니 된다.

③ 제1항에 따라 제출되어야 할 자료가 「부정경쟁방지 및 영업비밀보호에 관한 법률」 제2조제2호에 따른 영업비밀(이하 "영업비밀"이라 한다)에 해당하나 손해의 증명 또는 손해액의 산정에 반드시 필요한 경우에는 제1항 단서에 따른 정당한 이유로 보지 아니한다. 이 경우 법원은 제출명령의 목적 내에서 열람할 수 있는 범위 또는 열람할 수 있는 사람을 지정하여야 한다.

④ 법원은 제1항에 따른 제출명령을 받은 자가 정당한 이유 없이 그 명령에 따르지 아니한 경우에는 자료의 기재에 대한 신청인의 주장을 진실한 것으로 인정할 수 있다.

⑤ 법원은 제4항에 해당하는 경우 신청인이 자료의 기재에 관하여 구체적으로 주장하기에 현저히 곤란한 사정이 있고 자료로 증명할 사실을 다른 증거로 증명하는 것을 기대하기도 어려운 경우에는 신청인이 자료의 기재로 증명하려는 사실에 관한 주장을 진실한 것으로 인정할 수 있다.

[전문개정 2023. 3. 14.]

제39조의4(비밀유지명령)

① 법원은 이 법을 위반한 행위로 인한 손해배상청구소송에서 당사자의 신청에 따른 결정으로 다음 각 호의 자에게 그 당사자가 보유한 영업비밀을 해당 소송의 계속적인 수행 외의 목적으로 사용하거나 그 영업비밀에 관계된 이 항에 따른 명령을 받은 자 외의 자에게 공개하지 아니할 것을 명할 수 있다. 다만, 그 신청 시점까지 다음 각 호의 자가 준비서면의 열람이나 증거조사 외의 방법으로 그 영업비밀을 이미 취득하고 있는 경우에는 그러하지 아니하다.

1. 다른 당사자(법인인 경우에는 그 대표자를 말한다)
2. 당사자를 위하여 해당 소송을 대리하는 자
3. 그 밖에 해당 소송으로 영업비밀을 알게 된 자

② 제1항에 따른 명령(이하 "비밀유지명령"이라 한다)을 신청하는 자는 다음 각 호의 사유를 모두 소명하여야 한다.

1. 이미 제출하였거나 제출하여야 할 준비서면, 이미 조사하였거나 조사하여야 할 증거 또는 제39조의3제1항에 따라 제출하였거나 제출하여야 할 자료에 영업비밀이 포함되어 있다는 것
2. 제1호의 영업비밀이 해당 소송 수행 외의 목적으로 사용되거나 공개되면 당사자의 영업에 지장을 줄 우려가 있어 이를 방지하기 위하여 영업비밀의 사용 또는 공개를 제한할 필요가 있다는 것

③ 비밀유지명령의 신청은 다음 각 호의 사항을 적은 서면으로 하여야 한다.

1. 비밀유지명령을 받을 자
2. 비밀유지명령의 대상이 될 영업비밀을 특정하기에 충분한 사실
3. 제2항 각 호의 사유에 해당하는 사실

④ 법원은 비밀유지명령이 결정된 경우에는 그 결정서를 비밀유지명령을 받을 자에게 송달하여야 한다.

⑤ 비밀유지명령은 제4항의 결정서가 비밀유지명령을 받을 자에게 송달된 때부터 효력이 발생한다.

⑥ 비밀유지명령의 신청을 기각하거나 각하한 재판에 대해서는 즉시항고를 할 수 있다.

[전문개정 2023. 3. 14.]

제39조의5(비밀유지명령의 취소)

① 비밀유지명령을 신청한 자 또는 비밀유지명령을 받은 자는 제39조의4제2항 각 호의 사유에 부합하지 아니하는 사실이나 사정이 있는 경우 소송기록을 보관하고 있는 법원(소송기록을 보관하고 있는 법원이 없는 경우에는 비밀유지명령을 내린 법원을 말한다)에 비밀유지명령의 취소를 신청할 수 있다.

② 법원은 비밀유지명령의 취소신청에 대한 재판이 있는 경우에는 그 결정서를 그 신청을 한 자 및 상대방에게 송달하여야 한다.

③ 비밀유지명령의 취소신청에 대한 재판에 대해서는 즉시항고를 할 수 있다.

④ 비밀유지명령을 취소하는 재판은 확정되어야 효력이 발생한다.

⑤ 비밀유지명령을 취소하는 재판을 한 법원은 비밀유지명령의 취소신청을 한 자 또는 상대방 외에 해당 영업비밀에 관한 비밀유지명령을 받은 자가 있는 경우에는 그 자에게 즉시 비밀유지명령의 취소 재판을 한 사실을 알려야 한다.

[전문개정 2023. 3. 14.]

제39조의6(소송기록 열람 등의 청구 통지 등)

① 비밀유지명령이 내려진 소송(모든 비밀유지명령이 취소된 소송은 제외한다)에 관한 소송기록에 대하여 「민사소송법」 제163조제1항에 따라 열람 등의 신청인을 당사자로 제한하는 결정이 있었던 경우로서 당사자가 같은 항에서 규정하는 비밀 기재부분의 열람 등의 청구를 하였으나 그 청구 절차를 해당 소송에서 비밀유지명령을 받지 아니한 자가 밝은 경우에는 법원서기관, 법원사무관, 법원주사 또는 법원주사보(이하 이 조에서 "법원사무관등"이라 한다)는 같은 항의 신청을 한 당사자(그 열람 등의 청구를 한 자는 제외한다. 이하 제3항에서 같다)에게 그 청구 직후에 그 열람 등의 청구가 있었다는 사실을 알려야 한다.

② 법원사무관등은 제1항의 청구가 있었던 날부터 2주일이 지날 때까지(그 청구 절차를 밝은 자에 대한 비밀유지명령 신청이 그 기간 내에 이루어진 경우에는 그 신청에 대한 재판이 확정되는 시점까지를 말한다) 그 청구 절차를 밝은 자에게 제1항의 비밀 기재부분의 열람 등을 하게 하여서는 아니 된다.

③ 제2항은 제1항의 열람 등의 청구를 한 자에게 제1항의 비밀 기재부분의 열람 등을 하게 하는 것에 대하여 「민사소송법」 제163조제1항의 신청을 한 당사자 모두가 동의하는 경우에는 적용되지 아니한다.

[전문개정 2023. 3. 14.]

제39조의7(손해배상의 보장)

① 개인정보처리자로서 매출액, 개인정보의 보유 규모 등을 고려하여 대통령령으로 정하는 기준에 해당하는 자는 제39조 및 제39조의2에 따른 손해배상책임의 이행을 위하여 보험 또는 공제에 가입하거나 준비금을 적립하는 등 필요한 조치를 하여야 한다. <개정 2023. 3. 14.>

② 제1항에도 불구하고 다음 각 호의 어느 하나에 해당하는 자는 제1항에 따른 조치를 하지 아니할 수 있다. <개정 2023. 3. 14.>

　1. 대통령령으로 정하는 공공기관, 비영리법인 및 단체

　2. 「소상공인기본법」 제2조제1항에 따른 소상공인으로서 대통령령으로 정하는 자에게 개인정보 처리를 위탁한 자

　3. 다른 법률에 따라 제39조 및 제39조의2에 따른 손해배상책임의 이행을 보장하는 보험 또는 공제에 가입하거나 준비금을 적립한 개인정보처리자

③ 제1항 및 제2항에 따른 개인정보처리자의 손해배상책임 이행 기준 등에 필요한 사항은 대통령령으로 정한다. <신설 2023. 3. 14.>

[본조신설 2020. 2. 4.]

[제39조의9에서 이동, 종전 제39조의7은 삭제]

제7장 개인정보 분쟁조정위원회 <개정 2020. 2. 4.>

제40조(설치 및 구성)

① 개인정보에 관한 분쟁의 조정(調停)을 위하여 개인정보 분쟁조정위원회(이하 "분쟁조정위원회"라 한다)를 둔다.

② 분쟁조정위원회는 위원장 1명을 포함한 30명 이내의 위원으로 구성하며, 위원은 당연직위원과 위촉위원으로 구성한다. <개정 2015. 7. 24., 2023. 3. 14.>

③ 위촉위원은 다음 각 호의 어느 하나에 해당하는 사람 중에서 보호위원회 위원장이 위촉하고, 대통령령으로 정하는 국가기관 소속 공무원은 당연직위원이 된다. <개정 2013. 3. 23., 2014. 11. 19., 2015. 7. 24.>

　1. 개인정보 보호업무를 관장하는 중앙행정기관의 고위공무원단에 속하는 공무원으로 재직하였던 사람 또는 이에 상당하는 공공부문 및 관련 단체의 직에 재직하고 있거나 재직하였던 사람으로서 개인정보 보호업무의 경험이 있는 사람

2. 대학이나 공인된 연구기관에서 부교수 이상 또는 이에 상당하는 직에 재직하고 있거나 재직하였던 사람

3. 판사 · 검사 또는 변호사로 재직하고 있거나 재직하였던 사람

4. 개인정보 보호와 관련된 시민사회단체 또는 소비자단체로부터 추천을 받은 사람

5. 개인정보처리자로 구성된 사업자단체의 임원으로 재직하고 있거나 재직하였던 사람

④ 위원장은 위원 중에서 공무원이 아닌 사람으로 보호위원회 위원장이 위촉한다. <개정 2013. 3. 23., 2014. 11. 19., 2015. 7. 24. >

⑤ 위원장과 위촉위원의 임기는 2년으로 하되, 1차에 한하여 연임할 수 있다. <개정 2015. 7. 24. >

⑥ 분쟁조정위원회는 분쟁조정 업무를 효율적으로 수행하기 위하여 필요하면 대통령령으로 정하는 바에 따라 조정사건의 분야별로 5명 이내의 위원으로 구성되는 조정부를 둘 수 있다. 이 경우 조정부가 분쟁조정위원회에서 위임받아 의결한 사항은 분쟁조정위원회에서 의결한 것으로 본다.

⑦ 분쟁조정위원회 또는 조정부는 재적위원 과반수의 출석으로 개의하며 출석위원 과반수의 찬성으로 의결한다.

⑧ 보호위원회는 분쟁조정 접수, 사실 확인 등 분쟁조정에 필요한 사무를 처리할 수 있다. <개정 2015. 7. 24. >

⑨ 이 법에서 정한 사항 외에 분쟁조정위원회 운영에 필요한 사항은 대통령령으로 정한다.

제41조(위원의 신분보장)

위원은 자격정지 이상의 형을 선고받거나 심신상의 장애로 직무를 수행할 수 없는 경우를 제외하고는 그의 의사에 반하여 면직되거나 해촉되지 아니한다.

제42조(위원의 제척 · 기피 · 회피)

① 분쟁조정위원회의 위원은 다음 각 호의 어느 하나에 해당하는 경우에는 제43조제1항에 따라 분쟁조정위원회에 신청된 분쟁조정사건(이하 이 조에서 "사건"이라 한다)의 심의 · 의결에서 제척(除斥)된다.

1. 위원 또는 그 배우자나 배우자였던 자가 그 사건의 당사자가 되거나 그 사건에 관하여 공동의 권리자 또는 의무자의 관계에 있는 경우

2. 위원이 그 사건의 당사자와 친족이거나 친족이었던 경우

3. 위원이 그 사건에 관하여 증언, 감정, 법률자문을 한 경우

4. 위원이 그 사건에 관하여 당사자의 대리인으로서 관여하거나 관여하였던 경우

② 당사자는 위원에게 공정한 심의 · 의결을 기대하기 어려운 사정이 있으면 위원장에게 기피신청을 할 수 있다. 이 경우 위원장은 기피신청에 대하여 분쟁조정위원회의 의결을 거치지 아니하고 결정한다.

③ 위원이 제1항 또는 제2항의 사유에 해당하는 경우에는 스스로 그 사건의 심의 · 의결에서 회피할 수 있다.

제43조(조정의 신청 등)

① 개인정보와 관련한 분쟁의 조정을 원하는 자는 분쟁조정위원회에 분쟁조정을 신청할 수 있다.

② 분쟁조정위원회는 당사자 일방으로부터 분쟁조정 신청을 받았을 때에는 그 신청내용을 상대방에게 알려야 한다.

③ 개인정보처리자가 제2항에 따른 분쟁조정의 통지를 받은 경우에는 특별한 사유가 없으면 분쟁조정에 응하여야 한다. <개정 2023. 3. 14. >

제44조(처리기간)

① 분쟁조정위원회는 제43조제1항에 따른 분쟁조정 신청을 받은 날부터 60일 이내에 이를 심사하여 조정안을 작성하여야 한다. 다만, 부득이한 사정이 있는 경우에는 분쟁조정위원회의 의결로 처리기간을 연장할 수 있다.

② 분쟁조정위원회는 제1항 단서에 따라 처리기간을 연장한 경우에는 기간연장의 사유와 그 밖의 기간연장에 관한 사항을 신청인에게 알려야 한다.

제45조(자료의 요청 및 사실조사 등)

① 분쟁조정위원회는 제43조제1항에 따라 분쟁조정 신청을 받았을 때에는 해당 분쟁의 조정을 위하여 필요한 자료를 분쟁당사자에게 요청할 수 있다. 이 경우 분쟁당사자는 정당한 사유가 없으면 요청에 따라야 한다.

② 분쟁조정위원회는 분쟁의 조정을 위하여 사실 확인이 필요한 경우에는 분쟁조정위원회의 위원 또는 대통령령으로 정하는 사무기구의 소속 공무원으로 하여금 사건과 관련된 장소에 출입하여 관련 자료를 조사하거나 열람하게 할 수 있다. 이 경우 분쟁당사자는 해당 조사 · 열람을 거부할 정당한 사유가 있을 때에는 그 사유를 소명하고 조사 · 열람에 따르지 아니할 수 있다. <신설 2023. 3. 14.>

③ 제2항에 따른 조사 · 열람을 하는 위원 또는 공무원은 그 권한을 표시하는 증표를 지니고 이를 관계인에게 내보여야 한다. <신설 2023. 3. 14.>

④ 분쟁조정위원회는 분쟁의 조정을 위하여 필요하다고 인정하면 관계 기관 등에 자료 또는 의견의 제출 등 필요한 협조를 요청할 수 있다. <신설 2023. 3. 14.>

⑤ 분쟁조정위원회는 필요하다고 인정하면 분쟁당사자나 참고인을 위원회에 출석하도록 하여 그 의견을 들을 수 있다. <개정 2023. 3. 14.>

[제목개정 2023. 3. 14.]

제45조의2(진술의 원용 제한)

조정절차에서의 의견과 진술은 소송(해당 조정에 대한 준재심은 제외한다)에서 원용(援用)하지 못한다.

[본조신설 2023. 3. 14.]

제46조(조정 전 합의 권고)

분쟁조정위원회는 제43조제1항에 따라 분쟁조정 신청을 받았을 때에는 당사자에게 그 내용을 제시하고 조정 전 합의를 권고할 수 있다.

제47조(분쟁의 조정)

① 분쟁조정위원회는 다음 각 호의 어느 하나의 사항을 포함하여 조정안을 작성할 수 있다.

　1. 조사 대상 침해행위의 중지

　2. 원상회복, 손해배상, 그 밖에 필요한 구제조치

　3. 같거나 비슷한 침해의 재발을 방지하기 위하여 필요한 조치

② 분쟁조정위원회는 제1항에 따라 조정안을 작성하면 지체 없이 각 당사자에게 제시하여야 한다.

③ 제2항에 따라 조정안을 제시받은 당사자가 제시받은 날부터 15일 이내에 수락 여부를 알리지 아니하면 조정을 수락한 것으로 본다. <개정 2023. 3. 14.>

④ 당사자가 조정내용을 수락한 경우(제3항에 따라 수락한 것으로 보는 경우를 포함한다) 분쟁조정위원회는 조정서를 작성하고, 분쟁조정위원회의 위원장과 각 당사자가 기명날인 또는 서명을 한 후 조정서 정본을 지체 없이 각 당사자 또는 그 대리인에게 송달하여야 한다. 다만, 제3항에 따라 수락한 것으로 보는 경우에는 각 당사자의 기명날인 및 서명을 생략할 수 있다. <개정 2023. 3. 14.>

⑤ 제4항에 따른 조정의 내용은 재판상 화해와 동일한 효력을 갖는다.

제48조(조정의 거부 및 중지)

① 분쟁조정위원회는 분쟁의 성질상 분쟁조정위원회에서 조정하는 것이 적합하지 아니하다고 인정하거나 부정한 목적으로 조정이 신청되었다고 인정하는 경우에는 그 조정을 거부할 수 있다. 이 경우 조정거부의 사유 등을 신청인에게 알려야 한다.

② 분쟁조정위원회는 신청된 조정사건에 대한 처리절차를 진행하던 중에 한 쪽 당사자가 소를 제기하면 그 조정의 처리를 중지하고 이를 당사자에게 알려야 한다.

제49조(집단분쟁조정)

① 국가 및 지방자치단체, 개인정보 보호단체 및 기관, 정보주체, 개인정보처리자는 정보주체의 피해 또는 권리 침해가 다수의 정보주체에게 같거나 비슷한 유형으로 발생하는 경우로서 대통령령으로 정하는 사건에 대하여는 분쟁조정위원회에 일괄적인 분쟁조정(이하 "집단분쟁조정"이라 한다)을 의뢰 또는 신청할 수 있다.

② 제1항에 따라 집단분쟁조정을 의뢰받거나 신청받은 분쟁조정위원회는 그 의결로써 제3항부터 제7항까지의 규정에 따른 집단분쟁조정의 절차를 개시할 수 있다. 이 경우 분쟁조정위원회는 대통령령으로 정하는 기간 동안 그 절차의 개시를 공고하여야 한다.

③ 분쟁조정위원회는 집단분쟁조정의 당사자가 아닌 정보주체 또는 개인정보처리자로부터 그 분쟁조정의 당사자에 추가로 포함될 수 있도록 하는 신청을 받을 수 있다.

④ 분쟁조정위원회는 그 의결로써 제1항 및 제3항에 따른 집단분쟁조정의 당사자 중에서 공동의 이익을 대표하기에 가장 적합한 1인 또는 수인을 대표당사자로 선임할 수 있다.

⑤ 분쟁조정위원회는 개인정보처리자가 분쟁조정위원회의 집단분쟁조정의 내용을 수락한 경우에는 집단분쟁조정의 당사자가 아닌 자로서 피해를 입은 정보주체에 대한 보상계획서를 작성하여 분쟁조정위원회에 제출하도록 권고할 수 있다.

⑥ 제48조제2항에도 불구하고 분쟁조정위원회는 집단분쟁조정의 당사자인 다수의 정보주체 중 일부의 정보주체가 법원에 소를 제기한 경우에는 그 절차를 중지하지 아니하고, 소를 제기한 일부의 정보주체를 그 절차에서 제외한다.

⑦ 집단분쟁조정의 기간은 제2항에 따른 공고가 종료된 날의 다음 날부터 60일 이내로 한다. 다만, 부득이한 사정이 있는 경우에는 분쟁조정위원회의 의결로 처리기간을 연장할 수 있다.

⑧ 집단분쟁조정의 절차 등에 관하여 필요한 사항은 대통령령으로 정한다.

제50조(조정절차 등)

① 제43조부터 제49조까지의 규정에서 정한 것 외에 분쟁의 조정방법, 조정절차 및 조정업무의 처리 등에 필요한 사항은 대통령령으로 정한다.

② 분쟁조정위원회의 운영 및 분쟁조정 절차에 관하여 이 법에서 규정하지 아니한 사항에 대하여는 「민사조정법」을 준용한다.

제50조의2(개선의견의 통보)

분쟁조정위원회는 소관 업무 수행과 관련하여 개인정보 보호 및 정보주체의 권리 보호를 위한 개선의견을 보호위원회 및 관계 중앙행정기관의 장에게 통보할 수 있다.

[본조신설 2023. 3. 14.]

제8장 개인정보 단체소송 <개정 2020. 2. 4.>

제51조(단체소송의 대상 등)

다음 각 호의 어느 하나에 해당하는 단체는 개인정보처리자가 제49조에 따른 집단분쟁조정을 거부하거나 집단분쟁조정의 결과를 수락하지 아니한 경우에는 법원에 권리침해 행위의 금지·중지를 구하는 소송(이하 "단체소송"이라 한다)을 제기할 수 있다.

  1. 「소비자기본법」 제29조에 따라 공정거래위원회에 등록한 소비자단체로서 다음 각 목의 요건을 모두 갖춘 단체

    가. 정관에 따라 상시적으로 정보주체의 권익증진을 주된 목적으로 하는 단체일 것

    나. 단체의 정회원수가 1천명 이상일 것

다. 「소비자기본법」 제29조에 따른 등록 후 3년이 경과하였을 것

2. 「비영리민간단체 지원법」 제2조에 따른 비영리민간단체로서 다음 각 목의 요건을 모두 갖춘 단체

가. 법률상 또는 사실상 동일한 침해를 입은 100명 이상의 정보주체로부터 단체소송의 제기를 요청받을 것

나. 정관에 개인정보 보호를 단체의 목적으로 명시한 후 최근 3년 이상 이를 위한 활동실적이 있을 것

다. 단체의 상시 구성원수가 5천명 이상일 것

라. 중앙행정기관에 등록되어 있을 것

제52조(전속관할)

① 단체소송의 소는 피고의 주된 사무소 또는 영업소가 있는 곳, 주된 사무소나 영업소가 없는 경우에는 주된 업무담당자의 주소가 있는 곳의 지방법원 본원 합의부의 관할에 전속한다.

② 제1항을 외국사업자에 적용하는 경우 대한민국에 있는 이들의 주된 사무소·영업소 또는 업무담당자의 주소에 따라 정한다.

제53조(소송대리인의 선임)

단체소송의 원고는 변호사를 소송대리인으로 선임하여야 한다.

제54조(소송허가신청)

① 단체소송을 제기하는 단체는 소장과 함께 다음 각 호의 사항을 기재한 소송허가신청서를 법원에 제출하여야 한다.

1. 원고 및 그 소송대리인

2. 피고

3. 정보주체의 침해된 권리의 내용

② 제1항에 따른 소송허가신청서에는 다음 각 호의 자료를 첨부하여야 한다.

1. 소제기단체가 제51조 각 호의 어느 하나에 해당하는 요건을 갖추고 있음을 소명하는 자료

2. 개인정보처리자가 조정을 거부하였거나 조정결과를 수락하지 아니하였음을 증명하는 서류

제55조(소송허가요건 등)

① 법원은 다음 각 호의 요건을 모두 갖춘 경우에 한하여 결정으로 단체소송을 허가한다.

1. 개인정보처리자가 분쟁조정위원회의 조정을 거부하거나 조정결과를 수락하지 아니하였을 것

2. 제54조에 따른 소송허가신청서의 기재사항에 흠결이 없을 것

② 단체소송을 허가하거나 불허가하는 결정에 대하여는 즉시항고할 수 있다.

제56조(확정판결의 효력)

원고의 청구를 기각하는 판결이 확정된 경우 이와 동일한 사안에 관하여는 제51조에 따른 다른 단체는 단체소송을 제기할 수 없다. 다만, 다음 각 호의 어느 하나에 해당하는 경우에는 그러하지 아니하다.

1. 판결이 확정된 후 그 사안과 관련하여 국가·지방자치단체 또는 국가·지방자치단체가 설립한 기관에 의하여 새로운 증거가 나타난 경우

2. 기각판결이 원고의 고의로 인한 것임이 밝혀진 경우

제57조(「민사소송법」의 적용 등)

① 단체소송에 관하여 이 법에 특별한 규정이 없는 경우에는 「민사소송법」을 적용한다.

② 제55조에 따른 단체소송의 허가결정이 있는 경우에는 「민사집행법」 제4편에 따른 보전처분을 할 수 있다.

③ 단체소송의 절차에 관하여 필요한 사항은 대법원규칙으로 정한다.

제9장 보칙 <개정 2020. 2. 4.>

제58조(적용의 일부 제외)

① 다음 각 호의 어느 하나에 해당하는 개인정보에 관하여는 제3장부터 제8장까지를 적용하지 아니한다. <개정 2023. 3. 14. >

　　1. 삭제 <2023. 3. 14. >

　　2. 국가안전보장과 관련된 정보 분석을 목적으로 수집 또는 제공 요청되는 개인정보

　　3. 삭제 <2023. 3. 14. >

　　4. 언론, 종교단체, 정당이 각각 취재·보도, 선교, 선거 입후보자 추천 등 고유 목적을 달성하기 위하여 수집·이용하는 개인정보

② 제25조제1항 각 호에 따라 공개된 장소에 고정형 영상정보처리기기를 설치·운영하여 처리되는 개인정보에 대해서는 제15조, 제22조, 제22조의2, 제27조제1항·제2항, 제34조 및 제37조를 적용하지 아니한다. <개정 2023. 3. 14. >

③ 개인정보처리자가 동창회, 동호회 등 친목 도모를 위한 단체를 운영하기 위하여 개인정보를 처리하는 경우에는 제15조, 제30조 및 제31조를 적용하지 아니한다.

④ 개인정보처리자는 제1항 각 호에 따라 개인정보를 처리하는 경우에도 그 목적을 위하여 필요한 범위에서 최소한의 기간에 최소한의 개인정보만을 처리하여야 하며, 개인정보의 안전한 관리를 위하여 필요한 기술적·관리적 및 물리적 보호조치, 개인정보의 처리에 관한 고충처리, 그 밖에 개인정보의 적절한 처리를 위하여 필요한 조치를 마련하여야 한다.

제58조의2(적용제외)

이 법은 시간·비용·기술 등을 합리적으로 고려할 때 다른 정보를 사용하여도 더 이상 개인을 알아볼 수 없는 정보에는 적용하지 아니한다.

[본조신설 2020. 2. 4.]

제59조(금지행위)

개인정보를 처리하거나 처리하였던 자는 다음 각 호의 어느 하나에 해당하는 행위를 하여서는 아니 된다. <개정 2023. 3. 14. >

　　1. 거짓이나 그 밖의 부정한 수단이나 방법으로 개인정보를 취득하거나 처리에 관한 동의를 받는 행위

　　2. 업무상 알게 된 개인정보를 누설하거나 권한 없이 다른 사람이 이용하도록 제공하는 행위

　　3. 정당한 권한 없이 또는 허용된 권한을 초과하여 다른 사람의 개인정보를 이용, 훼손, 멸실, 변경, 위조 또는 유출하는 행위

제60조(비밀유지 등)

다음 각 호의 업무에 종사하거나 종사하였던 자는 직무상 알게 된 비밀을 다른 사람에게 누설하거나 직무상 목적 외의 용도로 이용하여서는 아니 된다. 다만, 다른 법률에 특별한 규정이 있는 경우에는 그러하지 아니하다. <개정 2020. 2. 4., 2023. 3. 14. >

　　1. 제7조의8 및 제7조의9에 따른 보호위원회의 업무

　　2. 제28조의3에 따른 전문기관의 지정 업무 및 전문기관의 업무

　　3. 제32조의2에 따른 개인정보 보호 인증 업무

　　4. 제33조에 따른 영향평가 업무

　　5. 제35조의3에 따른 개인정보관리 전문기관의 지정 업무 및 개인정보관리 전문기관의 업무

　　6. 제40조에 따른 분쟁조정위원회의 분쟁조정 업무

　　[시행일 : 2024. 3. 15.] 제60조제5호

제61조(의견제시 및 개선권고)

① 보호위원회는 개인정보 보호에 영향을 미치는 내용이 포함된 법령이나 조례에 대하여 필요하다고 인정하면 심의·의결을 거쳐 관계 기관에 의견을 제시할 수 있다. <개정 2013. 3. 23., 2014. 11. 19., 2017. 7. 26., 2020. 2. 4.>

② 보호위원회는 개인정보 보호를 위하여 필요하다고 인정하면 개인정보처리자에게 개인정보 처리 실태의 개선을 권고할 수 있다. 이 경우 권고를 받은 개인정보처리자는 이를 이행하기 위하여 성실하게 노력하여야 하며, 그 조치 결과를 보호위원회에 알려야 한다. <개정 2013. 3. 23., 2014. 11. 19., 2017. 7. 26., 2020. 2. 4.>

③ 관계 중앙행정기관의 장은 개인정보 보호를 위하여 필요하다고 인정하면 소관 법률에 따라 개인정보처리자에게 개인정보 처리 실태의 개선을 권고할 수 있다. 이 경우 권고를 받은 개인정보처리자는 이를 이행하기 위하여 성실하게 노력하여야 하며, 그 조치 결과를 관계 중앙행정기관의 장에게 알려야 한다.

④ 중앙행정기관, 지방자치단체, 국회, 법원, 헌법재판소, 중앙선거관리위원회는 그 소속 기관 및 소관 공공기관에 대하여 개인정보 보호에 관한 의견을 제시하거나 지도·점검을 할 수 있다.

제62조(침해 사실의 신고 등)

① 개인정보처리자가 개인정보를 처리할 때 개인정보에 관한 권리 또는 이익을 침해받은 사람은 보호위원회에 그 침해 사실을 신고할 수 있다. <개정 2013. 3. 23., 2014. 11. 19., 2017. 7. 26., 2020. 2. 4.>

② 보호위원회는 제1항에 따른 신고의 접수·처리 등에 관한 업무를 효율적으로 수행하기 위하여 대통령령으로 정하는 바에 따라 전문기관을 지정할 수 있다. 이 경우 전문기관은 개인정보침해 신고센터(이하 "신고센터"라 한다)를 설치·운영하여야 한다. <개정 2013. 3. 23., 2014. 11. 19., 2017. 7. 26., 2020. 2. 4.>

③ 신고센터는 다음 각 호의 업무를 수행한다.

　　1. 개인정보 처리와 관련한 신고의 접수·상담

　　2. 사실의 조사·확인 및 관계자의 의견 청취

　　3. 제1호 및 제2호에 따른 업무에 딸린 업무

④ 보호위원회는 제3항제2호의 사실 조사·확인 등의 업무를 효율적으로 하기 위하여 필요하면 「국가공무원법」 제32조의4에 따라 소속 공무원을 제2항에 따른 전문기관에 파견할 수 있다. <개정 2013. 3. 23., 2014. 11. 19., 2017. 7. 26., 2020. 2. 4.>

제63조(자료제출 요구 및 검사)

① 보호위원회는 다음 각 호의 어느 하나에 해당하는 경우에는 개인정보처리자에게 관계 물품·서류 등 자료를 제출하게 할 수 있다. <개정 2013. 3. 23., 2014. 11. 19., 2017. 7. 26., 2020. 2. 4.>

　　1. 이 법을 위반하는 사항을 발견하거나 혐의가 있음을 알게 된 경우

　　2. 이 법 위반에 대한 신고를 받거나 민원이 접수된 경우

　　3. 그 밖에 정보주체의 개인정보 보호를 위하여 필요한 경우로서 대통령령으로 정하는 경우

② 보호위원회는 개인정보처리자가 제1항에 따른 자료를 제출하지 아니하거나 이 법을 위반한 사실이 있다고 인정되면 소속 공무원으로 하여금 개인정보처리자 및 해당 법 위반사실과 관련한 관계인의 사무소나 사업장에 출입하여 업무 상황, 장부 또는 서류 등을 검사하게 할 수 있다. 이 경우 검사를 하는 공무원은 그 권한을 나타내는 증표를 지니고 이를 관계인에게 내보여야 한다. <개정 2013. 3. 23., 2014. 11. 19., 2015. 7. 24., 2017. 7. 26., 2020. 2. 4.>

③ 보호위원회는 이 법 등 개인정보 보호와 관련된 법규의 위반행위로 인하여 중대한 개인정보 침해사고가 발생한 경우 신속하고 효과적인 대응을 위하여 다음 각 호의 어느 하나에 해당하는 관계 기관의 장에게 협조를 요청할 수 있다. <개정 2023. 3. 14.>

1. 중앙행정기관

2. 지방자치단체

3. 그 밖에 법령 또는 자치법규에 따라 행정권한을 가지고 있거나 위임 또는 위탁받은 공공기관

④ 제3항에 따라 협조를 요청받은 관계 기관의 장은 특별한 사정이 없으면 이에 따라야 한다. <개정 2023. 3. 14.>

⑤ 제1항 및 제2항에 따른 자료제출 요구, 검사 절차 및 방법 등에 관하여 필요한 사항은 보호위원회가 정하여 고시할 수 있다. <개정 2023. 3. 14.>

⑥ 보호위원회는 제1항 및 제2항에 따라 제출받거나 수집한 서류 · 자료 등을 이 법에 따른 경우를 제외하고는 제3자에게 제공하거나 일반에 공개해서는 아니 된다. <신설 2020. 2. 4., 2023. 3. 14.>

⑦ 보호위원회는 정보통신망을 통하여 자료의 제출 등을 받은 경우나 수집한 자료 등을 전자화한 경우에는 개인정보 · 영업비밀 등이 유출되지 아니하도록 제도적 · 기술적 보완조치를 하여야 한다. <신설 2020. 2. 4., 2023. 3. 14.>

제63조의2(사전 실태점검)

① 보호위원회는 제63조제1항 각 호에 해당하지 아니하는 경우로서 개인정보 침해사고 발생의 위험성이 높고 개인정보 보호의 취약점을 사전에 점검할 필요성이 인정되는 개인정보처리자에 대하여 개인정보 보호실태를 점검할 수 있다.

② 보호위원회는 제1항에 따른 실태점검을 실시하여 이 법을 위반하는 사항을 발견한 경우 해당 개인정보처리자에 대하여 시정방안을 정하여 이에 따를 것을 권고할 수 있다.

③ 제2항에 따른 시정권고를 받은 개인정보처리자는 이를 통보받은 날부터 10일 이내에 해당 권고를 수락하는지 여부에 관하여 보호위원회에 통지하여야 하며, 그 이행 결과를 보호위원회가 고시로 정하는 바에 따라 보호위원회에 알려야 한다.

④ 제2항에 따른 시정권고를 받은 자가 해당 권고를 수락한 때에는 제64조제1항에 따른 시정조치 명령(중앙행정기관, 지방자치단체, 국회, 법원, 헌법재판소, 중앙선거관리위원회의 경우에는 제64조제3항에 따른 권고를 말한다)을 받은 것으로 본다.

⑤ 보호위원회는 제2항에 따른 시정권고를 받은 자가 해당 권고를 수락하지 아니하거나 이행하지 아니한 경우 제63조제2항에 따른 검사를 할 수 있다.

⑥ 보호위원회는 관계 중앙행정기관의 장과 합동으로 제1항에 따른 개인정보 보호실태를 점검할 수 있다.

[본조신설 2023. 3. 14.]

제64조(시정조치 등)

① 보호위원회는 이 법을 위반한 자(중앙행정기관, 지방자치단체, 국회, 법원, 헌법재판소, 중앙선거관리위원회는 제외한다)에 대하여 다음 각 호에 해당하는 조치를 명할 수 있다. <개정 2013. 3. 23., 2014. 11. 19., 2017. 7. 26., 2020. 2. 4., 2023. 3. 14.>

1. 개인정보 침해행위의 중지

2. 개인정보 처리의 일시적인 정지

3. 그 밖에 개인정보의 보호 및 침해 방지를 위하여 필요한 조치

② 지방자치단체, 국회, 법원, 헌법재판소, 중앙선거관리위원회는 그 소속 기관 및 소관 공공기관이 이 법을 위반하였을 때에는 제1항 각 호에 해당하는 조치를 명할 수 있다. <개정 2023. 3. 14.>

③ 보호위원회는 중앙행정기관, 지방자치단체, 국회, 법원, 헌법재판소, 중앙선거관리위원회가 이 법을 위반하였을 때에는 해당 기관의 장에게 제1항 각 호에 해당하는 조치를 하도록 권고할 수 있다. 이 경우 권고를 받은 기관은 특별한 사유가 없으면 이를 존중하여야 한다. <개정 2023. 3. 14.>

제64조의2(과징금의 부과)

① 보호위원회는 다음 각 호의 어느 하나에 해당하는 경우에는 해당 개인정보처리자에게 전체 매출액의 100분의 3을 초과하지 아니하는 범위에서 과징금을 부과할 수 있다. 다만, 매출액이 없거나 매출액의 산정이 곤란한 경우로서 대통령령으로 정하는 경우에는 20억원을 초과하지 아니하는 범위에서 과징금을 부과할 수 있다.

  1. 제15조제1항, 제17조제1항, 제18조제1항·제2항(제26조제8항에 따라 준용되는 경우를 포함한다) 또는 제19조를 위반하여 개인정보를 처리한 경우

  2. 제22조의2제1항(제26조제8항에 따라 준용되는 경우를 포함한다)을 위반하여 법정대리인의 동의를 받지 아니하고 만 14세 미만인 아동의 개인정보를 처리한 경우

  3. 제23조제1항제1호(제26조제8항에 따라 준용되는 경우를 포함한다)를 위반하여 정보주체의 동의를 받지 아니하고 민감정보를 처리한 경우

  4. 제24조제1항·제24조의2제1항(제26조제8항에 따라 준용되는 경우를 포함한다)을 위반하여 고유식별정보 또는 주민등록번호를 처리한 경우

  5. 제26조제4항에 따른 관리·감독 또는 교육을 소홀히 하여 수탁자가 이 법의 규정을 위반한 경우

  6. 제28조의5제1항(제26조제8항에 따라 준용되는 경우를 포함한다)을 위반하여 특정 개인을 알아보기 위한 목적으로 정보를 처리한 경우

  7. 제28조의8제1항(제26조제8항 및 제28조의11에 따라 준용되는 경우를 포함한다)을 위반하여 개인정보를 국외로 이전한 경우

  8. 제28조의9제1항(제26조제8항 및 제28조의11에 따라 준용되는 경우를 포함한다)을 위반하여 국외 이전 중지 명령을 따르지 아니한 경우

  9. 개인정보처리자가 처리하는 개인정보가 분실·도난·유출·위조·변조·훼손된 경우. 다만, 개인정보가 분실·도난·유출·위조·변조·훼손되지 아니하도록 개인정보처리자가 제29조(제26조제8항에 따라 준용되는 경우를 포함한다)에 따른 안전성 확보에 필요한 조치를 다한 경우에는 그러하지 아니하다.

② 보호위원회는 제1항에 따른 과징금을 부과하려는 경우 전체 매출액에서 위반행위와 관련이 없는 매출액을 제외한 매출액을 기준으로 과징금을 산정한다.

③ 보호위원회는 제1항에 따른 과징금을 부과하려는 경우 개인정보처리자가 정당한 사유 없이 매출액 산정자료의 제출을 거부하거나 거짓의 자료를 제출한 경우에는 해당 개인정보처리자의 전체 매출액을 기준으로 산정하되 해당 개인정보처리자 및 비슷한 규모의 개인정보처리자의 개인정보 보유 규모, 재무제표 등 회계자료, 상품·용역의 가격 등 영업현황 자료에 근거하여 매출액을 추정할 수 있다.

④ 보호위원회는 제1항에 따른 과징금을 부과하는 경우에는 위반행위에 상응하는 비례성과 침해 예방에 대한 효과성이 확보될 수 있도록 다음 각 호의 사항을 고려하여야 한다.

  1. 위반행위의 내용 및 정도

  2. 위반행위의 기간 및 횟수

  3. 위반행위로 인하여 취득한 이익의 규모

  4. 암호화 등 안전성 확보 조치 이행 노력

  5. 개인정보가 분실·도난·유출·위조·변조·훼손된 경우 위반행위와의 관련성 및 분실·도난·유출·위조·변조·훼손의 규모

  6. 위반행위로 인한 피해의 회복 및 피해 확산 방지 조치의 이행 여부

  7. 개인정보처리자의 업무 형태 및 규모

  8. 개인정보처리자가 처리하는 개인정보의 유형과 정보주체에게 미치는 영향

9. 위반행위로 인한 정보주체의 피해 규모

10. 개인정보 보호 인증, 자율적인 보호 활동 등 개인정보 보호를 위한 노력

11. 보호위원회와의 협조 등 위반행위를 시정하기 위한 조치 여부

⑤ 보호위원회는 다음 각 호의 어느 하나에 해당하는 사유가 있는 경우에는 과징금을 부과하지 아니할 수 있다.

1. 지급불능·지급정지 또는 자본잠식 등의 사유로 객관적으로 과징금을 낼 능력이 없다고 인정되는 경우

2. 본인의 행위가 위법하지 아니한 것으로 잘못 인식할 만한 정당한 사유가 있는 경우

3. 위반행위의 내용·정도가 경미하거나 산정된 과징금이 소액인 경우

4. 그 밖에 정보주체에게 피해가 발생하지 아니하였거나 경미한 경우로서 대통령령으로 정하는 사유가 있는 경우

⑥ 제1항에 따른 과징금은 제2항부터 제5항까지를 고려하여 산정하되, 구체적인 산정기준과 산정절차는 대통령령으로 정한다.

⑦ 보호위원회는 제1항에 따른 과징금을 내야 할 자가 납부기한까지 이를 내지 아니하면 납부기한의 다음 날부터 내지 아니한 과징금의 연 100분의 6에 해당하는 가산금을 징수한다. 이 경우 가산금을 징수하는 기간은 60개월을 초과하지 못한다.

⑧ 보호위원회는 제1항에 따른 과징금을 내야 할 자가 납부기한까지 내지 아니한 경우에는 기간을 정하여 독촉하고, 독촉으로 지정한 기간 내에 과징금과 제7항에 따른 가산금을 내지 아니하면 국세강제징수의 예에 따라 징수한다.

⑨ 보호위원회는 법원의 판결 등의 사유로 제1항에 따라 부과된 과징금을 환급하는 경우에는 과징금을 낸 날부터 환급하는 날까지의 기간에 대하여 금융회사 등의 예금이자율 등을 고려하여 대통령령으로 정하는 이자율을 적용하여 계산한 환급가산금을 지급하여야 한다.

⑩ 보호위원회는 제9항에도 불구하고 법원의 판결에 따라 과징금 부과처분이 취소되어 그 판결이유에 따라 새로운 과징금을 부과하는 경우에는 당초 납부한 과징금에서 새로 부과하기로 결정한 과징금을 공제한 나머지 금액에 대해서만 환급가산금을 계산하여 지급한다.

[본조신설 2023. 3. 14.]

제65조(고발 및 징계권고)

① 보호위원회는 개인정보처리자에게 이 법 등 개인정보 보호와 관련된 법규의 위반에 따른 범죄혐의가 있다고 인정될 만한 상당한 이유가 있을 때에는 관할 수사기관에 그 내용을 고발할 수 있다. <개정 2013. 3. 23., 2014. 11. 19., 2017. 7. 26., 2020. 2. 4.>

② 보호위원회는 이 법 등 개인정보 보호와 관련된 법규의 위반행위가 있다고 인정될 만한 상당한 이유가 있을 때에는 책임이 있는 자(대표자 및 책임있는 임원을 포함한다)를 징계할 것을 해당 개인정보처리자에게 권고할 수 있다. 이 경우 권고를 받은 사람은 이를 존중하여야 하며 그 결과를 보호위원회에 통보하여야 한다. <개정 2013. 3. 23., 2013. 8. 6., 2014. 11. 19., 2017. 7. 26., 2020. 2. 4.>

③ 관계 중앙행정기관의 장은 소관 법률에 따라 개인정보처리자에 대하여 제1항에 따른 고발을 하거나 소속 기관·단체 등의 장에게 제2항에 따른 징계권고를 할 수 있다. 이 경우 제2항에 따른 권고를 받은 사람은 이를 존중하여야 하며 그 결과를 관계 중앙행정기관의 장에게 통보하여야 한다.

제66조(결과의 공표)

① 보호위원회는 제61조에 따른 개선권고, 제64조에 따른 시정조치 명령, 제64조의2에 따른 과징금의 부과, 제65조에 따른 고발 또는 징계권고 및 제75조에 따른 과태료 부과의 내용 및 결과에 대하여 공표할 수 있다. <개정 2013. 3. 23., 2014. 11. 19., 2017. 7. 26., 2020. 2. 4., 2023. 3. 14.>

② 보호위원회는 제61조에 따른 개선권고, 제64조에 따른 시정조치 명령, 제64조의2에 따른 과징금의 부과, 제65조에 따른 고발 또는 징계권고 및 제75조에 따른 과태료 부과처분 등을 한 경우에는 처분 등을 받은 자에게 해당 처분 등을 받았다는 사실을 공표할 것을 명할 수 있다. <개정 2023. 3. 14.>

③ 제1항 및 제2항에 따른 개선권고 사실 등의 공표 및 공표명령의 방법, 기준 및 절차 등은 대통령령으로 정한다. <개정 2023. 3. 14.>

제67조(연차보고)

① 보호위원회는 관계 기관 등으로부터 필요한 자료를 제출받아 매년 개인정보 보호시책의 수립 및 시행에 관한 보고서를 작성하여 정기국회 개회 전까지 국회에 제출(정보통신망에 의한 제출을 포함한다)하여야 한다.

② 제1항에 따른 보고서에는 다음 각 호의 내용이 포함되어야 한다. <개정 2016. 3. 29., 2023. 3. 14.>

1. 정보주체의 권리침해 및 그 구제현황

2. 개인정보 처리에 관한 실태조사 및 개인정보 보호수준 평가 등의 결과

3. 개인정보 보호시책의 추진현황 및 실적

4. 개인정보 관련 해외의 입법 및 정책 동향

5. 주민등록번호 처리와 관련된 법률·대통령령·국회규칙·대법원규칙·헌법재판소규칙·중앙선거관리위원회규칙 및 감사원규칙의 제정·개정 현황

6. 그 밖에 개인정보 보호시책에 관하여 공개 또는 보고하여야 할 사항

제68조(권한의 위임·위탁)

① 이 법에 따른 보호위원회 또는 관계 중앙행정기관의 장의 권한은 그 일부를 대통령령으로 정하는 바에 따라 특별시장, 광역시장, 도지사, 특별자치도지사 또는 대통령령으로 정하는 전문기관에 위임하거나 위탁할 수 있다. <개정 2013. 3. 23., 2014. 11. 19., 2017. 7. 26., 2020. 2. 4.>

② 제1항에 따라 보호위원회 또는 관계 중앙행정기관의 장의 권한을 위임 또는 위탁받은 기관은 위임 또는 위탁받은 업무의 처리 결과를 보호위원회 또는 관계 중앙행정기관의 장에게 통보하여야 한다. <개정 2013. 3. 23., 2014. 11. 19., 2017. 7. 26., 2020. 2. 4.>

③ 보호위원회는 제1항에 따른 전문기관에 권한의 일부를 위임하거나 위탁하는 경우 해당 전문기관의 업무 수행을 위하여 필요한 경비를 출연할 수 있다. <개정 2013. 3. 23., 2014. 11. 19., 2017. 7. 26., 2020. 2. 4.>

제69조(벌칙 적용 시의 공무원 의제)

① 보호위원회의 위원 중 공무원이 아닌 위원 및 공무원이 아닌 직원은 「형법」이나 그 밖의 법률에 따른 벌칙을 적용할 때에는 공무원으로 본다. <신설 2020. 2. 4.>

② 보호위원회 또는 관계 중앙행정기관의 장의 권한을 위탁한 업무에 종사하는 관계 기관의 임직원은 「형법」 제129조부터 제132조까지의 규정을 적용할 때에는 공무원으로 본다. <신설 2020. 2. 4.>

제10장 벌칙 <개정 2020. 2. 4.>

제70조(벌칙)

다음 각 호의 어느 하나에 해당하는 자는 10년 이하의 징역 또는 1억원 이하의 벌금에 처한다. <개정 2015. 7. 24.>

1. 공공기관의 개인정보 처리업무를 방해할 목적으로 공공기관에서 처리하고 있는 개인정보를 변경하거나 말소하여 공공기관의 업무 수행의 중단 · 마비 등 심각한 지장을 초래한 자
2. 거짓이나 그 밖의 부정한 수단이나 방법으로 다른 사람이 처리하고 있는 개인정보를 취득한 후 이를 영리 또는 부정한 목적으로 제3자에게 제공한 자와 이를 교사 · 알선한 자

제71조(벌칙)

다음 각 호의 어느 하나에 해당하는 자는 5년 이하의 징역 또는 5천만원 이하의 벌금에 처한다. <개정 2016. 3. 29., 2020. 2. 4., 2023. 3. 14.>

1. 제17조제1항제2호에 해당하지 아니함에도 같은 항 제1호(제26조제8항에 따라 준용되는 경우를 포함한다)를 위반하여 정보주체의 동의를 받지 아니하고 개인정보를 제3자에게 제공한 자 및 그 사정을 알면서도 개인정보를 제공받은 자
2. 제18조제1항 · 제2항, 제27조제3항 또는 제28조의2(제26조제8항에 따라 준용되는 경우를 포함한다), 제19조 또는 제26조제5항을 위반하여 개인정보를 이용하거나 제3자에게 제공한 자 및 그 사정을 알면서도 영리 또는 부정한 목적으로 개인정보를 제공받은 자
3. 제22조의2제1항(제26조제8항에 따라 준용되는 경우를 포함한다)을 위반하여 법정대리인의 동의를 받지 아니하고 만 14세 미만인 아동의 개인정보를 처리한 자
4. 제23조제1항(제26조제8항에 따라 준용되는 경우를 포함한다)을 위반하여 민감정보를 처리한 자
5. 제24조제1항(제26조제8항에 따라 준용되는 경우를 포함한다)을 위반하여 고유식별정보를 처리한 자
6. 제28조의3제1항(제26조제8항에 따라 준용되는 경우를 포함한다)을 위반하여 보호위원회 또는 관계 중앙행정기관의 장으로부터 전문기관으로 지정받지 아니하고 가명정보를 결합한 자
7. 제28조의3제2항(제26조제8항에 따라 준용되는 경우를 포함한다)을 위반하여 전문기관의 장의 승인을 받지 아니하고 결합을 수행한 기관 외부로 결합된 정보를 반출하거나 이를 제3자에게 제공한 자 및 그 사정을 알면서도 영리 또는 부정한 목적으로 결합된 정보를 제공받은 자
8. 제28조의5제1항(제26조제8항에 따라 준용되는 경우를 포함한다)을 위반하여 특정 개인을 알아보기 위한 목적으로 가명정보를 처리한 자
9. 제59조제2호를 위반하여 업무상 알게 된 개인정보를 누설하거나 권한 없이 다른 사람이 이용하도록 제공한 자 및 그 사정을 알면서도 영리 또는 부정한 목적으로 개인정보를 제공받은 자
10. 제59조제3호를 위반하여 다른 사람의 개인정보를 이용, 훼손, 멸실, 변경, 위조 또는 유출한 자

제72조(벌칙)

다음 각 호의 어느 하나에 해당하는 자는 3년 이하의 징역 또는 3천만원 이하의 벌금에 처한다. <개정 2023. 3. 14.>

1. 제25조제5항(제26조제8항에 따라 준용되는 경우를 포함한다)을 위반하여 고정형 영상정보처리기기의 설치 목적과 다른 목적으로 고정형 영상정보처리기기를 임의로 조작하거나 다른 곳을 비추는 자 또는 녹음 기능을 사용한 자

2. 제59조제1호를 위반하여 거짓이나 그 밖의 부정한 수단이나 방법으로 개인정보를 취득하거나 개인정보 처리에 관한 동의를 받는 행위를 한 자 및 그 사정을 알면서도 영리 또는 부정한 목적으로 개인정보를 제공받은 자

3. 제60조를 위반하여 직무상 알게 된 비밀을 누설하거나 직무상 목적 외에 이용한 자

제73조(벌칙)

① 다음 각 호의 어느 하나에 해당하는 자는 2년 이하의 징역 또는 2천만원 이하의 벌금에 처한다.

1. 제36조제2항(제26조제8항에 따라 준용되는 경우를 포함한다)을 위반하여 정정·삭제 등 필요한 조치를 하지 아니하고 개인정보를 계속 이용하거나 이를 제3자에게 제공한 자

2. 제37조제2항(제26조제8항에 따라 준용되는 경우를 포함한다)을 위반하여 개인정보의 처리를 정지하지 아니하고 개인정보를 계속 이용하거나 제3자에게 제공한 자

3. 국내외에서 정당한 이유 없이 제39조의4에 따른 비밀유지명령을 위반한 자

4. 제63조제1항(제26조제8항에 따라 준용되는 경우를 포함한다)에 따른 자료제출 요구에 대하여 법 위반사항을 은폐 또는 축소할 목적으로 자료제출을 거부하거나 거짓의 자료를 제출한 자

5. 제63조제2항(제26조제8항에 따라 준용되는 경우를 포함한다)에 따른 출입·검사 시 자료의 은닉·폐기, 접근 거부 또는 위조·변조 등을 통하여 조사를 거부·방해 또는 기피한 자

② 제1항제3호의 죄는 비밀유지명령을 신청한 자의 고소가 없으면 공소를 제기할 수 없다.

[전문개정 2023. 3. 14.]

제74조(양벌규정)

① 법인의 대표자나 법인 또는 개인의 대리인, 사용인, 그 밖의 종업원이 그 법인 또는 개인의 업무에 관하여 제70조에 해당하는 위반행위를 하면 그 행위자를 벌하는 외에 그 법인 또는 개인을 7천만원 이하의 벌금에 처한다. 다만, 법인 또는 개인이 그 위반행위를 방지하기 위하여 해당 업무에 관하여 상당한 주의와 감독을 게을리하지 아니한 경우에는 그러하지 아니하다.

② 법인의 대표자나 법인 또는 개인의 대리인, 사용인, 그 밖의 종업원이 그 법인 또는 개인의 업무에 관하여 제71조부터 제73조까지의 어느 하나에 해당하는 위반행위를 하면 그 행위자를 벌하는 외에 그 법인 또는 개인에게도 해당 조문의 벌금형을 과(科)한다. 다만, 법인 또는 개인이 그 위반행위를 방지하기 위하여 해당 업무에 관하여 상당한 주의와 감독을 게을리하지 아니한 경우에는 그러하지 아니하다.

제74조의2(몰수·추징 등)

제70조부터 제73조까지의 어느 하나에 해당하는 죄를 지은 자가 해당 위반행위와 관련하여 취득한 금품이나 그 밖의 이익은 몰수할 수 있으며, 이를 몰수할 수 없을 때에는 그 가액을 추징할 수 있다. 이 경우 몰수 또는 추징은 다른 벌칙에 부가하여 과할 수 있다.

[본조신설 2015. 7. 24.]

제75조(과태료)

① 다음 각 호의 어느 하나에 해당하는 자에게는 5천만원 이하의 과태료를 부과한다.

1. 제25조제2항(제26조제8항에 따라 준용되는 경우를 포함한다)을 위반하여 고정형 영상정보처리기기를 설치·운영한 자

2. 제25조의2제2항(제26조제8항에 따라 준용되는 경우를 포함한다)을 위반하여 이동형 영상정보처리기기로 사람 또는 그 사람과 관련된 사물의 영상을 촬영한 자

② 다음 각 호의 어느 하나에 해당하는 자에게는 3천만원 이하의 과태료를 부과한다.

1. 제16조제3항·제22조제5항(제26조제8항에 따라 준용되는 경우를 포함한다)을 위반하여 재화 또는 서비스의 제공을 거부한 자

2. 제20조제1항·제2항을 위반하여 정보주체에게 같은 조 제1항 각 호의 사실을 알리지 아니한 자

3. 제20조의2제1항을 위반하여 개인정보의 이용·제공 내역이나 이용·제공 내역을 확인할 수 있는 정보시스템에 접속하는 방법을 통지하지 아니한 자

4. 제21조제1항(제26조제8항에 따라 준용되는 경우를 포함한다)을 위반하여 개인정보의 파기 등 필요한 조치를 하지 아니한 자

5. 제23조제2항·제24조제3항·제25조제6항(제25조의2제4항에 따라 준용되는 경우를 포함한다)·제28조의4제1항·제29조(제26조제8항에 따라 준용되는 경우를 포함한다)를 위반하여 안전성 확보에 필요한 조치를 하지 아니한 자

6. 제23조제3항(제26조제8항에 따라 준용되는 경우를 포함한다)을 위반하여 민감정보의 공개 가능성 및 비공개를 선택하는 방법을 알리지 아니한 자

7. 제24조의2제1항(제26조제8항에 따라 준용되는 경우를 포함한다)을 위반하여 주민등록번호를 처리한 자

8. 제24조의2제2항(제26조제8항에 따라 준용되는 경우를 포함한다)을 위반하여 암호화 조치를 하지 아니한 자

9. 제24조의2제3항(제26조제8항에 따라 준용되는 경우를 포함한다)을 위반하여 정보주체가 주민등록번호를 사용하지 아니할 수 있는 방법을 제공하지 아니한 자

10. 제25조제1항(제26조제8항에 따라 준용되는 경우를 포함한다)을 위반하여 고정형 영상정보처리기기를 설치·운영한 자

11. 제25조의2제1항(제26조제8항에 따라 준용되는 경우를 포함한다)을 위반하여 사람 또는 그 사람과 관련된 사물의 영상을 촬영한 자

12. 제26조제3항을 위반하여 정보주체에게 알려야 할 사항을 알리지 아니한 자

13. 제28조의5제2항(제26조제8항에 따라 준용되는 경우를 포함한다)을 위반하여 개인을 알아볼 수 있는 정보가 생성되었음에도 이용을 중지하지 아니하거나 이를 회수·파기하지 아니한 자

14. 제28조의8제4항(제26조제8항 및 제28조의11에 따라 준용되는 경우를 포함한다)을 위반하여 보호조치를 하지 아니한 자

15. 제32조의2제6항을 위반하여 인증을 받지 아니하였음에도 거짓으로 인증의 내용을 표시하거나 홍보한 자

16. 제33조제1항을 위반하여 영향평가를 하지 아니하거나 그 결과를 보호위원회에 제출하지 아니한 자

17. 제34조제1항(제26조제8항에 따라 준용되는 경우를 포함한다)을 위반하여 정보주체에게 같은 항 각 호의 사실을 알리지 아니한 자

18. 제34조제3항(제26조제8항에 따라 준용되는 경우를 포함한다)을 위반하여 보호위원회 또는 대통령령으로 정하는 전문기관에 신고하지 아니한 자

19. 제35조제3항(제26조제8항에 따라 준용되는 경우를 포함한다)을 위반하여 열람을 제한하거나 거절한 자

20. 제35조의3제1항에 따른 지정을 받지 아니하고 같은 항 제2호의 업무를 수행한 자

21. 제35조의3제3항을 위반한 자

22. 제36조제2항(제26조제8항에 따라 준용되는 경우를 포함한다)을 위반하여 정정·삭제 등 필요한 조치를 하지 아니한 자

23. 제37조제3항 또는 제5항(제26조제8항에 따라 준용되는 경우를 포함한다)을 위반하여 파기 등 필요한 조치를 하지 아니한 자

24. 제37조의2제3항(제26조제8항에 따라 준용되는 경우를 포함한다)을 위반하여 정당한 사유 없이 정보주체의 요구에 따르지 아니한 자

25. 제63조제1항(제26조제8항에 따라 준용되는 경우를 포함한다)에 따른 관계 물품·서류 등 자료를 제출하지 아니하거나 거짓으로 제출한 자

26. 제63조제2항(제26조제8항에 따라 준용되는 경우를 포함한다)에 따른 출입·검사를 거부·방해 또는 기피한 자

27. 제64조제1항에 따른 시정조치 명령에 따르지 아니한 자

③ 다음 각 호의 어느 하나에 해당하는 자에게는 2천만원 이하의 과태료를 부과한다.

1. 제26조제6항을 위반하여 위탁자의 동의를 받지 아니하고 제3자에게 다시 위탁한 자

2. 제31조의2제1항을 위반하여 국내대리인을 지정하지 아니한 자

④ 다음 각 호의 어느 하나에 해당하는 자에게는 1천만원 이하의 과태료를 부과한다.

1. 제11조의2제2항을 위반하여 정당한 사유 없이 자료를 제출하지 아니하거나 거짓으로 제출한 자

2. 제21조제3항(제26조제8항에 따라 준용되는 경우를 포함한다)을 위반하여 개인정보를 분리하여 저장·관리하지 아니한 자

3. 제22조제1항부터 제3항까지(제26조제8항에 따라 준용되는 경우를 포함한다)를 위반하여 동의를 받은 자

4. 제26조제1항을 위반하여 업무 위탁 시 같은 항 각 호의 내용이 포함된 문서로 하지 아니한 자

5. 제26조제2항을 위반하여 위탁하는 업무의 내용과 수탁자를 공개하지 아니한 자

6. 제27조제1항·제2항(제26조제8항에 따라 준용되는 경우를 포함한다)을 위반하여 정보주체에게 개인정보의 이전 사실을 알리지 아니한 자

7. 제28조의4제3항(제26조제8항에 따라 준용되는 경우를 포함한다)을 위반하여 관련 기록을 작성하여 보관하지 아니한 자

8. 제30조제1항 또는 제2항(제26조제8항에 따라 준용되는 경우를 포함한다)을 위반하여 개인정보 처리방침을 정하지 아니하거나 이를 공개하지 아니한 자

9. 제31조제1항(제26조제8항에 따라 준용되는 경우를 포함한다)을 위반하여 개인정보 보호책임자를 지정하지 아니한 자

10. 제35조제3항·제4항, 제36조제2항·제4항 또는 제37조제4항(제26조제8항에 따라 준용되는 경우를 포함한다)을 위반하여 정보주체에게 알려야 할 사항을 알리지 아니한 자

11. 제45조제1항에 따른 자료를 정당한 사유 없이 제출하지 아니하거나 거짓으로 제출한 자

12. 제45조제2항에 따른 출입·조사·열람을 정당한 사유 없이 거부·방해 또는 기피한 자

⑤ 제1항부터 제4항까지에 따른 과태료는 대통령령으로 정하는 바에 따라 보호위원회가 부과·징수한다. 이 경우 보호위원회는 위반행위의 정도·동기·결과, 개인정보처리자의 규모 등을 고려하여 과태료를 감경하거나 면제할 수 있다.

[전문개정 2023. 3. 14.]

[시행일: 2024. 3. 15.] 제75조제2항제16호, 제75조제2항제20호, 제75조제2항제21호, 제75조제2항제24호, 제75조제4항제1호, 제75조제4항제9호

제76조(과태료에 관한 규정 적용의 특례)

제75조의 과태료에 관한 규정을 적용할 때 제64조의2에 따라 과징금을 부과한 행위에 대하여는 과태료를 부과할 수 없다. <개정 2023. 3. 14.>

[본조신설 2013. 8. 6.]

부칙 <제19234호, 2023. 3. 14.>

제1조(시행일)

이 법은 공포 후 6개월이 경과한 날부터 시행한다. 다만, 다음 각 호의 개정규정은 각 호의 구분에 따른 날부터 시행한다.

1. 제11조의2, 제31조, 제35조의3, 제37조의2, 제39조의7, 제60조제5호, 제75조제2항제16호 · 제20호 · 제21호 · 제24호 및 같은 조 제4항제1호 · 제9호의 개정규정: 공포 후 1년이 경과한 날

2. 제35조의2의 개정규정: 공포 후 1년이 경과한 날부터 공포 후 2년이 넘지 아니하는 범위에서 대통령령으로 정하는 날

제2조(개인정보 유출 등의 통지 · 신고에 관한 적용례)

제34조의 개정규정은 이 법 시행 이후 개인정보가 분실 · 도난 · 유출되었음을 알게 된 경우부터 적용한다.

제3조(손해배상청구소송에서 자료의 제출 및 비밀유지 명령 등에 관한 적용례)

제39조의3부터 제39조의6까지의 개정규정은 이 법 시행 이후 손해배상청구의 소를 제기하는 경우부터 적용한다.

제4조(분쟁조정에 관한 적용례)

제43조제3항, 제45조제2항부터 제4항까지, 제45조의2 및 제47조제3항 · 제4항의 개정규정은 이 법 시행 이후 분쟁조정 또는 집단분쟁조정이 신청되거나 의뢰되는 경우부터 적용한다.

제5조(적용의 일부 제외에 관한 적용례)

제58조의 개정규정은 이 법 시행 이후 개인정보를 처리하는 경우부터 적용한다.

제6조(결과의 공표에 관한 적용례)

제66조제2항의 개정규정은 이 법 시행 이후 제61조에 따른 개선권고, 제64조에 따른 시정조치 명령, 제64조의2에 따른 과징금의 부과, 제65조에 따른 고발 또는 징계권고 및 제75조에 따른 과태료 부과 처분의 대상이 되는 행위를 한 경우부터 적용한다.

제7조(연차보고에 관한 적용례)

제67조의 개정규정은 이 법 시행 이후 그 다음 연도에 작성하는 보고서부터 적용한다.

제8조(과징금 부과에 관한 경과조치 등)

① 이 법 시행 전에 종료된 위반행위에 대한 과징금의 부과는 제64조의2의 개정규정에도 불구하고 종전의 제28조의6, 제34조의2 및 제39조의15에 따른다.

② 이 법 시행 당시 종료되지 아니한 위반행위에 대한 과징금의 부과는 제64조의2의 개정규정에 따른다.

제9조(개인정보파일의 등록에 관한 경과조치)

이 법 시행 당시 종전의 제58조제1항제1호에 따른 개인정보가 포함된 개인정보파일을 운용하고 있는 공공기관의 장은 이 법 시행일부터 60일 이내에 해당 개인정보파일을 제32조의 개정규정에 따라 보호위원회에 등록을 하여야 한다.

제10조(개인정보 영향평가에 관한 경과조치)

이 법 시행 당시 종전의 제58조제1항제1호에 따른 개인정보가 포함된 개인정보파일(제33조제1항에 따른 영향평가의 대상이 되는 개인정보파일에 한정한다)을 운용하고 있는 공공기관의 장은 이 법 시행일부터 2년 이내에 영향평가를 실시하고 그 결과를 보호위원회에 제출하여야 한다.

제11조(다른 법률의 개정)

① 공직선거법 일부를 다음과 같이 개정한다.

제176조제3항 중 "「개인정보 보호법」 제2조제7호에 따른 영상정보처리기기"를 "「개인정보 보호법」 제2조제7호에 따른 고정형 영상정보처리기기"로 한다.

② 국민체육진흥법 일부를 다음과 같이 개정한다.

제18조의15의 제목 중 "영상정보처리기기"를 "고정형 영상정보처리기기"로 하고, 같은 조 제1항부터 제3항까지 중 "영상정보처리기기"를 각각 "고정형 영상정보처리기기"로 한다.

③ 법률 제18853호 동물보호법 전부개정법률 일부를 다음과 같이 개정한다.

제87조의 제목 중 "영상정보처리기기"를 "고정형 영상정보처리기기"로 하고, 같은 조 제1항ㆍ제2항, 같은 조 제3항 각 호 외의 부분, 같은 항 제1호, 같은 조 제4항 각 호 외의 부분 및 같은 조 제5항 중 "영상정보처리기기"를 각각 "고정형 영상정보처리기기"로 한다.

제97조제3항제9호 중 "영상정보처리기기"를 "고정형 영상정보처리기기"로 한다.

④ 보행안전 및 편의증진에 관한 법률 일부를 다음과 같이 개정한다.

제6조제1항제3호 중 "「개인정보 보호법」 제2조제7호에 따른 영상정보처리기기(이하 "영상정보처리기기"라 한다)"를 "「개인정보 보호법」 제2조제7호에 따른 고정형 영상정보처리기기(이하 "고정형 영상정보처리기기"라 한다)"로 한다.

제10조제2항제3호 중 "영상정보처리기기"를 "고정형 영상정보처리기기"로 한다.

제24조의 제목 중 "영상정보처리기기"를 "고정형 영상정보처리기기"로 하고, 같은 조 제1항 본문ㆍ단서, 같은 조 제2항부터 제4항까지 중 "영상정보처리기기"를 각각 "고정형 영상정보처리기기"로 한다.

제29조제1항 중 "영상정보처리기기"를 "고정형 영상정보처리기기"로 한다.

⑤ 신용정보의 이용 및 보호에 관한 법률 일부를 다음과 같이 개정한다.

제15조제2항제1호 중 "「개인정보 보호법」 제15조제1항제2호부터 제6호까지"를 "「개인정보 보호법」 제15조제1항제2호부터 제7호까지"로 한다.

제20조제4항제1호가목 중 "「개인정보 보호법」 제31조제2항제1호부터 제5호까지의 업무"를 "「개인정보 보호법」 제31조제3항제1호부터 제5호까지에 따른 업무"로 하고, 같은 조 제5항 중 "「개인정보 보호법」 제31조제3항 및 제5항의 규정"을 "「개인정보 보호법」 제31조제4항 및 제6항"으로 한다.

⑥ 아동복지법 일부를 다음과 같이 개정한다.

제32조의 제목 중 "영상정보처리기기"를 "고정형 영상정보처리기기"로 하고, 같은 조 제3항 및 제4항 중 "영상정보처리기기"를 각각 "고정형 영상정보처리기기"로 한다.

⑦ 응급의료에 관한 법률 일부를 다음과 같이 개정한다.

제47조제2항제3호 중 "「개인정보 보호법」 제2조제7호에 따른 영상정보처리기기"를 "「개인정보 보호법」 제2조제7호에 따른 고정형 영상정보처리기기"로 하고, 같은 조 제4항 중 "영상정보처리기기"를 "고정형 영상정보처리기기"로 한다.

⑧ 재난 및 안전관리 기본법 일부를 다음과 같이 개정한다.

제74조의3제1항제2호가목 중 "영상정보처리기기"를 "고정형 영상정보처리기기"로 한다.

⑨ 전자장치 부착 등에 관한 법률 일부를 다음과 같이 개정한다.

제16조의3제2항 중 "영상정보처리기기"를 "고정형 영상정보처리기기"로 한다.

⑩ 학교체육 진흥법 일부를 다음과 같이 개정한다.

제7조제3항 및 제4항 중 "영상정보처리기기"를 각각 "고정형 영상정보처리기기"로 한다.

⑪ 학교폭력예방 및 대책에 관한 법률 일부를 다음과 같이 개정한다.

제20조의7제1항 중 "「개인정보 보호법」 제2조제7호에 따른 영상정보처리기기"를 "「개인정보 보호법」 제2조제7호에 따른 고정형 영상정보처리기기"로 한다.

개인정보 보호법 시행령

[시행 2024. 9. 15.] [대통령령 제33723호, 2023. 9. 12., 일부개정]

제1장 총칙

제1조(목적)

이 영은 「개인정보 보호법」에서 위임된 사항과 그 시행에 필요한 사항을 규정함을 목적으로 한다.

제2조(공공기관의 범위)

「개인정보 보호법」(이하 "법"이라 한다) 제2조제6호나목에서 "대통령령으로 정하는 기관"이란 다음 각 호의 기관을 말한다. <개정 2020. 7. 14.>

1. 「국가인권위원회법」 제3조에 따른 국가인권위원회

1의2. 「고위공직자범죄수사처 설치 및 운영에 관한 법률」 제3조제1항에 따른 고위공직자범죄수사처

2. 「공공기관의 운영에 관한 법률」 제4조에 따른 공공기관

3. 「지방공기업법」에 따른 지방공사와 지방공단

4. 특별법에 따라 설립된 특수법인

5. 「초 · 중등교육법」, 「고등교육법」, 그 밖의 다른 법률에 따라 설치된 각급 학교

제3조(영상정보처리기기의 범위)

① 법 제2조제7호에서 "대통령령으로 정하는 장치"란 다음 각 호의 장치를 말한다. <개정 2023. 9. 12.>

1. 폐쇄회로 텔레비전 : 다음 각 목의 어느 하나에 해당하는 장치

가. 일정한 공간에 설치된 카메라를 통하여 지속적 또는 주기적으로 영상 등을 촬영하거나 촬영한 영상정보를 유무선 폐쇄회로 등의 전송로를 통하여 특정 장소에 전송하는 장치

나. 가목에 따라 촬영되거나 전송된 영상정보를 녹화 · 기록할 수 있도록 하는 장치

2. 네트워크 카메라 : 일정한 공간에 설치된 기기를 통하여 지속적 또는 주기적으로 촬영한 영상정보를 그 기기를 설치 · 관리하는 자가 유무선 인터넷을 통하여 어느 곳에서나 수집 · 저장 등의 처리를 할 수 있도록 하는 장치

② 법 제2조제7호의2에서 "대통령령으로 정하는 장치"란 다음 각 호의 장치를 말한다. <신설 2023. 9. 12.>

1. 착용형 장치 : 안경 또는 시계 등 사람의 신체 또는 의복에 착용하여 영상 등을 촬영하거나 촬영한 영상정보를 수집 · 저장 또는 전송하는 장치

2. 휴대형 장치 : 이동통신단말장치 또는 디지털 카메라 등 사람이 휴대하면서 영상 등을 촬영하거나 촬영한 영상정보를 수집 · 저장 또는 전송하는 장치

3. 부착 · 거치형 장치 : 차량이나 드론 등 이동 가능한 물체에 부착 또는 거치(据置)하여 영상 등을 촬영하거나 촬영한 영상정보를 수집 · 저장 또는 전송하는 장치

제2장 개인정보 보호위원회

제4조 삭제 <2020. 8. 4.>

제4조의2(영리업무의 금지)

법 제7조제1항에 따른 개인정보 보호위원회(이하 "보호위원회"라 한다)의 위원은 법 제7조의6제1항에 따라 영리를 목적으로 다음 각 호의 어느 하나에 해당하는 업무에 종사해서는 안 된다.

    1. 법 제7조의9제1항에 따라 보호위원회가 심의·의결하는 사항과 관련된 업무

    2. 법 제40조제1항에 따른 개인정보 분쟁조정위원회(이하 "분쟁조정위원회"라 한다)가 조정하는 사항과 관련된 업무

    [본조신설 2020. 8. 4.]

제5조(전문위원회)

① 보호위원회는 법 제7조의9제1항에 따른 심의·의결 사항에 대하여 사전에 전문적으로 검토하기 위하여 보호위원회에 다음 각 호의 분야별 전문위원회(이하 "전문위원회"라 한다)를 둔다. <개정 2020. 8. 4., 2023. 9. 12.>

    1. 개인정보의 국외 이전 분야

    2. 그 밖에 보호위원회가 필요하다고 인정하는 분야

② 제1항에 따라 전문위원회를 두는 경우 각 전문위원회는 위원장 1명을 포함한 20명 이내의 위원으로 성별을 고려하여 구성하되, 전문위원회 위원은 다음 각 호의 사람 중에서 보호위원회 위원장이 임명하거나 위촉하고, 전문위원회 위원장은 보호위원회 위원장이 전문위원회 위원 중에서 지명한다. <개정 2016. 7. 22., 2020. 8. 4., 2023. 9. 12.>

    1. 보호위원회 위원

    2. 개인정보 보호 관련 업무를 담당하는 중앙행정기관의 관계 공무원

    3. 개인정보 보호에 관한 전문지식과 경험이 풍부한 사람

    4. 개인정보 보호와 관련된 단체 또는 사업자단체에 속하거나 그 단체의 추천을 받은 사람

③ 제1항 및 제2항에서 규정한 사항 외에 전문위원회의 구성 및 운영 등에 필요한 사항은 보호위원회의 의결을 거쳐 보호위원회 위원장이 정한다. <신설 2023. 9. 12.>

제5조의2(개인정보 보호 정책협의회)

① 개인정보 보호 정책의 일관성 있는 추진과 개인정보 보호 관련 사안에 대한 관계 중앙행정기관 간 협의를 위하여 보호위원회에 개인정보 보호 정책협의회(이하 "정책협의회"라 한다)를 둘 수 있다.

② 정책협의회는 다음 각 호의 사항을 협의한다.

    1. 법 제9조에 따른 개인정보 보호 기본계획 및 법 제10조에 따른 시행계획 등 개인정보 보호와 관련된 주요 정책

    2. 개인정보 보호와 관련된 주요 법령의 제·개정

    3. 개인정보 보호와 관련된 주요 정책의 협력 및 의견조정

    4. 개인정보 침해사고 예방 및 대응

    5. 개인정보 보호 기술개발 및 전문인력의 양성

    6. 그 밖에 개인정보 보호와 관련하여 관계 중앙행정기관 간 협의가 필요한 사항

③ 정책협의회는 관계 중앙행정기관의 고위공무원단에 속하는 공무원 또는 그에 상당하는 공무원으로서 개인정보 보호와 관련된 업무를 담당하는 사람 중 소속 기관의 장이 지명하는 사람으로 구성하되, 정책협의회의 의장(이하 이 조에서 "의장"이라 한다)은 보호위원회의 부위원장으로 한다.

④ 정책협의회는 업무를 수행하기 위하여 필요한 경우에는 실무협의회 또는 분야별 협의회를 둘 수 있다.

⑤ 실무협의회 및 분야별 협의회의 의장은 보호위원회 소속 공무원 중에서 의장이 임명한다.

⑥ 정책협의회, 실무협의회 및 분야별 협의회는 업무를 수행하기 위하여 필요한 경우에는 관계 기관·단체 및 전문가 등에게 출석, 자료 또는 의견의 제출 등 필요한 협조를 요청할 수 있다.

⑦ 제1항부터 제6항까지에서 규정한 사항 외에 정책협의회의 운영 등에 필요한 사항은 정책협의회의 의결을 거쳐 의장이 정한다.

[본조신설 2020. 8. 4.]

제5조의3(시·도 개인정보 보호 관계 기관 협의회)

① 개인정보 보호 정책의 효율적인 추진과 자율적인 개인정보 보호 강화를 위하여 특별시, 광역시, 특별자치시, 도, 특별자치도(이하 "시·도"라 한다)에 시·도 개인정보 보호 관계 기관 협의회(이하 "시·도협의회"라 한다)를 둘 수 있다.

② 시·도협의회는 다음 각 호의 사항을 협의한다.

1. 시·도 개인정보 보호 정책

2. 관계 기관·단체 등의 의견 수렴 및 전달

3. 개인정보 보호 우수사례 공유

4. 그 밖에 개인정보 보호와 관련하여 시·도협의회의 협의가 필요한 사항

③ 제1항 및 제2항에서 규정한 사항 외에 시·도협의회의 구성 및 운영 등에 필요한 사항은 시·도의 조례로 정한다.

[본조신설 2020. 8. 4.]

제6조(의사의 공개)

보호위원회의 의사(議事)는 공개한다. 다만, 보호위원회 위원장이 필요하다고 인정하는 경우에는 공개하지 아니할 수 있다.

제7조(공무원 등의 파견)

보호위원회는 그 업무 수행을 위하여 필요하다고 인정하는 경우에는 공공기관에 그 소속 공무원 또는 임직원의 파견을 요청할 수 있다.

제8조 삭제 <2020. 8. 4.>

제9조(출석수당 등)

보호위원회, 전문위원회 또는 정책협의회에 출석한 위원, 법 제7조의9제2항에 따라 보호위원회에 출석한 사람, 전문위원회에 출석한 사람 또는 정책협의회에 출석한 사람에게는 예산의 범위에서 수당·여비, 그 밖에 필요한 경비를 지급할 수 있다. 다만, 공무원이 그 소관 업무와 직접 관련되어 출석하는 경우에는 그렇지 않다. <개정 2020. 8. 4.>

제9조의2(정책·제도·법령 개선 권고의 절차 등)

① 보호위원회는 법 제7조의9제4항에 따라 관계 기관에 정책·제도 및 법령의 개선을 권고하는 경우에는 그 내용과 사유 등을 함께 통보해야 한다. <개정 2020. 8. 4.>

② 보호위원회는 법 제7조의9제5항에 따른 권고내용의 이행여부를 점검하기 위하여 관계 기관에 권고사항의 이행결과에 대한 자료 제출을 요청할 수 있다. <개정 2020. 8. 4.>

[본조신설 2016. 7. 22.]

제9조의3(개인정보 침해요인 평가 절차 등)

① 중앙행정기관의 장은 법 제8조의2제1항에 따라 개인정보 침해요인 평가(이하 "침해요인 평가"라 한다)를 요청하는 경우 다음 각 호의 사항을 포함하는 개인정보 침해요인 평가 요청서(전자문서를 포함한다)를 보호위원회에 제출하여야 한다.

1. 법령(법령안을 포함한다)을 통하여 도입되거나 변경되는 개인정보 처리를 수반하는 정책·제도의 목적과 주요 내용
2. 개인정보 처리를 수반하는 정책·제도의 도입·변경에 따른 제2항 각 호의 사항에 대한 개인정보 침해요인 자체 분석
3. 개인정보 처리를 수반하는 정책·제도의 도입·변경에 따른 개인정보 보호 대책

② 보호위원회는 제1항에 따른 요청서를 받은 경우에는 다음 각 호의 사항을 고려하여 침해요인 평가를 하고, 그 결과를 해당 중앙행정기관의 장에게 통보하여야 한다.

1. 개인정보 처리의 필요성
2. 개인정보 주체의 권리보장의 적정성
3. 개인정보 관리의 안전성
4. 그 밖에 침해요인 평가에 필요한 사항

③ 중앙행정기관의 장은 법 제8조의2제2항에 따른 권고를 받은 경우에는 그 내용을 해당 법령안에 반영하는 등 권고내용을 이행하도록 노력하여야 한다. 다만, 보호위원회의 권고대로 이행하기 곤란한 경우에는 그 사유를 보호위원회에 통보하여야 한다.

④ 보호위원회는 침해요인 평가를 하는 경우에는 침해요인 평가에 필요한 자료 등을 해당 중앙행정기관의 장에게 요청할 수 있다.

⑤ 보호위원회는 침해요인 평가의 세부기준 및 방법 등 침해요인 평가에 필요한 지침을 수립하여 중앙행정기관의 장에게 통보할 수 있다.

⑥ 보호위원회는 침해요인 평가를 실시하기 위하여 필요하면 관계 전문가에게 자문 등을 할 수 있다.

[본조신설 2016. 7. 22.]

제10조 삭제 <2020. 8. 4.>

제3장 기본계획 및 시행계획의 수립절차

제11조(기본계획의 수립절차 등)

① 보호위원회는 3년마다 법 제9조에 따른 개인정보 보호 기본계획(이하 "기본계획"이라 한다)을 그 3년이 시작되는 해의 전년도 6월 30일까지 수립해야 한다. <개정 2013. 3. 23., 2014. 11. 19., 2016. 7. 22., 2020. 8. 4.>

② 보호위원회는 제1항에 따라 기본계획을 작성하는 경우에는 관계 중앙행정기관의 장으로부터 개인정보 보호 관련 중장기 계획과 시책 등을 반영한 부문별 계획을 제출받아 기본계획에 반영할 수 있다. 이 경우 보호위원회는 기본계획의 목표, 추진방향 및 부문별 계획의 작성 지침 등에 관하여 관계 중앙행정기관의 장과 협의하여야 한다. <개정 2013. 3. 23., 2014. 11. 19., 2016. 7. 22.>

③ 보호위원회는 기본계획이 확정되면 지체 없이 관계 중앙행정기관의 장에게 통보하여야 한다. <개정 2013. 3. 23., 2014. 11. 19., 2016. 7. 22.>

제12조(시행계획의 수립절차 등)

① 보호위원회는 매년 6월 30일까지 다음 해 시행계획의 작성방법 등에 관한 지침을 마련하여 관계 중앙행정기관의 장에게 통보해야 한다. <개정 2013. 3. 23., 2014. 11. 19., 2016. 7. 22., 2020. 8. 4.>

② 관계 중앙행정기관의 장은 제1항의 지침에 따라 기본계획 중 다음 해에 시행할 소관 분야의 시행계획을 작성하여 매년 9월 30일까지 보호위원회에 제출해야 한다. <개정 2020. 8. 4.>

③ 보호위원회는 제2항에 따라 제출된 시행계획을 그 해 12월 31일까지 심의·의결해야 한다. <개정 2020. 8. 4.>

제13조(자료제출 요구 등의 범위와 방법)

① 보호위원회는 법 제11조제1항에 따라 개인정보처리자에게 다음 각 호의 사항에 관한 자료의 제출이나 의견의 진술 등을 요구할 수 있다. <개정 2013. 3. 23., 2014. 11. 19., 2016. 7. 22., 2023. 9. 12.>

    1. 해당 개인정보처리자가 처리하는 개인정보 및 개인정보파일의 관리와 고정형 영상정보처리기기 또는 이동형 영상정보처리기기의 설치·운영에 관한 사항

    2. 법 제31조에 따른 개인정보 보호책임자의 지정 여부에 관한 사항

    3. 개인정보의 안전성 확보를 위한 기술적·관리적·물리적 조치에 관한 사항

    4. 정보주체의 열람, 개인정보의 정정·삭제·처리정지의 요구 및 조치 현황에 관한 사항

    5. 그 밖에 법 및 이 영의 준수에 관한 사항 등 기본계획의 수립·추진을 위하여 필요한 사항

② 보호위원회는 제1항에 따라 자료의 제출이나 의견의 진술 등을 요구할 때에는 기본계획을 효율적으로 수립·추진하기 위하여 필요한 최소한의 범위로 한정하여 요구하여야 한다. <개정 2013. 3. 23., 2014. 11. 19., 2016. 7. 22.>

③ 법 제11조제3항에 따라 중앙행정기관의 장이 소관 분야의 개인정보처리자에게 자료의 제출 등을 요구하는 경우에는 제1항과 제2항을 준용한다. 이 경우 "보호위원회"는 "중앙행정기관의 장"으로, "법 제11조제1항"은 "법 제11조제3항"으로 본다. <개정 2013. 3. 23., 2014. 11. 19., 2016. 7. 22.>

제14조(자율규제의 촉진 및 지원)

보호위원회는 법 제13조제2호에 따라 개인정보처리자의 자율적인 개인정보 보호활동을 촉진하기 위하여 예산의 범위에서 개인정보 보호와 관련된 기관 또는 단체에 필요한 지원을 할 수 있다. <개정 2013. 3. 23., 2014. 11. 19., 2017. 7. 26., 2020. 8. 4.>

제4장 개인정보의 처리

제14조의2(개인정보의 추가적인 이용·제공의 기준 등)

① 개인정보처리자는 법 제15조제3항 또는 제17조제4항에 따라 정보주체의 동의 없이 개인정보를 이용 또는 제공(이하 "개인정보의 추가적인 이용 또는 제공"이라 한다)하려는 경우에는 다음 각 호의 사항을 고려해야 한다.

    1. 당초 수집 목적과 관련성이 있는지 여부

    2. 개인정보를 수집한 정황 또는 처리 관행에 비추어 볼 때 개인정보의 추가적인 이용 또는 제공에 대한 예측 가능성이 있는지 여부

    3. 정보주체의 이익을 부당하게 침해하는지 여부

    4. 가명처리 또는 암호화 등 안전성 확보에 필요한 조치를 하였는지 여부

② 개인정보처리자는 개인정보의 추가적인 이용 또는 제공이 지속적으로 발생하는 경우에는 제1항 각 호의 고려사항에 대한 판단 기준을 법 제30조제1항에 따른 개인정보 처리방침에 공개하고, 법 제31조제1항에 따른 개인정보 보호책임자가 해당 기준에 따라 개인정보의 추가적인 이용 또는 제공을 하고 있는지 여부를 점검해야 한다. <개정 2023. 9. 12.>

[본조신설 2020. 8. 4.]

제15조(개인정보의 목적 외 이용 또는 제3자 제공의 관리)

공공기관은 법 제18조제2항에 따라 개인정보를 목적 외의 용도로 이용하거나 이를 제3자에게 제공하는 경우에는 다음 각 호의 사항을 보호위원회가 정하여 고시하는 개인정보의 목적 외 이용 및 제3자 제공 대장에 기록하고 관리해야 한다. <개정 2013. 3. 23., 2014. 11. 19., 2017. 7. 26., 2020. 8. 4.>

    1. 이용하거나 제공하는 개인정보 또는 개인정보파일의 명칭

   2. 이용기관 또는 제공받는 기관의 명칭

   3. 이용 목적 또는 제공받는 목적

   4. 이용 또는 제공의 법적 근거

   5. 이용하거나 제공하는 개인정보의 항목

   6. 이용 또는 제공의 날짜, 주기 또는 기간

   7. 이용하거나 제공하는 형태

   8. 법 제18조제5항에 따라 제한을 하거나 필요한 조치를 마련할 것을 요청한 경우에는 그 내용

제15조의2(개인정보 수집 출처 등 통지 대상 · 방법 · 절차)

① 법 제20조제2항 본문에서 "대통령령으로 정하는 기준에 해당하는 개인정보처리자"란 다음 각 호의 어느 하나에 해당하는 개인정보처리자를 말한다. 이 경우 다음 각 호에 규정된 정보주체의 수는 전년도 말 기준 직전 3개월 간 일일평균을 기준으로 산정한다. <개정 2023. 9. 12.>

   1. 5만명 이상의 정보주체에 관하여 법 제23조에 따른 민감정보(이하 "민감정보"라 한다) 또는 법 제24조제1항에 따른 고유식별정보(이하 "고유식별정보"라 한다)를 처리하는 자

   2. 100만명 이상의 정보주체에 관하여 개인정보를 처리하는 자

② 제1항 각 호의 어느 하나에 해당하는 개인정보처리자는 법 제20조제1항 각 호의 사항을 다음 각 호의 어느 하나에 해당하는 방법으로 개인정보를 제공받은 날부터 3개월 이내에 정보주체에게 알려야 한다. 다만, 법 제17조제2항제1호부터 제4호까지의 사항에 대하여 같은 조 제1항제1호에 따라 정보주체의 동의를 받은 범위에서 연 2회 이상 주기적으로 개인정보를 제공받아 처리하는 경우에는 개인정보를 제공받은 날부터 3개월 이내에 정보주체에게 알리거나 그 동의를 받은 날부터 기산하여 연 1회 이상 정보주체에게 알려야 한다. <개정 2023. 9. 12.>

   1. 서면 · 전자우편 · 전화 · 문자전송 등 정보주체가 통지 내용을 쉽게 확인할 수 있는 방법

   2. 재화 및 서비스를 제공하는 과정에서 정보주체가 쉽게 알 수 있도록 알림창을 통해 알리는 방법

③ 개인정보처리자는 법 제20조제2항에 따라 개인정보의 수집 출처 등에 관한 사항을 알리는 것과 법 제20조의2제1항에 따른 이용 · 제공 내역의 통지를 함께 할 수 있다. <신설 2023. 9. 12.>

④ 제1항 각 호의 어느 하나에 해당하는 개인정보처리자는 제2항에 따라 알린 경우 다음 각 호의 사항을 법 제21조 또는 제37조제5항에 따라 해당 개인정보를 파기할 때까지 보관 · 관리하여야 한다. <개정 2023. 9. 12.>

   1. 정보주체에게 알린 사실

   2. 알린 시기

   3. 알린 방법

   [본조신설 2016. 9. 29.]

   [제목개정 2023. 9. 12.]

제15조의3(개인정보 이용 · 제공 내역의 통지)

① 법 제20조의2제1항 본문에서 "대통령령으로 정하는 기준에 해당하는 개인정보처리자"란 다음 각 호의 어느 하나에 해당하는 개인정보처리자를 말한다. 이 경우 다음 각 호에 규정된 정보주체의 수는 전년도 말 기준 직전 3개월 간 일일평균을 기준으로 산정한다.

   1. 5만명 이상의 정보주체에 관하여 민감정보 또는 고유식별정보를 처리하는 자

   2. 100만명 이상의 정보주체에 관하여 개인정보를 처리하는 자

② 법 제20조의2제1항에 따른 통지의 대상이 되는 정보주체는 다음 각 호의 정보주체를 제외한 정보주체로 한다.

   1. 통지에 대한 거부의사를 표시한 정보주체

2. 개인정보처리자가 업무수행을 위해 그에 소속된 임직원의 개인정보를 처리한 경우 해당 정보주체

3. 개인정보처리자가 업무수행을 위해 다른 공공기관, 법인, 단체의 임직원 또는 개인의 연락처 등의 개인정
보를 처리한 경우 해당 정보주체

4. 법률에 특별한 규정이 있거나 법령 상 의무를 준수하기 위하여 이용·제공한 개인정보의 정보주체

5. 공공기관이 법령 등에서 정하는 소관 업무의 수행을 위하여 이용·제공한 개인정보의 정보주체

③ 법 제20조의2제1항에 따라 정보주체에게 통지해야 하는 정보는 다음 각 호와 같다.

1. 개인정보의 수집·이용 목적 및 수집한 개인정보의 항목

2. 개인정보를 제공받은 제3자와 그 제공 목적 및 제공한 개인정보의 항목. 다만, 「통신비밀보호법」 제13조,
제13조의2, 제13조의4 및 「전기통신사업법」 제83조제3항에 따라 제공한 정보는 제외한다.

④ 법 제20조의2제1항에 따른 통지는 다음 각 호의 어느 하나에 해당하는 방법으로 연 1회 이상 해야 한다.

1. 서면·전자우편·전화·문자전송 등 정보주체가 통지 내용을 쉽게 확인할 수 있는 방법

2. 재화 및 서비스를 제공하는 과정에서 정보주체가 쉽게 알 수 있도록 알림창을 통해 알리는 방법(법 제20조
의2제1항에 따른 개인정보의 이용·제공 내역을 확인할 수 있는 정보시스템에 접속하는 방법을 통지하는
경우로 한정한다)

[본조신설 2023. 9. 12.]

제16조(개인정보의 파기방법)

① 개인정보처리자는 법 제21조에 따라 개인정보를 파기할 때에는 다음 각 호의 구분에 따른 방법으로 해야 한
다. <개정 2014. 8. 6., 2022. 7. 19.>

1. 전자적 파일 형태인 경우: 복원이 불가능한 방법으로 영구 삭제. 다만, 기술적 특성으로 영구 삭제가 현저
히 곤란한 경우에는 법 제58조의2에 해당하는 정보로 처리하여 복원이 불가능하도록 조치해야 한다.

2. 제1호 외의 기록물, 인쇄물, 서면, 그 밖의 기록매체인 경우: 파쇄 또는 소각

② 제1항에 따른 개인정보의 안전한 파기에 관한 세부 사항은 보호위원회가 정하여 고시한다. <신설 2014. 8.
6., 2014. 11. 19., 2017. 7. 26., 2020. 8. 4.>

제17조(동의를 받는 방법)

① 개인정보처리자는 법 제22조에 따라 개인정보의 처리에 대하여 정보주체의 동의를 받을 때에는 다음 각 호
의 조건을 모두 충족해야 한다. <신설 2023. 9. 12.>

1. 정보주체가 자유로운 의사에 따라 동의 여부를 결정할 수 있을 것

2. 동의를 받으려는 내용이 구체적이고 명확할 것

3. 그 내용을 쉽게 읽고 이해할 수 있는 문구를 사용할 것

4. 동의 여부를 명확하게 표시할 수 있는 방법을 정보주체에게 제공할 것

② 개인정보처리자는 법 제22조에 따라 개인정보의 처리에 대하여 다음 각 호의 어느 하나에 해당하는 방법으
로 정보주체의 동의를 받아야 한다. <개정 2023. 9. 12.>

1. 동의 내용이 적힌 서면을 정보주체에게 직접 발급하거나 우편 또는 팩스 등의 방법으로 전달하고, 정보주
체가 서명하거나 날인한 동의서를 받는 방법

2. 전화를 통하여 동의 내용을 정보주체에게 알리고 동의의 의사표시를 확인하는 방법

3. 전화를 통하여 동의 내용을 정보주체에게 알리고 정보주체에게 인터넷주소 등을 통하여 동의 사항을 확인
하도록 한 후 다시 전화를 통하여 그 동의 사항에 대한 동의의 의사표시를 확인하는 방법

4. 인터넷 홈페이지 등에 동의 내용을 게재하고 정보주체가 동의 여부를 표시하도록 하는 방법

5. 동의 내용이 적힌 전자우편을 발송하여 정보주체로부터 동의의 의사표시가 적힌 전자우편을 받는 방법

6. 그 밖에 제1호부터 제5호까지의 규정에 따른 방법에 준하는 방법으로 동의 내용을 알리고 동의의 의사표시를 확인하는 방법

③ 법 제22조제2항에서 "대통령령으로 정하는 중요한 내용"이란 다음 각 호의 사항을 말한다. <신설 2017. 10. 17., 2023. 9. 12.>

1. 개인정보의 수집·이용 목적 중 재화나 서비스의 홍보 또는 판매 권유 등을 위하여 해당 개인정보를 이용하여 정보주체에게 연락할 수 있다는 사실

2. 처리하려는 개인정보의 항목 중 다음 각 목의 사항

    가. 민감정보

    나. 제19조제2호부터 제4호까지의 규정에 따른 여권번호, 운전면허의 면허번호 및 외국인등록번호

3. 개인정보의 보유 및 이용 기간(제공 시에는 제공받는 자의 보유 및 이용 기간을 말한다)

4. 개인정보를 제공받는 자 및 개인정보를 제공받는 자의 개인정보 이용 목적

④ 개인정보처리자는 정보주체로부터 법 제22조제1항 각 호에 따른 동의를 받으려는 때에는 정보주체가 동의 여부를 선택할 수 있다는 사실을 명확하게 알 수 있도록 표시해야 한다. <개정 2023. 9. 12.>

⑤ 법 제22조제3항 전단에서 "대통령령으로 정하는 방법"이란 서면, 전자우편, 팩스, 전화, 문자전송 또는 이에 상당하는 방법(이하 "서면등의 방법"이라 한다)을 말한다. <개정 2023. 9. 12.>

⑥ 중앙행정기관의 장은 제2항에 따른 동의방법 중 소관 분야의 개인정보처리자별 업무, 업종의 특성 및 정보주체의 수 등을 고려하여 적절한 동의방법에 관한 기준을 법 제12조제2항에 따른 개인정보 보호지침(이하 "개인정보 보호지침"이라 한다)으로 정하여 그 기준에 따라 동의를 받도록 개인정보처리자에게 권장할 수 있다. <개정 2015. 12. 30., 2017. 10. 17., 2023. 9. 12.>

제17조의2(아동의 개인정보 보호)

① 개인정보처리자는 법 제22조의2제1항에 따라 법정대리인이 동의했는지를 확인하는 경우에는 다음 각 호의 어느 하나에 해당하는 방법으로 해야 한다.

1. 동의 내용을 게재한 인터넷 사이트에 법정대리인이 동의 여부를 표시하도록 하고 개인정보처리자가 그 동의 표시를 확인했음을 법정대리인의 휴대전화 문자메시지로 알리는 방법

2. 동의 내용을 게재한 인터넷 사이트에 법정대리인이 동의 여부를 표시하도록 하고 법정대리인의 신용카드·직불카드 등의 카드정보를 제공받는 방법

3. 동의 내용을 게재한 인터넷 사이트에 법정대리인이 동의 여부를 표시하도록 하고 법정대리인의 휴대전화 본인인증 등을 통하여 본인 여부를 확인하는 방법

4. 동의 내용이 적힌 서면을 법정대리인에게 직접 발급하거나 우편 또는 팩스를 통하여 전달하고, 법정대리인이 동의 내용에 대하여 서명날인 후 제출하도록 하는 방법

5. 동의 내용이 적힌 전자우편을 발송하고 법정대리인으로부터 동의의 의사표시가 적힌 전자우편을 전송받는 방법

6. 전화를 통하여 동의 내용을 법정대리인에게 알리고 동의를 받거나 인터넷주소 등 동의 내용을 확인할 수 있는 방법을 안내하고 재차 전화 통화를 통하여 동의를 받는 방법

7. 그 밖에 제1호부터 제6호까지의 규정에 준하는 방법으로서 법정대리인에게 동의 내용을 알리고 동의의 의사표시를 확인하는 방법

② 법 제22조의2제2항에서 "대통령령으로 정하는 정보"란 법정대리인의 성명 및 연락처에 관한 정보를 말한다.

③ 개인정보처리자는 개인정보 수집 매체의 특성상 동의 내용을 전부 표시하기 어려운 경우에는 인터넷주소 또는 사업장 전화번호 등 동의 내용을 확인할 수 있는 방법을 법정대리인에게 안내할 수 있다.

[본조신설 2023. 9. 12.]

제18조(민감정보의 범위)

법 제23조제1항 각 호 외의 부분 본문에서 "대통령령으로 정하는 정보"란 다음 각 호의 어느 하나에 해당하는 정보를 말한다. 다만, 공공기관이 법 제18조제2항제5호부터 제9호까지의 규정에 따라 다음 각 호의 어느 하나에 해당하는 정보를 처리하는 경우의 해당 정보는 제외한다. <개정 2016. 9. 29., 2020. 8. 4.>

1. 유전자검사 등의 결과로 얻어진 유전정보
2. 「형의 실효 등에 관한 법률」 제2조제5호에 따른 범죄경력자료에 해당하는 정보
3. 개인의 신체적, 생리적, 행동적 특징에 관한 정보로서 특정 개인을 알아볼 목적으로 일정한 기술적 수단을 통해 생성한 정보
4. 인종이나 민족에 관한 정보

제19조(고유식별정보의 범위)

법 제24조제1항 각 호 외의 부분에서 "대통령령으로 정하는 정보"란 다음 각 호의 어느 하나에 해당하는 정보를 말한다. 다만, 공공기관이 법 제18조제2항제5호부터 제9호까지의 규정에 따라 다음 각 호의 어느 하나에 해당하는 정보를 처리하는 경우의 해당 정보는 제외한다. <개정 2016. 9. 29., 2017. 6. 27., 2020. 8. 4.>

1. 「주민등록법」 제7조의2제1항에 따른 주민등록번호
2. 「여권법」 제7조제1항제1호에 따른 여권번호
3. 「도로교통법」 제80조에 따른 운전면허의 면허번호
4. 「출입국관리법」 제31조제5항에 따른 외국인등록번호

제20조 삭제 <2014. 8. 6.>

제21조(고유식별정보의 안전성 확보 조치)

① 법 제24조제3항에 따른 고유식별정보의 안전성 확보 조치에 관하여는 제30조를 준용한다. 이 경우 "법 제29조"는 "법 제24조제3항"으로, "개인정보"는 "고유식별정보"로 본다. <개정 2020. 8. 4., 2023. 9. 12.>

② 법 제24조제4항에서 "대통령령으로 정하는 기준에 해당하는 개인정보처리자"란 다음 각 호의 어느 하나에 해당하는 개인정보처리자를 말한다.

1. 공공기관
2. 5만명 이상의 정보주체에 관하여 고유식별정보를 처리하는 자

③ 보호위원회는 제2항 각 호의 어느 하나에 해당하는 개인정보처리자에 대하여 법 제24조제4항에 따라 안전성 확보에 필요한 조치를 하였는지를 2년마다 1회 이상 조사해야 한다. <개정 2017. 7. 26., 2020. 8. 4.>

④ 제3항에 따른 조사는 제2항 각 호의 어느 하나에 해당하는 개인정보처리자에게 온라인 또는 서면을 통하여 필요한 자료를 제출하게 하는 방법으로 한다.

⑤ 법 제24조제5항에서 "대통령령으로 정하는 전문기관"이란 다음 각 호의 기관을 말한다. <개정 2017. 7. 26., 2020. 8. 4.>

1. 「정보통신망 이용촉진 및 정보보호 등에 관한 법률」 제52조에 따른 한국인터넷진흥원(이하 "한국인터넷진흥원"이라 한다)
2. 법 제24조제4항에 따른 조사를 수행할 수 있는 기술적·재정적 능력과 설비를 보유한 것으로 인정되어 보호위원회가 정하여 고시하는 법인, 단체 또는 기관

[전문개정 2016. 9. 29.]

제21조의2(주민등록번호 암호화 적용 대상 등)

① 법 제24조의2제2항에 따라 암호화 조치를 하여야 하는 암호화 적용 대상은 주민등록번호를 전자적인 방법으로 보관하는 개인정보처리자로 한다.

② 제1항의 개인정보처리자에 대한 암호화 적용 시기는 다음 각 호와 같다.

    1. 100만명 미만의 정보주체에 관한 주민등록번호를 보관하는 개인정보처리자 : 2017년 1월 1일

    2. 100만명 이상의 정보주체에 관한 주민등록번호를 보관하는 개인정보처리자 : 2018년 1월 1일

③ 보호위원회는 기술적 · 경제적 타당성 등을 고려하여 제1항에 따른 암호화 조치의 세부적인 사항을 정하여 고시할 수 있다. <개정 2017. 7. 26., 2020. 8. 4. >

[본조신설 2015. 12. 30.]

제22조(고정형 영상정보처리기기 설치 · 운영 제한의 예외)

① 법 제25조제1항제6호에서 "대통령령으로 정하는 경우"란 다음 각 호의 어느 하나에 해당하는 경우를 말한다. <신설 2023. 9. 12. >

    1. 출입자 수, 성별, 연령대 등 통계값 또는 통계적 특성값 산출을 위해 촬영된 영상정보를 일시적으로 처리하는 경우

    2. 그 밖에 제1호에 준하는 경우로서 보호위원회의 심의 · 의결을 거친 경우

② 법 제25조제2항 단서에서 "대통령령으로 정하는 시설"이란 다음 각 호의 시설을 말한다. <개정 2017. 5. 29., 2020. 8. 4., 2023. 9. 12. >

    1. 「형의 집행 및 수용자의 처우에 관한 법률」 제2조제1호에 따른 교정시설

    2. 「정신건강증진 및 정신질환자 복지서비스 지원에 관한 법률」 제3조제5호부터 제7호까지의 규정에 따른 정신의료기관(수용시설을 갖추고 있는 것만 해당한다), 정신요양시설 및 정신재활시설

③ 중앙행정기관의 장은 소관 분야의 개인정보처리자가 법 제25조제2항 단서에 따라 제2항 각 호의 시설에 고정형 영상정보처리기기를 설치 · 운영하는 경우 정보주체의 사생활 침해를 최소화하기 위하여 필요한 세부사항을 개인정보 보호지침으로 정하여 그 준수를 권장할 수 있다. <개정 2023. 9. 12. >

[제목개정 2023. 9. 12.]

제23조(고정형 영상정보처리기기 설치 시 의견 수렴)

① 법 제25조제1항 각 호에 따라 고정형 영상정보처리기기를 설치 · 운영하려는 공공기관의 장은 다음 각 호의 어느 하나에 해당하는 절차를 거쳐 관계 전문가 및 이해관계인의 의견을 수렴하여야 한다. <개정 2023. 9. 12. >

    1. 「행정절차법」에 따른 행정예고의 실시 또는 의견청취

    2. 해당 고정형 영상정보처리기기의 설치로 직접 영향을 받는 지역 주민 등을 대상으로 하는 설명회 · 설문조사 또는 여론조사

② 법 제25조제2항 단서에 따른 시설에 고정형 영상정보처리기기를 설치 · 운영하려는 자는 다음 각 호의 사람으로부터 의견을 수렴하여야 한다. <개정 2023. 9. 12. >

    1. 관계 전문가

    2. 해당 시설에 종사하는 사람, 해당 시설에 구금되어 있거나 보호받고 있는 사람 또는 그 사람의 보호자 등 이해관계인

    [제목개정 2023. 9. 12.]

제24조(안내판의 설치 등)

① 법 제25조제1항 각 호에 따라 고정형 영상정보처리기기를 설치 · 운영하는 자(이하 "고정형영상정보처리기기운영자"라 한다)는 고정형 영상정보처리기기가 설치 · 운영되고 있음을 정보주체가 쉽게 알아볼 수 있도록 같은 조 제4항 각 호의 사항이 포함된 안내판을 설치하여야 한다. 다만, 건물 안에 여러 개의 고정형 영상정보처리기기를 설치하는 경우에는 출입구 등 잘 보이는 곳에 해당 시설 또는 장소 전체가 고정형 영상정보처리기기 설치지역임을 표시하는 안내판을 설치할 수 있다. <개정 2016. 9. 29., 2023. 9. 12. >

1. 삭제 <2016. 9. 29.>

2. 삭제 <2016. 9. 29.>

3. 삭제 <2016. 9. 29.>

② 제1항에도 불구하고 고정형 영상정보처리기기운영자가 설치·운영하는 고정형 영상정보처리기기가 다음 각 호의 어느 하나에 해당하는 경우에는 안내판 설치를 갈음하여 고정형영상정보처리기기운영자의 인터넷 홈페이지에 법 제25조제4항 각 호의 사항을 게재할 수 있다. <개정 2016. 9. 29., 2023. 9. 12.>

1. 공공기관이 원거리 촬영, 과속·신호위반 단속 또는 교통흐름조사 등의 목적으로 고정형 영상정보처리기기를 설치하는 경우로서 개인정보 침해의 우려가 적은 경우

2. 산불감시용 고정형 영상정보처리기기를 설치하는 경우 등 장소적 특성으로 인하여 안내판을 설치하는 것이 불가능하거나 안내판을 설치하더라도 정보주체가 쉽게 알아볼 수 없는 경우

③ 제2항에 따라 인터넷 홈페이지에 법 제25조제4항 각 호의 사항을 게재할 수 없으면 고정형영상정보처리기기운영자는 다음 각 호의 어느 하나 이상의 방법으로 법 제25조제4항 각 호의 사항을 공개하여야 한다. <개정 2016. 9. 29., 2020. 8. 4., 2023. 9. 12.>

1. 고정형영상정보처리기기운영자의 사업장·영업소·사무소·점포 등(이하 "사업장등"이라 한다)의 보기 쉬운 장소에 게시하는 방법

2. 관보(고정형영상정보처리기기운영자가 공공기관인 경우만 해당한다)나 고정형영상정보처리기기운영자의 사업장등이 있는 시·도 이상의 지역을 주된 보급지역으로 하는 「신문 등의 진흥에 관한 법률」 제2조제1호가목·다목 또는 같은 조 제2호에 따른 일반일간신문·일반주간신문 또는 인터넷신문에 싣는 방법

④ 법 제25조제4항 각 호 외의 부분 단서에서 "대통령령으로 정하는 시설"이란 「보안업무규정」 제32조에 따른 국가보안시설을 말한다. <개정 2016. 9. 29.>

제25조(고정형 영상정보처리기기 운영·관리 방침)

① 고정형영상정보처리기기운영자는 법 제25조제7항에 따라 다음 각 호의 사항이 포함된 고정형 영상정보처리기기 운영·관리 방침을 마련해야 한다. <개정 2023. 9. 12.>

1. 고정형 영상정보처리기기의 설치 근거 및 설치 목적

2. 고정형 영상정보처리기기의 설치 대수, 설치 위치 및 촬영 범위

3. 관리책임자, 담당 부서 및 영상정보에 대한 접근 권한이 있는 사람

4. 영상정보의 촬영시간, 보관기간, 보관장소 및 처리방법

5. 고정형영상정보처리기기운영자의 영상정보 확인 방법 및 장소

6. 정보주체의 영상정보 열람 등 요구에 대한 조치

7. 영상정보 보호를 위한 기술적·관리적 및 물리적 조치

8. 그 밖에 고정형 영상정보처리기기의 설치·운영 및 관리에 필요한 사항

② 제1항에 따라 마련한 고정형 영상정보처리기기 운영·관리 방침의 공개에 관하여는 제31조제2항 및 제3항을 준용한다. 이 경우 "개인정보처리자"는 "고정형영상정보처리기기운영자"로, "법 제30조제2항"은 "법 제25조제7항"으로, "개인정보 처리방침"은 "고정형 영상정보처리기기 운영·관리 방침"으로 본다. <개정 2023. 9. 12.>

[제목개정 2023. 9. 12.]

제26조(공공기관의 고정형 영상정보처리기기 설치·운영 사무의 위탁)

① 법 제25조제8항 단서에 따라 공공기관이 고정형 영상정보처리기기의 설치·운영에 관한 사무를 위탁하는 경우에는 다음 각 호의 내용이 포함된 문서로 하여야 한다. <개정 2023. 9. 12.>

1. 위탁하는 사무의 목적 및 범위

2. 재위탁 제한에 관한 사항

3. 영상정보에 대한 접근 제한 등 안전성 확보 조치에 관한 사항

4. 영상정보의 관리 현황 점검에 관한 사항

5. 위탁받는 자가 준수하여야 할 의무를 위반한 경우의 손해배상 등 책임에 관한 사항

② 제1항에 따라 사무를 위탁한 경우에는 제24조제1항부터 제3항까지의 규정에 따른 안내판 등에 위탁받는 자의 명칭 및 연락처를 포함시켜야 한다.

[제목개정 2023. 9. 12.]

제27조(이동형 영상정보처리기기 운영 제한의 예외)

법 제25조의2제2항 단서에서 "대통령령으로 정하는 경우"란 범죄, 화재, 재난 또는 이에 준하는 상황에서 인명의 구조·구급 등을 위하여 사람 또는 그 사람과 관련된 사물의 영상(개인정보에 해당하는 경우로 한정한다. 이하 같다)의 촬영이 필요한 경우를 말한다.

[본조신설 2023. 9. 12.]

[종전 제27조는 제27조의3으로 이동 <2023. 9. 12.>]

제27조의2(이동형 영상정보처리기기 촬영 사실 표시 등)

법 제25조의2제1항 각 호에 해당하여 이동형 영상정보처리기기로 사람 또는 그 사람과 관련된 사물의 영상을 촬영하는 경우에는 불빛, 소리, 안내판, 안내서면, 안내방송 또는 그 밖에 이에 준하는 수단이나 방법으로 정보주체가 촬영 사실을 쉽게 알 수 있도록 표시하고 알려야 한다. 다만, 드론을 이용한 항공촬영 등 촬영 방법의 특성으로 인해 정보주체에게 촬영 사실을 알리기 어려운 경우에는 보호위원회가 구축하는 인터넷 사이트에 공지하는 방법으로 알릴 수 있다.

[본조신설 2023. 9. 12.]

제27조의3(영상정보처리기기 설치·운영 지침)

보호위원회는 법 및 이 영에서 규정한 사항 외에 고정형 영상정보처리기기의 설치·운영 및 이동형 영상정보처리기기의 운영에 관한 기준, 설치·운영 사무의 위탁 등에 관하여 법 제12조제1항에 따른 표준 개인정보 보호지침을 정하여 고정형영상정보처리기기운영자와 이동형 영상정보처리기기를 운영하는 자에게 그 준수를 권장할 수 있다. <개정 2013. 3. 23., 2014. 11. 19., 2017. 7. 26., 2020. 8. 4., 2023. 9. 12.>

[제27조에서 이동 <2023. 9. 12.>]

제28조(개인정보의 처리 업무 위탁 시 조치)

① 법 제26조제1항제3호에서 "대통령령으로 정한 사항"이란 다음 각 호의 사항을 말한다.

1. 위탁업무의 목적 및 범위

2. 재위탁 제한에 관한 사항

3. 개인정보에 대한 접근 제한 등 안전성 확보 조치에 관한 사항

4. 위탁업무와 관련하여 보유하고 있는 개인정보의 관리 현황 점검 등 감독에 관한 사항

5. 법 제26조제2항에 따른 수탁자(이하 "수탁자"라 한다)가 준수하여야 할 의무를 위반한 경우의 손해배상 등 책임에 관한 사항

② 법 제26조제2항에서 "대통령령으로 정하는 방법"이란 개인정보 처리 업무를 위탁하는 개인정보처리자(이하 "위탁자"라 한다)가 위탁자의 인터넷 홈페이지에 위탁하는 업무의 내용과 수탁자를 지속적으로 게재하는 방법을 말한다.

③ 제2항에 따라 인터넷 홈페이지에 게재할 수 없는 경우에는 다음 각 호의 어느 하나 이상의 방법으로 위탁하는 업무의 내용과 수탁자를 공개하여야 한다. <개정 2023. 9. 12.>

1. 위탁자의 사업장등의 보기 쉬운 장소에 게시하는 방법

2. 관보(위탁자가 공공기관인 경우만 해당한다)나 위탁자의 사업장등이 있는 시·도 이상의 지역을 주된 보급지역으로 하는 「신문 등의 진흥에 관한 법률」 제2조제1호가목·다목 및 같은 조 제2호에 따른 일반일간신문, 일반주간신문 또는 인터넷신문에 싣는 방법

3. 같은 제목으로 연 2회 이상 발행하여 정보주체에게 배포하는 간행물·소식지·홍보지 또는 청구서 등에 지속적으로 싣는 방법

4. 재화나 서비스를 제공하기 위하여 위탁자와 정보주체가 작성한 계약서 등에 실어 정보주체에게 발급하는 방법

④ 법 제26조제3항 전단에서 "대통령령으로 정하는 방법"이란 서면등의 방법을 말한다. <개정 2023. 9. 12.>

⑤ 위탁자가 과실 없이 제4항에 따른 방법으로 위탁하는 업무의 내용과 수탁자를 정보주체에게 알릴 수 없는 경우에는 해당 사항을 인터넷 홈페이지에 30일 이상 게재하여야 한다. 다만, 인터넷 홈페이지를 운영하지 아니하는 위탁자의 경우에는 사업장등의 보기 쉬운 장소에 30일 이상 게시하여야 한다.

⑥ 위탁자는 수탁자가 개인정보 처리 업무를 수행하는 경우에 법 또는 이 영에 따라 개인정보처리자가 준수하여야 할 사항과 법 제26조제1항 각 호의 사항을 준수하는지를 같은 조 제4항에 따라 감독하여야 한다.

제29조(영업양도 등에 따른 개인정보 이전의 통지)

① 법 제27조제1항 각 호 외의 부분과 같은 조 제2항 본문에서 "대통령령으로 정하는 방법"이란 서면등의 방법을 말한다.

② 법 제27조제1항에 따라 개인정보를 이전하려는 자(이하 이 항에서 "영업양도자등"이라 한다)가 과실 없이 제1항에 따른 방법으로 법 제27조제1항 각 호의 사항을 정보주체에게 알릴 수 없는 경우에는 해당 사항을 인터넷 홈페이지에 30일 이상 게재하여야 한다. 다만, 인터넷 홈페이지에 게재할 수 없는 정당한 사유가 있는 경우에는 다음 각 호의 어느 하나의 방법으로 법 제27조제1항 각 호의 사항을 정보주체에게 알릴 수 있다. <개정 2020. 8. 4.>

1. 영업양도자등의 사업장등의 보기 쉬운 장소에 30일 이상 게시하는 방법

2. 영업양도자등의 사업장등이 있는 시·도 이상의 지역을 주된 보급지역으로 하는 「신문 등의 진흥에 관한 법률」 제2조제1호가목·다목 또는 같은 조 제2호에 따른 일반일간신문·일반주간신문 또는 인터넷신문에 싣는 방법

제4장의2 가명정보의 처리에 관한 특례 <신설 2020. 8. 4.>

제29조의2(결합전문기관의 지정 및 지정 취소)

① 법 제28조의3제1항에 따른 전문기관(이하 "결합전문기관"이라 한다)의 지정 기준은 다음 각 호와 같다.

1. 보호위원회가 정하여 고시하는 바에 따라 가명정보의 결합·반출 업무를 담당하는 조직을 구성하고, 개인정보 보호와 관련된 자격이나 경력을 갖춘 사람을 3명 이상 상시 고용할 것

2. 보호위원회가 정하여 고시하는 바에 따라 가명정보를 안전하게 결합하기 위하여 필요한 공간, 시설 및 장비를 구축하고 가명정보의 결합·반출 관련 정책 및 절차 등을 마련할 것

3. 보호위원회가 정하여 고시하는 기준에 따른 재정 능력을 갖출 것

4. 최근 3년 이내에 법 제66조에 따른 공표 내용에 포함된 적이 없을 것

② 법인, 단체 또는 기관이 법 제28조의3제1항에 따라 결합전문기관으로 지정을 받으려는 경우에는 보호위원회가 정하여 고시하는 결합전문기관 지정신청서에 다음 각 호의 서류(전자문서를 포함한다. 이하 같다)를 첨부하여 보호위원회 또는 관계 중앙행정기관의 장에게 제출해야 한다.

1. 정관 또는 규약

2. 제1항에 따른 지정 기준을 갖추었음을 증명할 수 있는 서류로서 보호위원회가 정하여 고시하는 서류

③ 보호위원회 또는 관계 중앙행정기관의 장은 제2항에 따라 지정신청서를 제출한 법인, 단체 또는 기관이 제1항에 따른 지정 기준에 적합한 경우에는 결합전문기관으로 지정할 수 있다.

④ 결합전문기관 지정의 유효기간은 지정을 받은 날부터 3년으로 하며, 보호위원회 또는 관계 중앙행정기관의 장은 결합전문기관이 유효기간의 연장을 신청하면 제1항에 따른 지정 기준에 적합한 경우에는 결합전문기관으로 재지정할 수 있다.

⑤ 보호위원회 또는 관계 중앙행정기관의 장은 결합전문기관이 다음 각 호의 어느 하나에 해당하는 경우에는 결합전문기관의 지정을 취소할 수 있다. 다만, 제1호 또는 제2호에 해당하는 경우에는 지정을 취소해야 한다.

  1. 거짓이나 부정한 방법으로 결합전문기관으로 지정을 받은 경우

  2. 결합전문기관 스스로 지정 취소를 요청하거나 폐업한 경우

  3. 제1항에 따른 결합전문기관의 지정 기준을 충족하지 못하게 된 경우

  4. 결합 및 반출 등과 관련된 정보의 유출 등 개인정보 침해사고가 발생한 경우

  5. 그 밖에 법 또는 이 영에 따른 의무를 위반한 경우

⑥ 보호위원회 또는 관계 중앙행정기관의 장은 제5항에 따라 결합전문기관의 지정을 취소하려는 경우에는 청문을 해야 한다.

⑦ 보호위원회 또는 관계 중앙행정기관의 장은 결합전문기관을 지정, 재지정 또는 지정 취소한 경우에는 이를 관보에 공고하거나 보호위원회 또는 해당 관계 중앙행정기관의 홈페이지에 게시해야 한다. 이 경우 관계 중앙행정기관의 장이 결합전문기관을 지정, 재지정, 또는 지정 취소한 경우에는 보호위원회에 통보해야 한다.

⑧ 제1항부터 제7항까지에서 규정한 사항 외에 결합전문기관의 지정, 재지정 및 지정 취소 등에 필요한 사항은 보호위원회가 정하여 고시한다.

[본조신설 2020. 8. 4.]

제29조의3(개인정보처리자 간 가명정보의 결합 및 반출 등)

① 결합전문기관에 가명정보의 결합을 신청하려는 개인정보처리자(이하 "결합신청자"라 한다)는 보호위원회가 정하여 고시하는 결합신청서에 다음 각 호의 서류를 첨부하여 결합전문기관에 제출해야 한다.

  1. 사업자등록증, 법인등기부등본 등 결합신청자 관련 서류

  2. 결합 대상 가명정보에 관한 서류

  3. 결합 목적을 증명할 수 있는 서류

  4. 그 밖에 가명정보의 결합 및 반출에 필요하다고 보호위원회가 정하여 고시하는 서류

② 결합전문기관은 법 제28조의3제1항에 따라 가명정보를 결합하는 경우에는 특정 개인을 알아볼 수 없도록 해야 한다. 이 경우 보호위원회는 필요하면 한국인터넷진흥원 또는 보호위원회가 지정하여 고시하는 기관으로 하여금 특정 개인을 알아볼 수 없도록 하는 데에 필요한 업무를 지원하도록 할 수 있다.

③ 결합신청자는 법 제28조의3제2항에 따라 결합전문기관이 결합한 정보를 결합전문기관 외부로 반출하려는 경우에는 결합전문기관에 설치된 안전성 확보에 필요한 기술적·관리적·물리적 조치가 된 공간에서 제2항에 따라 결합된 정보를 가명정보 또는 법 제58조의2에 해당하는 정보로 처리한 뒤 결합전문기관의 승인을 받아야 한다.

④ 결합전문기관은 다음 각 호의 기준을 충족하는 경우에는 법 제28조의3제2항에 따른 반출을 승인해야 한다. 이 경우 결합전문기관은 결합된 정보의 반출을 승인하기 위하여 반출심사위원회를 구성해야 한다.

  1. 결합 목적과 반출 정보가 관련성이 있을 것

  2. 특정 개인을 알아볼 가능성이 없을 것

  3. 반출 정보에 대한 안전조치 계획이 있을 것

⑤ 결합전문기관은 결합 및 반출 등에 필요한 비용을 결합신청자에게 청구할 수 있다.

⑥ 제1항부터 제5항까지에서 규정한 사항 외에 가명정보의 결합 절차와 방법, 반출 및 승인 등에 필요한 사항은 보호위원회가 정하여 고시한다.

[본조신설 2020. 8. 4.]

제29조의4(결합전문기관의 관리ㆍ감독 등)

① 보호위원회 또는 관계 중앙행정기관의 장은 결합전문기관을 지정한 경우에는 해당 결합전문기관의 업무 수행능력 및 기술ㆍ시설 유지 여부 등을 관리ㆍ감독해야 한다.

② 결합전문기관은 제1항에 따른 관리ㆍ감독을 위하여 다음 각 호의 서류를 매년 보호위원회 또는 관계 중앙행정기관의 장에게 제출해야 한다.

1. 가명정보의 결합ㆍ반출 실적보고서

2. 결합전문기관의 지정 기준을 유지하고 있음을 증명할 수 있는 서류

3. 가명정보의 안전성 확보에 필요한 조치를 하고 있음을 증명할 수 있는 서류로서 보호위원회가 정하여 고시하는 서류

③ 보호위원회는 다음 각 호의 사항을 관리ㆍ감독해야 한다.

1. 결합전문기관의 가명정보의 결합 및 반출 승인 과정에서의 법 위반 여부

2. 결합신청자의 가명정보 처리 실태

3. 그 밖에 가명정보의 안전한 처리를 위하여 필요한 사항으로서 보호위원회가 정하여 고시하는 사항

[본조신설 2020. 8. 4.]

제29조의5(가명정보에 대한 안전성 확보 조치)

① 개인정보처리자는 법 제28조의4제1항에 따라 가명정보 및 가명정보를 원래의 상태로 복원하기 위한 추가 정보(이하 이 조에서 "추가정보"라 한다)에 대하여 다음 각 호의 안전성 확보 조치를 해야 한다. <개정 2021. 2. 2., 2023. 9. 12.>

1. 제30조에 따른 안전성 확보 조치

2. 가명정보와 추가정보의 분리 보관. 다만, 추가정보가 불필요한 경우에는 추가정보를 파기해야 한다.

3. 가명정보와 추가정보에 대한 접근 권한의 분리. 다만, 「소상공인기본법」 제2조에 따른 소상공인으로서 가명정보를 취급할 자를 추가로 둘 여력이 없는 경우 등 접근 권한의 분리가 어려운 정당한 사유가 있는 경우에는 업무 수행에 필요한 최소한의 접근 권한만 부여하고 접근 권한의 보유 현황을 기록으로 보관하는 등 접근 권한을 관리ㆍ통제해야 한다.

② 법 제28조의4제3항에서 "대통령령으로 정하는 사항"이란 다음 각 호의 사항을 말한다. <개정 2023. 9. 12.>

1. 가명정보 처리의 목적

2. 가명처리한 개인정보의 항목

3. 가명정보의 이용내역

4. 제3자 제공 시 제공받는 자

5. 가명정보의 처리 기간(법 제28조의4제2항에 따라 가명정보의 처리 기간을 별도로 정한 경우로 한정한다)

6. 그 밖에 가명정보의 처리 내용을 관리하기 위하여 보호위원회가 필요하다고 인정하여 고시하는 사항

[본조신설 2020. 8. 4.]

제29조의6 삭제 <2023. 9. 12.>

제29조의7(개인정보의 국외 처리위탁 · 보관 시 정보주체에게 알리는 방법)

법 제28조의8제1항제3호나목에서 "전자우편 등 대통령령으로 정하는 방법"이란 서면등의 방법을 말한다.

[본조신설 2023. 9. 12.]

제29조의8(개인정보의 국외 이전 인증)

① 보호위원회는 법 제28조의8제1항제4호 각 목 외의 부분에 따른 인증을 고시하려는 경우에는 다음 각 호의 순서에 따른 절차를 모두 거쳐야 한다.

　1. 제34조의6에 따른 개인정보 보호 인증 전문기관의 평가

　2. 제5조제1항제1호에 따른 개인정보의 국외 이전 분야 전문위원회(이하 "국외이전전문위원회"라 한다)의 평가

　3. 정책협의회의 협의

② 보호위원회는 법 제28조의8제1항제4호 각 목 외의 부분에 따른 인증을 고시할 때에는 5년의 범위에서 유효기간을 정하여 고시할 수 있다.

③ 제1항 및 제2항에서 규정한 사항 외에 인증의 고시 절차 등에 관하여 필요한 사항은 보호위원회가 정하여 고시한다.

　[본조신설 2023. 9. 12.]

제29조의9(국가 등에 대한 개인정보 보호 수준 인정)

① 보호위원회는 법 제28조의8제1항제5호에 따라 개인정보가 제공(조회되는 경우를 포함한다) · 처리위탁 · 보관(이하 이 장에서 "이전"이라 한다)되는 국가 또는 국제기구(이하 "이전대상국등"이라 한다)의 개인정보 보호체계, 정보주체 권리보장 범위, 피해구제 절차 등이 법에 따른 개인정보 보호 수준과 실질적으로 동등한 수준을 갖추었다고 인정하려는 경우에는 다음 각 호의 사항을 종합적으로 고려해야 한다.

　1. 이전대상국등의 법령, 규정 또는 규칙 등 개인정보 보호체계가 법 제3조에서 정하는 개인정보 보호 원칙에 부합하고, 법 제4조에서 정하는 정보주체의 권리를 충분히 보장하고 있는지 여부

　2. 이전대상국등에 개인정보 보호체계를 보장하고 집행할 책임이 있는 독립적 감독기관이 존재하는지 여부

　3. 이전대상국등의 공공기관(이와 유사한 사무를 수행하는 기관을 포함한다)이 법률에 따라 개인정보를 처리하는지 여부 및 이에 대한 피해구제 절차 등 정보주체에 대한 보호수단이 존재하고 실질적으로 보장되는지 여부

　4. 이전대상국등에 정보주체가 쉽게 접근할 수 있는 피해구제 절차가 존재하는지 여부 및 피해구제 절차가 정보주체를 효과적으로 보호하고 있는지 여부

　5. 이전대상국등의 감독기관이 보호위원회와 정보주체의 권리 보호에 관하여 원활한 상호 협력이 가능한지 여부

　6. 그 밖에 이전대상국등의 개인정보 보호체계, 정보주체의 권리보장 범위, 피해구제 절차 등의 개인정보 보호 수준을 인정하기 위해 필요한 사항으로서 보호위원회가 정하여 고시하는 사항

② 보호위원회는 제1항에 따른 인정을 하려는 경우에는 다음 각 호의 절차를 거쳐야 한다.

　1. 국외이전전문위원회의 평가

　2. 정책협의회의 협의

③ 보호위원회는 제1항에 따른 인정을 할 때에는 정보주체의 권리 보호 등을 위하여 필요한 경우 이전대상국등으로 이전되는 개인정보의 범위, 이전받는 개인정보처리자의 범위, 인정 기간, 국외 이전의 조건 등을 이전대상국등별로 달리 정할 수 있다.

④ 보호위원회는 제1항에 따른 인정을 한 경우에는 인정 기간 동안 이전대상국등의 개인정보 보호수준이 법에 따른 수준과 실질적으로 동등한 수준을 유지하고 있는지 점검해야 한다.

⑤ 보호위원회는 제1항에 따른 인정을 받은 이전대상국등의 개인정보 보호체계, 정보주체의 권리보장 범위, 피해구제 절차 등의 수준이 변경된 경우에는 해당 이전대상국등의 의견을 듣고 해당 이전대상국등에 대한 인정을 취소하거나 그 내용을 변경할 수 있다.

⑥ 보호위원회가 제1항에 따른 인정을 하거나 제5항에 따라 인정을 취소하거나 그 내용을 변경하는 경우에는 그 사실을 관보에 고시하고 보호위원회 인터넷 홈페이지에 게재해야 한다.

⑦ 제1항부터 제6항까지에서 규정한 사항 외에 이전대상국등에 대한 인정에 필요한 사항은 보호위원회가 정하여 고시한다.

[본조신설 2023. 9. 12.]

제29조의10(개인정보의 국외 이전 시 보호조치 등)

① 개인정보처리자는 법 제28조의8제1항 각 호 외의 부분 단서에 따라 개인정보를 국외로 이전하는 경우에는 같은 조 제4항에 따라 다음 각 호의 보호조치를 해야 한다.

1. 제30조제1항에 따른 개인정보 보호를 위한 안전성 확보 조치

2. 개인정보 침해에 대한 고충처리 및 분쟁해결에 관한 조치

3. 그 밖에 정보주체의 개인정보 보호를 위하여 필요한 조치

② 개인정보처리자는 법 제28조의8제1항 각 호 외의 부분 단서에 따라 개인정보를 국외로 이전하는 경우에는 제1항 각 호의 사항에 관하여 이전받는 자와 미리 협의하고 이를 계약내용 등에 반영해야 한다.

[본조신설 2023. 9. 12.]

제29조의11(국외 이전 중지 명령의 기준 등)

① 보호위원회는 법 제28조의9제1항에 따라 개인정보의 국외 이전을 중지할 것을 명하려는 경우에는 다음 각 호의 사항을 종합적으로 고려해야 한다.

1. 국외로 이전되었거나 추가적인 국외 이전이 예상되는 개인정보의 유형 및 규모

2. 법 제28조의8제1항, 제4항 또는 제5항 위반의 중대성

3. 정보주체에게 발생하거나 발생할 우려가 있는 피해가 중대하거나 회복하기 어려운 피해인지 여부

4. 국외 이전의 중지를 명하는 것이 중지를 명하지 않는 것보다 명백히 정보주체에게 이익이 되는지 여부

5. 법 제64조제1항 각 호에 해당하는 조치를 통해 개인정보의 보호 및 침해 방지가 가능한지 여부

6. 개인정보를 이전받는 자나 개인정보가 이전되는 이전대상국등이 정보주체의 피해구제를 위한 실효적인 수단을 갖추고 있는지 여부

7. 개인정보를 이전받는 자나 개인정보가 이전되는 이전대상국등에서 중대한 개인정보 침해가 발생하는 등 개인정보를 적정하게 보호하기 어렵다고 인정할 만한 사유가 존재하는지 여부

② 보호위원회는 법 제28조의9제1항에 따라 개인정보의 국외 이전을 중지할 것을 명하려는 경우에는 국외이전 전문위원회의 평가를 거쳐야 한다.

③ 보호위원회는 법 제28조의9제1항에 따라 개인정보의 국외 이전을 중지할 것을 명할 때에는 개인정보처리자에게 중지명령의 내용, 사유, 이의 제기 절차·방법 및 그 밖에 필요한 사항을 문서로 알려야 한다.

④ 제1항부터 제3항까지에서 규정한 사항 외에 개인정보의 국외 이전 중지 명령의 기준 등에 관하여 필요한 사항은 보호위원회가 정하여 고시한다.

[본조신설 2023. 9. 12.]

제29조의12(국외 이전 중지 명령에 대한 이의 제기)

① 법 제28조의9제2항에 따라 이의를 제기하려는 자는 같은 조 제1항에 따른 국외 이전 중지 명령을 받은 날부터 7일 이내에 보호위원회가 정하는 이의신청서에 이의신청 사유를 증명할 수 있는 서류를 첨부하여 보호위원회에 제출해야 한다.

② 보호위원회는 제1항에 따라 이의신청서를 제출받은 날부터 30일 이내에 그 처리결과를 해당 개인정보처리자에게 문서로 알려야 한다.

③ 제1항 및 제2항에서 규정한 사항 외에 이의 제기의 절차 등에 관하여 필요한 사항은 보호위원회가 정하여 고시한다.

[본조신설 2023. 9. 12.]

제5장 개인정보의 안전한 관리

제30조(개인정보의 안전성 확보 조치)

① 개인정보처리자는 법 제29조에 따라 다음 각 호의 안전성 확보 조치를 해야 한다. <개정 2023. 9. 12.>

1. 개인정보의 안전한 처리를 위한 다음 각 목의 내용을 포함하는 내부 관리계획의 수립·시행 및 점검

    가. 법 제28조제1항에 따른 개인정보취급자(이하 "개인정보취급자"라 한다)에 대한 관리·감독 및 교육에 관한 사항

    나. 법 제31조에 따른 개인정보 보호책임자의 지정 등 개인정보 보호 조직의 구성·운영에 관한 사항

    다. 제2호부터 제8호까지의 규정에 따른 조치를 이행하기 위하여 필요한 세부 사항

2. 개인정보에 대한 접근 권한을 제한하기 위한 다음 각 목의 조치

    가. 데이터베이스시스템 등 개인정보를 처리할 수 있도록 체계적으로 구성한 시스템(이하 "개인정보처리시스템"이라 한다)에 대한 접근 권한의 부여·변경·말소 등에 관한 기준의 수립·시행

    나. 정당한 권한을 가진 자에 의한 접근인지를 확인하기 위해 필요한 인증수단 적용 기준의 설정 및 운영

    다. 그 밖에 개인정보에 대한 접근 권한을 제한하기 위하여 필요한 조치

3. 개인정보에 대한 접근을 통제하기 위한 다음 각 목의 조치

    가. 개인정보처리시스템에 대한 침입을 탐지하고 차단하기 위하여 필요한 조치

    나. 개인정보처리시스템에 접속하는 개인정보취급자의 컴퓨터 등으로서 보호위원회가 정하여 고시하는 기준에 해당하는 컴퓨터 등에 대한 인터넷망의 차단. 다만, 전년도 말 기준 직전 3개월 간 그 개인정보가 저장·관리되고 있는 「정보통신망 이용촉진 및 정보보호 등에 관한 법률」 제2조제1항제4호에 따른 이용자 수가 일일평균 100만명 이상인 개인정보처리자만 해당한다.

    다. 그 밖에 개인정보에 대한 접근을 통제하기 위하여 필요한 조치

4. 개인정보를 안전하게 저장·전송하는데 필요한 다음 각 목의 조치

    가. 비밀번호의 일방향 암호화 저장 등 인증정보의 암호화 저장 또는 이에 상응하는 조치

    나. 주민등록번호등 보호위원회가 정하여 고시하는 정보의 암호화 저장 또는 이에 상응하는 조치

    다. 「정보통신망 이용촉진 및 정보보호 등에 관한 법률」 제2조제1항제1호에 따른 정보통신망을 통하여 정보주체의 개인정보 또는 인증정보를 송신·수신하는 경우 해당 정보의 암호화 또는 이에 상응하는 조치

    라. 그 밖에 암호화 또는 이에 상응하는 기술을 이용한 보안조치

5. 개인정보 침해사고 발생에 대응하기 위한 접속기록의 보관 및 위조·변조 방지를 위한 다음 각 목의 조치

    가. 개인정보처리시스템에 접속한 자의 접속일시, 처리내역 등 접속기록의 저장·점검 및 이의 확인·감독

    나. 개인정보처리시스템에 대한 접속기록의 안전한 보관

    다. 그 밖에 접속기록 보관 및 위조·변조 방지를 위하여 필요한 조치

6. 개인정보처리시스템 및 개인정보취급자가 개인정보 처리에 이용하는 정보기기에 대해 컴퓨터바이러스, 스파이웨어, 랜섬웨어 등 악성프로그램의 침투 여부를 항시 점검·치료할 수 있도록 하는 등의 기능이 포함된 프로그램의 설치·운영과 주기적 갱신·점검 조치

7. 개인정보의 안전한 보관을 위한 보관시설의 마련 또는 잠금장치의 설치 등 물리적 조치

8. 그 밖에 개인정보의 안전성 확보를 위하여 필요한 조치

② 보호위원회는 개인정보처리자가 제1항에 따른 안전성 확보 조치를 하도록 시스템을 구축하는 등 필요한 지원을 할 수 있다. <개정 2013. 3. 23., 2014. 11. 19., 2017. 7. 26., 2020. 8. 4.>

③ 제1항에 따른 안전성 확보 조치에 관한 세부 기준은 보호위원회가 정하여 고시한다. <개정 2013. 3. 23., 2014. 11. 19., 2017. 7. 26., 2020. 8. 4.>

제30조의2(공공시스템 운영기관 등의 개인정보 안전성 확보 조치 등)

① 개인정보의 처리 규모, 접근 권한을 부여받은 개인정보취급자의 수 등 보호위원회가 고시하는 기준에 해당하는 개인정보처리시스템(이하 이 조에서 "공공시스템"이라 한다)을 운영하는 공공기관(이하 이 조에서 "공공시스템운영기관"이라 한다)은 법 제29조에 따라 이 영 제30조의 안전성 확보 조치 외에 다음 각 호의 조치를 추가로 해야 한다.

1. 제30조제1항제1호에 따른 내부 관리계획에 공공시스템별로 작성한 안전성 확보 조치를 포함할 것

2. 공공시스템에 접속하여 개인정보를 처리하는 기관(이하 이 조에서 "공공시스템이용기관"이라 한다)이 정당한 권한을 가진 개인정보취급자에게 접근 권한을 부여ㆍ변경ㆍ말소 등을 할 수 있도록 하는 등 접근 권한의 안전한 관리를 위해 필요한 조치

3. 개인정보에 대한 불법적인 접근 및 침해사고 방지를 위한 공공시스템 접속기록의 저장ㆍ분석ㆍ점검ㆍ관리 등의 조치

② 공공시스템운영기관 및 공공시스템이용기관은 정당한 권한 없이 또는 허용된 권한을 초과하여 개인정보에 접근한 사실이 확인되는 경우에는 지체 없이 정보주체에게 해당 사실과 피해 예방 등을 위해 필요한 사항을 통지해야 한다. 이 경우 다음 각 호의 어느 하나에 해당하는 경우에는 통지를 한 것으로 본다.

1. 법 제34조제1항에 따라 정보주체에게 개인정보의 분실ㆍ도난ㆍ유출에 대하여 통지한 경우

2. 다른 법령에 따라 정보주체에게 개인정보에 접근한 사실과 피해 예방 등을 위해 필요한 사항을 통지한 경우

③ 공공시스템운영기관(공공시스템을 개발하여 배포하는 공공기관이 따로 있는 경우에는 그 공공기관을 포함한다. 이하 이 조에서 같다)은 해당 공공시스템의 규모와 특성, 해당 공공시스템이용기관의 수 등을 고려하여 개인정보의 안전한 관리에 관련된 업무를 전담하는 부서를 지정하여 운영하거나 전담인력을 배치해야 한다.

④ 공공시스템운영기관은 공공시스템별로 해당 공공시스템을 총괄하여 관리하는 부서의 장을 관리책임자로 지정해야 한다. 다만, 해당 공공시스템을 총괄하여 관리하는 부서가 없을 때에는 업무 관련성 및 수행능력 등을 고려하여 해당 공공시스템운영기관의 관련 부서의 장 중에서 관리책임자를 지정해야 한다.

⑤ 공공시스템운영기관은 공공시스템의 안전성 확보 조치 이행상황 점검 및 개선에 관한 사항을 협의하기 위하여 다음 각 호의 기관으로 구성되는 공공시스템운영협의회를 공공시스템별로 설치ㆍ운영해야 한다. 다만, 하나의 공공기관이 2개 이상의 공공시스템을 운영하는 경우에는 공공시스템운영협의회를 통합하여 설치ㆍ운영할 수 있다.

1. 공공시스템운영기관

2. 공공시스템의 운영을 위탁하는 경우 해당 수탁자

3. 공공시스템운영기관이 필요하다고 인정하는 공공시스템이용기관

⑥ 보호위원회는 공공시스템운영기관이 개인정보의 안전성 확보 조치를 이행하는데 필요한 지원을 할 수 있다.

⑦ 제1항부터 제6항까지에서 규정한 사항 외에 공공시스템운영기관 등의 개인정보의 안전성 확보 조치에 필요한 사항은 보호위원회가 정하여 고시한다.

[본조신설 2023. 9. 12.]

제31조(개인정보 처리방침의 내용 및 공개방법 등)

① 법 제30조제1항제8호에서 "대통령령으로 정한 사항"이란 다음 각 호의 사항을 말한다. <개정 2016. 9. 29., 2020. 8. 4., 2023. 9. 12. >

1. 처리하는 개인정보의 항목

2. 삭제 <2020. 8. 4. >

3. 제30조에 따른 개인정보의 안전성 확보 조치에 관한 사항

② 개인정보처리자는 법 제30조제2항에 따라 수립하거나 변경한 개인정보 처리방침을 개인정보처리자의 인터넷 홈페이지에 지속적으로 게재하여야 한다.

③ 제2항에 따라 인터넷 홈페이지에 게재할 수 없는 경우에는 다음 각 호의 어느 하나 이상의 방법으로 수립하거나 변경한 개인정보 처리방침을 공개하여야 한다. <개정 2023. 9. 12. >

1. 개인정보처리자의 사업장등의 보기 쉬운 장소에 게시하는 방법

2. 관보(개인정보처리자가 공공기관인 경우만 해당한다)나 개인정보처리자의 사업장등이 있는 시 · 도 이상의 지역을 주된 보급지역으로 하는 「신문 등의 진흥에 관한 법률」제2조제1호가목 · 다목 및 같은 조 제2호에 따른 일반일간신문, 일반주간신문 또는 인터넷신문에 싣는 방법

3. 같은 제목으로 연 2회 이상 발행하여 정보주체에게 배포하는 간행물 · 소식지 · 홍보지 또는 청구서 등에 지속적으로 싣는 방법

4. 재화나 서비스를 제공하기 위하여 개인정보처리자와 정보주체가 작성한 계약서 등에 실어 정보주체에게 발급하는 방법

제31조의2(개인정보 처리방침의 평가 대상 및 절차)

① 보호위원회는 법 제30조의2제1항에 따라 개인정보 처리방침을 평가하는 경우 다음 각 호의 사항을 종합적으로 고려하여 평가 대상을 선정한다.

1. 개인정보처리자의 유형 및 매출액 규모

2. 민감정보 및 고유식별정보 등 처리하는 개인정보의 유형 및 규모

3. 개인정보 처리의 법적 근거 및 방식

4. 법 위반행위 발생 여부

5. 아동 · 청소년 등 정보주체의 특성

② 보호위원회는 제1항에 따라 평가 대상 개인정보 처리방침을 선정한 경우에는 평가 개시 10일 전까지 해당 개인정보처리자에게 평가 내용 · 일정 및 절차 등이 포함된 평가계획을 통보해야 한다.

③ 보호위원회는 법 제30조의2에 따른 개인정보 처리방침의 평가에 필요한 경우에는 해당 개인정보처리자에게 의견을 제출하도록 요청할 수 있다.

④ 보호위원회는 법 제30조의2에 따라 개인정보 처리방침을 평가한 후 그 결과를 지체 없이 해당 개인정보처리자에게 통보해야 한다.

⑤ 제1항부터 제4항까지에서 규정한 사항 외에 개인정보 처리방침 평가를 위한 세부적인 대상 선정 기준과 절차는 보호위원회가 정하여 고시한다.

[본조신설 2023. 9. 12.]

제32조(개인정보 보호책임자의 업무 및 지정요건 등)

① 법 제31조제2항제7호에서 "대통령령으로 정한 업무"란 다음 각 호와 같다.

1. 법 제30조에 따른 개인정보 처리방침의 수립 · 변경 및 시행

2. 개인정보 보호 관련 자료의 관리

3. 처리 목적이 달성되거나 보유기간이 지난 개인정보의 파기

② 개인정보처리자는 법 제31조제1항에 따라 개인정보 보호책임자를 지정하려는 경우에는 다음 각 호의 구분에 따라 지정한다. <개정 2016. 7. 22. >

　1. 공공기관: 다음 각 목의 구분에 따른 기준에 해당하는 공무원 등

　　가. 국회, 법원, 헌법재판소, 중앙선거관리위원회의 행정사무를 처리하는 기관 및 중앙행정기관: 고위공무원단에 속하는 공무원(이하 "고위공무원"이라 한다) 또는 그에 상당하는 공무원

　　나. 가목 외에 정무직공무원을 장(長)으로 하는 국가기관: 3급 이상 공무원(고위공무원을 포함한다) 또는 그에 상당하는 공무원

　　다. 가목 및 나목 외에 고위공무원, 3급 공무원 또는 그에 상당하는 공무원 이상의 공무원을 장으로 하는 국가기관: 4급 이상 공무원 또는 그에 상당하는 공무원

　　라. 가목부터 다목까지의 규정에 따른 국가기관 외의 국가기관(소속 기관을 포함한다): 해당 기관의 개인정보 처리 관련 업무를 담당하는 부서의 장

　　마. 시·도 및 시·도 교육청: 3급 이상 공무원 또는 그에 상당하는 공무원

　　바. 시·군 및 자치구: 4급 공무원 또는 그에 상당하는 공무원

　　사. 제2조제5호에 따른 각급 학교: 해당 학교의 행정사무를 총괄하는 사람

　　아. 가목부터 사목까지의 규정에 따른 기관 외의 공공기관: 개인정보 처리 관련 업무를 담당하는 부서의 장. 다만, 개인정보 처리 관련 업무를 담당하는 부서의 장이 2명 이상인 경우에는 해당 공공기관의 장이 지명하는 부서의 장이 된다.

　2. 공공기관 외의 개인정보처리자: 다음 각 목의 어느 하나에 해당하는 사람

　　가. 사업주 또는 대표자

　　나. 임원(임원이 없는 경우에는 개인정보 처리 관련 업무를 담당하는 부서의 장)

③ 제2항에도 불구하고 개인정보처리자가 「소상공인기본법」 제2조에 따른 소상공인에 해당하는 경우에는 별도의 지정 없이 그 사업주 또는 대표자를 개인정보 보호책임자로 지정한 것으로 본다. 다만, 개인정보처리자가 별도로 개인정보 보호책임자를 지정한 경우에는 그렇지 않다. <신설 2020. 8. 4., 2021. 2. 2.>

④ 보호위원회는 개인정보 보호책임자가 법 제31조제2항의 업무를 원활히 수행할 수 있도록 개인정보 보호책임자에 대한 교육과정을 개설·운영하는 등 지원을 할 수 있다. <개정 2013. 3. 23., 2014. 11. 19., 2017. 7. 26., 2020. 8. 4. >

제32조의2(국내대리인 지정 대상자의 범위)

① 법 제31조의2제1항 각 호 외의 부분 전단에서 "대통령령으로 정하는 자"란 다음 각 호의 어느 하나에 해당하는 자를 말한다.

　1. 전년도(법인인 경우에는 전 사업연도를 말한다) 전체 매출액이 1조원 이상인 자

　2. 전년도 말 기준 직전 3개월 간 그 개인정보가 저장·관리되고 있는 국내 정보주체의 수가 일일평균 100만 명 이상인 자

　3. 법 제63조제1항에 따라 관계 물품·서류 등 자료의 제출을 요구받은 자로서 국내대리인을 지정할 필요가 있다고 보호위원회가 심의·의결한 자

② 제1항제1호에 따른 전체 매출액은 전년도 평균환율을 적용하여 원화로 환산한 금액을 기준으로 한다.

　[본조신설 2023. 9. 12.]

제33조(개인정보파일의 등록사항 등)

① 법 제32조제1항제7호에서 "대통령령으로 정하는 사항"이란 다음 각 호의 사항을 말한다. <개정 2023. 9. 12.>

1. 개인정보파일을 운용하는 공공기관의 명칭

2. 개인정보파일로 보유하고 있는 개인정보의 정보주체 수

3. 해당 공공기관에서 개인정보 처리 관련 업무를 담당하는 부서

4. 제41조에 따른 개인정보의 열람 요구를 접수 · 처리하는 부서

5. 개인정보파일의 개인정보 중 법 제35조제4항에 따라 열람을 제한하거나 거절할 수 있는 개인정보의 범위 및 제한 또는 거절 사유

② 법 제32조제2항제4호에서 "대통령령으로 정하는 개인정보파일"이란 다음 각 호의 어느 하나에 해당하는 개인정보파일을 말한다. <신설 2023. 9. 12.>

1. 회의 참석 수당 지급, 자료 · 물품의 송부, 금전의 정산 등 단순 업무 수행을 위해 운영되는 개인정보파일로서 지속적 관리 필요성이 낮은 개인정보파일

2. 공중위생 등 공공의 안전과 안녕을 위하여 긴급히 필요한 경우로서 일시적으로 처리되는 개인정보파일

3. 그 밖에 일회적 업무 처리만을 위해 수집된 개인정보파일로서 저장되거나 기록되지 않는 개인정보파일
   [제목개정 2023. 9. 12.]

제34조(개인정보파일의 등록 및 공개 등)

① 개인정보파일(법 제32조제2항 및 이 영 제33조제2항에 따른 개인정보파일은 제외한다. 이하 이 조에서 같다)을 운용하는 공공기관의 장은 그 운용을 시작한 날부터 60일 이내에 보호위원회가 정하여 고시하는 바에 따라 보호위원회에 법 제32조제1항 및 이 영 제33조제1항에 따른 등록사항(이하 "등록사항"이라 한다)의 등록을 신청하여야 한다. 등록 후 등록한 사항이 변경된 경우에도 또한 같다. <개정 2013. 3. 23., 2014. 11. 19., 2017. 7. 26., 2020. 8. 4., 2023. 9. 12.>

② 보호위원회는 법 제32조제4항에 따라 개인정보파일의 등록 현황을 공개하는 경우 이를 보호위원회가 구축하는 인터넷 사이트에 게재해야 한다. <개정 2013. 3. 23., 2014. 11. 19., 2017. 7. 26., 2020. 8. 4., 2023. 9. 12.>

③ 보호위원회는 제1항에 따른 개인정보파일의 등록사항을 등록하거나 변경하는 업무를 전자적으로 처리할 수 있도록 시스템을 구축 · 운영할 수 있다. <개정 2013. 3. 23., 2014. 11. 19., 2017. 7. 26., 2020. 8. 4.>

제34조의2(개인정보 보호 인증의 기준 · 방법 · 절차 등)

① 보호위원회는 제30조제1항 각 호의 사항을 고려하여 개인정보 보호의 관리적 · 기술적 · 물리적 보호대책의 수립 등을 포함한 법 제32조의2제1항에 따른 인증의 기준을 정하여 고시한다. <개정 2017. 7. 26., 2020. 8. 4., 2023. 9. 12.>

② 법 제32조의2제1항 따라 개인정보 보호의 인증을 받으려는 자(이하 이 조 및 제34조의3에서 "신청인"이라 한다)는 다음 각 호의 사항이 포함된 개인정보 보호 인증신청서(전자문서로 된 신청서를 포함한다)를 제34조의6에 따른 개인정보 보호 인증 전문기관(이하 "인증기관"이라 한다)에 제출하여야 한다.

1. 인증 대상 개인정보 처리시스템의 목록

2. 개인정보 보호 관리체계를 수립 · 운영하는 방법과 절차

3. 개인정보 보호 관리체계 및 보호대책 구현과 관련되는 문서 목록

③ 인증기관은 제2항에 따른 인증신청서를 받은 경우에는 신청인과 인증의 범위 및 일정 등에 관하여 협의하여야 한다.

④ 법 제32조의2제1항에 따른 개인정보 보호 인증심사는 제34조의8에 따른 개인정보 보호 인증심사원이 서면심사 또는 현장심사의 방법으로 실시한다.

⑤ 인증기관은 제4항에 따른 인증심사의 결과를 심의하기 위하여 정보보호에 관한 학식과 경험이 풍부한 사람을 위원으로 하는 인증위원회를 설치 · 운영하여야 한다.

⑥ 제1항부터 제5항까지에서 규정한 사항 외에 인증신청, 인증심사, 인증위원회의 설치ㆍ운영 및 인증서의 발급 등 개인정보 보호 인증에 필요한 세부사항은 보호위원회가 정하여 고시한다. <개정 2017. 7. 26., 2020. 8. 4. >

[본조신설 2016. 7. 22.]

제34조의3(개인정보 보호 인증의 수수료)

① 신청인은 인증기관에 개인정보 보호 인증 심사에 소요되는 수수료를 납부하여야 한다.

② 보호위원회는 개인정보 보호 인증 심사에 투입되는 인증 심사원의 수 및 인증심사에 필요한 일수 등을 고려하여 제1항에 따른 수수료 산정을 위한 구체적인 기준을 정하여 고시한다. <개정 2017. 7. 26., 2020. 8. 4. >

[본조신설 2016. 7. 22.]

제34조의4(인증취소)

① 인증기관은 법 제32조의2제3항에 따라 개인정보 보호 인증을 취소하려는 경우에는 제34조의2제5항에 따른 인증위원회의 심의ㆍ의결을 거쳐야 한다.

② 보호위원회 또는 인증기관은 법 제32조의2제3항에 따라 인증을 취소한 경우에는 그 사실을 당사자에게 통보하고, 관보 또는 인증기관의 홈페이지에 공고하거나 게시해야 한다. <개정 2017. 7. 26., 2020. 8. 4. >

[본조신설 2016. 7. 22.]

제34조의5(인증의 사후관리)

① 법 제32조의2제4항에 따른 사후관리 심사는 서면심사 또는 현장심사의 방법으로 실시한다.

② 인증기관은 제1항에 따른 사후관리를 실시한 결과 법 제32조의2제3항 각 호의 사유를 발견한 경우에는 제34조의2제5항에 따른 인증위원회의 심의를 거쳐 그 결과를 보호위원회에 제출해야 한다. <개정 2017. 7. 26., 2020. 8. 4. >

[본조신설 2016. 7. 22.]

제34조의6(개인정보 보호 인증 전문기관)

① 법 제32조의2제5항에서 "대통령령으로 정하는 전문기관"이란 다음 각 호의 기관을 말한다. <개정 2016. 9. 29., 2017. 7. 26., 2020. 8. 4. >

 1. 한국인터넷진흥원

 2. 다음 각 목의 요건을 모두 충족하는 법인, 단체 또는 기관 중에서 보호위원회가 지정ㆍ고시하는 법인, 단체 또는 기관

  가. 제34조의8에 따른 개인정보 보호 인증심사원 5명 이상을 보유할 것

  나. 보호위원회가 실시하는 업무수행 요건ㆍ능력 심사에서 적합하다고 인정받을 것

② 제1항제2호에 해당하는 법인, 단체 또는 기관의 지정과 그 지정의 취소에 필요한 세부기준 등은 보호위원회가 정하여 고시한다. <개정 2017. 7. 26., 2020. 8. 4. >

[본조신설 2016. 7. 22.]

제34조의7(인증의 표시 및 홍보)

법 제32조의2제6항에 따라 인증을 받은 자가 인증 받은 내용을 표시하거나 홍보하려는 경우에는 보호위원회가 정하여 고시하는 개인정보 보호 인증표시를 사용할 수 있다. 이 경우 인증의 범위와 유효기간을 함께 표시해야 한다. <개정 2017. 7. 26., 2020. 8. 4. >

[본조신설 2016. 7. 22.]

제34조의8(개인정보 보호 인증심사원의 자격 및 자격 취소 요건)

① 인증기관은 법 제32조의2제7항에 따라 개인정보 보호에 관한 전문지식을 갖춘 사람으로서 인증심사에 필요한 전문 교육과정을 이수하고 시험에 합격한 사람에게 개인정보 보호 인증심사원(이하 "인증심사원"이라 한다)의 자격을 부여한다.

② 인증기관은 법 제32조의2제7항에 따라 인증심사원이 다음 각 호의 어느 하나에 해당하는 경우 그 자격을 취소할 수 있다. 다만, 제1호에 해당하는 경우에는 자격을 취소하여야 한다.

1. 거짓이나 부정한 방법으로 인증심사원 자격을 취득한 경우

2. 개인정보 보호 인증 심사와 관련하여 금전, 금품, 이익 등을 부당하게 수수한 경우

3. 개인정보 보호 인증 심사 과정에서 취득한 정보를 누설하거나 정당한 사유 없이 업무상 목적 외의 용도로 사용한 경우

③ 제1항 및 제2항에 따른 전문 교육과정의 이수, 인증심사원 자격의 부여 및 취소 등에 관한 세부 사항은 보호위원회가 정하여 고시한다. <개정 2017. 7. 26., 2020. 8. 4.>

[본조신설 2016. 7. 22.]

제35조(개인정보 영향평가의 대상)

법 제33조제1항에서 "대통령령으로 정하는 기준에 해당하는 개인정보파일"이란 개인정보를 전자적으로 처리할 수 있는 개인정보파일로서 다음 각 호의 어느 하나에 해당하는 개인정보파일을 말한다. <개정 2016. 9. 29.>

1. 구축·운용 또는 변경하려는 개인정보파일로서 5만명 이상의 정보주체에 관한 민감정보 또는 고유식별정보의 처리가 수반되는 개인정보파일

2. 구축·운용하고 있는 개인정보파일을 해당 공공기관 내부 또는 외부에서 구축·운용하고 있는 다른 개인정보파일과 연계하려는 경우로서 연계 결과 50만명 이상의 정보주체에 관한 개인정보가 포함되는 개인정보파일

3. 구축·운용 또는 변경하려는 개인정보파일로서 100만명 이상의 정보주체에 관한 개인정보파일

4. 법 제33조제1항에 따른 개인정보 영향평가(이하 "영향평가"라 한다)를 받은 후에 개인정보 검색체계 등 개인정보파일의 운용체계를 변경하려는 경우 그 개인정보파일. 이 경우 영향평가 대상은 변경된 부분으로 한정한다.

제36조(평가기관의 지정 및 지정취소)

① 보호위원회는 법 제33조제2항에 따라 다음 각 호의 요건을 모두 갖춘 법인을 개인정보 영향평가기관(이하 "평가기관"이라 한다)으로 지정할 수 있다. <개정 2013. 3. 23., 2014. 11. 19., 2015. 12. 22., 2017. 7. 26., 2020. 8. 4., 2023. 9. 12.>

1. 최근 5년간 다음 각 목의 어느 하나에 해당하는 업무 수행의 대가로 받은 금액의 합계액이 2억원 이상인 법인

가. 영향평가 업무 또는 이와 유사한 업무

나. 「전자정부법」 제2조제13호에 따른 정보시스템(정보보호시스템을 포함한다)의 구축 업무 중 정보보호컨설팅 업무(전자적 침해행위에 대비하기 위한 정보시스템의 분석·평가와 이에 기초한 정보 보호 대책의 제시 업무를 말한다. 이하 같다)

다. 「전자정부법」 제2조제14호에 따른 정보시스템 감리 업무 중 정보보호컨설팅 업무

라. 「정보보호산업의 진흥에 관한 법률」 제2조제1항제2호에 따른 정보보호산업에 해당하는 업무 중 정보보호컨설팅 업무

마. 「정보보호산업의 진흥에 관한 법률」 제23조제1항제1호 및 제2호에 따른 업무

2. 개인정보 영향평가와 관련된 분야에서의 업무 경력 등 보호위원회가 정하여 고시하는 자격을 갖춘 전문인력을 10명 이상 상시 고용하고 있는 법인

3. 다음 각 목의 사무실 및 설비를 갖춘 법인

　　가. 신원 확인 및 출입 통제를 위한 설비를 갖춘 사무실

　　나. 기록 및 자료의 안전한 관리를 위한 설비

② 평가기관으로 지정받으려는 자는 보호위원회가 정하여 고시하는 평가기관 지정신청서에 다음 각 호의 서류를 첨부하여 보호위원회에 제출해야 한다. <개정 2013. 3. 23., 2014. 11. 19., 2017. 7. 26., 2017. 10. 17., 2020. 8. 4.>

1. 정관

2. 대표자의 성명

3. 제1항제2호에 따른 전문인력의 자격을 증명할 수 있는 서류

4. 그 밖에 보호위원회가 정하여 고시하는 서류

③ 제2항에 따라 평가기관 지정신청서를 제출받은 보호위원회는 「전자정부법」 제36조제1항에 따른 행정정보의 공동이용을 통하여 다음 각 호의 서류를 확인해야 한다. 다만, 신청인이 제2호의 확인에 동의하지 않는 경우에는 신청인에게 그 서류를 첨부하게 해야 한다. <개정 2013. 3. 23., 2014. 11. 19., 2017. 7. 26., 2020. 8. 4.>

1. 법인 등기사항증명서

2. 「출입국관리법」 제88조제2항에 따른 외국인등록 사실증명(외국인인 경우만 해당한다)

④ 보호위원회는 제1항에 따라 평가기관을 지정한 경우에는 지체 없이 평가기관 지정서를 발급하고, 다음 각 호의 사항을 관보에 고시해야 한다. 고시된 사항이 변경된 경우에도 또한 같다. <개정 2013. 3. 23., 2014. 11. 19., 2017. 7. 26., 2020. 8. 4.>

1. 평가기관의 명칭ㆍ주소 및 전화번호와 대표자의 성명

2. 지정 시 조건을 붙이는 경우 그 조건의 내용

⑤ 법 제33조제7항제5호에서 "대통령령으로 정하는 사유에 해당하는 경우"란 다음 각 호의 어느 하나에 해당하는 경우를 말한다. <개정 2023. 9. 12.>

1. 제6항에 따른 신고의무를 이행하지 않은 경우

2. 평가기관으로 지정된 날부터 2년 이상 계속하여 정당한 사유 없이 영향평가 실적이 없는 경우

3. 제38조제2항 각 호 외의 부분에 따른 영향평가서 등 영향평가 업무 수행 과정에서 알게 된 정보를 누설한 경우

4. 그 밖에 법 또는 이 영에 따른 의무를 위반한 경우

⑥ 제1항에 따라 지정된 평가기관은 지정된 후 다음 각 호의 어느 하나에 해당하는 사유가 발생한 경우에는 보호위원회가 정하여 고시하는 바에 따라 그 사유가 발생한 날부터 14일 이내에 보호위원회에 신고해야 한다. 다만, 제3호에 해당하는 경우에는 그 사유가 발생한 날부터 60일 이내에 신고해야 한다. <개정 2013. 3. 23., 2014. 11. 19., 2017. 7. 26., 2017. 10. 17., 2020. 8. 4.>

1. 제1항 각 호의 어느 하나에 해당하는 사항이 변경된 경우

2. 제4항제1호에 해당하는 사항이 변경된 경우

3. 평가기관을 양도ㆍ양수하거나 합병하는 등의 사유가 발생한 경우

⑦ 삭제 <2023. 9. 12.>

[제37조에서 이동, 종전 제36조는 제37조로 이동 <2023. 9. 12.>]

3. 평가기관을 양도ㆍ양수하거나 합병하는 등의 사유가 발생한 경우

⑦ 삭제 <2023. 9. 12.>

[제37조에서 이동, 종전 제36조는 제37조로 이동 <2023. 9. 12.>]

제37조(영향평가 시 고려사항)

법 제33조제3항제4호에서 "대통령령으로 정한 사항"이란 다음 각 호의 사항을 말한다. <개정 2023. 9. 12.>

　1. 민감정보 또는 고유식별정보의 처리 여부

　2. 개인정보 보유기간

　　[제36조에서 이동, 종전 제37조는 제36조로 이동 <2023. 9. 12.>]

제38조(영향평가의 평가기준 등)

① 법 제33조제9항에 따른 영향평가의 기준(이하 "평가기준"이라 한다)은 다음 각 호와 같다. <개정 2016. 7. 22., 2023. 9. 12.>

　1. 해당 개인정보파일에 포함되는 개인정보의 종류·성질, 정보주체의 수 및 그에 따른 개인정보 침해의 가능성

　2. 법 제23조제2항, 제24조제3항, 제24조의2제2항, 제25조제6항(제25조의2제4항에 따라 준용되는 경우를 포함한다) 및 제29조에 따른 안전성 확보 조치의 수준 및 이에 따른 개인정보 침해의 가능성

　3. 개인정보 침해의 위험요인별 조치 여부

　4. 그 밖에 법 및 이 영에 따라 필요한 조치 또는 의무 위반 요소에 관한 사항

② 법 제33조제2항에 따라 영향평가를 의뢰받은 평가기관은 평가기준에 따라 개인정보파일의 운용으로 인한 개인정보 침해의 위험요인을 분석·평가한 후 다음 각 호의 사항이 포함된 평가 결과를 영향평가서로 작성하여 해당 공공기관의 장에게 보내야 하며, 공공기관의 장은 제35조 각 호에 해당하는 개인정보파일을 운용 또는 변경하기 전에 그 영향평가서를 보호위원회에 제출해야 한다. <개정 2023. 9. 12.>

　1. 영향평가의 대상 및 범위

　2. 평가 분야 및 항목

　3. 평가기준에 따른 개인정보 침해의 위험요인에 대한 분석·평가

　4. 제3호의 분석·평가 결과에 따라 조치한 내용 및 개선계획

　5. 영향평가의 결과

　6. 제1호부터 제5호까지의 사항에 대하여 요약한 내용

③ 보호위원회 또는 공공기관의 장은 제2항제6호에 따른 영향평가서 요약 내용을 공개할 수 있다. <신설 2023. 9. 12.>

④ 보호위원회는 법 및 이 영에서 정한 사항 외에 평가기관의 지정 및 영향평가의 절차 등에 관한 세부 기준을 정하여 고시할 수 있다. <개정 2013. 3. 23., 2014. 11. 19., 2017. 7. 26., 2020. 8. 4., 2023. 9. 12.>

제39조(개인정보 유출 등의 통지)

① 개인정보처리자는 개인정보가 분실·도난·유출(이하 이 조 및 제40조에서 "유출등"이라 한다)되었음을 알게 되었을 때에는 서면등의 방법으로 72시간 이내에 법 제34조제1항 각 호의 사항을 정보주체에게 알려야 한다. 다만, 다음 각 호의 어느 하나에 해당하는 경우에는 해당 사유가 해소된 후 지체 없이 정보주체에게 알릴 수 있다.

　1. 유출등이 된 개인정보의 확산 및 추가 유출등을 방지하기 위하여 접속경로의 차단, 취약점 점검·보완, 유출등이 된 개인정보의 회수·삭제 등 긴급한 조치가 필요한 경우

　2. 천재지변이나 그 밖에 부득이한 사유로 인하여 72시간 이내에 통지하기 곤란한 경우

② 제1항에도 불구하고 개인정보처리자는 같은 항에 따른 통지를 하려는 경우로서 법 제34조제1항제1호 또는 제2호의 사항에 관한 구체적인 내용을 확인하지 못한 경우에는 개인정보가 유출된 사실, 그때까지 확인된 내용 및 같은 항 제3호부터 제5호까지의 사항을 서면등의 방법으로 우선 통지해야 하며, 추가로 확인되는 내용에 대해서는 확인되는 즉시 통지해야 한다.

③ 제1항 및 제2항에도 불구하고 개인정보처리자는 정보주체의 연락처를 알 수 없는 경우 등 정당한 사유가 있는 경우에는 법 제34조제1항 각 호 외의 부분 단서에 따라 같은 항 각 호의 사항을 정보주체가 쉽게 알 수 있도록 자신의 인터넷 홈페이지에 30일 이상 게시하는 것으로 제1항 및 제2항의 통지를 갈음할 수 있다. 다만, 인터넷 홈페이지를 운영하지 아니하는 개인정보처리자의 경우에는 사업장 등의 보기 쉬운 장소에 법 제34조제1항 각 호의 사항을 30일 이상 게시하는 것으로 제1항 및 제2항의 통지를 갈음할 수 있다.

[전문개정 2023. 9. 12.]

[제40조에서 이동, 종전 제39조는 제40조로 이동 <2023. 9. 12.>]

제40조(개인정보 유출 등의 신고)

① 개인정보처리자는 다음 각 호의 어느 하나에 해당하는 경우로서 개인정보가 유출등이 되었음을 알게 되었을 때에는 72시간 이내에 법 제34조제1항 각 호의 사항을 서면등의 방법으로 보호위원회 또는 같은 조 제3항 전단에 따른 전문기관에 신고해야 한다. 다만, 천재지변이나 그 밖에 부득이한 사유로 인하여 72시간 이내에 신고하기 곤란한 경우에는 해당 사유가 해소된 후 지체 없이 신고할 수 있으며, 개인정보 유출등의 경로가 확인되어 해당 개인정보를 회수·삭제하는 등의 조치를 통해 정보주체의 권익 침해 가능성이 현저히 낮아진 경우에는 신고하지 않을 수 있다.

1. 1천명 이상의 정보주체에 관한 개인정보가 유출등이 된 경우

2. 민감정보 또는 고유식별정보가 유출등이 된 경우

3. 개인정보처리시스템 또는 개인정보취급자가 개인정보 처리에 이용하는 정보기기에 대한 외부로부터의 불법적인 접근에 의해 개인정보가 유출등이 된 경우

② 제1항에도 불구하고 개인정보처리자는 제1항에 따른 신고를 하려는 경우로서 법 제34조제1항제1호 또는 제2호의 사항에 관한 구체적인 내용을 확인하지 못한 경우에는 개인정보가 유출등이 된 사실, 그때까지 확인된 내용 및 같은 항 제3호부터 제5호까지의 사항을 서면등의 방법으로 우선 신고해야 하며, 추가로 확인되는 내용에 대해서는 확인되는 즉시 신고해야 한다.

③ 법 제34조제3항 전단 및 후단에서 "대통령령으로 정하는 전문기관"이란 각각 한국인터넷진흥원을 말한다.

[전문개정 2023. 9. 12.]

[제39조에서 이동, 종전 제40조는 제39조로 이동 <2023. 9. 12.>]

제40조의2(노출된 개인정보의 삭제·차단 요청 기관)

법 제34조의2제2항에서 "대통령령으로 지정한 전문기관"이란 한국인터넷진흥원을 말한다.

[전문개정 2023. 9. 12.]

제6장 정보주체의 권리 보장

제41조(개인정보의 열람절차 등)

① 보주체는 법 제35조제1항에 따라 자신의 개인정보에 대한 열람을 요구하려면 다음 각 호의 사항 중 열람하려는 사항을 개인정보처리자가 마련한 방법과 절차에 따라 요구하여야 한다. <개정 2013. 3. 23., 2014. 11. 19., 2017. 7. 26., 2017. 10. 17.>

1. 개인정보의 항목 및 내용

2. 개인정보의 수집 · 이용의 목적

3. 개인정보 보유 및 이용 기간

4. 개인정보의 제3자 제공 현황

5. 개인정보 처리에 동의한 사실 및 내용

② 개인정보처리자는 제1항에 따른 열람 요구 방법과 절차를 마련하는 경우 해당 개인정보의 수집 방법과 절차에 비하여 어렵지 아니하도록 다음 각 호의 사항을 준수하여야 한다. <신설 2017. 10. 17.>

1. 서면, 전화, 전자우편, 인터넷 등 정보주체가 쉽게 활용할 수 있는 방법으로 제공할 것

2. 개인정보를 수집한 창구의 지속적 운영이 곤란한 경우 등 정당한 사유가 있는 경우를 제외하고는 최소한 개인정보를 수집한 창구 또는 방법과 동일하게 개인정보의 열람을 요구할 수 있도록 할 것

3. 인터넷 홈페이지를 운영하는 개인정보처리자는 홈페이지에 열람 요구 방법과 절차를 공개할 것

③ 정보주체가 법 제35조제2항에 따라 보호위원회를 통하여 자신의 개인정보에 대한 열람을 요구하려는 경우에는 보호위원회가 정하여 고시하는 바에 따라 제1항 각 호의 사항 중 열람하려는 사항을 표시한 개인정보 열람요구서를 보호위원회에 제출해야 한다. 이 경우 보호위원회는 지체 없이 그 개인정보 열람요구서를 해당 공공기관에 이송해야 한다. <개정 2013. 3. 23., 2014. 11. 19., 2017. 7. 26., 2017. 10. 17., 2020. 8. 4.>

④ 법 제35조제3항 전단에서 "대통령령으로 정하는 기간"이란 10일을 말한다. <개정 2017. 10. 17.>

⑤ 개인정보처리자는 제1항 및 제3항에 따른 개인정보 열람 요구를 받은 날부터 10일 이내에 정보주체에게 해당 개인정보를 열람할 수 있도록 하는 경우와 제42조제1항에 따라 열람 요구 사항 중 일부를 열람하게 하는 경우에는 열람할 개인정보와 열람이 가능한 날짜 · 시간 및 장소 등(제42조제1항에 따라 열람 요구 사항 중 일부만을 열람하게 하는 경우에는 그 사유와 이의제기방법을 포함한다)을 보호위원회가 정하여 고시하는 열람통지서로 해당 정보주체에게 알려야 한다. 다만, 즉시 열람하게 하는 경우에는 열람통지서 발급을 생략할 수 있다. <개정 2013. 3. 23., 2014. 11. 19., 2017. 7. 26., 2017. 10. 17., 2020. 8. 4.>

제42조(개인정보 열람의 제한 · 연기 및 거절)

① 개인정보처리자는 제41조제1항에 따른 열람 요구 사항 중 일부가 법 제35조제4항 각 호의 어느 하나에 해당하는 경우에는 그 일부에 대하여 열람을 제한할 수 있으며, 열람이 제한되는 사항을 제외한 부분은 열람할 수 있도록 하여야 한다.

② 개인정보처리자가 법 제35조제3항 후단에 따라 정보주체의 열람을 연기하거나 같은 조 제4항에 따라 열람을 거절하려는 경우에는 열람 요구를 받은 날부터 10일 이내에 연기 또는 거절의 사유 및 이의제기방법을 보호위원회가 정하여 고시하는 열람의 연기 · 거절 통지서로 해당 정보주체에게 알려야 한다. <개정 2013. 3. 23., 2014. 11. 19., 2017. 7. 26., 2020. 8. 4.>

제43조(개인정보의 정정 · 삭제 등)

① 정보주체는 법 제36조제1항에 따라 개인정보처리자에게 그 개인정보의 정정 또는 삭제를 요구하려면 개인정보처리자가 마련한 방법과 절차에 따라 요구하여야 한다. 이 경우 개인정보처리자가 개인정보의 정정 또는 삭제 요구 방법과 절차를 마련할 때에는 제41조제2항을 준용하되, "열람"은 "정정 또는 삭제"로 본다. <개정 2017. 10. 17.>

② 다른 개인정보처리자로부터 개인정보를 제공받아 개인정보파일을 처리하는 개인정보처리자는 법 제36조제1항에 따른 개인정보의 정정 또는 삭제 요구를 받으면 그 요구에 따라 해당 개인정보를 정정 · 삭제하거나 그 개인정보 정정 · 삭제에 관한 요구 사항을 해당 개인정보를 제공한 기관의 장에게 지체 없이 알리고 그 처리 결과에 따라 필요한 조치를 하여야 한다. <개정 2017. 10. 17.>

③ 개인정보처리자는 제1항과 제2항에 따른 개인정보 정정·삭제 요구를 받은 날부터 10일 이내에 법 제36조 제2항에 따라 해당 개인정보의 정정·삭제 등의 조치를 한 경우에는 그 조치를 한 사실을, 법 제36조제1항 단서에 해당하여 삭제 요구에 따르지 아니한 경우에는 그 사실 및 이유와 이의제기방법을 보호위원회가 정하여 고시하는 개인정보 정정·삭제 결과 통지서로 해당 정보주체에게 알려야 한다. <개정 2013. 3. 23., 2014. 11. 19., 2017. 7. 26., 2017. 10. 17., 2020. 8. 4. >

제44조(개인정보의 처리정지 등)

① 정보주체는 법 제37조제1항에 따라 개인정보처리자에게 자신의 개인정보 처리의 정지를 요구하려면 개인정보처리자가 마련한 방법과 절차에 따라 요구하여야 한다. 이 경우 개인정보처리자가 개인정보의 처리 정지 요구 방법과 절차를 마련할 때에는 제41조제2항을 준용하되, "열람"은 "처리 정지"로 본다. <개정 2017. 10. 17. >

② 개인정보처리자는 제1항에 따른 개인정보 처리정지 요구를 받은 날부터 10일 이내에 법 제37조제2항 본문에 따라 해당 개인정보의 처리정지 조치를 한 경우에는 그 조치를 한 사실을, 같은 항 단서에 해당하여 처리정지 요구에 따르지 않은 경우에는 그 사실 및 이유와 이의제기방법을 보호위원회가 정하여 고시하는 개인정보 처리정지 요구에 대한 결과 통지서로 해당 정보주체에게 알려야 한다. <개정 2013. 3. 23., 2014. 11. 19., 2017. 7. 26., 2017. 10. 17., 2020. 8. 4. >

제45조(대리인의 범위 등)

① 법 제38조에 따라 정보주체를 대리할 수 있는 자는 다음 각 호와 같다.

1. 정보주체의 법정대리인

2. 정보주체로부터 위임을 받은 자

② 제1항에 따른 대리인이 법 제38조에 따라 정보주체를 대리할 때에는 개인정보처리자에게 보호위원회가 정하여 고시하는 정보주체의 위임장을 제출하여야 한다. <개정 2013. 3. 23., 2014. 11. 19., 2017. 7. 26., 2020. 8. 4. >

제46조(정보주체 또는 대리인의 확인)

① 개인정보처리자는 제41조제1항에 따른 열람, 제43조제1항에 따른 정정·삭제, 법 제37조제1항에 따른 처리정지 또는 동의 철회 등의 요구(이하 이 조, 제47조 및 제48조에서 "열람등요구"라 한다)를 받았을 때에는 열람등요구를 한 사람이 본인이거나 정당한 대리인인지를 확인하여야 한다. <개정 2020. 8. 4., 2023. 9. 12. >

② 공공기관인 개인정보처리자가 「전자정부법」 제36조제1항에 따른 행정정보의 공동이용을 통하여 제1항에 따른 확인을 할 수 있는 경우에는 행정정보의 공동이용을 통하여 확인하여야 한다. 다만, 해당 공공기관이 행정정보의 공동이용을 할 수 없거나 정보주체가 확인에 동의하지 아니하는 경우에는 그러하지 아니하다.

제47조(수수료 등의 금액 등)

① 법 제38조제3항에 따른 수수료와 우송료의 금액은 열람등요구에 필요한 실비의 범위에서 해당 개인정보처리자가 정하는 바에 따른다. 다만, 개인정보처리자가 지방자치단체인 경우에는 그 지방자치단체의 조례로 정하는 바에 따른다.

② 개인정보처리자는 열람등요구를 하게 된 사유가 그 개인정보처리자에게 있는 경우에는 수수료와 우송료를 청구해서는 아니 된다.

③ 법 제38조제3항에 따른 수수료 또는 우송료는 다음 각 호의 구분에 따른 방법으로 낸다. 다만, 국회, 법원, 헌법재판소, 중앙선거관리위원회, 중앙행정기관 및 그 소속 기관(이하 이 조에서 "국가기관"이라 한다) 또는 지방자치단체인 개인정보처리자는 「전자금융거래법」 제2조제11호에 따른 전자지급수단 또는 「정보통신망 이용촉진 및 정보보호 등에 관한 법률」 제2조제1항제10호에 따른 통신과금서비스를 이용하여 수수료 또는 우송료를 내게 할 수 있다. <개정 2023. 9. 12. >

1. 국가기관인 개인정보처리자에게 내는 경우: 수입인지

2. 지방자치단체인 개인정보처리자에게 내는 경우: 수입증지

3. 국가기관 및 지방자치단체 외의 개인정보처리자에게 내는 경우: 해당 개인정보처리자가 정하는 방법

제48조(열람 요구 지원시스템의 구축 등)

① 개인정보처리자는 열람등요구 및 그에 대한 통지를 갈음하여 해당 업무를 전자적으로 처리할 수 있도록 시스템을 구축·운영하거나 그 밖의 절차를 정하여 해당 업무를 처리할 수 있다.

② 보호위원회는 개인정보처리자 중 공공기관이 보유하고 있는 개인정보에 관한 열람등요구 및 그에 대한 통지에 관한 공공기관의 업무 수행을 효율적으로 지원하기 위하여 시스템을 구축·운영할 수 있다. <개정 2013. 3. 23., 2014. 11. 19., 2017. 7. 26., 2020. 8. 4.>

제6장의2 삭제 <2023. 9. 12.>

제48조의2 삭제 <2023. 9. 12.>

제48조의3 삭제 <2023. 9. 12.>

제48조의4 삭제 <2023. 9. 12.>

제48조의5 삭제 <2023. 9. 12.>

제48조의6 삭제 <2023. 9. 12.>

제48조의7(손해배상책임의 이행을 위한 보험 등 가입 대상자의 범위 및 기준 등)

① 다음 각 호의 요건을 모두 갖춘 정보통신서비스 제공자(「정보통신망 이용촉진 및 정보보호 등에 관한 법률」 제2조제1항제3호에 해당하는 자를 말한다. 이하 이 조에서 같다) 및 그로부터 이용자(같은 법 제2조제1항제4호에 해당하는 자를 말한다. 이하 이 조에서 같다)의 개인정보를 법 제17조제1항제1호에 따라 제공받은 자는 법 제39조의9제1항에 따라 보험 또는 공제에 가입하거나 준비금을 적립해야 한다. <개정 2023. 9. 12.>

1. 전년도(법인의 경우에는 전 사업연도를 말한다)의 매출액이 5천만원 이상일 것

2. 전년도 말 기준 직전 3개월간 그 개인정보가 저장·관리되고 있는 이용자 수가 일일평균 1천명 이상일 것

② 가입 대상 개인정보처리자(제1항 각 호의 요건을 모두 갖춘 정보통신서비스 제공자 및 그로부터 이용자의 개인정보를 법 제17조제1항제1호에 따라 제공받은 자를 말한다. 이하 이 조에서 같다)가 보험 또는 공제에 가입하거나 준비금을 적립할 경우 최저가입금액(준비금을 적립하는 경우 최소적립금액을 말한다. 이하 이 조에서 같다)의 기준은 별표 1의4와 같다. 다만, 가입 대상 개인정보처리자가 보험 또는 공제 가입과 준비금 적립을 병행하는 경우에는 보험 또는 공제 가입금액과 준비금 적립금액을 합산한 금액이 별표 1의4에서 정한 최저가입금액의 기준 이상이어야 한다. <개정 2023. 9. 12.>

③ 가입 대상 개인정보처리자가 다른 법률에 따라 법 제39조 및 제39조의2에 따른 손해배상책임의 이행을 보장하는 보험 또는 공제에 가입하거나 준비금을 적립한 경우에는 법 제39조의9제1항에 따른 보험 또는 공제에 가입하거나 준비금을 적립한 것으로 본다.

[본조신설 2020. 8. 4.]

제48조의8 삭제 <2023. 9. 12.>

제48조의9 삭제 <2023. 9. 12.>

제48조의10 삭제 <2023. 9. 12.>

제48조의11 삭제 <2023. 9. 12.>

제48조의12 삭제 <2023. 9. 12.>

제48조의13 삭제 <2023. 9. 12.>

제7장 개인정보 분쟁조정

제48조의14(당연직위원)

분쟁조정위원회의 당연직위원은 보호위원회의 고위공무원단에 속하는 일반직공무원으로서 개인정보 보호에 관한 업무를 담당하는 사람 중 보호위원회 위원장이 지명하는 사람으로 한다. <개정 2017. 7. 26., 2020. 8. 4.>

[본조신설 2016. 7. 22.]

[제48조의2에서 이동 <2020. 8. 4.>]

제49조(조정부의 구성 및 운영)

① 법 제40조제6항에 따른 조정부(이하 "조정부"라 한다)는 분쟁조정위원회 위원장이 지명하는 5명 이내의 위원으로 구성하되, 그 중 1명은 변호사 자격이 있는 위원으로 한다. <개정 2016. 7. 22.>

② 분쟁조정위원회 위원장은 조정부의 회의를 소집한다.

③ 분쟁조정위원회의 위원장은 조정부의 회의를 소집하려면 회의 날짜 · 시간 · 장소 및 안건을 정하여 회의 개최 7일 전까지 조정부의 각 위원에게 알려야 한다. 다만, 긴급한 사정이 있는 경우에는 그러하지 아니하다.

④ 조정부의 장은 조정부 위원 중에서 호선(互選)한다.

⑤ 제1항부터 제4항까지의 규정에서 정한 사항 외에 조정부의 구성 및 운영 등에 필요한 사항은 분쟁조정위원회의 의결을 거쳐 분쟁조정위원회의 위원장이 정한다.

제49조의2(분쟁조정 전문위원회)

① 분쟁조정위원회는 개인정보에 관한 분쟁의 조정과 관련된 사항의 전문적인 검토를 위하여 분쟁조정위원회에 분야별 전문위원회(이하 "분쟁조정전문위원회"라 한다)를 둘 수 있다.

② 분쟁조정전문위원회는 위원장 1명을 포함한 10명 이내의 위원으로 구성한다.

③ 분쟁조정전문위원회 위원은 다음 각 호의 사람 중에서 분쟁조정위원회 위원장이 임명하거나 위촉하고, 분쟁조정전문위원회 위원장은 분쟁조정전문위원회 위원 중에서 분쟁조정위원회 위원장이 지명한다.

   1. 분쟁조정위원회 위원

   2. 개인정보 보호 관련 업무를 담당하는 중앙행정기관의 관계 공무원

   3. 대학에서 개인정보 보호 분야의 조교수 이상으로 재직하고 있거나 재직하였던 사람

   4. 공인된 연구기관에서 개인정보 보호 관련 분야의 5년 이상 연구경력이 있는 사람

   5. 변호사 자격을 취득한 후 개인정보 보호 관련 분야에 1년 이상 경력이 있는 사람

   6. 그 밖에 개인정보 보호 및 분쟁의 조정과 관련하여 전문지식과 경험이 풍부한 사람

④ 제1항부터 제3항까지에서 규정한 사항 외에 분쟁조정전문위원회의 구성 및 운영 등에 필요한 사항은 분쟁조정위원회의 의결을 거쳐 분쟁조정위원회 위원장이 정한다.

[본조신설 2023. 9. 12.]

제50조(사무기구)

① 법 제40조제8항에 따른 분쟁조정 접수 및 사실 확인 등 분쟁조정에 필요한 사무처리는 보호위원회의 사무기구가 수행한다. <개정 2020. 8. 4.>

② 사무기구는 분쟁조정 접수 · 진행 및 당사자 통지 등 분쟁조정에 필요한 사무를 전자적으로 처리하기 위하여 분쟁조정업무시스템을 구축하여 운영할 수 있다. <신설 2020. 8. 4.>

[전문개정 2016. 7. 22.]

제51조(분쟁조정위원회 등의 운영)

① 분쟁조정위원회 위원장은 분쟁조정위원회의 회의를 소집하며, 그 의장이 된다.

② 분쟁조정위원회 위원장이 분쟁조정위원회의 회의를 소집하려면 회의 날짜 · 시간 · 장소 및 안건을 정하여 회의 개최 7일 전까지 각 위원에게 알려야 한다. 다만, 긴급한 사정이 있는 경우에는 그러하지 아니하다.

③ 분쟁조정위원회 및 조정부의 회의는 공개하지 아니한다. 다만, 필요하다고 인정되는 경우에는 분쟁조정위원회의 의결로 당사자 또는 이해관계인에게 방청을 하게 할 수 있다.

제51조의2(조정 불응 의사의 통지)

개인정보처리자는 법 제43조제3항에 따른 특별한 사유가 있어 분쟁조정에 응하지 않으려는 경우에는 법 제43조제2항에 따른 분쟁조정의 통지를 받은 날부터 10일 이내에 그 사유를 명시하여 분쟁조정 불응 의사를 분쟁조정위원회에 알려야 한다.

[본조신설 2023. 9. 12.]

제51조의3(분쟁조정위원회의 사무기구 및 조사 · 열람 등)

① 법 제45조제2항 전단에서 "대통령령으로 정하는 사무기구"란 제50조제1항에 따라 분쟁조정에 필요한 사무처리를 담당하는 보호위원회의 사무기구를 말한다.

② 분쟁조정위원회는 법 제45조제2항에 따라 조사 · 열람을 하려는 경우에는 그 7일 전까지 조사 · 열람 대상자에게 다음 각 호의 사항을 문서로 알려야 한다. 다만, 조사 · 열람 목적을 침해할 우려가 있는 경우에는 미리 알리지 않을 수 있다.

1. 조사 · 열람의 목적
2. 조사 · 열람의 기간과 장소
3. 조사 · 열람을 하는 사람의 직위와 성명
4. 조사 · 열람의 범위와 내용
5. 정당한 사유가 있는 경우 조사 · 열람을 거부할 수 있다는 사실
6. 정당한 사유 없이 조사 · 열람을 거부 · 방해 또는 기피할 경우 불이익의 내용
7. 그 밖에 분쟁조정을 위한 조사 · 열람에 필요한 사항

③ 분쟁조정위원회는 법 제45조제2항에 따라 조사 · 열람을 할 때에는 분쟁당사자 또는 분쟁당사자가 지명하는 자가 입회하거나 의견을 진술하도록 요청할 수 있다.

④ 분쟁조정위원회는 법 제45조제5항에 따라 의견을 들으려면 회의 일시 및 장소를 정하여 회의 개최 15일 전까지 분쟁당사자 또는 참고인에게 출석을 통지해야 한다.

[본조신설 2023. 9. 12.]

제51조의4(조정안에 대한 거부 의사 통지 등)

① 분쟁조정위원회는 법 제47조제2항에 따라 당사자에게 조정안을 제시할 때에는 같은 조 제3항에 따라 조정안을 제시받은 날부터 15일 이내에 수락 여부를 알리지 않으면 조정을 수락한 것으로 본다는 사실을 알려야 한다.

② 법 제47조제2항에 따라 조정안을 제시받은 당사자는 조정안을 거부하려는 경우에는 조정안을 제시받은 날부터 15일 이내에 인편, 등기우편 또는 전자우편의 방법으로 그 의사를 분쟁조정위원회에 알려야 한다.

[본조신설 2023. 9. 12.]

제52조(집단분쟁조정의 신청 대상)

법 제49조제1항에서 "대통령령으로 정하는 사건"이란 다음 각 호의 요건을 모두 갖춘 사건을 말한다.

1. 피해 또는 권리침해를 입은 정보주체의 수가 다음 각 목의 정보주체를 제외하고 50명 이상일 것

　가. 개인정보처리자와 분쟁해결이나 피해보상에 관한 합의가 이루어진 정보주체

　나. 같은 사안으로 다른 법령에 따라 설치된 분쟁조정기구에서 분쟁조정 절차가 진행 중인 정보주체

　다. 해당 개인정보 침해로 인한 피해에 대하여 법원에 소(訴)를 제기한 정보주체

2. 사건의 중요한 쟁점이 사실상 또는 법률상 공통될 것

② 법 제49조제2항 후단에 따른 집단분쟁조정 절차의 개시 공고는 분쟁조정위원회의 인터넷 홈페이지 또는 「신문 등의 진흥에 관한 법률」에 따라 전국을 보급지역으로 하는 일반일간신문에 게재하는 방법으로 한다. <개정 2015. 12. 30.>

제54조(집단분쟁조정 절차에 대한 참가 신청)

① 법 제49조에 따른 집단분쟁조정(이하 "집단분쟁조정"이라 한다)의 당사자가 아닌 정보주체 또는 개인정보처리자가 법 제49조제3항에 따라 추가로 집단분쟁조정의 당사자로 참가하려면 법 제49조제2항 후단의 공고기간에 문서로 참가 신청을 하여야 한다.

② 분쟁조정위원회는 제1항에 따라 집단분쟁조정 당사자 참가 신청을 받으면 제1항의 신청기간이 끝난 후 10일 이내에 참가 인정 여부를 문서로 알려야 한다.

제55조(집단분쟁조정 절차의 진행)

① 집단분쟁조정 절차가 개시된 후 제52조제1호가목부터 다목까지의 어느 하나에 해당하게 된 정보주체는 당사자에서 제외된다.

② 분쟁조정위원회는 제52조 각 호의 요건을 모두 갖춘 사건에 대하여 집단분쟁조정 절차가 개시되고 나면 그 후 집단분쟁조정 당사자 중 일부가 같은 조 제1호가목부터 다목까지의 어느 하나에 해당하게 되어 같은 조 제1호의 요건을 갖추지 못하게 되더라도 집단분쟁조정 절차를 중지하지 아니한다.

제56조(수당과 여비)

분쟁조정위원회, 조정부 및 분쟁조정전문위원회의 회의에 출석한 위원 등에게는 예산의 범위에서 수당과 여비를 지급할 수 있다. 다만, 공무원인 위원이 그 소관 업무와 직접적으로 관련되어 출석하는 경우에는 그러하지 아니하다. <개정 2023. 9. 12.>

제57조(분쟁조정 세칙)

법 및 이 영에서 규정한 사항 외에 분쟁의 조정절차 및 조정업무의 처리 등 분쟁조정위원회의 운영 및 집단분쟁조정을 위하여 필요한 사항은 분쟁조정위원회의 의결을 거쳐 분쟁조정위원회의 위원장이 정한다. <개정 2023. 9. 12.>

제8장 보칙 및 벌칙

제58조(개선권고 및 징계권고)

① 법 제61조제2항·제3항에 따른 개선권고 및 법 제65조제2항·제3항에 따른 징계권고는 권고 사항, 권고 사유 및 조치 결과 회신기간 등을 분명하게 밝힌 문서로 하여야 한다.

② 제1항에 따른 권고를 받은 자는 권고 내용에 따라 필요한 조치를 하고, 그 결과를 보호위원회 또는 관계 중앙행정기관의 장에게 문서로 통보해야 한다. 다만, 권고 내용대로 조치하기 곤란하다고 판단되는 특별한 사정이 있는 경우에는 그 사유를 통보해야 한다. <개정 2013. 3. 23., 2014. 11. 19., 2017. 7. 26., 2020. 8. 4.>

제59조(침해 사실의 신고 등)

보호위원회는 법 제62조제2항에 따라 개인정보에 관한 권리 또는 이익 침해 사실 신고의 접수·처리 등에 관한 업무를 효율적으로 수행하기 위한 전문기관으로 한국인터넷진흥원을 지정한다. <개정 2013. 3. 23., 2014. 11. 19., 2017. 7. 26., 2020. 8. 4.>

제60조(자료제출 요구 및 검사)

① 법 제63조제1항제3호에서 "대통령령으로 정하는 경우"란 개인정보 유출 등 정보주체의 개인정보에 관한 권리 또는 이익을 침해하는 사건·사고 등이 발생하였거나 발생할 가능성이 상당히 있는 경우를 말한다.

② 보호위원회는 법 제63조제1항 및 제2항에 따른 자료의 제출 요구 및 검사 등을 위하여 한국인터넷진흥원의 장에게 기술적인 사항을 자문하는 등 필요한 지원을 요청할 수 있다. <개정 2013. 3. 23., 2014. 11. 19., 2015. 12. 30., 2017. 7. 26., 2020. 8. 4. >

③ 삭제 <2023. 9. 12. >

④ 삭제 <2023. 9. 12. >

⑤ 삭제 <2023. 9. 12. >

⑥ 삭제 <2023. 9. 12. >

⑦ 삭제 <2023. 9. 12. >

제60조의2(과징금의 산정기준 등)

① 법 제64조의2제1항 각 호 외의 부분 본문에 따른 전체 매출액은 위반행위가 있었던 사업연도(이하 이 조에서 "해당사업연도"라 한다) 직전 3개 사업연도의 해당 개인정보처리자의 연평균 매출액으로 한다. 다만, 해당사업연도의 첫날 현재 사업을 개시한 지 3년이 되지 않은 경우에는 그 사업개시일부터 직전 사업연도 말일까지의 매출액을 연평균 매출액으로 환산한 금액으로 하며, 해당사업연도에 사업을 개시한 경우에는 사업개시일부터 위반행위일까지의 매출액을 연매출액으로 환산한 금액으로 한다.

② 법 제64조의2제1항 각 호 외의 부분 단서에서 "대통령령으로 정하는 경우"란 다음 각 호의 어느 하나에 해당하는 경우를 말한다.

　1. 다음 각 목의 어느 하나에 해당하는 사유로 영업실적이 없는 경우

　　가. 영업을 개시하지 않은 경우

　　나. 영업을 중단한 경우

　　다. 수익사업을 영위하지 않는 등 가목 및 나목에 준하는 경우

　2. 재해 등으로 인하여 매출액 산정자료가 소멸되거나 훼손되는 등 객관적인 매출액의 산정이 곤란한 경우

③ 법 제64조의2제2항에 따른 위반행위와 관련이 없는 매출액은 제1항에 따른 전체 매출액 중 다음 각 호의 어느 하나에 해당하는 금액으로 한다.

　1. 개인정보의 처리와 관련이 없는 재화 또는 서비스의 매출액

　2. 제4항에 따라 제출받은 자료 등에 근거하여 보호위원회가 위반행위로 인하여 직접 또는 간접적으로 영향을 받는 재화 또는 서비스의 매출액이 아닌 것으로 인정하는 매출액

④ 보호위원회는 제1항부터 제3항까지의 규정에 따른 매출액 산정 등을 위하여 재무제표 등의 자료가 필요한 경우 20일 이내의 기간을 정하여 해당 개인정보처리자에게 관련 자료의 제출을 요청할 수 있다.

⑤ 법 제64조의2제5항제4호에서 "대통령령으로 정하는 사유가 있는 경우"란 해당 개인정보처리자가 위반행위를 시정하고 보호위원회가 정하여 고시하는 기준에 해당되는 경우를 말한다.

⑥ 법 제64조의2제6항에 따른 과징금의 산정기준과 산정절차는 별표 1의5와 같다.

　[본조신설 2023. 9. 12.]

제60조의3(과징금의 부과 및 납부)

① 보호위원회는 법 제64조의2에 따라 과징금을 부과하려는 경우에는 해당 위반행위를 조사ㆍ확인한 후 위반사실ㆍ부과금액ㆍ이의 제기 방법 및 이의 제기 기간 등을 서면으로 명시하여 과징금 부과대상자에게 통지해야 한다.

② 제1항에 따라 통지를 받은 자는 통지를 받은 날부터 30일 이내에 보호위원회가 지정하는 금융기관에 과징금을 납부해야 한다.

③ 제2항에 따라 과징금의 납부를 받은 금융기관은 과징금을 납부한 자에게 영수증을 발급해야 한다.

④ 금융기관이 제2항에 따라 과징금을 수납한 때에는 지체 없이 그 사실을 보호위원회에 통보해야 한다.

[본조신설 2023. 9. 12.]

제60조의4(과징금의 납부기한 연기 및 분할 납부)

① 보호위원회는 법 제64조의2제1항에 따른 과징금의 납부기한을 「행정기본법」 제29조 및 같은 법 시행령 제7조에 따라 연기하는 경우에는 원래 납부기한의 다음 날부터 2년을 초과할 수 없다.

② 보호위원회는 법 제64조의2제1항에 따른 과징금을 「행정기본법」 제29조 및 같은 법 시행령 제7조에 따라 분할 납부하게 하는 경우에는 각 분할된 납부기한 간의 간격은 6개월을 초과할 수 없으며, 분할 횟수는 6회를 초과할 수 없다.

③ 제1항 및 제2항에서 규정한 사항 외에 과징금 납부기한 연기 및 분할 납부 신청 등에 필요한 사항은 보호위원회가 정하여 고시한다.

[본조신설 2023. 9. 12.]

제60조의5(환급가산금의 이자율)

법 제64조의2제9항에서 "대통령령으로 정하는 이자율"이란 「국세기본법 시행령」 제43조의3제2항 본문에 따른 이자율을 말한다.

[본조신설 2023. 9. 12.]

제61조(결과의 공표)

① 보호위원회는 법 제66조제1항에 따라 다음 각 호의 사항을 보호위원회 인터넷 홈페이지 등에 게재하여 공표할 수 있다.

1. 위반행위의 내용

2. 위반행위를 한 자

3. 개선권고, 시정조치 명령, 과징금의 부과, 고발, 징계권고, 과태료 부과의 내용 및 결과

② 보호위원회는 법 제66조제2항에 따라 개선권고, 시정조치 명령, 과징금의 부과, 고발, 징계권고 및 과태료 부과처분 등(이하 이 조에서 "처분등"이라 한다)을 받은 자에게 다음 각 호의 사항을 공표할 것을 명할 수 있다. 이 경우 공표의 내용·횟수, 매체와 지면의 크기 등을 정하여 명해야 하며, 처분등을 받은 자와 공표 문안 등에 관하여 협의할 수 있다.

1. 위반행위의 내용

2. 위반행위를 한 자

3. 처분등을 받았다는 사실

[전문개정 2023. 9. 12.]

③ 보호위원회는 제1항에 따라 공표하려는 경우 또는 제2항에 따라 공표할 것을 명하려는 경우에는 위반행위의 내용 및 정도, 위반 기간 및 횟수, 위반행위로 인하여 발생한 피해의 범위 및 결과 등을 고려해야 한다.

④ 보호위원회는 공표 또는 공표명령에 대한 심의·의결 전에 처분등을 받은 자에게 소명자료를 제출하거나 의견을 진술할 수 있는 기회를 주어야 한다.

제62조(업무의 위탁)

① 삭제 <2015. 12. 30.>

② 보호위원회는 법 제68조제1항에 따라 법 제24조의2제4항에 따른 대체가입수단 제공의 지원에 관한 업무를 다음 각 호의 기관에 위탁할 수 있다. <개정 2013. 3. 23., 2014. 11. 19., 2015. 12. 30., 2017. 7. 26., 2020. 8. 4., 2022. 7. 19.>

1. 「전자정부법」 제72조제1항에 따른 한국지역정보개발원

2. 한국인터넷진흥원

3. 대체가입수단의 개발·제공·관리 업무를 안전하게 수행할 수 있는 기술적·재정적 능력과 설비를 보유한 것으로 인정되어 보호위원회가 정하여 고시하는 법인·기관·단체

③ 보호위원회는 법 제68조제1항에 따라 다음 각 호의 사항에 관한 업무를 제4항에 따른 기관에 위탁할 수 있다. <개정 2013. 3. 23., 2014. 11. 19., 2015. 12. 30., 2017. 7. 26., 2020. 8. 4., 2022. 7. 19., 2023. 9. 12. >

1. 법 제7조의8제5호에 따른 개인정보 보호를 위한 국제기구와 외국의 개인정보 보호기구와의 교류·협력

2. 법 제7조의8제6호에 따른 개인정보 보호에 관한 법령·정책·제도·실태 등의 조사·연구

3. 법 제7조의8제7호에 따른 개인정보 보호에 관한 기술개발의 지원·보급

4. 법 제13조제1호에 따른 개인정보 보호에 관한 교육·홍보

5. 법 제13조제2호에 따른 개인정보 보호와 관련된 기관·단체의 육성 및 지원

6. 법 제33조제6항에 따른 관계 전문가의 육성 및 영향평가 기준의 개발

7. 법 제35조제2항에 따른 열람 요구의 접수 및 처리

8. 법 제63조에 따른 자료제출 요구 및 검사 중 다음 각 목의 사항과 관련된 자료제출 요구 및 검사

    가. 법 제34조제3항 전단에 따른 신고에 대한 기술지원

    나. 법 제62조에 따라 개인정보침해 신고센터에 접수된 신고의 접수·처리 및 상담

9. 제36조제2항에 따른 평가기관 지정신청서의 접수 및 같은 조 제6항에 따른 신고 사항의 접수

④ 보호위원회가 제3항 각 호의 사항에 관한 업무를 위탁할 수 있는 기관은 다음 각 호와 같다. <신설 2022. 7. 19. >

1. 한국인터넷진흥원

2. 개인정보 보호 분야에 전문성을 갖춘 것으로 인정되어 보호위원회가 정하여 고시하는 법인·기관 또는 단체

⑤ 보호위원회가 제2항부터 제4항까지의 규정에 따라 업무를 위탁하는 경우에는 위탁받는 기관과 위탁업무의 내용을 관보나 보호위원회의 인터넷 홈페이지에 공고해야 한다. <개정 2022. 7. 19. >

[제목개정 2022. 7. 19.]

제62조의2(민감정보 및 고유식별정보의 처리)

① 보호위원회(제62조제3항에 따라 보호위원회의 권한을 위탁받은 자를 포함한다)는 다음 각 호의 사무를 수행하기 위하여 불가피한 경우 민감정보와 제19조에 따른 주민등록번호, 여권번호, 운전면허의 면허번호 또는 외국인등록번호가 포함된 자료를 처리할 수 있다. <개정 2020. 8. 4., 2023. 9. 12. >

1. 법 제7조의9제1항제4호부터 제6호까지의 규정에 따른 사항의 심의·의결에 관한 사무

2. 법 제24조의2제4항에 따른 주민등록번호 대체 방법 제공을 위한 시스템 구축 등 제반조치 마련 및 지원에 관한 사무

3. 삭제 <2023. 9. 12. >

4. 법 제62조제3항에 따른 개인정보침해 신고센터의 업무에 관한 사무

5. 법 제63조제1항 및 제2항에 따른 자료의 제출 및 검사에 관한 사무

6. 법 제63조의2에 따른 사전 실태점검에 관한 사무

7. 법 제64조의2에 따른 과징금의 부과 및 징수에 관한 사무

② 분쟁조정위원회는 법 제45조, 제47조 및 제49조에 따른 개인정보 분쟁 조정에 관한 사무를 수행하기 위하여 불가피한 경우 민감정보와 제19조에 따른 주민등록번호, 여권번호, 운전면허의 면허번호 또는 외국인등록번호가 포함된 자료를 처리할 수 있다. <개정 2020. 8. 4., 2023. 9. 12. >

[본조신설 2014. 8. 6.]

[제목개정 2020. 8. 4.]

제62조의3(규제의 재검토)

① 보호위원회는 다음 각 호의 사항에 대하여 다음 각 호의 기준일을 기준으로 3년마다(매 3년이 되는 해의 기준일과 같은 날 전까지를 말한다) 그 타당성을 검토하여 개선 등의 조치를 해야 한다. <신설 2020. 8. 4., 2022. 3. 8., 2023. 9. 12. >

    1. 제36조에 따른 평가기관의 지정대상, 지정취소 요건 및 변경신고 사유 : 2022년 1월 1일

    2. 제15조의3에 따른 개인정보 이용ㆍ제공내역을 통지해야 하는 자의 범위, 통지해야 하는 정보의 종류 및 통지 주기와 방법 : 2023년 9월 15일

    3. 제48조의7에 따른 손해배상책임의 이행을 위한 보험 등 가입 대상자의 범위 및 기준 : 2020년 8월 5일

② 보호위원회는 다음 각 호의 사항에 대하여 다음 각 호의 기준일을 기준으로 2년마다(매 2년이 되는 해의 기준일과 같은 날 전까지를 말한다) 그 타당성을 검토하여 개선 등의 조치를 해야 한다. <개정 2015. 12. 30., 2017. 7. 26., 2018. 12. 24., 2020. 8. 4., 2022. 3. 8. >

    1. 제29조의3에 따른 개인정보처리자 간 가명정보의 결합 : 2022년 1월 1일

    2. 제31조에 따른 개인정보 처리방침의 내용 및 공개방법 등 : 2015년 1월 1일

    2의2. 삭제 <2022. 3. 8. >

    3. 삭제 <2018. 12. 24. >

    4. 삭제 <2018. 12. 24. >

    5. 삭제 <2018. 12. 24. >

③ 삭제 <2022. 3. 8. >

    [전문개정 2014. 12. 9.]

제63조(과태료의 부과기준)

법 제75조에 따른 과태료의 부과기준은 별표 2와 같다. <개정 2020. 8. 4., 2023. 9. 12. >

부칙 <제33723호, 2023. 9. 12. >

제1조(시행일)

이 영은 2023년 9월 15일부터 시행한다. 다만, 다음 각 호의 개정규정은 해당 호에서 정하는 날부터 시행한다.

    1. 제17조제1항 및 제30조의2의 개정규정 : 2024년 9월 15일

    2. 제15조의2제1항 후단의 개정규정 : 2024년 1월 1일

    3. 별표 2 제2호가목ㆍ고목ㆍ보목ㆍ소목 및 초목의 개정규정 : 2024년 3월 15일

제2조(과태료 부과에 관한 경과조치)

이 영 시행 전에 종료된 종전의 별표 2 제2호가목, 나목, 아목 및 초목에 따른 위반행위에 대한 과태료의 부과는 별표 2의 개정규정에도 불구하고 종전의 규정에 따른다.

제3조(다른 법령의 개정)

① 감염병의 예방 및 관리에 관한 법률 시행령 일부를 다음과 같이 개정한다.

    제32조의2제3호 중 "영상정보처리기기"를 "고정형 영상정보처리기기"로 한다.

② 국민체육진흥법 시행령 일부를 다음과 같이 개정한다.

    제18조의6의 제목 중 "영상정보처리기기"를 "고정형 영상정보처리기기"로 하고, 같은 조 각 호 외의 부분 중 "영상정보처리기기"를 "고정형 영상정보처리기기"로 한다.

③ 농어업인 삶의 질 향상 및 농어촌지역 개발촉진에 관한 특별법 시행령 일부를 다음과 같이 개정한다.

    별표 제3호사목의 목표치란 중 "제3조제1호"를 "제3조제1항제1호"로 한다.

④ 아동복지법 시행령 일부를 다음과 같이 개정한다.

　제30조의 제목 중 "영상정보처리기기"를 "고정형 영상정보처리기기"로 하고, 같은 조 제1항부터 제3항까지 중 "영상정보처리기기"를 각각 "고정형 영상정보처리기기"로 한다.

　제31조의 제목 중 "영상정보처리기기"를 "고정형 영상정보처리기기"로 하고, 같은 조 제목 외의 부분 중 "영상정보처리기기"를 "고정형 영상정보처리기기"로 한다.

⑤ 전자상거래 등에서의 소비자보호에 관한 법률 시행령 일부를 다음과 같이 개정한다.

　제5조의2제2호 중 "제37조제4항"을 "제37조제5항"으로 한다.

⑥ 전자서명법 시행령 일부를 다음과 같이 개정한다.

　별표 1 비고 제5호다목3) 중 "제33조제5항"을 "제33조제6항"으로 한다.

⑦ 주민등록법 시행령 일부를 다음과 같이 개정한다.

　제12조의3제2항제1호 중 "제34조제1항, 제39조의4제1항 및 같은 법 시행령 제40조, 제48조의4"를 "제34조제1항 및 같은 법 시행령 제39조"로 한다.

⑧ 주택건설기준 등에 관한 규정 일부를 다음과 같이 개정한다.

　제39조 중 "제3조제1호"를 "제3조제1항제1호"로 한다.

⑨ 학교체육 진흥법 시행령 일부를 다음과 같이 개정한다.

　제2조의3의 제목 중 "영상정보처리기기"를 "고정형 영상정보처리기기"로 하고, 같은 조 각 호 외의 부분 중 "영상정보처리기기"를 "고정형 영상정보처리기기"로 한다.

⑩ 학교폭력예방 및 대책에 관한 법률 시행령 일부를 다음과 같이 개정한다.

　제32조의 제목 중 "영상정보처리기기"를 "고정형 영상정보처리기기"로 하고, 같은 조 각 호 외의 부분 중 "영상정보처리기기"를 "고정형 영상정보처리기기"로 한다.

전 혜 승

┃약력 및 경력

- 현) 미시우먼코스메틱 대표
- 현) 한국천연화장품협동조합 대표
- 현) 가천대학교 바이오나노대학 외래교수
- 현) (사)평생교육진흥연구회 화장품분과 교육원장
- 현) 대한맞춤형화장품조제관리사협회 이사
- 중앙대학교 의약식품대학원 향장학 석사
- 맞춤형화장품조제관리사
- 평생교육사 2급

2026 유튜버 전선생 맞춤형화장품조제관리사 필기 이론서 (상)

발행일 2026년 1월 2일 **발행인** 조순자

편저자 전혜승 **디자인** 서시영

발행처 인성재단(지식오름)

정 가 52,000원 **ISBN** 979-11-7491-029-5